Franz Haymann

Jean Jacques Rousseau's Sozialphilosophie

Franz Haymann

Jean Jacques Rousseau's Sozialphilosophie

ISBN/EAN: 9783743327443

Hergestellt in Europa, USA, Kanada, Australien, Japan

Cover: Foto ©ninafisch / pixelio.de

Manufactured and distributed by brebook publishing software
(www.brebook.com)

Franz Haymann

Jean Jacques Rousseau's Sozialphilosophie

JEAN JACQUES ROUSSEAU'S

SOZIALPHILOSOPHIE.

Von

FRANZ HAYMANN.

LEIPZIG,
VERLAG VON VEIT & COMP.
1898.

Druck von Metzger & Wittig in Leipzig.

MEINEM LEHRER

HERRN

PROFESSOR Dr. RUDOLF STAMMLER

IN DANKBARKEIT UND VEREHRUNG

DARGEBRACHT.

Vorwort.[1]

Die vorliegende Schrift bezweckt eine erschöpfende Darstellung der gesamten sozialen Theorie Rousseaus, sowohl der Rechtsphilosophie, wie der Grundzüge der Politik, hieran anschließend eine kritische Würdigung des Ganzen.

Eine solche Arbeit giebt es bislang nicht, wie denn überhaupt in der Litteratur, welche an den Namen des Genfer Philosophen anknüpft, die Darstellungen von Rousseaus „Leben und Werken", welche in wenig glücklicher Art das biographische Interesse mit dem wissenschaftlichen zu vereinigen suchen, überall weit überwiegen. Man hätte weit eher den umgekehrten Sachverhalt vermuten sollen. Denn gerade das biographische Interesse wird auch heute noch durch keine der zahlreichen Darstellungen annähernd also gefesselt. wie durch die „Confessions", die glänzende Selbstbiographie des Autors, während umgekehrt die wissenschaftliche Thätigkeit Rousseaus auf keinem Gebiete so dringend eine umfassende Darstellung und Durcharbeitung fordert, wie auf dem Felde der sozialen Theorie. Die Pädagogik des Autors ist im „Émile" wenigstens in einem einheitlichen und übersichtlichen Ganzen uns überliefert worden, die Sozialphilosophie aber und Politik hat in Rousseaus Werken eine zusammenhängende umfassende Darstellung nirgends gefunden, sondern birgt sich in zahlreichen äußerlich selbständigen

---

[1] Die Citate aus Rousseaus Schriften sind entnommen der Ausgabe der „Oeuvres complètes de J. J. Rousseau avec des notes historiques, Francfort s./M. 1855—1856", Verlag von H. Bechhold.

Einzelschriften und Bruchstücken, von denen von vornherein gänzlich fraglich bleibt, ob sie als einheitliches Ganze gedacht waren oder überhaupt gedacht werden können. Auch der „Contrat social", auf den sich die Darstellung in den Kompendien häufig genug beschränkt, ist nicht dazu bestimmt, das Ganze der sozialen Theorie Rousseaus darzulegen, sondern bedarf dringend zum Verständnis seiner selbst der Kenntnis der zahlreichen anderen einschlägigen Arbeiten.

Wir haben damit schon einen Teil der Umstände in Betracht gezogen, welche die Verwirrung begreiflich machen, die zur Zeit in den weitesten Kreisen bezüglich der richtigen Auffassung der sozialen Theorie Rousseaus herrscht. Der schneidende Radikalismus dieser Lehre zwingt einen jeden mit ihr auf irgendeine Art sich abzufinden. Und wie so oft bei einer Theorie, die in ihren Resultaten so unmittelbar das praktische politische Leben berührt, hat man bei seiner Prüfung die Ergebnisse der einzelnen Lehren eingehender berücksichtigt, als die Methode ihrer Begründung. Ja sogar, man hat im Eifer seiner Anhängerschaft oder Polemik, weit entfernt in einer umfassenden Verarbeitung des gesamten überlieferten Stoffes das Ganze der sozialen Theorie Rousseaus zur Darstellung zu bringen, diese oder jene Einzelthesen herausgehoben, zuweilen, ohne auch nur zu bedenken, daß die Gegner aus anderen Stellen das gerade Gegenteil entnehmen zu dürfen glauben.

So mag es zu verstehen sein, daß der Rousseau, welchen der moderne politische Republikanismus so gern als seinen geistigen Begründer feiert und hochhält, ein ganz anderes Gepräge trägt, als derjenige, welchen die Vertreter der freien Konkurrenz insbesondere in Frankreich als grimmen Staatsabsolutisten bekämpfen, daß derselbe Schriftsteller von der überwiegenden Mehrheit als individualistisch gesonnener Lobredner der Freiheit und Gleichheit aller Individuen getadelt wird, den andere wieder als den Hord des tyrannischten Sozialismus und Kommunismus brandmarken.

Gegenüber diesem Zwiespalt ist nur zweierlei Lösung denkbar. Entweder: Der Philosoph, dessen Theorie eine politische Welt erschütterte, war nichts weiter als ein unsinniger Querkopf, der die disparatesten Elemente in seiner Lehre zu kompilieren wagte, oder aber: Man hat in weiten Kreisen die richtige Auffassung dieser sozialen Theorie bislang auf das verhängnisvollste verfehlt.

Dieser Fragestellung verdankt die vorliegende Schrift ihre Entstehung und ihrer Lösung ist sie gewidmet.

Über die hierbei einzuschlagende Methode findet sich im Buche selbst an geeigneter Stelle das Notwendige bemerkt.[1] Zur allgemeinen Einführung sei hier das Folgende vorangestellt.

Zunächst war alles, was lediglich psychologisch-biographischer Natur war oder die historische Wirkung der Theorie auf das politische und geistige Leben der Mit- und Nachwelt betraf, von vornherein auszuscheiden, damit die klare Fragestellung, welche lediglich auf den gedanklichen Gehalt der in den vorliegenden Schriften enthaltenen sozialwissenschaftlichen Lehren ausgeht, durch keinerlei Nebenwerk verunreinigt und vermischt werden könnte. Der Verfasser macht gar keinen Anspruch darauf, schildern zu können, aus welchen Impulsen und Motiven heraus Rousseau zu seiner sozialen Theorie gekommen, sondern er beschränkt sich darauf, darzustellen, weches der gedankliche Inhalt dieser Lehre gewesen ist.

Man irrt, wenn man glaubt, diese Aufgabe beträchtlich dadurch fördern zu können, daß man zu entdecken sucht, wo sich schon bei früheren Naturrechtlern ähnliche Redewendungen und Floskeln, wie bei Rousseau auffinden. Gerade als ob die unklaren Schlagwörter so vieler Vorgänger die scharf geprägten Termini dieser Philosophie zu erklären imstande seien, und nicht vielmehr diese Worte der Früheren dem schärferen Nachfolger den Anstoß gaben, unter dem alten Namen klare und selbständige Gedankeninhalte zu fixieren. So, wie man die Kantische Idee des Ding an sich in der unklaren Vorstellung der Sensualisten, den Kantischen Begriff des „a priori" in dem gleichlautenden Hirngespinst der vorangegangenen Metaphysik wieder zu erkennen glaubte, hat man auch die Rousseauschen Begriffe der „égalité" und „liberté"

---

[1] Man vergleiche insbesondere den Beginn des § 10.

durch die gleichlautenden Termini Lockes, den contrat social durch den Vertragsbegriff des Grotius oder Hobbes, den Souveränitätsbegriff Rousseaus durch den des Althusius klären und bestimmen wollen. Überhaupt ist die zu allen Zeiten in der Rousseau-Litteratur bemerkbare Sucht, in diesem Autor einen gefährlichen Plagiator und Kompilator fremder Gedankeninhalte zu erkennen, der gedanklichen Erfassung der Lehre jenes äußerst verhängnisvoll geworden. Hierfür wird der Inhalt dieser Schrift hinreichenden Beweis erbringen.

Darum hat die vorliegende Arbeit den gedanklichen Gehalt von Rousseaus sozialer Lehre, so wie ihn die einschlägigen Schriften darbieten, zum ausschließlichen Gegenstand ihrer Bearbeitung gemacht, und zu diesem Zwecke bedurfte es einer gründlichen und sorgfältigen Auslegung der meistumstrittenen und schwierigsten Aussprüche unseres Philosophen, insbesondere der zahlreichen Anzahl derjenigen Thesen, welche nach Ansicht der Beurteiler logisch nicht zusammenstimmten oder ganz verschiedenartig aufgefaßt und gewertet worden sind.

Man wird vielleicht mit seinem Urteil, daß Verfasser hierbei etwa zu weit gegangen sei, zurückhalten, wenn man bedenkt, daß diese Schrift als eine Kampfschrift gedacht ist, daß sie an die Stelle der bunt wechselnden und sich mannigfach widersprechenden Auffassungen Rousseauscher Sozialphilosophie eine neue, wie wir hoffen, festgegründete setzen will, und daß sie dieses Ziel in befriedigender Art nicht anders erreichen konnte, als im redlichen Kampf, der ohne Ausweichen jedem der zahlreichen Gegner gerecht wird. Schon die gänzliche Zerfahrenheit, welche der derzeitige Stand der Meinungen bezüglich des Kernbegriffs der Rousseauschen Sozialphilosophie, des Begriffs der volonté générale, darbietet, dürfte dem gründlich Denkenden die Notwendigkeit einer Exegese, wie sie hier in eingehender Art zum ersten Mal versucht worden ist, deutlich zum Bewußtsein bringen.

Dadurch, daß man in den Darstellungen der Kompendien sich damit begnügte, in Auszügen die nach der Meinung des Verfassers „wesentlichen" Resultate des „Contrat social" wiederzugeben, sind nicht nur methodisch fundamentale Gedanken bislang fast gänzlich außer Acht gelassen worden, sondern es ist überhaupt nicht zur hinreichenden Geltung gekommen, daß der „Contrat social" wichtige Kapitel enthält, deren Dunkelheit eine gründliche Auslegung geradezu notwendig macht. Bei dieser Arbeit sind uns die Veröffentlichungen der nachgelassenen Schriften Rousseaus, insbesondere das erst 1896[1] erschienene Werk von Dreyfus vorzüglich zu Statten gekommen.

Bei alledem haben wir uns nicht etwa damit begnügt, die Thesen Rousseaus philologisch korrekt in eine andere Sprache, sondern logisch exakt in unsere Begriffswelt zu übertragen. Denn die Geschichte der Philosophie bedeutet keine Übersetzung nach Worten, sondern eine solche nach Begriffen. Die historische Exaktheit dieser Wissenschaft beruhet nicht auf einer stumpfen mechanischen Darstellung der Worte, sondern auf einer logisch korrekten Wiedergabe des gedanklichen Gehalts der auf welche Weise auch immer ausgedrückten Lehre des Autors. Zu diesem letzteren Behufe aber ist ein Gebrauch der modernen wissenschaftlichen Begriffe nicht nur nicht historisch inexakt, sondern zur Durchführung litterarhistorischer Exaktheit geradezu unentbehrlich. Denn man kann einen Philosophen den Modernen nicht anders zum klaren Verständnis bringen, als indem man vorzüglich dorten, wo die Worte im Lauf der Zeiten den Sinn wechselten und tauschten, den gedanklichen Gehalt in den uns geläufigen Begriffen darstellt. Unsere scharfe Trennung der Rousseauschen Rechtsphilosophie von seiner Politik ist darum nicht unrichtig, weil die Lehre von dem Begriff des Gesetzes und diejenige von dem mannigfachen Inhalt der Einzelgesetze nur selten durch diese Termini ausdrücklich bezeichnet worden ist, auch die Vergleichung der Rousseauschen „loi" mit dem Begriff der „Konventionalregel" darum nicht „unhistorisch", weil unser Autor den modernen Begriff Stammlerscher Sozialphilosophie unmöglich kennen konnte.

So haben wir es versucht, die fundamentalen Prinzipien dieses Systems — denn ein solches erkannten wir in dem zunächst wirr und zusammenhangslos erscheinenden Getriebe der sozialen Einzel-

---

[1] Die Litteratur von 1897 konnte, da die Arbeit schon im Mai des nun verflossenen Jahres zum Abschluss gelangte, nicht mehr berücksichtigt werden.

schriften Rousseaus — klarzustellen und überall erst von hier aus die Stellung Rousseaus zu den Vorgängern zu ergründen.

Wenn die kritische Würdigung dieser Philosophie, die wir, um die Darstellung nicht zu beeinträchtigen, dem Schlußkapitel überwiesen haben, anders sich ausnimmt, als in den landläufigen Kompendien, so beruht dies zum Teil schon darauf, daß der Gegenstand der Kritik ein anderes Aussehen gewonnen hat. Man wird zugeben, daß sich die soziale Theorie Rousseaus so, wie sie aus den einschlägigen Schriften hier uns entgegentrat, nicht so wohlfeil abspeisen läßt, wie das Zerrbild, in welches die modernen Beurteiler in ihrem Kampfe gegen das angebliche Faktum eines vorsündflutlichen Naturzustands und zeitlich folgenden Gesellschaftsvertrags dieses System umgewandelt hatten. Es ist endlich an der Zeit, daß das soziale System Rousseaus nicht nur in seiner Bedeutung für die Sozialphilosophie, sondern auch in seiner kühnen Stellungnahme gegenüber der Aufgabe der Jurisprudenz klar erkannt und richtig gewürdigt werde.

Cassel, den 4. Januar 1898.

Dr. Franz Haymann.

Inhalt.

§ 1.

Einführung in die Problemstellung.

Wer es sich zur Aufgabe setzt, die Lehre eines philosophischen Denkers historisch exakt darzustellen, muss vor allen Dingen trachten, die Grundlagen nachzuweisen, auf denen die einzelnen Lehrsätze beruhen, er muß Ausgangspunkt und Methode der Forschung jenes klar und deutlich vor Augen legen, wenn nicht seine noch so fleißig zusammengetragene Auslese von Einzelthesen des Autors dem Vorwurf der litterargeschichtlichen Kleinkrämerei verfallen soll. Wie könnte die Berichterstattung über ein philosophisches System auch von jeder Willkür frei, in objektiver Sicherheit eine Auswahl zwischen Grundlegendem und Episodischem, zwischen hochbedeutsamen Thesen und nebensächlichen Einzelheiten treffen, wenn sie nicht in der klaren Erfassung der Fundamente jener Theorie ein sicheres Kriterium besäße! Und wo sollte schließlich eine objektive Kritik mit Aussicht auf Erfolg die Hand anlegen, wenn ihr nicht von dem Litterarhistoriker ein klares Verständnis in den systematischen Zusammenhang der vorliegenden Lehre vermittelt wäre?

Wer von diesen Grundgedanken aus die bisherigen Darstellungen Rousseauscher Sozialphilosophie betrachtet, wird sich schwerlich verhehlen können, daß hier noch manches zu thun übrig geblieben, daß vor allen Dingen eine Einhelligkeit bezüglich der grundlegenden Lehrsätze dieser Philosophie mit nichten bisher erzielt worden ist. Nicht nur die Achtung des Andenkens eines großen Geistes, dessen Einfluß auch heute noch weiter reicht, als mancher vielleicht ahnt, sondern auch die Würde unserer Wissenschaft und die Ehre objektiver Kritik verlangen gebieterisch, daß diesem Mangel abgeholfen werde.

Wenn wir es wagen, dieser Aufgabe nachzugehen, so dürften schon diese wenigen kurzen Bemerkungen genügen, um anzuzeigen, daß wir nicht sowohl auf den Inhalt mancher noch weniger bekannten Gedankengänge, als vielmehr auf die scharfe Erfassung der systematischen Stellung sogar altbekannter und berühmter Thesen in dem einheitlichen Ganzen dieser Philosophie das Hauptgewicht gelegt sehen möchten. Von diesen Grundgedanken aus giebt sich das Folgende als ein bescheidener Versuch, unter Benutzung des gesamten Quellenmaterials die sozialphilosophische Lehre J e a n J a c q u e s R o u s s e a u s systematisch darzustellen und kritisch zu erwägen.

Bei dem großen Mangel an Einheitlichkeit in der äußeren Anordnung der gedanklich zusammengehörigen Partieen ist es für das Verständnis der ganzen Lehre besonders wichtig, den fundamentalen Ausgangspunkt unseres Autors zu erkennen, die Frage in ihrer ganzen Tragweite zu begreifen, deren Beantwortung jenes System zum guten Teil gewidmet ist.

Man kann vielleicht die weithin herrschende Auffassung maßgebender Kreise über diese unsere Grundfrage unter Vermeidung der wörtlichen Anführung einer ungeheueren Zahl hier einschlagender Einzelzitate nicht treffender und kürzer wiedergeben, als durch Anführung der Sätze, mit denen S c h l o s s e r [1] das rechtsphilosophische Hauptwerk unseres Autors, den „Contral social“, würdigt:

„Der Inhalt des ‚Contral social‘ knüpft sich an den Hauptgedanken der beiden Preisschriften R o u s s e a u s an, oder mit anderen Worten, er geht von jenem Urvertrage aus, auf welchem die E n t stehung des Staates beruht haben soll, von dem aber auch hier nicht nachgewiesen ist, daß er zu irgend einer Zeit und an irgend einem Orte geschlossen wurde. Auf diesen Satz baut R o u s s e a u mit dialektischer Spitzfindigkeit, mit rhetorischen Mitteln und mit zusammengerafften Notizen und Beispielen ein glänzendes Gebäude auf, dessen Unhaltbarkeit nur derjenige nachzuweisen vermag, der die schlechte Beschaffenheit des Fundamentes erkannt hat.“ —

Man kann nicht kürzer und treffender die Methode einer objektiven Würdigung bezeichnen: Die Erkenntnis des Fundamentes ist die notwendige Bedingung für die richtige Beurteilung des ganzen philosophischen Gebäudes.

Und dieses Fundament findet Schlosser in Rousseaus Kardinalsatz, daß der Staat — gemeint ist alle rechtliche Gemeinschaft — auf Grund eines Gesellschaftsvertrags geschichtlich entstanden sei.

In der That eine seltsame ὑπόθεσις für ein rechtsphilosophisches System! Eine rechtshistorische These, die selbstverständlicherweise nur durch Verallgemeinerung rechtshistorischer Einzelforschungen wissenschaftlich begründet werden könnte, als letzte Grundlage für ein so kühnes, scheinbar alles überspannendes spekulatives System! Dann freilich könnte nicht nur der Inhalt,

---

[1] S c h l o s s e r s Weltgeschichte, Frankfurt a./M. 1854. Bd. 16, S. 155.

sondern schon die Qualität der grundlegenden Voraussetzung für die Haltbarkeit des philosophischen Systems das Schlimmste befürchten lassen!

Doch lassen wir Rousseau selbst sich gegen die schier unfassliche Annahme verteidigen, die rechtshistorische Einzelforschung zur berufenen Richterin all seiner Philosophie gesetzt zu haben.

„L'homme est né libre, et partout il est dans les fers. Tel se croit le maître des autres qui ne laisse par d'être plus esclave qu'eux. Comment ce changement s'est-il fait? Je l'ignore. Qu'est-ce qui peut le rendre légitime? Je crois pouvoir résoudre cette question."[1]

Kann man deutlicher als es hier an der Spitze des ganzen Werkes geschehen ist, jede Untersuchung über den geschichtlichen Ursprung der thatsächlichen Herrschaftsverhältnisse unter Menschen ablehnen? Da wir aus anderen Stellen erkennen, daß sich Rousseau über die thatsächliche Entstehung des geschichtlich gegebenen sozialen Lebens dennoch eine Ansicht gebildet hatte,[2] so scheint es, als ob unser Autor mit jenem kategorischen „je l'ignore" nur

---

[1] Contrat social, livre 1er, chap. 1er.

[2] Schon zwei Seiten weiter, im nächstfolgenden Kapitel, entwickelt Rousseau in einer psychologisch feinen Bemerkung gegen die Lehre des Aristoteles von der fundamentalen Scheidung des Menschen in Herren- und Sklavennaturen seine eigene Ansicht über den thatsächlichen Entwickelungsgang der vorliegenden Herrschaftsverhältnisse. Die Entstehung der Sklaverei — und wir werden später erkennen, auf welch großen Umfang des geschichtlich gegebenen sozialen Lebens dieser Begriff nach Rousseau Anwendung findet — beruhet thatsächlich, so lehrt der Historiker Rousseau, auf einem Gewaltakt: „la force a fait les premiers esclaves." (Contr. soc. I, 2). Auf Grund der so entstandenen Herrschaftsverhältnisse erst haben sich nach Rousseau im Laufe einer geschichtlichen Entwickelung die Unterschiede der Herrenseelen von dem Sklavengeist herausgebildet.

Da haben wir den schon hier die Fahne der „geschichtlichen Entwickelung" und zwar in bewußter Erkenntnis ihrer wissenschaftlichen Fruchtbarkeit und Schranke aufgezogen von einem Manne, der als „naturrechtlicher Träumer" in weiten Kreisen wissenschaftlich geächtet ist, haben die Forschungsmaxime einer wissenschaftlichen, d. i. empirischen Soziologie in Anwendung gebracht im Kampf gegen Aristoteles, den vermeintlichen Ahnherrn exakter Forschung! —

Bezügl. der Rousseauschen Ansicht hinsichtlich der ersten Entstehung des Rechts, einer Frage, deren wissenschaftliche Bedeutung für unsere Untersuchung problematisch gelassen werden darf, vgl. man z. B. die folgenden Stellen: „L'autorité politique purement arbitraire quant à son institution" („Economie politique", oeuvres complètes tome III p. 162); „en général la partie la plus instructive des annales des peuples qui est l'histoire de leur établissement, est celle qui nous manque le plus . . . comme il ne se forme plus de peuple, nous n'avons guère que des conjectures pour expliquer, comment ils se sont formés." (Contr. soc. IV, 4).

eben jetzt jeden Gedanken an eine historisch genetische Untersuchung aus dem Bereich seiner jetzigen Erörterung, als einer davon
fundamental verschiedenen Betrachtung, mit aller Schärfe habe verbannen und ausmerzen wollen. Und so ist in der That beim schärferen Eindringen in die Problemstellung unseres Sozialphilosophen
unverkennbar: das „Ich weiß nicht" soll nicht im Widerspruch zu
zahlreichen anderen Einzelbemerkungen das gänzliche Nichtwissen
unsres Autors in einer Frage bekennen, an deren Lösung die Jahrhunderte vor ihm in jener uralten Aufstellung eines dem Recht
historisch vorangehenden Gesellschaftsvertrags gearbeitet und sich
gemüht hatten, sondern es soll nur einer Vermengung jener Problemstellung des alten Naturrechts mit der seinen schon hier im Beginn
mit aller Schärfe vorgebeugt werden. Ich weiß nichts über den genetischen Ursprung der Herrschaft von Menschen; das bedeutet: Ich,
als Rechtsphilosoph, weiß nichts hiervon, ich darf jetzt nichts davon
wissen, bei meiner jetzigen Betrachtung nichts von jenen fundemental
verschiedenen Erkenntnissen voraussetzen oder zu Grunde legen.

Aber selbst wenn Rousseau nicht ausdrücklich die Unterscheidung seiner philosophischen Erörterung von einer historischen
Untersuchung des Ursprungs von Recht und Staat betont hätte, so
könnten doch schon die ersten Ausführungen des „Contrat social"
uns von der Irrtümlichkeit der oben citierten Auffassung seiner
Lehre überzeugen. Von einer Theorie über die Entstehung des
Rechts soll dieses System letztlich ausgehen. Dann darf doch gewiß
für unseren Autor die thatsächliche Existenz von Staaten,
d. i. im Sinne jener Auffassung, von rechtlichen Gemeinschaften
überhaupt keinem Zweifel mehr unterliegen. Wer nach dem Wie
der Entstehung fragt, muss das Entstandensein überhaupt
jedenfalls doch zugeben.

Wir stellen also die bis dahin in der Litteratur kaum irgendwo
in Klarheit aufgeworfene Frage, ob das sozialphilosophische System
des Rousseau die thatsächliche Existenz von rechtlichen
Gemeinschaften überhaupt zum unbezweifelten Ausgangspunkt
genommen habe.

Die eindringliche Lektüre der ersten Kapitel des „Contrat social"
wird genügen, um diese für das Verständnis der Rousseauschen
Philosophie grundlegende Frage in Sicherheit zu verneinen. Von
der thatsächlichen Herrschaft von Menschen über Menschen
geht freilich auch unser Philosoph aus; wie könnte sich denn auch
ein nicht geradezu gänzlich verrannter Kopf der sinnenfälligen nackten
Thatsache verschliessen, dass weithin Menschen gebieten und Menschen
ihnen gehorchen: „L'homme est né libre et partout il est dans les
fers." — Aber sind jene „Fesseln", die überall hin die „freigeborenen"

Menschen zwingen, auch rechtliche Bande? Hat unser Philosoph
jene thatsächliche „Knechtschaft" wenigstens insoweit anerkannt, daß
er eine rechtliche Pflicht den thatsächlichen Machthabern zu
gehorchen zugesteht? —

„Si je ne considérais que la force et l'effet qui en dérive, je
dirais: Tant qu'un peuple est contraint d'obéir et qu'il obéit, il fait
bien; sitôt qu'il peut secouer le joug et qu'il le secoue, il fait encore
mieux: Car recouvrant sa liberté par le même droit qui la lui a ravie,
ou il est fondé à la reprendre, ou l'on ne l'était point à la lui ôter.
Mais l'ordre social est un droit sacré qui sert de base à tous
les autres.[1]

Die „soziale Ordnung" in dem Sinne, wie Rousseau den
Ausdruck hier verwendet, erzeugt auch nach Rousseau unverbrüchliche Pflichten des Gehorsams: die thatsächlichen Gewaltverhältnisse aber, soweit sie nur auf nacktem Zwang letztlich beruhen,
können jedenfalls ohne Pflichtverletzung gebrochen werden.

Das sieht nicht so aus, als ob nach Rousseau die rechtliche
Gemeinschaft durch die Thatsachen der Geschichte verbürgt wäre.
Diese lehren uns nur die Thatsache des Gehorsams, die an sich
eine „soziale Ordnung" nicht begründen kann. Dieser Merkmal
ist ihre Heiligkeit, d. i. die Unverbrüchlichkeit der Pflichten, welche
ihre Gebote erzeugen. Nur wo Pflicht ist, ist gültiges Recht. Das
ist das Kriterium, nach dem Rousseau in den nächsten Kapiteln
des „Contrat social" die thatsächlich gegebenen Herrschaftsverhältnisse auf ihre Qualität als rechtliche Verbindungen untersucht.

Kann es, so fragt Rousseau hier zunächst, eine rechtliche
Gemeinschaft geben, in der die Befugnis, Menschen zu befehlen,
einzig in der größeren physischen Kraft des Machthabers gegründet
ist? Oder, da nach Rousseau die rechtliche Ordnung sich von
der thatsächlichen Herrschaft durch die nur jener beiwohnende
Kraft, Gehorsamspflichten zu erzeugen, unterscheidet: Giebt es eine
Pflicht des Schwächeren, den Geboten des Stärkeren zu gehorchen?

„Le plus fort n'est jamais assez fort pour être toujours le maître.
s'il ne transforme sa force en droit, et l'obéissance en devoir...
La force est une puissance physique; je ne vois point quelle moralité
peut résulter de ses effets. Céder à la force est un acte de nécessité,
non de volonté; c'est tout au plus un acte de prudence. En quel

---

[1] Contr. soc. I, 1. Vgl. denselben Gedanken in den „pensées détachées"
bei Streckeisen-Moultou: „Oeuvres et correspondance inédites de J. J.
Rousseau", Paris 1861 p. 353: „Vous m'avez soumis par force, et tant que vous
avez été le plus fort, je vous ai obéi. Maintenant la raison qui m'assujetissait
à vous ayant cessé, mon assujetissement cesse, et vous ne sauriez dire pourquoi
je vous obéissais, sans dire en même temps pourquoi je ne vous obéis plus."

seus pourra-ce être un devoir? ... S'il faut obéir par force, on
n'a pas besoin d'obéir par devoir; et si l'on n'est plus forcé d'obéir,
on n'y est plus obligé. On voit donc que ce mot de droit n'ajoute
rien à la force; il ne signifie ici rien du tout."[1]

Wollte man nicht, so schliesst Rousseau diese für das Verständnis seiner radikalen Problemstellung so wichtigen Ausführungen[1]
in dem Vorhandensein der Gehorsamspflicht das Kriterium der
Scheidung zwischen unverbindlicher Willkür und rechtlicher Ordnung
erblicken, so müßte auch der Straßenräuber[2] Rechtsgebote erlassen,
wenn er mit der Pistole mich zwingt, die Börse ihm zu überlassen.

„Convenons donc que force ne fait pas droit et qu'on n'est
obligé d'obéir qu'aux puissances légitimes."[1]

Schon diese wenigen Ausführungen könnten die Annahme nahelegen, dass Rousseau in seinem neuesten sozialphilosophischen
Werk nichts ferner lag, als die geschichtlich gegebene Existenz jener
„rechtmäßigen Gewalten" zur unbezweifelten Basis seines Systems
zu nehmen. Eine Betrachtung der Ausführungen Rousseaus über
die rechtliche Kraft des historisch feststehenden Sklavereiverhält-
nisses sollen hier die letzten Zweifel benehmen. Dass es sich hier
um eine besondere Art rechtlicher Gewalt handele, die Frage ist,
bemerkt Rousseau, für einen Grotius selbstverständlich zu bejahen:

„Sa plus constante manière de raisonner est d'établir
toujours le droit par le fait.[3]

Wer aber die Thatsachen nicht kritiklos aufrafft, sondern wer
die historisch gegebenen Gewaltverhältnisse auf die Bedingungen hin
untersucht, unter denen eine rechtliche Ordnung überhaupt
möglich wird, der muß nach Rousseau zu dem Schluss kommen,
dass, da die Natur dem Menschen über seinesgleichen keine (rechtliche) Autorität gegeben hat, und auch die nackte Gewalt solche nicht
herstellen kann, nur die freie Übereinkunft („les conventions") diese
zu begründen vermag. Nicht gilt es zu untersuchen — was sich nun
im folgenden immer sicherer herausstellen wird — ob das Recht thatsächlich durch Vertrag entstanden sei, sondern vielmehr ob der Vertrag eine rechtlich gültige Gemeinschaft schlechthin und in allen
Fällen begründen kann. Wäre dies der Fall, so würde freilich
auch das Knechtsverhältnis des Sklaven zu seinem Herrn, des Volks
zu seinem Tyrannen eine rechtliche Gemeinschaft, d. i. nach Rousseau
eine Gehorsamspflichten erzeugende Lebensordnung darstellen können;
denn auch diesen Gewaltverhältnissen könnte ja eine freiwillige

---

[1] C. soc. I, 3.
[2] Das Beispiel schon bei Locke: „two treatises of civil government"
II § 186 Ende.
[3] C. s. I, 2.

Unterwerfung unter das selbsterwählte Joch, also eine freie Übereinkunft zu Grunde liegen. Diese Annahme weist Rousseau mit folgenden Gründen zurück, die hier wegen ihrer methodischen Bedeutung für das richtige Verständnis der Problemstellung folgen sollen:

„Dire qu'un homme se donne gratuitement, c'est dire une chose absurde et inconcevable; un tel acte est illégitime et nul par cela seul que celui qui le fait, n'est pas dans son bon sens. Dire la même chose de tout un peuple, c'est supposer un peuple de fous: la folie ne fait pas droit."[1]

Ein Vertrag, welcher die absolute, bedingungslose Unterwerfung des einen Kontrahenten zum Inhalt hat, ist nicht etwa nur moralisch verwerflich, sondern er ist, was mehr besagen will, rechtsungültig, gänzlich nichtig und zur Begründung rechtlicher Gemeinschaft überhaupt gar nicht fähig.

„Enfin c'est une convention vaine et contradictoire de stipuler d'une part une autorité absolue et de l'autre une obéissance sans bornes. N'est-il pas clair qu'on n'est engagé à rien envers celui dont on a droit de tout exiger. Et cette seule condition, sans équivalent, sans échange n'entraîne-t-elle pas la nullité de l'acte?"[1]

Auch durch den Krieg und seine Schrecken kann dieser Satz im Gegensatz zu „Grotius und den andern"[1] in keiner Weise modificiert werden. Es ist ganz eitel die Rechtsverbindlichkeit der Sklaverei durch einen Vertrag begründen zu wollen, der gegen den Verzicht des Siegers auf sein Recht, den Besiegten zu töten, die absolute Unterwerfung dieses festsetzt. Denn auch der Krieg begründet kein Recht, den einzelnen, der sich unterwirft, zu töten, und jene vermutliche Rechtsgemeinschaft wäre nichts als die Fortsetzung des alten Kriegszustandes.

Nein, so schließt Rousseau diese Betrachtung:

„Le droit d'esclavage est nul, non seulement parce qu'il est illégitime, mais parce qu'il est absurde et ne signifie rien. Ces mots esclavage et droit sont contradictoires, ils s'excluent mutuellement."[1]

Als unser Autor oben in dem dritten Kapitel der physischen Übermacht die Fähigkeit, Gehorsamspflichten zu erzeugen, absprach, da war die irrtümliche Auffassung noch möglich, daß nicht die rechtliche, sondern nur die moralische Pflicht, dem Stärkeren zu gehorchen, geleugnet werden sollte, obwohl freilich schon der unterschiedslose, unvermittelte Gebrauch der Ausdrücke Recht und Pflicht in derselben Gedankenreihe darauf hinweisen konnte, daß es sich

---

[1] C. s. I, 4.

um den Bestand rechtlicher Verpflichtungen und damit auch um die Existenz rechtlich gültiger Gebote überhaupt handelte. In jenen Ausführungen über die Sklaverei zeigt es sich nun mit sicherer Evidenz, daß es sich in dieser ganzen Untersuchung, die doch, wie Rousseau ausdrücklich betont, der Beantwortung einer Frage[1] gewidmet ist, nicht um die sittliche Berechtigung, sondern um die rechtliche Gültigkeit der bestehenden Machtverhältnisse handelt.

Der moderne positive Jurist, welcher sich in die Feinheiten des römischen Sklavenrechts, als einer detailliert geregelten Normierung des Verkehrs mit einer wirtschaftlich bedeutsamen Sachspezies, vertieft, der die einheitliche Konsequenz dieser Regelung vielleicht bewundert, er kann und wird über die sittliche Verwerflichkeit der durch das positive Recht autorisierten Schändung menschlicher Würde nicht in Zweifel sein; aber wird er die rechtliche Gültigkeit, die rechtliche Bindungskraft dieser Normen darum verneinen?

Dieses letztere aber ist es gerade, was Rousseau behauptet und zu beweisen versucht. Für ihn ist das Recht der Sklaverei nicht etwa nur moralisch zu tadeln — wer ihm nicht gehorcht, handelt keiner moralischen Pflicht entgegen — sondern nach ihm bedeutet dieser Ausdruck eine sinnlose Verbindung zweier sich logisch widersprechenden Begriffe, für ihn ist die Sklaverei als positiv rechtliche Lebensordnung überhaupt ein Unding: „Le droit d'esclavage est nul. Ces mots esclavage et droit sont contradictoires, ils s'excluent mutuellement."

Die thatsächlichen Herrschaftsverhältnisse, welche wir bis dahin auf ihre rechtliche Gültigkeit hin untersuchten, sie konnten uns kein Beispiel jener „sozialen Ordnung" liefern, die als ein „heiliges Recht" die feste Grundlage aller rechtlichen Ordnung bilden muß. —

„Il y aura toujours une grande différence entre soumettre une multitude et régir une société. Que des hommes épars soient successivement asservis à un seul, en quelque nombre qu'ils puissent être, je ne ne vois là qu'un maître et des esclaves, je n'y vois point un peuple et son chef: c'est, si l'on veut une aggrégation mois non pas une association; il n'y a là ni bien public ni corps politique."[2]

Diese Stelle ist für den tieferen Einblick in die ganze Tragweite der Rousseauschen Problemstellung von hoher Bedeutung, die Schärfe der Entgegensetzung der Begriffe aggrégation, multitude einerseits und association, société andererseits, zwischen maître d'une

---

[1] „Ainsi ma question primitive revient toujours." C. s. I, 3.
[2] C. s. I, 5.

multitude und chef d'un peuple wird uns in ihrer radikalen Wucht erst im weiteren Verlauf unserer Untersuchung völlig klar und deutlich werden.

Aber wird nicht die Frage nach der Möglichkeit rechtsgültiger Menschenherrschaft durch die Erwägung des Grotius einfach gelöst, daß doch ein Volk sich einem König unterordnen kann? Und Rousseau antwortet:

„Selon Grotius, un peuple est donc un peuple avant de se donner à un roi. Ce don même est un acte civil; il suppose une délibération publique. Avant donc que d'examiner l'acte par lequel un peuple élit un roi, il serait bon d'examiner l'acte par lequel un peuple est un peuple; car cet acte, étant nécessairement antérieur à l'autre, est le vrai fondement de la société."[1]

Und Rousseau fügt hinzu: die Thatsache der Wahl eines Königs kann ja unsere stets wiederkehrende Frage nicht lösen; denn sie setzt die Existenz einer rechtlichen Gemeinschaft schon voraus. Denn sehen wir von einer eventuellen Einstimmigkeit der Wahl ab, so bleibt ja gerade unerklärt, wie der Beschluß der wählenden Mehrheit die überstimmte Minderheit binden kann.[2] Die Wahl des „Volks" sollte die Möglichkeit menschlicher Befehlsgewalt überhaupt begründen, und doch ist in dem Begriff eines Volks die rechtliche Regelung, z. B. das Gesetz von der allseitigen Bindungskraft des Majoritätsbeschlusses, überhaupt schon vorausgesetzt.[1]

Damit ist die erste Vorarbeit für die deutliche Erfassung der Problemstellung erschöpft. Wir erkannten, daß unser Autor wenn auch nicht von der Existenz des positiven Rechts, so doch von der thatsächlichen Herrschaft ausging, welche überall Menschen über Menschen ausüben. Jenes wilde Chaos menschlichen Gemeinlebens, jener ewige Wechsel von Menschenübermacht und Menschenunterjochung, den die soziale Geschichte uns zeigt, sie gilt es auf ihre oberste Gesetzmäßigkeit hin zu untersuchen, die grundlegenden Bedingungen aufzuzeigen, unter denen eine soziale Ordnung mit unverbrüchlicher Bindungkraft überhaupt möglich wird.

Das und nichts anderes ist die Kardinalfrage der Rousseauschen Philosophie, wie sie uns der „Contrat social" in dem ersten Kapitel schon stellt. Aber die so formulierte Problemstellung bedarf dringend einer Erläuterung: Erst die folgenden Kapitel konnten zeigen, in welchem Sinne Rousseau eine Scheidung des buntgestalteten Thatsachenmaterials der sozialen Geschichte nach dem Gesichtspunkt der „Gesetzmäßigkeit" anstrebt.

---

[1] C. s. I, 5.

[2] Der Grundgedanke findet sich schon bei Grotius „de iure belli ac pacis" liber II, cap. 5 § 17, ebenso auch Locke a. a. O. II. § 98.

Was war es denn, was jenen Herrschaftsformen mangelte, daß ihnen Rousseau die Qualität der Gesetzmäßigkeit absprach? Ein einziges Merkmal und stetig dasselbe: Die Macht von Menschen, durch ihre Gebote (mochten sie auch thatsächlich befolgt werden) Menschen gültig zu verpflichten.

So fanden wir, daß in Rousseaus Sinne die Gesetzmäßigkeit menschlicher Herrschaft in ihrer rechtlichen Verpflichtungskraft gegründet ist. Nur unter dieser Voraussetzung, sehen wir, spricht Rousseau von Rechtsgeboten, wird ihm eine Zusammenfassung von Menschen zur rechtlichen Gemeinschaft, zum Staat. Indem wir fanden, daß unser Philosoph im Verfolg seiner einen Frage der rohen Zwangsgewalt, wie jedweder Art von Sklaverei die Qualität als Recht überhaupt abspricht, wird uns der Sinn der Frage selbst in ihrer ganzen Tragweite klar. Die Frage nach der Möglichkeit einer gesetzmäßigen Menschenherrschaft offenbart sich uns als die Frage nach der Möglichkeit rechtlicher Normierung überhaupt.

Diese Möglichkeit von bindenden menschlichen Satzungen in sicherer Methode zu deduzieren, das ist sein Grundproblem, wie er selbst einmal es deutlich ausgesprochen hat:

„Qu'est-ce qui fait que l'état est un? C'est l'union de ses membres. Et d'où naît l'union de ses membres? De l'obligation qui les lie. Tout est d'accord jusqu'ici. Mais quel est le fondement de cette obligation? Voilà où les auteurs se divisent ...[1]

Jetzt, wo wir so den leitenden Gesichtspunkt gefunden haben, nach welchem unser Autor die Thatsachen sozialer Erfahrung einheitlich ordnen und zusammenstellen will, haben wir zugleich ein Mittel gewonnen, das Bereich sozialer Regeln, innerhalb dessen jene Scheidung nach dem Kriterium der Verpflichtungskraft überhaupt vollzogen werden kann, schärfer und bestimmter als es bisher möglich ward, zu begrenzen und damit die ganze Problemstellung in ein helleres Licht zu setzen.[2]

Jeder Maßstab, welcher ein bestimmtes Material einheitlich ordnen will, muß sich notwendigerweise diesem Mannigfaltigen, insofern es ohne Rücksicht auf seinen besonderen Inhalt doch durch

---

[1] Lettres écrites de la montagne l. 6ᵐᵉ. oeuvres compl. vol 8ᵐᵉ p. 125.

[2] Um naheliegenden Mißverständnissen vorzubeugen, sei bemerkt, daß die folgenden Ausführungen ein Mittel sein sollen, um dem nachträglichen Beurteiler den Sinn der Rousseauschen Problemstellung deutlich zu machen. Es ist mit nichten ein berechtigter Vorwurf, daß etwa durch das Folgende die Bedeutung der Rousseauschen Fragestellung schärfer erhelle, als es sich unser Autor selbst zum Bewußtsein gebracht habe. Vgl. über die richtige Methode einer exakten Geschichte der Philosophie unsere Bemerkungen im Anfang des Paragraphen 10.

den einheitlichen Besitz eines bestimmten Merkmals überhaupt vor
allem anderen als ein Mannigfaltiges begrifflich schon geschieden
ist, anpassen, auf die einheitliche Bedeutung des wie immer auch
im einzelnen verschiedenen Materials eingehen, wenn anders er
diesem überhaupt gerecht werden will. Die einheitliche Aufgabe
zum Beispiel, der sich ein Material von wissenschaftlichen Urteilen
unterzieht (welches überhaupt deren Zusammenfassung in den Begriff einer Einzelwissenschaft erst möglich macht), giebt zugleich
den sicheren Hinweis auf den Maßstab einer sachlichen Kritik
jener. Aus dem Verständnis in die besondere Aufgabe, welche ein
bestimmter Kreis von Sachen für die Befriedigung menschlicher Bedürfnisse überhaupt leisten soll, (eine Einsicht, welche die begriffliche Fixierung eines bestimmten wirtschaftlichen Gutes
überhaupt erst ermöglicht), gewinnt der Nationalökonom das Mittel,
eben dieses Material von Dingen in einheitlicher Weise zu ordnen,
d. h. nach ihrer Qualität zu beurteilen. Der Begriff der Güte ist
abhängig von dem formalen Begriff des Gutes. Der Schutz gegen
die Unbilden der Witterung gewährt keinen objektiven Maßstab für
die Beurteilung menschlicher Kleidung, die ganz verschiedenen Be-
dürfnissen zu dienen bestimmt ist, weil er einen Sonderzweck innerhalb dieser Klasse von wirtschaftlichen Gütern zum Maßstab des
Ganzen erheben will, während dieser Gesichtspunkt innerhalb eines
engeren Kreises von Gütern ein solches objektives Mittel der Beurteilung ganz wohl darstellen könnte. So ermöglicht die Einsicht
in die notwendige Beziehung zwischen Maßstab und zu messen-
dem Material einen sicheren Schluß von der Kenntnis des ersteren
auf die festen Grenzen des Bereichs des letzteren.

In dieser Erwägung stellen wir die Frage, ob der von Rousseau zum Kriterium seiner Scheidung erhobene Gesichtspunkt der
Verpflichtungskraft überhaupt ein taugliches Mittel sein kann, das
gesamte Gebiet empirisch möglicher sozialer Regelung in einheitlicher Art zu ordnen und zu würdigen.

Hier ist nun zunächst einleuchtend, daß man in sachlicher Berechtigung jedenfalls nur dasjenige Gebiet sozialer Regeln auf ihre
Verpflichtungskraft hin prüfen kann, welche überhaupt zu verpflichten den Anspruch erheben, und gewiß nicht diejenigen, deren
Begriff die Existenz dieses Anspruchs notwendig schon ausschließt.

Aber, wird man mir einwenden, giebt es denn überhaupt ein
Gebiet sozialer Regelung letzterer Art? Wir antworten: Gewiß, es
ist kein anderes, als welches Rudolf Stammler unter dem Begriff
der Konventionalregel zusammengefaßt hat. Die Konventionalregeln erheben nirgends den Anspruch zu verpflichten, ja noch mehr,
ihr Begriff macht es gänzlich unmöglich, daß sie jemals dazu dienen

könnten, menschliche Pflichten irgendwelchen Inhalts zu erzeugen.

Man kann mit Fug einen Beweis dieser auf den ersten Blick vielleicht seltsam scheinenden These verlangen, zumal diese sich mit Ausführungen dessen in Gegensatz stellt, welchem unsere Wissenschaft die begriffliche Fundamentierung der hier in Frage stehenden Regeln überhaupt verdankt.[1] In Polemik gegen Adolf Merkel, welcher rücksichtlich dieser Regeln bemerkt hatte, daß „im allgemeinen für sie die scharfe Ausprägung jener Doppelseitigkeit, die beständige Gegenüberstellung von Sollen und Dürfen, Pflichten und Befugnissen; nicht in der Weise wie für die Rechtsvorschriften charakteristisch sei", führt Stammler[2] folgendes aus:

„Wer die vorhin von mir angegebenen Beispiele erwägt, wird schnell finden, daß Recht und Pflicht bei solchen Normen im Sinne der Regel selbst um nichts weniger scharf sich entsprechen, als es bei der Rechtssatzung der Fall ist. Es dürfte beispielsweise gerade bei den Regeln des geselligen Verkehrs unserer verschiedenen Stände und Gesellschaftsklassen nicht äußerlich versteckt, sondern sofort leicht und deutlich zu erkennen sein, daß in ganz gleicher Weise wie bei dem Rechtsgesetze sich die subjektiven Rechte und Verpflichtungen in Gegenseitigkeit gegenüber stehen und allerdings nicht bloß auf der einen Seite eine Verpflichtung da ist, sondern dieser bei der anderen Partei sehr wohl auch ein Anspruch und eine Befugnis korrespondiert. Oder man denke an das alte Konventionalgesetzbuch des Komments und an die schrillen Satzungen über Satisfaktion und Duell, und jeder wird alsbald gewahren, daß zwischen zwei Personen, die diesen Konventionalregeln unterstehen, Pflicht und Befugnis betreffs ihres Verhaltens zu einander in „schärfster Ausprägung" entsprechend gegenüberstehen.[3]

An anderer Stelle nennt Stammler die Konventionalregel eine nur hypothetisch verpflichtende Norm,[4] d. h. eine Norm, welche

---

[1] Nach Abschluß der folgenden Ausführungen hatte ich in mündlicher Besprechung Gelegenheit zu konstatieren, daß Stammler mit unserer These, deren Verteidigung wir zur Klärung der Rousseauschen Problemstellung hier unternehmen wollen, im Grunde einverstanden ist. Aber schon deshalb weil man die Bedeutung seiner „Konventionalregeln" vielfach auf Grund der im Text citierten ausdrücklichen Bemerkungen dem wahren Sinn des Autors zuwider aufgefaßt hat, dürften diese Ausführungen nicht ganz ohne Interesse sein.

[2] „Theorie des Anarchismus". Berlin 1894, S. 22.

[3] Dieselben Ausführungen finden sich in Stammlers „Wirtschaft und Recht nach der materialistischen Geschichtsauffassung" Leipzig 1896) S. 127.

[4] „Wirtschaft und Recht", S. 568.

zwar nicht ohne weiteres verpflichtet, aber doch verpflichtet, wenn und so lange eine bestimmte Bedingung erfüllt ist.

Wenn man über die Richtigkeit der vorstehenden Sätze ein Urteil fällen will, muß man vor allen Dingen von dem Begriff der Pflicht eine klare Vorstellung besitzen. Stammler konnte die Definition dieses für die Wissenschaften der Ethik wie der Jurisprudenz gleich wichtigen Begriffs als bekannt voraussetzen. Hier aber, wo es auf eine logische Gegenüberstellung von Pflicht und Konventionalregel letztlich ankommt, ist die sichere Fixierung beider Begriffe notwendige Voraussetzung für eine überzeugende Endentscheidung.

Der Begriff der Pflicht, der „obligation" des Rousseau, ist ein Verhältnisbegriff, bei dessen Fixierung man von dem besonderen Inhalt der in unendlicher Variation möglichen Verpflichtungen gänzlich absehen muß; er bedeutet vielmehr nur die Relation zwischen einem Gebot und der möglicherweise dagegen verstoßenden **Willenshandlung des dem Gebot Unterworfenen**. In diesem Sinne sprechen wir von moralischen Pflichten, denen die Moralgesetze, von rechtlichen Pflichten, denen die Rechtsnormen zu Grunde liegen. Beide Arten von Normen, deren begrifflicher Unterschied hier nicht in Frage steht, wenden sich, schlechthin Gehorsam heischend, an diejenigen zwecksetzenden Wesen, deren Entschließung in Übereinstimmung mit der betreffenden Norm noch nicht in Sicherheit erkannt ist. Wäre letzteres der Fall, so verlöre ihnen gegenüber der Begriff des Sollens und eben damit auch der Begriff der Pflicht jeden gedanklichen Halt und zerfiele in nichtssagendes Gerede. Könnten wir z. B. menschliches Verhalten in absoluter Gewißheit im voraus überhaupt erkennen, so verlöre ein Befehl, welcher ein solches Handeln noch gebieten wollte, jedweden vernünftigen Sinn und könnte nimmermehr eine Pflicht des Sollens da erzeugen, wo eine Notwendigkeit des Seins schon als sicher erkannt ist. Von solcher Erwägung aus ist zu verstehen, wenn Kant erklärt, daß es für Gott, als das Ideal eines sittlich wollenden Wesens, keine sittlichen Pflichten geben könne.[1] Aber in der Welt der Erfahrung, die notwendig an sinnliche Wahrnehmungen geknüpft ist und in deren einheitlicher Ordnung ihre einzige Aufgabe hat, wo giebt es da eine Erkenntnis, die uns den Eintritt einer zukünftigen Handlung und damit die Unmöglichkeit

---

[1] **Kant**: „Grundlegung zur Metaphysik der Sitten", 2. Abschn. Übergang: Von der populären sittl. Weltweisheit zur Metaphys. d. Sitten. Ausgabe von **Rosenkranz**, Bd. 8 S. 37, 38; noch deutlicher derselbe Gedanke in der „Kritik der praktischen Vernunft" § 7, 2. Anmerk. **Rosenkranz** S. 144.

einer bestimmten wider ein Gebot verstoßenden Handlung etwa an der
Hand des Kausalgesetzes in absoluter, unbedingter Sicherheit aufweisen und gewährleisten könnte? So lehrt uns die kritische
Einsicht in die Relativität unserer Erkenntnis, daß es unein-
geschränkt zulässig ist, die Menschen als sittlichen und rechtlichen Normen unterworfen vorzustellen, daß Moral und Rechtsgesetz zur Erzeugung von menschlichen Pflichten bedingungslos
geeignet sind.

Aber können wir, von derselben erkenntniskritischen Erwägung
ausgehend, ebendasselbe auch für die Konventionsregel behaupten,
so wie sie Stammler begrifflich festgelegt hat?

„Das Recht will formal als Zwangsgebot über dem einzelnen in
Geltung stehen. Es erhebt den Anspruch zu gebieten ganz unabhängig von der Zustimmung der Rechtsunterworfenen ... Die Konventionalregel gilt nach ihrem eigenen Sinne lediglich zufolge der
Einwilligung der Unterstellten ... Sobald diese nicht mehr vorliegt
und der seither Beherrschte ausscheiden will, kann er es beliebig
thun.“ Die Konventionalregel ist eine „hypothetisch geltende
Norm“,[1] eine „hypothetisch verpflichtende Norm“.[2] wie es an anderer
Stelle lautet.

Und welches ist diese Bedingung, der ihr Geltungsanspruch
unterliegt? Wir hörten es: Es ist die Einwilligung dessen, an den
sie sich wendet.

Aber ein sicheres Verständnis des Gedankens bedingt hier notwendig die weitere Frage, worin man denn einwilligen müsse, damit die Konventionalregel für den Einwilligenden die konventionelle
Pflicht begründen könne. Die Antwort, daß man dem Inhalt der
Regel zustimmen müsse, scheint hier geradezu auf der Hand zu
liegen.[3] Nun kann aber unter Einwilligung in ein Gebot, unter Zustimmung zu einem solchen doch nur eine Zwecksetzung des Normadressaten verstanden werden, welche mit dem Inhalt der Norm
übereinstimmt; denn allein auf eine beschauliche Billigung und pla-
tonische Gutheißung dessen, was die Konventionalregel erreichen

---

[1] „Wirtschaft und Recht“, S. 129, 130.
[2] „Wirtschaft und Recht“, S. 568.
[3] Kaum anders zu deuten sein dürften die folgenden Worte: „Indem die
Konventionalregel nur diejenige Geltung beansprucht, die sich aus der Einwilligung der Regelunterstellten selbst ergiebt, bereitet sie nach der formalen
Seite der Geltung gar keine Schwierigkeit. „Wirtschaft und Recht“ S. 527.
Vgl. auch Wirtsch. u. Recht S. 490: „solche gesellschaftlichen Regeln, die bloß
deshalb für jemanden gelten wollen, weil und solange er ihnen zustimmt“,
während es von den Rechtsregeln heißt: „Sie wollen als solche gelten, ohne
Rücksicht darauf, ob wir ihnen zustimmen und sie anerkennen“ (S. 494).

will, kann es doch nicht ankommen, vielmehr führt Stammler auch aus, daß die Konventionalregel wie jede „äußere Regel" eine Überzeugung von der objektiven Richtigkeit der Norm überhaupt gar nicht verlange.[1] So bezeichnet denn auch Stammler den Geltungsanspruch der Konventionalregel durch die kurze Formel: „Du sollst, wenn du willst."[2]

Aber rücksichtlich dessen dürfte zu sagen sein: Wenn das Wollen identisch ist mit dem Wollen des Inhalts der Konventionalregel, d. h. wenn letztere sich nur an diejenigen wendet, welche das von ihr Angestrebte selbst schon bezwecken und in ihr Wollen aufgenommen haben, so kann von einem Sollen überhaupt nicht mehr geredet werden. Aus demselben Grunde, aus welchem wir die unbedingte Berechtigung des moralischen und rechtlichen Sollens gegenüber den niemals sicher voraus zu bestimmenden Entschließungen der Menschen einräumten, müssen wir die Möglichkeit eines so gefaßten konventionellen Sollens verneinen. Denn wenn die Konventionalregel von vornherein nur so lange für den einzelnen gelten will, als dieser selbst ihren Inhalt in eigener selbständiger Entschließung will, so verliert ihr Sollen, das begrifflich notwendig, also in absoluter Ausnahmslosigkeit nur auf den also Wollenden sich bezieht, jeden selbständigen Halt, die Konventionalregel macht es sich durch die ihr eigene Beschränkung ihres Machtbereichs unmöglich, ein Sollen und damit eine Pflicht zu erzeugen, weil diese Begriffe die Möglichkeit eines regelwidrigen Verhaltens derer, für welche die Regel gelten will, notwendig voraussetzen. Das aber gerade ist hier ausgeschlossen. Denn mag auch der Erlaß solcher Regeln ein wichtiges, ja gar ein zwingendes Motiv für viele sein, ihren Inhalt in ihre Zwecksetzung aufzunehmen, gelten will die so gefaßte Konventionalregel doch immer nur, nachdem und solange diese Entschließung statthat, und so lange gerade kann von Sollen und Pflicht nicht gesprochen werden.[3] Eine Konventionalregel, welche zu ihrer Geltung nur die einmalige Zustimmung wollte, einerlei, ob späterhin der früher Einwilligende noch zustimmt, würde freilich Pflichten erzeugen können, aber sie wäre auch in der That nicht Konventionalregel, so wie sie uns Stammler beschreibt;[4] wir hätten vielmehr

---

[1] „Wirtschaft und Recht", S. 134, 135.

[2] „Wirtschaft und Recht", S. 531.

[3] Das ist besonders deutlich bei grammatischen Sprachregeln, die Stammler ausdrücklich zu den Konventionalregeln rechnet. (W. u. R., S. 103).

[4] „Ihr Geltungsanspruch reicht nur so weit, wie seine Zustimmung zu seiner Unterwerfung. So lange er der Vereinigung angehört, unterliegt er jenen Normen; allein ob er dazu gehöre, das beantwortet sich nach seiner Entschließung." „Theorie des Anarchismus", S. 40.

in jenem Fall eine Rechtsnorm, deren Inhalt hier nur die Besonderheit aufwiese, daß der Beginn des selbstherrlichen Geltungsanspruchs von der Thatsache eines einmaligen Willensaktes des einzelnen abhängig gemacht wäre.[1] Die Konventionalregel, welche „nur diejenige Geltung beansprucht, die sich aus der Einwilligung des Regelunterstellen selbst ergiebt",[2] tritt mit selbständigen Ansprüchen der freien Entschließung des einzelnen überhaupt nicht gegenüber, sie befiehlt im formalen Sinne überhaupt, falls sie nicht unbemerkt aus ihrer Rolle fällt, niemals; sondern sie bedeutet stets nur einen Vorschlag zu einem bestimmten Handeln, der freilich wegen der weitreichenden Autorität des Vorschlagenden und der Nachtheile, die dieser bei Nichtbefolgung in Aussicht stellt, für viele zum thatsächlich zwingenden Motiv werden kann, aber immer bleibt es formell ein Vorschlag, und Vorschläge, Einladungen können als solche nimmermehr binden oder verpflichten.

Aber freilich, es kann von uns nicht in Abrede gestellt werden, daß Stammler in der Konventionalregel zuweilen mehr zu sehen scheint, als einen harmlosen Vorschlag: er weist ihr an zahlreichen Stellen eine ähnliche Funktion zu, wie diejenige, welche in der Theorie des Privatrechts der Offerte zukommt; der Konventionalregel eigentlichste Bedeutung wird erst offenbar, nachdem die Einwilligung („das Accept") des Angeredeten hinzugekommen ist, dann streicht sie ihre scheinbare Harmlosigkeit von sich und offenbart sich nach der Vollführung ihrer Aufgabe als das Mittel für einen den Einwilligenden bindenden Vertrag. Wie lange dieser Vertrag bindet, daß seine Verpflichtungskraft anders als etwa als die der Verträge in unseren modernen Rechtssystemen durch einseitigen Dissens des „Oblaten" wieder aufgehoben werden kann, das kann füglich hier außer Erörterung bleiben. Hier genügt uns zu wissen, daß eine bindende Verpflichtung des Zustimmenden überhaupt eintreten soll.

Es ist leicht verständlich, wie Stammler, der der Konventionalregel, unter welchen Bedingungen auch immer, verpflichtende Kraft einräumt und sicher zugesteht, zu der weiteren Frage geführt wird, welches denn der Grund dieser Bindung letztlich sei. Die Existenz der Rechtspflicht, d. h. die logische Befugnis, von diesem Begriff überhaupt zu reden (nicht etwa seinen Gegenstand philosophisch zu rechtfertigen), konnte diesem Gelehrten keine Schwierigkeiten bereiten, sie erklärte sich ihm einleuchtender Weise aus dem selbstherrlichen Auftreten der Rechtsnorm, welches eine Gegenüber-

---

[1] Man denke etwa an die Sätze des Beamtenrechts.
[2] „Wirtsch. u. Recht", S. 527.

stellung des „autokratischen" Rechtsgebots und des möglicher
Weise dagegen verstoßenden Einzelwillens ermöglichte; aber die
Konventionalregel, die weit bescheidener auftritt, die nur für den
gelten will, welcher ihr zustimmt, woher konnte sie die Kraft und
Fähigkeit entnehmen, bindende Pflichten zu erzeugen?

Und Stammler erklärt, daß die Zustimmung, die Vereinbarung,
die Konvention diesen ihren Anspruch begründe.   Anders als bei
dem Recht kann man den Grund „ihrer verbindenden Kraft"[1]
auf „Vertrag und Zustimmung und Anerkennung gründen."[1]   „Der
Grund der verbindenden Geltung der Konventionalregel ist die
äußerlich zusammenstimmende Selbstunterwerfung der einzelnen . . .[2]
Sie ermöglicht frei gebildete Genossenschaften, wobei nach dem ihr
eigenen Sinne der Geltung ein jeder über seine Zugehörigkeit zu
der Gemeinschaft selbst bestimmen soll.   Er gehe frei die Konvention ein und löse sie in eigener Entschließung wieder — die
vertragsmäßige Übereinkunft ist es, die ihn bindet, solange
sie besteht, die er allererst eingehen muß, und die er in unbedingter
Schrankenlosigkeit jederzeit durch neue Willenserklärung außer Kraft
setzen kann."[3]

Aber hier kann die Frage nicht vermieden werden: Warum
bindet denn die „Konvention" denjenigen, welcher von seiner Macht,
sie zu lösen, keinen Gebrauch macht?   Auch im Rechtsleben kann
die thatsächliche Vereinbarung nicht genügen, um die rechtliche
Pflicht, den Vertrag zu halten, zu begründen; dazu bedarf es der
Rechtsnorm, pacta sunt servanda, welche denen, die freiwillig die
Konvention eingingen, nun unabhängig von ihrem persönlichen
Wollen anbefiehlt, der Vereinbarung gemäß zu verfahren.   Und
mag auch das Recht in einzelnen Fällen es den Kontrahenten freistellen, die bindende Übereinkunft wieder zu lösen, wie etwa das
römische Recht die Scheidung der Ehe in das Belieben der Ehe-
gatten gestellt hatte, so bindet doch bis zu dem Moment der Aufhebung die frei eingegangene und beliebig lösbare Konvention die
Kontrahenten, weil das Rechtsgebot seine Befolgung bis auf
weiteres kategorisch befiehlt.

Wer aber befiehlt denn die Einhaltung der Konvention denjenigen, welche immer in „konventionaler Gemeinschaft" sich befinden?
Etwa die Konventionalregel selbst?   Aber dies würde einen Cirkel ergeben, wenn anders wir oben den Begriff dieser Einzelart sozialer
Regeln richtig faßten.   Die Konventionalregel befiehlt ja — so nahmen

---

[1] W. u. R., S. 527.
[2] W. u. R., S. 130.   „Theor. d. Anarchismus", S. 24.
[3] W. u. R., S. 553, ganz ähnlich: Theorie des Anarch., S. 42.

wir bisher wenigstens an — dem Willen des einzelnen überhaupt garnichts, sie fragt nur demütig an, ob man sich etwa gemäß ihren Vorschlägen noch weiterhin zu verhalten beliebe. Thut sie ein mehreres, übt sie auch während noch so kurzer Dauer eine Herrschaft aus, deren Fortdauer sie immerhin in das freie Belieben der so lange „Unterstellten" bescheidenlich setzen mag, wird sie dann nicht zum Recht?

Aber es giebt doch auch kein konventionales Naturgesetz, welches der positiven Konventionalregel die verpflichtende Kraft verliehe und gewährleistete. Es kann also schließlich doch wohl nur die von Menschen gesetzte Konventionalregel selbt sein, welche die Einhaltung der Vereinbarung, wenn auch nur bedingungsweise gebietet und eben damit die eigene Verpflichtungskraft erzeugt und sichert.

Und dieses scheint in der That die Lösung zu sein, welche Stammler in der von ihm angeregten Frage nach dem Grund der Verbindlichkeit der konventionellen Regelung giebt. Die Anerkennung ist der Grund der Geltung dieser Normenart, weil die Konventionalregel demjenigen gegenüber gelten will, welcher ihr Gebot anerkennt.[1]

Aber man muß sich wohl deutlich machen, daß damit die Bedingung, unter welcher die Konventialregel zu gelten beansprucht, einen anderen Inhalt bekommen hat. Oben, als Stammler den Geltungsanspruch dieser Normenart durch die Formel: Du sollst, wenn Du willst, beschrieb, war alle Geltung auf das Wollen der Unterstellten letztlich abgestellt, und solange schien von einer Verpflichtung der an sich notwendiger Weise Wollenden zu reden, ein Unding.

Ganz anders, wenn die blose Anerkennung nach dem eigenen Sinn der Konventialregel genügen soll, um ihre Geltung zu begründen. Hier könnte in der That von konventionalem Sollen und Pflicht geredet werden; denn Anerkennung in jenem anderen Sinn bedeutet dann überhaupt keinen Willensakt, sondern einen Denkvorgang. Wir haben schon oben darauf hingewiesen, dass es Stammlers Begriffsbestimmung der äußeren Regel widerstreiten würde, wollte man das Moment der Anerkennung auf den Inhalt der Regel be-

---

[1] W. u. R., S. 491: „Konventionalregeln, welche dem Sinn ihres Geltungsanspruchs nach sich auf Anerkennung und Zustimmung der Regelunterworfenen gründen". Vgl. auch S. 492: „Wer soziale Regeln in ihrem Geltungsanspruch darauf gründet, daß ihnen faktische Anerkennung der den Regeln Unterstellten zu teil wird, der hat von Konventionalregeln geredet, aber nicht von rechtlicher Satzung."

ziehen. So kann es denn nur auf die Befugnis des die konventionale Norm Erlassenden bezogen werden. Folglich würden Konventional-regeln, also gefaßt, diejenigen Normen sein, welche sich ihrem Begriff nach nur an diejenigen wenden, welche die Herrschaftsbefugnis des Urhebers der Norm anerkennen. Hier freilich würde der Begriff der Befugnis eine neue Schwierigkeit ergeben, denn Befugnis setzet selbst schon wieder ein Sollen voraus, welches die Macht des Norm-erlassenden dem anderen gegenüber garantiert. Dieses Sollen aber könnte wiederum ein moralisches, ein positiv rechtliches oder auch nur ein hypothetisch praktisches nach Art einer Klugheitsregel sein. Kurzum, es würde sich hier, um den Begriff der Anerkennung schärfer zu präzisieren, fragen, ob es im Sinne jener Regeln einerlei ist, ob die Unterstellten ein moralisches oder rechtliches, oder nur im Sinne einer bedingten Klugheitsregel gebietendes Sollen aner-kennen, das ihnen Gehorsam befiehlt. Jedenfalls aber würde in allen diesen Fällen die Bedingung des Geltungsanspruchs der Kon-ventionalregel eine theoretische Vorstellung des Normadressaten sein und mit nichten eine Zweckvorstellung, die etwa den Inhalt des Gebots schon an und für sich aufgenommen hätte.

Es ist ganz sicher, dass, wenn man den Begriff dieser Normenart also faßt, diese Regeln jedenfalls verpflichten können, denn schon ein Blick in unser empirisch gegebenes soziales Leben zeigt uns deutlich, daß das Faktum der Anerkennung der Befugnis des Gesetz-gebers zum Erlaß gültiger Gebote durchaus noch nicht notwendig in sich birgt, daß der Anerkennende diese Gebote in allen Fällen thatsächlich befolgen will. Erkenntnis und Wollen sind hier wie überall zweierlei. Und so behält die Gegenüberstellung des Inhalts einer Norm und des Willens des irgendwelche Befugnis des Ge-bietenden Anerkennenden immer guten und verständlichen Sinn.

Doch schon weil der so gedachte Begriff der Anerkennung bei Stammler so wenig präzisiert ist, glauben wir nicht, daß dieser Gelehrte in der That auf dieses Moment in Widerspruch zu anderen Stellen die ganze Scheidung habe grundlegend abstellen wollen, und auch wir werden demgemäß im folgenden die Gebote desjenigen Menschen, welcher nur den seine Befehlsbefugnis Anerkennenden gebieten will, nicht Konventionalregeln nennen.

Aber in aller Welt, welches ist denn der klare Sinn des Gel-tungsanspruchs dieser Regeln? Das freilich ergab sich uns un-zweifelhaft: Wenn die Konventionalregel ihrem Sinne nach das Wollen ihres eigenen Gebotsinhalts zur Bedingung ihres Geltungs-anspruchs macht, so kann von einem konventionalen Sollen und damit von konventionalen Pflichten mit Fug nicht mehr geredet werden, weil jenes vermeintliche Sollen sich ja nur an die ohnehin

schon Wollenden wenden würde, weil die Konventionalregel die Zahl
der ihr „Unterstellten" nur unter denjenigen suchen würde, welche
den Inhalt ihrer Anordnung in eigener Entschließung sich zur subjektiven Maxime gemacht haben und weiterhin machen werden.

Wie aber, wenn die Bedingung des Geltungsanspruchs der
Konventionalregel dennoch eine andere wäre? Vielleicht befiehlt
die Konventionalregel gar nicht unter der Bedingung, daß man
ihren Inhalt gerade wolle, selbst erstrebe, sondern daß man ander-
weite Vorteile haben wolle. Und in der That giebt es in den
Ausführungen Stammlers Stellen, welche diesen Gedanken nahe
legen. So heißt es bei Stammler einmal ausdrücklich: „Die Konventionalregel sagt hypothetisch: Wenn Du Vorteile haben willst,
so vereinige dich mit uns und bleibe bei uns, wenn nicht, so bist du
frei."[1] Und fast dieselben Worte finden sich schon in der „Theorie
des Anarchismus."[2] Hier schon, wie besonders in der Polemik,
welche Stammler in „Wirtschaft und Recht" gegen eine dogmatische Verwerfung des anarchistischen Grundgedankens richtet, erscheint ein Willensakt und zwar das Wollen bestimmter nur in der
Konventionalgemeinschaft erreichbarer Vorteile und ebendamit letztlich der freiwillige „Eintritt" in diese Gemeinschaft und das freiwillige Verbleiben in ihr als die Bedingung der Geltung jeder
einzelnen konventionalen Satzung. Wer von Bekannten gegrüßt
werden will, muß selber sich einer dahin gehenden Konventionalregel fügen, wer Glied in der Gemeinschaft derer sein will, welche
den Grundsatz unbedingter Satisfaktion vertreten, soll selber diese
konventionelle Satzung in seinem Thun beobachten.

Es ist leicht einzusehen, daß diese und ähnliche Sätze in zweierlei
Art aufgefaßt und verstanden werden können. Man kann zunächst
in ihnen eine praktische Anweisung, einen belehrenden Fingerzeig
erblicken, welche die Mitglieder jener Gemeinschaften zu Gunsten
aller derer bekannt machen, welche etwa den Wunsch hegen sollten,
in jene Gemeinschaft einzutreten. Es sind Aufnahmebedingungen,
die man zur Kenntnis etwaiger Interessenten bringt, um diesen zu
zeigen, unter welchen Bedingungen ihr Wunsch nach Aufnahme erfüllt werden wird. Damit aber ist sofort deutlich, daß diese Anweisungen so wenig jemals im stande sind, denjenigen, an welchen
sie sich wenden, irgendwie zu verpflichten, als der Ratschlag, den
ein Arzt seinem Patienten giebt, der ihn nach einem Mittel fragt,
seine Gesundheit wieder herzustellen. Die Befolgung der Konven-

---

[1] W. u. R. S. 652 Note 68.
[2] S. 26.

tionalregel wird erkannt als notwendiges Mittel, um gewisse Vorteile
zu erreichen, aber der Wunsch, diese Vorteile zu gewinnen,
verpflichtet nicht, das Mittel zu gebrauchen. Wie aber, wenn
man diesen Wunsch auf das deutlichste bekundet, wenn man die
Vorteile, die allein der Eintritt in die Konventionalgemeinschaft
gewährt, sich thatsächlich zu verschaffen gewußt hat und man gar
nicht gedenkt, auf den Genuß dieser Vorteile zu verzichten, erlangt
dann nicht, so könnte man fragen, die Konventionalregel den begründeten Anspruch, auch für den neuen Ankömmling bis auf weiteres zu gelten? Wird nicht durch den Genuß jener Vorteile jener
auch verpflichtet, auch selbst diese Vorteile den andern zu gewähren? Wohlgemerkt: In Frage steht ein konventionales, nicht
etwa ein moralisches Sollen, weil es sich um die deutliche Begriffsbestimmung der Konventionalregel als einer besonderen Art „äußerer"
(nichtmoralischer) Regeln handelt, aber nicht etwa um eine Einzelfrage angewandter Ethik.

Man wird leichtlich bemerken, daß hier ganz unter der Hand
und scheinbar unvermerkt und harmlos die Konventionalregel einen
ganz neuen Anspruch zu gelten erhebt. Freilich: Sie will nur hypothetisch gelten und verordnen, aber nicht mehr unter der Bedingung, daß man ihr Gebot als Richtschnur seines Handelns nimmt,
sondern daß man ihre Befolgung hinsichtlich seiner selbst von andern
verlangt, oder wenigstens, wenn man dieses Verlangen thatsächlich
auch erreicht hat. — Wir haben schon einmal die Konventionalregel auf einer scheinbar harmlosen Überschreitung der festen Grenzen
ihrer Machtbefugnis ertappt, und die ihr eigene Begier, auf fremdem
Boden sich anzubauen, in die rechten Schranken zurückgewiesen.
Schauen wir zu, daß wir auch jetzt gegenüber ihren Eroberungs-
gelüsten auf der Hut sind.

Wenn die Konventionalregel für alle diejenigen gelten will,
welche ihre Befolgung durch andere sich selbst gegenüber
durchgesetzt oder gar nur verlangt und gewünscht haben,
dann freilich ist sie wiederum imstande, Menschen zu verpflichten,
aber wir fragen, worin in aller Welt sich jene dann noch von der
rechtlichen Satzung unterscheide. Eine also gedachte Konventionalregel befiehlt unabhängig von dem Willen der einzelnen, ihr Gebot anzuerkennen oder zu befolgen, wenn auch nicht gänzlich unabhängig von jedweder Willenshandlung und Entschließung
dieser einzelnen überhaupt.

Aber eine bestimmte thatsächliche Willensrichtung des einzelnen
macht auch die Rechtsnorm in zahllosen Fällen zur Bedingung
ihrer eigenen Geltungskraft. Jene den denkenden Juristen mit Fug
wundersam anmutende Behauptung, daß das Recht nur das „äußere"

Verhalten der Menschen normiere, darf hier mit nichten irre machen.[1]
Giebt es nicht genug Normen, denen niemals ein Jurist die Qualität als Recht abgestritten hat, und welche trotzdem ihrem eigenen
Spruche nach ihre Geltung auf diejenigen Menschen einschränken,
welche bestimmte Vorteile erreichen wollen?

Man denke etwa an die Bestimmungen unseres modernen Reichs-
strafrechts über den Betrug! Die Norm des § 263 des Strafgesetzbuchs verbietet, andere durch Täuschung an ihrem Vermögen zu
schädigen, wenn man einen rechtswidrigen Vermögensvorteil zu erlangen bezwecke. Es kann für die Frage der Klarstellung des Inhalts dieser besonderen Einzelnorm mit Fug unerörtert bleiben, ob
andere Rechtssätze, (etwa auch das Civilrecht), die Materie der Ver-
mögungsbeschädigung durch Täuschung durch zwingende Gebote
und Verbote normieren: jedenfalls kann aus der logischen Analyse
des obengenannten Einzelsatzes des Strafrechts nur entnommen
werden, daß die Vermögensbeschädigung durch Täuschung dann
verboten ist, wenn man sich bestimmte Vorteile hat verschaffen
wollen. Es mag eine Zergliederung der einzelnen Elemente dieses
Gesetzes in dieser Art zunächst seltsam und wunderlich erscheinen,
unrichtig ist sie aber darum nicht. In der That bedeutet die Betonung des Motivs nichts anderes im Grunde als eine bestimmte
Methode der Einschränkung der Geltungskraft krimineller Gebote
und in dieser Art muß z. B. das in unserem Strafgesetzbuch so
vielfach verwandte Moment des b e z w e c k t e n Vorteils gewürdigt
und begriffen werden. Mag man nun aber über die Immoralität
oder auch über die Rechtswidrigkeit der durch Täuschung bewirkten
Vermögensschädigung in Rücksicht auf andere Rechtssätze noch so

---

[1] Schon ein Blick auf unser modernes Privat- und Strafrecht könnte von
der Irrigkeit dieser so häufig aufgestellten Behauptung überzeugen, wobei hier
von der rechtshistorisch bedeutsamen Thatsache abgesehen werden kann, daß
das moderne Recht (vorzüglich deutlich im deutschen Strafrecht) das „innere"
Verhalten des Menschen eingehender berücksichtigt als die früheren Zeiten. —
Vor allen Dingen erscheint unverständlich, wie man, was Verfasser allerdings
begegnet ist, die auf K a n t i s c h e r Wurzel fußende S t a m m l e r s c h e Zusammenfassung von Konventionalregel und Rechtssatzung unter den Begriff der
„ ä u ß e r e n Regel" (vgl. Kant: „Metaphysische Anfangsgründe der Rechts-
lehre", Einleitung I [Rosenkranz, Bd. 9 S. 13] und III [Rosenkranz ibidem
S. 18—21]) im Sinne jener oben genannten These hat deuten können Vgl. hiergegen die klaren Ausführungen bei S t a m m l e r : Wirtsch. u. Recht, S. 105 flg.,
134; die S t a m m l e r s c h e Unterscheidung zwischen äußerer Regel und Moral
betrifft nicht etwa das Objekt der Normierung, etwa die möglichen Wirkungen
im Raum, als ob diese als menschliche Handlungen nicht auch vor das Forum
der Moral gehörten, sondern die T r i e b f e d e r, die G e s i n n u n g, hinsichtlich
welcher beide verschiedene Ansprüche (bloße „Legalität" im Gegensatz zu
„Moralität") erheben.

sicher sein, so bleibt doch richtig, daß der Inhalt des oben genannten Betrugsparagraphen diese Handlungsweise nur denjenigen
verbietet, welche einen rechtswidrigen Vermögensvorteil für sich
oder einen anderen erlangen wollen. Wer wollte nun aber dem
kategorischen: Du sollst nicht durch Täuschung anderer Vermögen
schädigen, die Qualität als bindende Rechtsnorm darum abstreiten,
weil ihre Geltungskraft auf den Kreis derer eingeschränkt ist, welchen eine bestimmte konkrete Willensrichtung eigen ist? Das, was
hier irre macht, beruht auf einer Verwechselung dessen, was man
Bedingung des formalen Geltungsanspruchs nennt, mit einzelnen, den materialen Inhalt des Gebotes allein betreffenden
„Thatbestandsmerkmalen“, die nur im Zusammenhang mit allen anderen den Inhalt des rechtlichen Sollens bestimmen und welche
darum, an und für sich betrachtet, jeweilig als Bedingungen (im
Civilrecht als „juristische Thatsachen“) aufgefasst werden können,
unter deren Gegebensein allein der übrige Inhalt des Gebots als
rechtliche Folge überhaupt relevant, überhaupt befohlen wird. Das
Moment des bezweckten „rechtswidrigen Vermögensvorteils“ betrifft
nur den konkreten Inhalt der obengenannten strafrechtlichen Norm,
bestimmt, unter welcher Voraussetzung die durch Irrtumserregung
bewirkte Vermögensbeschädigung überhaupt kriminell relevant und
verboten sein soll, läßt aber die Art des formalen Geltungsanspruchs,
mit welchem überhaupt dieser so bestimmte Inhalt geboten wird,
gänzlich unberührt. Die zwei Fragen sind also schärfstens zu
trennen:

1. Was und unter welcher Voraussetzung wird etwas überhaupt befohlen? und

2. Wie will jene inhaltlich nun bestimmte Satzung formal gelten, ohne weiteres, unabhängig von der Einwilligung der
Unterstellten in ihren Inhalt, d. h. kategorisch, oder nur hypothetisch, unter der Bedingung, daß man ihr, ihrem Gebotsinhalt, auch gehorchen wolle.

Die oben infragestehende Satzung, welche an den thatsächlichen Genuß bestimmter Vorteile für alle diejenigen, welche jene
Vorteile noch weiterhin genießen wollen, die Verpflichtung knüpfte,
jene Vorteile auch andern zu gewähren, und die in dem harmlosen
Gewand der Konventionalregel aufzutreten schien, sie scheint sich
uns jetzt in nichts mehr von der mit unbedingtem Geltungsanspruch
auftretenden Rechtssatzung zu unterscheiden, mag freilich auch ihr
konkreter Inhalt eine besondere Willensrichtung als einzelnes Thatbestandsmerkmal aufweisen.

Hier scheint denn in der That nur noch ein letzter Ausweg
denkbar, um in der hier eingeschlagenen Richtung zu einer Schei-

dung zwischen Rechts- und Konventionalregeln zu gelangen. Man könnte nämlich sagen, daß die Konventionalregel ihrem Begriffe nach, also notwendig und ausnahmslos, die Thatsache irgendwelcher konkreten Willensrichtung zum ausschlaggebenden Gesichtspunkt der Auswahl derer erhebt, an welche sie ihre Gebote überhaupt richtet, während bei der Rechtsregel die Abhängigmachung der Geltung von solcher konkreten Willensrichtung der Adressaten eine Zufälligkeit bedeutet. Aber freilich, man braucht diesen Gedanken nur durchzudenken, um sofort zu erkennen, daß die Stammlersche Scheidung so ein ganz anderes Gesicht erhält. Denn nicht mehr der formale Geltungsanspruch, mit welchem die einzelne Regel als solche auftritt, könnte nunmehr darüber belehren, ob wir es mit einer rechtlichen oder konventionalen Satzung zu thun haben, weil ja auch die Konventionalregel, also gefaßt, unabhängig von der Zustimmung der Gebotsadressaten, den überhaupt irgend etwas Wollenden nun ein anderes gebieten würde, sondern es wäre nun in jedem einzelnen Fall zu untersuchen, ob die einzelne Norm einer Gebotskategorie angehört, zu deren begrifflicher Eigenheit es gehört, ihre Geltung von der Thatsache irgendwelcher Zwecksetzung der Angeredeten abhängig zu machen, oder ob dieser Umstand innerhalb der Klasse von Geboten, zu welcher die einzelne hier in Frage stehende Regel gehört, etwas Zufälliges und keineswegs die gesamte Kategorie Auszeichnendes darstellt. Nun aber ist sofort deutlich, daß, um überhaupt in dem erwähnten Sinne einzelne Regeln bestimmten Gebotsklassen zutheilen zu können, man auf ihre jeweilig gemeinsame Herkunft, kurz auf die Person des Gebietenden zurückzugehen hat. Die einzelne Regel befiehlt ja überhaupt nicht, sondern selbstverständlicherweise nur derjenige, welcher sie erlässt. Es würde also in allen Fällen, in welchen eine Norm irgendwelche konkrete Willensrichtung als inhaltliches Thatbestandsmerkmal enthält, zwecks Feststellung, ob jene dem Gebiet der Konventionalregel oder Rechtssatzung angehört, weiter zu fragen sein, ob die Person, welche jene Norm erlassen hat, gewillt ist, stets und in allen Fällen nur solchen Menschen zu befehlen, die in eigener Entschließung die Erlangung bestimmter Zwecke betreiben und fortbetreiben, oder ob der Urheber jener Regel sonst und in anderen Fällen auch Menschen gebieten will ganz unabhängig davon, ob sie sich überhaupt bestimmte Zwecke gesetzt haben. Mit anderen Worten, das charakteristische Merkmal zwischen konventioneller und rechtlicher Satzung wäre also darin gelegen, daß der Wille des konventionell Gebietenden sich ausnahmslos darauf beschränkte, nur solche Gebote zu erlassen, von deren Verbindlichkeit man sich befreien könne, sobald man nur eine bestimmte Willensrichtung (deren Gegenstand freilich ein anderer ist als der Inhalt des Gebots) aufgiebt, während der rechtliche Gebieter prinzipiell denen, welchen er befiehlt, gar keine Möglichkeit einräumt, sich durch das Aufgeben konkreter Zwecke, durch den Verzicht auf bestimmte Vorteile seiner Herrschaft zu entziehen. Auch sein Gebot kann im konkreten Fall so beschaffen sein, daß die Unterstellten durch Aufgabe gewisser Zwecke sich seiner Geltung entwinden können, aber diese Vergünstigung beruhet hier keineswegs auf einer prinzipiellen Selbstbescheidung des Gebietenden, sondern auf einer Zufälligkeit des einzelnen Falles.

Auf diese Weise würde dann vielleicht eine Scheidung von Rechtsregel und konventioneller Satzung ermöglicht werden, ohne daß der Anspruch zu verpflichten nur der einen Regelart beiwohnte. In der Art der prinzipiellen Auswahl der Unterstellten läge der begriffliche Unterschied.

Aber man darf nicht übersehen, daß hier eine psychologische Einzelthatsache, deren Existenz aus dem Sinn und Inhalt der einzelnen Regeln in zahlreichen Fällen überhaupt gar nicht erhellt, zum begrifflich entscheidenden Maßstab der Sonderung zweier Arten sozialer Regeln erhoben ist. Es kann, falls man die letztgenannte Art der Scheidung beibehalten wollte, in tausend Fällen gar nicht festgestellt werden, ob ein Gebot dem Gebiet des Rechts angehört, bevor nicht nur die Person seines Urhebers historisch ermittelt, sondern sogar sein jeweiliger Wille hinsichtlich der Wahl der zu Gebote stehenden Mittel der Herrschaftsausübung in psychologischer Betrachtung seines internen Gemütszustandes klargelegt wäre. Man könnte, um den formalen Begriff des Rechts wenigstens von psychologischen Tranchierkünsten freizuhalten, statt jener letztgenannten Art der Untersuchung eine objektiv logische Analyse des Inhalts der anderen Gebote desselben Gebietenden treten lassen und jenen obengenannten Herrscherwillen nach dem Inhalt aller Befehle desselben Herrschers jeweilig feststellen. Dann würde die Thatsache, daß jener ein einziges Gebot erließ, dessen Verbindlichkeit von irgend welchem Wollen des einzelnen nach seinem eigenen Inhalt unabhängig ist, genügen, um alle von diesem Herrscher erlassenen Regeln, wenn anders sie nicht gerade das Wollen des Inhalts der Regel selbst zur Bedingung ihrer Geltung machen, als Rechtssatzungen erscheinen zu lassen, und andererseits würde, falls unter den Geboten jenes solche Normen des oben genannten Inhalts überhaupt nicht anzutreffen wären, konventionale Satzung selbst dann anzunehmen sein, wenn der Wille des Gebietenden, in anderen Fällen auch ganz unabhängig von jedwedem Wollen der Angeredeten zu befehlen, ein psychologisch sicheres Faktum darstellte.

Aber freilich, ein Mangel bliebe, falls man die Scheidung in dieser Art durchführen wollte, immer noch bestehen, und er genügt, um auch diesen letztgenannten Versuch als hinfällig zu erweisen, den fundamentalen Begriff des Rechts im Gegensatz zu anderen pflichtenerzeugenden Regeln zu klären.

Es ist dies der Umstand, daß eine dahingehende Scheidung zwischen Rechts- und Konventionalregel eine genetische Untersuchung nach der Person des Urhebers der Norm zur unumgänglichen Voraussetzung hat. Denn wenn die Qualität einer Norm als rechtlicher Satzung letztlich davon abhängen soll, ob andere Gebote desselben Urhebers einen bestimmten Inhalt haben, so wäre damit in tausend Fällen die Frage, ob eine Norm dem fundamentalen Begriff der Jurisprudenz, dem Formalbegriff des Rechts entspricht, ohne ein Zurückgehen auf die Person des Befehlenden gar nicht aufzulösen.

Erwägen wir nun, daß eine solche Untersuchung überhaupt nur betreffs derjenigen Unterart rechtlicher Satzungen ausführbar ist, welche unsere Wissenschaft unter dem Begriff des Gesetzes im Gegensatz zum Gewohnheitsrecht zusammenfaßt, daß aber die Gewohnheit, unzweifelhaft ein Objekt der Jurisprudenz, ihrem Begriffe nach eine genetische Untersuchung nach der Person des Befehlenden überhaupt nicht gestattet, so folgt hieraus, daß jene letztgenannte Scheidung zur Klärung und scharfen Bestimmung des einheitlichen Objekts der Jurisprudenz, des Begriffs vom Recht, unmöglich geeignet sein kann. Auch die Gewohnheit kann ihre Geltung von irgend welchem Wollen des Unterworfenen abhängig machen, und hier ist es unmöglich, die Frage, ob es sich um konventionelle oder rechtliche Gewohnheit handelt, durch ein genetisches Zurückgehen auf die Person des die Gewohnheit Anordnenden zu entscheiden. Denn die Gewohnheit wird überhaupt nicht befohlen und von Menchen an Menschen ausdrücklich geboten und dennoch hat die Jurisprudenz niemals gezweifelt, daß sie ihrem Untersuchungsbereich angehört.

So lehrt uns die Thatsache des Gewohnheitsrechts nicht nur die Unmöglichkeit jener letztlich zur Erwägung stehenden Scheidung zwischen Recht und Konventionalregel,[1] sondern sie warnt uns zu-

---

[1] Ob nicht derselbe Grund die von Stammler angegebene Scheidung zwischen Rechts- und Konventionalregel, hier in specie zwischen Gewohnheitsrecht und Sitte überhaupt für die Jurisprudenz etwa untauglich erscheinen läßt, weil bei diesen auf thatsächliche Übung sich gründenden Normen ein sicheres Kennzeichen fehlen könnte nach welchem der selbstherrliche Geltungsanspruch der Norm festgestellt werden könnte, kann für unsere Untersuchung hier unausgemacht verbleiben, weil wir den Begriff der Stammlerschen Konventionalregel nur darum in nähere Erwägung nahmen, um zu erkennen, ob die letztgedachten Regeln in die Rousseausche Problemstellung hineinfallen.

gleich, ohne weitere Erklärung als ein Begriffsmerkmal des Rechts hinzustellen, daß es ein von Menschen erlassener Befehl sei. Diese letztere Ausdrucksweise ist falsch, wenn sie bedeuten will, daß der Inhalt der Rechtsnorm ausdrücklich von Menschen Menschen gegenüber geboten sein müsse; erklärt man aber ausdrücklich, daß der Ausdruck „Menschensatzung", „Menschenbefehl" nur im Gegensatz zu der hypothetischen Geltung von Klugheitsregeln und praktischen Vorschlägen das kategorische Sollen, dessen Inhalt von der Zufälligkeit menschlichen Willens letztlich abhängig ist, bezeichnen soll, so ist der Sprachgebrauch und Gedanke einwandsfrei und auch wir werden uns gestatten, das Wort „Befehl" zur Betonung des unbedingten Geltungsanspruchs des rechtlichen Sollens zu verwenden.

Damit aber ist auch der letzte Versuch gescheitert, die von Stammler angeregte Scheidung von Rechts- und Konventionalregel in anderer Art durchzuführen, als indem wir das Wollen des Inhalts der Norm als eigenartige Bedingung des Geltungsanspruchs der konventionellen Satzung behaupten.

Denn wollte man etwa dem Resultat unserer Ausführungen dadurch zu entgehen suchen, daß man den Eintritt in die Gemeinschaft als Bedingung des Geltungsanspruchs der konventionellen Satzung hinstellte, so fragen wir, was denn verständlicher Weise Eintritt in eine Gemeinschaft, als formaler Begriff gedacht, anders bedeuten könne, als freiwillige Unterordnung unter die Regeln, welche die Gemeinschaft überhaupt erst konstituieren. Und die Thatsache, daß eine Regel ihre Geltung von dem einmaligen Eintritt des einzelnen abhängig machte, würde naturgemäß an sich noch nicht genügen, um ihre Qualität als rechtliche Norm auszuschließen, solange sie nicht die Thatsache des fortgesetzten Gehorsamswillens zur Voraussetzung ihrer Geltungskraft erhebt. Dann aber befiehlt die Regel nicht mehr, sondern sie schlägt vor, ladet ein, regt an zum Handeln, aber ihre Einladung erzeugt keine selbständige Pflicht und, um hier jeden Wortstreit, den ein eigensinniger Sprachgebrauch vom Zaune brechen könnte, von vornherein auszuschließen, fügen wir hinzu: Keine Pflicht in dem Sinne, in welchem Rousseau von „obligation" redet, als dem problematischen Erzeugnis eines von Menschen stammenden an Menschen sich wendenden selbstherrlichen Befehls.

In diesem letztgenannten Sinne also werden wir im Verlauf dieser Ausführungen von konventioneller Regel im Gegensatz zur rechtlichen Norm reden, indem wir die Form des Befehls im Gegensatz zu der einladenden Art des bescheidenen Vorschlags als ausschlaggebendes Kriterium verwenden.

Die nahe Gefahr von Mißverständnissen, welchen diese Begriffe,

deren Gebrauch auch uns zur Klärung der Rousseauschen Problemstellung dienlich erscheint, ausgesetzt sind, möge die Ausführlichkeit
des vorangehenden entschuldigen.

Versuchen wir nun mit Hilfe des Resultats unserer letzten
Untersuchung unser Verständnis für die Rousseausche Kardinalfrage, für die grundlegende Problemstellung seiner gesamten Sozialphilosophie nach Möglichkeit zu fördern und zu vertiefen. Man
wird sich erinnern, daß unsere gesamte Untersuchung über den Begriff der Konventionalregel durch den Umstand veranlaßt worden
war, daß Rousseau ein noch nicht näher von uns auf seine Grenzen
untersuchtes Bereich sozialer Regelung nach dem Gesichtspunkt
ihrer verpflichtenden Kraft ordnen und einheitlich würdigen wollte.
In der Absicht, dieses zu ordnende Mannichfaltige sozialer Formung
in seiner formal einheitlichen Eigenart zu erkennen und sicher zu
durchdringen, waren wir von der zweifellosen Einsicht geleitet gewesen, daß Rousseau nur dasjenige Material sozialer Regeln auf
seine Fähigkeit, gültige Pflichten zu erzeugen, überhaupt habe
untersuchen können, welches überhaupt seinem Begriff nach den
Anspruch erhebt, irgendwie und unter welchen Bedingungen auch
immer verpflichten zu wollen. Konventionalregeln aber konnte
dieser Philosoph verständlicher Weise so wenig auf ihre Verpflichtungskraft prüfen, wie irgend welche anderen Vorschläge zur
gedeihlichen Erlangung bestimmter Vorteile.

Damit aber haben wir schon hier an der Schwelle des weiten
Gebäudes Rousseauscher Sozialphilosophie eine wichtige Einsicht
gewonnen, die sich uns im Fortgang unserer Untersuchung deutlichst
bestätigen wird: daß nämlich Rousseau bei seiner obersten Kernfrage nach einer gesetzmäßigen Menschenherrschaft überhaupt nur
diejenige Art sozialer Formgebung in Erwägung zieht, welche in
der kategorischen Art der Rechtsnorm gelten zu wollen in Anspruch
nimmt. Nur wenn eine soziale Regelung in der selbstherrlich befehlenden Form, welche dem rechtlichen Gebot im Gegensatz zu der
konventionellen Satzung eigen ist, geschichtlich auftritt, oder auch
nur empirisch möglich ist, fällt sie in die Rousseausche Problemstellung hinein. Denn diese formale Eigentümlichkeit allein kann
Rousseau nicht genügen, ihr ohne weiteres die Rechtsqualität zuzusprechen; da kommt es noch weiter darauf an, ob ihr Anspruch
auch begründet ob sie in gültiger Weise zu verpflichten imstande ist.

Es war für ein tieferes Eindringen in das Grundproblem der
Rousseauschen Sozialphilosophie von Übel, daß man sich begnügte,
die Thatsache zu referieren, Rousseau habe ein Recht der Sklaverei
nicht anerkannt. Für die einheitliche Auffassung des Ganzen dieser

Philosophie darf diese Einzelthese unseres Autors nur Mittel sein für das Verständnis seines radikalen Grundproblems; denn nur dem Interesse an ihm war diese Einzeluntersuchung entsprossen. Nicht sowohl die Beantwortung als vielmehr das Aufwerfen der Frage nach der Rechtsqualität der Sklaverei mußte hier zunächst als Erkenntnismittel des Grundproblems in besondere Erwägung gezogen werden.

Aber man könnte auf den Gedanken kommen, ob nicht etwa diese ganze Untersuchung Gefahr liefe, in einem elenden Wortstreit auszulaufen. Aber nicht darauf kam es letztlich an, ob man den Namen „Recht" auch für die Sklaverei oder andere rohe Gewaltherrschaft gebrauchen könne — hat ja Rousseau selbst in Anlehnung an den nun einmal gegebenen Sprachgebrauch das Wort auch häufig in weiterer Bedeutung noch verwertet — sondern hier fragte es sich, ob jenes begriffliche Merkmal, welches wir unter dem Ausdruck der zu Recht bestehenden Normierung mitdenken, nämlich die Macht, als formal gültige Satzung Menschen zu verpflichten, auch jenen Herrschaftsarten überhaupt beiwohnen könne, ob der so gedachte Begriff des Rechts mit dem Begriff der Sklaverei überhaupt vereinbar war.

Der Begriff des Rechts — gemeint ist, um hier sofort das weithin für das Verständnis Rousseauscher Philosophie verhängnisvoll gewordene Mißverständnis auszuschließen, der Begriff des gültigen positiven Rechts.

Es wäre lächerlich, die Rousseausche Fragestellung mit dem Hinweis abthun zu wollen, daß die positive Jurisprudenz nimmer daran gezweifelt hätte, daß z. B. das römische „Sklavenrecht" gültige Rechtssätze enthielt. Denn gerade im bewußten Gegensatz zu dieser Lehrmeinung der Juristen und derer, welche etwa wie Grotius ihnen Recht gaben, wirft unser Philosoph die Frage nach einer richtigen Bestimmung des Begriffs vom Recht, in seinem Sprachgebrauch als der gültigen pflichtenerzeugenden Menschensatzung, auf.

Das Problem in dieser radikalen Schärfe gestellt, bildete gewiß einen unerhörten Fortschritt im Bereich der damaligen rechtsphilosophischen Forschung. Noch war der tastende Versuch Montesquieus, durch Einschränkung den Begriff des Rechtsgesetzes aus dem allgemeinen Begriff des Gesetzes zu gewinnen, in aller Erinnerung:

„Les lois, dans la signification la plus étendue, sont les rapports nécessaires qui dérivent de la nature des choses; et dans ce sens, tous les êtres ont leurs lois. la Divinité a ses lois, le monde matériel a ses lois ... l'homme a ses lois ... Les êtres particuliers intelligents peuvent avoir des lois qu'ils ont faites, mais ils en ont aussi qu'ils n'ont pas faites."[1]

Diese unklare Vermengung zweier so heterogen verschiedener Dinge, wie des Naturgesetzes und der Rechtsnorm, wie sie sich leider noch heutzutage vielfach bei allen denen findet, welche Natur- und Sozialwissenschaft nicht zu trennen vermögen, sie mußte dem Theoretiker Rousseau ein neuer Ansporn sein, das Fundament aller Rechtswissenschaft, ihren Gegenstand und damit zugleich ihre Schranke in sicherer Klarheit aufzuzeigen.

Wir verstehen nunmehr die Ungeduld, welche der Gedanke einer Gefährdung der Reinheit seines Gegenstands durch solche vage Analogieen bei dem radikalen Systematiker hervorrufen mußte:

„Mais qu'est-ce donc enfin qu'une loi? Tant qu'on se contentera de n'attacher à ce mot qui des idées métaphysiques, on continuera de raisonner sans s'entendre, et quand on aura dit, ce que c'est qu'une loi de la nature, on n'en saura par mieux ce que c'est qu'une loi de l'état."[2]

Die scharfe Fixierung des Begriffs des positiven Rechts, insofern es überhaupt auf Geltungskraft Anspruch erheben kann, das vindiziert Rousseau als seine Aufgabe, die er selbst als erster in solcher Klarheit stellte:

„Nous rechercherons ce que c'est qu'une loi et quels sont les vrais caractères de la loi. Ce sujet est tout neuf: La définition de la loi est encore à faire."[3]

§ 2.

Das Rousseausche Naturrecht.

Die Methode, in welcher nach Rousseau der Begriff des positiven Rechtssatzes, als des gültigen Menschenbefehls festgestellt werden soll, muß — das ergab sich schon aus dem früheren — weit verschieden sein von einem sorglosen Auflesen von Thatsachen sozialer Geschichte:

„Des lois! où est-ce qu'il y en a?... Partout, tu n'as vu régner sous ce nom que l'intérêt particulier et les passions des hommes."[1]

---

[1] „Esprit des lois" livre 1er, chap. 1er.
[2] Contr. soc. II, 6.
[3] Emile livre 5, oeuvr. vol. 7, p. 158.
[4] Emile livre 5me, a. a. O. p. 174.

Die Einzelerfahrung kann wenig nützen, wo es sich um eine Philosophie des Rechts und ihren Aufbau handelt:

„Je ne serais pas étonné qu'au milieu de tous nos raisonnements, mon jeune homme, qui a du bon sens, me dit en m'interrompant: On dirait que nous bâtissons notre édifice avec du bois et non pas avec des hommes, tant nous alignons chaque pièce à la règle! Il est vrai, mon ami; mais songez que le droit ne se plie point aux passions des hommes, et qu'il s'agissait entre nous d'établir d'abord les vrais principes du droit politique. A présent que nos foudements sont posés, venez examiner ce que les hommes ont bâti dessus, et vous verrez de belles choses!"[1]

Aber man muß, um hier nicht in die Irre zu gehen, daran festhalten, daß Rousseau unter dem Begriff der „loi", des „droit" die Bestimmung der Norm, insofern sie als rechtsverbindlich wissenschaftlich bestimmt werden darf, klären und aufhellen wollte. Recht, Gesetz ist ihm verbindlicher Menschenbefehl, und diesem Begriff widerspricht nach seiner Lehre die Sklaverei. Die Sklaverei gilt nicht von Rechtswegen, nicht nur nicht heute, sondern überhaupt niemals, kann niemals von Rechtswegen gelten. Das ist seine These, die er der Jurisprudenz in bewußter Gegnerschaft entgegenschleudert. Auch diese denkt nicht daran, jedwedem Befehl, der kategorisch sich an Menschen wendet, rechtliche Gültigkeit zuzuerkennen: Man setze z. B. den Fall, ein deutscher Einzelstaat beabsichtige, eine von unserem Reichsstrafgesetzbuch abweichende kriminelle Regelung des Zweikampfs in seinem Gebiete einzuführen: Würde da nicht die Jurisprudenz mit Recht erklären, daß diese Normierung, mag sie auch gewiß die selbstherrliche Form des rechtlichen Geltungsanspruchs annehmen, dennoch für Niemanden rechtliche Pflichten erzeugen könne, sondern vielmehr null und nichtig sei? Null und nichtig, so wie Rousseau die Sklaverei, wenn immer sie auch unter Menschen rechtlich zu gelten den Anspruch erhebe, a priori für nichtig und unwirksam erklärte.

Aber welches sind denn hier, so müssen wir fragen, die bindenden Normen, welche die Gültigkeit der Sklaverei so kategorisch auszuschließen die Kraft haben? Sie müßten ja selber ewige Gültigkeit haben, wenn sie die Gültigkeit der Sklaverei für ewige Zeiten verbieten wollten! Diese Voraussetzung, daß menschliche Satzung ewige Geltung habe, beweist sie nicht schon selbst in ihrer Unhaltbarkeit die Unhaltbarkeit der These, welche sie stützen sollte? Und ferner, wenn wirklich Rousseau seine These von der rechtlichen Nichtigkeit der oben betrachteten Herrschaftsformen auf die

---

[1] Emile livre 5me, a. a. O. p. 165.

Existenz anderer Rechtssätze widersprechenden Inhalts stützen
wollte, was sollte uns dann schließlich die ganze bisherige Untersuchung, die ja nach unserer Auffassung die Möglichkeit des
positiven Rechts überhaupt erst untersuchen und aufhellen wollte?
Liegt hierin nicht ein verhängnisvoller Abfall von jener radikalen
Skepsis, die, unbekümmert um die Wirkung der thatsächlichen Machtverhältnisse, nach den Existenzbedingungen des positiven Rechts
überhaupt fragte und die nun doch die Existenz von rechtlichen
Normen noch vor dem Abschluß jener Untersuchung dogmatisch
anzunehmen scheint?

Und in der That unsere Untersuchung wird zeigen, was freilich auf den ersten Blick nicht deutlich ist, daß Rousseau allerdings
von der unzweifelhaften Geltung bindender Rechtssätze seinen
Ausgangspunkt genommen hat. Aber jene ewigen Sätze, welche die
rechtliche Bindungskraft der Sklaverei für immer ausschließen, sie
stützen den Anspruch rechtlich zu gelten, nicht auf die zufällige
und empirisch bedingte Thatsache einer menschlichen Anordnung
und Sanktion. Und doch wollen sie als rechtliche Gebote gelten,
und, wie wir im Resultat schon sahen, souverän herrschen über
das auf Menschensatzung sich gründende positive Recht.

Wir stehen an dem Punkt, wo es gilt, volles Verständnis zu
gewinnen für die systematische Bedeutung eines Grundelements der
Rousseauschen Sozialphilosophie, für den Begriff des „droit naturel."

Es liegt gewiß nicht zum mindesten an der wenig schulmäßigen
Art, in der Rousseau häufig seine wichtigsten Sätze ausspricht,
daß man bis heute in der Litteratur an dem „droit naturel" unseres
Autors fast achtlos vorübergegangen ist. Und doch ist die klare
Erfassung des hier zu Grunde liegenden Gedankens für das Verständnis des logischen Aufbaus der Rousseauschen Sozialphilosophie
geradezu unumgänglich.

Wir sahen bisher, daß nach Rousseau die Rechtsqualität
menschlicher Satzung von ihrer Verpflichtungskraft abhängig ist.
Aber noch lernten wir die Norm nicht kennen, welche nun wiederum
über die Möglichkeit einer Verpflichtung entscheidet. Giebt es
keine solche, so wäre ja unser Grundproblem überhaupt unlösbar;
wenn es aber eine solche giebt, so stehet sie über der menschlichen
Satzung, der sie durch ihren Richterspruch Verpflichtungskraft und
damit die Qualität als gültiges positives Recht überhaupt erst verleiht. Was aber über die Möglichkeit einer Verpflichtung souverän
entscheidet, muß doch selbst jedenfalls verpflichtende Kraft, d. h.
aber Rechtsqualität besitzen. So scheint denn in der That die
Rousseausche Scheidung aller menschlichen Satzung in gültige
Rechts- und unverbindliche Machtbefehle in jenem Kriterium der

Scheidung eine über dem positven Recht geltende und seine Gültigkeit letztlich bestimmende Norm notwendig vorauszusetzen. Man kann den Rousseauschen Grundgedanken auch einfach so wiedergeben: Alle Menschensatzung will Menschen zu bestimmtem Thun gebieterisch anhalten, und eine höhere Norm, die selbstverständlich nun nicht von Menschen erst gesetzt ist, befiehlt denen, an welche sich jene Gebote richteten, inwieweit sie jenen zu folgen haben, und entscheidet damit über die Eigenschaft jener als gültiges positives Recht.

Jene von Menschenwillen unabhängige Norm ist unumschränkter Lehnsherr, und alles, was Menschenangesicht trägt, ist ihr als Vasall zur Unterthänigkeit verpflichtet. Doch hat der Dominus einem kleineren Herrn gestattet, in seinem Bereich eine beschränkte Herrschaft auszuüben, hat zugegeben, daß freie Menschen zu Gunsten eines Vasallen selber den Heerschild niederten. Das war nach Rousseaus Ansicht die Geburtsstunde des positiven Rechts, wenn überhaupt solches jemals unter Menschen galt; der Lehnsherr aber den wir nannten, ist kein anderer, als das natürliche Recht. Aber man könnte vielleicht einwendend fragen, woher wir denn wüßten, daß Rousseau unter „droit naturel" eben jenes Kriterium verstanden habe, da ja dieses in seiner ganzen Sozialphilosophie nirgends ausdrücklich gesagt sei. — Hierauf ist zunächst zu antworten, daß es mit der Lösung unserer Aufgabe, eine systematische Darstellung der Lehre Rousseaus zu geben, überhaupt schlecht bestellt wäre, wenn wir nur auf philologisch korrekte Wiedergabe von Einzeläußerungen uns beschränken wollten. Wir wären schlimm daran, wollten wir auch nur den „Contrat social" allein, in dem sich rechtsphilosophische, rechtsgeschichtliche, nationalökonomische und politische Einzelerörterungen in bunter Mannichfaltigkeit und ohne strenge Scheidung dem naiven Blick darbieten, als ein rechtsphilosophisches System begreifen und es dennoch versäumen, getragen von dem Gedanken eines Verständnisses des Ganzen, auch zwischen den Zeilen zu lesen. Schon das Werkzeug für eine systematische Ordnung jenes bunten Materials an Wissenschaften, nämlich den scharf geprägten Begriff der Sozialphilosophie überhaupt, muß der Darsteller an seinen Stoff von Haus aus heranbringen; in Rousseaus Schriften selbst würde er ihn vergeblich zu lernen suchen. Darin bestehet überhaupt die Schwierigkeit, die Grundlagen jener Philosophie in Schärfe aufzuzeigen, weil uns bei solchem Bemühen eine ausdrückliche Anweisung des Autors selbst so häufig mangelt. Da gilt es denn, das, was sich offenbar als abgeleitete Konsequenz giebt, mit anderem zusammenzustellen und auf die gemeinsamen obersten Prämissen hin zu prüfen. Die Thatsache, daß diesen letzten Fundamenten nirgends vom Autor ein besonderes Kapitel gewidmet ist, beweist dem exakten Litterarhistoriker nicht, daß solche letzten logischen Fundamente dem Gedankengang seines Autors überhaupt nicht zu Grunde gelegen hätten. In solcher Untersuchung gewinnt die Darstellung das Recht, ein hingeworfenes Wort des Autors hervorzuziehen und auszuzeichnen vor anderen Gedankengängen, denen in des Autors Buch viele Seiten gewidmet sind. Denn nur den logischen Gehalt an Gedanken, nicht die Form der Darstellung soll die Geschichte der Philosopnie wiedergeben, und in der Wahl der Mittel zu diesem Zweck ist sie frei.

Aber wir können auch schon hier eine Stelle aufweisen, die in Sicherheit ergiebt, daß unsere Auffassung des „droit naturel" der Meinung unseres Autors entspricht. Es handelt sich dort darum, die Verpflichtungskraft derjenigen Art menschlicher Satzung zu beweisen, welche der contrat social begründet; da heißt es denn:

„Toutes sortes d'engagements ne sont pas valides même devant les tribunaux humains. Ainsi, pour déterminer celui-ci, l'on doit en expliquer la nature ... on doit prouver qu'il n'a rien de contraire aux lois naturelles; car il n'est pas plus permis d'enfreindre les lois naturelles par le contrat social qu'il n'est permis d'enfreindre les lois positives par les contrats des particuliers, et ce n'est que par ces lois mêmes qu'existe la liberté qui donne force à l'engagement."[1]

Die Norm aber, welche die Verpflichtungskraft jener Regelung verbürgen konnte, muß logischer Weise dieselbe sein, wie diejenige, welche die Scheidung zwischen nichtigem Willkürakt und verbindlichem Rechtsbefehl überhaupt ermöglicht: Sie heißt bei Rousseau, wie nun deutlich ist, „droit naturel."

Damit aber dürfte die fundamentale Bedeutung dieses natürlichen Rechts für das rechtsphilosophische System des Rousseau außer Zweifel gestellt sein. Die Frage nach der Möglichkeit des positiven Rechts, von der alles ausgegangen war, wies ihrer Natur nach auf die Bedingungen dieser Normierungsweise hin, sie sind nun gefunden in den Normen des „droit naturel."

Jetzt erst verstehen wir, warum nach Rousseau jedes Sklaverei-verhältnis nichtig ist; denn es liegt eine menschliche Satzung zu Grunde, die den souveränen Geboten des „droit naturel" widerspricht. Aber man irrt, wenn man glaubt, daß es einen neuen Beweis für die rechtliche Nichtigkeit dieser geschichtlich gegebenen Normierung etwa darstelle, wenn Rousseau lehrt, daß die Sklaverei dem formalen Begriff des Rechts überhaupt widerstreitet. Denn die

---

[1] Lettres écrites de la montagne, lettre 6ᵐᵉ tome 8 der oeuvr. compl. p. 126.

Rousseausche Sozialphilosophie kennt einen von dem konkreten Inhalt des „droit naturel" unabhängigen Begriff des gültigen Menschenrechts überhaupt gar nicht. Seine Bestimmung als verpflichtende menschliche Satzung weist schon hin auf das Kriterium dieser Verpflichtung, ohne dessen Kenntnis wir zu einer Realdefinition des positiven Rechts überhaupt nicht gelangen können. Das deutsche Reichsstrafgesetzbuch als empirisch bedingte Regelung ließ, wenn es auch die rechtliche Gültigkeit widersprechender Sätze ausschließen konnte, doch den formalen Begriff des Rechts und die Übereinstimmung jener Sätze mit ihm ganz unberührt; die Sätze des Naturrechts aber, welche nach Rousseau die rechtliche Gültigkeit der Sklaverei ausschließen, sind nicht in ihrer Dauer empirisch begrenzt, sie wollen ewig gelten neben allem empirisch möglichen positiven Recht und bilden so die Methode, nach der der Begriff dieses als einer gültig verpflichtenden Menschensatzung überhaupt erst realiter definiert werden kann. Denn das Naturrecht des Rousseau regelt nicht nur die mögliche Entstehung von positivem Recht, sodaß es dann etwa wie die lex naturalis des Hobbes durch das letztere abgelöst würde, sondern es gilt, wie sich uns im Fortgang der Untersuchung deutlich zeigen wird, fort und fort neben, d. h. über dem positiven Recht als dessen feste Schranke, deren Überschreitung das Ende seiner Verpflichtungskraft, d. i. eben seiner Rechtskraft selbst bilden würde.

Aber die Bedeutung des Naturrechts ist nicht damit erschöpft, daß wir es als Schranke für den Inhalt alles empirisch möglichen positiven Rechts erkennen. Die Rousseausche Sozialphilosophie weist ihm zugleich die Aufgabe zu, unabhängig von etwaiger positivrechtlichen Normierung in selbständiger Art alles menschliche Handeln zu regeln. „L'homme est né libre" — so beginnt Rousseau das erste Kapitel seines rechtsphilosophischen Hauptwerks. Man hat die Worte gemeinhin so aufgefaßt, als ob die Menschen — von der Existenz des in seiner Gültigkeit problematisch gelassenen positiven Rechts einmal abgesehen — nach unserem Autor rechtlichen Pflichten überhaupt nicht unterständen. Diese Meinung würde die Bedeutung der Rousseauschen „droit naturel" als einer rechtlich bindenden Satzung gänzlich verkennen. Der Mensch ist frei geboren bedeutet nur: eine positiv rechtliche Satzung, d. h. eine solche, deren Inhalt durch zufälligen Menschenbefehl letztlich bestimmt wird, hat über ihn ohne weiteres keine rechtliche Gewalt: puisque aucun homme n'a une autorité naturelle sur son semblable...[1] Ils

---

[1] C. s. I, 4.

naissent hommes et libres; leur liberté leur appartient; nul n'a droit d'en disposer qu'eux."[1]

Aber es muß hier eingeräumt werden, daß Rousseau die völlige Unabhängigkeit der Menschen von einander, wie sie nach „droit naturel" bestehen soll, in einem naheliegenden Punkte durchbrochen hat: Das „droit naturel" gewährt dem Vater die rechtliche Herrschaft über seine minderjährigen Kinder. Solange die Kinder noch nicht selbst sich erhalten können, soll der Vater für sie sorgen, und diese ihrerseits sind ihm zu gehorchen verpflichtet. Werden die Kinder aber körperlich und geistig selbständig, so muß der Vater seine Herrschaft über sie aufgeben, und sie als freie Menschen anerkennen.[2]

Da man gemeinhin nur bei Besprechung der Rousseauschen Auffassung der Familie auf das droit naturel gelegentlich gestoßen war, so entstand die irrtümliche Auffassung, daß dieses überhaupt nur eine spezielle Regelung der Abhängigkeitsverhältnisse von Handlungsunfähigen zum Inhalt habe. Nun ist allerdings richtig, daß das Rousseausche Naturrecht eine Verpflichtung von Menschen, Menschen zu gehorchen, außerhalb dessen, was er positives Recht nennt, nur für die Minderjährigen (und wohl auch die Wahnsinnigen) statuiert, d. h. nur diese Personen für verpflichtet erklärt, den Satzungen bestimmter Menschen zu gehorchen.[3] Aber man scheint

---

[1] C. s. I, 4.

[2] „encore les enfants ne restent-ils liés au père qu'aussi longtemps qu'ils ont besoin de lui pour se conserver. Sitôt que ce besoin cesse, le lieu naturel se dissout. Les enfants exempts de l'obéissance qu'ils devaient au père, le père exempt des „soins qu'il devait aux enfants, rentrent tous également dans l'indépendance". C. s. I, 2.

[3] Daß Rousseau die Frauen den Kindern und Narren schlechthin gleichgestellt habe, wie Liepmann (,,Die Staatstheorie des ‚Contrat social'", philosophische Inauguraldissertation, Halle 1896) S. 12 äußert, kann jedenfalls mangels besonderer Erklärung des Autors nicht ohne weiteres zugegeben werden. Für Liepmann, der selbst keine Quellenstellen anführt, spricht in gewisser Art allerdings „Emile" livre 4 p. 260. Man bedenke aber auch Stellen, wie die folgenden: „La première éducation est celle qui importe le plus, et cette première éducation appartient incontestablement aux femmes ... Les lois toujours si occupées des biens et si peu des personnes, parce qu'elles ont pour objet la paix et non la vertu, ne donnent pas assez d'autorité aux mères ... Il y a des occasions où un fils qui manque de respect à son père, peut en quelque sorte être excusé; mais si dans quelque occasion que ce fût, un enfant était assez dénaturé pour en manquer à sa mère, ... on devrait se hâter d'étouffer ce misérable comme un monstre indigne de voir le jour." Emile l. 1er p. 11.

So spricht man nicht von denen, welche man den Narren und Kindern schlechthin gleichstellt. Dagegen ist freilich daran für Rousseau kein Zweifel, daß in der Ehe dem Manne wegen seiner physischen Überlegenheit die erste

hier übersehen zu haben, daß eben damit auch rechtliche Beziehungen geschaffen sind, welche einen weit größeren Kreis von Personen umfassen, daß damit subjektive Rechte und Pflichten begründet sind, welche sich durchaus nicht nur aus der natürlichen Handlungsunfähigkeit einzelner Menschen ohne weiteres ergeben. Das Naturrecht statuiert die Abhängigkeit der Kinder, aber es ver-

---

Stellung zukommt; eine gewisse Selbständigkeit der Frau wird freilich auch hier allerdings in sehr unbestimmter Art auf das Recht der Natur zurückgeführt. Man vergl. „Emile" l. V. (vol. 7me, p. 182): „En devenant votre époux, Émile est devenu votre chef; c'est à vous d'obéir, ainsi l'a voulu la nature. Quand la femme ressemble à Sophie, il est pourtant bon que l'homme soit conduit par elle; c'est encore une loi de la nature." Eine ausführliche Auseinandersetzung dieses Gedankens im Beginn des 5. Buches vom „Emile". Man vergl. auch in dieser Hinsicht folgende Stelle in der „Economie politique" (p. 162 oeuvr. compl. tome III): „Par plusieurs raisons tirées de la nature de la chose, le père doit commander dans la famille. Premièrement l'autorité ne doit pas être égale entre le père et la mère; mais il faut que le gouvernement soit un, et que dans les partages d'avis, il y ait une voix prépondérante qui décide. 2.º Quelques légères qu'on veuille supposer les incommodités particulières à la femme, comme elles sont toujours pour elle un intervalle d'inaction, c'est une raison suffisante pour l'exclure de cette primauté; car quand la balance est parfaitement égale, une paille suffit pour la faire pencher." (Ähnlich schon Locke a. a. O. II. § 82: „It therefore being necessary that the last determination, i. e. the route should be placed somewhere; it naturally falls to the man's share as the abler and stronger".)

Andererseits scheint es mehr als wahrscheinlich, daß das, was R. Herrschaft der Frau nennt, nichts anderes ist, als der natürliche Einfluß auf die Entschließungen des Ehemanns, welcher letztere freilich allein direkten Anteil an den öffentlichen Angelegenheiten nehmen soll. Man vgl. besonders die Anrede an die Genfer Bürgerinnen in der Widmung des „discours sur l'origine et les fondements de l'inégalité parmi les hommes" (Oeuvr. compl. tome III p. 12): „Pourrais-je oublier cette précieuse moitié de la république qui fait le bonheur de l'autre et dont la douceur et la sagesse y maintiennent la paix et les bonnes moeurs? Aimables et vertueuses citoyennes, le sort de votre sexe sera toujours de gouverner le nôtre. Heureux, quand votre chaste pouvoir, exercé seulement dans l'union conjugale ne se fait sentir que pour la gloire de l'état et le bonheur public: C'est ainsi que les femmes commandaient à Sparte, et c'est ainsi que vous méritez de commander à Genève" etc. Vgl. auch Emile l. 5 p. 59, 60.

Bedenkt man nun weiter, daß im Verlauf des weiteren Aufbaues dieses rechtsphilosophischen Systems von den Frauen überhaupt nicht mehr die Rede ist, so scheint in der That die Annahme begründet, daß sich unserem Philosophen seine Frage nach der Möglichkeit der Herrschaft von Menschen über Menschen zuspitzt in die andere Frage nach einer rechtlich gültigen Beherrschung geistig reiferer Männer. Hierfür spricht auch die entschiedene Ablehnung einer sozialen Ordnung, welche wie das Gesetz der platonischen Republik den Frauen dieselben öffentlich-rechtlichen Befugnisse wie den Männern zugesteht: „Je parle de cette promiscuité civile qui confond partout les deux sexes dans les mêmes emplois, dans les mêmes travaux et ne peut manquer d'engendrer les plus intolérables abus." (Emile l. 5me p. 13.)

pflichtet auch den handlungsfähigen Vater, seine Herrschaft nur während einer gewissen Zeitspanne auszuüben,[1] ja weiterhin, es gebietet allen anderen Handlungsfähigen außer den Eltern, die Herrschaftssphäre jener über ihre Kinder unangetastet zu belassen. So regelt das „droit naturel" nicht nur das Verhältnis der Kinder zu den Eltern, sondern es normiert eben damit ganz unabhängig von dem Willen der Beteiligten in selbständiger Weise die Beziehungen der anderen gegenüber dem Vater hinsichtlich eben dieser Erziehung und Leitung seiner Kinder, kurz es erweist sich auch hier so gut wie oben, wo es dem Menschen verbot, ein Sklavereiverhältnis einzugehen, als zwingende Normierung deren rechtliche Befehle nach unseres Autors Meinung sich an alle Menschen kraft eigener Autorität richten.[2] Wie könnte es auch anders sein? Wir sahen ja: Das „droit naturel" befiehlt den Menschen, unter welchen Bedingungen sie einer von ihres gleichen ausgehenden Satzung zu gehorchen verpflichtet sind, es will also ganz unabhängig von der Zustimmung des einzelnen für alle eine zwingende Regel ihres Verhaltens aufstellen, ihr Handeln gegenüber den Herrschaftsansprüchen anderer Menschen bindend und endgültig normieren.[3]

---

[1] „Par la loi de nature, le père n'est le maître de l'enfant qu'aussi longtemps que son secours lui est nécessaire; qu'au delà de ce terme ils deviennent égaux, et qu'alors le fils, parfaitement indépendant du père ne lui doit que du respect et non de l'obéissance: car la reconnaissance est bien un devoir qu'il faut rendre, mais non pas un droit qu'on puisse exiger. „Discours sur l'origine" etc. p. 71.

[2] Über die Geltungsweise des vorrousseauschen Naturrechts vgl. die vom feinsten historischen Verständnis getragenen Ausführungen Gierkes in seinem „Johannes Althusius, Die Entwickelung der naturrechtlichen Staatstheorien" (Breslau 1880), S. 107, besonders die inhaltsreiche Note 81. Ebenda: „Allerdings statuierte sie bereits für den Naturzustand irgend eine rechtliche Gebundenheit der Menschen, wie sie durch das hier geltende reine Naturrecht hervorgebracht wurde: allein hierdurch schien die Souveränität des Individuums so wenig aufgehoben zu werden, wie die Souveränität der einzelnen Staaten durch das Völkerrecht."

[3] So wenig wie in den älteren Bearbeitungen der Rousseauschen Rechtsphilosophie (eine rühmliche Ausnahme macht in sehr bemerkenswerter Art Rottenburg: „Vom Begriff des Staates" Bd. 1. Leipzig 1878. S. 197, 350), findet sich in der neuesten Darstellung von Liepmann Verständnis für Sinn und Bedeutung des Rousseauschen „droit naturel". Es wird gerade hier (vgl. bes. S. 13) nicht einmal deutlich, ob jenes nur eine nähere Charakterisierung der „Natur des Menschen", also eine kühne Hypothese verallgemeinernder Psychologie oder eine teleologische Erwägung enthalte, einen Inbegriff nicht von Naturgesetzen, sondern von Naturrechtsnormen, Sätzen des Sollens und nicht solchen des Seins. — Aber selbst Stammler, welcher doch zuerst für ein tieferes Verständnis der Rousseauschen Lehre wieder freie Bahn schuf, indem er darauf hinwies, daß diese Philosophie nicht die faktische Entstehung des „Rechts" zu ihrem Problem wählte, hat die allgemeine systematische Stel-

Die systematische Bedeutung des Rousseauschen Naturrechts
dürfte damit klargelegt sein; auch haben wir schon hier und da
einzelne Sätze desselben kennen gelernt; aber noch fehlt uns die
Einsicht in jene oberste Einheit, welche dem Inhalt all seiner Gebote zu Grunde liegt, fehlt uns die Kenntnis der Methode, nach
welcher Rousseau die rechtliche Gültigkeit der einzelnen „lois
naturelles" deduziert.

Schon der Name natürliches Recht oder, wie Rousseau es
auch nennt, Recht der Natur, kann uns hier auf den rechten Pfad
weisen. Die Natur des Menschen ist der Wegweiser für die Kenntnis
des Naturrechts, aber freilich sie ist nicht das Naturrecht selbst. Um
die Entdeckung derjenigen Normen handelt es sich, welche für die
Menschen als Menschen [1] gelten, mögen sie auch einer positivrechtlichen Ordnung noch nicht unterstellt sein, für die Menschen selbst
im „Naturzustand". Man wird sich nicht wundern, daß der Verfasser des „discours sur les sciences et les arts", der Schöpfer des
„Emile" demjenigen Kreis von Normen eine souveräne Stellung in
seinem System einräumt, welche sich auf dem ursprünglichen Charakter der reinen Menschennatur [2] aufbauen. Da, wo es Rousseau
ex professo unternimmt, den Naturmenschen in seiner Entwickelung
vom isoliert lebenden Einzelwesen bis zu seinem heutigen Stand als
Glied einer modernen Gemeinschaft zu schildern, in sozialpädagogischer Tendenz einer moralisierenden Utopie und in bewußter
Hintansetzung der Methode einer exakt genetischen Abhandlung, in
seinem „discours sur l'origine et les fondements de l'inégalité parmi
les hommes", hat er denn auch seine Stellung zum Recht der Natur
in eingehender und für das litterargeschichtliche Verständnis sehr
bedeutsamer Weise dargelegt. Aber freilich sei von vornherein be-

---

lung, welche unser Autor dem droit naturel als einem Fundament seiner Lehre
in klarer Einsicht, wenn auch nicht in für den Leser sofort erkennbarer Weise
einräumt, nicht deutlich gewürdigt (Wirtsch. u. R. S. 563). Das droit naturel
ist von Rousseau nicht als Lückenbüßer gedacht, dessen einzige Aufgabe es
ist, die Normierung der Verhältnisse von konventionsunfähigen Menschen zu
ermöglichen, es bedeutet vielmehr eine universelle Regelung, welche alle Menschen rechtlich binden will: „Dans l'état même de nature, l'homme
n'est libre qu'à la faveur de la loi naturelle qui commande à tous.
Lettres écrites de la montagne lettre VIII, oeuvr. compl. tome 8 p. 160."
[1] Vgl. C. s. II, 4: „Du droit naturel dont ils doivent jouir en qualité
d'hommes."
[2] Über den Begriff der „nature" vgl. auch „Emile" l. 1 p. 14. Die Natur
wird hier gleichgesetzt mit primitiven Dispositionen: „Sitôt que nous avons
pour ainsi dire la conscience de nos sensations, nous sommes disposés à rechercher ou à fuir les objets qui les produisent ... ces dispositions s'altèrent
plus ou moins par nos opinions. Avant cette altération, elles sont ce que
j'appelle la nature."

merkt, daß diese sozialphilosophische Jugendschrift[1] uns den endgültigen Standpunkt Rousseaus in dieser Frage noch nicht über-
mittelt; hier wie an anderen Orten enthält sie nur, wie sich später
zeigen wird, ein Durchgangsstadium, dessen genaue Kenntnis freilich
für das Verständnis der endgültigen Fassung Rousseauscher Rechtsphilosophie unumgänglich ist.

In der Vorrede zu dieser Schrift, welche 1755, demnach 7 Jahre
vor dem „Contrat social" veröffentlicht wurde, findet sich zunächst
eine sehr interessante Polemik gegen alle bis dahin bekannten

---

[1] Zur näheren Charakteristik der Tendenz dieser Schrift, die man so oft
in ganz irrtümlicher Art als historische Untersuchung glaubte würdigen zu
dürfen, vgl. man die einleitende Stelle (p. 22): „Commençons donc par
écarter tous les faits, car ils ne touchent point à la question. Il
ne faut pas prendre les recherches dans lesquelles on peut entrer sur ce sujet,
pour des vérités historiques, mais seulement pour des raisonnements
hypothétiques et conditionels, plus propres à éclaircir la nature des choses qu'à
en montrer la véritable origine et semblables à ceux que font tous les jours
nos physiciens sur la formation du monde." — Aber der exakte Historiker
möchte mit Fug fragen, welche „Natur der Dinge" denn durch solcherlei
„Hypothesen" aufgeklärt würde. Vor allen Dingen ist der Vergleich mit der
naturwissenschaftlichen Hypothese gänzlich unglücklich. Denn diese bedeutet
einen Versuch, die Thatsachen der Sinnenwelt einheitlich aufzufassen, und
will durch ebensolche Thatsachen gerichtet und auf ihre wissenschaftliche
Bedeutung hin geprüft sein. Es muß ferner zugestanden werden, daß diese
Rousseausche Schrift die in den ersten Worten liegende bescheidene Reserve,
d. i. den Verzicht auf den Anspruch. historische Wahrheit zu bieten, nicht
immer streng eingehalten hat; doch um so fester muß behauptet werden, daß
dieses die Rechtsphilosophie Rousseaus überhaupt nicht unmittelbar angeht.
Jedenfalls giebt dieses Liepmann noch kein Recht, den „Discours" kurzweg
eine „Untersuchung über die Quellen des Rechts im genetischen Sinne" (a. a. O.
S. 7) zu nennen. Schon die Eingangsworte der Vorrede des „Discours" (p. 14)
zeigen doch deutlich die vorzüglich moralische Tendenz des Ganzen: „La plus
utile et la moins avancée de toutes les connaissances humaines me parait être
celle de l'homme: et j'ose dire que la seule inscription du temple de Delphes
contenait un précepte plus important et plus difficile que tous les gros livres
des moralistes." — Aber das γνῶϑι σεαυτόν forderte keine Untersuchung über
die Quellen des Rechts im genetischen Sinne. — Man vgl. auch S. 15: „Car
ce n'est pas une legère entreprise de démêler ce qu'il y a d'originaire et d'arti-
ficiel dans la nature actuelle de l'homme et de bien connaitre un état qui
n'existe plus, qui n'a peut-être point existé, qui probablement n'existera
jamais et dont il est pourtant nécessaire d'avoir des notions justes pour bien
juger de notre état présent." — Es ist in dem Gewand der Dichtung eine
Anwendung der von der Natur ausgehenden Methode des „Emile" auf das
Problem einer Sozialpädagogik. Hält man dies fest, so wird der folgende Ausspruch Rousseaus verständlich sein, der doch unter Zugrundlegung der
Liepmannschen Auffassung einen offenbaren Widersinn enthielte: „Je sais
que plusieurs ont donné d'autres origines aux sociétés politiques, comme les
conquêtes du plus puissant ou l'union des faibles; et le choix entre ces causes
est indifférent à ce que je veux établir."

Theorien des Naturrechts Rousseau geht hierbei von der nach ihm beklagenswerten Thatsache aus, daß über diesen wichtigen Gegenstand rings die größte Uneinigkeit herrsche. Erst in der neueren Zeit sei man sich wenigstens darüber einig geworden, daß nur der Mensch und nicht alle Lebewesen den Normen des Naturrechts unterstehen. Aber über den begrifflichen Unterschied zwischen Naturgesetz und Naturrecht sei man sich bis heute noch nicht klar geworden, wobei auf Montesquieu deutlich angespielt wird. Auch sei es ganz verfehlt, das Naturrecht, welches schlechthin für alle Menschen gelte, das der Gründung einer rechtlichen Gemeinschaft notwendig zu Grunde liege, auf metaphysische Prinzipien aufbauen zu wollen, die nur wenige gottbegnadete Philosophen überhaupt verständen.[1] Unter diesen Umständen, fährt Rousseau fort, würde es schwer sein, sich über eine gute Definition des Naturrechts zu einigen. So viele Bücher, so viele Verschiedenheiten, und nun gar die Methode, welche man anwendet!

„On commence par rechercher les règles dont pour l'utilité commune, il serait à propos que les hommes convinssent entre eux; et puis on donne le nom de loi naturelle à la collection de ces règles sans autre preuve que le bien qu'on trouve qui résulterait de leur pratique universelle. Voilà assurément une manière très commode de composer des définitions et d'expliquer la nature des choses par des convenances presque arbitraires."

Alle diese Versuche des früheren Naturrechts sind eitel und vergeblich: Es führt kein Weg zur Kenntnis des Naturrechts, es sei denn, wir hätten vorher die Kenntnis von dem natürlichen Menschen gewonnen.[2] Denn sein Verhalten will jenes zwingend normieren, er muß es erkennen können, ja mehr noch, die Natur selbst muß es ihm unmittelbar ins Herz schreiben.[3]

---

[1] Vgl. bes. Discours p. 16.

[2] „Mais tant que nous ne connaîtrons point l'homme naturel, c'est en vain que nous voudrons déterminer la loi qu'il a reçue ou celle qui convient le mieux à sa constitution." A. a. O. p. 17.

[3] „Tout ce que nous pouvons voir très clairement au sujet de cette loi, c'est que non seulement, pour qu'elle soit loi, il faut que la volonté de celui qu'elle oblige puisse s'y soumettre avec connaissance, mais qu'il faut encore, pour qu'elle soit naturelle, qu'elle parle immédiatement par la voix de la nature." — Daß der Mensch gleichsam ein Gewissen des natürlichen Rechts besitze, darauf legt Rousseau überhaupt einen gewissen Wert. So hat uns Dreyfuß in seiner verdienstvollen und für ein eingehendes Studium unseres Autors höchst bedeutsamen Sammlung von nachgelassenen Manuskripten Rousseaus („J. J. Rousseau: Du Contrat Social, édition comprenant avec le texte définitif les versions primitives de l'ouvrage collationnées sur les manuscrits autographes de Genève et de Neuchâtel, une introduction, des notes", par Edmond Dreyfus-Brisac. Paris 1896) die folgende Stelle überliefert, die sich in einer kleinen

Die angezeigte Methode schlägt nun unser Autor ein und kommt so zu einer positiven Bestimmung der grundlegenden Sätze seines Naturrechts, welche für die weitere Entwickelung seines Systems von großer Bedeutung geworden sind:

„Laissant donc tous les livres scientifiques qui ne nous apprennent qu'à voir les hommes tels qu'ils se sont faits, et méditant sur les premières et plus simples opérations de l'âme humaine, j'y crois appercevoir deux principes antérieurs à la raison, dont l'un nous intéresse ardemment à notre bien-être et à la conservation de nous-mêmes, et l'autre nous inspire une répugnance naturelle à voir périr ou souffrir tout être sensible et principalement nos semblables.[1]

Eigenliebe und Mitleid[2] sind also nach Rousseau die ursprünglichsten Triebe im Menschen, aus ihnen und nicht etwa aus dem nun überflüssig gewordenen „appetitus societatis" des Grotius müssen sich alle Sätze des Naturrechts entwickeln lassen. —

„Voulez-vous toujours être bien guidé, suivez toujours les inclinations de la nature."[3]

Die Regel bleibt Rousseaus Leitstern, auch wo es sich um

_ —

unveröffentlichten Abhandlung (das Nähere siehe bei Dr. p. 304, 305) findet: „Si la loi naturelle n'était écrite que dans la raison humaine, elle serait peu capable de diriger la plupart de nos actions, mais elle est encore gravée dans le cœur de l'homme en caractères ineffaçables et c'est là qu'elle lui parle plus fortement que tous les préceptes des philosophes." Man vgl. auch die Stelle in den „Considérations sur le gouvernement de Pologne" chap. 6 p. 408. oeuvr. compl. tome III: „Mais la loi de la nature, cette loi sainte, imprescreptible qui parle au coeur de l'homme et à sa raison." — Dem gegenüber berührt es etwas seltsam, daß sich in der Genfer Handschrift des „Contrat social" die Worte finden (Dreyfus p. 289): ... „du droit naturel proprement dit qui n'est fondé que sur un sentiment vrai mais très vague et souvent étouffé par l'amour de nous-mêmes."

[1] Discours préface p. 17, 18.

[2] Man vgl. z. B. die Polemik gegen Hobbes im „Discours" p. 42 ff.: „N'allons pas surtout conclure avec Hobbes que pour n'avoir aucune idée de la bonté, l'homme soit naturellement méchant, qu'il soit vicieux parce qu'il ne connaît pas la vertu, qu'il refuse toujours à ses semblables des services qu'il ne croit pas leur devoir: ni qu'en vertu de droit qu'il s'attribue avec raison aux choses dont il a besoin, il s'imagine follement être le seul propriétaire de tout l'univers. ... Il y a d'ailleurs un autre principe que Hobbes n'a point aperçu et qui ayant été donné à l'homme pour adoucir en certaines circonstances la férocité de son amour-propre ou le désir de se conserver avant la naissance de cet amour tempère l'ardeur qu'il a pour son bien-être par une répugnance innée à voir souffrir son semblable. Je ne crois pas avoir aucune contradiction à craindre en accordant à l'homme la seule vertu naturelle qu'ait été forcé de reconnaître le détracteur le plus outré des vertus humaines." — Die Stelle ist übrigens die Grundlage der philiströsen Moral eines Schopenhauer.

[3] Emile l. 5 p. 14.

die Aufdeckung nicht etwa der Gewissenssätze der Moral, sondern
der zwingenden Normen des „droit naturel" handelt.

„C'est du concours et de la combinaison que notre esprit est
en état de faire de ces deux principes, sans qu'il soit nécessaire d'y
faire entrer celui de la sociabilité que me paraissent découler toutes
les règles du droit naturel."[1]

Aus Egoismus und Altruismus zugleich also baut das Rousseausche droit naturel sich auf, wenigstens auf der ersten Entwickelungsstufe, in welcher es für den weiteren Aufbau des Systems von Bedeutung geworden ist. Nur wenn die Selbsterhaltung des Individuums in
Frage kommt, darf es sein Wohl dem seines Nächsten vorgehen lassen.[2]

Die nächste Folgerung aus diesen Grundprinzipien ist die schon
oben besprochene Lehre von der nach Naturrecht gebotenen persönlichen Unabhängigkeit aller Menschen: „Puisque aucun homme n'a
une autorité naturelle sur son semblable": eine natürliche Machtbefugnis, das bedeutet selbstverständlich eine Autorität nach Naturrecht,
denn eine Machtbefugnis als Thatsache der Natur ist überhaupt ein
unsinniger Gedanke, der nicht besonders abgelehnt zu werden brauchte.

„L'homme est né libre", nach Naturrecht sind alle Menschen frei:
Denn nur so sind sie imstande das oberste Gebot des Naturrechts
selbst zu befolgen, ihr eigenes Wohl nach Kräften zu fördern.

„Cette liberté commune est une conséquence de la nature de
l'homme. La première loi est de veiller à sa propre conservation,
ses premiers soins sont ceux qu'il se doit à lui-même; et sitôt qu'il
est en âge de raison, lui seul étant juge des moyens propres à le
conserver, devient par là son propre maître."[3] —

Es kann für das Verständnis des weiteren Aufbaues des
Rousseauschen Systems zunächst genügen, den Inhalt des Naturrechts bis dahin verfolgt zu haben.

§ 3.

Die systematische Bedeutung des Begriffs vom contrat social.

„Dass eine Deduktion ohne alle Voraussetzungen beginne, wäre
ein widersinniges Verlangen. Vorausgesetzt wird in jedem Falle

[1] Discours, préface p. 18.
[2] „Tant qu'il ne résistera point à l'impulsion intérieure de la commisération, il ne fera jamais du mal à un autre homme ni même à aucun être sensible, excepté dans le cas légitime où sa conservation se trouvant intéressée,
il est obligé de se donner la préférence à lui-même." Disc. p. 18.
[3] C. s. I, 2.

außer dem, was zum Verständnis der Aufgabe gehört, irgend ein Letztes, woraus deduziert wird."[1]

An der Hand dieses wichtigen Leitsatzes suchten wir bisher in den mannichfach verzweigten Gedankengängen der Rousseau-schen Lehre den festen Halt, der allein ein Verständnis des Ganzen uns sichern konnte. Der Anspruch des positiven Rechts, als kategorisch befehlende Menschensatzung gültig die Unterstellten zu verpflichten, ward, so erkannten wir, dieser Philosophie zum grundlegenden Problem. Die Einsicht in die rechtliche Gültigkeit des „droit naturel", das war das „Letzte", woraus eine etwaige Existenzberechtigung des positiven Rechts allein deduziert werden konnte.

Das „droit naturel" aber befiehlt, so sahen wir, die Unabhängigkeit der Menschen, ihre Freiheit. Ein seltsames, unerwartetes Resultat: die Freiheit als Bedingung der Möglichkeit menschlicher Herrschaft.

Jetzt erst scheint sich uns die volle Bedeutung dieses „droit naturel zu offenbaren, seine Funktion ist also nicht aufbauend, sondern zerstörend! Das, was wir bisher für eine Methode der Begründung allen positiven Rechts hielten, ist also in Wahrheit die Methode einer anarchistischen Theorie? Doch wie immer sich dieses verhalten mag, soviel steht fest, daß der Rousseausche Anarchismus mehr enthalten würde, als eine bequeme Skepsis gegenüber einer Begründung des positiven Rechts. Die verpflichtende Kraft von menschlicher Satzung wäre dann freilich geleugnet, aber geleugnet auf Grund der unanfechtbaren Geltung der bindenden Sätze eines ewigen Naturrechts.

Aber sollten wirklich die Rousseauschen Prämissen so verstanden werden müssen, daß sie mit logischer Notwendigkeit zur unbedingten Verwerfung des positiven Rechts führen müßten?

Das Resultat wäre um so seltsamer, da ein durchaus entgegengesetztes Motiv unseren Autor zu seiner grundlegenden Problemstellung geführt hat. Nicht die Lust an feinsinniger Spekulation, sondern die deutliche Einsicht in die eminent praktische Bedeutung seines Gegenstandes war es, die ihn antrieb nach seiner Möglichkeit zu fragen. Rousseau sieht in dem positiven Recht das notwendige Mittel zu einem friedlichen Zusammenleben von Menschen. Auf einer gewissen Entwicklungsstufe ist, wie schon der „Discours" ausführlich darlegte, das Nebeneinanderbestehen von Menschen nur noch denkbar im Fall ihrer Unterwerfung unter menschliche Zwangssatzung. Wenn Rousseau in dem „Discours" einen Zustand be-

---

[1] Natorp: „Quantität und Qualität in Begriff, Urteil und gegenständlicher Erkenntnis", Philosophische Monatshefte 1891, S. 2.

schreibt, welcher von solcher Regelung noch frei ist, so sehen wir, daß dieser „Naturzustand" nicht als Thatsache behauptet, wenn auch in wissenschaftlich höchst bedenklicher Art als eine „Hypothese" bezeichnet wird. Doch wir können für unsere Untersuchung davon absehen und es dem Historiker überlassen, gegen solche Übergriffe in das Gebiet seiner streng exakten Forschung mit gutem Grund auf das nachdrücklichste Einsprache zu erheben. Uns interessiert der Naturzustand nur, insofern er von unserem Autor als Mittel gebraucht wird, um die praktische Bedeutung des positiven Rechts zu beweisen. In Gedanken die Existenz von menschlicher Herrschaft aufheben und an der Hand der Einsicht in die geistige und körperliche Entwicklungsstufe der Menschen die dann noch verbleibende Möglichkeit ihres Nebeneinanderseins in Erwägung ziehen, das ist jedenfalls kein Verfahren, das dem Historiker ins Handwerk pfuscht. So ist die methodische Bedeutung der Vorstellung eines Naturzustandes für unsere Frage wenig abhängig von der historischen Einsicht in seine wirkliche Existenz. Die Unhaltbarkeit jenes Zustandes soll die Notwendigkeit eines menschlich gesetzten Rechts darthun, als des notwendigen Mittels jenen zu beseitigen.

Nun ist es aber hierfür einerlei, ob man sagt: „Als die Menschen ohne positiv rechtliche Regelung lebten, waren haltlose Zustände, oder: Wenn die Menschen die rechtliche Normierung ihrer Verhältnisse (deren Fortbestand in kausaler Notwendigkeit doch niemals in exakter Sicherheit eingesehen werden kann), beseitigen würden, so würden haltlose Zustände sein. Dieses letztere nun kann an der Hand kulturgeschichtlicher Einsicht mit einiger Sicherheit ebenso gut behauptet werden, wie man z. B. die künftigen Folgen der Abschaffung oder auch Einführung von Einzelgesetzen einigermaßen vorauszuberechnen sich erlaubt.

Diese letztgenannte Art der Erwägung, die Notwendigkeit des Rechts in teleologischer Rücksicht zu begründen, war jedenfalls auch die einzige Methode, welche der oben dargelegten Bedeutung des „Discours" als einer Utopie von sozialpädagogischer Tendenz entsprechen konnte. Die romantische Schilderung jener unhaltbaren Verhältnisse des Naturzustandes, die an den bellum omnium in omnes des Hobbes, auch an die Zustände unter den Troglodyten des Montesquieu[1] erinnerte, sollte die Notwendigkeit eines durch menschliche Satzung normierten Gemeinlebens darthun, indem sie dem Leser den Gedanken nahelegte, daß die Aufhebung jener zwingenden Normen ebenso unhaltbare Zustände in der Welt der

---

[1] „Lettres Persanes", lettre 11me ff.

Wirklichkeit zeitigen würde. So wird die dichterisch ausgeschmückte „Hypothese" von dem unsäglichen Elend eines noch ungeregelten Nebeneinander auf gegenseitigen Schutz angewiesener Menschen zur Begründung der praktischen Bedeutung rechtlicher Ordnung.

Aber warum gerade für diese, könnte man fragen; sollte es einem freiheitsliebenden Manne wie Rousseau nicht viel näher gelegen haben, statt der wilden Regellosigkeit des Naturzustandes ein durch Konventionalregeln geordnetes Gemeinleben anzustreben?

Wer solche Frage stellte, wäre über das Wesen des Naturzustandes, so wie ihn die Rousseausche Theorie kennzeichnet, nicht gut unterrichtet, er übersähe, daß schon in ihm eine weitverzweigte Geltung konventioneller Satzung stattfindet.

Da wir mit dieser Ansicht Stammler zu unserem Gegner haben, sei es verstattet, einige wichtigen Belegstellen aus der Schilderung des Rousseauschen Naturzustandes anzuführen. Es vollzieht sich nach unserem Autor die Entwicklung menschlichen Gemeinlebens in drei Etappen, von denen die erste durch ein gänzlich isoliertes Nebeneinanderhausen, die zweite durch ein Zusammenschließen in prekärer Einigung unter losen Konventionalregeln, die dritte durch eine dauernde Verbindung unter zwingenden Normen charakterisiert ist. Die beiden ersten Entwicklungsstufen heißen im Gegensatz zu der Zwangsregulierung, welche sie ablöst, Naturzustand.

Nur in der ersten Periode des „pur état de nature"[1] findet sich gar keine geregelte Beziehung zwischen den einzelnen „hommes sauvages", die in den Wäldern hausen „ohne Sprache, ohne Wohnsitz, ohne Krieg und ohne Gemeinschaft, ohne irgendwelches Bedürfnis nach ihresgleichen, wie ohne den Wunsch ihnen zu schaden."[2] Aber bald finden sich Anfänge eines sozialen Lebens. Diese zweite Periode des Naturzustandes beginnt mit dem Entstehen einer Verständigung unter den Menschen, mit der Sprache, jener elementaren konventionellen Satzung.[3] Mit der Einsicht, daß mancherlei Bedürfnisse durch Vereinigung leichter und sicherer befriedigt werden können, entsteht im Naturzustand die Jagdgemeinschaft und mancherlei andere lose Verbindung.

„il s'unissait avec eux en troupeau ou tout au plus par quelque sorte d'association libre qui n'obligeait personne et qui ne durait qu'autant que le besoin passager qui l'avait formée."[4]

---

[1] „Discours" p. 36.
[2] „Discours" p. 49.
[3] Discours p. 59.
[4] Discours p. 55. Man vgl. auch die Schilderung einer konventionalen Jagdgemeinschaft ebenda: „Voilà comment les hommes purent insensiblement

„Les hommes errants jusqu'ici dans les bois, ayant pris une assiette plus fixe, se rapprochent lentement, se réunissent en diverses troupes et forment enfin dans chaque contrée une nation particulière unie de moeurs et de caractères. non par des règlements et des lois..."[1]

Noch war vor der Einführung rechtlicher Normen („avant les lois")[2] der einzelne der alleinige Richter und Rächer aller Unbill, die er erlitt.

Aber die lockere Zusammenfassung unter konventionellen Regeln, die dem Belieben des einzelnen irgend welche Fesseln gar nicht aufzuerlegen vermochte, konnte die immer mächtiger aufkommenden Leidenschaften und Herrschaftsgelüste der Menschen nimmermehr bändigen.[3] Die so entstehenden unerträglichen Zustände führt Rousseau vorzüglich auf die innerhalb der Gesellschaft stets wachsende Differenzierung der einzelnen zurück.[4] Die konventionelle Gemeinschaft wird zum Ursprung aller sozialen Laster, sie erzeugt

acquérir quelque idée grossière des engagements mutuels et de l'avantage de les remplir mais seulement antaut que pouvait l'exiger l'intérêt présent et sensible."" —

[1] Discours p. 58: „Les liaisons s'etendent et les liens se resserrent."

[2] Discours p. 59.

[3] Discours p. 62—65.

[4] Aber nirgends geht Rousseau von einer völligen Gleichheit der natürlichen Menschen aus, wenn er auch in ganz beschränkter Weise gemeinsame Naturtriebe, wie wir sahen, annimmt. Es ist z. B. die innerhalb der historischen Schule so weitverbreitete Ansicht, das Naturrecht sei davon ausgegangen, daß von Natur alle Menschen gleich seien, daß seine Menschen „Staats- und Gesellschaftsatome" (Gumplowicz: „Rechtsstaat und Sozialismus" S. 252 fg.) „gleiche Individueneinheiten" seien, historisch nicht exakt, da gerade für Rousseau, den man als die „Spitze der Lehre vom naturrechtlichen Rechtsstaat" ansieht (S. 143), deutlich das Gegenteil aus den Quellen sich ergiebt. Vgl. die Eingangsworte des Discours p. 20: „Je conçois dans l'espèce humaine deux sortes d'inégalité: l'une que j'appelle naturelle ou physique parce qu'elle est établie par la nature et qui consiste dans la différence des âges, de la santé, des forces du corps et des qualités de l'esprit et de l'âme; l'autre qu'on peut appeler inégalité morale ou politique parce qu'elle dépend d'une sorte de convention et qu'elle est établie ou du moins autorisée par le consentement des hommes. Celle-ci consiste dans les différents privilèges dont quelques-uns jouissent au préjudice des autres, comme d'être plus riches, plus honorés, plus puissants qu'eux ou même de s'en faire obéir. On ne peut pas demander quelle est la source de l'inégalité naturelle parce que la réponse se trouverait enoncée dans la simple définition du mot." — (Discours p. 50:) „Or si l'on compare la diversité prodigieuse d'éducations et de genres de vie qui règne dans les différents ordres de l'état civil avec la simplicité et l'uniformité de la vie animale et sauvage, où tous se nourrissent des mêmes aliments, vivent de la même manière, et font exactement les mêmes choses, on comprendra combien la différence d'homme à homme doit être moindre dans l'état de nature que dans celui de société, et combien l'in-

den „bellum omnium contra omnes" innerhalb derselben Menschen, zu
deren Vereinigung und geordnetem Zusammenleben allein sie gegründet ward:

> „La société naissante fit place au plus horrible état de
> guerre."[1]

Gegenüber den Schrecken eines solchen Naturzustandes gab es
in der That nur ein Mittel der Abhülfe. Das soziale Leben überhaupt aufzuheben, in jene erste Periode zurückzukehren, dazu war
es nun zu spät. Wenn auch nicht freudig und hoffnungsvoll, so
doch in deutlicher Einsicht in die unerläßliche Notwendigkeit be-
grüßt der Leser den Eintritt der dritten Periode, die Einführung
rechtlicher Zwangsordnung.

Die Gründe aber, welche damals zu einer bindenden Regelung
menschlichen Gemeinlebens führten, der Leser fühlt es und soll
es beherzigen, sie gelten noch heute.

> „Unissons-nous pour garantir de l'oppression les faibles, con-
> tenir les ambitieux ... instituons des règlements de justice et de
> paix auxquels tous soient obligés de se conformer qui ne fassent
> exception de personne ... en soumettant également le puissant et
> le faible à des devoirs mutuels."[2]

So kann in der That der Vorschlag, aus jenem Naturzustand
zu treten, zumal wenn man die Bedenken gegen seine Annahme,
welche Rousseau, wie noch später zu besprechen sein wird, durchaus
nicht verhehlt, einmal bei Seite läßt, als dauernd gültige Verteidigung
des Rechts erscheinen.

Wenn Stammler der Theorie des Naturzustands vorwirft, daß
sie die Möglichkeit, ein soziales Leben durch Konventionalregeln
zu begründen, übersehe, und mit Unrecht eine Begründung des
Rechtszwangs geliefert zu haben vermeine, während sie in der That
nur die Notwendigkeit von sozialem Leben überhaupt gegenüber der Unhaltbarkeit eines regellosen Nebeneinanderlebens von
Menschen dargethan habe, so ist dieser Tadel, der ganz allgemein
ausgesprochen ist,[3] Rousseau gegenüber jedenfalls nicht begründet.

égalité naturelle doit augmenter dans l'espèce humaine par l'inégalité d'institution."

Man sieht also: Die sozialen Verhältnisse erzeugen nicht nach Rousseau
die Ungleichheit, sondern sie vermehren sie nur.

[1] „Discours" p. 65.

[2] Discours p. 66.

[3] „Theorie des Anarchismus" S. 39: „Es scheint fast, als ob unsere Jurisprudenz diese Alternative als selbstverständlich angenommen hätte: entweder
regelloser Zustand oder Rechtszwang. Wenigstens kann man, seitdem
Hobbes (1588—1679) für den rechtlosen Naturzustand die Formel des Krieges
aller gegen alle aufgebracht hat, die Berufung darauf durchgängig in dem

Der von Rousseau geschilderte bellum omnium in omnes ist nicht die Folge eines isolierten Nebeneinanderlebens von Menschen, deren unverderbte Kraft und sittliche Einfalt unser Autor mit besonderer Liebe einem verderbten Zeitalter vor Augen stellte, sondern ist das Produkt einer unaufhaltsamen sozialen Entwicklung, es ist ein sozialer Krieg,[1] für den jene lose Vereinigung unter konventionellen Regeln die Verantwortung zu tragen hat. Nicht weil jener gänzlich regellose Naturzustand beseitigt werden mußte, sondern weil er keinesfalls in der jetzigen Entwickelungsstufe der Menschheit zurück-gerufen werden könnte,[2] redet der kühne Verfechter der Freiheit einer zwangsweisen Normierung menschlichen Verhaltens das Wort, fordert er nicht ohne eine gewisse Resignation eine andere Art sozialen Lebens als diejenige, deren Unhaltbarkeit er so sicher erkannt hatte.

Die Erhaltung des Menschengeschlechts auf der Entwicklungs-stufe, die es nun einmal erreicht hat, fordert gebieterisch ein Gemein-schaftsleben, das durch streng verpflichtende Satzung geregelt ist. Hierin liegt die praktische Bedeutung des Grundproblems der Rousseauschen Rechtsphilosophie begründet.

Und nun fragen wir: Sollte wirklich das droit naturel, dessen oberstes Gesetz die Erhaltung des Menschen gebot, diejenige Art sozialer Regelung schlechthin verwerfen, welche zur Erreichung seines Endziels unter den gegebenen Verhältnissen allein tauglich schien?

Aber dann müßte das Naturrecht sein Gebot der Freiheit der Menschen aufgeben? Doch nein, davon kann keine Rede sein; denn Rousseau bestätigt den Anspruch des Naturrechts in folgender Formulierung:

„Trouver une forme d'association qui défende et protège de toute la force commune la personne et les biens de chaque associé,

---

Sinne wahrnehmen, als ob dadurch eine Deduction des Rechts und der staat-lichen Zwangsgewalt geliefert werden könnte, während aus jenem in Wirklich-keit nur das Wünschenswerte einer regelnden Organisation überhaupt folgen würde." — Denselben Gedanken in ausführlicher Darstellung siehe jetzt „Wirt-schaft und Recht" S. 541—547.

[1] Zur Unterstützung meiner Ansicht kann ich mich auch auf eine kleine bis vor kurzem noch unveröffentlichte Abhandlung Rousseaus berufen, die sich in der von Du Peyrou der Stadt Neuchâtel hinterlassenen Sammlung von Handschriften Rousseaus findet. Sie führt den bezeichnenden Titel: Que l'état de guerre naît de l'état social. (Vgl. über diese interessante Schrift: Dreyfus, a. a. O. appendice 2ᵐᵉ, p. 304.)

[2] „Le genre humain avili et désolé ne pouvant plus retourner à ses pas ni renoncer aux acquisitions malheureuses qu'il avait faites … etc. Discours p. 65, vgl. auch, bes. die Note 9, hinter dem Text (p. 89) und im Texte S. 51, 67.

et par laquelle chacun, s'unissant à tous, n'obéisse pourtant qu'à lui-même, et reste aussi libre qu'auparavant."[1]

Mit anderen Worten: Das Naturrecht hat sein letztes entscheidendes Wort gesprochen: Es giebt keine andere zum Gehorsam verpflichtende Menschensatzung, es sei denn, sie lasse die Freiheit des Menschen bestehen.

Aber mit der Daseinsfrage der Menschheit treibt man doch in Worten kein müßiges Spiel! Oder aber: Was bedeutet denn Freiheit?

Und in der That, mit dieser Frage ist der Ausweg aus schier unentrinnbaren Widersprüchen angebahnt. Auf jener ersten Entwicklungsstufe der Menschheit, als der naturwüchsige Waldbewohner soziale Bedürfnisse noch nicht kannte, da gebot das Gesetz seiner Erhaltung seine Freiheit, d. h. seine Unabhängigkeit von menschlicher Herrschaft und menschlichem Befehl. Aller Unterordnung ledig war er, allein auf sich selbst gestellt, am besten imstande der „Stimme der Natur" zu gehorchen. Doch den Menschen von heute, welche „soziabel und bösartig"[2] durch dieselben Gründe geworden waren, konnte die Unabhängigkeit jener Zeiten nicht frommen. Sie bedurften einer anderen Freiheit, wenn nicht die Verachtung des Gebots der Natur, das inmitten jenes wüsten Daseinskampfes vergeblich Menschenliebe anbefahl, durch den Untergang des Menschengeschlechts furchtbar gesühnt werden sollte.

Aber wieder wird man zweifelnd fragen: Kann denn Freiheit etwas anderes bedeuten als Freiheit von Menschenherrschaft? Ist die Rousseau'sche Freiheit denn mit Zwang vereinbar? Und ist die Frage nicht müßig, die unser Autor einmal also formuliert:

„Par quel art inconcevable a-t-on pu trouver le moyen d'assujetir les hommes pour les rendre libres?"[3]

Eine Stelle im achten Kapitel des ersten Buchs vom „Contrat social" kann hier auf den rechten Weg führen:

„Il faut bien distinguer la liberté naturelle . . . de la liberté civile" . . .

Das ist ein Fingerzeig: doch wir fragen weiter: Welcher Oberbegriff liegt hier zu Grunde, der uns gestattete, ohne Widerspruch von rechtlicher Freiheit zu reden? Was ist Freiheit? Und Rousseau antwortet uns — wir stehen an einem Kardinalpunkt seines Systems —:

„L'obéissance à la loi qu'on s'est prescrite, est liberté."[4]

---

[1] „Contr. soc." I, 6.
[2] Discours p. 51.
[3] Économie politique p. 169.
[4] C. s. I, 8.

Es war für das Verständnis der Grundlagen Rousseauscher Philosophie von Übel, daß man gemeinhin über diese von Rousseau selbst gegebene Definition der Freiheit hinwegsah und sich weithin damit begnügte, in der Rousseauschen „liberté civile" nichts als das landläufige Postulat des Liberalismus zu erblicken: Das hieße denn, eine kategorisch befehlende Menschensatzung ist möglich wenn sie das „laisser faire, laisser aller" zum Prinzip nimmt. Die Rousseausche Freiheit sei die Freiheit der Konkurrenz. —

Der weitere Fortgang unserer Untersuchung wird die gänzliche Unhaltbarkeit dieser Meinung, so hoffen wir, überzeugend darthun können. Um hier dem systematischen Aufbau nicht vorzugreifen, sei vorläufig gegenüber dieser weit verbreiteten Ansicht auf folgende Ausführungen von Rousseau selbst hingewiesen:

„On a beau vouloir confondre l'indépendance et la liberté: ces deux choses sont si différentes que même elles s'excluent mutuellement. Quand chacun fait ce qui lui plait, on fait souvent ce qui déplaît â d'autres, et cela ne s'appelle pas un état libre."[1]

Im jetzigen Stand der Erörterung fragen wir nur: Wie sollte Rousseau, der in der erzieherischen Repressivkraft einer zwingenden Menschensatzung das einzige Mittel zur weiteren Erhaltung eines entarteten Geschlechts gesehen hatte, wie sollte er als Bedingung der Möglichkeit rechtlicher Pflichten in seltsamer Verschwommenheit letztlich nichts anderes behaupten, als jener geringe Anzahl und Intensität?

Andererseits lag es für diejenigen, welche den letztlich citierten Satz unseres Autors beachteten, nahe, diesen Ausspruch unseres Philosophen dahin zu verstehen, daß eine zwingend befehlende Menschensatzung dann die Freiheit der Unterworfenen nicht aufhöbe, wenn diese zu gehorchen sich selbst vorgenommen hätten. Man hat dem gegenüber, wie leicht verständlich ist, eingewandt, daß eine so begriffene Freiheit doch auch nur so lange bestehen könne, als der Wille der einzelnen, sich jenen Geboten zu beugen.[2] — Sehr richtig,

---

[1] Lettres de la montagne, l. 8ᵐᵉ p. 159. Hier ist der Montesquieusche Einfluß unverkennbar. Man vgl. „Esprit des lois" l. 11. chap. 2: „Il n'y a point de mot qui ait reçu plus de différentes significations et qui ait frappé les esprits de tant de manières que celui de liberté"; l. 11. chap. 3: „La liberté politique ne consiste point à faire ce que l'on veut. Dans un État, c'est-à dire dans une société, où il y a des lois, la liberté ne peut consister qu'à pouvoir faire ce que l'on doit vouloir et à n'être point contraint de faire ce que l'on ne doit par vouloir. Il faut se mettre dans l'esprit ce que c'est que l'indépendance et ce que c'est que la liberté."

[2] Es war kein Geringerer als Adolf Merkel, welcher auf Grund jener Auffassung es als einen Widerspruch bezeichnete, wenn Rousseau die zwangsweise Bestrafung eines Übelthäters mit dessen Freiheit vereinbar erklärte.

aber es fragt sich, ob man damit überhaupt den Rousseauschen Freiheitsbegriff richtig verstanden hat. Wie? Die einmalige Zustimmung zu den Herrschaftsansprüchen eines befehlenden Machthabers sollte nach Rousseau selbst die Sklaverei durch den glänzenden Schein eines bunt schillernden Freiheitsbegriffs decken und schützen können! Nimmermehr: Wir sahen zur Genüge, daß das droit naturel ganz andere Anforderungen an ein mögliches positives Recht zu stellen gewillt ist. Die scharfe Polemik unseres Autors gegen Grotius, der jede Art von Menschenherrschaft und so auch die Sklaverei allein auf die einmalige Anerkennung gründen wollte, hätte doch die Unmöglichkeit dieser Auslegung des Rousseauschen Freiheitsbegriffs nahelegen müssen. Aber die dauernde Anerkennung konnte doch Rousseau ebenso wenig als Bedingung der Möglichkeit einer verpflichtenden Menschensatzung aufstellen; denn das hieße dem positiven Recht die Daseinsberechtigung endgültig streichen und nur noch Konventionalregeln übrig lassen. Und hier mußte freilich ein Blick in das Rousseausche System genügen, um die Unhaltbarkeit dieser Auslegung darzuthun. Aber andererseits konnte ja auch die bloße Anerkennung des einzelnen nicht bewirken, daß ein Befehl, den Menschen an Menschen richten, mehr sei als ein bloßes Wort; man muß auch anerkennen dürfen, und nicht wie jene, die sich freiwillig in Sklaverei begaben, zeigen, daß man gegen das Grundgesetz menschlichen Willens verstoße, daß man wahnsinnig sei.[1]

Das Wohl von Menschen, sein eigenes an erster Stelle als Endziel zu haben, das ist nach Rousseau, so sahen wir, das Kennzeichen des normalen Menschen, das die charakteristische Eigenheit der glücklichsten Kinder des Naturzustands. Solange der Mensch nicht gezwungen wird, diesem Gesetz aller Maximen zuwider zu handeln, ist er frei und bleibt es auch, wenn seine natürliche Freiheit untergeht in der Gehorsamspflicht gegen menschlichen Befehl. Wer freien Menschen befehlen will, muß nach dem Urgesetz ihres

---

Der berühmte Kriminalist verwies (in nicht gedruckter Rede) gegenüber dem Rousseau'schen Satz, „on le forcera d'être libre" (C. s. I. 7) auf den § 239 unseres Strafgesetzbuchs, welcher auch dann wegen „Freiheitsberaubung" bestrafe, wenn der Zwang demjenigen gegenüber ausgeübt werde, welcher einstens darein eingewilligt hatte.

[1] „Dire qu'un homme se donne gratuitement, c'est dire une chose absurde et inconcevable: un tel acte est illégitime et nul par cela seul que celui qui le fait n'est pas dans son bon sens. Dire la même chose de tout un peuple, c'est supposer un peuple de fous: la folie ne fait pas droit ... Une telle renonciation est incompatible avec la nature de l'homme." C. s. I. 4; vergl. auch Émile livre 5 p. 155: „Supposé que les peuples se fussent formés par choix, nous distinguerons alors le droit du fait" etc.

eigenen Handelns seine Gebotsetzung regeln. Das ist, wie nun sich bald deutlicher zeigen wird, die Form des sozialen Lebens, in der jeder dennoch nur sich selbst gehorcht und ebenso frei bleibt wie zuvor.[1] Wer das für alle gültige Gesetz des Handelns zur unverrückbaren Maxime wählt, er kann als Befehlshaber die Widerstrebenden zwingen, zwingen zur Freiheit.[2] Das ist die „unbegreifliche Kunst", durch die man die Menschen „knechtet", um sie frei zu machen."[3]

So dürfte schon ein sorgsames Durchdenken dieser wenigen Äußerungen Rousseaus genügen, um zu zeigen, daß sein Begriff der „liberté" mit dem formalen Herrschaftsanspruch des positiven Rechts an sich logisch vereinbar ist. Die „liberté civile" ist nicht die Negation von menschlicher Befehlsgewalt schlechthin, sondern vielmehr gerade das Resultat einer nach bestimmter Maxime verfahrenden Gebotsetzung, deren selbstherrlicher Geltungsanspruch eine Regelung menschlichen Verhaltens in Gemäßheit des sittlichen Gesetzes, d. i. ihre Freiheit nicht nur zuläßt, sondern vielmehr selbst gerade bezweckt.[4]

---

[1] C. s. I, 6. Vgl. auch lettr. écr. d. l. montagne l. 6me p. 126: „Il est encore d'une espèce particulière en ce qu'il lie les contractants sans les assujetir à personne et qu'en leur donnant leur seule volonté pour règle il les laisse aussi libre qu'auparavant."

[2] C. s. I, 7.

[3] Économie politique p. 169.

[4] Der Vorwurf den Rousseau'schen Begriff der liberté, in specie der „liberté civile", welche begrifflich schon den Rechtszwang voraussetzt, gänzlich mißverstanden zu haben, kann selbst einem so scharfsinnigen Philosophen wie Friedrich Julius Stahl, schwerlich erspart bleiben. Bis zum Erscheinen von Gierkes „Althusius" hat man es Stahl fast ohne Bedenken nachgesprochen, daß der Charakter und Inbegriff von Rousseaus Lehre die Unveräußerlichkeit der Freiheit sei. (Stahl, „Philosophie des Rechts", Band 1, 3. Aufl. 1854, S. 300.) Gumplowicz freilich a. a. O. (S. 143, Note 2) wollte diese These schon bei Spinoza, Gierke, sogar bei Althusius finden. Aber wir fragen: Was ist denn der Begriff der Rousseauschen Freiheit? Diese Frage muss erst an der Hand einer eingehenden Würdigung sämtlicher rechtsphilosophischen Fragmente Rousseaus beantwortet werden, bevor eine historisch exakte Vergleichung mit anderen Theorien überhaupt Aussicht auf Erfolg versprechen kann. Stammler („Wirtschaft u. Recht" S. 133) hat es als unbegründet bezeichnet, daß Stahl Rousseau vorwerfe, den Begriff des Rechts zu vernichten, weil wegen stets geforderter Zustimmung aller zu einem Gesetz die dem Recht eigene Autorität aufgegeben werde. — Aber freilich Stahl hat nicht geleugnet, daß die Philosophie des Rousseau den Rechtszwang selbst als gültig behauptet, aber infolge seiner irrigen Auffassung von der Rousseauschen Lehre von der Unveräußerlichkeit der Freiheit, sah jener sonst so scharfsichtige Litterarhistoriker in jener Aufrechthaltung der dem Recht eigenen Autorität eine Inkonsequenz. Vergl. Stahl, Geschichte der Rechtsphilosophie (1854) S. 312, 2. Absatz; ganz wie Stahl auch Rottenburg a. a. O. S. 349.

Im stolzen Gefühl, die Lösung gefunden zu haben, macht Rousseau selbst sich jenen Einwand, den eine vorschnelle Kritik zu allen Zeiten erhoben hat:

„De quelques sophismes qu'on puisse colorer tout cela, il est certain que si l'on peut contraindre ma volonté, je ne suis plus libre."[1]

Aber die „Freiheit bestehet weniger darin, seinen Willen zu thun als vielmehr dem eines andern (scilicet, sofern er regellos verfährt) nicht unterworfen zu sein."[2] Doch wer in gesetzlicher Art Gehorsam heischt, tastet die Freiheit nicht an, seine Gebote verstoßen nicht gegen die zwingenden Normen des natürlichen Rechts. So schafft sein Wille positives Recht. Sein kategorisch befehlender Machtspruch ist ein Rechtsgesetz.

„C'est à la loi seule que les hommes doivent la justice et la liberté; ... c'est cette voix céleste qui dicte à chaque citoyen les préceptes de la raison publique et lui apprend à agir selon les maximes de son propre jugement et à n'être pas en contradiction avec lui-même.[3]

Aber das Recht ist Menschenwerk, noch scheint seine thatsächliche Möglichkeit nicht geborgen; denn wo finden wir Menschen, die nicht nur ihr eigenes Wohl, sondern die Grundmaxime derer, welchen sie gebieten, kurz, die nicht nur das eigene Wohl, sondern das Wohl aller zum festen Prinzip ihrer Herrschaft erheben? Sehen wir nicht, daß das eigene Wohl in aller Entschließung von Menschen den letzten zwingenden Ausschlag giebt?

„On ne peut faire agir les hommes que par leur intérêt, je le sais."[4]

Nun, da wir an der Hand einer streng konsequenten Deduktion von unserem Philosophen über die Bedingungen der Möglichkeit des positiven Rechts belehrt sind, scheinen sich seiner Verwirklichung schier unüberwindliche Hindernisse in der unerbittlichen Welt der Thatsachen entgegenzustellen.

Nur auf Grund einer genauen Würdigung des Begriffs der „liberté civile" kann demnach dem Vorwurf Stahls entsprechend begegnet werden. Das Gesagte gilt auch für Liepmann, der ohne tieferes Eindringen in die Bedeutung des Rousseausschen Freiheitsbegriffs diesem Philosophen die Zwiespältigkeit seiner Grundgedanken entgegenhält (a. a. O. S. 21).

[1] Économie politique p. 168.
[2] Lettres écrites de la montagne l. 8me p. 159.
[3] Économie politique p. 169.
[4] „Considérations sur le gouvernement de Pologne" chap. 11. p. 441 (tome III der oeuvr. compl.). Vgl. auch Emile l. 4me p. 359; „Sans doute, je ne suis pas libre de ne pas vouloir mon propre bien."

Wer sagt das Mittel, um dem positiven Recht zum Dasein zu verhelfen?

Das ist die Aufgabe des contrat social.

Man wird es vielleicht seltsam finden, daß wir verhältnismäßig spät erst einen Begriff in unsere Darstellung einführen, der so recht eigentlich als das A. und O. der Rousseauschen Rechtsphilosophie seit jeher gegolten hat, und dessen Bezeichnung wie bekannt den Titel des rechtsphilosophischen Hauptwerks [1,2] unseres Autors bildet.

---

[1] Es sei bemerkt, daß wir unter der Schreibweise „Contrat social" das Werk Rousseaus, unter der Schreibart contrat social den hier zur Erörterung stehenden philosophischen Begriff bezeichnen.

[2] Wenn wir die im Jahre 1762 (also im selben Jahre wie der „Emile") unter dem Titel: „Du contrat social ou principes du droit politique" erschienene Schrift das rechtsphilosophische Hauptwerk Rousseaus nennen, so soll damit nur gesagt sein, daß diese Abhandlung von allen Schriften Rousseaus vorzüglich einer philosophischen Betrachtung des Rechts gewidmet ist und uns auch in der That über die rechtsphilosophischen Grundgedanken des Mannes die ausführlichsten Aufschlüsse giebt, nicht aber, daß der „Contrat social" ein System der Rechtsphilosophie darböte. Eine solche systematische Darstellung seiner freilich als einheitliches Ganze gedachten Lehre hat uns Rousseau überhaupt nicht geliefert. Zu zeigen, daß dasjenige, was nur in abgerissener, häufig fragmentarischer Anordnung auf uns gekommen ist, doch als System gedacht war und also auch als System begriffen werden muß, das gerade ist hier des Litterarhistorikers Aufgabe. Ohne ein eindringliches und häufig mühsames Durchdenken des mannigfach in Rousseaus Werken zerstreuten Materials dürfte dies schwerlich befriedigend erledigt werden können. Sich gerade hier auf eine philologisch korrekte Wiedergabe des „wesentlichen Inhalts" beschränken zu wollen, würde gerade für eine echt historische Auffassung des Gedankenfortschritts in unserer Wissenschaft von geringem Werte sein. Die glänzende Darstellung unseres Autors könnte ein solcher Referent doch schwerlich wiedergeben. Vor allen Dingen muß es als aussichtslos bezeichnet werden, eine Rechtsphilosophie Rousseaus unter alleiniger Berücksichtigung des „Contrat social" schreiben zu wollen. Es hieße geradezu dem Geist unseres Autors zuwiderhandeln, wollten wir das als fertiges Ganze auffassen und würdigen, wovon die einleitenden Worte schon uns deutlichst des Gegenteils belehren. Man vgl. das „Avertissement": „Ce petit traité est extrait d'un ouvrage plus étendu entrepris autrefois sans avoir consulté mes forces et abandonné depuis longtemps. Des divers morceaux qu'on pouvait tirer de ce qui était fait celui-ci est le plus considérable et m'a paru le moins indigne d'être offert an public. Le reste n'est déjà plus." Andererseits hat Rousseau diesem sozialphilosophischen Fragment immerhin eine dauernde Bedeutung zugeschrieben. So schreibt er von Montmorency am 7. November 1761 an seinen getreuen Amsterdamer Verleger Michel Rey bezüglich des Cont. soc.: „Je vous recommande tout de nouveau mon dernier ouvrage. Quoi qu'il ne soit pas de nature à se répandre aussi promptement qu'un roman, j'espère qu'il ne s'usera pas de même et que ce sera un livre pour tous les temps, s'il n'est pas rebuté par le public." — Die Lehren des „Contr. soc." sollen für alle Zeiten gültig sein, mit anderen Worten: sie sollen Rechtsphilosophie enthalten, und nicht nur Politik, welches eine

Und doch dürfte sich aus dem Inhalt unserer bisherigen Erörterung schon die Rechtfertigung solchen Verfahrens ergeben. Welche bedeutsame Stellung dieser Begriff auch innerhalb der Rousseau-schen Sozialphilosophie einnehmen mag, eine systematische Darstellung dieser Theorie darf nimmermehr mit ihm beginnen, denn sein Verständnis läßt uns über den fundamentalen Ausgangspunkt dieses Systems noch völlig im Dunkel, er enthält keine Problemstellung, sondern deren Lösung, keine Frage, sondern eine Antwort. Um aber die Lösung richtig aufzufassen und gerecht würdigen zu können, müssen wir vorerst den Sinn und die Bedeutung der

Anwendung rechtsphilosophischer Lehre auf konkret bedingte Zeitverhältnisse ist und unabhängig von diesen empirischen Einzelumständen gar nichts bedeutet.

Aber freilich diese Schrift enthält auch Politik, und vielleicht hat nichts dem Verständnis der rechtsphilosophischen Sätze mehr geschadet, als gerade dieser letztere Umstand; denn Rousseau sagt nicht ausdrücklich, wo die rechtsphilosophische Erörterung aufhört und die politische beginnt. Da ist es verständlich, wenn man im Drange, nur recht vollständig zu sein, eine scharfe Scheidung des umfangreichen Materials nach solchem Gesichtspunkt entweder gar nicht versucht oder im einzelnen auf das fatalste verfehlt hat. Aber wenn man nur den „Inhalt" des „Contrat social" wiedergeben wollte, mit welchem Rechte hat man dann die ausführliche Darstellung altrömischer Verfassungsgeschichte im 4. Kapitel des 4. Buchs, die eingehende Schilderung der Centurieneinteilung des Servius Tullius und anderes derartiges mehr aus seiner Darstellung ausgeschlossen? Rechtsphilosophie und Politik in einer Abhandlung behandeln heisst aber noch lange nicht die Erörterungen beider Wissenszweige auch gedanklich miteinander vermengen und verquicken, welches denn in der That das Ende aller echten Wissenschaft ist. Das erstere, aber durchaus nicht das letztere hat Rousseau im Auge, wenn er in den einleitenden Worten zum „Cont. soc." schreibt: „Je tâcherai d'allier toujours dans cette recherche ce que le droit permet avec ce que l'intérêt prescrit afin que la justice et l'utilité ne se trouvent point divisées." Die sachliche Scheidung beider Betrachtungsweisen der Rechtsphilosophie einerseits und der Politik andererseits war unserem Autor völlig geläufig. Vgl. z. B. die Stelle in der Genfer Handschrift (II, 3): „Quoique je traite ici du droit et non des convenances je ne puis m'empêcher de jeter en passant quelques coups d'oeil sur celles qui sont indispensables dans toute bonne institution." Eine vortrefflich klare Auseinanderhaltung und richtige Würdigung von Theorie und Praxis findet sich aber in der Einleitung zum „Emile" und soll hier zum Schluß folgen. Hätte man ihren Inhalt stets bedacht, so hätte so manche oberflächliche Kritik dieses Systems verstummen müssen:

„En toute espèce de projet il y a deux choses à considérer; premièrement la bonté absolue du projet: en second lieu la facilité de l'exécution. Au premier égard il suffit pour que le projet soit admissible et praticable en lui-même, que ce qu'il a de bon soit dans la nature de la chose. La seconde considération dépend des rapports donnés dans certaines situations, rapports accidentels à la chose, lesquels par conséquent ne sont jamais nécessaires et peuvent varier à l'infini. La facilité plus ou moins grande de l'exécution dépend de mille circonstances qu'il est impossible de déterminer autrement que dans une application particulière de la methode à tel ou tel pays, à telle ou telle condition."

wissenschaftlichen Aufgabe, die jene Sozialphilosophie sich stellte, auf das deutlichste und eindringlichste gefaßt haben. Was würde man etwa von der historischen Exaktheit eines Darstellers Descartesscher Erkenntniskritik sagen, der mit dem „cogito ergo sum" beginnen wollte, ohne vorher jenen gigantischen Skeptizismus, der den ersten Meister einer neuen Periode des Denkens verkündet, auf das eindringlichste beschrieben, den kritischen Ausgangspunkt in der Frage: Wo ist Wahrheit? auf das genaueste dargelegt zu haben?[1]

Aber ein naheliegendes Mißverständnis sei hier von vornherein abgewehrt: Wenn wir die Kenntnis des Ausgangspunktes der Rousseauschen Sozialphilosophie für das Verständnis des Begriffs vom contrat social für unumgänglich notwendig erklärten, so ist dieses sachlich und nicht psychologisch zu verstehen. Wir fragen nicht an erster Stelle, welche Motive unseren Autor zur Aufstellung seiner Lehre vom contrat social bewogen haben, sondern vielmehr welche sachliche Bedeutung in dem Ganzen dieses Systems jenem Begriffe beiwohnt.

Die Kenntnis der Beweggründe eines Autors, ein wie großes biographisches Interesse sie auch haben mögen, darf niemals mit dem Wissen um den sachlichen Ausgangspunkt, um den Inhalt der grundlegenden Problemstellung verwechselt werden, wenn freilich auch in concreto die Lösung der zweiten Frage durch die Beantwortung der ersten erleichtert und im einzelnen gefördert werden kann.

Wir haben schon oben darauf hingewiesen, daß die herrschende Meinung in dem Gesellschaftsvertrag des Rousseau die Antwort sieht auf die Frage nach der allgemeinen Entstehungsweise allen Rechts. So wie die historische Schule in dem wirkenden Volksgeist die einheitliche Ursache aller rechtlichen Ordnung gesehen (womit freilich nicht sowohl eine allgemein gültige Gesetzlichkeit des Rechts als vielmehr der Ursachen desselben aufgestellt und als dogmatisch-spiritualistische Methode aller kausalen Betrachtung der Rechtsgeschichte behauptet war), so hätte Rousseau einen Vertrag derer, welche in rechtliche Gemeinschaft treten wollten, als die thatsächliche Grundlage, als den geschichtlich gegebenen Entstehungsgrund allen Rechts behauptet.

---

[1] Es ist eine wunderliche Fügung, daß der große Zeitgenosse und Verehrer Rousseaus, daß Immanuel Kant ebenfalls infolge mancher Mängel in der Anordnung des Stoffes der „Kritik der reinen Vernunft" so unendlich häufig mißverstanden wurde, eben weil dieses geniale Werk eine schärfere Charakterisierung der ihm eigenen Problemstellung erst, nachdem schon ein Teil der Antwort gegeben ist, in der anmerkungsweisen Fixierung des Begriffs des „Transzendentalen" gegeben hat (Ausgabe von Kehrbach S. 80).

Nachdem in jüngster Zeit[1] zuerst Rudolf Stammler[2] auf den Irrtum jener Auffassung hingewiesen, möchten wir an dieser Stelle nur noch auf eine ganz besonders charakteristische Äußerung Rousseaus hinweisen, deren Bekanntschaft wir gleichfalls Dreyfus' hochverdienstlicher Veröffentlichung des Genfer Manuskripts des „Contrat social" verdanken. Sie wehrt nicht nur eine geschichtliche Auffassung des contrat social ab, sondern giebt auch zugleich einen deutlichen Fingerzeig für das richtige Verständnis:

„Il y a mille manières de rassembler les hommes, il n'y a qu'une de les unir. C'est pour cela que je ne donne dans cet ouvrage qu'une méthode pour la formation des sociétés politiques, quoique dans la multitude d'aggregations qui existent actuellement sous ce nom il n'y en ait peut-être pas deux qui aient été formées de la même manière, et pas une qui l'ait été selon celle que j'établis. Mais je cherche le droit et la raison et ne dispute pas des faits."[3]

Wie konnte in der That, so möchte man fragen, eine solche Verkennung der wahren Aufgabe des contrat social sich so allgemein behaupten, daß selbst ein so tiefgehendes Werk wie Gierkes „Althusius"[4] eine von der altnaturrechtlichen verschiedene Auffassung des Gesellschaftsvertrags erst der Rechtsphilosophie Kants zuschreibt? Und doch ist diese Reinhaltung rechtsphilosophischer Probleme von historischen Aufgaben, die nicht nur der Historie, worauf Gierke mit Fug hinweist, sondern auch der Sozialphilosophie zu Gute kommt, zweifellos nach dem Gesagten Rousseaus Verdienst, nachdem noch Althusius, Grotius, Hobbes, Locke und Hume den contrat social als Faktum gelehrt hatten. Die Hauptursache des Mißverständnisses[5] dürfte wohl auf der Thatsache beruhen, daß der

---

[1] Schon im Beginn der 70er Jahre hat F. Brockerhoff (J. J. Rousseau: Sein Leben und seine Werke, Leipzig 1873/74) in klarer Darstellung die historische Auffassung des contrat social auf das schärfste bekämpft. Vgl. Bd. 3, S. 152: „Wie oft liest man auch gegenwärtig noch, selbst in den Werken hervorragender politischer Schriftsteller, Rousseau habe den Staat in Widerspruch mit aller geschichtlichen Erfahrung auf eine freiwillige Übereinkunft zurückgeführt. Und doch sagt er geradezu, daß vielleicht niemals ein Gemeinwesen auf dem Wege des Vertrags begründet worden, während er so ziemlich alle thatsächlichen Entstehungsweisen als solche anerkennt und zur Sprache bringt."

[2] „Theorie des Anarchismus": S. 14. Ihm folgt Liepmann, der mit Recht (S. 22, Note 1) auf eine Stelle in der „économie politique" hinweist, wo es heißt: „l'autorité publique purement arbitraire quant à son institution". Vgl. überhaupt unsere Note 2 Seite 3.

[3] Dreyfus a. a. O. p. 262.

[4] S. 121.

[5] Vgl. auch die zutreffenden Bemerkungen von Liepmann S. 7.

mit der radikalen Wucht der eigenen Problemstellung selber noch
ringende Autor eine genügende Hervorhebung der Unterschieds-
merkmale seiner Philosophie von denen der Vorgänger nirgends uns
liefert. Zwar wird gesagt, daß er sich um die „principes du droit
politique"[1] in jener Untersuchung handele, und in dem „Emile"
wird gelegentlich auch bemerkt, daß nichts verschiedener sei, als die
Grundlage der geschichtlich gegebenen Staatsformen und das „droit
politique";[2] aber eine scharfe Begriffsbestimmung dieser Wissenschaft
des „droit politique" findet sich in R o u s s e a u s Werken nirgends,
sie bleibt dem Nachdenken des Lesers überlassen. Hierbei bereitet weiterhin der Umstand eine gewisse Schwierigkeit, daß unser
Autor sowohl in dem „Discours" als auch noch in dem „Contrat
social" zuweilen den Gedanken zwar nicht vertreten, aber doch ins-
geheim mit ihm gespielt, gleichsam geliebäugelt hat: daß nämlich
die geschichtlich überlieferten Herrschaftsverhältnisse im letzten
Grund und ursprünglich vielleicht auch thatsächlich auf einen Vertrag zurückgehen könnten. Dem glühenden Verehrer der reinen
unverfälschten Menschennatur konnte nichts mehr am Herzen liegen
als das, was er als Bedingung der Möglichkeit allen positiven Rechts
aus der Natur des Menschen selbst im logischen Schlußverfahren
abgeleitet hatte, nun auch als das ursprüngliche Werk jener Natur,
kurz als ein Faktum zu proklamieren. Jene heilige reine Menschennatur, wie wäre sie doch geschändet, wenn eine kurze Periode losen

---

[1] So schon die Titelüberschrift von R o u s s e a u s sozialphilosophischem
Hauptwerk.

[2] E m i l e l. 5me p. 153: „Le droit politique est encore à naître
et il est à présumer qu'il ne naîtra jamais. G r o t i u s, le maître de tous
nos savants en cette partie n'est qu'un enfant et qui pis est un enfant
de mauvaise foi. Quand j'entends élever G r o t i u s jusqu'aux nues et couvrir
H o b b e s d'exécration, je vois combien d'hommes sensés lisent ou comprennent
ces deux auteurs. La vérité est que leurs principes sont exactement semblables,
ils ne diffèrent que par les expressions. Ils diffèrent aussi par la méthode.
H o b b e s s'appuie sur des sophismes et G r o t i u s sur des poètes: tout
le reste leur est commun. Le seul moderne en état de créer cette grande et utile science eût été
l'illustre M o n t e s q u i e u. Mais il n'eut garde de traiter des principes du droit
politique, il se contenta de traiter du droit positif des gouvernements
établis; et rien du monde n'est plus différent que ces deux études."
Man verstehe diese Stelle nicht darum falsch, weil hier der Ausdruck
„droit positif" in Gemäßheit der gewöhnlichen Anschauung verwandt wird.
Vgl. überhaupt gegen eine pedantisch philologische Interpretationsweise seiner
Philosophie seine eigene Bemerkung im E m i l e l. II, p. 113: J'ai fait cent
fois réflexion en écrivant qu'il est impossible dans un long ouvrage de donner
toujours les mêmes sens aux mêmes mots etc. etc. Je ne crois pas … me con-
tredire dans mes idées, mais je ne puis disconvenir que je ne me contredise
souvent dans mes expressions."

Gemeinschaftslebens genügt haben sollte, um ihre ursprünglichen
Söhne derart zu erniedrigen, daß sie selbst jene elenden „aggréga-
tions" gegründet hätten, die uns heute die soziale Geschichte fast
allenthalben zeigt.[1]

„Il me paraît donc certain que non seulement les gouvernements n'ont point commencé par le pouvoir arbitraire, qui n'en est
que la corruption, le terme extrême et qui les ramène enfin à la
seule loi du plus fort, dont ils furent d'abord le remède; mais encore
que quand même ils auraient ainsi commencé, ce pouvoir
étant par sa nature illégitime, n'a pu servir de fondement aux droits
de la société ni par conséquent à l'inégalité d'institution."[2]

Aber diese wenigen Äußerungen können hier mit Fug außer
Rechnung bleiben, nicht nur deshalb weil der ganze „Discours" auf
historische Wahrheit gar keinen Anspruch erhebt, sondern vor allen
Dingen, weil die Rousseausche Deduktion des Begriffs vom „contrat
social" in seiner sozialphilosophischen Bedeutung jedenfalls von der
Existenz oder Nichtexistenz eines thatsächlichen Gesellschaftsvertrags
völlig unabhängig gedacht war und demgemäß auch begriffen und
beurteilt werden muß. Die systematische Bedeutung dieses Begriffs
mag schließlich selber gleichfalls zu der besprochenen mißverständlichen Auffassung ein weniges beigetragen haben. Denn da der Inhalt des Contrat social, wie wir sahen, nicht ohne Rücksicht auf
die faktische, wenn auch ausnahmslos sich findende Menschennatur
die Bedingungen aufzuzeigen hat, unter denen eine schlechthin befehlende Menschensatzung den strikten Erfordernissen des souveränen
droit naturel überhaupt entsprechen kann, so konnte es leicht geschehen, daß das, was nur als praktische Anweisung (zu einer möglichen Erzeugung von positivem Recht überhaupt) gedacht war, als
ein nacktes Faktum aufgefaßt wurde, daß man kurz gesagt aus der
notwendigen Bedingung aller möglichen Rechtsentstehung eine allgemein geltende Ursache allen gegebenen sogenannten positiven
Rechts machte.

Doch diese historische Auffassung des contrat social ist seit
ungefähr zwei Jahren nicht mehr die einzige in der Litteratur vertretene, wenn sie auch immerhin noch als herrschende bezeichnet
werden darf. Ihr deutlichst und scharf sich entgegenstellend, ist
eine zweite Lehre bezüglich der systematisch richtigen Auffassung

---

[1] Il ne serait pas plus raisonnable de croire que les peuples se sont d'abord
jetés entre les bras d'un maître absolu, sans conditions et sans retour, et que
le premier moyen de pourvoir à la sûreté commune qu'aient imaginé des
hommes fiers et indomptés a été de se précipiter dans l'esclavage." Discours p. 69.

[2] Discours p. 74. Vgl. hierzu auch die Beschreibung des Despotismus
als des Endes und nicht als des Anfangs des rechtlichen Lebens p. 80.

dieses für die Rousseausche Rechtsphilosophie grundlegenden Begriffs entstanden, deren Urheber Rudolf Stammler ist. Es wird für die weitere Erörterung von Nutzen sein, die Stammlerschen Ausführungen hier im gedrängten Wortlaut wiederzugeben:

„Ich kann hier nicht auf das elementare Mißverständnis eingehen, als ob der contrat social als eine geschichtliche Thatsache aufgestellt worden wäre und deshalb durch historische Untersuchung seine Bestätigung oder Widerlegung zu finden habe. Das ist durchaus nicht der Fall. Er bedeutet einen philosophischen Ausdruck der Idee des Rechts und will einen allgemeingültigen Maßstab liefern, an dem jedes staatlich erlassene Gesetz gerichtet werden kann und soll. Ein Rechtssatz ist dann inhaltlich berechtigt, wenn er dem Gesellschaftsvertrage entspricht . . . Wird dieser contrat social nicht als historischer Entstehungsgrund, sondern als ideales Ziel der Rechtsordnung fest im Auge behalten und im einzelnen — nach hier nicht näher zu verfolgenden Grundsätzen — verwirklicht, so wird daraus ein Recht erwachsen, unter dem die juridisch verbundenen Menschen doch in Freiheit leben. So ist der Contrat social des Rousseau das Schiboleth des Liberalismus geworden."[1]

Diese Auffassung des hervorragenden Gelehrten dürfte an der Hand der Quellen kaum zu rechtfertigen sein, und ich schicke mich an, dieses im einzelnen nachzuweisen. Zunächst freilich kann einem Stam'mler gewiß nicht eingewandt werden, daß Rousseau den „contrat social" unmöglich als „Ideal" habe denken und doch zugleich seine Verwirklichung habe fordern können, damit die juridisch verbundenen Menschen dann in Freiheit leben. — Es ist deutlich, daß Stammler den Ausdruck „Ideal" hier nur in dem laxen Sprachgebrauch des Tags genommen wissen wollte. Nach Stammler hat Rousseau die Freiheit der rechtlich Unterworfenen als letztes Ziel der Rechtsordnung behauptet und in dem contrat social ein Mittel zur Erreichung dieses Ziels angegeben; das Recht, welches dieser Anweisung folge, sei nach Rousseau ein gutes Recht. —

Aber es ist doch in der That seltsam, daß unser Autor für eine soziale Normierung, welche dem contrat social widerspricht, eine ganz andere Bezeichnung hat. Fragt derjenige nach dem sittlichen Werte eines Rechts, der es von vornherein für nichtig, eitel und überhaupt nicht bindend erklärt? Heißt das erklären, eine menschliche Gebotsweise sei ein schlechtes Recht. wenn ihr Begriff und der des Rechts überhaupt für einander logisch wider-

---

[1] „Theorie des Anarchismus" S. 14.

sprechend erklärt werden? Giebt es da noch gutes und schlechtes Recht, wo von Recht überhaupt nicht mehr die Rede ist?

Aber man könnte vielleicht einwenden, daß Rousseau in allerdings wunderlichem Sprachgebrauch unter „droit" das gute Recht verstanden habe. Aber es wäre doch in der That der Gipfel des Merkwürdigen, alles, was nicht sittlich hochstehendes Recht ist, nichtig, eitel und unwirksam zu nennen. Was würden wir Jünger der Jurisprudenz, als einer eigenen selbständigen Wissenschaft, dazu sagen, wenn ein Moralist uns erklären wollte, das preußische Recht habe auch vor dem Jahre 1857 überhaupt keine Sklaverei auf seinem Gebiete mehr als gültig anerkannt, jene sei vielmehr auch damals völlig „nichtig" gewesen, weil sie nicht — gutes Recht gewesen sei? Oder wollte man vielleicht auf den Ausweg verfallen, daß Rousseau unter „null und nichtig" nicht verpflichtend u. s. w. nur die Negation einer moralischen Verpflichtung gegenüber dem Gehorsam heischenden schlechten Rechte habe aussprechen wollen? Aber auch dieser Einwand ist längst gehoben! Wir sahen ja, daß das natürliche Recht, welches Rousseau von dem Moralgesetz getrennt wissen will,[1] über das Bestehen positiv rechtlicher Verpflichtung entscheidet. Das gewaltige System Rousseauscher Sozialphilosophie hat größeres zur Aufgabe als eine Spezialfrage der Moral. Der contrat social entscheidet nicht nur darüber, wann es sittliche Pflicht wird, das Recht zu brechen, die rechtliche Pflicht in ihrem Bestehen zu ignorieren, sondern er greift die rechtliche Gebundenheit auf dem ihr eigenen Gebiete an und diktiert ihr souverän die nackten Bedingungen ihrer Existenz. Der Widerspruch mit dem contrat social entzieht dem positiven Recht nicht etwa nur mit der sittlichen Würdigung einen einflußreichen Schirmherrn und Gönner seiner Herrschaft, sondern er zertrümmert dieser Herrschaft stolzen hochmütigen Bau; er mißbilligt das Recht nicht, nein, er tötet es.

Und wer noch zweifelt, der lese sorgsam die folgende Stelle: „Les clauses de ce contrat sont tellement déterminées

---

[1] Es kann sehr wohl sein, daß Naturrecht und Moralgesetz in concreto, ja sogar in allem inhaltlich übereinstimmen, wie ja auch der Inhalt eines positiven Rechtssatzes häufig mit dem Inhalt eines Moralgesetzes zusammenfallen kann und nach dem Wunsche aller sittlich Denkenden in Zukunft immer häufiger zusammenfallen wird und soll. Aber der formale Geltungsanspruch beider bleibt dennoch in seiner jeweiligen Eigenart grundlegend verschieden. So wie die Thatsache eines sittlichen Rechts die formale Unabhängigkeit der Begriffe von Sittlichkeit einerseits und Recht andererseits selbstredend bestehen läßt, ja dieses Erfahrungsurteil sogar ihre begriffliche Unterscheidung notwendig voraussetzt, so läßt auch die Statuierung eines moralischen Naturrechts die von Rousseau gelehrte Eigenart von Moral einerseits und Naturrecht andererseits noch ganz unberührt.

par la nature de l'acte que la moindre modification les rendrait vaines et de nul effet; en sorte que bien qu'elles n'aient
peut-être jamais été formellement énoncées, elles sont partout les mêmes, partout tacitement admises et reconnues, jusqu'a
ce que le pacte social étant violé chacun rentre alors dans
ses premiers droits et reprenne sa liberté naturelle en
perdant la liberté conventionelle, pour laquelle il y renonça."[1]
Wir sehen es: Der contrat social bedeutet kein fernes Ziel,
keinen letzten Richtpunkt,[2] der dem unstät wirkenden Gesetzgeber
die feste Leitung zu gerechtem Thun darböte; es giebt überhaupt
keine Annäherung des Rechts an den contrat social; denn
dieser verlangt von dem Recht unbedingte sofortige Erfüllung seiner
Gebote, sonst verwirft er in erbarmungslosem Richterspruch den Herrschaftsanspruch jenes, entläßt die Menschen aus der willkürlich angemaßten Gewalt: Sie werden frei von aller menschlichen Herrschaft, nur dem ewigen Naturrecht unterworfen, das sie von Menschensatzung ledig sprach.

Und wie hätte auch dem Begriff des contrat social innerhalb
dieser Philosophie eine andere Bedeutung beiwohnen können?
Was hätte ihr die Auffindung eines Maßstabs gefrommt, bevor sie
nicht ein sicheres Kriterium besaß, woran sie das Bereich des zu
Messenden in seiner Eigenart auffinden, abstecken, kurz in
Schärfe bestimmen konnte? Was lehrte denn einen Rousseau die
brutale Wirklichkeit der sozialen Erfahrung? Wir sehen es ja:
Zusammenhäufung von Menschenmassen nach dem steten Schema:
Hier der befehlende Herr und dort die gehorchenden Knechte. Und
diesen Herren, diesen Sklavenhaltern, ihnen allen, die als „tyrannische
Hirten Menschen wie Herdenvieh regieren, um sie endlich zu ver-
schlingen",[3] sollte ein letztes Ziel ihrer Herrschaft gegeben
werden? O nein, sie interessierten in ihrer ihm so unendlich er-
bärmlich scheinenden Existenz den Genfer Philosophen gar nicht,
ihm kam es vielmehr darauf an, das Bereich seiner Untersuchung
durch Aufrichtung fester Schranken vom Eindringen solcher Ele-

---

[1] Contr. soc. I, 6.

[2] Der Stammlerschen Ansicht hat sich neuerdings Liepmann in der
citierten Schrift angeschlossen. Vgl. bes. S. 7. Der Contrat social enthält nach
diesem Schriftsteller ein „Rechtsideal" (S. 21), er liefert uns „ideale Rechts-
maßstäbe" (S. 37). Leider aber wird in dieser Schrift nirgends deutlich, nach
welchen Gesichtspunkten und in welcher Rücksicht denn mit Hilfe solcher
„idealen Maßstäbe" das Recht gemessen werden soll. Denn der hier verwandte
Begriff von „Ideal" läßt mehrere „Ideale", ja sogar eine Steigerung bis zum Super-
lativ zu (vgl. S. 34). Vgl. bezügl. der hier fraglichen Unklarheit in der Auffassung
der Rousseauschen Problemstellung bes. a. a. O. S. 15, 16, 17, 18, 20, 25, 31, 55.

[3] C. s. I, 2.

mente zu schützen und zu schirmen. Und forderten jene dann Ein-
laß in das gewaltige Reich des Rechts, der pflichterzeugenden Menschensatzung, auf ihre thatsächliche brutale Macht
sich stützend und mit der Zahl ihrer Knechte prunkend, dann
wies das Recht im stolzen Gefühl seiner Unabhängigkeit, die es
der Festigkeit seiner wuchtigen Grenzmauern verdankte, dem frechen
Eindringling die Thüre, wie man einen Straßenräuber hohnlachend
abweist, der sich Belehrung holen wollte, zu welchem Endzweck er
mit angespannter Pistole seinen Untergebenen gebieten sollte.
Auch dem Räuber wird gehorcht, so lehrt es die Erfahrung, aber
sein brutales Machtwort erzeugt keine gültige Gehorsamspflicht, wie
alles Recht es für seine Befehle fordert. Das Recht? Aber was
immer es auch sei, da es eigene Pflichten schaffen will, so muß es
auch mit strengen selbstherrlichen Geboten dem menschlichen Willen
entgegentreten. Und dann, so setzt sich der Rousseausche Gedankengang fort, sinkt es dann nicht mit dem Machtwort des Räubers
auf eine Stufe? Was unterscheidet sein Zwangsgebot von jenes
brutaler Gewalt? Was in aller Welt vermöchte denn seinen Anspruch, als menschliche Satzung Menschen zwingend zu gebieten,
stützen und als gültig begründen?

Damit aber fragt Rousseau nicht nach dem Wert oder Unwert des Inhalts befehlender Menschensatzung, sondern vielmehr
nach deren formaler Möglichkeit überhaupt. Nicht: Wie sollen
Menschen befehlen? sondern: Können überhaupt Menschen Menschen [1]
befehlen? [1] Das ist die erste grundlegende Frage der Rousseauschen Sozialphilosophie. Sie mußte erst in Sicherheit beantwortet
werden, bevor die Stellung der zweiten überhaupt einen Sinn haben
konnte.

So gebührt der Rousseauschen Sozialphilosophie das fundamentale Verdienst, die radikale Frage nach der Möglichkeit einer
rechtlichen Normierung überhaupt, zu deren Beantwortung die moderne anarchistische Skepsis die Denkenden drängen mußte, in voller
Schärfe und Reinheit zum ersten Male aufgeworfen und behandelt
zu haben. [1]

Aber freilich wenn man sich erlaubt, die Rousseausche Sozialphilosophie mit der modernen anarchistischen Theorie in irgend
welche Parallele zu setzen, so wird es um so dringlicher, auch die
fundamentale Verschiedenheit der beiden sozialen Theorien deutlichst
hervorzuheben. Diese Verschiedenheit liegt in dem Unterschied
der Methoden begründet, auf Grund deren jeweilig der formale

---

[1] Über die gelegentlich hervortretende Einschränkung der Frage vgl. oben
die Note S. 36 f.

Rechtszwang als solcher, den Menschen über Menschen ausüben (noch unangesehen des besonderen Inhalts der Zwangsgebote), in beiden Lehren angezweifelt und um eine Begründung solchen Herrschaftsanspruchs angegangen wird.

Der moderne Anarchismus fragt, ob der Rechtszwang mit dem obersten Gesetz menschlichen Wollens, welches jedem einzelnen die Verfolgung seiner persönlichen Triebe und Neigungen anbefiehlt, vereinbar ist, kurz ob das Recht als ein Gewaltakt, von Menschen an Menschen geübt, vor dem Moralgesetz gerechtfertigt werden kann, welches jedem einzelnen die Pflege seines persönlichen Ichs als oberste Maxime verschreibt.

Ganz anders Rousseau: Ihm ist vom ethischen Standpunkt aus die Thatsache der zwangsmäßigen Herrschaft von Menschen über Menschen an sich nicht ungerechtfertigt, weil seine Theorie vom Naturzustand in der zwingend befehlenden und damit auch verpflichtenden Menschensatzung das einzige Mittel sieht, um den bellum omnium contra omnes unter den Menschen zu verhüten, um die Erhaltung aller zu bewirken, das oberste Ziel der Rousseauschen Moral.

Aber jetzt beginnt erst für Rousseau der Zweifel von einem fundamental verschiedenen Gesichtspunkt aus, indem er sich die Frage stellt, ob das also vielleicht sittlich zu rechtfertigende Zwangsgebot, das Menschen an Menschen richten (das „positive" Recht), auch mit den Geboten des Naturrechts als einer von der Moral verschiedenen Lebensordnung in Einklang gebracht werden kann, welches letztere nicht sowohl über die sittliche Güte, sondern über die formell rechtliche Gültigkeit und juristische Verbindlichkeit menschlicher Befehle urteilen will.

So ist das Moralgesetz in der Theorie des Anarchismus, das Naturrecht in der Sozialphilosophie Rousseaus die Methode, kraft deren der formale Rechtszwang bezweifelt wird, und so erklärt es sich auch, daß eine Verwerfung des Rechts durch den modernen Anarchismus nur dessen sittliche Mißbilligung schlechthin, eine Verwerfung des menschlich gesetzten Rechts von seiten der Rousseauschen Sozialphilosophie dessen formal rechtliche Nichtigkeit und juristische Ungültigkeit bedeutet, kurz daß sich die Skepsis der Rousseauschen Theorie nicht nur gegen die dogmatische Verherrlichung des Rechtszwanges, sondern überhaupt gegen alle Wissenschaft agressiv wendet, welche von formal rechtlicher Gültigkeit menschlicher Befehle redet, also auch gegen den Wahrheitsgehalt und Wahrheitsanspruch der Urteile positiver Jurisprudenz. Darin gerade liegt die systematische Bedeutung des Rousseauschen „droit naturel" begründet.

Das Naturrecht vor Rousseau hatte den gewaltigen Bau des positiven Rechts als solchen sich zum Gegenstand erkoren; es war in all seiner tastenden Unbehülflichkeit und Ungeschicklichkeit dennoch ein großer Gedanke, die grundlegende Gesetzlichkeit aller geschichtlich gewordenen rechtlichen Satzung darzulegen und für ewige Zeiten zu fixieren. Der mächtige Bau altererbter Sätze des Rechts, das war die Welt des Naturrechts, deren gewaltige Macht des Gebots, deren bindende Kraft des Befehls es staunend erwog, den Blick auf das Ganze gerichtet. Diese Welt bindender Satzung, sie galt es zu begreifen, nicht aber die Möglichkeit solcher Herrschaft überhaupt zu bezweifeln.

So wie die jonischen Naturphilosophen das Universum staunend durchmaßen, um sein Fundament zu ergründen, so blickten die alten naturrechtlichen Philosophen auf die Welt des Rechts. Was war hier das Letzte, das Urelement, von dem aus allein das Ganze begreiflich werden konnte?

Dieser gewaltige Bau ist letzlich Gottes eigenstes Werk,[1] sagte der eine. Nein, erklärte ein anderer, dies mächtige Reich und sein Gesetz, Menschenhände haben es gezimmert, und man erfand den Vertrag als die letzte Grundlage aller rechtlichen Satzung. Noch schien, wie stets in der Jugend der Philosophie, die genetische Ableitung, die kausale Erklärung, dem ringenden Geist der Wahrheit Anfang und Ende zu sein.

Doch wie? Vermag das Faktum des Vertrags auch jedwede Schandthat rechtlichen Befehls zu begründen und zu sanktionieren? So schaute man erschreckt auf den wechselvollen Inhalt des Rechts, und die lex naturalis kam auf, um den Vertrag, bis dahin der unerschütterte Pfeiler des Ganzen, selbst erst auf seine Tragfähigkeit und gültige Kraft hin zu prüfen. Es war ein Fortschritt und ein Rückschritt zugleich; ein Fortschritt, weil man nun die Gesetzlichkeit erkannte als eine Gesetzlichkeit des Inhalts, weil man das Fundament nicht mehr grobsinnlich dachte als einen unsterblichen Lastträger, sondern als einen ewigen Richter; ein Rückschritt andererseits, weil man zu sehr den Blick auf das Ganze verlor, kleinlich mäkelnd diesem und jenem Satz die rechtliche Gültigkeit vor dem Richtstuhl des Vernunftrechts bestritt.

So blieb das Vernunftrecht nur ein bescheidener, zurückhaltender

---

[1] Vgl. die spöttischen Ausführungen Rousseaus gegen die theokratische Rechtsphilosophie in C. s. I, 3: „Toute puissance vient de Dieu, je l'accorde, mais toute maladie en vient aussi: est-ce à dire qu'il soit défendu d'appeler le médecin?" — Vgl. auch C. s. III, 6 Ende; lettres écrites de la montague l. 6ᵐᵉ p. 125, Note 1.

Aufpasser, daß ja nur die allgewaltige positive Satzung nicht zu sehr über die Stränge schlage. Aber wer hätte es gewagt, das Ganze seiner Herrschaft anzuzweifeln, seinen stolzen gebieterischen Geltungsanspruch in seiner formalen Eigenart um eine Rechtfertigung solcher Anmaßung anzugehen? Das Naturrecht blieb befangen in der Beurteilung der rechtlichen Gültigkeit oder des sittlichen Wertes von Einzelsätzen des positiven Rechts; die Möglichkeit des Rechtszwangs überhaupt setzte es dogmatisch voraus.[1]

Da trat Rousseau auf und schaute als erster wieder dem alten Gegner, der gebietenden Menschensatzung mitten ins Antlitz. Er begnügt sich nicht damit, nach der Gültigkeit und bindenden Kraft dieses oder jenes Rechtsbefehls zu fragen, er gräbt weit tiefer und fraget nach der Möglichkeit einer bindenden Menschensatzung überhaupt. Sein Zweifel gilt der Rechtspflicht schlechthin, nicht dieser oder jener. Sein Naturrecht urteilt nicht nur über die Gültigkeit von einzelnen Rechtsinhalten, sondern wirft sich zur souveränen Richterin auf über die formale Möglichkeit des positiven Rechts schlechthin. Gewiß ist das positive, das menschlich gesetzte Recht, dessen besonderer Inhalt auf menschlichen Herrschaftsanspruch letztlich zurückgeht, und ausschlaggebend sich gründet, in mancher Hinsicht auch nach Rousseau empfehlenswert und nützlich, die Utopie des Naturzustandes betonte deutlich die praktische Bedeutung der rechtlichen Normierung. Aber kann es darum in seiner formalen Eigenart, als ein Befehl, den Menschen an ihresgleichen richten, überhaupt jemalen in irgendwelcher wissenschaftlicher Forschung anerkannt werden?

— Aber es ist doch da und ist damit nicht alles Fragen nach seiner Möglichkeit zu Ende? wendet der naive Empirismus ein. „Daß alle unsere Erkenntnis mit der Erfahrung anfange, daran ist gar kein Zweifel" — so stopft von vornherein ein Kant[2] dem zudringlichen Frager den Mund.

---

[1] Auch Locke (vgl. insbes. a. a. O. II, chapter 9 u. 10) fragt nur nach dem letzten Ziel der menschlichen Herrschaft, deren formale Möglichkeit und gültige Verpflichtungskraft er an und für sich nicht bezweifelt. So kümmert den praktischen Engländer wenig die Frage, ob Menschen sich Menschen überhaupt in bindender Art unterwerfen können, sondern er untersucht, zu welchem Zwecke sie sich thatsächlich einmal unterworfen haben. Das ist die Methode, in welcher er die „preservation of property" als Zweck und Ziel aller rechtlichen Gemeinschaft behauptet. Property ist ihm „lives", „liberties" und „estates" zusammen — über die fundamentale Verschiedenheit seines Freiheitsbegriffes von dem Rousseaus wird später noch eingehend gehandelt werden.

[2] „Kritik der reinen Vernunft", 2. Ausgabe 1786, Anfang, Ausgabe von Kehrbach S. 647.

Und Rousseau: Nun, wir sahen es, wie ihm die Thatsache der Beherrschung von Menschen durch Menschen zum Gegenstand des Problems wird, des Problems, das nicht nach der Existenz von menschlichen Herrschaftsansprüchen, auch nicht nach deren thatsächlichem Erfolge fragt, sondern nach ihrer Begründung und möglicher Anerkennung in rechtswissenschaftlicher Forschung überhaupt.

Und das Rousseausche Naturrecht ist dem formalen Herrschaftsanspruch der menschlich gesetzten Zwangssatzung günstiger gesinnt, als der Subjektivismus der anarchistischen Theorie. So überwindet Rousseau die bequeme Skepsis zu Gunsten einer positiven Lösung. Er entdeckt die Bedingungen der Möglichkeit des positiven Rechts, gegen dessen dogmatische Anerkennung er einst in kritischer Besinnung sich aufgebäumt: Die Aufstellung des contrat social ist die erste positive Frucht der fundamentalen Fragestellung, von der alles ausgegangen war.

Wir treten damit in bewußten Gegensatz zu den beiden Auffassungen, welche sich hinsichtlich der systematischen Bedeutung dieses Begriffs bisher in der Litteratur auffinden. Der contrat social ist der fundamentale Grundsatz in der neuen Wissenschaft vom droit politique. Und diese Wissenschaft, was ist ihr Gegenstand? Es ist die Lehre vom Begriff des positiven Rechts als der gültigen, Pflichten erzeugenden Zwangssatzung, deren besonderer Inhalt nicht durch logische Deduktion aus obersten Vernunftprincipien (Naturrecht) gewonnen wird, sondern ausschlaggebend bestimmt wird durch die Zufälligkeit menschlichen Befehls. Die Lehre vom Begriff des positiven Rechts und den allgemeingültigen Bedingungen der Möglichkeit seines Gegenstands, das ist Sinn und Inhalt des Rousseauschen droit politique.

Und daß wir es gleich hier verraten: das „droit politique" des Rousseau, diese gänzlich neue Wissenschaft, „die erst geboren werden soll", ist nur ein Ausdruck für die fundamental verschiedenen Grundlagen seines Systems, das in Schärfe die Frage nach allgemeingültigen Sätzen innerhalb der wissenschaftlichen Behandlung des Rechts aufwirft und, wie wir sehen werden, in seiner Art konsequent durchführt und beantwortet.

§ 4.

Der Begriff der „volonté générale“.

Wir haben im vorhergehenden gesehen, welche sachlichen Voraussetzungen es waren, die Rousseau dazu führten, im Beginn seines Philosophierens die radikale Frage aufzuwerfen, ob ein positives Recht überhaupt möglich, unter welchen fundamentalen Bedingungen diese Art sozialer Regelung, wie wünschenswert sie auch sein möchte, als gültig und verbindlich begründet und auf solche Art denn auch gerechtfertigt werden könnte. Aber es ist nun an der Zeit, daß wir auf einen Einwand eingehen, den vielleicht schon mancher im stillen erhoben hat, ohne aus unseren bisherigen Darlegungen eine zufriedenstellende Antwort zu entnehmen. Man könnte nämlich fragen, inwiefern denn eine strikte Erfüllung der Gebote des Rousseauschen Naturrechts das positive Recht nicht nur möglich mache, seine formale Gültigkeit als eines verpflichtenden Menschenbefehls verbürge, sondern auch zugleich dieses sittlich rechtfertige gegenüber solchen, welche die Urteile der Jurisprudenz über die formelle Rechtsgültigkeit bestimmter menschlicher Gebote garnicht bestreiten, sondern nur ihrerseits behaupten, daß solches formal rechtlich zwar verpflichtende Recht immerhin vom Standpunkt der Moral aus betrachtet in seinem besonderen Inhalt nicht selten schlecht und elend sei. Hierauf ist zu antworten, daß auch nach Rousseau die formale Rechtsbeständigkeit von Normen an und für sich für deren sittliche Güte noch keinen vollständigen Beweis erbringt. Aber freilich kann nicht geleugnet werden, daß Rousseau allen Normen, die er überhaupt als gültig anerkennt, in noch später näher zu besprechender Art eine sittliche Berechtigung zuerkennt. Der scheinbare Gedankensprung findet seine Aufklärung in der Identität des Inhalts des Rousseauschen Naturrechts und der Rousseauschen Moral. Der Begriff der reinen menschlichen Natur wird von unserem Philosophen nicht nur verwendet als Methode der Aufstellung objektiver Gebote für alle menschliche Zwecksetzung überhaupt, sondern zugleich auch als grundlegendes Prinzip derjenigen Sätze, welche über die verpflichtende Kraft, d. i. die rechtliche Gültigkeit einer menschlich gesetzten Zwangsnormierung entscheiden. Darum bleiben Moral und Naturrecht ihrem Begriffe, d. h. ihrem Erkenntniszwecke nach, dennoch grundlegend nach Rousseaus Ansicht verschieden. Nur wird eben derjenige, welcher

Menschen befiehlt, ohne ihre Freiheit anzutasten, nicht nur vom
Naturrecht als Gesetzgeber, sondern zugleich auch von der Moral
als gerecht wollender Herr anerkannt. Damit aber ist keine logische
Abhängigkeit zwischen gültigem (lex lata) und gerechtem Recht
(lex ferenda) behauptet; sondern nur der methodische Grund eingesehen, weshalb die beiden begrifflich verschiedenen Untersuchungsweisen, falls sie dasselbe Objekt in Erwägung ziehen, notwendig bei
Rousseau in gewisser Art zu beiderseits bejahenden Urteilen führen
müssen. Es ist daher ein sehr mißverständlicher Ausdruck, etwa
zu sagen, daß nach unserem Philosophen die Moral über die rechtliche Gültigkeit menschlicher Befehlssatzung entschiede: das Ergebnis einer moralischen Untersuchung kann selbstverständlich deren
Begriffe nach nur sittliche Billigung oder Mißbilligung sein, wohl
aber kann die naturrechtliche Erwägung, welche nach der Rechtsgültigkeit der positiven Normierungsweise fragt, die Methode der
Moral zu ihrer eigenen machen, wie dieses bei Rousseau in der
That der Fall ist; dann ist ein sittlicher Befehl zugleich auch ein
rechtlich bindender, nicht weil die Moral, sondern in letzter Linie
eben das Naturrecht es also gewollt hat.

Auch innerhalb unserer positiven Jurisprudenz finden sich
analoge Fälle. Welcher Jurist wollte behaupten, daß ein Teil unseres
Privatrechts, das Erbrecht, als solches, auch über öffentlich rechtliche Dinge, wie etwa die Art der Thronfolge, maßgebend entschiede,
weil das öffentliche Recht in eigener Machtvollkommenheit die
Methode der privaten Vererbung gewisser Güter auch zur Normierung bestimmter in sein Ressort fallender Verfassungsfragen
herübergenommen und verwendet hat?

Oder man denke etwa an die Lehre von den boni mores des
gemeinen Pandektenrechts. Gewisse Verträge, die gegen die guten
Sitten verstoßen, sind auch rechtlich ungültig. Liegt hier nicht
auch auf dem Gebiet der Rechtsverhältnisse jener anmaßende Eingriff der Moral in die eigentümlich juristische Erwägungsweise vor,
welche der positive Jurist, der es mit der Selbständigkeit seiner
Wissenschaft ernst meint, als Verwechselung von lex lata und lex
ferenda mit Recht perhorresziert? Nichts wäre irriger, als solche
Meinung, die etwa auch in dem positivrechtlichen Element der bona
fides einen Übergriff der Ethik in die Jurisprudenz zu sehen vermeinen könnte, als wenn es hier die Ethik und nicht letztlich die
positive Rechtsregel selber wäre, die unter Zuhilfenahme von Einzelsätzen der Moral in eigener Entscheidung über die juristische Beschaffenheit jener Rechtsverhältnisse entschiede!

Nun aber zurück zum Begriff vom contrat social. Wir fanden
als seine Aufgabe, eine Versöhnung herzustellen zwischen dem

strikten Freiheitsgebot des Naturrechts und dem selbstherrlichen
Geltungsanspruch eines jeden denkbaren positiven, von Menschen
gesetzten Rechts. Der Schöpfer des „Discours" machte die ursprüngliche Menschennatur, die natürlichen Bestimmungsgründe der urwüchsigen Menschen, zum obersten Prinzip seiner Ethik; gemäß
dieser psychologisch-empirischen Methode wird die Pflicht der Selbsterhaltung als erstes Moralgesetz behauptet; wer diesem Gesetz in
vernünftiger Zwecksetzung gehorcht, ist frei, er wird, der natürlichen
Stimme des Mitleids folgend, auch das Leben des Nebenmenschen
achten, falls nicht die Pflicht der Selbsterhaltung in sicherer Überlegung das Gegenteil fordert.

Die Freiheit Rousseaus, welche das Naturrecht gebietet, hat
an sich nichts gemein mit sozialer Unabhängigkeit, es ist die moralische Freiheit, die Freiheit von regellosen Trieben,[1] die Art der
Zwecksetzung, welche in dem vernünftigen Gehorsam gegenüber dem
Gesetze der Selbsterhaltung ihre oberste, allgemeingültige Einheit
findet. Diese Freiheit ist denkbar schon im Naturzustand und heißt
dort liberté naturelle, ihr Begriff widerspricht aber auch keineswegs
logisch dem formalen Herrschaftsanspruch einer gebieterischen
Menschensatzung, und solche Erwägung führt zu der Frage nach
den Bedingungen der „liberté civile" als der grundlegenden Voraussetzung eines jeden (nach Naturrecht) möglichen positiven Rechts.

Damit freilich wird die Möglichkeit einer positivrechtlichen
Regelung in bestimmte Schranken notwendig eingeschlossen. Sollte
aber eine gebieterische Menschensatzung möglich sein, welche die
„liberté civile" verbürgt, so wäre sie zweifellos positives Recht, und
weit entfernt, die Möglichkeit einer solchen durch sein striktes Gebot
der Freiheit überhaupt zu verneinen, erklärt Rousseau das positive
Recht selbst für ein Palladium der Freiheit. Wenn die Menschen
im Naturzustand entartet sind, kann nur das positive Recht sie zur
Freiheit erziehen.

Und damit lernen wir einen neuen Gesichtspunkt kennen, von dem
aus die Moral die Zwangsherrschaft der menschlichen Satzung gutheißt:[2]

---

[1] „Quest-ce donc que l'homme vertueux? C'est celui qui sait vaincre ses
affections; car alors il suit sa raison, sa conscience; il fait son devoir; il se
tient dans l'ordre et rien ne l'en peut écarter. Jusqu'ici tu n'etais libre qu'en
apparence; tu n'avais que la liberté précaire d'un esclave, à qui l'on a rien
commandé. Maintenant sois libre en effet; apprends à devenir ton propre
maître: commande à ton cœur ô Emile, et tu seras vertueux." Emile l. 5 p. 134.
[2] Nous verrons, comment on est plus libre dans le pacte social que dans
l'état de nature", Emile l. 5, p. 158. Vgl. auch C. s. II, 4 letzt. Abs. . .
„il est si faux que dans le contral social il y ait de la part des particuliers
aucune renonciation véritable . . . qu'au lieu d'une aliénation il n'ont fait qu'un
échange avantageux . . . de l'indépendance contre la liberté" . . .

„Le passage de l'état de nature à l'état civil produit dans l'homme un changement très remarquable, en substituant dans sa conduite la justice à l'instinct, et donnant à ses actions la moralité qui leur manquait auparavant. C'est alors seulement que la voix du devoir succédant à l'impulsion physique et le droit à l'appétit, l'homme qui jusque-là n'avait regardé que lui-même se voit forcé d'agir sur d'autres principes et de consulter sa raison avant d'écouter ses penchants. Quoi-qu'il se prive dans cet état de plusieurs avantages qu'il tient de la nature, il en regagne de si grands, ses facultés s'exercent et se développent, ses idées s'étendent, ses sentiments s'ennoblissent, son âme toute entière s'élève à tel point que si les abus de cette nouvelle condition ne le dégradaient souvent au-dessous de celle dont il est sorti, il devrait bénir sans cesse l'instant heureux qui l'en arracha pour jamais et qui d'un animal stupide et borné fit un être intelligent et un homme. On pourrait sur ce qui précède, ajouter à l'acquit de l'état civil la liberté morale qui seule rend l'homme vraiment maître de lui; car l'impulsion du seul appétit est esclavage et l'obéissance à la loi qu'on s'est prescrite, est liberté.[1]

Mit anderen Worten: Eine selbstherrliche Menschensatzung wird vom Naturrecht als bindende Rechtsnorm anerkannt, wenn sie ein Mittel ist, um das oberste Moralgesetz, das die Erhaltung menschlichen Lebens gebietet, zur sicheren Geltung unter den Unterworfenen

---

[1] C. s. I, 8. Diese Stelle allein anzuführen, dürfte schon genügen, um die folgende Auslassung von Gumplowicz („Rechtsstaat und Sozialismus" S. 280) als wenig begründet erscheinen zu lassen: „Wer also das Eigentum als die Quelle aller Übelstände ansieht und dessen Aufhebung anrät, muß auch den Mut haben, die Aufhebung der Staaten, und die Rückkehr zu den primitiven Zuständen wilder, in den Wäldern umherschweifenden Horden anzuraten, diesen traurigen Mut hatte in der That J. J. Rousseau." — Vgl. hiergegen vorläufig Rousseaus Brief an M. Philipolis (1755), tome III d. oeuvr. compl. p. 110: „Mais comment savez-sous, monsieur, que j'irais vivre dans les bois, si ma santé me le permettait plutôt que parmi mes concitoyens pour lesquels vour connaissez ma tendresse? Loin de rien dire de semblable dans mon ouvrage, vous y avez dû voir des raisons très fortes pour ne pas choisir ce genre de vie. Je sens trop en mon particulier, combien peu je peux me passer de vivre avec des hommes aussi corrompus que moi; et le sage même, s'il est est, n'ira par aujourd'hui chercher le bonheur au fond d'un désert. Il faut fixer quand on le peut, son séjour dans sa patrie pour l'aimer et la servir." — Man kann wohl annehmen, daß Gumplowicz den Vorwurf gegen Rousseau nicht aufrechthalten wird, falls die folgende Stelle in der Note 9 zum Discours bekannt wird: „Quoi donc? Faut-il détruire les sociétés, anéantir le tien et le mien et retourner vivre dans les forêts avec les ours? conséquence à la manière de mes adversaires que j'aime autant prévenir que de leur laisser la honte de la tirer." (tome III p. 93). Vgl. gegen die hier fragliche Auffassung auch Kant: „Anthropologie", 2. Teil E. Ausg. von Rosenkranz Bd. 7, II S. 267, 268.

zu bringen. Der souveräne Grundsatz, welcher in der Herrschaft
des Gebieters verkörpert ist, er ist es, der seiner Herrschaft gültige
Kraft verleiht; dem rechtlichen Gesetzgeber gehorchen. d. h.
nach Rousseau keinem Menschen, sondern nur dem allgemeingültigen
Gesetze unterworfen sein, dessen getreulicher Herold der rechtliche
Gebieter seinem Begriffe nach sein und bleiben muß.

Der Inhalt des Gesellschaftsvertrages wird uns die Möglichkeit
eines solchen Befehlshabers und damit die Möglichkeit des positiven Rechts in der Welt der Erfahrung aufweisen.

Daß freilich diese Frage vermöge der alten Theorie vom Unterwerfungsvertrag allein jedenfalls nicht befriedigend gelöst werden
könnte, war für Rousseau von vornherein deutlich. Denn der
Begriff des Volkes, das sich einem Machthaber unterwirft, setzt ja
als soziale Gemeinschaft den Begriff der rechtlichen Regelung
und Verbindung schon voraus. Hier sind schon sämtliche Individuen
unter rechtlichen Regeln zusammengefaßt, insofern z. B. die Wahl
eines Königs durch das Volk für jeden einzelnen, mochte er
auch in der Minderheit sich befunden haben, schlechthin bindend
sein sollte.

Mit anderen Worten: Es setzt die alte Theorie des Unterwerfungsvertrags, was Rousseau vielleicht schärfer erkannte, als
mancher der Früheren, in dem Begriff des Volks schon einen
(wenn auch nur provisorischen) Gesetzgeber voraus und kann daher
zur Erklärung der Möglichkeit rechtlicher Normierung überhaupt
mit Fug nicht verwandt werden.

Für Rousseau ist vielmehr das Volk das Prototyp einer rechtlichen Gemeinschaft, und seine grundlegende Frage nach der
Möglichkeit des positiven Rechts erscheint häufig in der Form
der Frage nach der Möglichkeit eines Volks.

„Avant donc que d'examiner l'acte par lequel un peuple élit
un roi, il serait bon d'examiner l'acte par lequel un peuple est un
peuple; car cet acte étant nécessairement antérieur à l'autre, est le
vrai fondement de la société.“[1]

Der contrat social hält dieses Programm getreulich inne, er
zeigt die allgemeingiltige Art und Weise, unter der eine Summe
von Menschen ein Volk werden kann und lehrt eben damit die Bedingungen der Möglichkeit rechtlicher Gemeinschaft überhaupt.

Aber soll man dieses Mittel gebrauchen, soll man zum Volk sich
zusammenschließen? — Ja, antwortet Rousseau auch im „Contrat
social“, so gut wie im „Discours“, die rechtliche Vereinigung ist

---

[1] C. s. I, 5, vgl. auch das folgende.

das einzige Mittel gegen den sicheren Untergang des Menschengeschlechts.[1]

Es ist nun an der Zeit, daß wir den Inhalt des Gesellschaftsvertrags betrachten; denn die rechtliche Vereinigung findet nach Rousseau vermittelst eines gemeinsamen Beschlusses statt, einer „délibération publique“,[2] und der Inhalt dieses Beschlusses betrifft den Abschluß des contrat social. Zunächst erhebt sich hier die Frage: Wer sind die Kontrahenten in dem pacte social? Einerseits jedenfalls die Individuen, deren soziale Vereinigung durch ihren gemeinschaftlich erklärten Willen, jenen Vertrag einzugehen, überhaupt erst ermöglicht wird.

Aber der Begriff des Vertrags erfordert einen Gegenkontrahenten, der die Erklärung jener, unter rechtliche Herrschaft treten zu wollen, entgegennimmt, und so den Abschluß eines Vertrags überhaupt erst ermöglicht. Der erklärte Wille, zu gehorchen, muß angenommen werden von einem Willen, zu herrschen. Die Formel des Gesellschaftsvertrags muß uns Aufschluß geben über den Träger dieses Herrscherwillens, über die Person des rechtlichen Machthabers schlechthin:

„Chacun de nous met en commun sa personne et toute sa puissance sous la suprême direction de la volonté générale; et nous recevons en corps chaque membre comme partie indivisible du tout.“[3]

So wäre denn jener Herrscherwille gefunden, in seinem Träger der rechtliche Machthaber entdeckt, der Gegenkontrahent, den wir suchten, wir lernten ihn aus dem Inhalt des Vereinigungsbeschlusses kennen, es ist der Träger des „allgemeinen Willens“, der „volonté générale“.

Der geneigte Leser möge hier einen Augenblick anhalten, wir nannten zum ersten Male hier den Zentralbegriff der Rousseauschen Sozialphilosophie. Sein systematisches Verständnis ist nahezu identisch mit dem Verständnis Rousseauscher Sozialtheorie überhaupt. Scheint es nicht, als gäbe dieses rätselhafte Wort die Richtung an zu dem Ziele, nach dem wir so lange vergeblich ausspähten?

Und in der That, unsere Ahnung ist begründet, wir haben den

---

[1] C. s. I, 7: Je suppose les hommes parvenus à ce point, où les obstacles qui nuisent à leur conservation dans l'état de nature, l'emportent par leur résistance sur les forces que chaque individu peut employer pour se maintenir dans cet état. Alors cet état primitif ne peut plus subsister; et le genre humain périrait, s'il ne changeait sa manière d'être.“

[2] C. s. I, 7, 2. Absatz.

[3] C. s. I, 6.

Namen der Quelle entdeckt, aus der die Möglichkeit des positiven Rechts entstammt. Lassen wir uns nicht dadurch beirren, daß Rousseau seinen Leser zwingt, aus dem Verständnis des Ganzen seiner Philosophie die Begriffsbestimmung der „volonté générale" sich selbst erst zu erarbeiten. Wenn wir in dem schier unentwirrbaren Gemenge einer unsystematischen Anordnung schwer verständlicher Einzelthesen die Hoffnung auf einheitliche Erfassung des Ganzen aufgugeben gewillt sind und mit der Konstatierung von unlöslichen Widersprüchen von diesem wundersam angelegten Gebäude Rousseauscher Rechtsphilosophie resigniert Abschied zu nehmen im Begriffe stehen, dann möge den exakten Litterarhistoriker der Gedanke zu neuer Forschung anspornen, daß mit der Erkenntnis der systematischen Bedeutung und des klaren Gehalts der „volonté générale" der Schlüssel zu dem Verständnis dieser Philosophie endgiltig und unverlierbar gefunden ist!

Denn um es hier gleich vorwegzunehmen und als sicheren Gewinn der nun folgenden Untersuchung in Aussicht zu stellen: die klare Definition des allgemeinen Willens ist zugleich auch die begriffliche Charakterisierung einer **möglichen, positiv rechtlichen Gesetzgebung**, es ist das **Kennzeichen jedweder rechtlichen Gewalt, das unvermeidliche Abzeichen der Souveränität.**

„La volonté générale peut seule diriger les forces de l'état selon la fin de son institution."[1]

Die Souveränität bei Rousseau ist: „L'exercice de la volonté générale."[1]

Ein einziges Merkmal daher ist es, das nach dem Inhalt des Gesellschaftsvertrags den Willen des rechtlichen Gesetzgebers auszeichnet und bestimmt, sein Wille muß **allgemein** sein. Es fragt sich, was Rousseau unter diesem so unendlich häufig wiederkehrenden Wort in begrifflicher Schärfe ausdrücken und bezeichnen wollte.

Zunächst liegt es vielleicht am nächsten, anzunehmen, Rousseau habe unter dem allgemeinen Willen denjenigen verstanden, dessen konkreter Inhalt von der Gesamtheit oder doch der Mehrzahl der Mitglieder der zu gründenden Gemeinschaft geteilt und gebilligt würde. In diesem Falle könnte jede beliebige Zwecksetzung, welchen Inhalt sie auch haben und nach welcher Maxime sie auch erfolgt sein möge, Objekt des „allgemeinen Willens" sein, vorausgesetzt, daß nur der Wille der Mehrzahl der anderen (aus welchen Motiven

---

[1] C. s. II, 1, vgl. auch hier Emilie l. 5: „l'autorité souveraine n'étant autre chose que la volonté générale." Das Nähere über den Souveränitätsbegriff bei Rousseau vgl. später.

auch immer) inhaltlich mit jener übereinstimmt, kurz die subjektive
Willkür der Majorität wäre die souveräne Richterin darüber, ob
einem Willen das Prädikat des Allgemeinen und eben damit die
Befugnis, rechtlich zu gebieten, zukomme oder nicht.

Man ist infolge der deutlichen Sprache[1] Rousseaus niemals
auf den Gedanken verfallen, daß nach unseres Autors Ansicht zum
Zustandekommen eines rechtlichen Gebots die ausnahmslose Willenseinheit sämtlicher Genossen notwendig sei, wohl aber hat man gemäß
der eben dargelegten Äußerung in der volonté genérale Rousseaus
die Sanktionierung der schrankenlosen Herrschaft einer beliebigen
Majorität gemeinhin finden zu müssen geglaubt.   Und in der That,
unser Autor verdiente alle die Geringschätzung, mit der nicht selten
gerade der Unberufenste am wenigsten gekargt hat, wenn diese
radikale Fragestellung, von der alles ausgegangen war, in so kläglicher Inkonsequenz und Halbheit als Quelle des positiven Rechts
die Möglichkeit einer beliebigen Majoritätsherrschaft als der Weisheit
letzten Schluß angeben und behaupten wollte!

Wie? die Sklaverei sollte rechtlich ungültig nur sein, so lange
ein Herr Menschen als Sachen behandelte, aber ihrer Qualität als
bindendes positives Recht stände nichts mehr im Wege, sobald die
Zahl der Sklavenhalter größer würde, als die Zahl der Knechte?

Wir sahen es: Das Naturrecht gebot die Freiheit als Bedingung
der Möglichkeit einer rechtlichen Unterwerfung überhaupt: doch
war der frei zu nennen, dem die zufällige Übereinstimmung der
subjektiven Willkür vieler bindende Pflichten zu setzen vermochte?
So dürfte vielleicht schon die deutliche Vergegenwärtigung des
Vorangegangenen genügen, um die Unhaltbarkeit dieser Auslegung
nahezulegen, noch bevor wir an der Hand der Quellen selbst die
richtige Begriffsbestimmung der volonté générale unternehmen.

Der „Contral social" wird uns hier selbst bei eifrigster und genauester Lektüre zu einem sicheren Ergebnis schwerlich führen;
denn wie häufig auch immer dieser von vornherein scheinbar un-
faßbare Begriff in Rousseaus rechtsphilosophischem Hauptwerk angewandt wird, immer wird er eben schon angewandt, überall aber
die Bestimmung seiner Eigenart schon als bekannt vorausgesetzt.
Dagegen findet sich in der „économie politique", einem längeren
wirtschaftspolitischen Aufsatz,[2] und zwar in dem für das Verständnis

---

[1] Vgl. z. B.: „Pour qu'une volonté soit générale, il n'est pas toujours nécessaire qu'elle soit unanime" C. s. II, 2, Note 1, oder: „Ceci suppose, il est vrai,
que tous les caractères de la volonté générale sont encore dans la pluralité."
„la voix du plus grand nombre oblige toujours tous les autres." C. s. IV, 2. —

[2] Die im November 1755 in dem tome V. der großen Encyklopädie erschienene Abhandlung, deren Probleme wir heute in dem zweiten Teil der

der Rousseauschen Sozialphilosophie überaus wertvollen einleitenden Teile, eine bis dato wohl kaum berücksichtigte Erörterung, die
uns in dieser Frage höchst schätzbaren Aufschluß zu geben imstande ist.[1]

Unser Autor geht hier, wie auch sonst, von der Meinung aus,
daß der Inhalt aller Zwecksetzung seine oberste Einheit habe in
der Beförderung von Lust- und in der Abwendung von Unlust-
gefühlen.[2] Die hieraus für alle empirisch denkbaren Willenshandlungen liegende Gemeinsamkeit läßt eine Abtrennung einer volonté
générale, die sich in begrifflicher Schärfe von einer volonté particulière unterschiede, keineswegs schon zu. Bedenken wir aber, daß
es keine Lust noch Unlust giebt, es sei denn eine solche einzelner
mit Gefühl begabter Individuen, so zeigt sich, daß Rousseau mit
Fug von einer Allgemeinheit des Willens reden durfte je nach der
quantitativen Ausdehnung des Kreises von Menschen, deren Wohl
von dem einzelnen Individuum zum Ziel seiner Thätigkeit gesetzt
und vorangestellt wird. Auf diese Weise soll der Begriff des „Allgemeinen“ ein Mittel sein, um nach dem Gesichtspunkt der jeweilig
vorhandenen Maxime eine bestimmte Systematisierung menschlicher
Willenshandlungen zu ermöglichen. Beispiele werden den Gedanken
völlig deutlich machen können. Man denke, jemand habe in seinem
Handeln nur das Wohl seiner eigenen Persönlichkeit im Auge, er
frage nur, was ihn, als konkretes, schon in seinen Wünschen und
Neigungen von allen anderen unterschiedenes Einzelindividuum,
glücklich machen könne, so ist eben damit jede Allgemeinheit der
Zielsetzung, wie sie im Begriff der volonté générale gedacht ist,
notwendig und ganz unvermeidlich ausgeschlossen: das ist nach
Rousseau die volonté particulière schlechthin, die auch in keiner
Rücksicht und Beziehung als „volonté générale“ aufgefaßt und gedacht werden kann. Wohl aber giebt es nach Rousseau auch
Willenshandlungen, die je nach dem Gesichtspunkte, den man bei
ihrer Beurteilung zu Grunde legt, als „générales“ oder als „parti-

---

Nationalökonomie behandeln, hat den Vorzug, von der klaren Erkenntnis aus-
zugehen, daß alle praktische Nationalökonomie, wie Politik überhaupt nichts
anderes sein kann, als eine Lehre von den technischen Mitteln, welche in An-
betracht der konkreten empirischen Verhältnisse die geeignetsten sind zur
steten Annäherung an den idealen Endzweck aller rechtlichen Gemeinschaft,
das souveräne Gesetz jedweder wissenschaftlichen Politik, dessen Aufstellung
und scharfe Deduktion der Rechtsphilosophie in unbeschränkter Richtergewalt
obliegt und allein zusteht.

[1] Ec. pol. p. 166.

[2] Dies ist hier nur als grundlegende Einheit eines bunten Gemenges psychologischer Thatsachen gemeint, als ein Grundgesetz der Psychologie, nicht
der Ethik, kurz ein Gesetz des Seins und nicht des Sollens.

culières" bezeichnet werden, und eben damit verlassen wir erst
eigentlich das Gebiet der unentbehrlichen und doch von Rousseau
wieder als bekannt vorweg genommenen Voraussetzungen und betreten den Boden der oben bezeichneten Erörterung.

Unser Autor geht zum Beweis der hier vorangestellten Meinung
von der Thatsache aus, daß innerhalb einer größeren Gemeinschaft
von Menschen sich wieder kleinere, engere Vereinigungen finden,
die sich im Bereich jener umfassenden Gemeinschaft zu Sonder-
verbänden zusammenschließen und die vielleicht immer noch Ausdehnung genug besitzen, um in ihrem eigenen Bereich gleichfalls
wieder Gesellschaften noch engerer Art zu beherbergen, die als
Kasten oder Cliquen mit geringer Zahl von Mitgliedern noch kleinere
Abteilungen im Ganzen jener großen Gemeinschaften bilden. Alle
diese Verbände, mögen sie nun eine äußerlich leicht erkennbare
Organisation besitzen oder nicht, sind verschiedene Arten von Inter-
essengemeinschaften und sie ermöglichen eben damit eine ebenso
große Anzahl von Gesichtspunkten, nach denen die konkrete
Zwecksetzung der einzelnen beurteilt und gerichtet werden kann.
Alles Urteil über Wert oder Unwert menschlicher Handlung vollzieht sich nach Rousseau in einer Wertung der zu Grunde liegenden
Maximen, indem letztere nach den jeweilig verschiedenen Gesichtspunkten einer Prüfung unterzogen werden. Diese verschiedenen
Beurteilungsweisen sind nun aber nichts anderes als die Zweck-
vorstellungen, deren Gegenstand das Wohlergehen der jeweilig verschiedenen Gemeinschaften bildet.

Wenn, um ein Rousseausches Beispiel hier zur Erläuterung
etwas auszuführen, ein Senator sich zur Maxime seines Handelns
macht, das Ansehen seines besonderen Standes zu wahren und zu
fördern, so ist sein Wille allgemein gerichtet, générale, sofern man
in dem Zwecke setzenden Menschen nur das Mitglied des Senatoren-
verbandes sieht und, von dieser seiner Eigenschaft ausgehend, den
Gesichtspunkt der Wertung seines Handelns findet und gebraucht:
Sein Handeln vollzieht sich nicht in der ausschließlichen Besinnung
auf sein eigenes persönliches Ich, sondern in der Richtung auf das
Wohl eines ganzen Standes, als einer Klasse von Menschen, welche
Richtung Rousseau insofern als „droite“[1] bezeichnet.

---

[1] Der Ausdruck, welcher aus der Mathematik, die ihn gleichfalls zur
Charakterisierung einer bestimmten Richtung (von Linien) gebraucht, entlehnt
ist, kehrt auch im „Contrat social“ in höchst bedeutsamer Art wieder; hätte
man stets darauf geachtet, daß das „Gerade“ im menschlichen Willen sich in
der Rousseauschen Ethik und Rechtsphilosophie stets nur auf die Richtung,
den Zielpunkt der einzelnen Zwecksetzung bezieht, so wäre so manche irrige
Auffassung vom Begriff der „volonté générale“ vermeidbar gewesen.

Aber was dem Senatorenstand frommt, kann vielleicht dem Wohl der **größeren** öffentlichrechtlichen Gemeinschaft, dem **Ganzen** des Volks gefahrbringend und schädlich sein. In diesem Fall würde der Wille desjenigen, welchen wir bisher nur in seiner Eigenschaft als Senator berücksichtigten, das ihm damals zuerkannte Prädikat des „Allgemeinen" einbüßen, wenn wir nun seine Handlungsweise erwägen als die eines Mitglieds des Volks, wenn wir in ihm nicht mehr den Senator sehen, sondern den Bürger. Die Tugend des Bürgers ist nicht identisch mit der Tugend des Senators:

„La volonté de ces sociétés particulières a toujours deux rapports; pour les membres de l'association c'est une volonté générale; pour la grande société c'est une volonté particulière qui très souvent se trouve droite au premier égard et vicieuse au second. Tel peut être prêtre dévot ou brave soldat ou patrizien zélé et mauvais citoyen."[1]

So wird der allgemeine Wille des Senators zum Sonderwillen des Bürgers. Die volonté générale im letzteren Sinne aber muß auf das Wohl des Bürgers als solchen und damit auf das Wohl aller Bürger, kurz auf das Wohl des Volks gerichtet sein.[2] Für die rechtliche Gemeinschaft als solche ist damit der allgemeingiltige Gesichtspunkt gefunden, nach dem die Handlungen aller Volksgenossen in einheitlicher Art geordnet und gewertet werden können. Damit aber ist schon deutlich, daß der so in dem „bien public" gewonnene Maßstab in der Rechtsphilosophie Rousseaus eine ganz besonders Bedeutung und Würde erlangen wird: die Tugend des Bürgers, die „volonté publique"[3], wird in dem rechtsphilosophischen System zur „volonté générale" κατ᾽ ἐξοχήν; es ist die volonté générale.

Nicht als ob etwa unser scharfsinniger Philosoph die bedingte Giltigkeit dieses Maßstabs sich niemals zum Bewußtsein gebracht hätte! Mit welchem Fuge hätte man die Handlungen eines Draußenstehenden danach beurteilen können, ob er das Wohl der Mitglieder

---

[1] Ec. pol. p. 166.

[2] „Nous pouvons distinguer dans la personne du magistrat trois volontés essentiellement différentes; premièrement la volonté propre de l'individu, qui ne tend qu'à son avantage particulier; secondement la volonté commune des magistrats, qui se rapporte uniquement à l'avantage du prince et qu'on peut appeler volonté de corps, laquelle est générale par rapport au gouvernement et particulière par rapport à l'état dont le gouvernement fait partie; en troisième lieu la volonté du peuple ou la volonté souveraine, laquelle est générale tant par rapport à l'état considéré comme le tout que par rapport au gouvernement considéré comme partie du tout." C. s. III, 2.

[3] Ec. pol. p. 166.

einer fremden rechtlichen Gemeinschaft im Auge habe, ob er die Beförderung des Glücks jener sich zur Maxime nehme, er, der doch gar nicht ihr Genosse war! Um ein Mittel zu finden, die Handlungen der Mitglieder verschiedener Staaten einheitlich aufzufassen und zu werten, muß erst in der Thatsache einer **Staatsangehörigkeit überhaupt** eine gemeinsame Beziehung, kurz eine Gemeinschaft, wenn auch nur in Gedanken konstruiert werden, welche die Mitglieder aller denkbaren rechtlichen Gemeinschaften einheitlich umfaßt, und dann erst konnte in einer Willensrichtung, welche das Wohl der Glieder dieser weiteren Gemeinschaft als solcher zum Ziele nimmt, eine neue „volonté générale" aufgestellt und behauptet werden, vor deren Richterstuhl vielleicht das, was dorten als Tugend des Staatsbürgers gepriesen, als beschränkte Zielsetzung des Weltbürgers verworfen werden wird.[1]

Dieser Gedanke leitet schon über zur Festlegung desjenigen Wertmessers, dessen Anwendungsbereich an irgendwelche Schranken überhaupt nicht mehr gebunden ist, zur Konstituierung des absolut allgemeingiltigen Gesetzes für menschliches Handeln überhaupt, zur Definition eines obersten Sittengesetzes im Bereich einer objektiven Sittenlehre. In dieser höchsten Betrachtungsweise bedeutet die volonté générale eine Maxime, welche das Wohl von Menschen überhaupt, kurz, das Wohl aller Menschen, zur Richtschnur nimmt. Das ist die **Rousseau**sche Definition der **Tugend**. Ihr nachzustreben ist das einzige unbedingte Gebot für alles menschliche Handeln.[2]

So ist die Sittenlehre Rousseaus in ihrem konsequenten Aufbau und der strengen Einheit des Grundgedankens eine glänzende

---

[1] „Il est important de remarquer que cette règle de justice sûre par rapport à tous les citoyens, peut être fautive avec les étrangers; et la raison de ceci est évidente; c'est qu'alors la volonté de l'état, quoique générale par rapport à ses membres, ne l'est plus par rapport aux autres états et à leurs membres, mais devient pour eux une volonté particulière et individuelle qui a sa règle de justice dans la loi de nature: ce qui rentre également dans le principe établi, car alors la grande ville du monde devient le corps politique dont la loi de nature est toujours la volonté générale, et dont les états et peuples divers ne sont que des membres individuels." Ec. pol. p. 165, 166.

Über die Gemeinschaft der Europäer vergl. Rousseau im „Extrait du projet de paix perpétuelle de M. L'abbé de Saint-Pierre" (tome III d. oeuvr. compl.) p. 200 ff., über die Idee einer ethischen universellen Gemeinschaft ibidem p. 200.

[2] „Il est vrai que les sociétés particulières étant toujours subordonnées à celles qui les contiennent, on doit obéir à celles-ci préférablement aux autres; que les devoirs du citoyen vont avant ceux du sénateur et ceux de l'homme avant ceux du citoyen." Ec. pol. 166. ... „les brigands mêmes qui sont les ennemis de la vertu de la grande société, en adorent le simulacre dans leurs cavernes." p. 167. „La vertu n'est que cette conformité de la volonté particulière à la générale. Ec. pol. p. 172, 173.

Verherrlichung des Altruismus, der nicht unleidlicher und wider-
wärtiger sein kann, als eine beschränkte Selbstsucht, die jeder Gesetzlichkeit Hohn spricht. Auch in dem Discours schon war unser
Autor, indem er überhaupt ein Naturrecht behauptete und methodisch abzuleiten suchte, mit einem Sollen an die Welt des Seins
herangetreten, aber die dort vertretene empirische Methode, die von
der Urthatsache einer menschlichen Natur grundlegend ausging,
kurz, die Konfundierung von Ethik und Psychologie, war auch diesem
Moralsystem[1] verhängnisvoll geworden. Jener dort behauptete
Primat der Selbsterhaltung über den Trieb des Mitleids war die
leidige Frucht einer Methode, die von einem Sein grundlegend ausging, dort, wo es ein Sollen für alles Sein in gesetzlicher Einheit
zu errichten und zu begründen galt. Das ist dann in der „économie
politique"[2] einer edleren Auffassung gewichen.[3] Wir haben schon

---

[1] Man kann der Kürze halber die Darstellung der Moral und des Naturrechts gemeinsam besprechen, da sowohl im „Discours" wie auch später in der
veränderten Fassung der „économie politique" jeweilig dennoch innerhalb der
einzelnen Schriften die Methode der Deduktion sowie die Darstellung des
Inhalts beider Arten von Normen sich völlig entspricht. Das gilt auch für die
Begriffsbestimmung, welche der „Discours" von der moralischen Tugend giebt:
Vgl. Note 15 p. 102: „L'amour de soi-même est un sentiment naturel qui porte
tout aminal à veiller à sa propre conservation, et qui dirigé dans l'homme par
la raison et modifiée par la pitié produit l'humanité et la vertu." Dieser
„natürlichen" amour de soi-même stellt R. in dieser Schrift die „amour propre"
als ein soziales Laster gegenüber, als ein „sentiment relatif, factice et né dans
la société, qui porte chaque individu à faire plus de cas de soi que de tout
autre, qui inspire aux hommes tous les maux qu'ils se font mutuellement et
qui est la véritable source de l'honneur."

[2] Man streitet über die genaue Abfassungszeit dieser Schrift; sicher ist,
daß sie ebenso wie der „Discours" im Jahre 1755 gedruckt erschien. Da die
Akademie zu Dijon ihre Preisaufgabe: „Quelle est l'origine de l'inégalité parmi
les hommes et si elle est autorisée par la loi naturelle", zu deren Bearbeitung
R. seinen Discours schrieb, im Jahre 1753 stellte, so darf wohl diese Zeit als
die Abfassungszeit der Schrift angesehen werden, die dann erst später allgemein
bekannt gegeben wurde. Eine eingehende Vergleichung der Grundgedanken
des „Discours" und der „économie politique" läßt denn auch mit ziemlicher Be-
stimmtheit die économie politique als das reifere spätere Produkt der Rousseauschen Gedankenentwickelung erscheinen. Im Resultat übereinstimmend neuerdings Dreyfus, a. a. O. p. VIII.

[3] Es ist für das eingehende Verständnis des Begriffs der volonté générale
von Bedeutung, daß sich in demselben (dem 5.) Band der großen französischen
Encyklopädie, in dem der Rousseausche Artikel über die économie politique erschien, unter der Rubrik „droit naturel" ein Aufsatz findet, der (wie das Sternchen
im Beginn anzeigt) aus Diderots Feder entsprungen ist und eine sehr bemerkenswerte Ausführung über diesen Grundbegriff der Rousseauschen Moral-
lehre enthält. Es bedurfte kaum des Hinweises, daß Diderot diesen Aufsatz
(wie wiederum das besagte Zeichen in Gemäßheit der symbolischen Ausdrucksweise des Diktionnaires lehrt) nicht als eigener Mitarbeiter geschrieben, sondern

die Stelle wiedergegeben, in der hier der Grundbegriff der „loi de
nature" in streng monistischer Auffassung, die jenen wunderlichen
Dualismus von Selbstsucht und Mitgefühl vermeidet, angegeben wird.
Es ist das Gebot, das Wohl aller derer im Auge zu haben, welche
überhaupt als in rechtlicher Beziehung untereinander stehend immer
gedacht werden können. So ist in dieser Fassung das Grundgesetz
des Naturrechts, welches die Selbsterhaltung des Handelnden nur
noch fordert, weil und sofern er berechtigtes Mitglied jener um-
fassenderen Gemeinschaft ist, inhaltlich übereinstimmend mit dem
in einer Methode gefundenen Grundgesetz der Moral.[1] Wie könnte

erst bei der Schlußredaktion als „éditeur" „suppliert" hat, um zu erkennen,
daß es sich hier durchaus um Rousseausche Gedankengänge handelt. Die
Einheit der Methode, sowie die häufig beinahe wörtliche Anlehnung an den
großen Artikel R.s über die économie politique beweisen dieses auf das deutlichste, und es hält gewissermaßen schwer zu glauben, daß Rousseau diese
ganz im Stile seines Artikels geschriebene Abhandlung nicht selber verfaßt
habe, mag man auch noch Bedenken tragen, die Priorität der Auffindung dieses
Prinzips der volonté générale Rosseau zuzugestehen. Uns interessiert vor
allen Dingen die klare Darstellung des Gedankens selbst, aus welchem Grunde
einzelne Citate aus diesem Aufsatz hier folgen sollen. „VI. Mais si nous ôtons
à l'individu le droit de décider de la nature du juste et de l'injuste, où
porterons-nous cette grande question? où? Devant le genre humain: C'est à
lui seul qu'il appartient de la décider, parce que le bien de tous est la seule
passion qu'il ait. Les volontés particulières sont suspectes, elles peuvent être
bonnes ou méchantes; mais la volonté générale est toujours bonne . . .
VII. C'est à la volonté générale que l'individu doit s'adresser, pour savoir, jusqu'où il doit être homme, citoyen, sujet, père enfant et quand il lui convient
de vivre ou de mourir. C'est à elle de fixer les limites de ses devoirs. . .
Tout ce que vous méditerez, sera bon, grand, élevé sublime, s'il est de l'intérêt
général et commun". . . etc. Vgl. auch außer dem Schluß dieser Stelle noch
besonders die Sätze unter IX.
   [1] Die methodische Bedeutung der volonté générale als des obersten
Grundsatzes der Deduktion von Einzelsätzen des Naturrechts wird ebenfalls in
dem oben citierten Diderotschen Artikel besonders deutlich und bemerkenswert
hervorgehoben. Man vgl. z. B.: „VII: Vous avez le droit naturel le plus sacré
à tout ce qui ne vous est point contesté par l'espèce entière . . . Dites-vous
souvent: Je suis homme et je n'ai d'autres droits naturels véritablement in-
aliénables que ceux de l'humanité." Vgl. auch S. 80 Note 1.
   In einem die resignierte Skepsis des alternden Rousseau getreulich
widerspiegelnden Briefe aus dem Jahre 1767 (26. Juli) an den Grafen von Mirabeau findet sich eine Stelle, welche über den Grund Aufschluß erteilen
kann, daß Rousseau so wenig die Einzelsätze seines Naturrechts ausgeführt
und ihren besonderen Inhalt aus seinem obersten Prinzip abgeleitet hat: „Il
me semble que l'évidence ne peut jamais être dans les lois naturelles . . . qu'en
les considérant par abstraction . . . Mais supposons toute cette théorie des lois
naturelles toujours parfaitement évidente, même dans ses applications et
d'une clarté qui se proportionne à tous les yeux; comment des philosophes qui
connaissent le cœur humain, peuvent-ils donner à cette évidence tant d'autorité sur les actions humaines? . . . "

auch dort noch der Egoismus zum Prinzip erhoben werden, wo in
strenger Methodeneinheit der Gedanke der Gemeinschaft, letztlich
die Idee eines allumfassenden Reichs der Weltbürger dem Handeln
des Individuums das bindende Gesetz diktiert![1] So hat denn in
der That die also begriffene volonté générale als schlechthin giltiges
Gesetz alles Handelns die legitime Macht, über jene früher besprochene
und für unsere weitere Erwägung so überaus bedeutsame volonté
générale, welche die Tugend des Staatsbürgers bedeutet, zu Gericht
zu sitzen und womöglich letztere ihres angemaßten Ansehens schmäh-
lichst zu entkleiden.

Und in der That, wird nicht jene vor dem Stuhl des souveränen
Weltbürgerrechts als elende Scheintugend, als öder Chauvinismus
entlarvt? — Aber was nicht als oberstes Sittengesetz behauptet wird,
kann doch in Anwendung eben jenes obersten Prinzips durch ein
Moralgesetz zur Einzeltugend erhoben werden. Und das ist in der
That die ursprünglich wenigstens und an dieser Stelle unzweideutig
ausgesprochene Meinung unseres Autors. Unter den thatsächlichen
Verhältnissen, unter denen wir leben, können wir dem unbedingten
Gesetz, welches die Beförderung menschlicher Glückseligkeit überhaupt vorschreibt, nicht anders nachleben, als indem wir denen
Gutes thun, die uns solches durch die Nähe ihres Zusammenlebens
mit uns ermöglichen, kurz, indem wir das Wohl unseres Volks zu
pflegen uns bemühen. So ist es das oberste Sittengesetz selbst,
welches in objektivem Richterspruch die volonté générale, von deren
Begriffsbestimmung hier alles ausgegangen war, als die Tugend des
Staatsbürgers anerkennt und bestätigt.[2]

---

[1] „Qu'on nous dise qu'il est bon qu'un seul périsse pour tous; j'admirerai
cette sentence dans la bouche d'un digne et vertueux patriote qui se consacre
volontiers et par devoir à la mort pour le salut de son pays.“ Ec. pol. p. 177.
„Il n'est plus temps de nous tirer hors de nous-mêmes quand une fois le moi
humain concentré dans nos cœurs y a acquis cette méprisable activité qui
absorbe toute vertu et fait la vie des petites âmes.“

[2] „Il semble que le sentiment de l'humanité s'évapore et s'affaiblisse en
s'étendant sur toute la terre . . . Il faut en quelque manière borner et com-
primer l'intérêt et la commisération pour lui donner de l'activité. Or comme
ce penchant en nous ne peut être utile qu'à ceux avec qui nous avons à vivre,
il est bon que l'humanité, concentrée entre les concitoyens prenne en eux une
nouvelle force par l'habitude de se voir et par l'intérêt commun qui les réunit.
Vgl. bezüglich desselben Gedankens Emile l. 1er (p. 14, 15): Tout patriote est
dur aux étrangers: ils ne sont qu'hommes ils ne sont rien à ses yeux. Cet
inconvénient est inévitable, mais il est faible. L'essentiel est d'être
bon aux gens avec qui l'on vit. Défiez-vous de ces cosmopolites qui vont
chercher au loin dans leurs livres des devoirs qu'ils dedaignent de remplir
autour d'eux. Tel philosophe aime les Tartares, pour être dispensé d'aimer
ses voisins.“

6*

So begreifen wir denn jetzt, wenn Rousseau von eben jener
volonté générale (im speziell rechtsphilosophischen Sinne), in deren
Definition wir gemäß dem Inhalt des contrat social den Richtweg
zur Quelle des positiven Rechts entdeckten, sich also äußert:

„Cette volonté générale qui tend toujours à la conservation et
au bien-être du tout et de chaque partie, et qui est la source des
lois. est pour tous les membres de l'état par rapport à eux et à
lui. la règle du juste et de l'injuste."[1]

Doch wie? Hatten wir nicht behauptet, daß der contrat social
des Rousseau eine Anweisung sein wollte, wie in der Welt der
Thatsachen eine den strikten Erfordernissen des droit naturel entsprechende Gebotsetzung, kurz ein gültiges positives Recht, ermöglicht werden könnte? Hatte uns nicht Rousseau zum Zweck
solcher Belehrung eine Schar von Menschen vor Augen geführt,
denen ihr Dasein lieb genug war, um sich dem strikten Zwang
rechtlicher Gebote zu unterstellen und die nach einem Gebieter
ausschauten, dessen Art der Beherrschung mit ihrer Freiheit, wie
sie das Naturrecht gebot. verträglich war? Kurz: Wir suchten die
Quelle des positiven Rechts, einen Gesetzgeber von Fleisch und
Blut. als dessen Werk und ureigenste That die positive Satzung
erschiene, — und was ward uns? Nichts als ein abstraktes Prinzip,
eine einheitliche Maxime für menschliches Handeln überhaupt! Hat
man jemalen gehört, daß eine dürre Maxime zwingende Gebote erlassen hätte?

Gewiß wäre eine solche Frage hier berechtigt, wenn unsere
Untersuchung die nach dem Begriff der volonté générale fragte, an
diesem Punkte schon abgeschlossen wäre, wenn uns der contrat
social nicht auch über die Natur des Trägers der volonté générale
aufklärte. wenn die Erkenntnis der abstrakten Maxime verurteilt
wäre, solch' graue Theorie unweigerlich zu bleiben und nicht etwa
nur als ein Durchgangspunkt sich herausstellte auf dem Wege zu
dem lebendigen Träger des gerechten Willens. kurz zu dem menschlichen Schöpfer des positiven Rechts. Die volonté générale, als
Maxime gedacht und verstanden. ist freilich selbst kein Gesetzgeber,
aber in ihrer begrifflichen Fixierung ist die Methode entdeckt,
nach der wir nunmehr in der Welt der Erfahrung den eigentlichen
Gesetzgeber aufspüren und, wenn es glückt, den sichern Pfad, der
zu ihm führt, deutlichst bezeichnen und klarlegen können. So lehrt
uns der bisherige Stand unserer Untersuchung die eiserne Konsequenz
des Rousseauschen Systems: die volonté générale, das ist der
Grundsatz der freiheiterhaltenden Menschensatzung, es ist das Wahr-

---

[1] Ec. pol. S. 165.

zeichen des positiven Rechts, kein sogenanntes „Postulat", sondern die aus den naturrechtlichen Grundlagen mit logischer Notwendigkeit sich ergebende condicio sine qua non einer rechtsgültigen Menschenherrschaft. Damit haben wir die einheitliche Methode entdeckt, welche, wie wir nun weiter sehen werden, dem Aufbau der Rousseauschen Sozialphilosophie zu Grunde liegt. Die Einheit der Methode liegt in der strengen Einheit der Grundfrage nach der Möglichkeit eines gerechten Herrscherwillens, d. h. nach der sicheren Verwirklichung der volonté générale. Das ist das „große Problem", welches Rousseau in einem 5 Jahre nach der Veröffentlichung des „Contrat social" geschriebenen Briefe an den Grafen Mirabeau mit dem der Quadratur des Cirkels vergleicht und also formuliert:

„Voici dans mes vieilles idées le grand problème en politique que je compare à celui de la quadrature du cercle en géometrie et à celui des longitudes en astronomie: Trouver une forme de gouvernement qui mette la loi au-dessus de l'homme. Si cette forme est trouvable, cherchons-la et tâchons de l'établir."[1]

§ 5.

Die Rousseausche Lehre von der Volkssouveränität und der Begriffsbestimmung des positiven Rechts.

Man könnte fragen, ob denn nicht mit der eben dargestellten Aufzeigung der Erkenntnismethode die Rechtsphilosophie Rousseaus ihre Aufgabe vollendet habe. Die volonté générale ist festgestellt als Bedingung der Möglichkeit des positiven Rechts, etwa wie Kant das Kausalitätsgesetz statuierte als notwendige Bedingung der Erfahrungswissenschaft: Aber die Frage der Subsumtion ist doch keine Frage der Philosophie, der Inhalt des einzelnen Gesetzes der Physik so wenig wie das wirkliche Antreffen eines gerechten Charakters als Einzelergebnis empirisch-psychologischer Untersuchung. Über die zutreffende Bestimmung solcher Einzelthatsachen gemäß dem allgemeingültigen Richtpunkt, den Philosophie allein zu geben vermag, kann doch wohl, könnte man einwenden, nicht mehr philosophiert, sondern nur noch experimentiert werden.

Und doch wiederum auf der anderen Seite: Wie hätte die gebieterische Würde der Rousseauschen Philosophie es zugelassen, daß

---

[1] Lettre à M. le Marquis de Mirabeau du 26 juillet 1767; derselbe Gedanke in den „Considérations sur le gouvernement de Pologne" chap. 1er.

man das positive Recht aufbaute auf den unsicheren Ergebnissen
psychologischer Einzelforschung, daß man das heiligste Besitztum
menschlicher Würde, die Autonomie seines Handelns, seine Freiheit,
gründen wollte auf den schwankenden Pfeiler des Experiments?

Der Begriff der volonté générale wäre dem Verdacht verfallen,
ein leeres Hirngespinst zu sein, solange nicht Rousseau es wagte,
auf dem Grund einer für alles psychische Geschehen geltenden Gesetzmäßigkeit die Art menschlicher Befehlssatzung aufzuzeigen,
welche eine gerechte Willensbestimmung ihres eigenen Urhebers
nicht nur zuließ, sondern nach unzweifelhaftem Gesetze notwendig
und unvermeidlich im Gefolge führen mußte. So wird in dem weiteren
Aufbau des Systems die Psychologie, insoweit sie für Rousseau
unanfechtbare Gesetze menschlicher Willensbestimmung aufgedeckt
zu haben scheint, zur Dienerin der Rechtsphilosophie. Mit ihrer
Hilfe entdeckt der „Contrat social" den einzigen Weg, welcher in
naturgesetzlich unvermeidlicher Sicherheit zur Verwirklichung der
volonté générale in der Welt der Erfahrung führt, zur Thatsache
einer gerechten Herrschaft, zur Möglichkeit des positiven Rechts.
So war unser Argwohn unbegründet, daß wir im weiteren Verfolg
des rechtsphilosophischen Hauptwerks Rousseaus uns in Einzelheiten verlieren könnten: Es giebt nur einen Weg, der innerhalb
der Welt der Erfahrung zum positiven Recht führen kann, nur eine
Beherrschungsweise von Menschen durch Menschen, deren Durchführung die Beobachtung der strikten Gebote des Naturrechts gewährleistet, es giebt nur einen unzweifelhaften Träger, nur ein
sicheres Organ der volonté générale unter den Menschen. Mit
seiner Aufweisung hat die Rousseausche Rechtsphilosophie ihre
Kardinalfrage gelöst, die allgemeingültigen Bedingungen entdeckt
für die Möglichkeit des positiven Rechts.

Wer ist nun dieser Mensch, dem die Sozialphilosophie Rousseaus,
durch die Kenntnis der Urthatsachen der Psychologie unterstützt,
die Rolle des Gesetzgebers zuerkennen kann? Sollte die moralische
Kraft eines einzelnen zu solcher ausgezeichneten Stellung ausreichend
sein? Nimmermehr hätte Rousseau dieses zugegeben, denn ihn
belehrte Psychologie in vermeintlicher Allgemeingültigkeit, daß jeder
Mensch letztlich durch seinen eigenen Vorteil bestimmt wird, und
was hätte dieser mit dem Wohle aller zu schaffen: „Il faudrait des
dieux, pour donner des lois aux hommes."[1]

Wie sollte da von einem einzelnen es jemals sicher sein, daß
er bei seiner Gebotssetzung die volonté générale zur unwandelbaren
Richtschnur seines Handelns nähme?

---

[1] C. s. II, 7.

„... Ses lois, ministres de ses passions, ne feraient souvent que perpétuer ses injustices; jamais il ne pourrait éviter que des vues particulières n'altérassent la sainteté de son ouvrage."[1]

So lehrt uns die Anwendung der Methode der volonté générale die Unmöglichkeit der rechtlichen Obergewalt eines einzelnen!

„En effet s'il n'est pas impossible qu'une volonté particulière s'accorde sur quelque point avec la volonté générale, il est impossible au moins que cet accord soit durable et constant; car la volonté particulière tend par sa nature aux préférences et la volonté générale à l'égalité. Il est plus impossible encore qu'on ait un garant de cet accord, quand même il devrait toujours exister; ce ne serait pas un effet de l'art, mais du hasard."[2]

Nicht die Erhoffung des Zufalls, d. i. das fatale Abwarten eines Geschenkes der Natur, sondern die „Kunst", d. h. die auf der Kenntnis psychologischer Grundgesetzlichkeit beruhende methodische Beherrschung der Natur des Menschen, der „machine humaine",[3] das ist der einzige Weg, der einem Rousseau zur Erforschung der Möglichkeit des positiven Rechts verbleibt. So verwirft diese Methode den einzelnen Menschen als mögliches Organ der „volonté générale", den einzelnen sowohl, als die mehreren einzelnen, die etwa als in gemeinsamer Thätigkeit die oberste Gewalt ausübend gedacht werden könnten: Ob einer oder mehrere Dritten befehlen, nimmer kann die Psychologie Bürgschaft dafür leisten, daß solche Gesetzgeber das Wohl aller Gemeinschaftsglieder zur unabweichlichen Richtschnur ihrer Herrschaft nehmen werden.

Wie aber, wenn alle Genossen Anteil hätten an jener obersten Gewalt, wenn die zwingende Menschensatzung zustande käme durch die gemeinsame Thätigkeit sämtlicher Glieder der Gemeinschaft? Wir sehen, es ist dies der einzige Weg, auf dem in der Welt der Erfahrung ein Träger der volonté générale, damit der Souveränität, noch entdeckt werden könnte; und in der That, unser Autor hat ihn eingeschlagen und die Möglichkeit des positiven Rechts gegründet auf die Souveränität des Volks. Es mußten die Herrscher zusammenfallen mit den Beherrschten, der „souverain" durfte nur durch die Einzelindividuen „gebildet werden, die in ihrer Gesamtheit ihn darstellen".[4] Kein einziger durfte von der Ausübung der obersten Herrschaft ausgeschlossen werden, sollte die volonté générale überhaupt durchgeführt werden können.

„Pour qu'une volonté soit générale, il n'est pas toujours

---

[1] C. s. II, 7.
[2] C. s. II, 1.
[3] Discours p. 30.
[4] C. s. I, 7.

nécessaire qu'elle soit unanime, mais il est nécessaire que toutes les
voix soient comptées; toute exclusion formelle rompt la généralité."[1]

Aber was hat die Vielköpfigkeit des Souveräns mit der Maxime
seiner Herrschaft zu schaffen? Scheint es nicht, als ob das, was
als allgemeingiltige Maxime menschlicher Gebotsetzung überhaupt
gedacht war, sich in einen elenden Quantitätsbegriff auflösen wollte,
daß die Allgemeinheit des Willens sich unvermerkt verflüchtigt habe
zur Allgemeinheit der Beteiligung an einem, nach was für buntscheckigen und willkürlichen Grundsätzen auch immer, zustandegekommenen Beschluß?

Nichts würde den systematischen Zusammenhang der Rousseauschen Gedanken weniger treffen, als solcher Einwand. Der „Contrat
social" in seinem weiteren Verlauf hat nicht zur Aufgabe, durch
Einführung eines neuen Begriffs unter altem Namen die methodische
Bedeutung der volonté générale als einheitlichen Prinzips der Rechtsetzung zu unterschlagen, sondern vielmehr die Allgemeinheit des
Willens in quantitativer Hinsicht erst kraft jener Methode zu rechtfertigen, die Souveränität der Gesamtheit zu statuieren als notwendige Bedingung einer Herrschaftsausübung, die nach der Leitung
der volonté générale verfährt.

In der That, eine schier unlösbar scheinende Aufgabe: Nicht
als ob bei der Ausübung der obersten Gewalt die Allgemeinheit der
Beteiligung die Möglichkeit einer Willensübereinstimmung schlechterdings nicht zulasse: Warum sollten nicht alle, oder wenigstens die
Mehrheit, sich über den Inhalt einzelner zu erlassenden Gebote
einigen können? Aber freilich, mit einer solchen Übereinstimmung
im Inhalt des Befehls war wenig gewonnen; denn die Willenseinheit
des gesetzgebenden Volks müßte sich nicht nur auf den konkreten
Inhalt des Befehls, sondern vor allen Dingen auf den Grundsatz
beziehen, welcher der Abstimmung eines jeden zu Grunde lag. Die
Willenseinheit der Mitglieder der Gemeinschaft mußte sich erweisen
als eine **Einheit des Prinzips** und nicht nur als zufällige Übereinstimmung im Resultat des Gewollten. In letzterer Beziehung
genügt für Rousseau, wie wir schon früher gesehen haben, die
Willensübereinstimmung einer je nach der Wichtigkeit und Dring-
lichkeit größeren oder geringeren Majorität,[2] und es ist für das
Verständnis förderlich, zu wissen, daß einige Male unser Autor für
diesen Willen der Mehrheit proleptisch den Ausdruck „volonté générale" gebraucht. Von diesem Sprachgebrauch aus wird es verständ-

---

[1] C. s. II, 2.
[2] Inwieweit diese Majorität sich der Einstimmigkeit zu nähern habe,
ist also für Rousseau keine Frage der Rechtsphilosophie, sondern der Politik.
Das Nähere vgl. in C. s. IV, 2 Ende.

lich, wenn Rousseau selbst die Frage aufwirft nach der Berechtigung jener Prolepsis, die die Willensübereinstimmung der Mehrheit also bezeichnet, als sei sie notwendiger Weise auf Grund der Maxime der volonté générale zustande gekommen:

„Pourquoi la volonté générale est-elle toujours droite, et pourquoi tous veulent-ils constamment le bonheur de chacun d'eux?"[1]

Also verstanden, vermag schon diese Fragestellung uns deutlich zu machen, daß Rousseau seine alte Methode, die Möglichkeit menschlicher Befehlssatzung aus jenem obersten Prinzip der volonté générale zu deduzieren, keineswegs in elender Inkonsequenz aufzugeben gewillt ist. Wohl ist ihm bewußt, daß aus dem Begriff des Willens aller keineswegs analytisch folge, es sei jener Wille auf Grund des allseitig befolgten Prinzips der volonté générale zustande gekommen. Die gegenteilige Ansicht würde nicht nur die von Rousseau selbst hinsichtlich dieser Synthesis aufgeworfene Frage zur eiteln Spiegelfechterei und scholastischen Begriffsspielerei herabsetzen, sondern auch gegenüber andern unverkennbaren Sätzen Rousseaus unmöglich standhalten können. Man bemerke nur die folgende Stelle in der „économie politique":

„Comment, me dira-t-on, connaître la volonté générale dans le cas, où elle ne s'est point expliquée? faudra-t-il assembler toute la nation à chaque événement impréru? Il faudra d'autant moins l'assembler qu'il n'est par sûr que sa volonté fut l'expression de la volonté générale."[2]

Und Rousseau selbst bezeichnet das Problem mit den folgenden Worten:

„Il y a souvent bien de la différence entre la volonté de tous et la volonté générale; celle-ci ne regarde qu'à l'intérêt commun, l'autre regarde à l'intérêt privé et n'est qu'une somme de volontés particulières."[3]

Diese scharfe und bewußte Auseinanderhaltung des „allgemeinen Willens" und des „Willens aller" darf geradezu als klassisch bezeichnet werden; sie bedeutet, wie wir im Fortgang unserer Untersuchung noch deutlicher einsehen werden, einen Grundzug der Rousseauschen Rechtsphilosophie. In der Verknüpfung dieser beiden Begriffe ein Problem erkennen, setzet voraus, diese Verknüpfung als Synthesis zu erkennen; die Berechtigung dieser Synthesis aufzuweisen, das ist die bedeutsame Aufgabe, welche den weiteren Aufbau dieses Systems grundlegend bedingt.

---

[1] C. s. II, 4.
[2] Ec. pol. p. 171.
[3] C. s. II, 3.

Es wird aber der Wille jedes einzelnen an der Ausübung
der obersten Gewalt Beteiligten das Wohl aller Glieder der Gemeinschaft nur berücksichtigen, wenn die Summe der Herrscher
zusammenfällt mit der Summe der Beherrschten, wenn die die Gesamtheit verpflichtende Majorität selbst zur Befolgung ihrer Gebote
verpflichtet ist,[1] wenn nur diejenigen Menschen als „membres du
souverain" zu gebieten haben, die auch als „membres de l'état" zu
gehorchen verbunden sind.[2] Kurz, wenn die Gesamtheit der Gesamtheit Pflichten auferlegt, so scheint es nach Rousseau kaum weniger
zweifelhaft, daß das Wohl der Gesamtheit, d. i. das Wohl aller
Glieder der Gemeinschaft zur Richtschnur genommen wird, als daß
der einzelne seinen eigenen Vorteil im Auge hat, wenn er allein
isoliert sein Handeln bestimmt:

„Pourquoi la volonté générale est-elle toujours droite, et pourquoi tous veulent-ils constamment le bonheur de chacun d'eux, si
ce n'est parce qu'il n'y a personne qui ne s'approprie ce mot
chacun et qui ne songe à lui-même en votant pour tous? ce
qui prouve que l'égalité de droit et la notion de justice qu'elle
produit, dérive de la préférence que chacun se donne et par conséquent de la nature de l'homme."[3]

So sehen wir, daß Rousseau dorten, wo es sich um die Möglichkeit des positiven, d. h. menschlich gesetzten Rechts handelt,
von den thatsächlichen Charakteranlagen der empirisch gegebenen
Menschen ausgeht, so, wie er es im Beginn seines Werks deutlichst
angegeben hatte.[4]

---

[1] Der Gedanke findet sich schon im Marsilius von Padua: „Defensor pacis"
I, cap. 12: „Adhuc ex universa multitudine magis attenditur legis communis
utilitas, eo quod nemo sibi nocet scienter"; ähnlich später Locke: „2 treatises
of civil government" II § 143: „They are themselves subject to the laws they
have made, which is a new tie upon them, to take care that they make them
for the public good."

[2] „... chaque individu ... se trouve engagé sous un double rapport;
savoir comme membre du souverain envers les particuliers, et comme membre
de l'état envers le souverain." C. s. I, 7 Anfang.

[3] C. s. II, 4. Vgl. auch Emile l. V p. 157: „Un particulier ne saurait
être lésé directement par le souverain qu'ils ne le soient tous; ce qui ne se
peut, puisque ce serait vouloir se faire du mal à soi-même."

[4] C. s. I, 1: „Je veux chercher si dans l'ordre civil il peut y avoir quelque
règle d'administration légitime et sûre en prenant les hommes tels qu'ils
sont et les lois telles qu'elles peuvent être." Vgl. auch die Worte, in denen
der alternde Rousseau nicht ohne jene müde Resignation, die seiner letzten
Periode eigen ist, die Rechtsphilosophen seiner Zeit verweist auf die Leidenschaften der Menschen, durch deren That ein positives Recht doch allein ermöglicht werden könnte: „Messieurs, permettez-moi de vous le dire, vous donnez
trop de force à vos calculs, et pas assez au penchant du cœur humain et au

Der Egoismus des Herrschers steht, richtig geleitet, der Freiheit der Unterworfenen nicht im Wege, nein, vielmehr er sichert sogar diese Freiheit, indem er jeden einzelnen antreibt, das Wohl aller zu erstreben als notwendiges Mittel für sein eigenes Wohl. Und welches ist dieses Mittel, durch dessen bewußte Anwendung die psychologische Technik Rousseaus die Oberhand gewinnt über die blinde Selbstsucht der Menschen, welches ist die „Kunst", durch deren methodische Handhabung die einzelnen Glieder der Gemeinschaft gezwungen werden, als Gesetzgeber das Wohl aller zu berücksichtigen? Es ist die Gleichheit aller vor dem Gesetz, die Unmöglichkeit, andern zu gebieten, ohne auch dasselbe sich selbst als zwingende Pflicht aufzuerlegen, die Unmöglichkeit, den eigenen Vorteil zu beachten, ohne auch zugleich den Vorteil aller:

„Dans cette institution, chacun se soumet nécessairement aux conditions qu'il impose aux autres: accord admirable de l'intérêt et de la justice."[1]

Das ist das Prinzip der Rousseauschen égalité, jener berühmten, berüchtigten égalité, deren eherner Klang ein Viertel Jahrhundert später die morschen Mauern des französischen Staates aus den Fugen zu reißen drohte. Die Rousseausche Gleichheit wird das Mittel, um die volonté particulière des einzelnen aufgehen zu lassen in den Egoismus der Gesamtheit:

„Il n'est pas possible que le corps veuille nuire à lui-même, tant que le tout ne veut que pour tous."[2]

In der égalité ist so ein Mittel gefunden zur Verwirklichung des Prinzips der volonté générale:

„Par quelque côté qu'on remonte au principe, on arrive toujours à la même conclusion; savoir que le pacte social établit entre les citoyens une telle égalité, qu'ils s'engagent tous sous les mêmes conditions et doivent tous jouir des mêmes droits. Ainsi par la nature du pacte tout acte de souveraineté, c'est à dire tout acte authentique de la volonté générale, oblige ou favorise également tous les citoyens."[3]

In der Souveränität der Gesamtheit aber hat Rousseau die Bedingung entdeckt, unter der die naturnotwendige Durchführung der volonté générale als festen Leitsatzes der Beherrschung von Menschen gewährleistet erscheint:

---

jeu des passions. Votre système est très bon pour les gens de l'utopie; il ne vaut rien pour les enfants d'Adam." Lettre du 26 juillet 1767.

[1] C. s. II, 4.

[2] lettre 6ᵐᵉ de la montagne p. 126. Vgl. lettre 8ᵐᵉ: „toute condition imposée à chacun par tous ne peut être onéreuse à personne".

[3] C. s. II, 4.

„Le souverain ne peut charger les sujets d'aucune chaîne inutile à la communauté: il ne peut pas même le vouloir, car
sous la loi de raison rien ne se fait sans cause non plus
que sous la loi de nature."[1]

In der That: die „loi de raison" ist die Methode, kraft deren
Rousseau die Souveränität des Volks statuiert als die notwendige
Bedingung der Möglichkeit verpflichtender Menschensatzung: Es ist
das allgemeingiltige Gesetz der Determination menschlichen Willens
überhaupt, ein psychologisches Grundgesetz, dessen Notwendigkeit
so unausweichlich erscheint, als die Gesetze der Physik, die hier
„loi de nature" im engeren Sinne genannt werden. Diese „loi de
raison": das ist die Bedingung der Möglichkeit jener Synthesis
zwischen dem Willen aller und dem allgemeinen Willen. So allein
wird es begreiflich, wenn Rousseau erklärt:

„Il n'y a de liberté possible que dans l'observation des lois ou
de la volonté générale; et il n'est pas plus dans la volonté générale[2] de nuire à tous que dans la volonté particulière de nuire à
soi-même."[3]

So statuiert Rousseau die Gesetzgebungsgewalt der Gesamtheit, insofern sie als ein Organ der volonté générale aufgefaßt und
begründet werden kann. Es ist eine pflichtensetzende Befehlsgewalt,
die in der Übereinstimmung der Mehrheit[4] zwingende Gebote erläßt,
die sich an alle wenden. Sobald in derjenigen Abstimmung, an
welcher alle Genossen ausnahmslos Anteil haben, die Majorität sich
für den Erlaß eines bestimmten Gebots entschieden hat, ist die Bedingung eingetreten, unter der eine von Menschen gesetzte Norm
sich an den Willen aller einzelnen gebieterisch wendet, mögen sie
der Mehrheit oder der Minderheit damals angehört haben.

Man hat auf Grund einer leicht mißverständlichen Stelle im
„Contrat social"[5] vielfach angenommen, daß das Rechtsgebot des
Rousseau bei näherem Zuschauen nichts anderes sei als eine bescheidene Konventionalregel; gewiß mit Unrecht; denn jene Konvention ist nur die aus der Abstimmung aller hervorgegangene

[1] C. s. II, 4.
[2] Vgl. den oben dargelegten Sprachgebrauch S. 88 unten.
[3] Lettre 9me de la montagne. Man vgl. auch C. s. I. 7: „Or le souverain
n'étant formé que des particuliers qui le composent, n'a ni ne peut avoir d'intérêt contraire au leur; par conséquent la puissance souveraine n'a nul besoin
de garant envers les sujets parce qu'il est impossible que le corps veuille nuire
à tous ses membres."
[4] „La voix du plus grand nombre oblige toujours tous les autres." C.s.IV, 2.
[5] „Qu'est-ce donc proprement qu'un acte de souveraineté? Ce n'est pas
une convention du supérieur avec l'inférieur, mais une convention du corps
avec chacun de ses membres." C. s. II, 4.

Willenseinheit der Majorität, welche nun erst ihre Macht erweitert und bindende Pflichten setzt für alle Glieder des Volkes, unangesehen, ob sie noch weiterhin mit dem Inhalt jener Gebotsetzung einverstanden sein werden oder auch nur es jemals gewesen sind. Diese „convention", d. h. der übereinstimmende Beschluß der Majorität derjenigen, deren Handeln durch das Prinzip der volonté générale geleitet wird,[1] ist nicht nur die Konstatierung eines zusammentreffenden Inhalts des Willens der Mehrheit, sondern es ist die allgemeingültige Bedingung für die gültige Entstehung eines selbstherrlichen Menschenbefehls, der sich zwingend dem konkreten Willen aller einzelnen entgegenstellt.[2]

Man wird jetzt vielleicht deutlicher gewahr werden, weshalb wir im Beginn unserer Untersuchung auf die scharfe Herausschälung der Kernfrage Rousseauscher Sozialphilosophie ein so großes Gewicht legten. Wäre man sich stets deutlich bewußt geworden, daß unser Autor die anarchistische Skepsis nur aufnahm, um sie zu überwinden, daß er den selbstherrlichen Geltungsanspruch des in seiner formalen Zwangsnatur sehr wohl von ihm erkannten positiven Rechts auf die allgemeingültigen Bedingungen seiner Möglichkeit kritisch prüfen wollte, um ihn so vor aller Anfechtung sicher zu stellen, so wäre man gewiß trotz einiger allerdings schwierigen Stellen von vornherein nicht auf eine Auslegung verfallen, die in dem weiteren Aufbau dieses Systems nichts anderes sieht als die Rückkehr zur Konventionalgemeinschaft, d. h. zum Naturzustand auf der vorgerückten Stufe, dessen Schrecken der „Discours" so anschaulich schilderte, als die Predigt eines die verpflichtende Satzung schlechthin verwerfenden Anarchismus.

Aber vielleicht wird man mir die folgenden Worte Rousseaus entgegenhalten:

„On voit à l'instant qu'il ne faut plus demander . . . comment on est libre et soumis aux lois, puisqu'elles ne sont que des registres de nos volontés."[3]

Wie? Sollte in der That diese Philosophie, die in so stolzem

---

[1] „La volonté constante de tous les membres de l'état est la volonté générale; c'est par elle qu'ils sont citoyens et libres." C. s. IV, 2.

[2] Eben dies verkennt z. B. Morley: Rousseau, London 1873, wenn er schreibt (vol. IInd p. 150): „Above all, he only half saw, if he saw at all, that a law is a command and not a contract, because the true view was incompatible with his fundamental assumption of contract as the base of the social union." — Man könnte ebenso argumentieren, daß aus einem Vertrag niemals für beide Kontrahenten bindende Pflichten entstehen könnten, weil jene den Vertrag damals freiwillig eingegangen waren.

[3] C. s. II, 6.

Gedankenflug begann, eine so fadenscheinige Antwort letztlich geben
auf ihre kühne Grund- und Ausgangsfrage nach der Vereinigung von
Menschenherrschaft und Menschenfreiheit? Sollten in der That,
sobald es sich um die Anwendung der naturrechtlichen Konsequenzen
handelte, jene selbstherrlichen Gebote, jene „heiligste der Institutionen", in welcher wir, wie durch „himmlische Eingebung" belehrt, die
„unwandelbaren Satzungen der Gottheit nachahmen,[1] sollten sie nur
deshalb mit der Freiheit vereinbar sein, weil sie gleichsam unvermerkt ihres formalen Geltungsanspruchs sich begaben, in aller Stille
darauf verzichteten, „ein Mittel zu sein, die Menschen zu unterjochen",[1]
herabsanken zu Mitteln der Konstatierung der zufälligen Interessen
und Neigungen, in denen die unberechenbaren Entschlüsse der
selbstherrlichen Individuen zusammentrafen und sich für kurz oder
lang nach ihrer eigenen souveränen Willkür vereinten?

Aber freilich, wenn die „loi" des Rousseau, nach deren scharfer
Definition wir so lange schon ausschauten, gefaßt wird als Registrierung
unserer konkreten Entschlüsse, insofern sie mit denen der anderen
inhaltlich übereinstimmen, so bleibt unsere Freiheit in solcher Konventionalgemeinschaft bestehen, aber wir hörten doch, daß das Gesetz,
als Beschluß der bloßen Mehrheit, alle Gemeinschaftsgenossen, auch die
in der widersprechenden Minorität Gebliebenen, binden und zwingend
verpflichten sollte. Wiederum stehen wir vor der Alternative: Entweder hat man die oben genannte Stelle entgegen dem Rousseauschen Gedanken aufgefaßt, oder die bisherigen Kritiker dieser Philosophie haben freie Hand: Der klaffende Widerspruch ist entdeckt,
die eitle Sophisterei dieses Systems ist endgültig entlarvt und ans
helle Licht des Tages gebracht.

Man wird vielleicht ein wenig damit zurückhalten, das letztere
Urteil auszusprechen, wenn man bemerkt, daß unser Autor auch
hier wieder, wo es sich um die Verwirklichung einer Herrschaft über
freie Menschen handelt, den scheinbaren Widerspruch genau in der
hier angegebenen Art formuliert, und dies durchaus nicht in einem
Tone, als ob er glaube, daß die Einheit seines Systems endgültig
hier scheitern müsse:

„Mais on demande, comment un homme peut être libre et
forcé de se conformer à des volontés qui ne sont pas les
siennes. Comment les opposants sont-ils libres et soumis à des
lois, auxquelles ils n'ont pas consenti?"[2]

Aber freilich, wir müssen fragen: Wie konnte Rousseau diese
Frage lösen wollen, indem er das Gesetz auffaßte als die Registrie-

---

[1] Economie pol. 168, 169.
[2] C. s. IV, 2.

rung des allen Gliedern der Vereinigung gemeinsamen Willens und dennoch sich nicht scheuen, die absolut bindende Kraft bloßer Majoritätsbeschlüsse zu behaupten und in einem Atem auszusprechen mit der Freiheit der überstimmten Minorität?

Indem wir an der Hand der Quellen untersuchen wollen, wie unser Autor diesen scheinbar unentrinnbaren Widerspruch löst, schicken wir uns an, in den durchdachtesten und bei weitem lehrreichsten, freilich auch den schwierigsten Teil dieser Sozialphilosophie hinabzusteigen und ihn für das Verständnis des Rousseauschen Gedankenganges klarzulegen.

Wir fragen also: Wie konnte Rousseau da noch von „registres de nos volontés" reden, wo in der That es sich nur noch um die bindende Kraft von Majoritätsbeschlüssen handelte?

Die Antwort lautet: Er konnte es, weil er nicht die Einheit des konkreten Willensinhalts aller, sondern vielmehr die Einheit des Prinzips ihres Wollens (wie zersplittert und verschieden auch sein Inhalt sein mochte) im Auge hatte. Zur Ausübung einer obersten Herrschaft über Menschen bedurfte es nach ihm nicht einer ausnahmslosen Übereinstimmung aller bezüglich des Inhalts jener Gebote, wohl aber einer absoluten Einheit des Gesichtspunktes, der festen Richtschnur, nach welcher die Majorität allen Gemeinschaftsgenossen gebot, nach der die überstimmte Minorität jener Mehrheit gehorchte. Wie sehr auch immer die Meinungen der Gesamtheit über konkrete Fragen auseinandergehen mochten, so beherrscht doch stetig alle ein Wille, eine konstante Betrachtungsweise, die all' ihren konkreten Entschließungen einheitlich zu Grunde liegt. Und diese Einheit des Willens, was ist sie?

„La volonté constante de tous les membres de l'état est la volonté générale; c'est par elle qu'ils sont citoyens et libres."[1]

Indem jene Majorität des souveränen Volkes die Rücksicht auf das Wohl aller Gemeinschaftsglieder, kurz das alle verpflichtende Gesetz menschlichen Handelns, zur einheitlichen Grundlage ihrer Entschließung nimmt, bindet sie durch ihren Beschluß auch die überstimmte Minderheit, aber sie majorisiert sie nicht. Denn majorisiert werden bei Rousseau bedeutet nicht, wie im Fortgang unserer Untersuchung sich noch deutlicher herausstellen wird, überstimmt werden schlechthin, sondern vergewaltigt werden durch eine Abstimmung derer, welche nach anderen Grundsätzen und Rücksichten sich entschließen, als welche man für das eigene Handeln als bindend anerkennt. Das ist der Sinn jener zunächst so rätsel-

---

[1] C. s. IV, 2.

haft scheinenden Stelle, deren Verständnis gemeinhin daran gescheitert ist, daß man die tiefdurchdachte Scheidung zwischen Übereinstimmung im konkreten Wollen und in der einheitlichen Maxime für alles Wollen entweder gar nicht erkannt oder wenigstens hier unbeachtet gelassen hat:

„Quand on propose une loi dans l'assemblée du peuple, ce qu'on leur demande, n'est pas précisément, s'ils approuvent la proposition on s'ils la rejettent, mais si elle est conforme ou non à la volonté générale qui est la leur: chacun en donnant son suffrage, dit son avis la-dessus; et du calcul des voix se tire la déclaration de la volonté générale."[1]

So wird in dem Rousseauschen Gedankengang die „πολυκοιρανίη" des souveränen Volks zur Einheit, indem sie in der volonté générale den „εἰς κοίρανός" anerkennt, dem ihr konkretes Handeln, soweit es die Ausübung menschlicher Herrschaft betrifft, bescheiden sich unterordnet. Diese Einheit des Gesichtspunkts ist es, die das **Volk als rechtliche Gemeinschaft** scheidet von jenen „Zusammenkoppelungen" von Menschen, jenem rohen Zusammen und Nebeneinander von Individuen — die **Hobbessche Masse** von dem **Roussauschen Volk.**

In solcher Art sozialer Gemeinschaft ist es möglich, daß die Stimme der Mehrheit die Oberhand gewinnt über die widerstreitende Ansicht der einzelnen, daß die brutale Macht der Stimmenzahl zum ausschlaggebenden Faktor erhoben wird, daß überhaupt die konkreten Entschließungen der einzelnen nach der Zahl ihrer Vertreter gemessen und gewürdigt werden können, weil sie alle nur **Antworten sind auf eine Frage:** nach den richtigen Mitteln zur Beförderung des Wohls aller.

Es wird hier Pflicht einer gerechten Litterargeschichte, nachdrücklichst darauf hinzuweisen, daß gerade Rousseau, dem man es doch bis zum Übermaße stetig vorgeworfen, den einzelnen zum rechtlosen Sklaven einer willkürlichen Majoritätsherrschaft gemacht zu haben, daß gerade Rousseau es war, der zum ersten Male in scharfsinniger Klarheit die Frage aufwarf, unter welchen Bedingungen und mit welchem Fuge man überhaupt die Stimme der Mehrheit höher werte, als die Stimme des ihr widersprechenden einzelnen. Was verlangt wird, ist die Einheitlichkeit der Betrachtungsweise, gemäß deren die einzelnen ihr Gesetzgeberamt verrichten, die Einheit des Gesichtspunkts, nach dem die einzelnen die konkreten Fragen anfassen und beurteilen. Das und das allein ermöglicht es nach Rousseau, die konkreten Ab-

---

[1] C. s. IV, 2.

stimmungsinhalte als gleichartige Größen zu summieren, der Ansicht der vielen den Vorzug zu geben vor der der wenigen, ja überhaupt nur beide miteinander zu vergleichen. Freilich, würde jeder bei der Abstimmung über eine bestimmte Frage der Ausübung der obersten Gewalt seine Entscheidung von ganz andern und von denen der Genossen verschiedenen Kriterien abhängig machen, dann allerdings wäre das inhaltliche Zusammentreffen der einzelnen vota zufällig, und wie hätte eine solche Übereinstimmung in dem konkreten Inhalt der Ansichten über die Wahrheit oder den Irrtum einer alleinstehenden Meinung irgend etwas ausmachen oder auch nur nahelegen können, da jene ja als Antwort auf eine ganz verschiedene Fragestellung gemeint war und nur also gewürdigt werden konnte?

Eine solche Majorität freilich könnte durch die stattliche Zahl ihrer Stimmen nimmer dem einzelnen Dissentienten die Möglichkeit seines Irrtums vor Augen stellen, sie könnte nicht freien Menschen gebieten, sondern nur in brutalem Zwang und roher Willkür den einzelnen vergewaltigen. Eine materiale Übereinstimmung der Mehrzahl im Inhalt des Gewollten läßt sich freilich auch, wie Rousseau nicht verkennt, in einer solchen Gemeinschaft herbeiführen; bezüglich ihrer Würdigung dürfte folgende Stelle von Interesse sein:

„Enfin quand l'état près de sa ruine, ne subsiste plus que par une forme illusoire et vaine, que le lien social est rompu dans tous les coeurs, que le plus vil intérêt se pare effrontément du nom sacré de bien public, alors la volonté générale devient muette; tous guidés par des motifs secrets, n'opinent pas plus comme citoyens que si l'état n'eût jamais existé; et l'on fait passer sous le nom de lois des décrets iniques qui n'ont pour but que l'intérêt particulier."[1]

Fragen wir nochmals zum Schlusse, was der Grund ist, aus dem unser Autor einer solchen Majorität das Recht abspricht, bindende Gesetze zu erlassen, so werden wir keinen anderen entdecken, als daß eben hier die Abstimmung der einzelnen nicht durch das fundamentale Prinzip der volonté générale geleitet und bestimmt wird.

„La faute qu'il commet, est de changer l'état de la question et de répondre autre chose que ce qu'on lui demande: en sorte qu'au lieu de dire, par un suffrage: Il est avantageux à l'état, il dit: Il est avantageux à tel homme ou à tel parti que tel ou tel avis passe."[1]

Wie anders freilich in der Rousseauschen Gemeinschaft, die uns die Möglichkeit rechtlicher Herrschaft im sicherem Einklang mit

---

[1] C. s. IV, 1.

menschlicher Freiheit verbürgen soll: Auch hier kann sich über
den Erlaß von allgemeinverbindlichen Befehlen Meinungsverschieden-
heit und Zwiespalt erheben, kann es notwendig werden, daß die
Stimme der Mehrheit über die Ansicht der Minderheit schließlich den Sieg behauptet, aber solange nur die volonté générale
als einheitlicher Richtpunkt der Entschließung in Geltung steht,
wird jene Gehorsamspflicht, die der Wille der Mehrheit auch jenen
auferlegt, dem überstimmten einzelnen nimmer als Vergewaltigung
erscheinen; stritt man ja nur über die Mittel und war über den
Zweck, d. h. die Notwendigkeit der Rücksicht auf das gemeine Beste
mit allen einig. Weit entfernt, brutale Majorisierung zu sein, war
jene Befehlsgewalt der Mehrheit nur für den einzelnen bindend,
indem sie ihn belehrte, daß die Majorität seiner Genossen gerade
in Beurteilung der von ihm selbst beantworteten Frage anders dachte
als er selbst:

„Quand donc l'avis contraire au mien l'emporte, cela ne prouve
autre chose, sinon que je m'étais trompé et que ce que j'estimais
être la volonté générale, ne l'était pas.“[1]

Die volonté générale, das ist das Scepter, das Wahrzeichen,
vermittelst dessen die Gesamtheit ihren Anspruch, über den einzelnen
zwingend zu herrschen, vor dem hohen Richterstuhle des Naturrechts begründet und zur Anerkennung bringt. Aber diese Anerkennung schwindet, sobald der sichere Beweis mißlingt, daß diese
oberste Gewalt die Rücksicht auf das gemeine Beste zur unabweichlichen Richtlinie ihrer Gebotsetzung wählt.

Mit anderen Worten: Rousseau verwendet die volonté générale
nicht nur als sichere Methode, um die Herrschaft der Gesamtheit
über den einzelnen zu begründen, sondern auch zugleich, um die
unüberschreitbaren Schranken dieser Herrschaft auf das eindringlichste festzulegen. Wo die Psychologie vermittelst ihrer grundlegenden Gesetzlichkeit die thatsächliche Durchführung dieses Princips
nicht mehr gewährleisten kann, da hat das Machtbereich des souveränen Volks seine notwendige Grenze, deren Überschreitung das
Naturrecht in Gemäßheit seiner unwandelbaren, strikten Normen als
brutale Gewalt brandmarkt, als rohe Willkür, die weitab liegt von
der einen Straße, die zum positiven Rechte führt.

Wie steht es nun mit der Machtbefugnis der Gesamtheit, wenn
sie ihr Gebot nicht an alle Glieder der Gemeinschaft, sondern nur
an einen oder mehrere einzelne richtet?

Wir dürfen hoffen, daß unser Autor auch diese Frage in strenger
Festhaltung seiner bisherigen Methode behandeln und lösen wird.

---

[1] C. s. IV, 2.

An die oben zitierten Worte reiht Rousseau, gleichsam auf die späteren Gedankengänge, die wir jetzt zu betrachten haben, hinweisend, die Worte:

„Nous verrons ci-après qu'il ne peut nuire à aucun en particulier. Le souverain par cela seul qu'il est, est toujours tout ce qu'il doit être."[1]

Der Souverän, als solcher ist immer das, was er sein soll, ein kühner Satz, so recht geeignet, geschichtlich widerlegt zu werden, wenigstens von allen denen, welche nun einmal nicht davon lassen können, die selbständige Wissenschaft des Rousseauschen droit politique historisch aufzufassen und also zu werten. Aber gerade indem wir eine solche Auffassung dieses rechtsphilosophischen Systems als mit den Grundsätzen einer exakt wissenschaftlichen Litterargeschichte unverträglich erkannten, und uns ernstlichst bemühten, das Verständnis des Gedankenganges unseres Autors und nicht etwa unsere zufälligen wissenschaftlichen Neigungen zum Maßstab litterarhistorischer Wahrheit zu erheben, fragen wir, in welchem Sinne Rousseau die genannte These aufgenommen wissen wollte.

Bleibt in der That das souveräne Volk ein Organ der volonté générale, auch wenn es nur einem einzelnen befiehlt?

Man könnte antworten, daß die Frage müßig sei, weil eben die gültige Gewalt der Gesamtheit soweit nicht reicht:

„La loi ne peut par sa nature avoir un objet particulier et individuel."[2]

Aber mit diesem Rousseauschen Machtspruch dürfen wir uns nicht ohne weiteres zufrieden geben; er enthält für uns keine Lösung, sondern bezeichnet nur ein neues Problem; es gilt dieser Rousseauschen These den Schein des regellosen Machtspruches zu nehmen und sie in der Einheit des Systems zu betrachten und zu würdigen. „Was ist denn das, ein „objet particulier" und gemäß welcher Methode beweist denn Rousseau, daß es niemals Gegenstand eines Gesetzes werden kann?

„Quand je dis que l'objet des lois est toujours général, j'entends que la loi considère les sujets en corps et les actions comme abstraites, — jamais un homme comme individu ni une action particulière."[3]

Aber das ist ja offenbar falsch, könnte man hier versucht sein einzuwenden; das Gesetz solle seinem Begriffe nach überhaupt nicht über konkrete Dinge bestimmen können? Haben nicht uns Juristen

---

[1] C. s. I, 7.
[2] Lettre 6me de la montagne p. 126.
[3] „Cont. soc." II, 6.

erst neuerdings die Untersuchungen Labands deutlichst vom Gegenteil überzeugt? Und noch ganz kürzlich hat Rudolf Stammler[1] dem beigepflichtet.

Hierauf antworten wir, daß wir auf dieser Stufe unserer Erkenntnis noch kein begründetes Recht besitzen, die wissenschaftliche Arbeit der genannten Meister der Jurisprudenz mit den Einzelthesen der Rousseauschen Sozialphilosophie in Parallele zu setzen: Erst wenn wir die wissenschaftliche Methode unseres Autors in Sicherheit aufgezeigt haben, können wir es unternehmen, zu prüfen, ob es überhaupt einen gemeinsamen Boden giebt, auf welchem die Frage nach der Wahrheit der einen oder anderen Ansicht in einer beiden Teilen gerecht werdenden Kritik ausgemacht und endgültig entschieden werden kann.

Nun hat man sich, was das Warum der hier in Frage stehenden Rousseauschen These angeht, bis dato damit begnügt, auf Grund einer allerdings leicht mißverständlichen Stelle[2] zu referieren, daß die Gesamtheit in Ausübung ihrer obersten Gewalt einem einzelnen Glied der Gemeinschaft, losgelöst von den anderen, nicht gebieten dürfte, weil die Angelegenheiten eines einzelnen für die Gesamtheit „kein Interesse" hätten, für diese nicht von Bedeutung[3] wären. Es ist wohl auf die etwas stiefmütterliche Behandlung der

---

[1] „Praktische Pandektenübungen für Anfänger", 2. Aufl. 1896, Einleitung S. 10—12.

[2] „Je dis sur un objet d'intérêt commun. parce que la loi perdrait sa force et cesserait d'être légitime, si l'objet n'en importait à tous." Lettres écrites de la montagne, l. 1ʳᵉ p. 126.

[3] Vgl. von den Neuern z. B. Liepmann, a. a. O. S. 36, der im Anschluß an die wörtliche Wiedergabe der letztgenannten Stelle nur bemerkt: „Sein Wert (?) liegt in der Abwendung von dem Einzelinteresse, in seiner Gattungsnatur."— Von früheren Darstellern vgl. Brockerhoff: „Jean Jacques Rousseau, Sein Leben und seine Werke" B. 3 S. 123; Kahle: „Rousseaus Contrat social", Berlin 1834, S. 9: Diesem Schriftsteller kommt wenigstens die Fadenscheinigkeit jenes Grundes zum Bewußtsein (S. 26), wie wenig auch sonst diese „Beurteilung" durch ein tieferes Verständnis der Rousseauschen Problemstellung und Methode sich von ähnlichen Arbeiten der Zeit unterscheidet; vgl. schließlich noch Morley: Rousseau, London 1873. der nachdem er sein Verständnis für die Rousseausche Philosophie durch die Worte bezeugt hat: „Hi did not look long enough at given laws, and hence failed to seize all their distinctive qualities" (II. p. 150), es wiederum Rousseau hoch anrechnet, daß er die Eigenschaft des „Allgemeinen" als Begriffsmerkmal des Gesetzes ebenso richtig behauptet habe, wie wir zwischen Gesetz und Verordnung („im materialen Sinne") unterscheiden. Freilich dieser Schriftsteller „widerlegt" sogar die Lehre von der Volkssouveränität dadurch, daß er bemerkt, es handele sich um „a number of definitions, analysed as words, not compared with the facts of which the words are representatives". Diese Art, politische Theorie zu betreiben, habe Rousseau in Stand gesetzt, sich ein Ansehen von Sicherheit und Präzision zu geben, welches „beschränkte deduktive Gemüter" völlig gefangen halte. —

Rousseauschen Souveränitätslehre überhaupt zurückzuführen, auf
das alte Dogma von seiner Verherrlichung der Despotie der Majorität, die mit seinem „individualistischen Ausgangspunkt" in Widerspruch stehen solle, kurz auf die mangelnde Beobachtung der festen
methodischen Schranken des Rousseauschen Souveränitätsbegriffs,
daß man das wenig Einleuchtende, wo nicht gar völlig Nichtssagende
einer solchen Begründung nicht genügend hervorgehoben und gerügt
hat. Wenn es sich um die zwingende Einwirkung auf einen einzelnen handele, so fehle nach Rousseau das gemeinsame Interesse:
Soll in der That unser Autor ein so kurzsichtiger Beobachter sozialer
Geschichte gewesen sein, daß er gänzlich verkannt habe, von welch
weittragender Bedeutung für die Gesamtheit, kurz von welch inten-
sivem öffentlichen Interesse gerade die selbstherrliche Regulierung
des Verhaltens eines einzelnen Gemeinschaftsgliedes werden kann
und häufig genug gewesen ist. Hat ein Rousseau wirklich gedacht,
es interessiere die Gesamtheit nicht, ob man einen einzelnen zwinge,
sein Vermögen oder gar sein Leben zu opfern? Haben wir vielleicht
hier eine Einzelart des Rousseauschen Manchestertums vor
uns, darin bestehend, daß dieser Autor die Unstatthaftigkeit singu-
lärer Einwirkung der obersten Gewalt aus der Bedeutungslosigkeit
solchen Thuns für das Interesse der Gesamtheit deduziert habe?
    Lassen wir Rousseau selbst sich verteidigen:
    „La sûreté particulière est tellement liée avec la confédération
publique, que sans les égards que l'on doit à la faiblesse humaine,
cette convention serait dissoute, par le droit, s'il périssait dans
l'état un seul citoyen qu'on eût pu secourir, si l'on en retenait à
tort un seul en prison et s'il se perdait un seul procès avec une injustice évidente ... En effet, l'engagement du corps de la nation
n'est-il pas de pourvoir à la conservation du dernier de ses membres
avec autant de soin qu'à celle de tous les autres? et le salut d'un
citoyen est-il-moins la cause commune que celui de tout l'état?"[1]
    Diese wenigen Sätze, deren Zahl sich leicht verdreifachen ließe,
dürften genügen, um nahezulegen, daß die hier in Frage stehende
Auslegung dem Gedankengang unserers Autors schwerlich entsprechen
kann. Gerade weil Rousseau die allgemeine Bedeutung der sozialen Einwirkung auf den einzelnen auf das klarste erkennt, wird
ihm hier und an anderen Stellen die Art der Einwirkung und
die feste Bestimmung der Bedingungen, unter denen sie stattfinden
darf, zum wichtigen Problem:
    „Sitôt que cette multitude est ainsi réunie en un corps, on ne
peut offenser un des membres, sans attaquer le corps."[2]

---

[1] „Economie politique" p. 176, 177.
[2] C. s. I, 7.

Nicht als ob nicht thatsächlich der Opfertod des einzelnen Patrioten geradezu über das Leben und den Tod der Gesamtheit entscheiden könne: Vielmehr erblickt gerade Rousseau in solchem Thun, insofern es gerade in Erwägung eben dieser sozialen Wirkung freiwillig geschieht, das schönste Beispiel reiner Vaterlandsliebe. Ebenso verdammenswert aber wäre es nach unserem Autor, wenn das Recht sich durch die Rücksicht auf solche thatsächlichen Interessen der Gesamtheit wollte leiten lassen.[1]

Und vielleicht sind wir damit auf dem Weg, den zutreffenden Grund aufzuhellen, aus welchem Rousseau der obersten Gewalt Schranken zieht, sobald es sich um singuläre Einwirkung auf einen einzelnen Genossen der Gemeinschaft handelt.

Die Psychologie war es letztlich gewesen, die Rousseau auf den Gedanken brachte, ob man nicht den Willen aller, insofern er sich an alle gleichmäßig richtete, als Träger des allgemeinen Willens aufzufassen berechtigt wäre, die volonté générale im quantitativen Sinne, sonst auch volonté de tous genannt, als Organ der volonté générale, in qualitativer Beziehung als Grundsatz gedacht, schlechthin zu bezeichnen. In konsequenter Durchführung dieser Methode erhob sich für Rousseau die Frage, ob der Wille aller oder der Wille der Mehrzahl als getreues Organ der volonté générale noch gedacht werden könne, wenn er seine Befehle nur an einzelne Glieder der Gemeinschaft richte. Darauf antwortet Rousseau in etwas schwerfälligem Stile also:

„La volonté générale" (soll heißen: die volonté de tous, insofern sie, als über alle beschließend, Organ der volonté générale als des das Wohl aller betreffenden Prinzips ist) „à son tour change de nature, ayant un object particulier, et ne peut comme générale prononcer ni sur un homme ni sur un fait."[2]

Mit anderen Worten: die Berechtigung des Sprachgebrauchs, welcher die thatsächliche Willensübereinstimmung der Mehrheit volonté générale schlechthin nannte, weil dieses sowohl in quantitativer, als in qualitativer Hinsicht richtig war, nimmt jedenfalls ein Ende, sobald die Gesamtheit nicht mehr der Gesamtheit, sondern einem Einzelnen befiehlt; natürlich ist auch hier eine Einigung der

---

[1] Mais si l'on entend qu'il soit permis au gouvernement de sacrifier un innocent au salut de la multitude, je tiens cette maxime pour une des plus exécrables que jamais la tyrannie ait inventées, la plus fausse qu'on puisse avancer, la plus dangereuse qu'on puisse admettre et la plus directement opposée aux lois fondamentales de la société. Loin qu'un seul doive périr pour tous, tous ont engagé leurs biens et leurs vies à la défense de chacun d'eux." Ec. pol. p. 177.

[2] C. s. II, 4.

Majorität, ja sogar aller bezüglich des Inhalts des Gebots denkbar;[1] aber diese Willenseinheit beruhet nicht mehr auf der Einheit des zu grunde liegenden Prinzips, die volonté de tous ist nicht mehr zugleich auch volonté générale.

Und warum nicht? Hierauf antwortet Rousseau gleichfalls im vierten Kapitel des zweiten Buchs des „Contrat social", vielleicht dem durchdachtesten, aber auch schwierigsten Abschnitt dieses Werks also:

„En effet, sitôt qu'il s'agit d'un fait ou d'un droit particulier sur un point qui n'a pas été réglé par une convention générale et antérieure, l'affaire devient contentieuse; c'est un procès, où les particuliers intéressés sont une des parties et le public l'autre, mais où je ne vois ni la loi qu'il faut suivre ni le juge qui doit prononcer. Il serait ridicule de vouloir alors s'en rapporter à une expresse décision de la volonté générale, qui ne peut être que la conclusion de l'une des parties et qui par conséquent n'est pour l'autre qu'une volonté étrangère, particulière, portée en cette occasion à l'injustice et à l'erreur."

Erinnern wir uns der Art und Weise, in welcher Rousseau die Macht der Gesamtheit, das Handeln ihrer selbst bindend zu normieren, begründet hatte, so werden wir im Gegensatz hierzu die Bedeutung der citierten Stelle leichter verstehen können. Irgendwelche Hoffnung dafür, daß die Beherrschung des einzelnen durch die Gesamtheit dem Wohl der Unterworfenen nicht entgegenstand, ergab sich uns aus der Erwägung des Egoismus jedes einzelnen Mitglieds der Gesamtheit, da dieser andern nur diejenigen Pflichten auferlegen konnte, welche er selbst für sein eigenes Verhalten als bindend anerkannte. Wie aber, wenn die Gesamtheit nicht darüber beschließen sollte, ob jeder im Volk etwa eine und dieselbe Abgabe entrichten, sondern ob etwa einzelne ganz bestimmte Volksgenossen ihr Hab und Gut verlieren sollten, wenn das Volk darüber abstimmt, nicht ob die Gesamtheit, sondern ob die drei Horatier siegen oder sterben sollten? Ein so konsequenter Denker wie Rousseau mußte auf Grund seiner psychologischen Prämissen hier zu dem Resultat kommen, daß eine solche Abstimmung je nach der verschiedenen Wirkung des in Frage stehenden Befehls auf die Lage der einzelnen

---

[1] „Quand le peuple d'Athènes, par exemple, nommait on cassait ses chefs, décernait des honneurs à l'un, imposait des peines à l'autre, et par des multitudes de décrets particuliers, exerçait indistinctement tous les actes de gouvernement le peuple alors n'avait plus de volonté générale proprement dite, il n'agissait plus comme souverain, mais comme magistrat. Ceci paraîtra contraire aux idées communes, mait il faut me laisser le temps d'exposer les miennes." C. s. II, 4.

die Gesamtheit in zwei Lager teilen mußte, derart, daß eine Abstimmung, insofern sie jeweilig naturnotwendigerweise in Rücksicht
auf das Wohl der einen der Parteien geschah, eine Berücksichtigung
des Wohls der andern, die ja durch die Durchführung des Gebots
ganz anders getroffen wurde, durchaus nicht gewährleistete. Auch
hier kann es sich sehr wohl um Dinge von „allgemeinem Interesse"
handeln, aber es fehlet dennoch die Interessengemeinschaft:
das Interesse des einen ist nicht zugleich das Interesse des andern.
Indem der Einzelne vermöge seines Egoismus sein eigenes Wohl
berücksichtigt, berücksichtigt er damit zugleich freilich das Wohl
seiner Partei, nicht aber das Wohl der Gesamtheit: betrachten
wir ihn als Parteigenossen, so ist seine Maxime volonté générale,
im Verhältnis zur Gesamtheit gedacht, ist er der Träger einer
volonté particulière.[1] Auch hier vermag sich wohl eine überwältigende
Majorität zu ergeben, aber die Zahl der Stimmen verlieret hier ihre
Würde, weil sie Parteiinteressen, nicht Volksinteressen im Auge hat.
Und stände nur ein einziger auf dem andern Lager, jene überwältigende Majorität zerflösse in ein Nichts gegenüber jener einzigen
Stimme, die nach ganz anderer Rücksicht sich entschied; wir hätten
nicht eine Abstimmung und ein Resultat, sondern ebenso viele Abstimmungen, wie Kriterien der Entscheidungen, so viele Urteile, wie
Parteien und keinen Richter, der ihren Dissens nach allgemein-
verbindendem Gesetz beurteilen und lösen könnte.[2] Die volonté
générale ist tot und damit die Herrschaft der Gesamtheit zu Ende;
wollte jene Majorität dem überstimmten Einzelnen ihre Meinung
aufzwingen, sie könnte mit nichten auf die brutale Zahl ihrer Stimmen
sich berufen, es bliebe rohe, rechtsungiltige Willkür und gewalt-
thätige Majorisierung, es hätte die menschliche Herrschaft die un-
überbrückbaren Schranken, die das Naturrecht ihr gezogen, überschritten, die Freiheit der Beherrschten wäre zu Ende, das positive

---

[1] Vgl. bezüglich der Relativität der volonté générale oben S. 77 ff. In Berücksichtigung dessen dürfte auch die folgende Stelle im Sinne des Textes verstanden werden: „J'ai déjà dit qu'il n'y avait point de volonté générale sur un
objet particulier. En effet, cet objet particulier est dans l'état ou hors de l'état.
S'il est hors de l'état, une volonté qui lui est étrangère n'est point générale
par rapport à lui, et si cet objet est dans l'état, il en fait partie: alors il
se forme entre le tout et sa partie une relation qui en fait deux êtres séparés,
dont la partie est l'un et le tout moins cette partie est l'autre. Mais le tout
moins une partie n'est point le tout; et tant que ce rapport subsiste, il
n'y a plus de tout, mais deux parties égales: d'où il suit que la volonté
de l'une n'est point non plus générale par rapport à l'autre." C. s. II, 6.
[2] ... „un caractère d'équité qu'on voit évanouir dans la discussion de
toute affaire particulière faute d'un intérêt commun qui unisse et identifie
la règle du juge avec celle de la partie. C. s. II, 4.

Recht in seiner Geltung zerstört und der Naturzustand von neuem hereingebrochen.

So begreifen wir jetzt erst völlig, wenn Rousseau erklärt: „On doit concevoir par là que ce qui généralise la volonté est moins le nombre des voix que l'intérêt commun qui les unit."[1]

Der Inhalt eines Gebots der souveränen Gesamtheit muß nicht nur alle interessieren, sondern er muß alle in derselben Weise interessieren, alle Glieder der Gemeinschaft auf dieselbe Weise treffen, sie müssen ihm gegenüber eine Interessengemeinschaft bilden, damit ihre durch den Egoismus bestimmte volonté particulière zugleich auch als volonté générale gedacht und aufgefaßt werden kann. Dieser Gedankengang, der im folgenden die notwendige Erläuterung und Klärung noch erhalten wird, ist vielleicht am einfachsten und deutlichsten in einer erst kürzlich durch die Dreyfussche Ausgabe der nachgelassenen Schriften Rousseaus bekannt gewordenen Fassung ausgesprochen, die sich in dem vierten Kapitel des zweiten Buchs der Genfer Handschrift des „Contrat social" findet. Es heißt dort also:

„Comme la chose statuée se rapporte nécessairement au bien commun, il s'ensuit que l'objet de la loi doit être général ainsi que la volonté qui la dicte, et c'est cette double universalité qui fait le vrai caractère de la loi. En effet, quand un object particulier a des relations diverses avec divers individus, chacun ayant sur cet objet une volonté propre, il n'y a point de volonté générale parfaitement une sur cet objet individuel."

Kurz, die Einheit des Prinzips der volonté générale, die der Abstimmung der menschenbeherrschenden Gesamtheit notwendig zu grunde liegen muß, erscheint ausgeschlossen, sobald es sich um ein Gebot handelt, welches nicht allen Abstimmenden dieselben Pflichten auferlegt. Denn da in solchem Falle die Durchführung der sozialen Norm rücksichtlich des Wohls und Wehes der Einzelnen verschiedene Folgen haben wird, jeder einzelne Genosse aber die jeweilig zu erwartende Wirkung der Maßnahme auf seine eigene Lage vermöge seines Egoismus zum ausschlaggebenden Gesichtspunkt seiner Abstimmung nimmt, so bleibt die Maxime der einzelnen im Hinblick auf das Wohl aller volonté particulière, weil in diesem Falle die Erwägung des rechten Mittels zur Beförderung des eigenen Wohls nicht zugleich als Berücksichtigung des (doch von andern Mitteln abhängigen) Wohls aller andern aufgefaßt und einheitlich gedacht werden kann. Dieses letztere aber ist notwendig, damit das Gesetz des Egoismus eine Verwirklichung der volonté générale überhaupt

---

[1] C. s. II, 4.

vermitteln und sicher gewährleisten kann. Dieser Grundsatz muß herrschen, soll die Herrschaft von Menschen über Menschen etwas anderes sein als rohe Willkür und nackte Gewalt.

Aber der Inhalt des Gesellschaftsvertrags hatte die Aufgabe, die Bedingungen aufzuzeigen, unter denen in der Welt der Thatsachen eine strenge Durchführung dieses Prinzips überhaupt ermöglicht werden konnte. Da durfte denn nicht über den empirisch gegebenen Menschen und seine Natur, wie ihn eine vorgeblich exakte Psychologie zu erkennen vorgab, achtlos und voll theoretischen Hochmuts hinweggesehen werden. Handelte es sich ja um das notwendige Mittel zur Erzeugung des positiven Rechts. So galt es denn, das Mittel zu solch hohem Zwecke tauglich zu gestalten, die menschliche Natur nicht in ihrer Eigenart zu verkennen, sondern grade auf Grund der ihr innewohnenden Gesetzlichkeit technisch zu beherrschen. Die scheinbar unversöhnlichen Gegensätze der volonté générale, d. h. der Rücksicht auf das Wohl aller, und der in der Welt des Seins herrschenden volonté particulière, die nur die Rücksicht auf das liebe Ich kannte, galt es zu versöhnen. Die psychologischen Grundgesetze anders regeln zu wollen, das kam Rousseau hier nicht in den Sinn; er mußte „die Menschen nehmen, wie sie sind",[1] das Sollen des Naturrechts schaffte den Egoismus nicht aus der Welt; so mußte denn mit ihm gerechnet werden.

Aber eben diese Erwägung setzte voraus, daß der contral social nicht von den Schöpfern des Rechts verlangte, daß sie die volonté générale zum letzten Endzweck ihres Handelns machten; die Beherrschung von Menschen unter Berücksichtigung des Wohls der Unterworfenen war ja auch denkbar, wenn die Herrscher diese Maxime nur befolgten als Mittel zur Erreichung ihres eigenen Vorteils, ja sogar, wenn die selbst ausschließliche Erwägung des Wohls der Gebietenden überhaupt nur zugleich als Berücksichtigung des Wohls der Gehorchenden gedacht und sozusagen mit dieser identifiziert werden konnte. Zu diesem Zwecke mußte die Stellung der Herrschenden hinsichtlich der Durchführung des Gebots dieselbe sein, wie die der Gehorchenden: die Herrscher mußten mit den Beherrschten zusammenfallen; dann konnten sie durch ihre Herrschaft ihr eigenes Wohl garnicht berücksichtigen, ohne nicht zugleich auch das der andern zu befördern, ihrer Genossen im Herrschen und im Gehorchen. Das Wohl der einzelnen mußte gleichbedeutend werden mit dem Wohl aller andern; dann sann der, welcher bei der Ausübung der Herrschaft den eigenen Vorteil allein erwog, dennoch eben damit auch auf den Vorteil aller: die volonté particulière fiel

---

[1] C. s. Vorwort.

zusammen mit der volonté générale. Die Gleichheit aller vor dem Gesetz war das Mittel zur Aufrechterhaltung der Freiheit aller, d. h. zu ihrer Beherrschung nach dem Leitgedanken der volonté générale.

„Le pacte social établit entre les citoyens une telle égalité qu'ils s'engagent tous sous les mêmes conditions el doivent jouir tous des mêmes droits. Ainsi par la nature du pacte, tout acte de souveraineté, c'est-à-dire tout acte authentique de la volonté générale, oblige ou favorise également tous les citoyens; en sorte que le souverain connaît seulement le corps de la nation et ne distingue aucun de ceux qui la composent.“ [1]

Mit anderen Worten: Eine sichere Durchführung der volonté générale ist nur möglich, wenn die Gesamtheit der Gesamtheit gebietet und nicht einem einzelnen; [1] es ist dies die notwendige Bedingung, unter der allein die volonté de tous in der Welt der Erfahrung als „acte authentique de la volonté générale“ gelten kann.

„La volonté générale pour être vraiment telle, doit l'être dans son objet ainsi que dans son essence.“ [2]

Das soll heißen: Damit ein Wille wahrhaft allgemein sei, nicht nur in quantitativer Rücksicht bezüglich der Zahl seiner Vertreter, sodern allgemein gerichtet sei auf ein Ziel, das für alle gilt und gelten soll, muß er sich auf eine Gebotsetzung beziehen, deren Durchführung für das Wohl und Wehe aller Gemeinschaftsglieder von gleicher Bedeutung ist:

… „Qu'elle doit partir de tous, pour s'appliquer à tous; et qu'elle perd sa rectitude naturelle, lorsqu'elle tend à quelque objet individuel et déterminé, parce qu'alors, jugeant de ce qui nous est étranger, nous n'avons aucun vrai principe d'équité qui nous guide.“ [2]

Und damit dürfte klargelegt sein, kraft welcher Notwendigkeit das rechtliche Gebot als Menschensatzung von allen ausgehen muß, um sich an alle zu wenden: Es ist die Beobachtung der souveränen Sätze des „droit naturel“, die Notwendigkeit der Durchführung der volonté générale.

Aber hat der contrat social damit seine Aufgabe gelöst? Können diese Anweisungen genügen, um unter allen Umständen eine Verwirklichung des Prinzips der volonté générale in der Welt der Erfahrung zu gewährleisten?

---

[1] „Les citoyens étant tous égaux par le contral social, ce que tous doivent faire, tous peuvent le prescrire, au lieu que nul n'a droit d'exiger qu'un autre fasse ce qu'il ne fait par lui-même.“ C. s. III, 16.

[2] C. s. II, 4.

Es wäre ein schwerer Irrtum, wollte man dieses als Meinung unseres Autors behaupten. Auch läßt sich leicht nach dem bisher Gesagten eine Berichtigung dieser Ansicht als Konsequenz des bisherigen Beweisgangs Rousseaus aufstellen. Wir haben schon oben darauf hingewiesen, daß die subjektive Maxime des einzelnen an der Aufstellung eines für alle verbindlichen Gebots beteiligten Gemeinschaftsgenossen nur dann zugleich als volonté générale aufgefaßt werden könnte, wenn er an der Durchführung, resp. Nicht-Durchführung des Gebots „dasselbe Interesse" hätte wie alle andern. Nun ist aber leicht einzusehen, daß, um das Wohl des einzelnen mit dem aller andern in einer bestimmten Sache identifizieren zu dürfen, es nicht ohne weiteres genügen kann, dem einen dasselbe zu gebieten, wie dem andern. Die Einheit des Mittels sozialer Einwirkung bewirkt noch lange nicht hinsichtlich des Wohls und Wehes aller Individuen denselben Erfolg, solange nicht diejenigen, auf deren Handeln bestimmend eingewirkt werden soll, hinsichtlich solcher gleichmäßigen Einwirkung auch auf dieselbe Weise reagieren. Rousseau wäre der letzte gewesen, der übersehen hätte, daß die Durchführung einundderselben allverbindlichen Norm dem einen förderlich, dem andern verderblich sein könnte. Darum forderte er in Dingen der Gesetzgebung zwar nicht eine unbedingte Allgemeinheit der Stimmenzahl, wohl aber eine unbedingte Gemeinsamkeit des Interesses[1] oder um hier diesen vagen Terminus der Tagespolitik vor jeder Unklarheit zu sichern: Das Rousseausche „intérêt commun", welches die Abstimmungen „vereinigt", indem es den Willen jedes einzelnen „verallgemeinert", enthält als allgemeingültige Bedingung der Ausübung der Volkssouveränität ihre Einschränkung auf diejenigen Gegenstände, welche alle Glieder der Gemeinschaft pathologisch (nach Lust und Unlust) auf dieselbe Weise affizieren. Damit hat Rousseau in streng konsequenter Festhaltung seiner Methode das Bereich allgemeinverbindlicher sozialer Regelung auf diejenigen Normen eingeschränkt, welche als einheitliche Mittel zur Beförderung des Wohls aller Glieder der Gemeinschaft aufgefaßt und angewandt werden können. Nicht nur die Gleichheit aller vor dem Gesetz, d. h. die Gleichheit der Anwendung und Durchführung

---

[1] „La première et la plus importante conséquence des principes ci-devant établis est que la volonté générale peut seule diriger les forces de l'état selon la fin de son institution qui est le bien commun; car si l'opposition des intérêts particuliers a rendu nécessaire l'établissement des sociétés, c'est l'accord de ces mêmes intérêts qui l'a rendu possible. C'est ce qu'il y a de commun dans ces différents intérêts qui forme le lien social, et s'il n'y avait pas quelque point dans lesquels tous les intérêts s'accordent, nulle société ne saurait subsister. Or c'est uniquement sur cet intérêt commun que la société doit être gouvernée." C. s. II, 1.

desselben Gebotsinhalts allen einzelnen Genossen gegenüber, sondern vor allen Dingen die Gleichheit aller gegenüber dem Gesetz, d. h. die Gleichheit der Wirkung eben dieser Anwendung auf das Wohl und Wehe sämtlicher Gemeinschaftsglieder[1] ist die notwendige Bedingung für eine Herrschaft über freie Menschen, für eine rechtliche Gemeinschaft. Schon konnte es scheinen, als ob unser Philosoph mit dieser nachdrücklichen Festsetzung der Gleichheit aller vor dem Gesetz sein naturrechtliches Gewissen beruhigt und garnicht weiter erwogen hätte, ob denn diese Ausscheidung konkreter Fragen aus dem Ressort des Gesetzes eine einheitliche Berücksichtigung des Wohls aller Gemeinschaftsgenossen bei der Festsetzung der rechtlichen Gebote auch schlechterdings und, unter was für empirischen Umständen auch immer, gewährleistete und verbürge. Kurzum diese Philosophie schwebte in der Gefahr, die formelle Allgemeinverbindlichkeit nicht sowohl als notwendiges Merkmal des Gesetzes aufzunehmen, sondern vielmehr als schlechthin den Begriff der „loi" erschöpfende Eigenschaft zu hypostasieren, der fundamentalen Aufgabe vergessend, als deren Instrument jene Gleichheit aller vor dem Gesetz allein methodisch gewürdigt und in ihrer Berechtigung erkannt werden konnte, losgelöst von welcher sie aber jeden systematischen Zusammenhang und damit jeden verständigen Sinn schlechterdings einbüßen mußte.

Indem die formelle Gleichheit aller vor dem Gesetze unter feste Kontrolle gestellt ward, war ihr entscheidender Einfluß auf eine endgültige Fixierung des Begriffs des Gesetzes definitiv gebrochen; die Methode, kraft derer jene erstere als nützliches Werk-

---

[1] Vgl. zu dem Gesagten: besonders die folgende Stelle am Schluß des ersten Buchs des C. s.: „Je terminerai ce chapitre et ce livre par une remarque qui doit servir de base à tout le système social: c'est qu'au lieu de détruire l'égalité naturelle, le pacte fondamental substitue au contraire une égalité morale et légitime à ce que la nature avait pu mettre d'inégalité physique entre les hommes et que pouvant être inégaux en force et en genie, ils deviennent tous égaux par convention et de droit." Und hierzu die Note, deren Tragweite wir später noch genauer würdigen werden, wenn wir uns mit der den Inhalt des seinem Begriff nach festgelegten positiven Rechts betreffenden Philosophie Rousseaus zu beschäftigen haben werden: „Sous les mauvais gouvernements cette égalité n'est qu'apparente et illusoire; elle ne sert qu'à maintenir le pauvre dans sa misère, et le riche dans son usurpation. Dans le fait, les lois sont toujours utiles à ceux qui possèdent, et nuisibles à ceux qui n'ont rien, d'où il suit que l'état social n'est avantageux aux hommes qu'antant qu'ils ont tous quelque chose et qu'aucun d'eux n'a rien de trop." — Es verdient hervorgehoben zu werden, daß Stahl den Rousseauschen Begriff der égalité als einer Bedingung der Verwirklichung der volonté générale richtig bezeichnet hat. Vgl. dessen Gesch. der Rechtsphilosophie 3. Aufl. 1854 S. 307. Vgl. auch Streckeisen-Moulton oeuvres inédites de J. J. Rousseau, p. 351: „Les lois et l'exercice de la justice ne sont parmi nous que l'art de mettre le grand et le riche à l'abri des justes représailles du pauvre."

zeug überhaupt herangezogen worden war, hatte ihre selbständige Kompetenz in dieser Frage gewahrt, sie übte ihr Richteramt in einem Verfahren, dessen unfehlbare Sicherheit durch den neuen Begriff der Gleichheit errungen war. Die Gleichheit der Wirkung eines Gebots auf das Wohl und Wehe aller Gemeinschaftsglieder entschied jetzt darüber, ob jene formelle Gleichheit aller vor dem Gesetz auch in concreto ihre Aufgabe erfüllt und die Geltung des Prinzips der volonté générale in der Abstimmung der Gesamtheit gesichert habe. Damit aber war die sichere Erkenntnis erlangt, daß nur die Verwirklichung dieser neuen Art der Gleichheit, der Gleichheit der Interessen aller gegenüber einem Gebote den Einklang dieses letzteren mit dem Prinzip des Gemeinwohls verbürgen konnte. Nur falls in der That alle Gemeinschaftsgenossen bezüglich der Festsetzung oder Nicht-Festsetzung eines bestimmten Gebotsinhalts als eine Interessengemeinschaft auftraten, war es möglich, davon abzusehen, daß jeder einzelne vermöge seiner egoistischen Natur bei der Abstimmung nur seinen konkreten Vorteil letztlich bedachte, war es erlaubt, die konkrete Entschließung jedes einzelnen also anzusehen, als ob sie nach der Maxime, die auf das Wohl des Bürgers schlechthin, d. h. aller Bürger, gerichtet ist, wirklich erfolgt wäre. So ward der neuentdeckte Begriff der Gleichheit das methodische Mittel, vermöge dessen die Rousseausche Rechtsphilosophie über den Egoismus der einzelnen Herr ward, vermöge dessen es ihr gelang, den Grundsatz des Gemeinwohls dort zur siegreichen Geltung zu verhelfen, wo jedem einzelnen in seiner natürlichen Selbstsucht nur seine eigene Lust am Herzen lag. So hat in der konsequenten Fortentwickelung der Gedanken der neue Begriff der Gleichheit über den alten formalistischen den Sieg errungen, und diese neue Auffassung der égalité erhebt nunmehr den Anspruch, in der eigenen Bestimmung des Begriffs von einem „objet particulier" die festen Schranken des Inhaltsbereichs des positiven Rechts endgültig zu bezeichnen. Nicht die formelle Allgemeinheit der Verbindlichkeit, sondern die Einheit der Wirkung auf das Wohl und Wehe sämtlicher Gemeinschaftsglieder entscheidet nunmehr letztlich darüber, ob ein bestimmter Gebotsinhalt ein „objet général" oder „particulier" enthält.

Die formelle Allgemeinheit des Inhalts der Pflicht kann, wie nun sicher erkannt ist, nicht mehr genügen, um eine Beobachtung des Prinzips der volonté générale zu gewährleisten, sondern sogar sie wird als entbehrlich hintangesetzt, wenn nur die égalité in jener neuen Bedeutung und das durch sie bestimmte „objet général" an ihre Stelle tritt. Nur ist freilich diese letzte Stufe der Entwickelung

in den vorliegenden Dokumenten der Rousseauschen Sozialphilosophie noch nicht völlig zum Abschluß gelangt. Daß die Allgemeinheit der Verbindlichkeit der Satzung die Beobachtung des Prinzips
des Gemeinwohls in der Abstimmung der Gesamtheit nicht verbürge,
das freilich läßt sich aus einem eindringlichen Studium des „Contrat
social" mit Sicherheit entnehmen, und wird später von uns noch in
besondere Untersuchung gezogen werden.[1] Dagegen hat das rechtsphilosophische Hauptwerk Rousseaus diese Gleichheit aller vor
dem Gesetz schlechthin zu beseitigen nicht gewagt, freilich wird
sich uns bei eingehender Überlegung herausstellen, daß der neue
Begriff der égalité das Prinzip der Einheit der durch das Gesetz
erzeugten Pflichten im Marke angegriffen und nicht viel mehr als
die leere, äußere Form übrig gelassen hat. Es lehrt nämlich
Rousseau in dem wichtigen sechsten Kapitel des zweiten Buches
des „Contrat social" ausdrücklich, daß zwar der Inhalt des rechtlichen Gesetzes niemals einzelne bestimmte Gemeinschaftsglieder
herausheben, wohl aber durch Festlegung genereller Artmerkmale
eine Scheidung der Bürger hinsichtlich ihrer Rechte und Pflichten
enthalten dürfe. Nur muß natürlich die Realisierung des Gebotsinhalts, mag er auch in der konkreten Anwendung je nach den verschiedenen persönlichen Umständen zu verschiedenen Resultaten
führen, für das Wohl und Wehe sämtlicher Gemeinschaftsglieder
von gleicher Wirkung sein, seiner Durchführung überhaupt
gegenüber müssen sich alle als eine Interessengemeinschaft auffassen
lassen. Das ist der Sinn der folgenden Stelle:

„Quand je dis que l'objet des lois est toujours général, j'entends
que la loi considère les sujets en corps et les actions comme abstraites, jamais un homme comme individu, ni une action particulière. Ainsi la loi peut bien statuer qu'il y aura des priviléges,
mais elle n'en peut donner nommément à personne; la loi peut
faire plusieurs classes de citoyens, assigner même les qualités qui
donneront droit à ces classes, mais elle ne peut donner tels et
tels pour y être admis, elle peut établir un gouvernement royal et
une succession héréditaire, mais elle ne peut élire un roi ni nommer
une famille royale."[2]

Es ist leicht einzusehen, daß diese Lehre mit dem oben dargestellten Begriff der Gleichheit aller vor dem Gesetz, wie ihn
Rousseau als ein methodisches Mittel zur Verwirklichung des Prinzips der volonté générale zunächst dachte, kaum in vollen Einklang
gebracht werden kann. Zwar kann man wohl auch von einem Gesetz,

---

[1] Vgl. den § 9.
[2] C. s. II, 6.

welches nicht an den konkreten A., B. und C. etc., sondern an jeden Bürger, welcher bestimmte generelle Merkmale verwirklicht, im Unterschied von den anderen seine Befehle richtet, sagen, daß es sich an das ganze Volk als solches wende und ohne Unterschied jedem einzelnen gebiete, sobald nur in seiner Person die juristischen Thatsachen verwirklicht seien, daß es also (wenn man auf die Einheitlichkeit dieses abstrakt gefaßten „Wenn — so" des Befehls, das von der konkreten Anwendung auf das ihm unterliegende Material noch absieht, das Hauptgewicht legt), allen Bürgern die gleichen Pflichten auferlege (weil es sie ihnen allen unterschiedslos unter einer einheitlichen Bedingung auferlegt); aber es ist doch auch andererseits deutlich, daß je nach dem thatsächlichen Vorliegen der im Gesetz genannten generellen Merkmale in der Person des einzelnen Bürgers, das in Geltungtreten eines solchen Gebots für die einzelnen etwas Verschiedenes bedeuten würde, daß bei einem solchen Gesetzesinhalt, sobald man nur seine Anwendung in Erwägung zieht, an sich jedenfalls vermöge dieser Art von formeller Allgemeinverbindlichkeit dasjenige nicht vermieden wird, was gerade vermieden werden sollte, nämlich die thatsächlichen „relations diverses avec divers individus." Wenn z. B. ein reicher Bürger für ein Gesetz stimmt, daß die obersten Ämter im Staate allein den Reichen vorbehält, weil die Folgen dieses Gesetzes für ihn in seiner konkreten Lage günstig sind, so kann es dem Armen wenig frommen, zu wissen, daß auch für ihn dieses Gesetz dieselbe Wirkung hätte, wenn er nur auch reich wäre; thatsächlich trifft ihn ein solches Gesetz ganz anders, wie seinen reichen Gemeinschaftsgenossen, und so erlaubt hier die abstrakte Form des Gebots an sich noch keineswegs die der Abstimmung des Reichen zu Grunde liegende Erwägung: dieses Gesetz ist mir günstig — auch auf die Lage des armen Bürgers zu übertragen. Eine Identifizierung des Wohls des einen mit dem des anderen bezüglich solcher Gesetze und ebendamit eine Gleichsetzung des Inhalts der egoistischen Maximen aller einzelnen Abstimmenden ist gerade hier an sich keineswegs gestattet, und so kann die formale Gleichheit aller vor dem Gesetz als solche hier jedenfalls niemals ihre methodische Aufgabe lösen, nämlich es zu ermöglichen, die thatsächlich nur den eigenen Vorteil jeweilig letztlich erwägenden Maximen der einzelnen unter dem einheitlichen Gesichtspunkt des Wohles des Bürgers überhaupt, d. h. des Wohles aller, zu erwägen. Daß freilich auch solche Gesetze thatsächlich für das Wohl und Wehe aller trotz aller Verschiedenheit der Wirkung im einzelnen letztlich dasselbe bedeuten können, wird damit mit nichten in Abrede gestellt, und so ist in der That diese Einschränkung der formalen Allgemeinheit auf ihr leeres äußeres Gewand

ein sicherer Beweis dafür, daß in der endgültigen Gedankenentwickelung die égalité in dem letztbesprochenen Sinne es ist, welche die
Synthese zwischen volonté de tous und volonté générale letztlich
ermöglicht und gewährleistet.

Damit aber sind auch die Bedingungen erfüllt, unter denen in
der Welt der Erfahrung ein sicheres Organ der volonté générale
entdeckt und die Möglichkeit einer Beherrschung von Menschen
durch Menschen überhaupt gewährleistet ist. Es giebt nach Rousseau
keinen anderen Weg, um in der Welt der Thatsachen dem natürlichen Egoismus der Menschen zum Trotz dem Prinzip der volonté
générale zum Siege zu verhelfen. Das ist der Grund, aus welchem
Rousseau, im „Contrat social", wo es sich um die thatsächlichen
Existenzbedingungen des positiven Rechts handelte, unter volonté
générale schlechthin versteht das Organ dieser Herrschaftsmaxime,
d. h. die aus der Abstimmung aller über einen Gegenstand von gemeinsamem Interesse hervorgehende Willenseinheit aller oder der
Majorität.

So hat denn unser Autor jener nach einer rechtlichen Ordnung
suchenden Gemeinschaft die richtige Straße aufgewiesen: der Gesetzgeber von Fleisch und Blut ist entdeckt; die unbedingte Unterwerfung
unter die „suprême direction de la volonté générale", wie sie der
Inhalt des contrat social verlangte, sie bedeutete nicht nur einen
leeren Hinweis auf eine Maxime, sondern sie bezeichnete auch zugleich den lebendigen Vertreter dieses Prinzips, die Gesamtheit als
souveränen Träger der Herrschaft.

„Quand tout le peuple statue sur tout le peuple, il ne considère que lui-même, et s'il se forme alors un rapport, c'est de
l'objet entier sous un point de vue à l'objet entier sous un autre
point de vue sans aucune division du tout. La matière, sur
laquelle on statue, est générale comme la volonté qui statue.
C'est cet acte que j'appelle une loi".[1]

Und damit ist die Kardinalfrage der Rousseauschen Sozialphilosophie gelöst: Die Definition des Gesetzes ist auf methodischem
Wege gefunden und ebendamit sind die allgemeingültigen Bedingungen aufgezeigt für die Möglichkeit einer rechtlichen Gemeinschaft überhaupt:

„Et qu'est-ce qu'une loi? C'est une déclaration publique
et solennelle de la volonté générale sur un objet d'intérêt
commun."[2]

---

[1] C. s. II, 6.
[2] Lettre 6ᵐᵉ de la montagne p. 127.

Noch einmal wird uns der methodische Grundgedanke Rousseaus in seiner einheitlichen Konsequenz und Schärfe deutlichst ins Bewußtsein zurückgerufen, wird uns die Tragweite der Aufgabe und systematische Geschlossenheit ihrer Lösung offenbar, wenn wir in den folgenden Worten Rousseaus gleichsam den Kern seiner Philosophie nunmehr zu erkennen imstande sind:

„Puisque rien n'oblige les sujets que la volonté générale, nous rechercherons, comment se manifeste cette volonté, à quels signes on est sûr de la reconnaître, ce que c'est qu'une loi et quels sont les vrais caractères de la loi. Ce sujet est tout neuf: la définition de la loi est encore à faire."[1]

In der Lösung dieser „neuen" Aufgabe hat die neue Wissenschaft vom „droit politique" ihre Fruchtbarkeit erwiesen. In der Definition der „loi", als der „déclaration de la volonté générale" ist die lange gesuchte pflichtenerzeugende Menschensatzung entdeckt, die öde Skepsis des Anarchismus endgültig überwunden, die Bedingungen der freiheiterhaltenden Menschenherrschaft nachgewiesen.

Denn was bedeutet es denn im Rahmen dieses Systems, daß Rousseau das Gesetz schlechthin bestimmte als die Erklärung des allgemeinen Willens? Mit diesem strikten Hinweis auf die volonté générale als das das Wohl aller vertretende Prinzip, ist doch wohl nicht nur eine philosophische „Idee" des Rechts gemeint, eine Forderung ausgesprochen, ein Gesichtspunkt angegeben, nach welchem der Inhalt des Rechts auf seine Güte hin bestimmt und gewertet werden müsse. Es wird doch der contral social seine fundamentale Aufgabe nicht vergessen, uns in der Definition des Gesetzes nicht einen Maßstab der Beurteilung des konkreten Inhalts alles möglichen positiven Rechts geliefert haben, während er die nackte Existenz menschlicher Herrschaft überhaupt und die sicheren Grundlagen ihrer Möglichkeit aufzuweisen die Pflicht hatte.

Unser Argwohn ist unbegründet, auch bei Rousseau ist der Begriff des Gesetzes als Formalbegriff gedacht, der sich unabhängig stellen will von dem möglichen Inhalt des Gebots. Es ist eine Stelle in dem oben citierten 4. Kapitel des 2. Buchs der Genfer Handschrift des „Contral social", welche uns schon hier, bevor wir noch den weiteren Aufbau des Systems verfolgen, in dieser Frage volle Sicherheit geben kann:

„Or la specification des actions qui concourent à ce plus grand bien par autant de lois particulières, est ce qui constitue le droit étroit et positif."[2]

---

[1] Émile, l. 5, p. 158.
[2] Dreyfuss, a. a. O. p. 289.

Das heißt: die Definition der „loi" ist die des positiven Rechts überhaupt.

Nicht als ob etwa das Rousseausche „droit étroit et positif" den Anspruch erhöbe, den gemeinsamen Oberbegriff darzustellen für alle thatsächlichen Herrschaftsformen, wie sie die soziale Geschichte im bunten Wechsel dem Beschauer vor Augen führt. Nur den formalen Geltungsanspruch, der selbstherrlich dem Willen der Unterstellten gegenübertritt, hat die Rousseausche „loi" mit allen den sozialen Normierungsweisen gemein, denen der gemeine Sprachgebrauch von damals und heute, denen selbst die positive Jurisprudenz als Wissenschaft der Namen des Rechts nicht versagt. Nicht jeder thatsächliche Befehl, von Menschen an Menschen gerichtet, ist nach Rousseau ein Rechtsbefehl, der Begriff des positiven Rechts ist enger zu fassen und nur in dem Grade der Beschränkung und Eingrenzung unterscheidet sich Rousseau von der Methode, die gemeinhin die Rechtsphilosophie bei der Begriffsbestimmung des positiven Rechts verwendet hat. Eben in dieser Definition liegt aber der bewußte Radikalismus der Rousseauschen Lehre begründet. Der Inhalt des contrat social, der die Begriffsbestimmung des positiven Rechts lehren will, ermöglicht damit eine Scheidung aller empirisch möglichen sozialen Normierungsweisen nicht etwa in gutes und schlechtes (doch gleichfalls verbindliches) Recht, sondern in Recht einerseits und Willkür andererseits. Die Konsequenz eines Widerspruchs mit der Definition des Rousseauschen Gesetzes ist nicht die Feststellung eines sittlich schlechten Rechts, sondern die Negation rechtlicher Gemeinschaft überhaupt, die Proklamierung des Naturzustands. Wer immer einer Herrschaft unterworfen wird, deren Gebote nicht die Erklärungen des allgemeinen Willens sind, dem gebietet nicht etwa die Rechtspflicht etwas, was die Moral untersagt, sondern sein Gehorsam ist überhaupt nicht mehr Gegenstand juristischer Beurteilung, die nach den thatsächlichen Wirkungen roher Gewalt an und für sich noch gar nicht fragt.

Man ist sich der systematischen Bedeutung der Begriffsbestimmung des Rechts bis dato vielleicht nicht immer in voller Schärfe bewußt geworden; sonst hätten z. B. diejenigen, welche das Begriffsmerkmal des Ethischen in die Definition des Rechts aufnahmen,[1] bemerkt, daß sie eben damit einen guten Teil der ge-

---

[1] Vgl. z. B. Sohm: „Institutionen des röm. Rechts" 1891. S. 14: „Recht ist das machtverteilende ethische Gesetz des menschlichen Gemeinlebens". Felix Dahn: „Der Begriff des Rechts" S. 5: „Das Recht ist die vernunftgeforderte Friedensordnung einer Menschengemeinschaft in ihren äußeren Beziehungen zu den Menschen und zu den Sachen." Zeerleder: „Kirche und

schichtlich gegebenen sozialen Normierung aus dem Bereich der
rechtlichen Beurteilung schlechthin austilgten, kurz eine Lehre ver-
fechten, deren Radikalismus der Rousseauschen Theorie mit nichten
nachsteht; die Rousseausche Sozialphilosophie in ihrer einheitlichen
Konsequenz ist ein treffliches Mittel, um sich die systematische Bedeutung einer folgerecht durchgeführten Definition des Rechts zu
vergegenwärtigen.

Schon die Methode, vermöge welcher unser Philosoph eine Begriffsbestimmung des positiven, d. h. von Menschen gesetzten Rechts
zu erreichen sucht, sein souveränes Hinausschreiten über die Einzelthatsachen der sozialen Geschichte ließ den Radikalismus jenes
Systems erkennen: Dorten nur thatsächlicher Befehl und thatsächlicher Gehorsam, wir aber suchen die pflichtenerzeugende Menschensatzung.   Und stufenweise schreitet die farblose Nominaldefinition
zur Realdefinition fort: Es ist die dem „droit naturel" entsprechende
Gebotssatzung, d. h. die freiheiterhaltende Normierung, die Herrschaft in Gemäßheit des Grundsatzes der volonté générale.   Doch
Rousseau genügte es nicht, die Richtung auf ein praktisches Ziel
zum Begriffsmerkmal des positiven Rechts zu erheben.   Man könnte
vielleicht in der Subsumtion lax verfahren, jene schöne Definition
im Eifer der praktischen Anwendung nicht streng durchführen und
am Ende dennoch wieder zur alten Methode zurückkehren: „d'établir
le droit par le fait".

Dem gilt es vorzubeugen, und kühn entschlossen nimmt das
Rousseausche „droit politique" die sichere Quelle der Verwirklichung der volonté générale auf in den Begriff des positiven Rechts.

Darin besteht in der That der häufig mehr dunkel empfundene
als sicher erkannte Radikalismus dieser Sozialphilosophie, daß sie
es wagt, eine einzelne genau bestimmte Entstehungsart menschlicher
Satzung zum Begriffsmerkmal alles möglichen positiven Rechts zu
erheben.   Die Realdefinition wird erst möglich durch sichere Bezeichnung des einen Urhebers aller rechtlichen Befehlsgewalt.   Es
giebt kein positives Recht, es sei denn das Gebot der Gesamtheit über einen Gegenstand von gemeinsamem Interesse.   Man kann das Recht nicht definieren, ohne damit zugleich
seinen Urheber in Sicherheit zu bestimmen, seinen Schöpfer, d. h.

Recht", Bern 1895: „Das Recht ist die vernünftige und naturnotwendige mit
Zwang ausgerüstete Normierung der Lebensverhältnisse." — Das ist etwa der
naturrechtliche Standpunkt des Althusius, wenn dieser definiert: „Jus pro-
prium nihil aliud continet quam praxin naturalis communis juris politiae alicui
speciali accomodatum" („Politica" cap. 21).   Aber freilich man hat hier überall
die Konsequenzen nicht gezogen, vor denen der geschlossene Radikalismus eines
Rousseau in der That nicht zurückscheute.

den Träger der Souveränität. Denn Souveränität und Gesetzgebungsgewalt ist nach Rousseau einunddasselbe, der „souverän" ist der Urheber der „lois"[1] und, und um es hier gleich vorwegzunehmen, er ist als Souverän nichts als eben dies.

Daß hiermit das Rousseausche droit politique der Montesquieuschen Lehre von der Koordination der „puissance législative, puissance exécutrice und puissance de juger"[2] widerspricht, ist augenscheinlich, doch darf bei einer Vergleichung der beiden Männer niemals außer acht gelassen werden, daß sich der feinsinnige und geistreiche Rechts- und Kulturhistoriker Montesquieu selbst dorten, wo sich unter der Darstellung eines gegebenen öffentlichen Rechts die politische Tendenz unschwer erkennen läßt, eine ganz andere wissenschaftliche Aufgabe gestellt hat, als der Schöpfer der nouvelle science du droit politique, der Rechtsphilosoph Rousseau.

Daß es mit der bloßen Festsetzung rechtlicher Gebote allein nicht gethan ist, daß es auch gilt, diese innerhalb der Gemeinschaft anzuwenden und durchzuführen, hat auch unser Autor dem „illusten Montesquieu"[3] bereitwilligst zugestanden, aber er erkannte schärfer als sein großer Vorgänger, daß der positivrechtliche Begriff der Souveränität in der Machtvollkommenheit wurzele, unabhängig von dem Willen anderer Gewalten in eigener, durch dritter Gebot und Satzung keineswegs bedingter Entschließung zwingende Gebote an Menschen zu erlassen. Das aber kann nur der Gesetzgeber, nicht der Träger der richterlichen oder verwaltenden Gewalt, deren Thätigkeit vielmehr in den allverbindlichen Vorschriften der Gesetze eine notwendige und unüberschreitbare Schranke findet.[4] Damit aber ist

---

[1] Vgl. „du souverain dont tous les actes ne peuvent être que des lois." C. s. III, 1. „Le souverain n'ayant d'autre force que la puissance législative, n'agit que par des lois." C. s. III, 12. „Le pouvoir législatif, qui est le souverain." Lettre 6me de la mont. p. 126. — „les actes du souverain ne peuvent être que des actes de volonté générale, des lois." Emile l. 5me p. 159. — „Et qu'est-ce qu'une personne publique? Je réponds que c'est un être moral qu'on appelle souverain à qui le pacte social a donné l'existence et dont toutes les volontés portent le nom de lois." Dreyfuss, a. a. O. p. 308.

[2] Vgl. das berühmte chap. 6 des 11. Buchs des „Esprit des lois" und darüber die verdienstvolle Schrift von Max Landmann: „Der Souveränitätsbegriff bei den französischen Theoretikern von Jean Bodin bis auf Jean Jacques Rousseau", Leipzig 1896, bes. S. 112 ff.

[3] Emile l. 5. p. 153.

[4] Bezügl. Montesquieus vgl. Esp. d. lois XI, 6: „les deux autres pouvoirs (die gesetzg. und die exekutive) pourraient plutôt être donnés à des magistrats ou des corps permanents, parce qu'ils ne s'exercent sur aucun particulier, n'étant l'un que la volonté de l'Etat, et l'autre que l'exécution de cette volonté générale." So wenig wie Montesquieus wenig durchsichtiger Begriff der volonté générale sich mit dem Rousseauschen vergleichen läßt, so wenig stimmt die puissance exécutrice überein mit der puissance exécutive Rousseaus

deutlich, daß andrerseits der Träger der Souveränität, da er mit dem Träger der Gesetzgebungsgewalt zusammenfällt, niemals befugt ist, über Anwendung von Gesetzen, d. h. über „actes particuliers" zu befinden, „qui ne sont point du ressort de la loi ni par conséquent de celui du souverain dont tous les actes ne peuvent être que des lois."[1]

Damit aber ist die Handhabung und Durchführung der Gesetze im einzelnen von einem unmittelbaren Eingreifen des Trägers der Souveränität gesichert. Es ist eine einzige[2] Stelle in Rosseaus

(was wir noch später zu besprechen haben werden); der Montesquieusche Begriff ist viel eingeschränkter als der Rousseausche, jenes Exekutivgewalt soll es nur zu thun haben mit den „choses qui dépendent du droit des gens", sie schließt Krieg und Frieden, schickt und empfängt Gesandte, hindert feindliche Einfälle, sorgt aber auch (was sich kaum mit der obigen allgemeinen Definition verträgt) für Sicherheit schlechthin; dabei soll sie sich merkwürdigerweise nie gegen einen einzelnen richten; die Rousseausche Exekutive dagegen schließt die richterliche und im gewöhnlichen Sinne verwaltende Gewalt in sich, „cette puissance ne consiste qu'en des actes particuliers". C. s. III, 1. Vgl. vorläufig lettre 6me de l. mont.: „Le pouvoir législatif qui est le souverain a donc besoin d'un autre pouvoir qui exécute, c'est-à-dire qui réduise la loi en des actes particuliers. Ce second pouvoir doit être établi de manière qu'il exécute toujours la loi et qu'il n'exécute jamais que la loi." — Von einer solchen unbedingten Abhängigkeit der Exekutive von der Gesetzgebung ist Montesquieus vermittelnder Sinn weit entfernt. Bezüglich der puissance de juger scheut Montesquieu die Konsequenz nicht. Man vgl. die treffliche Bemerkung: „Mais les juges de la nation ne sont, comme nous avons dit, que la bouche qui prononce les paroles de la loi, des êtres inanimés qui n'en peuvent modérer ni la force ni la rigueur." Auch von der Exekutive im engeren Sinne heißt es zwar: „l'exécution ayant ses limites par sa nature, il est inutile de la borner"; aber wenn man liest, daß diese scheinbar nur zur Vollziehung der Gesetze bestimmte Gewalt dennoch die Macht haben soll, die Legislative bindend zu beschränken, so lernt man die Konsequenz eines Rousseau doppelt schätzen und begreift seinen Ausspruch: „Mais faute d'avoir fait les distinctions nécessaires, ce beau génie a manqué souvent de justesse, quelquefois de clarté." C. s. III, 14. Den speziellen Grund dieser Polemik werden wir noch kennen lernen, an dieser Stelle sei nur noch ein Beispiel für die von Montesquieu vertretene Abhängigkeit der Gesetzgebungsgewalt von der Exekutive citiert, zu deren Begründung sich auf die sonst illusorische Koordination der drei Gewalten berufen wird: „Si la puissance exécutrice n'a pas le droit d'arrêter les entreprises du corps législatif, celui-ci sera despotique; car comme il pourra se donner tout le pouvoir qu'il peut imaginer, il anéantira toutes les autres puissances." ibidem.

[1] C. s. III, 1.

[2] Man kann es kaum als Inkonsequenz und Ausnahme bezeichnen, wenn Rousseau sich gelegentlich dagegen wendet, daß die Begnadigung nach dem Gesetze schuldiger Verbrecher einem anderen als dem Souverän zustehen könne. Denn Rousseau lehrt hierüber nur, daß, wenn überhaupt Ausnahmen bei der Anwendung von Gesetzen zulässig sein sollten, jedenfalls nur der Urheber des Gesetzes selbst im einzelnen Falle darüber bestimmen könnte. Aber

rechtsphilosophischen Auseinandersetzungen, von der man wohl annehmen könnte, daß sie dieser Konsequenz zu entbehren scheint.
Man wird den Montesquieuschen Einfluß[1] nicht verkennen, der
sich in einer Äußerung im siebenten der Briefe vom Berge
findet:

„Le pouvoir législatif consiste en deux choses inséparables;
faire les lois et les maintenir; c'est à dire avoir inspection sur le
pouvoir exécutif. Il n'y a point d'État au monde, où le souverain
n'ait cette inspection. Sans cela toute liaison, toute subordination
manquant entre ces deux pouvoirs, le dernier ne dépendrait point
de l'autre; l'exécution n'aurait aucun rapport nécessaire aux lois;
la loi ne serait qu'un mot et ce mot ne signifierait rien."[2]

Wir mußten schon hier, wo es sich um die Begriffsbestimmung
der Rousseauschen Gesetzgebungsgewalt und damit der Souveränität
handelt. auf diese Stelle hinweisen; ein abschließendes Urteil können
wir erst fällen, nachdem der Begriff der Regierung im Rousseauschen Sinne besprochen sein wird.[3] Gegenüber der sonst mit strenger
Konsequenz überall festgehaltenen Lehre von der Beschränkung der
Gewalt des Souveräns auf die Statuierung der Gesetze kann es sich
höchstens um eine einzelne Inkonsequenz handeln, die den prinzipiellen Standpunkt in der hier zur Erörterung stehenden Frage
nicht aufheben kann.

Wir halten also daran fest, daß die Frage nach dem Träger
der Souveränität im Rousseauschen Sinne identisch ist mit der
Frage nach dem Träger der gesetzgebenden Gewalt. Sie ist der
Wille, die Exekutive nur dessen Ausführung. Das haben freilich
nach Rousseau alle diejenigen verkannt, welche die Souveränität
nach ihren Aufgaben teilten:

ein dahin gehendes Recht des Souveräns wird trotzdem nicht deutlich zuge-
billigt: „Encore son droit en ceci n'est-il pas bien net et les cas d'en user
sont-ils très rares." Aber immerhin muß gesagt werden, daß Rousseau ein
Begnadigungsrecht dem Souverän schlechthin hätte nach seinen Grundsätzen
absprechen müssen, statt es in einzelnen Fällen, wenn auch sehr widerwillig
und nicht bestimmt, zuzulassen.

[1] Vgl. Esp. des lois XI, 6: „Mais si dans un État libre, la puissance legislative ne doit pas avoir le droit d'arrêter la puissance exécutrice, elle a droit et
doit avoir la faculté d'examiner de quelle manière les lois qu'elle a faites, ont été
exécutées." Aber die empirisch praktische, realpolitische Tendenz des Satzes
zeigt sich sofort deutlich darin, daß diese Art des Verhältnisses der beiden Gewalten nur als ein Vorteil bezeichnet wird. Zwar findet sich auch die
Rousseausche These inmitten einer Erörterung der konkreten Verfassungs-
verhältnisse Genfs, aber allen Anschein nach wollte Rousseau dennoch hier
eine allgemeingültige Begriffsbestimmung der gesetzgebenden Gewalt geben.
[2] Oeuvr. compl. l. 8 p. 145.
[3] Vgl. später S. 247.

„Cette erreur vient de ne s'être pas fait des notions exactes
de l'autorité souveraine et d'avoir pris pour des parties de cette
autorité ce qui n'en était que des émanations.“[1]

Und wem kommt es zu, die Souveränität auszuüben, d. h. die
Gesetze zu erlassen?

„On voit à l'instant qu'il ne faut plus demander à qui il appartient
de faire des lois, puisqu'elles sont des actes de la volonté générale.“[2]

Mit anderen Worten: der Begriff des Gesetzes enthält schon
seinen Urheber; denn das dem Naturrecht entsprechende Menschengebot kann nur gewährleistet werden als ein Produkt des einzigen
zuverlässigen Trägers des Grundsatzes der volonté générale, als das
Erzeugnis des Willens der Gesamtheit, insofern sie eben als treues
Organ dieses Prinzips würdig ist, selbst den Namen ihrer Maxime
zu führen, den Ehrentitel der „volonté générale“.

§ 6.

Der contrat social in seinem Verhältnis zur sozialen Erfahrung

Als Grundgedanke der vorangehenden Ausführungen ergab sich
uns, daß in der Rousseauschen Sozialphilosophie die Frage nach
der Durchführung des auf das Wohl aller gerichteten Prinzips zur
Methode wird, nach welcher die Souveränität des Volks als notwendige Bedingung einer Herrschaft über freie Menschen aufgestellt
und bewiesen wird. Wir haben damit den Höhepunkt dieses Systems
erreicht, freilich nicht auf so mühelosem und gemächlichem Pfade,
wie es wohl möglich gewesen wäre, falls wir an der Hand einer
Inhaltsangabe der „wesentlichen“ Stücke des „Contrat social“ uns
begnügt hätten, das allbekannte Dogma von der Rousseauschen
Volkssouveränität zu berichten. Nein, es galt vielmehr dieser These
den Schein des Dogmatischen zu benehmen, die Methode in Sicherheit aufzuweisen, kraft deren sie entstehen konnte und so überall
erst die Bedingungen festzulegen, unter denen eine objektive Kritik
wird untersuchen können, wo innerhalb dieser Philosophie die

---

[1] C. s. II, 2. Vgl. auch die folgenden Worte: „Ainsi par exemple on a
regardé l'acte de déclarer la guerre et celui de faire la paix comme des actes
de souveraineté, ce qui n'est pas, puisque chacun de ces actes n'est point une
loi, mais seulement une application de la loi, un acte particulier qui détermine
le cas particulier de la loi.“ Ebenso lettres écr. d. l. mont. l. 7me p. 145.

[2] C. s. II, 6.

Wahrheit aufhört und das Dogma beginnt. Es galt, den allbekannten Inhalt dieser Rousseauschen Lehre in ihrem Zusammenhang im Ganzen dieses rechtsphilosophischen Systems zu begreifen und festzuhalten, um auf solcher Grundlage jenen inexakten, geschwätzigen Beurteilern begegnen zu können, die über die „praktische Undurchführbarkeit des Rousseauschen Idealstaats" zeterten, als ob es sich hier etwa um eine politische Untersuchung handle, welchen konkreten Inhalt die rechtliche Ordnung haben oder nicht haben solle, und man die Rousseausche Volkssouveränität, die als Bedingung der Möglichkeit positiven Rechts überhaupt gedacht und behauptet ist, durch empirisch praktische Reformvorschläge übertrumpfen und widerlegen könne. Nur wer die wissenschaftliche Aufgabe eines Philosophen verstanden hat, kann mit Fug darüber urteilen, ob die von ihm gegebene Lösung ihr Ziel erreicht hat oder nicht. Vielleicht findet er dann, daß schon in der Art der Problemstellung ein Fehler verborgen lag. Ja freilich: „Es ist schon ein großer und nötiger Beweis der Klugheit oder Einsicht, zu wissen, was man vernünftiger Weise fragen sollte."[1] — Aber auch dann, wenn man ein gründlich durchdachtes System schon im ersten Anlauf durch Widerlegung seiner Problemstellung schlagen will, so muß man doch diese wenigstens vorher auf das genaueste begriffen haben, und darf nicht, was als unweigerliche Konsequenz der unbedingt bindenden Gesetze des Naturrechts aufgenommen sein will, als falsch bezeichnen, weil es in praxi selten durchzuführen sei.

Woher in aller Welt weiß man denn, daß unserem Philosophen diese handgreifliche Einsicht des Realpolitikers verschlossen geblieben ist? Freilich, sein sozialphilosophisches System, das allgemeingültige Sätze zu enthalten sich erkühnte, wußte er von solcherlei Weisheit billig zu emanzipieren: Er erkannte es sicher, daß nicht Sozialpolitik über Rechtsphilosophie, sondern Rechtsphilosophie über Sozialpolitik mit Fug zu richten hat. Es ist kein Mangel an historischem Verständnis, sondern ein anerkennenswertes logisches Verdienst, daß Rousseau die Frage nach der Möglichkeit positivrechtlicher Normierung überhaupt zu trennen wußte von einer Untersuchung, die eine praktische Durchführung der also gefundenen Sätze in jedem einzelnen Falle in Erwägung zog. Es durfte und sollte die Würde dieser Philosophie durch die Herbeiziehung praktischer Hausmittel nicht verunreinigt und zweideutig gestaltet werden.

Zunächst also ist festzuhalten, daß Rousseau die Souveränität des Volks lehrt und aufstellt als Bedingung einer positivrechtlichen Gemeinschaft überhaupt und nicht etwa als eine im Verfassungs-

---

[1] Kant: Kritik der reinen Vernunft, Ausg. von Kehrbach S. 81.

leben der Völker gemeiniglich verwirklichte Thatsache des öffentlichen Rechts. Das ist es, was die Rousseausche Rechtsphilosophie von der Lehre der Monarchomachen bei aller Übereinstimmung im konkreten Inhalt dennoch grundlegend scheidet, ja sogar eine Vergleichung beider Arten von Systemen geradezu unmöglich macht und das Einheitliche im Einzelinhalt als zufällig erscheinen läßt. Damit freilich soll nicht in Abrede gestellt werden, daß etwa die „Politik" des Althusius[1] auf unseren Philosophen anregend eingewirkt und in mancherlei Hinsicht seine Anschauungen beeinflußt habe; aber wir haben schon oben darauf hingewiesen, daß die psychologische Untersuchung der wirkenden Motive eines Schriftstellers nicht Gegenstand einer systematischen Litterargeschichte sein kann, die vielmehr auf die scharfe Fixirung der methodischen Grundgedanken ihr Augenmerk zu richten hat und von hier aus erst über die Berechtigung einer Vergleichung ihres Autors mit anderen Lehrgebäuden sich entscheiden kann. Darum müssen wir es an dieser

---

[1] „Johannis Althusii Politica methodice digesta atque exemplis sacris et profanis illustrata", editio tertia 1617. Vgl. über diesen interessanten Publizisten das grundlegende Werk von Gierke. Daß Rousseau Althusius' Politik gekannt habe, darin darf Gierke (vgl. dens. S. 9) wohl beigestimmt werden, zumal unter den wenigen Autoren, die Rousseau ausdrücklich nennt, sich auch der Name des Althusius befindet: „Althusius en Allemagne s'attira des ennemis, mais on ne s'avisa point de le poursuivre criminellement" (Ende des 6. Briefs vom Berge). Dagegen scheint mir alle Ähnlichkeit im Einzelinhalt der beiden Lehrgebäude nicht zu genügen, um Gierkes These zu rechtfertigen, daß in „der Grundlegung" die Doktrin Rousseaus unmittelbar an die Politik des Althusius anknüpfe (a. a. O. S. 201). Freilich weicht die Auffassung Gierkes von Rousseaus Lehre von den Ergebnissen dieser Untersuchung sehr wesentlich ab. — Vgl. bezügl. der Verschiedenheit des Ausgangspunks die radikale Fragestellung Rousseaus nach der Möglichkeit menschlicher Herrschaft überhaupt mit den einleitenden Sätzen des Althusius:
„Communis et perpetua lex est, ut in quavis consociatione et symbiosis specie sunt quidam imperantes, praestites, praepositi, praefecti seu superiores: quidam vero obsequentes seu inferiores. Nam omnis gubernatio imperio et subjectione continetur. Et statim ab initio genus humanum ab imperio et subjectione incepit. Adam enim dominus et monarcha a Deo constitutus fuit uxoris, ex eaque omnium nasciturorum et reliquarum creaturarum." Cap. primum pag. 3.
Keiner hat wohl diese Methode bitterer verspottet, als Rousseau. Vgl. C. s. I, 2 Ende: Je n'ai rien dit du roi Adam, ni de l'empereur Noé, père de trois grands monarques qui se partagèrent l'univers, comme firent les enfants de Saturne qu'on a cru reconnaître en eux. J'espère qu'on me saura gré de cette modération; car descendant directement de l'un de ces princes et peut-être de la branche aînée, que sais-je, si par la vérification des titres, je ne me trouverais point le légitime roi du genre humain? Quoi qu'il en soit, on ne peut disconvenir qu'Adam n'ait été souverain du monde comme Robinson de son île, tant qu'il en fut le seul habitant; et ce qu'il y avait de commode dans cet empire, était que le monarque, assuré sur son trône, n'avait à craindre ni rébellions, ni guerres, ni conspirateurs."

Stelle auch ablehnen, auf die in der einschlägigen Litteratur zuweilen
berührte Frage einzugehen, inwieweit die Kenntnis der Verfassungs-
zustände von Genf, der Vaterstadt unseres Autors, auf die Aufstellung seiner Lehre von der Volkssouveränität von Einfluß gewesen sein könnte. Wir fragen nicht nach der psychologischen
Entstehungsweise des Gedankens vom contrat social, sondern nach
seinem Inhalt und dem Sinne seines Geltungsanspruchs. Rousseaus
systematische Deduktion der Volkssouveränität stützt sich in keiner
Hinsicht auf das Faktum der Genfer Verfassung, wenn er in seiner
Liebe zur Heimat auch keine Gelegenheit vorbeigehen läßt, um die
republikanische Verfassung seiner Vaterstadt als ein in vielen Punkten
musterhaftes Beispiel seiner Grundsätze zu verherrlichen.[1]

Den Rechtsphilosophen Rousseau bekümmert die Thatsache,
ob irgendwo und wann die Souveränität des Volks gemäß der allgemeingültigen Anweisung des Gesellschaftsvertrags verwirklicht ist,
überhaupt garnicht, er lehret die Volkssouveränität nicht als Faktum,
sondern behauptet nur ihre Notwendigkeit, — wenn überhaupt positivrechtliche Gemeinschaft unter Menschen sein soll. Der anarchistischen
Skepsis gegenüber, insofern sie von rechtlichem Zwang in dogma-
tischem Trotz schlechterdings nichts hören will, bedeutet freilich
die Notwendigkeit und Allgemeingültigkeit der Rousseauschen
Volkssouveränitätslehre überall garnichts: Sie muß erst im „Discours"
über die Vorteile des Rechtszwangs gegenüber loser, konventionaler
Gemeinschaft sich belehren lassen, um für die Entdeckung der
(naturrechtlichen) Möglichkeit jener sozialen Ordnung, das große
Resultat des „Contrat social", das richtige Verständnis zu gewinnen.

Die Souveränität des Volks ist es, die diese Möglichkeit gewährleistet, freilich nicht ohne weiteres und unbedingt, sondern nur insoweit sie ein taugliches Mittel ist, um in einheitlicher Rücksicht auf
aller Wohl alle zu beherrschen.

Der Inhalt des Gesellschaftsvertrags spricht nicht sowohl von
einer Unterwerfung unter die Herrschaft der Gesamtheit, als vielmehr unter die „suprême direction de la volonté générale."[2] Das
ist bezeichnend und verdient wohl hervorgehoben zu werden. Wir
wissen nunmehr, was unter „volonté générale" an dieser Stelle gemeint
ist, es bedeutet nicht Unterordnung unter eine leblose Maxime, das
schüfe noch keine sociale, in specie noch keine rechtliche Gemeinschaft, sondern Unterwerfung unter den lebendigen Träger dieses
Prinzips als solchen, und das ist nach Rousseau die Gesamtheit.

---

[1] Vgl. C. s. l. 1 Einleitung, Discours s. l'or. de l'inég. dédicace.
[2] C. s. I, 6.

„Mais il y a souvent bien de la différence entre la volonté de tous et la volonté générale.“[1]

Die volonté générale, als Grundsatz gedacht, dient eben dadurch, daß sie die Volkssouveränität begründet, zugleich als methodisches Mittel, um letztere selbst wieder auf das strengste zu beschränken. Der Mensch, welcher es wagt, Menschen zu gebieten, darf nur als Herold auftreten der unbedingt geltenden Gebote des droit naturel, seine eigene Person muß verschwinden unter der absoluten Autorität des Gesetzes, das er vertritt, und das allein seinen Herrschaftsanspruch stützen und richtig begründen kann. So mußte denn die Rücksicht auf das Wohl aller in die Definition der gültigen Menschensatzung aufgenommen werden, um sicher zu sein, daß nicht der Mensch, sondern im Grunde das unbedingte Gesetz des Menschen auch in der rechtlichen Gemeinschaft über Menschen herrsche.

Ob solche Form des sozialen Lebens thatsächlichen Erfolg für das Wohl und Wehe des einzelnen auch verspreche, das stehet da nicht in Erwägung, wo es sich um die formale Möglichkeit positiven Rechts überhaupt handelt. Das Naturrecht befiehlt nicht, daß der einzelne im Streben nach dem Wohl von Menschen thatsächlich auch Erfolg habe, sondern nur, daß er sein Handeln von solcher Maxime leiten lasse; so verlangt es auch nicht, daß der rechtliche Herrscher die Unterworfenen glücklich mache, sondern nur, daß er sie glücklich machen wolle. Nicht das thatsächliche Glück der Unterworfenen, sondern die strikte Berücksichtigung dieses Ziels ist die Bedingung der Möglichkeit menschlicher Herrschaft:

„La pire des lois vaut encore mieux que le meilleur maître; car tout maître a des préférences, et la loi n'en a jamais.“[2]

Das Volk ist nur Träger der Souveränität, insofern es nicht als Herr über Sklaven gebietet, sondern demselben Gesetz unverbrüchlich unterthan ist, wie die einzelnen, welchen es befiehlt. So wie der Schöpfer des „Emile“ die unpersönliche Erfahrung zum maßgebenden Erzieher der Jugend machen will und nicht die Laune eines Menschen, so will der Verfasser des „Contrat social“ auch innerhalb der rechtlichen Gemeinschaft „mettre la loi au-dessus de l'homme.“[3]

Dieser gemeinsame Grundzug der Pädagogik und der Rechtsphilosophie Rousseaus dürfte wohl kaum bisher genügend hervor-

---

[1] C. s. II, 3.

[2] Lettre 8me de la montagne, p. 160.

[3] „Le premier de tous les biens n'est pas l'autorité, mais la liberté. L'homme vraiment libre ne veut que ce qu'il peut, et fait ce qu'il lui plaît. Voilà ma maxime fondamentale. Il ne s'agit que de l'appliquer à l'enfance, et toutes les règles de l'éducation vont en découler.“ Emile l. II, p. 77.

gehoben sein; darum sei hier mit einem Worte darauf eingegangen, zumal aus einer solchen Vergleichung der Methoden die Schranken, innerhalb deren die Rousseausche Volkssouveränität gelten soll, desto deutlicher sich werden bezeichnen lassen.

Was ist die Grundmaxime der Rousseauschen Erziehung? Es ist die Freiheit des Zöglings. Nicht die Freiheit von der dira necessitas der unausweichlichen Naturgesetze, sondern die Freiheit von persönlicher Beherrschung, die eben als persönliche Unterjochung von dem Kinde nur empfunden wird, weil und insofern sie nicht in dem Gesetz der Sachen, in dem unabänderlichen Kreislauf der Natur ihre deutliche Begründung hat:[1] Die „liberté bien réglée."[2] Nicht als ob etwa nach Rousseau die Erziehung nicht notwendig auch die Unterordnung des Kindes unter den Willen des Erziehers voraussetze, dieser Wille soll sogar unerbittlich sein,[3] wie das Naturgesetz selbst, dessen unabänderliche Regeln einzuprägen die oberste Aufgabe freiheitlicher Pädagogik nach Rousseau sein und bleiben muß.

Die Rolle, welche in der Rousseauschen Pädagogik der Erzieher spielt, in der Rousseauschen Sozialphilosophie wird sie dem Gesetzgeber als unabweisliche Aufgabe, als zwingende Pflicht übertragen. Wir kennen jetzt jene „unbegreifliche Kunst, durch die man das Mittel fand, die Menschen zu unterjochen, um sie frei zu machen."[4] Auch bezüglich der rechtlichen Gemeinschaft haben wir die Antwort bereits gefunden auf Rousseaus Frage:

„Comment se peut-il faire qu'ils obéissent et que personne ne commande, qu'ils servent et n'aient point de maître?"[4]

Die Antwort lautet:

„Ces prodiges sont l'ouvrage de la loi"[4] und weiterhin:

„Il n'y a donc point de liberté sans lois, ni où quelqu'un est au-dessus des lois: dans l'état même de nature, l'homme n'est libre

---

[1] Maintenez l'enfant dans la seule dépendance des choses, vous aurez suivi l'ordre de la nature dans le progrès de son éducation. N'offrez jamais à ses volontés que des obstactes physiques ou des punitions qui naissent des actions mêmes et qu'il se rappelle dans l'occasion.... L'expérience ou l'impuissance doivent seules lui tenir lieu de loi." Emile II, p. 79, 80. „Qu'il sente de bonne heure sur sa tête altière le dur joug que la nature impose à l'homme, ce pesant joug de la nécessité, sous lequel il faut que tout être fini ploie, qu'il voie cette nécessité dans les choses, jamais dans le caprice des hommes." Ibid. p. 88.

[2] Emile l. 2 p. 89.

[3] „que le non prononcé soit un mur d'airain, contre lequel l'enfant n'aura pas épuisé cinq ou six fois ses forces, qu'il ne tentera plus de le renverser ... Car il est dans la nature de l'homme d'endurer patiemment la nécessité des choses, mais non la mauvaise volonté d'autrui ... il faut n'en rien exiger du tout ou le plier d'abord à la plus parfaite obéissance." Emile II p. 88, 89.

[4] Economie pol. p. 169.

qu'à la faveur de la loi naturelle, qui commande à tous. Un peuple libre obéit mais il ne sert pas; il a des chefs et non pas des maîtres; il obéit aux lois, mais il n'obéit qu'aux lois, et c'est par la force des lois qu'il n'obéit pas aux hommes. Un peuple est libre, quelque forme qu'ait son gouvernement, quand dans celui qui le gouverne, il ne voit point l'homme, mais l'organe de la loi. En un mot la liberté suit toujours le sort des lois, elle règne ou périt avec elles; je ne sache rien de plus certain."[1]

Das Gesetz ist ja seinem strengen Begriff nach nichts anderes, als das allgemeinverpflichtende Gebot der Gesamtheit, als des getreuen Organs des Prinzips der volonté générale. So garantiert die also gefaßte Souveränität des Volks die Freiheit aller Glieder der Gemeinschaft, die, indem sie den Gesetzen gehorchen, ja nicht der Willkür von Menschen, sondern dem unpersönlichen Gebote des Naturrechts unterthan sind, dem allgemeingültigen Grundsatz der volonté générale, der sicheren Schranke aller rechtlichen Herrschaft.

Es verdient wohl bemerkt zu werden, daß Rousseau selbst diese Herrschaft des unpersönlichen allgemein verpflichtenden Gesetzes als das gemeinsame Prinzip seiner Rechtsphilosophie wie seiner Pädagogik bezeichnet hat. Hatte unser Autor in den „lettres de la montagne" bemerkt: „il n'y a de liberté possible que dans l'observation des lois ou de la volonté générale", so kann der „Emile" dazu dienen, um diesen seltsamen Ausspruch zu verdeutlichen. Dort erklärt unser Philosoph, daß, wie im Verhältnis zwischen Zögling und Erzieher, so auch in der großen sozialen Gemeinschaft es zwei Arten von Abhängigkeit geben könne: die von den Dingen, die natürlich sei, und die von den Menschen, welche, falls sie nicht unter Regeln gestellt werde, alle unsere Laster hervorbringe. Das einzige Mittel hiergegen sei, den Menschen statt von Menschen, von Gesetzen abhängig zu machen[2] und der volonté générale das Übergewicht zu geben gegenüber den Sonderinteressen des einzelnen. Wenn die soziale Ordnung des Volks so unverbrüchlich und über jeden Übergriff erhaben in Geltung stehe, wie die Naturgesetze, dann würde die Abhängigkeit von den Menschen wieder zusammenfallen mit der

---

[1] Lettre 8ᵐᵉ de la montagne p. 160.

[2] Damit freilich soll nicht gesagt werden, daß das Gesetz nicht selbst wieder Menschenwerk sei: Die erkenntniskritische Besinnung eines Rousseau wußte sich frei von der Romantik der historischen Schule. Die Unabhängigkeit von Menschen in der rechtlichen Gemeinschaft bedeutet für R. nur die Unabhängigkeit von der Willkür des Gesetzgebers, der nicht als Organ des Prinzips des volonté générale seine Herrschaft ausüben würde.

Abhängigkeit von den Dingen, die der Naturzustand allein kenne.[1] Es bedurfte an dieser Stelle gar nicht mehr des direkten Hinweises auf den „Contrat social", um zu bemerken, daß die von Rousseau dort vertretene soziale Gemeinschaft vermittelst der Volkssouveränität jene unpersönliche Beherrschung ermöglichen soll, welche trotz zwingender Befehle, die Menschen an Menschen richten, dennoch die Freiheit aller gewährleistet und mit der Freiheit die rechtliche Pflicht.

Denn insofern der Gesamtheit die Befugnis, gültige Befehle zu erlassen, nur zugestanden wird, solange ihr Wille im Hinblick auf ihr entscheidendes Prinzip volonté générale sich nennen darf, wird in der That das Wohl aller zum Leitgedanken jeder rechtlichen Herrschaft, und das gesetzgebende Volk ist selbst nur ein Diener eben dieses souveränen Prinzips. Es kann gar nicht oft genug betont werden, daß das souveräne Volk nach Rousseau nicht etwa das Wohl aller bei der Ausübung seiner Gesetzgebung bezwecken solle, sondern vielmehr, daß es diese Maxime notwendig befolgen müsse, weil es eben nur souverän ist, insofern es dieses Prinzip unweigerlich sich zu eigen macht. Die volonté générale ist souverän, d. h. die volonté de tous oder der Wille der Majorität, insofern er das Wohl aller im Auge hat.

Aber man könnte einwenden, daß die Gesamtheit niemals diese Herrschaftsmaxime verfolgen werde, daß die Rousseauschen Kau-

---

[1] Die betreffende Stelle im „Emile" ist für ein tieferes Verständnis der Grundgedanken der Rousseauschen Sozialphilosophie. vor allen Dingen seines Freiheitsbegriffes, so wichtig, daß sie im Wortlaut folgen mag: „Il y a deux sortes de dépendances: celle des choses qui est de la nature: celle des hommes qui est de la société. La dépendance des choses, n'ayant aucune moralité, ne nuit point à la liberté et n'engendre point de vices: la dépendance des hommes étant désordonnée* les engendre tous, et c'est par elle que le maître et l'esclave se dépravent mutuellement. S'il y a quelque moyen de remédier à ce mal dans la société, c'est de substituer la loi à l'homme, et d'armer les volontés générales d'une force réelle, supérieure à l'action de toute volonté particulière. Si les lois des nations pouvaient avoir, comme celle de la nature une inflexibilité que jamais aucune force humaine ne pût vaincre, la dépendance des hommes redeviendrait alors celle des choses; on réunirait dans la république tous les avantages de l'état naturel à ceux de l'état civil; on joindrait à la liberté qui maintient l'homme exempt de vices la moralité qui l'élève à la vertu." Emile l. II p. 79.

* „Dans mes principes du droit politique il est démontré que nulle volonté particulière ne peut être ordonnée dans le système social." — Die Stelle selbst enthält freilich noch keine Fixierung der rechtsphilosophischen Grundgedanken, sondern lehrt vor allen Dingen ihre Entstehung im Zusammenhang mit der pädagogischen Grundansicht in der Konzeption unseres Autors und giebt dadurch freilich einen beachtenswerten Fingerzeig auch für das systematische Verständnis der Kerngedanken des „Contrat social".

telen, insbesondere die Definition der „loi" nicht genüge, um die Verwirklichung dieses Prinzips zu ermöglichen. — Nun wohl, was würde daraus folgen? Nichts anderes, als daß die rechtliche Ordnung überhaupt nicht möglich ist.[1] So beweise man doch erst entweder die absolute Notwendigkeit des Rechts, um aus jener vielleicht unliebsamen Konsequenz an und für sich schon einen Fehler der Rousseauschen Theorie zu erweisen, oder man thue die Irrigkeit derjenigen Sätze dar, welche unser Autor a priori über die Möglichkeit rechtlicher Gemeinschaft überhaupt aufstellt. Das erste dürfte wohl seine Schwierigkeiten haben, aber auch der zweite Weg, den eine objektive Kritik dieser Sozialphilosophie gewißlich gehen muß, darf auf der jetzigen Stufe unserer Untersuchung von uns noch nicht eingeschlagen werden.

Aber die unverbrüchlichen Schranken der Volkssouveränität,[2] wie sie sich als notwendige Konsequenzen des Freiheitsgebots des „droit naturel" ergeben, dürften damit doch wohl in ihrer systematischen Notwendigkeit wider alle Zweifel gesichert sein:

„Le droit que le pacte social donne au souverain sur les sujets, ne passe point, comme je l'ai dit, les bornes de l'utilité publique."[3]

Das vor allen Dingen war ja der Zweck jener eingehenden Analyse des Begriffs der volonté générale, wie auch schon vorher der systematischen Bedeutung des droit naturel, daß man mit der Erkenntnis der Stellung der Volkssouveränität im Ganzen der Rousseauschen Rechtsphilosophie auch zugleich ihre unüberschreitbaren Schranken in Sicherheit erkenne und jene weitverbreitete An-

---

[1] Daß sich eben dies als einzig mögliche Konsequenz aus den Prämissen Rousseaus, vor allem aus der absoluten Geltung des „droit naturel" ergiebt, haben die Kritiker Rousseaus gemeinhin übersehen. Wäre man sich darüber klar geworden, daß für Rousseau die Möglichkeit des positiven Rechts überhaupt ein Problem bildete, und daß er daher nicht ein besonderes nützliches Recht vorschlagen wollte, so hätte man manche oberflächliche Bemerkung über „die praktische Undurchführbarkeit des Rousseauschen Staatsideals" vielleicht unterlassen. Denn sollte in der That die Gesamtheit schlechterdings nicht fähig sein, in Rücksicht auf das Wohl aller zu herrschen, so würde damit nicht etwa die „Einführung des Rousseauschen Staats" sich als unvorteilhaft erweisen, sondern vielmehr sein Versuch, die anarchistische Skepsis zu überwinden, müßte als gescheitert anzusehen sein. Man darf also nicht über die Verderblichkeit des Rousseauschen Rechts zetern, sondern man muß die leidigen Konsequenzen dieser R.schen Lehre dadurch zu überwinden suchen, daß man die Prämissen dieser Theorie, die wir oben des näheren darlegten, auf ihren wissenschaftlichen Wahrheitsgehalt untersucht. Der Vorwurf, hierin gefehlt zu haben, darf selbst einem so scharfsichtigen Philosophen wie Fr. J. Stahl, (Rechtsphilosophie, 3. Aufl. Bd. 2 S. 155 ff.) nicht erspart bleiben.

[2] Vgl. C. s. II, 4: „Des bornes du pouvoir souverain."

[3] C. s. IV, 8.

sicht von der Despotie des Rousseauschen Mehrheitswillens endlich einmal zum Schweigen gebracht werde.[1]

„Le souverain par cela seul qu'il est, est toujours tout ce qu'il
doit être."

Die Gesamtheit, insofern sie in allverbindlicher Art über einen
Gegenstand von gemeinsamem Interesse befindet, kann ja nach
Rousseaus Lehre gar nicht anders, als das Wohl aller zum Richtpunkt nehmen. Eben dieser Umstand begründet ihre rechtliche
Gewalt und setzt ihr zugleich die unüberschreitbaren Schranken.
Die Begriffsbestimmung des Gesetzes im Rousseauschen Sinne ist
der sicherste Merkstein dieser Grenze der rechtlichen Gewalt des
Volks. Der Begriff der „loi" als der déclaration de la volonté
générale ist das Erzeugnis einer Methode, die an der Richtlinie auf
das Wohl aller als eines Begriffsmerkmals des positiven Rechts
streng konsequent und unverbrüchlich festhält. Indem man die Bedeutung dieser Methode verkannte, hat man die „loi" als das Produkt
der allen gebietenden Gesamtheit hypostasiert und übersehen, daß
ihre bindende Kraft in dem Augenblick gerade im Sinne des
Rouseauschen Gedankengangs notwendig erlöschen müsse, in
welchem die empirischen Umstände die Verwirklichung des Grundsatzes der volonté générale nicht mehr gewährleisteten.

Zu untersuchen, wann und wo dieses in concreto eintreten
würde, ist keine Aufgabe der Rousseauschen Rechtsphilosophie,

---

[1] Selbst Friedrich Julius Stahl, der vielleicht mit größerem Erfolge
als irgend ein anderer es versucht hat, in die grundlegenden Gedanken der
Rousseauschen Sozialphilosophie einzudringen, hat die methodische Bedeutung
des Prinzips der volonté générale als notwendiger Bedingung der gültigen Herrschaft der Gesamtheit nicht genügend gewürdigt. Sonst hätte er nicht schreiben
können: „Das Volk hat die Gewalt unumschränkt, es kann nicht an Grundgesetze (loix fondamentales) gebunden sein" etc. (a. a. O. I, S. 303, 304). Es
liegt hier, wie vor allen Dingen die Note auf S. 304 zeigt, eine Verwechselung
vor zwischen der notwendigen Beschränkung auf die Subsumierung unter den
Begriff des Wohls aller und der Freiheit, allen nur denkbaren Gesetzesinhalt
auf Grund dieser Maxime zu gebieten, darüber vgl. später.
In neuerer Zeit hat besonders Gierke in seinem hochbedeutsamen Werke
über Johannes Althusius die Lehre von der Unbeschränkbarkeit der Rousseauschen Volkssouveränität durch das Gewicht seiner Stimme gestützt. Vgl.
„Althusius" S. 107: „Die schrankenlose Despotie des im jedesmaligen Mehrheitswillen erscheinenden Souveräns, dem gegenüber Rousseau nur durch eine
Reihe von Inkonsequenzen und Sophismen den Begriff unzerstörbarer Menschenrechte rettet." Vgl. auch S. 202. — Der Grund des Irrtums liegt vor allen
Dingen in der unrichtigen Auffassung des Unterschiedes zwischen der volonté
de tous und der volonté générale (S. 203), sowie des Begriffs der absoluten
Gewalt des Souveräns. Vgl. darüber später. Wie Gierke früher schon Rottenburg: a. a. O. S. 349: „Das Ideal des berühmten Denkers gestaltet sich
schließlich zu einem Despotismus der Massen."

die in der scharfen Fixierung der Gleichheit die allgemeingültigen Bedingungen der Entstehung positiven Rechts als der verpflichtenden Menschensatzung, vollzählig und erschöpfend aufgeführt hat. Sollten diese Bedingungen nicht leisten, was Rousseau sich von ihnen versprach, so würde auch dieses keineswegs die schrankenlose Despotie des souveränen Volks beweisen, sondern aus der strengen Auffassung der Grundgedanken würde sich die Unmöglichkeit der Souveränität des Volks und eben damit freilich auch nach Rousseaus Ansicht die Unmöglichkeit rechtlicher Gemeinschaft überhaupt ergeben.

Eine so leidige Konsequenz glaubte unser Philosoph, indem er die Souveränität des Volks auf die allgemeinverbindende Gebotssetzung von einheitlichem Interesse einschränkte, siegreich überwunden zu haben. Ebendamit war für ihn das große Problem der Synthesis zwischen volonté générale (als Maxime) und volonté de tous gelöst, in der Welt der Erfahrung, wo der Egoismus herrschte, der lebendige Träger des Prinzips der volonté générale, d. i. im Sprachgebrauch des „Contrat social" die volonté générale schlechthin entdeckt, die rechtlich bindende Menschensatzung gefunden.

Hat aber der Souverän, d. h. eben diese volonté générale, ihrem Begriff nach notwendig das Wohl aller Gemeinschaftglieder im Auge, so ist verständlich, daß seine einzelnen Willenshandlungen, d. h. die Gesetze, in gewisser Art gerecht sein müssen.

„Sur cette idée, on voit à l'instant qu'il ne faut plus demander . . . si la loi peut être injuste, puisque nul n'est injuste envers lui-même."[1]

Das, was wir oben vermuteten, ist denn in der That zur Wahrheit geworden: Die Gerechtigkeit ist nach Rousseau eine in dem Begriff des positiven Rechts notwendig enthaltene Eigenschaft desselben. Aber das bedeutet nicht etwa, daß der Inhalt der „loi", sondern nur daß die Willensrichtung des Urhebers der „loi" notwendig gerecht sein müsse.

Auch nach Rousseau giebt es gute und schlechte Gesetze;[2] d. h. das souveräne Volk kann richtige und falsche Mittel zur Beförderung des Wohls aller festsetzen, niemals aber kann es diesen

---

[1] C. s. II, 6.

[2] Vgl. z. B. lettre 8me de l. montagne: „Vous avez des lois bonnes et sages, soit en elles-mêmes, soit par cela seul que ce sont des lois; ebenda: „la pire des lois vaut encore mieux que le meilleur maître, car tout maître a des préférences, et la loi n'en a jamais." C. s. II, 12: „D'ailleurs en tout état de cause, un peuple est toujours le maître de changer ses lois, même les meilleures: car s'il lui plait de se faire mal à lui-même, qui est-ce qui a le droit de l'en empêcher?"

Zweck selbst bei der Ausübung seiner Gewalt außer Acht lassen.[1]

Halten wir dies fest, so wird nun auch die folgende These Rousseaus, die sich in dem schon oben mehrfach herangezogenen vierten Kapitel des zweiten Buchs der Genfer Handschrift des „Contrat social" findet,[2] den Schein des Paradoxen verlieren und sich in den klaren Zusammenhang des Systems ohne Widerspruch einreihen:

„Car la loi est antérieure à la justice, et non pas la justice à la loi, et si la loi ne peut être injuste, ce n'est pas que la justice en soit la base, ce qui pourrait n'être pas toujours vrai, mais parce qu'il est contre la nature qu'on veuille se nuire à soi-même, ce qui est sans exception."[3]

Kurz: Die loi als ein Produkt eines gerechten Herrscherwillens ist für Rousseau durch die Souveränität des Volks ermöglicht und ebendamit positivrechtliche Gemeinschaft überhaupt.

Rousseau belegt die letztere mit dem Namen Republik:

„J'appelle donc république tout état régi par des lois, sous quelque forme d'administration que ce puisse être: car alors seulement l'intérêt public gouverne et la chose publique est quelque chose."[4]

Es wird nun im folgenden leicht sein, zu zeigen, daß dieselben Beweisgründe, aus welchen Rousseau die Souveränität der Gesamtheit deduzierte, zugleich auch die Unmöglichkeit eines anderen Trägers einer so gefaßten Souveränität darthun. Das führt uns auf die Frage nach der Unveräußerlichkeit der Volkssouveränität. Kann das Volk die Ausübung der Souveränität auf einen andern übertragen? Wir brauchen uns nur zu erinnern, daß die Kompetenz des souveränen Volks auf die Festsetzung der „lois" beschränkt ist, um zu begreifen, daß Rousseau diese Frage verneinen mußte.

„Les actes du souverain ne peuvent être que des actes de volonté générale, des lois."[5]

---

[1] „Il s'ensuit de ce qui précède que la volonté générale est toujours droite et tend toujours à l'utilité publique: mait il ne s'ensuit pas que les délibérations du peuple aient toujours la même rectitude. On veut toujours son bien, mais on ne le voit pas toujours: jamais on ne corrompt le peuple, mais souvent on le trompe, et c'est alors seulement qu'il paraît vouloir ce qui est mal." C. s. II, 3.

[2] Dreyfuß, a. a. O. p. 289.

[3] Vgl. denselben Gedanken etwas abgeschwächt in C. s. II, 6.

[4] C. s. II, 6.

[5] Emile l. 5, p. 159.

Der Inhalt der loi kann aber immer nur in allgemeiner Fassung allen Gemeinschaftsgenossen Pflichten auferlegen, die Auszeichnung und Bestimmung einzelner als künftiger Herrscher wäre ein acte particulier, fällt also nicht in das Machtbereich des souveränen Volkes.[1]

Gerade hier auch zeigt sich deutlich, von welch hoher methodischer Bedeutung der Begriff der égalité für das Ganze des Rousseauschen Systems sich erweist. Die Gleichheit aller Gebotsetzenden gegenüber der Wirkung einer bestimmten Norm war es, welche die Berücksichtigung des Wohls aller gewährleistete. Dadurch, daß der Befehlende zugleich der Gehorchende und noch mehr, daß jeder Gehorchende auch zugleich Befehlender war, war es möglich gewesen, gemeinsame Interessen aufzufinden, hinsichtlich deren das Wohl jedes einzelnen mit dem aller anderen gleichgesetzt und schlechthin identifiziert werden konnte. So war die égalité zum Mittel geworden, um die Freiheit in streng bindender Gemeinschaft zu erhalten, um den über die Möglichkeit positivrechtlicher Normierung souverän entscheidenden Sätzen des Naturrechts ein Genüge zu thun. Aber, was so die Gleichheit ermöglichte, das hätte dann auch die Ungleichheit der Gemeinschaftsgenossen wieder vereitelt. Kaum aber hätte etwas anderes diese Gleichheit sicherer vernichtet, als die Übertragung der Volkssouveränität auf einen einzelnen, der eben dadurch als Herrscher vor der Masse der Beherrschten ausgezeichnet und in eine derart veränderte exklusive Stellung gesetzt wurde, daß nichts mehr den Denker berechtigen konnte, das Wohl dieses einzelnen, d. i. nach Rousseau die zweifellose Richtschnur seiner Herrschaft, mit dem Wohl aller anderen gleichzusetzen.[2] Die Unterstellung unter sein eigenes Gesetz würde diese Ungleichheit der Lage des einen Gesetzgebers gegenüber der

---

[1] „Nous examinerons, s'il est possible que le peuple se dépouille de son droit de souveraineté pour en revêtir un homme ou plusieurs: car l'acte d'élection n'étant pas une loi, et dans cet acte le peuple n'étant pas souverain lui-même, on ne voit point, comment alors il peut transférer un droit qu'il n'a pas." Emile l. 5, p. 159.

[2] Vgl. die folgende Stelle im 9. Briefe vom Berge, welche die bevorzugte Stelle der Regierungsmitglieder gegenüber den anderen im Auge hat und damit einen Gedanken ausspricht, welcher natürlich für die Frage nach der Person des Gesetzgebers die gleiche methodische Bedeutung behält: „Le premier et le plus grand intérêt public est toujours la justice. Tous veulent que les conditions soient égales pour tous, et la justice n'est que cette égalité. Le citoyen ne veut que les lois et que l'observation des lois. Chaque particulier dans le peuple sait bien que s'il y a des exceptions, elles ne seront pas en sa faveur. Ainsi tous craignent les exceptions et qui craint les exceptions, aime la loi. Chez les chefs c'est tout autre chose: leur état même est un état de préférence et ils cherchent des préférences partout."

Stellung aller anderen mit nichten aufheben. Wohl könnte auch
ein solcher im einzelnen Fall in der Beförderung des Wohls aller
den eigenen Vorteil finden, aber dies Zusammentreffen bliebe rein
zufällig, unberechenbar, eine sichere Gewähr für die Beobachtung
der Gebote des droit naturel wäre auf solchem Wege niemals möglich.[1] Eine Übertragung der Souveränität auf einen einzelnen würde
ein frevelhaftes Spiel mit dem heiligsten Rechtsgut des droit naturel
bedeuten, mit der Freiheit der Unterworfenen. Das droit naturel
verbietet aus derselben Erwägung heraus die Übertragung der Gesetzgebungsgewalt auf einen einzelnen, kraft deren es die Souveränität
des Volks zugestand. Der contrat social lehrte diese Art der Herrschaft als die notwendige Bedingung der Möglichkeit rechtlicher Gemeinschaft überhaupt, und Rousseau weiß das Ansehen und die
Bedeutung dieser Anweisung in voller Strenge und Konsequenz zu
behaupten und durchzuführen.

„Les clauses de ce contrat sont tellement déterminées par la
nature de l'acte que la moindre modification les rendrait vaines
et de nul effet."

Jetzt wird uns in den Konsequenzen die volle Strenge der
systematischen Bedeutung des Gesellschaftsvertrags klar werden:

„Je dis donc que la souveraineté n'étant que l'exercice de la
volonté générale, ne peut jamais s'aliéner."[2]

Der contrat social, indem er die Volkssouveränität als Bedingung
einer möglichen Verwirklichung des Prinzips des Gemeinwohls aufstellte, hat eben damit die rechtliche Nichtigkeit jeder anderen
Art von Ausübung der obersten Gewalt behauptet. Die Souveränität
eines einzelnen bedeutet einen Widerspruch zu dem contrat social,
nicht als einem historischen Faktum, aber auch nicht als zu einem
idealen Zielpunkt jedweder Rechtsordnung, sondern als zur allgemeingültigen Bedingung möglicher Rechtsgemeinschaft überhaupt.

„Si donc le peuple promet simplement d'obéir, il se dissout
par cet acte, il perd sa qualité de peuple; à l'instant qu'il

---

[1] „L'essence de la souveraineté consistant dans la volonté générale, on ne voit point non plus, comment on peut s'assurer qu'une volonté particulière sera toujours d'accord avec cette volonté générale. On doit bien
plutôt présumer qu'elle y sera souvent contraire; car l'intérêt privé tend toujours aux préférences, et l'intérêt public à l'égalité; et quand cet accord serait
possible, il suffirait qu'il ne fût pas nécessaire et indestructible pour
que le droit souverain n'en pût résulter." Emile l. 5, p. 159. Vgl. auch C. s.
II, 1: „En effet, s'il n'est pas impossible qu'une volonté particulière s'accorde
sur quelque point avec la volonté générale, il est impossible au moins que cet
accord soit durable et constant; car la volonté particulière tend par sa nature
aux préférences et la volonté générale à l'égalité."
[2] C. s. II, 1.

y a un maître, il n'y a plus de souverain et dès lors le corps politique est détruit.“[1]

Mit anderen Worten: Eine soziale Gemeinschaft, in welcher nicht die Gesamtheit die rechtlichen Normen festsetzt, hat nicht ein schlechtes Recht, welches verbessert werden sollte, sondern sie hat überhaupt nach Rousseau kein positives Recht; es ist eine will-kürliche Zusammenschweißung von Individuen, aber kein Volk, die Art ihres Zusammenlebens fällt überhaupt nicht mehr in die rechts-philosophische Betrachtung hinein, weil sie überall keinen Gegenstand einer rechtlichen Beurteilung mehr bildet.

So zeigt sich an dieser Stelle der Radikalismus nicht sowohl des Inhalts als vielmehr vor allen Dingen der systematischen Be-deutung dieses Inhalts des contrat social. Der Gesellschaftsvertrag scheidet nicht das gute vom schlechten Recht, sondern er bildet die ewige Schranke zwischen möglichem Recht und nichtiger, juristisch irrelevanter Gewalt. Das Naturrecht bewahrt seine Würde, nicht sowohl über den Inhalt des Rechts Lob oder Tadel zu spenden, als über die Existenzbedingungen des positiven Rechts in unerbittlicher Konsequenz zu entscheiden.

Und dieses Naturrecht, sowie der contrat social als allgemein-gültige Anweisung zu seiner Verwirklichung innerhalb menschlicher Herrschaft, sie fällen ihr Urteil, unbekümmert um die thatsächlichen sozialen Zustände auf irgend einem Flecken des Erdballs und zu irgend welcher gegebenen Zeit. Wo immer auch ein einzelner sich angemaßt hat, die rechtsetzende Gewalt über andere auszuüben, für Rousseau ist er ein „despote“, „l'usurpateur du pouvoir souverain“.[2] Eine also konstituierte Vereinigung von Menschen, wie häufig auch immer in der sozialen Geschichte sie sich zeigen mag, für Rousseau bedeutet dies nur eine Zusammenkoppelung von Menschen, nimmer-mehr eine rechtliche Gemeinschaft. Der einzelne Gesetzgeber ist der Herr und alle anderen sind ihm Sklaven. Jetzt erst begreifen wir die folgende Stelle in ihrer ganzen radikalen Tragweite:

„Il y aura toujours une grande différence entre soumettre une multitude et régir une société. Que des hommes épars soient successivement asservis à un seul, en quelque nombre qu'ils puissent être, je ne vois là qu'un maître et des esclaves, je n'y vois point un peuple et son chef: c'est, si l'on veut, une aggré-gation, mais non pas une association; il n'y à là ni bien public ni corps politique. Cet homme eût-il asservi la moitié du monde

---

[1] C. s. II, 1.
[2] C. s. III. 10.

n'est toujours qu'un particulier; son intérêt séparé de celui des autres n'est toujours qu'un intérêt privé."[1]

Damit erst ist der Begriff der Sklaverei, der mit dem Begriff des positiven Rechts nach Rousseau in logischem Widerspruch steht, in Deutlichkeit gefunden. Er bezieht sich keineswegs auf eine Einzelinstitution dessen, was unsere Jurisprudenz Privatrecht nennt, auf das Privateigentum an Menschen, sondern er betrifft eine Materie, die wir heute im öffentlichen Recht zu behandeln gewohnt sind. Der Rousseausche Begriff der Sklaverei ist identisch mit einer Verfassung, die nicht „république" in Rousseaus Sinne ist.

Diesen Widerspruch zu den zwingenden Regeln des contrat social hatte Rousseau in Gedanken, als er den Begriff der Sklaverei und den Begriff des positiven Rechts als unzweifelhafte Gegensätze bezeichnete.

Darin und darin allein liegt das unendlich Revolutionäre der Rousseauschen Sozialphilosophie, daß sie den Weg zeigte, den Umsturz der gegebenen sozialen Verhältnisse zu predigen, ohne doch damit nach ihrem eigenen Sinne dem geringsten Rechtsbruch das Wort zu reden. Wo das Volk nicht selbst die oberste Gewalt ausübt, da herrscht für diese Philosophie nur rohe Willkür, die in nichts unterschieden ist von jener brutalen Vergewaltigung, welche die Schrecken des Naturzustands bildet; diese sozialen Fesseln brechen, das heißt nicht das Recht, sondern die Willkür brechen, um das positive Recht allererst als Konstituante einer neuen Gemeinschaft zu begründen. Das ist der tiefere Sinn des ersten Kapitels des ersten Buchs des „Contrat soial", es ist die kühnste, die konsequenteste Apologie, welche jemalen für die große französische Revolution hätte geschrieben werden können.

Ob Rousseau selbst als Mensch diese gewaltige Umwälzung der sozialen Zustände seiner Zeit herbeiwünschte und ersehnte? Nichts kann den eingehenden Kenner des Charakers unseres Philosophen dazu bewegen, die Frage schlechthin zu bejahen, welche Rousseau selbst so häufig und ausdrücklich verneint hat.[2]

---

[1] C. s. I, 5.
[2] Vgl. z. B.: „Jugement sur la polysynodie de l'abbé de Saint-Pierre," oeuvr. compl. tome III, p. 255: „Qu'on juge du danger d'émouvoir une fois les masses énormes qui composent la monarchie française. Qui pourra retenir l'ébranlement donné ou prévoir tous les effets qu'il peut produire. Quand tous les avantages du noveau plan seraient incontestables, quel homme de sens oserait entreprendre d'abolir les vieilles coutumes, de changer les vieilles maximes et de donner une autre forme à l'état que celle où l'a successivement amené une durée de treize cents ans?" Im Bewußtsein solcher und ähnlicher Stellen dürften wohl die folgenden Worte zu seiner Selbstverteidigung geschrieben sein (Rousseau: „Troisième dialogue"): „Il a toujours insisté sur la conservation des

Aber die philosophische Untersuchung der Motive, welche den Genfer Philosophen zur Aufstellung seiner sozialen Theorien bewogen, fällt überhaupt nicht in das Bereich unserer systematischen Untersuchung. Sie konnte hier nur anmerkungsweise gestreift werden, während die Frage, unter welchen Umständen unser Philosoph gerade vom Standpunkt seines Systems aus einen solchen Bruch der bisherigen sozialen Verfassung befürwortete, noch später[1] in Erwägung gezogen werden wird.

Aber sollte sich dann vielleicht auch zeigen, daß von dem Standpunkt der Rousseauschen Sozialphilosophie aus die große französische Revolution und ihre Folgen garnicht hätten angestrebt und gefordert werden können, so wird doch der ungeheure Anteil, welchen gerade die systematische Bedeutung des Begriffs vom contrat social an dem thatsächlichen Durchbrechen der altererbten sozialen Zustände gehabt hat, niemals übersehen werden können. Man revolutioniert nicht nur dadurch, daß man das Zertreten der geschichtlich überlieferten sozialen Ordnung empfiehlt, sondern schon genügsam dadurch, daß man dieses Durchbrechen aller sozialen Schranken als Durchbrechen rechtlich nichtiger Gewalt und nicht des Rechts bezeichnet.[2]

Von diesem Standpunkt erklärt sich zum guten Teil die geschichtliche Wirkung, welche dieses System auf die Häupter der großen französischen Revolution ausgeübt hat, so aufgefaßt, hat es vielleicht in der That keinen packenderen Appel zur Revolution gegeben, als die einleitenden Worte im 1. Kapitel des ersten Buchs des Contrat social:

„Si je ne considérais que la force et l'effet qui en dérive,

---

institutions existantes, soutenant que leur destruction ne ferait qu'ôter les palliatifs en laissant les vices, et substituer le brigandage à la corruption … l'on s'est obstiné à voir un promoteur de bouleversements et de troubles dans l'homme du monde qui porte le plus vrai respect aux lois et aux constitutions nationales et qui a le plus d'aversion pour les révolutions et pour les ligueurs de toute espèce qui le lui rendent bien.“

[1] Vgl. S. 176 ff.

[2] Übrigens sei wenigstens vorübergehend bemerkt, daß Rousseau den Eintritt der Revolution vorhergesagt hat. Vgl. die Stelle im Emile l. 3, p. 238: „Vous vous fiez à l'ordre actuel de la société, sans songer que cet ordre est sujet à des révolutions inévitables et qu'il vous est impossible de prévoir ni de prévenir celle qui peut regarder vos enfants. Le grand devient petit, le riche devient pauvre, le monarque devint sujet; les coups du sort sont-ils si rares que vous puissiez compter d'en être exempt? Nous approchons de l'état de crise et du siècle des révolutions? Tout ce qu'ont fait les hommes, les hommes peuvent le détruire, il n'y a de caractères ineffaçables que ceux qu'imprime la nature, et la nature ne fait ni princes, ni riches, ni grands seigneurs.“

je dirais: Tant qu'un peuple est contraint d'obéir et qu'il obéit, il fait bien; sitôt qu'il peut secouer le joug et qu'il le secoue, il fait encore mieux: car recouvrant sa liberté par le même droit qui la lui a ravie, ou il est fondé à la reprendre ou l'on ne l'était point à la lui ôter.[1]

Diese ungeheuere geschichtliche Wirkung der Rousseauschen Sozialphilosophie darzustellen, ist hier nicht unsere Aufgabe, die nur den Inhalt dieses Systems aus den fundamentalen Grundgedanken heraus erläutern und zum Verständnis bringen will.

So sehen wir, daß das Erfordernis der Gleichheit die Gesetzgebungsgewalt eines einzelnen schlechthin ausschließen mußte, und es wird nur eine weitere Folge desselben Grundgedankens sein, wenn unser Philosoph auch eine Vertretung des souveränen Volks durch einzelne schlechthin ablehnt:

„La souveraineté ne peut être représentée par la même raison qu'elle ne peut être aliénée, elle consiste essentiellement dans la volonté générale, et la volonté générale ne se représente point: elle est la même ou elle est autre; il n'y a point de milieu."[2]

Man hätte vielleicht denken können, daß gerade Rousseau, insofern er den begrifflichen Gehalt der Souveränität in einer Befehlsgewalt nach bestimmter, unwandelbarer Maxime feststellte, sich dem Gedanken einer Vertretung des souveränen Volks nicht abgeneigt zeigen würde, weil gerade hier ja diese Volksvertreter in der Festhaltung des Princips der volonté générale eine feste und deutliche Schranke gegen jede Ueberschreitung ihrer Vollmacht besaßen. — Gewiß, ein ganz richtiger Gesichtspunkt, nur würde Rosseau von seinem Standpunkt aus einwenden, dass die theoretische Kenntnis des Prüf-

---

[1] Vgl. denselben Gedanken im „Discours" in der Schilderung der Entartung rechtlicher Gemeinschaft, die unter deutlicher Anspielung auf die damaligen sozialen Zustände eine neue Ära des Naturzustandes genannt wird: „Il y a si peu de différence d'ailleurs entre ces deux états et le contrat de gouvernement est tellement dissous par le despotisme que le despote n'est le maître qu'aussi longtemps qu'il est le plus fort; et que sitôt qu'on peut l'expulser, il n'a point à réclamer contre la violence. L'émeute qui finit par étrangler ou détrôner un sultan, est un acte aussi juridique que ceux par lesquels il disposait la veille des vies et des biens de ses sujets. La seule force le maintenait, la seule force le renverse: toutes choses se passent ainsi selon l'ordre naturel; et quelque puisse être l'événement de ces courtes et fréquentes révolutions, nul ne peut se plaindre de l'injustice d'autrui, mais seulement de sa propre imprudence ou de son malheur." Discours p. 81. — Diesen Gedankengang mochte wohl Rousseau im Auge haben, wenn er in seinen „Confessions" (partie 2me, livre 9me, p. 414) bemerkt: „Tout ce qu'il y a de hardi dans le „Contrat social", était auparavant dans le Discours sur l'inégalité."

[2] C. s. III, 15.

steins für eine getreue Pflichterfüllung diese selbst noch in keiner Weise gewährleistete. So wenig, wie von einzelnen als Souveränen, würde von einer Mehrheit von Volksvertretern einzusehen sein, warum sie ihren eigenen Vorteil gerade in dem Wohl aller suchen und finden sollten. Nicht sowohl, obgleich das Volk, sondern vielmehr gerade weil das Volk als Souverän notwendig die Maxime der volonté générale einhalten muß, kann es keine Vertreter haben; denn statt anderer befehlen können wohl auch einzelne; daß sie aber nach denselben Rücksichten die Gewalt jener verwalten und ausüben würden, das war schlechterdings nicht einzusehen, wenigstens nicht vom Rousseauschen Standpunkt: „en prenant les hommes tels qu'ils sont." Dieser methodische Grund, aus welchem Rousseau jedwede Volksvertretung schlechthin als rechtlich ungültig ablehnt, ist besonders deutlich in einer erst durch Streckeisen-Moultous Sammlung bekanntgewordenen Stelle [1] ausgesprochen:

„Toutes les fois qu'il est question d'un véritable acte de souveraineté qui n'est que la déclaration de la volonté générale, le peuple ne peut avoir des représentants, parce qu'il est est impossible de s'assurer qu'ils ne substitueront point leurs volontés aux siennes et qu'ils ne forceront point les particuliers d'obéir en son nom à des ordres qu'il n'a ni donné ni voulu donner, — crime de lèse-majesté dont peu de gouvernements sont exempts."

Die Vertretung der volonté de tous hätte keine Schwierigkeiten gemacht, die Vertretung der volonté générale schien Rousseau ein frevles Spiel mit menschlicher Freiheit zu sein. Seine vermeintliche Einsicht in das Grundgesetz aller Determination menschlichen Wollens verbot eine Vertretung des Volks im öffentlich rechtlichen Handeln durch einzelne und schloß eben damit die Funktion der modernen Volksvertreter, die an Aufträge und Instruktionen nicht gebunden sind, [2] schlechthin aus.

„La loi n'étant que la déclaration de la volonté générale, il est clair que dans la puissance législative le peuple ne peut être représenté." [3]

Mit anderen Worten: Eine Verfassung, welche eine Volksvertretung anordnet, ist kein schlechtes Recht, sondern gilt überhaupt nicht rechtlich, ist null und nichtig:

---

[1] Citiert bei Dreyfuß: a. a. O. p. 47.
[2] Vgl. preußische Verfassungsurkunde vom 31. Jan. 1850, Art. 83: „Die Mitglieder beider Kammern sind Vertreter des ganzen Volkes. Sie stimmen nach ihrer freien Überzeugung und sind an Aufträge und Instruktionen nicht gebunden." Ähnlich: Verfassung des deutschen Reichs vom 16. April 1871, Art. 29.
[3] C. s. III, 15.

„Toute loi que le peuple en personne n'a pas ratifiée est nulle, ce n'est point une loi."[1]

Das ist die Art und Weise der Geltung, welche die Jurisdiktion des contrat social über jedwede empirisch gegebene soziale Ordnung in Anspruch nimmt, nicht sowohl über die sittliche Qualität, als vielmehr über die rechtliche Existenz sozialer Ordnung zu entscheiden. Den Thatsachen der sozialen Geschichte zum Trotz spricht die allgemein gültige Anweisung für die Möglichkeit rechtlicher Gemeinschaft ihr vernichtendes Urteil:

„Ceci fait voir qu'en examinant bien les choses, on trouverait que très peu de nations ont des lois."[1]

Eine Gemeinschaft, in welcher die Gesamtheit in der Ausübung der gesetzgebenden Gewalt sich Vertreter giebt, ist nicht ein schlecht konstituiertes Volk, sondern ist überhaupt kein Volk mehr, weil ihre Normen keine rechtlich gültigen Grundsätze enthalten:

„Quoi qu'il en soit, à l'instant qu'un peuple se donne des représentants, il n'est plus libre, il n'est plus.[1]

Nicht in Unkenntnis, sondern in bewußter radikaler Opposition zu der parlamentarischen Verfassung Englands spricht der Rechtsphilosoph Rousseau das vernichtende Wort:

„Le peuple anglais pense être libre, il se trompe fort: il ne l'est que durant l'élection des membres du parlement: sitôt qu'ils sont élus, il est esclave, il n'est rien. Dans les courts moments de sa liberté, l'usage qu'il en fait, mérite bien qu'il la perde."[2]

Es giebt wohl kaum einen Punkt in der Rousseauschen Rechtsphilosophie, der bislang den Kritikern so geeignet schien, an ihn ihre „Widerlegung" anzuknüpfen, als gerade diese bedingungslose Verwerfung parlamentarischer Verfassung.

In den Augen jener, die nicht müde werden konnten, im Gegen-

---

[1] C. s. III, 15.

[2] C. s. III, 15. Vgl. auch „Considérations sur le gouvernement de Pologne", chap. 7, p. 414: „Là-dessus je ne puis qu'admirer la négligence. l'incurie, et j'ose dire, la stupidité de la nation anglaise, qui après avoir armé ses députés de la suprême puissance, n'y ajoute aucun frein pour régler l'usage qu'ils en pourront faire pendant sept ans entiers que dure leur commission." — Die einzige Bedingung, unter welcher Rousseau im Einklang mit seinen Grundsätzen von Volksvertretern geredet wissen will, ist, daß diese zu willenlosen Abstimmungsmaschinen in der Hand des souveränen, ihnen in jedem konkreten Falle Auftrag erteilenden Volkes werden: „Les députés du peuple ne sont donc ni ne peuvent être ses représentants, ils ne sont que ses commissaires; ils ne peuvent rien conclure définitivement." C. s. III, 15. Vgl. auch Cons. s. l. gouv. de Pologne, chap. 7: „Le second moyen est d'assujetir les représentants à suivre exactement leurs instructions et à rendre un compte sévère à leurs constituants de leur conduite à la diète." Freilich ist hier im einzelnen die radikale Stellung des „Contrat social" nicht völlig eingehalten.

satz zu dem mangelnden „historischen Sinn" des Genfer Philosophen, ihren eigenen „gesunden Menschenverstand" und „praktischen" Blick hervorzuheben, war der contrat social gerichtet, weil er Einrichtungen forderte, die in der politischen Praxis der meisten europäischen Staaten schlechterdings nicht eingeführt werden konnten. Wie, rief man entsetzt, hat man je solchen Phantasten gehört, der da verlangt, es solle das ganze englische Volk sich versammeln, um in Person über seine Gesetze abzustimmen! Undenkbar! Und der Kritiker konnte ein leichtes überlegenes Lächeln nicht gänzlich unterdrücken, wenn er seine „organische" Weltanschauung mit den blöden Träumen solcher Naturrechtler verglich. —

Fürwahr, die Polemik erscheint vortrefflich, nur hat man im Eifer der Widerlegung übersehen, daß man Rousseaus eigene Gedanken zum Besten giebt.

„Tout bien examiné, je ne vois pas qu'il soit désormais possible au souverain de conserver parmi nous l'exercice de ses droits, si la cité n'est très petite." [1,2]

Wir sehen aus diesen Worten, daß der Rousseau, dessen mangelnde historische Besinnung jeder schülerhafte Anfänger meistern zu können glaubt, sich der engen Schranken sehr wohl bewußt war, welche die empirisch gegebenen sozialen Verhältnisse der Einführung seiner Theorie entgegenstellten. Aber freilich eben diese sichere Erkenntnis der bedingten Anwendbarkeit seiner Lehre bedeutete für unseren Rechtsphilosophen mit nichten einen Beweis ihrer Unrichtigkeit, und gerade auf diesen Gedanken muß hier auf das eindringlichste eingegangen werden, weil er einen wunden Punkt fast aller bisherigen Rousseau-Kritik gebildet hat und droht, weiterhin zu bilden. Man muß sich erst darüber klar werden, daß die Allgemeingültigkeit, welche Rousseau allerdings seinem contrat social zuspricht, nicht in seiner unbedingten Anwendbarkeit, die vielmehr in ganz bestimmte, sofort näher zu besprechende Schranken eingeschlossen ist, besteht, sondern vielmehr in der ausnahmslosen Notwendigkeit seiner Verwirklichung, — falls überhaupt positivrechtliche Gemeinschaft möglich sein soll.

---

[1] C. s. III, 15.

[2] Wenn aber Rousseau in seinem dritten dialogue. um seine friedliche, aller Revolution abgeneigte Gesinnung zu beweisen, die Sache so darstellt, als habe er überhaupt in seinem „Contrat social" nur eine politische Anweisung für die kleinen Staaten gegeben und an die großen überhaupt nicht gedacht, so muß dem im Hinblick auf die vorliegenden Quellenzeugnisse entschieden widersprochen werden, und schon die oben citierte Einzelstelle über die englische Verfassung zeigt deutlich die Allgemeingültigkeit des Geltungsanspruchs des contrat social.

Aber so wenig, um aus anderem Gebiet ein Beispiel heranzuziehen, eine absolute Notwendigkeit der Kantischen synthetischen
Grundsätze, d. h. der Naturgesetze a priori, eingesehen werden kann,
sondern vielmehr dieser scheinbar unerschütterliche Besitz zufällig
wird und in ein Nichts sich aufzulösen droht, sobald wir die Idee
einer wissenschaftlichen Erfahrung zu streichen uns erdreisten, so
ist auch nach Rousseaus Meinung die Allgemeingültigkeit und
Notwendigkeit des contrat social dahin, sobald wir von positivrechtlicher Gemeinschaft und einer wissenschaftlichen Erfassung ihrer
Formgebung überhaupt absehen wollen. Und wir können dieses
letztere, ja, wir müssen es, sobald uns die Erfahrung belehrt, daß
die Verwirklichung der strikten Satzung des contrat social schlechterdings nicht angängig ist. Indem die Rousseausche Philosophie die
Möglichkeit des positiven Rechts als Problem aufnahm, versprach sie
nicht von vornherein, zu erweisen, daß es zur Konstituierung sozialen
Lebens schlechthin geeignet sei, sondern es galt ihr, vorurteilslos
und ehrlich — die besten Eigenschaften jedweden Skeptizismus —
zu prüfen, ob und inwieweit die absoluten Gebote des Naturrechts
es zuließen, daß ein von Menschen an Menschen gerichtetes Gebot
selbständige Pflichten erzeugen, d. h. als positives Recht gelten könne.
Das Resultat dieser Untersuchung liefert der Inhalt des contrat
social, er will zeigen, unter welchen Bedingungen allein die anarchistische Skepsis überwunden werden kann. Aber unser Philosoph
trug kein Bedenken, zu bekennen, daß diese Bedingungen sich nicht
überall verwirklichen ließen, wo irgend eine Zahl von Menschen in
Gemeinschaft zu treten Verlangen trug; denn er erkannte deutlich,
daß die bedingte Anwendungsfähigkeit des contrat social gegen
dessen objektive Richtigkeit niemals zeugen konnte, solange man es
nicht unternahm, entweder die souveräne Geltung des droit naturel
zu leugnen oder ihm gerade auf Grund seiner Prämissen die unbedingte Möglichkeit rechtlicher Menschenherrschaft zu erweisen. Aber
über die Fundamente dieser Philosophie hinwegsehen und dann ihren
konsequenten Gedankengang mit der fadenscheinigen Bemerkung
abthun wollen, daß er für die politische Praxis undurchführbar sei,
das erinnert in der That an die unbewußt naturrechtliche Methode
derjenigen modernen Juristen, welche eine Theorie, deren Gegenstand die lex lata ist, durch den Nachweis zu „widerlegen" suchen,
daß man vermöge ihrer zu „praktisch unhaltbaren" Zuständen gelangen würde.

Freilich, wir werden sehen, daß die Rousseausche Sozialphilosophie sich nicht scheut, die allerunbequemsten und unliebsamsten
Konsequenzen ihrer Theorie zu ziehen; aber seit wann ist denn
die mehr oder minder große Anpassung und knechtische Nachäffung

der historisch gegebenen Zustände (wie sie z. B. das nachkantische Naturrecht auszeichnet) ein Kriterium der Wahrheit einer Philosophie als selbständiger Wissenschaft?

Aber vielleicht giebt es überhaupt kein Naturrecht im Rousseauschen Sinne: Nun wohl, so suche man es in Sicherheit zu erweisen, aber man widerlege ja nicht das eine, indem man ein anderes mit sympathischerem Inhalt dogmatisch an dessen Stelle setzt! Nur gegen diese letztere Art der Rousseaukritik, die freilich viel häufiger ist, als man vielleicht geneigt ist, anzunehmen, sollten diese Worte gerichtet sein. Ob überhaupt die Behauptung eines Naturrechts Rousseauscher Art mehr ist, als ein altererbtes Dogma, steht hier für uns noch nicht zur Untersuchung, wenn ich auch nicht anstehe, schon hier frei zu bekennen, daß ich eine zwingende Widerlegung des kühnen Anspruchs solchen Naturrechts, über die rechtliche Gültigkeit der positiven Satzung zu entscheiden, trotz aller Versuche der historischen Schule und ihrer mehr oder minder selbständigen Nachfolger nicht habe antreffen können. Aber auf welche methodische Weise auch immer das positive Recht und ebendamit die positive Jurisprudenz als selbständige Wissenschaft vor den unermüdlichen Angriffen des Naturrechts gesichert, kurz auf Grund welcher Methode man diese Angriffe vielleicht als Übergriffe erweisen mag, sicher ist, daß das „droit naturel" in der Rousseauschen Sozialphilosophie diese souveräne Stellung einnimmt, auf Grund deren es wagt, den Geltungsanspruch des positiven Rechts in seiner Begründetheit auf Bedingungen einzuschränken, welche nur in engem und begrenztem Maße eine Realisierung zulassen.

Je eingehender wir uns mit diesen Bedingungen selbst beschäftigten, desto deutlicher erkannten wir, daß es vorzüglich ein methodisches Grundmittel war, vermöge dessen sich Rousseau eine wenn vielleicht auch nur beschränkte Verwirklichung seiner rechtsphilosophischen Sätze in der Welt der Erfahrung versprach: die Gleichheit der Gemeinschaftsgenossen. Ohne Gleichheit keine Durchsetzung des Prinzips der volonté générale und ohne diese keine „loi", d. h. kein positives Recht.

Freilich, wie wenig diese Gleichheit, so wie wir sie oben näher kennzeichneten, in der Welt der sozialen Erfahrung verwirklicht war, das hat vielleicht keiner deutlicher und schärfer erkannt, niemand beredter und eindringlicher geschildert, als der Verfasser des „Discours sur l'origine et les fondements de l'inégalité parmi les hommes". Jene Gleichheit der Lebensinteressen aller, welche das Mittel zur Beförderung des Wohles des einen zugleich als Vermittelung der Wohlfahrt aller erscheinen ließ, für sie war kaum noch eine Stätte in einer Welt, in der Haß und Neid, Ehrgeiz und

Habsucht die Menschen antrieben, statt sich als Brüder zu lieben, sich gegenseitig zu zerfleischen. Jene immer wachsende Entfremdung des Menschen vom Menschen bot keinen Halt mehr für die Republik, von deren Beginn der begeisterte Lobredner natürlicher Ursprünglichkeit das Zeitalter strafferer, sozialer Gemeinschaft, kurz die Periode der Beherrschung von Menschen durch Menschen datierte, um eben hierdurch die soziale Entartung der Gegenwart, in deren Verfassung er nur den Despotismus sah, mit desto zündenderen Worten zu brandmarken. So erst begreifen wir, was einen Rousseau bewegen konnte, mit dem ganzen Feuer des begeisterten Volkserziehers, mit jener Glut der Empfindung, die ihm eigen war, die Gleichheit der Menschen von ihrer Geburt bis zu ihrem Tode zu verfolgen: Verfolgte er ja ebendamit den schier unaufhaltsamen Siegeslauf der tückischten Feindin seiner sozialphilosophischen Theoreme, die immer mehr und mehr sich vollziehende Lostrennung eines jeden Gemeinschaftsgliedes von allen anderen durch die wachsende Ungleichheit unter den Menschen. Den modernen Völkern, die er nicht müde ward, als Scharen von Sklaven unter einem Herrn, als Herden von Vieh unter einem Hirten zu bezeichnen, galt es in jener sozialphilosophischen Jugendschrift die immer mehr und mehr um sich greifende Ungleichheit eindringlichst vor die Seele zu stellen als die Ursache allen sozialen Zerfalls, ja des Anbruchs eines neuen Naturzustandes unter den Menschen.

„Les brigues s'introduisirent, les factions se formèrent, les partis s'aigrirent, les guerres civiles s'allumèrent, enfin le sang des citoyens fut sacrifié au prétendu bonheur de l'état et l'on fut à la veille de retomber dans l'anarchie des temps antérieurs."[1]

Und mit dem Entstehen der Parteien und Cliquen wurde die Ungleichheit der Volksgenossen nur vertieft und verhärtet, wuchs die soziale Zerklüftung mehr und mehr und ebendamit rückte die Ablösung des Rechts durch die Willkür der Tyrannenherrschaft näher und näher heran.

„Les chefs devenus héréditaires s'accoutumèrent à regarder leur magistrature comme un bien de famille, à se regarder eux-mêmes comme les propriétaires de l'état, dont ils n'étaient que les officiers; à appeler leurs concitoyens leurs esclaves; à les comter comme du bétail au nombre des choses qui leur appartenaient et à s'appeler eux-mêmes égaux aux dieux et rois des rois."[2]

So schildert Rousseau das Ersterben jedweder Gleichheit, den Todestag der Freiheit und ebendamit den Todestag des Rechts.

---

[1] Discours p. 76.
[2] Discours p. 76, 77.

„C'est du sein de ces désordres et de ces révolutions que le despotisme élevant par degrés sa tête hideuse … parviendrait enfin à fouler aux pieds les lois et le peuple et à s'établir sur les ruines de la république."[1]

„C'est ici le dernier terme de l'inégalité et le point extrême qui ferme le cercle et touche au point d'où nous sommes partis: c'est ici que tous les particuliers redeviennent égaux, parce qu'ils ne sont rien, et que les sujets n'ayant plus d'autre loi que la volonté du maître ni le maître d'autres règle que ses passions, les notions du bien et les principes de la justice s'évanouissent derechef: c'est ici que tout se ramène à la seule loi du plus fort et par conséquent à un nouvel état de nature différent de celui par lequel nous avons commencé, en ce que l'un était l'état de nature dans sa pureté et que ce dernier est le fruit d'un excès de corruption."[2]

Ich habe es mir nicht versagen können, hier etwas ausgiebiger auf den Text des Rousseauschen „Discours" zurückzugehen, um die Art zu veranschaulichen, in welcher der kühne Genfer Patriot, den Gedanken seiner „Republik" noch mehr dunkel empfindend als klar erkennend, die sozialen Zustände der Nachbarländer geißelt. Diese Schilderung rechtloser Willkür als der notwendigen Folge der sozialen Zersplitterung enthält wahrlich keine Verkennung des gewaltigen Kontrastes zwischen der Welt sozialer Erfahrung und den Bedingungen einer freiheiterhaltenden Menschenherrschaft. So begreifen wir die ganze Wucht der Resignation, welche Rousseau in scharfer Erkenntnis der empirisch gegebenen sozialen Zustände seiner Zeit im „Discours" in die Worte zusammenfaßt:

„Je sens que ce n'est pas à des esclaves qu'il appartient de raisonner de liberté."[3]

Ja, die Würde der Freiheit bleibet bestehen als der Konstituante rechtlicher Gemeinschaft überhaupt, aber niemals vielleicht hat ein Apostel der Freiheit den Widerstand deutlicher erkannt, welchen die unerbittlichen Thatsachen der Verwirklichung seiner Forderung in den Weg stellten, als gerade Rousseau, der naturrechtliche Träumer und Schwärmer! Man lese nur, wie in der Widmungsrede des „Discours" unser Philosoph utopischen Reformvorschlägen das Wort abschneidet durch die im „Contrat social" wiederkehrende Behauptung, daß der einmalige Verlust der Freiheit unwiederbringlich sei.[4] Schon damals stand es für Rousseau fest, daß die Frei-

---

[1] Discours p. 80.
[2] Discours p. 80, 81.
[3] Disc. p. 71.
[4] Vgl. später.

heit mit menschlicher Herrschaft nicht zusammenstehen könne, wo
es an der Gleichheit der Lebensinteressen aller Gemeinschaftsgenossen
fehlt,[1] und eben diese scharfe Erfassung der mangelnden Interesseneinheit der Glieder der meisten europäischen Verbände, sie war es,
die den Grund bildete für jene radikale Skepsis, mit der Rousseau
den Gedanken einer rechtlich bindenden Gemeinschaft in einer Zeit
sozialer Entartung erwog. Die ganze Leidenschaft des „Discours“
war freilich auch nicht bestimmt, das Feuer anarchistischer Pro-
paganda zu schüren, sondern es war vielmehr der beredte Ausdruck
der bitteren Erkenntnis, daß bei der wachsenden Ungleichheit unter
den Gliedern der meisten empirischen Gemeinschaften die Sache des
Rechts verloren war.

Es ist ein Grundzug des Rousseauschen Charakters, gerade
durch die scharfe Erfassung der Thatsachen, wie sie ihm die Erfahrung bot, zu einer Schilderung ihres Gegenteils angeregt zu
werden, zu einer lebhaften Darstellung dessen, was er bei der Betrachtung der nackten Wirklichkeit gerade vermißte, sei es nun,
daß er hierbei sich begnügte, ein harmloses Gebilde der Phantasie
zu schaffen, sei es, daß er es unternahm, ein zwingendes Gebot des
Sollens dieser brutalen Realität des Seins entgegenzustellen. Es ist
nicht nur von psychologischem Interesse, sondern es deutet uns zugleich das Maß der empirischen Erkenntnis an, auf deren Untergrund
es Rousseau unternahm, in einer neuen unabhängigen Methode
Gesetze des Telos aufzustellen, wenn wir in seinen „Confessions“
lesen:

„Ma mauvaise tête ne peut s'assujetir aux choses. Elle ne
saurait embellir, elle veut créer. Les objets réels s'y peignent tout
au plus tels qu'ils sont, elle ne sait parer que les objets imaginai-
res.... Si je veux décrire un beau paysage, il faut que je sois dans
des murs; et j'ai dit cent fois que si jamais j'étais mis à la bastille,
j'y ferais le tableau de la liberté.“[2]

So kann uns diese schriftstellerische Eigenart einen Fingerzeig

---

[1] Vgl. diesen Grundgedanken des „Contrat social“ schon in der Widmung
des „Discours“: „J'aurais voulu naître dans un pays où le souverain et le peuple
ne pussent avoir qu'un seul et même intérêt, afin que tous les mouve-
ments de la machine ne tendissent jamais qu'au bonheur commun;
ce qui ne pouvant se faire à moins que le peuple et le souverain ne
soient une même personne, il s'ensuit que j'aurais voulu naître sous un
gouvernement démocratique, sagement tempéré. J'aurais voulu vivre et mourir
libre, c'est-à-dire tellement soumis aux lois que ni moi ni personne
n'en pût secouer l'honorable joug, ce joug salutaire et doux que les têtes les
plus fières portent d'autant plus doucement qu'elles sont faites pour n'en pas
porter aucun autre.“

[2] „Confessions“ partie I, livre IV, p. 175.

dafür geben, daß die im Discours sich findende Verherrlichung des friedlichen und neidlosen Nebeneinander- oder Zusammenlebens zufriedener, unabhängig gestellter Menschen nicht sowohl auf die Unkenntnis unseres Autors von den thatsächlichen sozialen Zuständen, sondern vielleicht gerade auf die schmerzliche Erkenntnis der thatsächlichen Ungleichheit der Menschen auch psychologisch zurückgeführt werden muß.

Es ist eine soziale Institution, welcher Rousseau in seiner sozialphilosophischen Erstlingsschrift diese stetig wachsende Zerklüftung und Lostrennung der einzelnen Gemeinschaftsglieder von einander vor allem zur Last legt: das Privateigentum. Berühmt sind seine in Anlehnung an Pascal gesprochenen Worte:

„Le premier qui ayant enclos un terrain s'avisa de dire: ceci est à moi, et trouva des gens assez simples pour le croire, fut le vrai fondateur de la société civile."[1]

Uns kommt es aber in diesem Zusammenhange weit mehr auf die folgenden Worte an:

„Que de crimes, de guerres, de meurtres, que de misères et d'horreurs n'eût point épargnés au genre humain celui qui, arrachant les pieux et comblant le fossé, eût crié à ses semblables: Gardez-vous d'écouter cet imposteur; vous êtes perdus si vous oubliez que les fruits sont à tous, et que la terre n'est à personne!"

Dieser thatsächliche Sonderbesitz des Grund und Bodens, diese zunächst rein faktische Gewalt, den anderen von der Verfügung über bestimmte wirtschaftliche Güter ausschließen zu können, darin sieht Rousseau das soziale Phänomen, welches die Ursache der positivrechtlichen Fixierung des Privateigentums wurde und eben damit die folgenschwere Ursache der wachsenden Ungleichheit unter den Menschen. Es giebt für Rousseau keinen tückischeren Feind der Solidarität der Interessen aller Gemeinschaftsglieder, als Reichtum und Armut, die schier unentrinnbaren Folgen einer Rechtsordnung, die das Privateigentum kennt. Es existiert wohl kaum eine beredtere Anklage dieser rechtlichen Institution, als die Schilderung der sozialen Zersplitterung, welche Rousseau im „Discours" unter deutlicher Anspielung auf die Gegenwart als notwendige Folge des Privateigentums hinstellt. Das Privateigentum ist es, das den Armen zum Betrüger, den Reichen zum grausamen Unterdrücker des Armen macht:

„Enfin l'ambition dévorante, l'ardeur d'élever sa fortune relative, moins par un véritable besoin que pour se mettre au-dessus des autres, inspire à tous les hommes un noir penchant à se nuire

---

[1] Discours, 2me partie, Anfang.

mutuellement, une jalousie secrète d'autant plus dangereuse que
pour faire son coup plus en sûreté, elle prend souvent le masque
de la bienveillance; en un mot concurrence et rivalité d'une part,
de l'autre opposition d'intérêts et toujours le désir caché de
faire son profit aux dépens d'autrui: tous ces maux sont le premier
effet de la propriété et le cortège inséparable de l'inégalité nais-
sante."[1]

Das ist das Bild, welches Rousseau im Beginn seiner sozialphilosophischen Laufbahn von den thatsächlichen Gesellschaftszu-
ständen seiner Zeit entwirft. In jener packenden Gegenüberstellung
des friedlichen ungetrübten Nebeneinander- wie des losen Zusammenlebens unschuldiger Naturkinder einerseits und des wilden grausamen
Interessenkampfes der durch die Gegensätze von Reich und Arm,
politischer Übermacht und Unterdrückung entarteten Zeitgenossen
lag die ungeheure Anklage an eine sittlich verderbte Welt, welcher
der feste Gemeinsinn, das notwendige Band inniger sozialer Gemeinschaft, verloren gegangen war.

Es geschieht nicht ohne guten Grund, wenn wir an dieser Stelle,
nachdem wir in der Klarlegung des Inhalts des contrat social in
das Centrum der Rousseauschen Sozialphilosophie eingedrungen
sind, auf die Bedeutung der sozialen Empirie innerhalb des Rousseauschen Systems noch einmal ex professo eingehen. Denn das
Verständnis der Rousseauschen Lehre ist von der scharfen Erfassung des Verhältnisses, welches nach dem eigenen Sinne dieser
Philosophie zwischen sozialer Erfahrung und allgemeingültiger Gesetzmäßigkeit in Dingen des Rechts überhaupt obwaltet, unbedingt
abhängig, und zu um so mehr Irrtümern diese schwierige Frage in
der einschlägigen Litteratur Anlaß gegeben hat, desto dringendere
Pflicht wird es für eine systematische Beurteilung, auch hier deutlich Stellung zu nehmen. Auch hat man wohl kaum bislang darauf
geachtet, daß gerade an der Hand dieser Frage sich die bedeutsamste Entwickelung und Vertiefung der rechtsphilosophischen Gedankengänge Rousseaus vollzieht und also auch nur unter diesem
Gesichtspunkte dem Verständnis eröffnet werden kann.

Wir sind mit Absicht auf die Stellung des „Discours" in dieser
Frage etwas ausführlicher eingegangen, weil nur so der Gedankenfortschritt von der Skepsis des „Discours" über die „économie politique" hinweg zu der positiven Grundlegung des „Contrat social"
erklärlich und methodisch einleuchtend werden kann. Freilich hätte
sich jene Schrift, welche so recht eigentlich die Sturm- und Drang-
periode innerhalb der sozialphilosophischen Gedankenentwickelung

---

[1] Disc. p. 52.

unseres Autors bezeichnet, bescheiden damit begnügt, den thatsächlichen Entstehungsgang des Rechts historisch exakt zu schildern,
dann konnte von einem Fortschritt der Gedanken des „Contrat
social" überhaupt nicht geredet werden; denn es fehlte ja dann
schlechterdings an jedem Maßstab, um zwei ganz heterogenen Wissens-
gebieten angehörige Untersuchungen auf ihren wissenschaftlichen
Gehalt hin einheitlich zu werten und zu vergleichen. Darum mußte
vor allen Dingen der bedeutsame rechtsphilosophische Gedankenkern
dieser Utopie herausgeschält werden, der eigentliche Gehalt dieser
Schrift nicht als soziale Empirie, wohl aber in ihrem methodischen
Verhältnis zur sozialen Erfahrung erkannt werden. Da findet sich
denn, daß in keiner Schrift Rousseau sich der anarchistischen Lehre
bedenklicher nähert, als gerade in dieser Abhandlung über die Ungleichheit der Menschen, nirgends findet sich eine schroffere Skepsis
gegenüber dem formalen Geltungsanspruch des positiven Rechts, als
gerade in dieser sozialphilosophischen Erstlingsschrift. Aber es weist
auch die wenig durchsichtige Stellung, welche in methodischer Beziehung in jener Periode des gährenden Sturms und Drangs der
sozialen Einzelerfahrung angewiesen wird, schon den aufmerksamen
Leser darauf hin, daß es bei dieser Mißachtung des Rechts, welche
doch letzlich auf die thatsächliche Ungleichheit der Menschen methodisch allein sich gründet, schlechterdings nicht bleiben kann. Daß
die Verwerflichkeit des damaligen Rechts, welches zu Lebzeiten
Rousseaus die sittliche Kritik herausforderte, zum guten Teil in
der schier unausfüllbaren Kluft zwischen Herrschern und Beherrschten
gelegen war, wer wollte es leugnen; aber was verschlug diese soziale
Einzelerfahrung von einzelnen schlechten Rechtsinhalten, mochten sie
auch in ihren konkreten Gründen noch so deutlich eingesehen werden,
gegen den formalen Geltungsanspruch des positiven Rechts überhaupt? Darin besteht in der That der schwere Fehler dieser auf
allgemeingültigen Wahrheitswert (wenn auch im Gewande der Utopie)
Anspruch erhebenden Philosophie, daß sie der zufälligen Einzelerfahrung
einen größeren Beweiswert zuerkennt, als ihr von einem methodisch
klaren Standpunkt mit Fug beigelegt werden darf. Nirgends zeigt
sich der verhängnisvolle Einfluß des unklaren Empirismus Lockes
deutlicher, als in dieser Schrift. Das positive Recht schlechthin
wird als ein Instrument der Knechtschaft geschmäht, als listiger
Betrug, den die Reichen zum Schaden der Besitzlosen ersannen,
dahingestellt,[1] als ob es kein Recht geben könne, ohne jene tiefgehende

---

[1] Rousseau will die Entstehung der rechtlichen Gemeinschaft schlechthin
schildern, nicht eines bestimmten Rechtsinhalts, es ist beim eindringlichen
Lesen ganz unverkennbar, daß in dieser utopischen Schilderung das positive
Recht schlechthin getroffen werden soll, die letzte Periode des Naturzustandes

Interessenverschiedenheit zwischen den einzelnen Gliedern der Gemeinschaft und die formale Eigentümlichkeit des Rechts begrifflich notwendig zusammenhänge mit den haltlosen Zuständen einer konkreten Eigentumsordnung. Zwar wird die bindende Kraft dieses also allgemein gewerteten Rechts für eine gewisse Zeit noch zugestanden, aber selbst in diesem halb widerwilligen Zugeständnis lag eine neue Unklarheit verborgen; denn wenn das Recht überhaupt nichts anderes war, als ein Mittel, um die Masse der Armen durch durch die wenigen Reichen zu knechten, so war nicht einzusehen, weshalb gerade in der dritten Epoche der strafferen sozialen Gemeinschaft, in der jene Summe von Armen auch politisch zu bedeutungslosem Herdenvieh herabsank,[1] erst der Naturzustand mit seiner völligen Ungebundenheit von menschlicher Herrschaft wieder hereinbrechen sollte.[2] Kurz, es blieb unausgemacht, ob sich die rechtphilsosophische Tendenz dieser Utopie gegen die rechtliche Gebundenheit überhaupt oder nur gegen eine konkrete, wenn auch durch die soziale Geschichte als noch so häufig erwiesene Einzelart der Beherrschung wandte; das Recht wurde nur gewürdigt als Produkt und Heilmittel gegen die Ungleichheit der Glieder konventioneller Gemeinschaft, so schien es, als ob diese Interessenverschiedenheit, welche den sozialen Krieg stetig von neuem herauf zu beschwören drohte, mit der Existenz des positiven Rechts schlechthin und unentrinnbar verknüpft wäre.

wird geschildert als eine Konventionsanalgemeinschaft vieler durch ihren rein thatsächlichen Sondersitz verschieden mächtiger Glieder, die unleugbare Erfahrung, daß eine das Privateigentum enthaltende Rechtsordnung für den Besitzenden wertvoller ist, als für die Masse der Besitzlosen, muß hier dazu dienen, um das positive Recht schlechthin als listige Veranstaltung dieser wenigen sozial Starken darzustellen:

„Tous coururent au-devant de leurs fers croyant assurer leur liberté ... Telle fut on dut être l'origine de la société et des lois qui donnèrent de nouvelles entraves au faible et de nouvelles forces au riche, ... fixèrent pour jamais la loi de propriété et de l'inégalité, d'une adroite usurpation firent un droit irrévocable et pour le profit de quelques ambitieux assujetirent désormais tout le genre humain au travail à la servitude et à la misère." Discours p. 66, 67.

[1] „Si nous suivons le progrès de l'inégalité dans ces différentes révolutions, nous trouverons que l'établissement de la loi et du droit de propriété fut son premier terme, l'institution de la magistrature le second, que le troisième et le dernier fut le changement du pouvoir légitime en pouvoir arbitraire: en sorte que l'état de riche et de pauvre fut autorisé par la première époque, celui de puissant et de faible le par la seconde et par la troisième celui de maître et d'esclave, qui est le dernier degré de l'inégalité et le terme auquel aboutissent enfin tous les autres, jusqu'a ce que de nouvelles révolutions dissolvent tout-a-fait le gouvernement ou le rapprochent de l'institution légitime." Disc. p. 77.

[2] Discours p. 80, 81.

Diese zweideutige Stellung, welche vom methodischen Standpunkt aus die soziale Einzelerfahrung im „Discours" einnimmt, bildete
den kritischen Angriffspunkt, von dem aus der „Contrat social," wie
schon vorher die „économie politique" den Bau einer positiven Rechtsphilosophie unternehmen und durchführen konnte. Der ungeheure
Fortschritt vom „Discours" zum „Contrat social" liegt in der Klärung
der rechtsphilosophischen Methode, in der Emanzipation der Sozial-
philosophle von der Zufälligkeit der sozialen Einzelerfahrung. Die
Rechtsphilosophie des „Discours" war in dem leidenschaftlichen Kampf
gegen die Verderblichkeit einer überkommenen Rechtsordnung stecken
geblieben, das empirisch bedingte Motiv, die konkrete gegen eine
bestimmte soziale Normierung gerichtete Tendenz hatte über die
nüchterne Ruhe einer Problemstellung, deren Gegenstand die Möglichkeit menschlicher Gebotssetzung überhaupt war, die Oberhand
gewonnen; im Sturm und Drang hatte unser Autor die eine Frage
von der andern nicht sicher geschieden, die niederdrückende Gewalt
der sozialen Erfahrung war so groß, daß ihm das Privateigentum,
daß ihm die Beherrschung von vielen gemäß dem Vorteil der wenigen
als begriffliche Bestandteile jeder denkbaren Rechtsordnung erschienen.
Diese verderbliche Unklarheit mußte der „Contrat social" beseitigen,
um die Frage nach der Möglichkeit einer Beherrschung von
Menschen durch Menschen überhaupt endgültig entscheiden
zu können. Die formale Eigentümlichkeit des positiven Rechts, als
Menschensatzung Menschen verpflichten zu wollen, mußte gesondert
ins Auge gefaßt werden, unabhängig von dem konkreten Inhalt des
Gebots wie auch vor allen Dingen von den konkreten und zufälligen Eigentümlichkeiten der Gebotsetzenden und der
Gebotsunterworfenen. Nicht wer befehle, sondern ob überhaupt
befohlen werden könne, galt es vor dem Richterstuhle des Naturrechts zu entscheiden. Diese echt wissenschaftliche Befreiung des
begrifflichen Gehalts des positiven Rechts von den konkreten Zufälligkeiten seiner einzelnen Exemplare ermöglichte es erst, die
Skepsis des Discours zu überwinden, den Gedanken wenigstens einer
Beherrschung freier Menschen in begrifflicher Schärfe zu fassen und
vermöge dieses Verzichts auf eine schlechthinnige Verwerfung des
formalen Geltungsanspruchs des positiven Rechts die Frage aufzunehmen, unter welchen Bedingungen eine menschliche Satzung den
Geboten des droit naturel entsprechen könne. Auf Grund dieser
Methode war das positive Recht bestimmt worden als ein nach dem
Grudsatz der volonté générale erlassener Befehl, wohlverstanden als
ein Befehl von Menschen. Von diesem Ursprung des positiven
Rechts abstrahieren zu wollen, war dieser Philosophie niemals in den
Sinn gekommen, vielmehr ergeben sich gerade aus diesem Gesichts-

punkt heraus die Schwierigkeiten, welche die praktische Anweisung
des contrat social zu lösen unternahm.

Freilich inwiefern die konkreten Figentümlichkeiten dieses oder
jenes Menschen eine Innehaltung der Gebote des Naturrechts unmöglich machten, davon durfte eine auf Allgemeingültigkeit Anspruch
erhebende Theorie mit Fug absehen, aber diese Philosophie wäre
in der That in ihren eigenen Augen zum Hirngespinst geworden,
hätte sie auch von denjenigen Eigenschaften abgesehen, welche nach
ihrer Meinung einen notwendigen Bestandteil der menschlichen
Natur bilden. Diese Methode ermöglichte es, der Sozialphilosophie
Rousseaus, von der thatsächlich bestehenden Ungleichheit unter
den Menschen, deren antisoziale Bedeutung und Wichtigkeit unser
Autor auch jetzt keineswegs unterschätzte, zu abstrahieren, nicht
aber von dem Egoismus, welchen er stetig als allgemeine Eigenschaft der Menschen anzunehmen geneigt war. Eben diese Erkenntnis, daß nicht die Interessenverschiedenheit, wohl aber der
Egoismus ein allgemeines Merkmal von Menschen sei, war der Grund
und zugleich die Rechtfertigung für die Rousseausche Lehre
von der Gleichheit der Gemeinschaftsgenossen als einer allgemeingültigen Bedingung der Möglichkeit des positiven Rechts. Diese
scharfe Scheidung zwischen den Menschen und den konkreten
(wenn auch noch so häufigen) Eigentümlichkeiten einzelner ermöglichte es Rousseau, die Existenz des positiven Rechts auf die Gemeinsamkeit der Interessen zu gründen, ohne dem begründeten Verdacht zu verfallen, ein leeres Hirngespinst, das in keiner Erfahrung
jemals verwirklicht werden könnte, als Lösung seines Problems aus-
zugeben.

Der contrat social hat das positive Recht entdeckt, mochte er
sich auch wohl bewußt sein, in wie seltenen Fällen unter den gegebenen sozialen Verhältnissen sein Inhalt realisiert werden könnte.
Aber dem Philosophen Rousseau mußte es genügen, daß eine Möglichkeit der Realisierung überhaupt gegeben war; denn da der
Inhalt der contrat social für alle Zeiten Geltung haben sollte, so
war seine Bedeutung schon damit erwiesen, daß er zu irgend einer
Zeit doch wohl verwirklicht werden könnte. Und daran hatte der
„Contrat social“ um so weniger Grund zu zweifeln, als er von dem
überaus fruchtbaren Gedanken getragen war, daß die loi selbst
schon durch ihre allgemein verbindende Kraft ein Mittel war, die
Interessengemeingemeinschaft in einen rechtlichen Verband mehr und
mehr zu befestigen.[1] Der Discours, der nun einmal von den traurigen
Erscheinungen seiner Zeit nicht abzusehen vermochte, hatte in dem

---

[1] Vgl. später die Darstellung der Rousseauschen Politik.

positiven Recht nur ein Mittel geschehen, um die Ungleichheit zu verhärten und zu befestigen; schon die „économie politique", nicht minder wie der „Contrat social" erblickten in der nach Naturrecht geltenden Menschensatzung gerade ein Mittel, um diese Ungleichheit zu verringern.

Nirgends vielleicht zeigt sich der ungeheure positive Gedankenfortschritt von dem „Discours" zu dem Standpunkt dieser beiden letzten Schriften deutlicher, als wenn wir die Äußerungen Rousseaus über die Bedeutung der „loi" auf beiden Stufen seiner Entwicklung nebeneinander halten. Im Discours hieß es:

„Telle fut ou dut être l'origine de la société et des lois qui donnèrent de nouvelles entraves au faible et de nouvelles forces au riche, détruisirent sans retour la liberté naturelle, fixèrent pour jamais la loi de la propriété et de l'inégalité, d'une adroite usurpation firent un droit irrévocable et pour le profit de quelques ambitieux assujetirent désormais tout le genre humain au travail, à la servitude et à la misère."[1]

Man vergleiche dagegen die Verherrlichung des Rechts in der économie politique:

„Cette difficulté qui devait sembler insurmontable, a été levée avec la première par la plus sublime de toutes les institutions humaines ou plutôt par une inspiration céleste, qui apprit à l'homme à imiter ici-bas les décrets immuables de la Divinité. Par quel art a-t-on pu trouver le moyen d'assujetir les hommes, pour les rendre libre?... Ces prodiges sont l'ouvrage de la loi. C'est à la loi seule que les hommes doivent la justice et la liberté; c'est cet organe salutaire de la volonté de tous qui rétablit dans le droit l'égalité naturelle entre les hommes..."[2]

Erst auf Grund dieser methodischen Befreiung des Begriffs der loi von dem konkreten Einzelinhalt einer bestimmten empirisch gegebenen sozialen Normierung, wie sie dann später erst in völliger Klarheit im „Contrat social" vollzogen wird, kann das positive Recht auch als Schutzmittel gegen die Schrecken des im Naturzustand notwendig eintretenden Kriegs aller gegen alle gewürdigt und ohne Widerspruch als soziale Normierung empfohlen werden. Im „Discours" schien es noch so, als ob diese Vorzüge des Rechts durch seine unvermeidlichen Mängel wieder aufgehoben würden; vor dem strengen und an begrifflich scharfe Gesetze gebundenen Forum des „Contrat social" würde sogar dies „Recht" des „Discours", das die Schrecken des Naturzustands beseitigen soll, überhaupt vielleicht

---

[1] Discours p. 67.
[2] Econ. pol. p. 169. Vgl. auch C. s. I, 8.

als rechtlich bindend garnicht anerkannt werden; aber indem diese
Schrift ihrerseits die Schranken einer rechtlich bindenden Menschensatzung deutlich bezeichnete, konnte sie mit gutem Fug jene praktische Bedeutung, die der „Discours" dem positiven Recht zuerkannt
hatte, für ihre „loi" in Anspruch nehmen, ohne nun auch ihrerseits den Einwand zu fürchten, daß sie die Unruhen des sozialen
Kriegs mit der „Grabesruhe der Knechtschaft" vertauscht habe.

So ward die Emanzipation von der Zufälligkeit sozialer Einzelerfahrung die Quelle für die Entdeckung des Begriffs der „liberté
civile", der Freiheit der Beherrschten, wie sie vermöge der
Fixierung der rechtlichen Gleichheit in der That ein sicherer Pfeiler
des Rousseauschen Systems geworden ist; und damit war es dem
„Contrat social" gelungen, die Skepsis des „Discours" in Sicherheit
zu überwinden. Dieser wußte gegenüber der tiefen sozialen Zerklüftung seiner Zeit keine andere Rettung, als sich in den idyllischen
Frieden eines nur in Gedanken existierenden Naturzustands zu
flüchten, in einer Erwägung der thatsächlichen Zustände war er
dem sozialen Fatalismus auf das bedenklichste nahe gekommen.
Ganz anders der „Contrat social", der statt dem Tod jedweden
sozialen Lebens als der letzten Rettung aus roher Willkürherrschaft
resigniert entgegenzuschen, gerade vermöge der schärferen Erfassung
der allgemeingültigen Merkmale der menschlichen Natur die Möglichkeit des positiven Rechts in der Welt der Erfahrung entdeckt
hatte und seiner Entdeckung froh die stolzen Worte spricht:

„Les bornes du possible dans les choses morales, sont moins
étroites que nous ne pensons; ce sont nos faiblesses, nos vices, nos
préjugés qui les rétrécissent. Les âmes basses ne croient point aux
grands hommes, de vils esclaves sourient d'un air moqueur à ce
mot de liberté."[1]

In der That, die menschliche Natur in ihren begrifflichen Merkmalen bereitete unserem Rechtsphilosophen Schwierigkeiten genug,
sobald er die Möglichkeit einer Verwirklichung der Maxime der
volonté générale durch Menschen überhaupt in Erwägung zog,
und es wäre der Tod dieser Philosophie gewesen, hätte sie die Frage
nach der Möglichkeit des positiven Rechts mit jener anderen nach
der Möglichkeit seiner Verwirklichung und Durchsetzung in jedem
besonderen Fall vermengt.

Nicht als ob der „Contrat social" nicht auch in letzterer Beziehung interessante Ausführungen enthielte; aber es muß hier auf
das schärfste betont werden, daß die Frage, unter welchen besonderen Bedingungen die Einführung einer rechtlichen Ordnung nach

---

[1] C. s. III, 12.

den Vorschriften des contrat social Erfolg versprechen, gedeihlich wirken, von Dauer sein würde, außerhalb der spezifisch rechtsphilosophischen Untersuchung liegt. Jene letztere hatte ihrer Aufgabe genügt, wenn sie das positive Recht auf das Fundament gemeinsamer Interessen gründete, und ihre Lösung ermangelte der Positivität nicht, sobald sie die Möglichkeit einer Interesseneinheit unter Menschen überhaupt aufweisen konnte. Ob jene Gleichheit der Interessen sich unter in dieser oder jener konkreten Anzahl von Menschen vorfand, davon durfte, ja mußte sie abstrahieren: diese Frage nach der Anwendung ihrer Resultate im einzelnen konkreten Falle hatte mit der ihr eigentümlichen Problemstellung schlechterdings nichts gemein, und so konnte das Resultat dieser natürlicher Weise höchst wichtigen Einzelforschung über den Wahrheitscharakter der allgemeingültigen rechtsphilosophischen Untersuchung mit nichten das geringste ausmachen.

Ein Beispiel aus der jüngsten Entwickelungsstufe unserer Wissenschaft dürfte diesen Gedanken vielleicht noch deutlicher gestalten. In seinem jüngsten Werke „Wirtschaft und Recht" hat Rudolf Stammler den Begriff des Rechts in Unterscheidung von dem Willkürbefehl durch das Merkmal der bedingten Unverletzbarkeit klarzulegen unternommen. Noch ist man nirgends auf den seltsamen Gedanken verfallen, es diesem Denker vorzuwerfen, er habe etwa nicht genügend berücksichtigt, ob denn auch von vornherein über jeden Zweifel erhaben sei, daß in allen denkbaren besonderen empirischen Lagen sich Menschen finden würden, die sich vermöge ihrer besonderen und ihnen eigentümlichen Charakteranlagen an die von ihnen erlassenen Gebote auch wirklich kehren würden! So wie die Wahrheit der Stammlerschen Scheidung von Recht und Willkür unabhängig ist von der Frage nach der Möglichkeit der Vermeidung der Willkür im einzelnen Fall, so ist auch die Rousseausche Bestimmung des Begriffs der „loi" in ihrer Wahrheit davon unabhängig, ob die besonderen empirischen Verhältnisse eine Durchführung dieser also bestimmten Norm zulassen oder nicht.

Aber diese letztere Untersuchung gehört auch keineswegs in das Gebiet der Politik, denn die politische Erwägung setzt die Möglichkeit einer rechtlichen Normierungsweise schon als feststehend voraus und untersucht nur, welcher konkrete Inhalt unter den besonderen empirisch gegebenen sozialen Verhältnissen dem Recht gegeben werden soll. Wir werden später sehen, daß auch die Rousseausche Rechtsphilosophie an der grundlegenden Frage nach dem obersten Zielpunkt jedweder Politik nicht achtlos vorübergegangen ist; im gegenwärtigen Moment der Untersuchung aber kommt alles darauf an, sich deutlich zu machen, daß die Frage nach dem beson-

deren Rechtsinhalt von unserer gegenwärtigen Frage nach der
Möglichkeit einer Einführung rechtlicher Normierung überhaupt schlechterdings getrennt werden muss.

Es muß zugegeben werden, daß die diesbezüglichen Ausführungen
Rousseaus im „Contrat social" durch eine hier und da schwankende Terminologie[1] zu einer Vermengung dieser beiden grundlegend
verschiedenen Fragen wohl Anlaß und Gelegenheit geben konnten
und zum schweren Nachteil für eine systematische Durchdringung
dieser Philosophie denn auch genügsam gegeben haben. Gegen
solche verhängnisvollen Mißverständnisse, denen natürlich die kurz-
sichtige Auflesung und Zusammenstoppelung aus ihrem Zusammenhang gerissener Einzelthesen Rousseaus besonders schwer entgehen
kann, giebt es kein anderes wissenschaftliches Schutzmittel, als die
scharfe Erfassung der grundlegenden Problemstellung unseres Autors,
sowie der ihm eigentümlichen rechtsphilosophischen Methode. Fügen
wir noch hinzu, daß Rousseau selbst den Sprachgebrauch, welchen
er für sein System fixiert hat, nicht immer einhält, z. B. die Worte
„loi" und "république", wie auch das Wort „peuple" zuweilen auch
im Sinne des gemeinen Sprachgebrauchs verwendet, so wird es begreiflich, daß man die Rousseausche Frage nach der Einführung
von Gesetzen überhaupt häufig mit der anderen nach der Einführung guter Gesetze vermengt und verwechselt hat. Nur auf Grund
der systematischen Erfassung des Ganzen dieser Philosophie sind
wir imstande, einzelne scheinbar widerspruchsvolle Worte richtig
zu stellen, nicht sowohl, um unserem Autor fremde Gedanken auf-
zudrängen und so ihn zu vergewaltigen, sondern um gerade das
Verständnis der ihm eigentümlichen Fragestellung auch dorten rein
zu erhalten, wo ein Ausdruck des Schriftstellers seiner eigenen Absicht und Methode scheinbar im Wege steht:

„Ich merke nur an, daß es garnichts Ungewöhnliches sei, sowohl
im gemeinen Gespräch, als in Schriften, durch die Vergleichung der
Gedanken, welche ein Verfasser über seinen Gegenstand äußert, ihn
sogar besser zu verstehen, als er sich selbst verstand, indem er
seinen Begriff nicht genügsam bestimmte und dadurch bisweilen seiner
eigenen Absicht entgegenredete oder auch dachte."[2]

Das Wort des erlauchten Philosophen gilt in der That nicht

---

[1] Vgl. in dieser Beziehung besonders das 8. Kapitel des 2. Buchs des
C. s., wo Rousseau bald von der Möglichkeit der Einführung guter Gesetze,
bald von Gesetzen schlechthin spricht. Über die Unmöglichkeit bei der Bezeichnung neu fixierter Begriffe die bis dahin gebräuchlichen Worte außer Gebrauch zu lassen, vgl. die schon oben zitierten Bemerkungen von Rousseau
selbst im „Emile" l. 2, p. 115.

[2] Kant: Kritik der reinen Vernunft, Ausg. von Kehrbach, S. 274.

nur für Platon, bezüglich dessen es ausgesprochen war, es hat, wie der Kenner wohl wissen dürfte, für das Verständnis von Kant selbst seine bedeutsame Wichtigkeit und auch in der eindringlichen Erfassung der Rousseauschen Philosophie bewährt es seine methodische Bedeutung.

Die nähere Darstellung dessen, was Rousseau über die besonderen Vorbedingungen einer gedeihlichen Rechtsgemeinschaft äußert, alles Bemerkungen, welche von einem gesunden Blick für die empirisch gegebenen sozialen Zustände Zeugnis ablegen, gehört also nicht, wie wir sehen, in den Rahmen unserer Aufgabe hinein. Wenn wir hier diese allgemeinen Fragen einer Technik der Rechtserzeugung, deren Wichtigkeit naturgemäss in demselben Verhältnis zunimmt, in welchem man den Begriff des Rechts enger faßt und beschränkt, nicht schlechthin übergehen, so geschieht dies vor allen Dingen, weil eben ein Teil der hierin einschlagenden Äußerungen Rousseaus auch für das Verständnis seiner Sozialphilosophie klärende Bedeutung besitzt.[1]

Es ist nach dem früher Ausgeführten selbstverständlich, daß Rousseau als Vorbedingung einer jeden rechtlichen Konstituierung menschlichen Zusammenseins eine gewisse Einheit der Interessen aller fordert.[2] Diese Gleichheit ist ja, wie wir sahen, allgemeingültige Voraussetzung für die Entstehung rechtlicher Gemeinschaft überhaupt, nur insoweit sie thatsächlich besteht, ist eine Berücksichtigung des Wohls aller durch ein allgemeinverbindliches Gebot überhaupt möglich. Aber unserem Autor blieb es nicht verborgen, daß bezüglich der thatsächlichen Festsetzung von Gesetzen zur Zeit der ersten Einrichtung einer positivrechtlichen Verfassung unter Menschen eine weitere Schwierigkeit darin gelegen war, diejenigen Gegenstände herauszufinden, bezüglich deren jene Gemeinsamkeit der Interessen nun auch in concreto gegeben war. Wir werden späterhin, wenn wir die Frage nach einem erstrebenswerten Inhalt der Gesetze im Rousseauschen Sinne behandeln, einsehen, daß unter einem guten Recht nach Rousseaus Ansicht diese Frage nur geringe Schwierigkeiten bereiten kann:

---

[1] Zugleich aber auch für das Verständnis charakteristischer Grundzüge der Rousseauschen Politik; denn wenn auch das, was wir uns hier erlauben, Technik der Rechtserzeugung zu nennen, in seinem Wahrheitsgehalt ganz unabhängig davon ist, ob der Rechtsetzende selbst etwa zum Zweck der Erhaltung seiner eigenen Macht, von ihren Anweisungen Gebrauch macht, so ist doch sofort klar, daß gerade die Belehrung des Politikers eine Hauptaufgabe dieser Technik bilden wird.

[2] „Quel peuple est donc propre à la législation? Celui qui se trouvant déjà lié par quelque union d'origine, d'intérêt et de convention, n'a point encore porté le vrai joug des lois." C. s. II, 10.

„Alors tous les ressorts de l'état sont vigoureux et simples ses maximes sont claires et lumineuses; il n'a point d'intérêts embrouillés, contradictoires; le bien commun se montre partout avec évidence et ne demande que du bon sens pour être aperçu ... Le premier qui les (sc. les lois) propose, ne fait que dire ce que tous ont déjà senti et il n'est question ni de brigues ni d'éloquence pour faire passer en loi ce que chacun a déjà résolu de faire, sitôt qu'il est sûr que les autres le feront comme lui."[1]

Nicht so einfach gestaltet sich die Frage nach der thatsächlichen Berücksichtigung des Wohls aller, d. h. nach dem möglichen Inhalt von Gesetzen, wenn für eine rechtliche Gemeinschaft überhaupt erst der Grund gelegt werden soll:

„Pour qu'on peuple naissant pût goûter les saines maximes de la politique et suivre les règles fondamentales de la raison d'état, il faudrait que l'effet pût devenir la cause; que l'esprit social qui doit être l'ouvrage de l'institution présidât à l'institution même et que les hommes fussent avant les lois ce qu'ils doivent devenir par elles."[2]

Nun gebietet aber der contrat social, daß schlechterdings die Gesamtheit allein, unter welchen empirischen Umständen auch immer, die Macht habe, die Gesetze zu bestimmen.

„Le peuple soumis aux lois en doit être l'auteur."[3]

Wir kennen den Grund: Die Gesamtheit allein kann überhaupt jemalen Sicherheit dafür bieten, daß das Princip der volonté générale berücksichtigt werde.

„De lui-même le peuple veut toujours le bien, mais de lui-même il ne le voit pas toujours."[3]

Wie sollte eine in der Technik der Rechtserzeugung noch gänzlich unerfahrene Masse von Menschen diejenigen Gegenstände herausfinden, welche das Wohl des einen so gut wie das des andern befördern?[4] Sie bedarf daher eines Ratgebers: Das ist der „legis-

---

[1] C. s. IV. 1.
[2] C. s. II. 7.
[3] C. s. II, 6.
[4] „Il n'appartient qu'à ceux qui s'associent de régler les conditions de la société. Mois comment les régleront-ils? Sera-ce d'un commun accord? par une iuspiration subite? Le corps politique a-t-il un organe pour énoncer ses volontés? Qui lui donnera la prévoyance nécessaire pour en former les actes et les publier d'avance? Comment une multitude aveugle qui souvent ne sait ce qu'elle veut, parce qu'elle sait rarement ce qui lui est bon, exécuterait-elle d'elle même une entreprise aussi grande, aussi difficile qu'un système de législation? ... Il lui faut voir les objets tels qu'ils sont, quelquefois tels qu'ils doivent lui paraître, lui montrer lo bon chemin qu'elle cherche, la garantir des séductions des volontés particulières." C. s. II, 6.

lateur" im Rousseauschen Sprachgebrauch.[1] Er selbst setzt nicht
die Gesetze fest, aber er beratet diejenigen, welche zuerst im Begriffe sind, sich unter Gesetze zu stellen, sein Rat beziehet sich aber
nicht nur auf den möglichen Inhalt, sondern auch auf den richtigen
Inhalt einer ursprünglichen Gesetzgebung. Damit aber ist seine Rolle
auch ausgespielt: Er ist nach Rousseau nur ein Vehikel einer
empirisch bedingten Technik der Rechtserzeugung überhaupt, wie
auch einer objektiv richtigen Rechtserzeugung, deren fundamentales
Kriterium noch späterhin von uns in Untersuchung gezogen werden
wird. Über die Nützlichkeit des législateur entscheiden immer nur
die besonderen konkreten Umstände bezüglich seiner eigenen Be-
gabung, der Überredungskraft seinsr Ratschläge und der konkreten
Eigenschaften derjenigen Menschenschar, die mit seiner Unterstützung unter rechtlichen Regeln sich vereinigen will. Nimmer
aber können die allgemeingültigen Sätze Rousseauscher Sozialphilosophie durch solche Maßregeln einer durch Einzelerfahrung bedingten Technik im geringsten abgeändert werden:

„Celui qui rédige les lois n'a donc ou ne doit avoir aucun droit
législatif; et le peuple même ne peut, quand il le voudrait, se dé-
pouiller de ce droit incommunicable, parce que selon le pacte fondamental, il n'y a que la volonté générale qui oblige les particuliers, et qu'on ne peut jamais s'assurer qu'une volonté particulière
est conforme à la volonté générale qu'après l'avoir soumise aux
suffrages libres du peuple: j'ai déjà dit cela, mais, il n'est pas inutile de le répéter."[2]

Aber freilich, das, was die Gesamtheit im Gegensatz zum einzelnen für die Rolle des Trägers der gesetzgebenden Gewalt überhaupt in Frage kommen lassen kann. ist eben auch nur die Einsicht, daß sie unter bestimmten Voraussetzungen bei der Ausübung
ihrer Herrschaft das Wohl aller berücksichtigen wird.

Sind diese Voraussetzungen thatsächlich nicht gegeben, vor allen
Dingen, ist nicht jene Interesseneinheit das Fundament der thatsächlich erfolgenden Gebotsetzung, so giebt es keine rechtliche
Gemeinschaft, giebt es keinen Staat mehr, weil es keinen Träger
der Souveränität mehr giebt.

„Ce n'est point par les lois que l'état subsiste, c'est par le
pouvoir législatif."[3]

Die Existenz eines Staates ist an die Existenz von Einzel-

---
[1] Vgl. C. s. II, 7.
[2] C. s. II, 7.
[3] C. s. III, 11. Vgl. ebenda: „Le principe de la vie politique est dans
l'autorité souveraine. La puissance législative est le coeur de l'état ... sitôt
que le coeur a cessé ses fonctions, l'animal est mort."

gesetzen nicht gebunden, aber wenn die Möglichkeit einer Rechtsentstehung überhaupt schwindet, dann ist nach Rousseau auch
der Bestand der rechtlichen Gemeinschaft überhaupt aufgehoben.
Und es giebt keinen Staat, der ewig lebt, so wenig es einen Menschen
giebt, dessen Organismus nicht einmal der Tod zerstören wird.[1]
Aber wie man durch ärztliche Kunst den physischen Leib des
Menschen vor zerstörender Krankheit bewahren kann, so giebt es
auch Mittel der Technik, um den staatlichen Organismus, ein von
Rousseau mit Vorliebe gebrauchtes Bild, vor allzuschnellem Untergang zu sichern.

Und welche Anzeigen legen eine Gefahr für die Existenz der
rechtlichen Gemeinschaft nahe? Rousseau antwortet, daß die
Umwandlung politischer Meinungsverschiedenheiten in persönliche
Streitigkeiten und Gehässigkeiten, daß der Kampf nicht sowohl der
Ansichten über das Staatsbeste, als vielmehr der Überredungskünste
und Intriguen in den Versammlungen des Volks den Verfall des
Staates deutlich bekunden,[2] denn die Gehässigkeit solcher Streitigkeiten bezeuget nach unserem Autor nicht sowohl eine Verschiedenheit der Anschauungen bezüglich der jeweils anzuwendenden Mittel
zur Beförderung des Staatsbesten, sondern der Dissens liegt hier
viel tiefer, es ist ein Kampf der Prinzipien und nicht etwa nur ein
Streit über die richtige Verfolgung einunddesselben Prinzips. Mit
anderen Worten: Der Grundsatz der volonté génerale, der seinem
Begriffe nach nur das bien public betrifft, er herrscht nicht mehr
ausnahmslos in allen Bestimmungen, es machen sich Sonderbestre-
bungen, Sonderinteressen, volontés particulières, in den Versammlungen des gesetzgebenden Volks geltend.

Aber man könnte hier einwenden, ob es denn nach Rousseau
überhaupt etwas anderes geben könne als Sonderinteressen, da ja
nur egoistische Individuen nach ihm existieren. Hierauf ist zu antworten, daß der Wille des einzelnen abstimmenden Bürgers nicht
darum jeweilig als volonté particulière, aber als volonté génerale von
Rousseau gedacht wird, weil jener entweder die Beförderung seines

---

[1] Le corps politique aussi bien que corps de l'homme commence à mourir
dès sa naissance et porte en lui-même les causes de sa destruction. Mais l'un
ou l'autre peut avoir une constitution plus ou moins robuste et propre à le conserver plus ou moins longtemps. La constitution de l'homme est l'ouvrage de
la nature; celle de l'état est l'ouvrage de l'art."

[2] „La manière dont se traitent les affaires générales, peut donner un
indice assez sûr de l'état actuel des moeurs et de la santé du corps politique.
Plus le concert règne dans les assemblés, c'est-a-dire plus les avis approchent
de l'unanimité, plus aussi la volonté générale est dominante, mais les longs
débats, les dissensions, le tumulte annoncent l'ascendant des intérêts particuliers
et le déclin de l'état. C. s. IV, 2.

eigenen Glückes oder das des Staatsganzen zum bewußten Endzweck seines politischen Handelns nehmen könne; denn wir sahen schon oben, daß das Naturgesetz des Egoismus den eigenen Vorteil als letzten Bestimmungsgrund menschlichen Handelns lehrt. Jene Unterscheidung bezieht sich hier vielmehr nur, wie wir gleichfalls schon früher erwähnten, auf die jeweilige Möglichkeit, das Wohl des einen mit dem Wohl aller anderen Gemeinschaftsglieder in einer getrennten Betrachtungsweise zu identifizieren, um so als Beurteiler die Freiheit zu gewinnen, das, was dem einzelnen nur als Mittel zur Erlangung persönlichen Vorteils letztlich am Herzen lag, zugleich auch als einen in Rücksicht auf das Wohl aller erstrebten Gegenstand zu denken und aufzufassen. Freilich, auch dieses steht nirgends so deutlich in Rousseaus Schriften, aber wir haben schon oben auf die Belegstellen hingewiesen, vermöge deren diese Erklärungsweise als die einzige erscheint, welche dem Sinn und Gedankengang unseres Autors entsprechen kann. Eben diese psychologische Grundmeinung Rousseaus, vermöge deren ihm der „allgemeine" Wille eines Abstimmenden, wenn er überhaupt das Wohl des Ganzen bewußt im Auge hat, dieses nur als Mittel zum eigenen Vorteil letztlich bezweckt, führt ja auch erst, wie wir sahen, unseren Autor zu jener scharfen Hervorkehrung der Gleichheit der Interessen aller, als der Bedingung der Verwirklichung des Prinzipes der volonté générale. Nur unter der Voraussetzung, daß der Gegenstand der Abstimmung für das Wohl aller einzelnen dieselben Folgen haben würde, konnte man ja diejenigen, welche aus selbstischen Gründen letztlich ihr Votum abgaben, also ansehen, als ob sie das Wohl aller zur Maxime ihrer politischen Entschließung genommen hätten. Nur unter der Voraussetzung, daß alle Gemeinschaftsglieder bezüglich der jeweiligen Gesetzgebungsfrage als eine Interessengemeinschaft angesehen werden konnten, war es der „Kunst" des „droit politique" möglich geworden, die souveränen Individuen, mochten sie wollen oder nicht, als Organe des Prinzips der volonté générale zu benutzen, sie gleichsam zu zwingen, durch Beförderung des eigenen Vorteils zugleich auch den Vorteil aller zu bezwecken.

So ist die Möglichkeit einer Beobachtung des obersten Staatsprinzips, des bien public, an die Existenz der Interessengleichheit aller Bürger in jeder Frage der Gesetzgebung unweigerlich geknüpft und jene persönlichen Kämpfe, wenn sie die Verletzung dieses obersten konstitutiven Staatengesetzes anzuzeigen in der Lage sind, sie weisen damit aber auch auf die Ursache hin, kraft deren jene Verschiedenheiten der Prinzipien in dem oben näher erörterten Sinne überhaupt nur statthaben konnten, auf die Verschiedenheit der Interessen der einzelnen in der konkreten Frage. Rousseau erkennt es so als bedeutsame Aufgabe einer Technik der Rechtserzeugung, die Bedingungen klarzulegen, unter welchen die gesetzgebende Versammlung des souveränen Volkes stets als Interessengemeinschaft aufgefaßt werden kann. Kann sie es nicht, würde sie jemalen über die Festsetzung von Normen zu entscheiden haben, bezüglich deren Inkrafttreten die Interessen der einzelnen auseinanderfallen, so würde das Resultat einer solchen Abstimmung nicht mehr als unter dem Gesichtspunkte des „bien public" erfolgend angesehen werden können, die Stimme der Mehrheit würde nimmer imstande sein, durch solche Entscheidung ein Gesetz der überstimmten Minderheit zu diktieren, die Gesetzgebung des Volkes ist der Ausübung nach an die Verwirklichung der volonté générale unweigerlich gebunden, sonst giebt es kein Recht der Majorität. Denn:

„Ceci suppose que tous les caractères de la volonté générale sont encore dans la pluralité: quand ils cessent d'y être, quelque parti qu'on prenne, il n'y a plus de liberté."[1]

Es ist daher die wichtige Aufgabe einer mit den empirischen Verhältnissen auf das genaueste vertrauten Technik, dafür zu sorgen, daß nicht unter dem trügerischen Gewand des Gesetzes niemanden bindende „Dekrete" aus den Abstimmungen des Volkes hervorgehen. Die volonté générale darf nicht „still" werden, es darf das „niedrigste Interesse nicht frech sich prunken mit dem heiligen Namen des bien public".[2] Die Technik der Rechtserzeugung hat dafür zu sorgen, daß nicht:

„tous guidés par des motifs secrets, n'opinent pas plus comme citoyens qui se l'état n'eût jamais existé; et l'on fait passer faussement sous le nom de lois des décrets iniques qui n'ont pour but que l'intérêt particulier."[2]

In Verfolgung dieser ihrer Aufgabe hat die Technik nach Rousseau vor allem zu verhindern, daß bezüglich derjenigen Fragen, in welchen nicht für alle Glieder des Volkes eine Gemeinsamkeit des Interesses statthat, sich diejenigen, deren Sonderinteressen hier jeweilig zusammenfallen, zu kleineren Verbänden, zu Parteien und Kliquen zusammenschließen, um durch die Macht ihrer vereinigten Stimmen einen für sie günstigen Beschluß in der Versammlung des Volkes durchzudrücken. Nichts ist nach Rousseau für den Fortbestand des Staates gefährlicher, als die Vertiefung der sozialen Gegensätze in der Erstarkung einzelner großen und mächtigen Parteien. Denn diese sind nichts anderes als Verbände von einzelnen, zu dem Zweck gegründet, um das, was den ausschließlichen Vorteil

---

[1] C. s. IV, 2.
[2] C. s. IV, 1.

ihrer Mitglieder herbeiführen kann, zur allgemeinverbindlichen Geltung in der staatlichen Gemeinschaft zu bringen.[1] Darum muß die Technik der Rechtserzeugung mit allen Mitteln dafür sorgen, daß niemals eine Partei so mächtig im Staate werde, daß sie durch die Zahl ihrer Stimmen imstande sei, im Verfolg ihrer Sonderinteressen die anderen Glieder des Staates zu majorisieren. Divide et impera muß hier die Maxime dessen sein, welchem es am Herzen liegt, daß nicht die an unwandelbare Schranken geknüpfte Souveränität des Volkes ein Mittel werde für die rohe Willkür der Partei. Damit die Sonderinteressen keinen Einfluß gewinnen auf die Abstimmungen des Volkes, muß man dafür sorgen, daß immer nur wenige dieselben Sonderzwecke verfolgen, damit die mit dem Wohl des Ganzen nicht vereinbaren Bestrebungen der einen Klique durch die entgegengesetzten Bemühungen der anderen in Schach gehalten und gleichsam in ihrer Wirksamkeit aufgehoben werden.[2] Denn fast immer wird der einzelne seinen Vorteil in Dingen suchen, deren Durchführung zum Teil auch das Wohl aller anderen Genossen befördern wird, zum Teil aber auch nur einem Teil der Genossen zu gute kommen wird. Mit diesen wird er sr sich dann zu einem engeren Verband zusammenschließen und dessen Sonderinteressen in der Abstimmung des Volkes zur Geltung zu bringen suchen.[3] Solche Bestrebungen,

---

[1] Mais quand il se fait des brigues, des associations partielles aux dépens de la grande, la volonté de chacune de ces associations devient générale par rapport à ses membres et particulière par rapport à l'état: on peut dire alors qu'il n'y a plus autant de votants que d'hommes; mais seulement autant que d'associations.   C. s. II, 3.

[2] Il importe donc pour avoir bien l'éuoncé de la volonté géuérale qu'il n'y ait pas de société particlle dans l'état et que chaque citoyen n'opine que d'après lui ... Que s'il y a des sociétés particulières il en faut multiplier le nombre et en prévenir l'inégalité ... C. s. II, 3. Vgl. auch die folgende Stelle, die einer verwaltungspolitischen Erwägung entsprungen ist: ... „d'où il suit que plus ces intérêts particuliers trouvent de gêne et d'opposition, moins ils balancent l'intérêt public; de sorte que s'ils pouvaient se heurter et se détruire mutuellement, quelques vifs qu'on les supposât, ils deviendraient nuls dans la délibération, et l'intérêt public serait seul écouté. Quel moyen plus sûr peut-on donc avoir d'anéantir tous ces intérêts particuliers que de les opposer entre eux par la multiplication des opinants?" „Polysynodie de l'abbé de St. Pièrre," chap. 9.

[3] Diese zweifache Art und Weise der Mittel, vermöge deren der einzelne Bürger seinen Vorteil in der Abstimmung des souveränen Volks zu erreichen sucht, schildert Rousseau in der folgenden gleichfalls vielfach mißverstandenen Stelle: „S'ensuit-il de là que la volonté générale soit anéantie ou corrompue? Non: elle est toujours constante, inaltérable et pure; mais elle est subordonnée à d'autres qui l'emportent sur elle. Chacun détachant son intérêt de l'intérêt commun sait bien qu'il ne peut l'en séparer tout-a-fait; mais sa part du mal public ne lui parait rien auprès du bien exclusif qu'il

die unausbleiblichen Folgen der nun einmal nicht gänzlich ausrott-
baren Interessengegensätze in einer rechtlichen Gemeinschaft, sie
müssen unterdrückt werden, damit der endgültige Beschluß des
Volkes stetig so angesehen werden könne, als sei er unter dem
leitenden Prinzip der volonté générale zustande gekommen.

„Ainsi la loi de l'ordre public dans les assemblés n'est pas tant
d'y maintenir la volonté générale, que de faire qu'elle soit toujours
interrogée, et qu'elle réponde toujours."[1]

Darum muß die Technik der Rechtserzeugung alle Sonder-
verbände im Staate zu vernichten suchen, damit der einzelne, an
dem Einfluß seines Verbandes verzweifelnd, es aufgebe, seinen Vorteil in der Festlegung von Normen zu suchen, welche nicht zugleich
auch das Wohl aller Staatsmitglieder einheitlich fördern. Dadurch,
daß sich alle Bürger nur als Mitglieder des einen Staates als der
seinem Begriffe nach umfassenden einheitlichen Interessengemeinschaft betrachten, werden jene Meinungsverschiedenheiten, das notwendige Resultat der Interessengegensätze, wie groß sie an Zahl
auch sein möchten, dennoch unschädlich sein, weil sie in gegen-
seitiger Befehdung ihre Kräfte verbrauchen werden und also niemals
den auf das Wohl aller gerichteten Bestrebungen den endgültigen
Sieg in der Abstimmung des Volkes werden entreißen können.[2]
Würde freilich dieser letztere Fall jemalen eintreten, würden die
Bestrebungen einer Clique in der Abstimmung des Volkes jemals
die Mehrheit erlangen und behaupten, dann wäre in der That dem
Prinzip des bien public, dem Grundsatz der volonté générale die
Herrschaft geraubt, das Volk wäre seines Rechts auf die Souveränität,
das das Naturrecht ihm unter unverletzbaren Klauseln eingeräumt,
verlustig gegangen, die rechtliche Gemeinschaft wäre aufgehoben,
weil es keinen Träger der rechtsetzenden Gewalt mehr gäbe.

„Enfin quand une de ces associations est si grande qu'elle
l'emporte sur toutes les autres, vous n'avez plus pour résultat

---

prétend s'approprier. Ce bien particulier excepté, il veut le bien général
pour son propre intérêt tout aussi fortement qu'aucun autre. Même en
vendant son suffrage à prix d'argent, il n'éteint pas en lui la volonté générale, il l'élude." C. s. IV, 1.

[1] C. s. IV, 1.

[2] „Si quand le peuple suffisament informé délibère, les citoyens n'avaient
aucune communication entre eux, du grand nombre de petites différences
résulterait toujours la volonté générale et la délibération serait toujours
bonne." C. s. II, 3. Man hat vielfach übersehen, daß der zunächst schwer
verständliche Satz sich wie der ganze nun folgende Abschnitt auf die Beurteilung von Mehrheitsbeschlüssen bezieht, von dem Gesichtspunkt aus erwogen, ob in ihnen das Prinzip der volonté générale zur Geltung kommt oder
nicht, d. h. eben von dem Standpunkt der Technik der Rechtserzeugung.

une somme de petites différences, mais une différence unique; alors il n'y a plus de volonté géuérale et l'avis qui l'emporte n'est qu'un avis particulier."[1]

Freilich die mit den besonderen empirischen Verhältnissen wohl vertraute Technik der Rechtserzeugung kann sich der leidigen Erfahrung nicht verschließen, daß auch auf Grund von Sonderinteressen sehr wohl eine Einigung der Mehrheit des Volkes zustande kommen kann. Aber jene Disziplin ist rechtsphilosophisch genugsam geschult, um zu wissen, daß jene Einigung im konkreten Gebotsinhalt noch lange nicht beweist jene Einheit des Grundsatzes, unter welchem die Abstimmung jedes einzelnen Angehörigen jener herrschenden Majorität muß angesehen und erwogen werden können, damit die Willenseinheit der vielen den Schein des Zufälligen verliert und als allgemeiner, d. h. gesetzgebender Wille allen Gliedern des Volkes gültige Pflichten auferlegen kann. Nicht jeder Beschluß der Mehrheit ist nach Rousseau ein Beschluß des souveränen Volkes; wo es an der Einheit des Gesichtspunktes des bien public bei der Abstimmung fehlt, da ist das Resultat der Abstimmung, von welch' überwältigender Majorität es auch getragen sein mag, nimmermehr ein bindendes Gesetz, sondern ein roher Willkürakt, der niemanden verpflichtet.[2]

---

[1] C. s. II, 3.

[2] Es ist deutlich, daß eine Regelung der Frage, wer in einem Staate befugt sei, nach den oben dargestellten Grundsätzen darüber bindend zu entscheiden, ob ein Mehrheitsbeschluß des Volks eine bindende „loi" oder ein ungültiges „décret" erzeugt, eine schwierige Frage der Politik betrifft. Rousseau macht darüber die folgende Andeutung: „De ces diverses considérations naissent les maximes, sur lesquelles on doit régler la manière de compter les voix et de comparer les avis, selon que la volonté générale est plus ou moins facile à connaître et l'état plus ou moins déclinant." C. s. II, 2. Am Schluß des vorhergehenden Kapitels bemerkt Rousseau, daß diese Frage eine ganz besondere Abhandlung nötig machen würde und daß er nicht alles in dieser sagen könne. Es sei bemerkt, daß das Tribunat, dessen Einsetzung der Politiker Rousseau unter besonderen empirischen Bedingungen (vgl. das Ende von C. s. IV, 5) befürwortet, diese Aufgabe übernehmen könnte: „Le tribunat n'est point une partie constitutive de la cité et ne doit avoir aucune portion de la puissance législative ni de l'exécutive: mais c'est en cela même que la sienne est plus grande: car, ne pouvant rien faire, il peut tout empêcher. Il est plus sacré et plus révéré comme défenseur des lois que le prince qui les exécute et que le souverain qui les donne. C. s. II, 5. — In dem sehr beachtungswürdigen Buche von P. Ph. Gudin: Supplément au „Contrat social", Paris 1792, das auf Grund eines oft trefflichen Verständnisses der rechtsphilosophischen Grundlehren Rousseaus eine französische Politik für das Zeitalter der Revolution darstellen will, wird dem Tribunat geradezu diese Rolle zuerkannt. Die interessante Stelle (a. a. O. S. 26) lautet also: „La pluralité des voix n'indique jamais que la volonté du parti le plus nombreux: mais ce parti n'est pas toujours celui de la généralité des citoyens. La volonté générale a pourtant des signes qui la caractérisent.

Denn wir sahen es, die Souveränität des Volkes ist nach Rousseau auf die Machtvollkommenheit eingeschränkt, die Gesetze, die „lois" zu bestimmen und zu erlassen:

„Les actes du souverain ne peuvent être que des actes de volonté générale, des lois."[1]

Jetzt erst offenbart sich der fundamentale Begriff der égalité in seiner ganzen methodischen Schärfe. Dort, wo die Majorität die Befriedigung ihrer Sonderinteressen in der Abstimmung des Volkes zur Geltung bringt, kann nimmermehr ein bindendes Gesetz entstehen, mag jener blendende Schein der Allgemeinverbindlichkeit, der formellen Gleichheit aller vor dem Gesetz noch so sehr die äußere Struktur der loi nachahmen. Es bleibt dennoch bei der leeren Form, die dasjenige konkrete Sollen, welches den Vorteil des einen nur befördert, indem es das Wohl des anderen vernichtet, nimmer zum objet général erheben kann. Es bleibt ein objet particulier und jene Norm, die es gebietet, mag sie auch noch so allgemein zu reden scheinen, wird nimmermehr als loi anerkannt werden. Zwar haben die Vertreter dieser Sonderinteressen in quantitativer Beziehung die erforderliche Zahl der Stimmen vereinigt: die Majorität hat sich geeinigt und gesprochen, und dennoch: Was ist das Urteil des Rechtsphilosophen? Er sieht nur eine einzige große Dissonanz, „une différence unique": „Alors il n'y a plus de volonté générale et l'avis qui l'emporte n'est qu'un avis particulier." Das ist der Punkt, wo der tiefer gefaßte Begriff der égalité endgültig seine methodische Herrschaft geltend macht gegenüber jener abstrakten Form der äußeren Rede, die etwa für die Unterscheidung des modernen Staatsrechts zwischen Gesetz und Verordnung (im materiellen Sinne) das ausschlaggebende Kriterium abgiebt. Nichts oberflächlicher als jene Anschauung, als sei die Rousseausche Unterscheidung in „loi" und „décret" mit dieser Erörterung der tech-

---

Le profond génie de l'auteur du Contrat social lui a fait discerner les signes caractéristiques de cette volonté; il nous les a indiquées, et ils sont tels qu'il est impossible de les méconnaître ... Égalité dans les droits, justice en toute chose, voilà donc les signes auxquels les citoyens reconnaîtront toujours, si des lois qu'on leur propose émanent de la volonté générale ou de celle d'un parti qui s'est emparé de la majorité des suffrages. C'est pour s'opposer aux décisions de ce parti et pour donner le temps aux esprits égarés ou prévenus de revenir à la volonté générale, qu'il a été indispensable que tous les gouvernements qui ont eu des principes, d'établir un régulateur. C'est ce qu'on appelait chez les Romains et que nous appellerons aussi la puissance tribunitienne." Vgl. auch das bemerkenswerte ganz im Geist des „Contrat social" gehaltene Kapitel 11 (p. 47 ff.).

[1] „Emile" livre 5me p. 159.

nischen Jurisprudenz identisch, als habe sie auch nur das geringste in methodischer Hinsicht mit ihr gemein.

Auf die grundlegende Verschiedenheit der Mehrheitsbeschlüsse je nach dem leitenden Gesichtspunkte, von welchem aus die materiale Übereinstimmung der bei der Abstimmung durchgedrungenen Ansichten aufgefaßt und erwogen werden kann, wollte Rousseau auch in der folgenden in der That ohne eingehendes Verständnis seines Systems kaum verständlichen Stelle hinweisen, die zu allen Zeiten eine schier unüberwindliche Crux der Rousseau-Auslegung gebildet hat:

„Il y a souvent bien de la différence entre la volonté de tous et la volonté générale; celle-ci ne regarde qu'à l'intérêt commun, l'autre regarde à l'intérêt privé et n'est qu'une somme de volontés particulières; mais ôtez de ces mêmes volontés les plus et les moins qui s'entredétruisent, reste pour somme des différences la volonté générale."[1]

Man darf wohl sagen: Das richtige Verständnis dieser Stelle kann als endgültiger Lohn gelten für alles Bemühen, in den systematischen Gang der Rousseauschen Sozialphilosophie einzudringen; denn in diesen Worten, welche, wie wir sehen werden, den leitenden Gedanken einer auf Rousseauscher Rechtsphilosophie fußenden Technik der Rechtserzeugung zum prägnanten Ausdruck bringen sollen, in diesen wenigen Worten treffen in der That fast alle Fäden des weitverzweigten Systems zusammen.

Wer nur immer auch nur mit einem kleinen Aufwand von Aufmerksamkeit den „Contrat social" zu lesen oder gar zu verarbeiten und durchzudenken unternimmt, wer auch nur mit einem Funken von methodischem Interesse die einzelnen zunächst so unendlich verworren scheinenden Gedankengänge dieses rechtsphilosophischen Fragments durchläuft, wird bei diesem Satze, den wir citierten, Halt machen; mag er nun seinen Inhalt verstehen oder nicht, er muß sich eingestehen, daß gerade hier, wo der Autor ganz offenbar einen wichtigen Beitrag zur Erklärung seines meistgebrauchten Terminus, des räthselhaften und stetig wiederkehrenden Ausdrucks volonté générale geben will, der Grundgedanke dieser gesamten Philosophie zur Verhandlung stehen wird. Und in der That, wollte man es unternehmen, die gesamte Rousseau-Litteratur, insofern sie sich mit dem rechtsphilosophischen Problem unseres Autors überhaupt in einer ernst zu nehmenden Weise abgiebt, nach dem Gesichtspunkte hin zu prüfen und zu beurteilen, ob sie hinsichtlich des Verständnisses dieser fundamentalen These unseres Philosophen ehr-

---

[1] C. s. II, 3.

lich Farbe zu bekennen gewagt hat, so würde gerade hier das negative Ergebnis einer solchen Prüfung genügen, um auf die Gründlich-
keit und litterarhistorische Exaktheit so mancher Darstellung und
Widerlegung Rousseauscher Lehre ein seltsames Schlaglicht zu
werfen.

Jedenfalls verdient es die methodische Bedeutung des Gedankens,
der sich in diesem kleinen selbständigen Absatz des wichtigen Kapitels 3 des zweiten Buches des „Contrat social" verbirgt, daß auf
die Auffassung, die ihm bis dato in der einschlägigen Litteratur
zuteil geworden, des genaueren eingegangen und kritisch Stellung
genommen wird.

Unser Bericht wird durch den Umstand erleichtert, daß sich
in dieser Frage eine fast ausnahmslose Einhelligkeit der Ansichten
gezeigt hat.

Nach der fast ausschließlich vertretenen Meinung will Rousseau
in der einschlägigen These die Frage beantworten, wie es zugehe,
daß die aus so zahlreichen Köpfen und so mannigfach verschiedenen
Interessen zusammengesetzte Gesamtheit des Volkes sich über einen
konkreten Gesetzesinhalt einige, kurz, wie trotz der großen Zahl sich
widersprechender Meinungen ein Mehrheitsbeschluß zustande
komme. Der Unterschied, welchen unser Philosoph durch die beiden
Termini „volonté de tous" und „volonté générale" hier ganz ausdrücklich bezeichnen und hervorheben wollte, ist nach jener Auffassung
identisch mit der Unterscheidung des Inbegriffs aller in einer Versammlung des souveränen Volkes überhaupt erklärten Meinungen
von denjenigen politischen Ansichten, für welche sich eine Mehrheit
ergeben habe. Die Summe aller an sich noch ganz ungeordneter
und gleichsam zerstreuter vota, die überhaupt bei der Abstimmung
abgegeben würden, das sei nach Rousseau „la volonté de tous";
wenn man nun finden wolle, ob etwa ein bestimmter Gesetzesinhalt
von der Gesamtheit oder auch nur der Majorität befürwortet sei,
so habe Rousseau den guten Rat erteilt. die sich gegenseitig im
Inhalt widersprechenden Ansichten, welche sich nämlich ebendadurch
wechselseitig aufheben würden, fortzulassen: Dann blieben diejenigen
vota übrig, bezüglich deren man sich geeinigt habe, und diese Übereinstimmung bezüglich des konkreten Inhalts eines [zu erlassenden
Gesetzes das sei nach Rousseau „la volonté générale".[1]

---

[1] Diese Auffassung findet sich ausdrücklich ausgesprochen in folgenden
Schriften: „Rousseaus Contrat Social", beurteilt von Karl Moritz Kahle,
Berlin 1834. Vgl. S. 8: „In allen übrigen Fällen dagegen wird die Minderzahl
durch den Beschluß der Mehrheit gebunden. Der Wille der letzteren wird der
Gesamtwille genannt. (la volonté générale) und ist wohl zu unterscheiden
von den Willen aller (la volonté de tous). Der letztere nämlich ist nur der

Gierke war der erste von den Vertretern dieser Ansicht, welcher richtig erkannte, wie wenig jedenfalls dieses Resultat der Wichtigkeit entsprach, mit welcher Rousseau jene Unterscheidung angekündigt und ausdrücklich hervorgehoben hatte. Noch wenige Jahre vorher hatte Brockerhoff es als zutreffend bezeichnet, daß Rousseau lehre: „Zu dem Ende ziehe man von der Gesamtheit aller einzelnen Willensäußerungen diejenigen ab, welche ein Mehr oder Weniger wollen und sich deshalb gegenseitig aufheben; die Summe der sich ergebenden Differenzen macht dann den Inhalt des allgemeinen Willens aus."

Dagegen hatten schon Kahle und Feuerlein richtig erkannt, daß die „Plus und Minus", worunter nach ihnen allen ja der Widerspruch im Inhalt der einzelnen vota zu denken sei, sich doch nur dann gegenseitig aufheben könnten, wenn es sich in allen Abstimmungen des souveränen Volkes um die gesetzliche Fixierung von Quantitäten handeln würde.[1] Aber in dem Eifer, ihren Autor zu widerlegen, kam diesen beiden gar nicht der Gedanke, ob nicht gerade die Absurdität dieser unmittelbaren Konsequenz eher die Irrigkeit der eigenen Auffassung nahe lege, als die bodenlose Borniertheit eines Rousseau.

partikuläre seinem Objekt nach sehr verschiedene Wille der einzelnen. Hebt man aus der Summe aller dieser Einzelwillen die sich am meisten (?) widerstrebenden gegeneinander auf, so liefert der Rest den Gesamtwillen". — Ganz ähnlich: Feuerlein in Zeitschrift „Der Gedanke" II. S. 11: bes. deutlich bei Brockerhoff: Jean Jacques Rousseau: Sein Leben und seine Werke, Leipzig 1863—84, Bd. 3 S. 122, und neuerdings auch Gierke: „Althusius" S. 203: „Indem er die volonté générale für den Souverän erklärt, sucht er freilich deren diametrale Verschiedenheit von der „volonté de tous" ausführlich darzustellen. Bei näherer Betrachtung indeß stellt der ganze Unterschied sich dahin heraus, daß in dem „Willen aller die konkreten Abweichungen der Einzelwillen voneinander mitgedacht, in dem allgemeinen Willen die individuellen Besonderheiten der Einzelwillen durch Summierung der in ihnen übereinstimmenden Merkmale zu einem Durchschnittswillen aufgehoben werden."

[1] Besonders charakteristisch dafür, wie manche der Pflicht, Rousseau zu widerlegen, sich entledigten, ist die einschlägige Stelle bei Kahle (a. a. O. S. 22 : „Zweifelhafter dagegen mußte es sein, ob man denn auch wirklich immer einen bestimmten Ausspruch der Mehrheit erhalten könne, womit zusammenfällt, ob der Rousseausche Gesamtwille etwas anderes sei, als eine Rousseausche Chimäre. Wenn es sich nämlich darum handelt, ob 1000 Talente oder 500 oder noch weniger bewilligt werden sollen, da lassen sich zwar die am meisten voneinander abweichenden Vota kompensieren und es bleibt ein bestimmtes und festes Mittleres übrig. Allein, wie soll es werden, wenn der eine über die Steuern, der andere über Strafen beraten will, der dritte aber über Chausseen und Wege? Alsdann wird garnichts beschlossen, sondern ein leerer Kampf um die Tagesordnung geführt." — Dieselbe „Widerlegung" bei Feuerlein a. a. O. S. 11.

Freilich, weit seltsamer muß es erscheinen, daß man bis dato nicht bemerkt hat, wie wenig sich die ganze Auslegung mit den ausdrücklichen Worten unseres Philosophen in Einklang bringen läßt.

„Der Wille aller" soll in einem wundersamen Sprachgebrauch ein „Aggregat" ganz zusammenhangsloser und sich inhaltlich widersprechender Einzelvota sein, und der allgemeine Wille sei nichts anderes als das Resultat einer Auswahl derjenigen Ansichten, die zufälliger Weise von der Mehrheit der Versammlung vertreten wurden. Nun hat aber Rousseau den Unterschied selbst also bestimmt: „Celle-ci (sc. la volonté générale) ne regarde qu'à l'intérêt commun, l'autre regarde à l'intérêt privé". — In der That sehr merkwürdig! Alle einzelnen Willen sind auf Sonderinteressen gerichtet, findet man aber aus ihnen diejenigen heraus, welche von der Mehrheit vertreten werden, so haben diese notwendig das allgemeine Interesse im Auge. — Von dem scheinbaren logischen Widerspruch einmal abgesehen, wie kann denn die thatsächliche Willensübereinstimmung der Mehrheit die Beobachtung des öffentlichen Interesses gewährleisten?

Es ist psychologisch begreiflich, daß der jüngste Bearbeiter der Rousseauschen Lehre [1] diese „Meinung" Rousseaus „mystisch" genannt hat.

Unser Autor müßte auch diesen Tadel geduldig hinnehmen, sollte sich nicht herausstellen, daß beim näheren Zuschauen auch dieses Rousseausche „Dogma" sich wohl einordnet in das Ganze seines Systems.

---

[1] Liepmann a. a. O. S. 33, 34. Dieser Schriftsteller lehrt, daß Rousseau die Ansicht vertreten habe, daß aus dem „Kalkül der Stimmen" „die Erklärung des gemeinen Willens" resultiere, „weil bei der Vereinigung (?) der einzelnen Willen die stärksten (?) Gegensätze sich aufheben und daher als „somme des différences" die übrig bleibende Meinung die der Gemeinschaft zuträglichsten Gesichtspunkte zu Worte kommen läßt." (S. 31). Dieser „freihändlerische" Standpunkt, vermöge dessen Rousseau der freien Konkurrenz die segensreichen und mystischen Wirkungen für das Heil der Gesamtheit zuschreibe (S. 34) würde von Rousseau nur vertreten, solange er den „Faktor" der „Menschen" „sorgsam ausschaltete" und er habe in der Geschichte der Rechtsphilosophie kein Analogon (S. 33). — Glücklicherweise nicht: denn Liepmann berichtet, daß der Rousseauschen Lehre von der freien Konkurrenz von — Phantomen der ihm mit Adam Smith gemeinsam „Glaube" zu Grunde liege, daß der einzelne ebenso wie die Gesamtheit (?) dem eigenen Besten am sichersten nachstreben, sofern ihrer Bewegung keine Schranken und künstlichen Hemmnisse entgegengebracht werden (S. 34), „daß der Egoismus eines jeden nach Durchsetzung seiner Forderungen strebt" (S. 32) und daß trotzalledem Rousseau hierbei von der „idealsten aller Voraussetzungen" ausgegangen sei, daß nämlich die Menschen vernunftgemäß handeln, d. h. daß „die einzelnen von ihren Sonderinteressen abstrahieren und lediglich die gemeinen Interessen berücksichtigen." (S. 34).

Glaubt man denn in der That, Rousseau wolle an dieser hervorragenden Stelle, geradezu im Mittelpunkt seiner grundlegenden rechtsphilosophischen Erörterungen, einem notwendiger Weise etwas beschränkt gedachten Wahlaufseher eine Anweisung erteilen, wie er die Stimmen zählen müsse, um die Ansicht der Mehrheit zu finden? Bedurfte es in der That einer Belehrung darüber, daß, wenn nur die Majorität Gesetze geben könne, die in der Minorität gebliebenen Meinungen nicht mitberücksichtigt werden dürfen, und anderer tautologischen Dinge mehr? Aber freilich es ist eine petitio principii, unsere Prämisse, daß die Philosophie, welche eine politische Welt aus den Angeln hob, nicht an solcher Borniertheit gekrankt habe! Darum soll nicht das Ansehen des Philosophen, auch nicht der Wortlaut der These selbst, sondern die Erkenntnis der fundamentalen Problemstellung und der einheitlichen Methode dieser Philosophie unseren Streitfall zum Austrag bringen.

Man sehe noch einmal ab von alledem, was wir in systematischer Hinsicht bezüglich der Rousseauschen Lehre festzustellen versucht haben, und man prüfe nur einen Augenblick den Inhalt des Einzelproblems, dem das dritte Kapitel des zweiten Buches vom „Contrat social" gewidmet ist. Wir sind dieser Frage schon früher nachgegangen, als wir die beiden letzten Abschnitte dieses schwierigen und trotzdem so wichtigen Kapitels auf ihren methodischen Grundgedanken hin untersuchten. Wir fanden damals, daß Rousseau innerhalb der Majoritätsbeschlüsse eine fundamentale Unterscheidung vornahm nach dem Gesichtspunkte hin, ob die Ansicht der Mehrheit als Ausdruck der volonté générale aufgefaßt werden konnte oder nicht. Es sollte der stufenweise Niedergang eines Staates an der Hand der Frage beurteilt werden, ob aus den Mehrheitsbeschlüssen des Volkes die volonté générale „resultiert" oder ob diese Beschlüsse der Mehrheit nichts anderes seien, als das Resultat einer Majorisierung der Gesamtheit durch eine an Stimmenzahl übermächtige Partei, durch „une de ces associations si grande qu'elle l'emporte sur toutes les autres". Auch hier freilich würde eine Einigung der Majorität leichtlich zustande kommen, aber gerade hierin lag ja nach unserem Philosophen die ungeheure Gefahr, daß unter dem Deckmantel der Majorität und der formellen Allgemeinverbindlichkeit nur die Interessen eines, wenn auch noch so zahlreichen, Sonderverbandes zum Ausdruck kämen, daß jener Beschluß der Mehrheit nur eine „différence unique" letztlich enthalte, daß es „keine volonté générale mehr gäbe", und die durchgedrungene Meinung keine „loi", sondern nur einen „avis particulier" darstelle.

Und wir sahen, welche Mittel Rousseau angab, damit die Stimme der Mehrheit stetig zur Erzeugung des Rechts diene. Aber

es galt auch zunächst, es deutlich auszusprechen, daß nur die Kenntnis
der besonderen empirischen Umstände es verbürgen könne, ob die
Mehrheit eines Volkes im allgemeinen, wie im einzelnen konkreten
Falle auch thatsächlich ihrer gesetzgeberischen Aufgabe gewachsen
sei. Es galt Rousseau, gerade seine Philosophie von dem Verdacht
zu reinigen, als habe sie aller sozialen Erfahrung zum Trotz die in
der That mystische Lehre vertreten, daß ein thatsächlich einmal
zustandegekommener Mehrheitsbeschluß naturnotwendig auch das
Wohl aller zum einheitlichen Richtpunkt genommen haben müsse.
Bevor man in einer technischen Betrachtungsweise Mittel aufstellte
zu dem Zweck einer gesicherten Rechtserzeugung, galt es gerade,
die Berechtigung einer solchen Untersuchung zunächst nachzuweisen,
galt es zu zeigen, dass die Erreichung des Zweckes nicht schon von
selber und naturwendig eintrete. Kurzum, es war im Beginn dieses
Kapitels die Wichtigkeit der Aufgabe in Kürze zu bezeichnen, der
sich die Technik der Rechtserzeugung überhaupt widmen
sollte. Das ist, wie wir sehen werden, der Sinn der Stelle, deren
Auslegung und systematisches Verständnis hier zur Verhandlung
steht.

Wie es thatsächlich zugehe und psychologisch zu begreifen sei,
daß die Majorität eines Volks in einer bestimmten Frage überhaupt
einundderselben Ansicht sei, davon durfte diese Technik mit Fug
absehen und die Erledigung dieser Sache soziologischer Spezial-
forschung mit gutem Mute überlassen: Nun wohl, konnte man sich
überhaupt nicht einigen, so kam eben kein Gesetz zustande; kaum
gab es wohl eine Frage, bezüglich deren die Anwendung Rousseauscher Rechtsphilosophie weniger Schwierigkeiten bereitete, als
gerade hier.

Nein, gerade wenn solche Mehrheitsbeschlüsse thatsächlich vor-
lagen, da begann erst in der That die Subsumtion unter die fundamentalen Grundsätze dieser Theorie heikel zu werden. Die nackte
Thatsache eines Mehrheitsbeschlusses, wie wenig konnte sie an sich
betrachtet, die weitgehenden und stolzen Ansprüche befriedigen,
welche diese Philosophie an den Erzeuger rechtlicher Satzung
stellte! Die Mehrheit eines Volks hat sich für einen bestimmten
Gesetzesvorschlag entschieden, und damit allein sollte die Freiheit
aller Glieder der Gemeinschaft letztlich gewährleistet sein! Die
Mittel angeben, damit die vielen zu irgend einer Ansicht kämen,
das sollte die letzte Weisheit der Philosophie sein, die da lehren
wollte, „die unwandelbaren Gebote der Gottheit auf Erden nach-
zuahmen." —

„Il y a souvent bien de la différence entre la volonté de tous
et la volonté générale."

Es ist ein Unterschied zwischen Mehrheit und Mehrheit! Eine Übereinstimmung im Willensinhalt (in der Materie) wird freilich bei beiden vorausgesetzt, bei dem Willen aller so gut wie bei dem allgemeinen Willen.[1] So muß denn die Unterscheidung auf einer Verschiedenheit der Willensrichtung fußen, und in der That:

„Celle-ci ne regarde qu'à l'intérêt commun, l'autre regarde à l'intérêt privé et n'est qu'une somme de volontés particulières."

In der jeweiligen Beobachtung des Wohls aller oder des Vorteils von nur einzelnen ist das Kriterium einer Scheidung zweier Arten von Majoritätsbeschlüssen gelegen. Damit eine einheitliche und zusammenfassende Berücksichtigung der Abstimmungen aller Glieder einer Gemeinschaft überhaupt Sinn habe, ist es unumgänglich notwendig, daß ein jeder im Volke nach demselben Gesichtspunkt, nach demselben grundlegenden Gesetz der Entschließung die zur Entscheidung stehende Sache erwäge, daß er, wie wir oben sahen, auf ein und dieselbe Frage letztlich Antwort gebe. Es hat keinen Sinn, das Ja der A. auf die Frage, ob ein Gesetz seinen persönlichen Vorteil fördern würde, zusammenzufassen und auf eine Einheit bringen zu wollen mit dem Ja des B., das nur besagen will, daß eben dies Gesetz in seiner besonderen Lage ihm zu statten käme, oder gar die Ja des A., B. und C., als der Glieder einer besonderen Interessengemeinschaft, ausspielen zu wollen gegen das Nein des D., der in seiner besonderen Stellung von ganz anderen Kriterien aus seine Entscheidung gab. Damit man den Inhalt der Vota überhaupt zusammenstellen und nach der Zahl ihrer Vertreter vergleichen und beurteilen kann, ist es vor allen Dingen notwendig, daß niemand „auf etwas anderes antworte, als wonach man ihn gefragt hat", mit anderen Worten, daß ein jeder im Volk das Wohl aller zur einheitlichen Maxime seiner Entschließung nehme. Könnte man nicht alle Ansichten als nach dem einheitlichen Gesichtspunkt des bien public gefaßt ansehen, so erschiene alle Übereinstimmung im konkreten Inhalt als zufällig, und wir besäßen keine methodische Befugnis, die nur scheinbar gleichlautenden vota einheitlich aufzufassen, sie blieben — „une somme de volontés particulières."

Aber läuft nicht der Gedanke dieser ganzen Unterscheidung, wenn wir die Welt der Thatsachen berücksichtigen, auf ein leeres Hirngespinst hinaus? Hatte nicht Rousseau selbst gelehrt, daß jeder einzelne notwendig seinen eigenen Vorteil zum ausschlag-

---

[1] Das übersieht Landmann a. a. O. S. 135, obwohl dieser Schriftsteller im Hinweis auf die citierte Stelle die Richtung auf das bien public als Merkmal der volonté générale richtig hervorhebt. (Vgl auch Seite 129, Note 27).

gebenden Bestimmungsgrund all seines Handelns nehme? Wie konnte unter den Zwang des Naturgesetzes jemalen in der Welt der Wirklichkeit ein allgemeiner Wille angetroffen und von der „volonté de tous" in Sicherheit geschieden werden? Und Rousseau antwortet:

„Mais ôtez de ces mêmes volontés les plus et les moins qui s'entredétruisent, reste pour somme des différences la volonté générale."

Mit anderen Worten: Nehmt alle die Mehrheitsbeschlüsse, die ihr noch eben als Antworten auf lauter verschiedene Fragen dachtet und so unmöglich zu einer Einheit zusammen fassen konntet, und entfernt aus ihnen alle diejenigen Einzelvota, deren Prinzipien überhaupt in keiner Weise unter dem Gesichtspunkt des „bien public", des „interêt commun" einheitlich erwogen werden können. Die diesem obersten Grundsatz schlechthin widerstreitenden Maximen, das sind die „Plus und Minus",[1] die bei aller Übereinstimmung im konkreten Inhalt die „volonté de tous" als ein unzusammenhängendes Aggregat von Einzelansichten erscheinen ließen, das niemals als volonté générale aufgefaßt und gewürdigt werden kann. Und habet keine Besorgnis, daß bei dieser Ausstoßung derjenigen Mehrheitsbeschlüsse, deren Einzelvota sich wegen der Divergenz ihrer Prinzipien wie Plus und Minus gegenseitig aufheben, überhaupt nichts mehr übrig verbleiben könne.[2] Zwar sagt D'Argenson mit Recht,

---

[1] Man scheint bis dato garnicht darauf geachtet zu haben, daß Rousseau gerade an die Worte im Text: „les plus et les moins qui s'entredétruisent", die Note anschließt, die mit den Worten D'Argensons beginnt: „Chaque intérêt a des principes différents": kurzum auf den Parallelismus der Ausdrücke „regarder à l'intérêt commun, regarder à l'intérêt privé", „les plus et les moins qui s'entredétruisent" und der „principes différents" des D'Argenson.

[2] Das ist die Meinung von L. Moreau „J. J. Rousseau et le siècle philosophique, Paris 1870, eines fanatischen Gegners Rousseaus, der schon in der äußeren Tonart den Grad seiner Objektivität erkennen läßt. Ihm ist der „Contrat social" „le crime d'une pensée rongée de fiel et d'envie" (p. 6), une oeuvre de vengeance. Le sophisme et le paradoxe y prennent impudemment leurs états. ... La haine et l'envie déguisées de leur mieux sous la froide gravité de raisonnement, y affectent volontiers le langage de l'analyse (p. 243) u. s. w. u. s. w. — Dieser Schriftsteller bemerkt immerhin richtig daß die „subtile distinction entre la volonté de tous et la volonté générale" (p. 262) sich auf die Verschiedenheit der in ihnen jeweilig zum Ausdruck kommenden Prinzipien des besonderen und des gemeinen Wohls gründet. Aber diese Unterscheidung stütze sich nur auf „une très fausse analyse", denn „on se demande comment et par quelle opération étant ôtés les plus et les moins des volontés particulières, tendant directement à un but d'intérêt privé, il reste pour somme des différences la volonté générale, s'inspirant de d'intérêt public? Somme chimérique qui n'a d'autre expression que zéro." — Dies ist unbegründet, weil solange überhaupt eine Gleichheit der Interessen aller gegeben ist, auch

daß jedes Interesse (gemeint ist die Zwecksetzung eines jeden Individuums überhaupt) **verschiedene Prinzipien** hat, aber er hat vergessen, hinzuzufügen, daß eine Einheit dennoch auch hier dadurch möglich wird, daß jeder einzelne die Beförderung von Sonderinteressen aus Gründen seines eigenen Wohls bekämpfen kann.

„L'accord de tous les intérêts se forme par opposition à celui de chacun."

Das heißt in der Richtung auf das gemeinsame Wohl ist der Gesichtspunkt gegeben, von welchem aus die egoistischen Entschließungen der einzelnen zu einer Einheit zusammengefaßt werden können. Die Gleichheit der Interessen aller, das ist die Bedingung, unter welcher der von vom Egoismus geleitete Bestimmungsgrund des einen mit der Maxime aller anderen indentifiziert, das Votum des einen mit dem aller anderen einheitlich gewürdigt und die Übereinstimmung der Willensmeinung der Mehrheit, die volonté de tous **zugleich auch als volonté générale aufgefaßt werden darf.**[1,2]

___

die volonté générale aus der Abstimmung hervorgehen kann. Was Moreau hiergegen einwendet, hat Rousseau selbst in C. s. II, 3 und IV, 1 in vollem Einklang mit seinen Grundgedanken ausgeführt. — Zur Charakteristik dieser Spezies von Widerlegern Rousseaus diene Moreaus Schlußwort: (p. 281) Voilà donc en raccourci ce fameux Contrat social oeuvre de déraison et de ténèbres, oeuvre inepte et qui ne se relève d'être un extrême d'ineptie qu'à force d'être un extrême de perversité." —

[1] C. s. II, 3 Note.

[2] Es verdient zum Schluß wohl hervorgehoben zu werden, daß Friedrich Julius Stahl unter deutlicher Beziehung auf die einschlägige Stelle den Rousseauschen Kerngedanken wenigstens richtig erkannt hat. Vgl. dessen Philosophie des Rechts, 3. Aufl. 1854. Bd. 1 S. 307: „Wenn nämlich im Volk jeder, namentlich jeder Kreis sein besonderes Wohl anstrebt bei der Abstimmung, so ist das Gesamtergebnis nur der Wille aller; wenn aber das Volk die Sämtlichen nur jenes allen gleichmäßige Interesse anstrebt, dann erst ist das Ergebnis wahrhaft (materiell) allgemeiner Wille." — die systematische Bedeutung der volonté générale hat freilich auch Stahl nicht erkannt, er sieht in ihr trotz der deutlichen Sprache nur eine „innere Anforderung an die Abstimmenden", sie beziehe sich „nicht auf ihr verfassungsmäßiges Verhältnis" (S. 309). Dies ist um so seltsamer, als gerade Stahl bezüglich der Rousseauschen Volkssouveränität richtig bemerkt: „Und zwar bedeutet das nicht etwa: »es soll so sein, man müsse danach streben«, sondern »es ist«. Das Rechtsverhältnis ist überall dies. Was sich anders verhält, ist ungültig, unrechtsbeständig." (S. 302). Indem Stahl in gänzlicher Vernachlässigung dieses Gedankens die volonté générale als regulative Maxime anstatt als konstitutives Prinzip auffaßt, wird es erklärlich, daß er im zweiten Band seines Werks in einer dem Gedankengang unseres Autors mit nichten gerecht werdenden Kritik also sich äußert: „Allein dieser allgemeine Wille, dessen Wesen es ist durch die Konkurrenz der sämtlichen Einzelwillen sich zu bilden, giebt so wenig eine Bürgschaft seiner Vernünftigkeit als der Wille eines Autokraten. Die mit diesem allgemeinen Willen, dem Resultat numerischer Stimmen

Die Unterscheidung der volonté de tous von der volonté générale ist identisch mit der Trennung der rohen Willkürsatzung einer über die Mehrheit der Stimmen verfügenden Partei und der pflichtensetzenden Menschensatzung, der loi als des Spruchs des kraft Naturrechts mit rechtlicher Gewalt ausgestatteten souveränen Volks. Macht man sich dies deutlich, so erhellt, daß die volonté générale des Rousseau nicht den Willen dieser Gesamtheit schlechthin, sondern gerade den unter einer Regel einheitlich gedachten Willen enthält und daß jedenfalls die Kritik Hegels nicht begründet ist, insofern sie das Fehlen einer Regel überhaupt tadelt und jeden Versuch Rousseaus, die thatsächlichen Entschließungen der einzelnen unter eine objektive Einheit zu bringen, schlechthin verkennt.[1]

Und damit dürfte der Sinn dieser schwierigen These im strikten Einklang mit den obersten Prinzipien der Rousseauschen Philosophie dargethan und deutlich geworden sein. Sie wollte im Zusammenhang mit dem Thema des ganzen Kapitels eine fundamentale Scheidung zweier Arten von Majoritätsbeschlüssen aufstellen, je nachdem die Prinzipien der Abstimmenden mit dem obersten

mehrheit oder energischer Parteimacht (!) nicht übereinstimmen, können, ja werden meistens gerade die Berechtigten und die sittlich Verständigen sein, und kann von ihnen gesagt werden, daß sie nur sich selbst gehorchen, weil sie mitgestimmt haben und überstimmt worden sind, weil sie mitgestritten haben und besiegt worden sind, oder daß sie niemanden unterworfen sind, weil sie nur den Mehreren oder Energischeren oder Klügeren unterworfen sind" u. s. w. (Bd. 2 S. 156).

[1] Vgl. Hegel: „Grundlinien der Philosophie des Rechts", Berlin 1821. § 258 (S. 243): Die philosophische Betrachtung hat es nur mit dem Inwendigen von allem diesen, dem gedachten Begriffe zu thun. In Ansehung des Aufsuchens dieses Begriffs hat Rousseau das Verdienst gehabt, ein Prinzip, das nicht nur seiner Form nach (wie etwa der Sozialitätstrieb, die göttliche Autorität), sondern dem Inhalt nach Gedanke ist und zwar das Denken selbst ist, nämlich den Willen, als Prinzip des Staates aufgestellt zu haben. Allein indem er den Willen nur in bestimmter Form des einzelnen Willens (wie nachher auch Fichte) und den allgemeinen Willen, nicht als das an und für sich Vernünftige des Willens, sondern nur als das Gemeinschaftliche, das aus diesen einzelnen Willen als bewußten hervorgehe, faßt, so wird die Vereinigung der einzelnen im Staate zu einem Vertrag, der somit ihre Willkür, Meinung und beliebige ausdrückliche Einwilligung zur Grundlage hat, und es folgen die weiteren bloß verständigen, das an und für sich seiende Göttliche und dessen absolute Autorität und Majestät zerstörenden Konsequenzen." S. 244: „Gegen das Prinzip des einzelnen Willens ist an den Grundbegriff zu erinnern, daß der objektive Wille das an sich in seinem Begriffe Vernünftige ist, ob es von einzelnen erkannt und von ihren Belieben gewollt werde oder nicht: — daß das Entgegengesetzte, die Subjektivität der Freiheit, dies Wissen und Wollen, die in jenem Prinzip allein festgehalten ist, nur das eine, darum einseitige Moment der Idee des vernünftigen Willens enthält, der dies nur dadurch ist, daß er eben so an sich, als daß er für sich ist."

konstitutiven Staatenprinzip, dem Wohl aller, in Einheit gedacht
werden konnten oder nicht, und sie stützte hier wie sonst die gegen-
ständliche Berechtigung dieser begrifflichen Unterscheidung durch
den Hinweis auf die empirisch mögliche Gleichheit der Interessen
aller Glieder der Gesamtheit in einer konkreten Frage.

So hat Rousseau nicht nur die Aufgabe einer Technik der
Rechtserzeugung in Deutlichkeit aufgewiesen, sondern auch in dem
Hinweis auf den Begriff der Interesseneinheit das Ziel angegeben,
in dessen strikter Einhaltung jene Technik die besonderen sozialen
Verhältnisse jeweilig zu durchdringen hat, um die Existenz rechtlicher Gemeinschaft in Überwindung der besonderen empirisch vorliegenden Hindernisse sei es zu schaffen, sei es zu erhalten.

Und hiermit haben wir den logischen Ort erreicht, von welchem
aus zu der Frage nach dem Verhältnis der Rousseauschen Sozialphilosophie zu dem Faktum der französischen Revolution in begrün-
deter systematischer Art Stellung genommen werden kann. Will
man darüber ins Klare kommen, nicht, ob Rousseau als Mensch
etwa für Revolutionen eine gefühlsmäßige Sympathie besessen habe,
sondern ob die Sozialphilosophie dieses Mannes, als System erwogen,
eine Verteidigung oder gar eine Forderung solcher gewaltthätigen
sozialen Reform enthält (welches interessante Problem durch das
Hineintragen biographisch-psychologischer Quisquilien mit nichten
gefördert wird), so ist von vornherein zu bemerken, daß die Entscheidung dieser Frage zu dem Ressort derjenigen Erwägung gehört,
welche wir als Technik der Rechtserzeugung hier zu bezeichnen
uns gestattet haben. Denn da in Rousseaus Augen die französische Monarchie als rechtlich gültig überhaupt nicht bestand, so
bedeutete von dem Standpunkt jener Philosophie aus die Frage
nach der Abschaffung solcher thatsächlichen Herrschaft überhaupt
keinen Gegenstand der Politik, keinen Gegenstand der Rechts-
änderung, sondern lediglich eine Frage der Rechtsschöpfung
und -begründung. Wir haben schon oben darauf hingewiesen, daß
dieses soziale Faktum jedenfalls vom Standpunkt dieser Philosophie
aus gegen den Vorwurf verteidigt werden könnte, daß es sich hier
um einen Rechtsbruch gehandelt habe. Damit aber ist die weitere Frage noch nicht erledigt, ob diese Philosophie die gewalt-
same Durchbrechung einer sozialen Verfassung, die in ihren Augen
nur eine thatsächliche niemanden rechtlich bindende Willkürherrschaft darstellte, wirklich auch gefordert und von ihren sachlichen
Prämissen aus als notwendig anzustreben behauptet habe.

Es muß gesagt werden, daß diese Frage nur dann vom Rousseauschen Standpunkt aus bejaht werden könnte, wenn die Vernichtung der thatsächlich gegebenen sozialen Normierung als ein

geeignetes Mittel erschien, um auf den Trümmern der Willkürherrschaft eine rechtlich gültige soziale Ordnung zu errichten. Nur wenn nach den oben entwickelten Gesichtspunkten einer Technik der Rechtserzeugung die empirisch gegebenen sozialen Zustände des monarchischen Frankreichs derart beschaffen waren, daß auf ihrer Grundlage eine rechtliche Gemeinschaft in Gemäßheit der Sätze des contrat social denkbar war, konnte von dem Standpunkt des Rousseauschen Systems aus die französische Revolution gerechtfertigt und gefordert werden. Nun spricht aber alles dafür, daß nach Rousseaus Ansicht das vorrevolutionäre Frankreich n i c h t die sozialen Bedingungen aufwies, auf Grund deren eine Re p u blik in seinem Sinne als rechtlich bindende Gemeinschaft mit Aussicht auf Bestand hätte begründet werden können. Rousseau hat oft genug die Franzosen nicht nur im politischen, sondern auch im moralischen Sinne als Sklaven bezeichnet, deren antisoziale, isolierende Eigenschaften nicht den Boden darstellten für eine auf Interesseneinheit letztlich allein fußende soziale Verfassung. Hier werden alle die Stellen wichtig, in welchen Rousseau die Schwierigkeiten und Opfer betont, welche die Aufrechthaltung der Freiheit (die er von schrankenloser Unabhängigkeit wohl getrennt wissen wollte) von den Gliedern solcher Gemeinschaft forderte. Man höre z. B. das folgende:

„La liberté est un aliment de bon suc, mais de forte digestion; il faut des estomacs bien sains pour la supporter. Je ris de ces peuples avilis, qui se laissant ameuter par des ligueurs osent parler de liberté, sans même en avoir l'idée, et le coeur plein de tous les vices des esclaves, s'imaginent que pour être libre, il suffit d'être des mutins. Fière et sainte liberté! si ces pauvres gens pouvaient te connaître, s'ils savaient à quel prix on t'acquiert et te conserve; s'ils sentaient, combien tes lois sont plus austères, que n'est dur le joug des tyrans, leurs faibles âmes, esclaves de passions, qu'il faudrait étouffer, te craindraient plus cent fois que la servitude: ils te fuiraient avec effroi comme un fardeau prêt à les écraser."[1]

Das ist in deutlichem Hinblick auf Frankreich gesprochen, dessen soziale Zustände in dieser Schrift gerade besonders gegeißelt werden.

Aber freilich man darf bei der Behandlung unserer Frage auch nicht vergessen, daß schon im „Discours" sich die Worte finden:

„Les peuples une fois accoutumés à des maîtres ne sont plus en état de s'en passer. S'ils tentent de secouer le joug, ils s'éloignent

---

[1] Considérations sur le gouvernement de Pologne, chap. 6.

d'autant plus de la liberté que prenant pour elle une licence effrenée
qui lui est opposée, leurs révolutions les livrent presque toujours à
des séducteurs qui ne font qu'aggraver leurs chaînes."[1]

Und wahrlich der „Contrat social" setzt keine größeren Hoff-
nungen in eine Revolution, an deren kausal notwendigem Eintreten
freilich Rousseau, wie wir sahen,[2] kaum zweifelte:

„Quand une fois les coutumes sont établies, les préjugés enra-
cinés, c'est une entreprise dangereuse et vaine de vouloir les réformer ... le peuple peut se rendre libre tant qu'il n'est que barbare,
mais il ne le peut plus, quand le ressort civil est usé. Alors les
troubles peuvent le détruire, sans que les révolutions puissent
le rétablir; et sitôt que ses fers sont brisés, il tombe épars et
n'existe plus: Il lui faut désormais un maître, et non pas un libé-
rateur ... On peut acquérir la liberté, mais on ne la recouvre
jamais."[3]

Im Hinblick auf solche Stellen zeigt sich denn, mit wie wenig
Recht man bis dato gemeinhin die Revolution die logische Konsequenz der Rousseauschen Sozialphilosophie genannt hat, ja es
erklärt sich so auch, mit wie gutem Fug sich unser Autor gegen
den Vorwurf verwahren konnte, als habe seine Philosophie die Revolution als notwendiges Heil- und Hilfsmittel gegen die sozialen
Schäden der Zeit hingestellt und gepriesen.[4]

§ 7.

Der Vertragsgedanke in der Rousseauschen Sozial-
philosophie.

Nachdem wir in unseren letzten Untersuchungen über die Aufgabe der Rousseauschen Technik der Rechtserzeugung die Bestätigung der uns in der systematischen Betrachtung gewordenen
Auffassung von dem Fundamentalbegriff der volonté générale gewonnen haben, so sind damit die Vorbedingungen erfüllt, um den
Inhalt des Gesellschaftsvertrages in der Formulierung, die ihm durch
unseren Autor zuteil ward, im Zusammenhang seines Systems zu
begreifen.

Die systematische Bedeutung des Begriffes vom contrat social

---

[1] Discours sur l'origine etc., dédicace p. 5.
[2] Vgl. die schon oben S. 136[2] citierte Stelle im Emile l. 3 p. 238.
[3] C. s. II, 8.
[4] Vgl. oben S. 135[2].

ist schon früher eingehend erwogen worden, und das Resultat dieser
Untersuchung bildete die strikte Abweisung jedweder historischen
Auffassung dieses Grundelements der Rousseauschen Philosophie:
Der contrat social ist kein Faktum, und will kein Faktum sein,
seine Bedeutung liegt in der Aufzeigung der allgemeingültigen Bedingungen für die Möglichkeit rechtlicher Gemeinschaft überhaupt.
Darin vor allem liegt der ausschlaggebende Gesichtspunkt, von dem
aus betrachtet die Lehre vom Gesellschaftsvertrag, wie sie in dem
vorrousseauschen Naturrecht, etwa von Thomas von Aquino bis
auf Locke und Sidney hin sich ausbildete,[1] mit der Rousseauschen Theorie vom contrat social nicht viel mehr als den Namen
gemeinsam haben dürfte. Um die Gültigkeit der bestehenden
sozialen Ordnung begreiflich zu machen, hatte die ältere Theorie
die Thatsache eines contractus societatis gelehrt, vermöge dessen
die einzelnen aus dem rechtlosen Naturzustand herausgetreten waren
und sich der rechtlichen Gewalt der Gesamtheit unterworfen hatten.
Der nackte Wille des Individuums war es, auf dessen thatsächliche
Entschließung man das Faktum seiner rechtlichen Gebundenheit
letztlich zurückführte. Die Gegner dieser „anorganischen Staats-
auffassung" haben nicht selten in dieser Lehre einen Cirkel finden
wollen, weil man, um die rechtliche Gebundenheit auf einen Gesellschaftsvertrag mit Fug zurückführen zu können, selbst schon das
Recht (etwa den Satz „pacta sunt servanda") voraussetzen müsse.
Aber man hat hier übersehen, daß das Naturrecht, welches nach
jener Theorie der Geltung des positiven Rechts zeitlich vorangeht
(mag es dann auch im letzteren aufgehen oder nicht), die methodische Basis ist, welche in dieser Theorie jene Unterwerfung
der einzelnen unter die Gewalt der Gesamtheit zu dem Rang
einer „juristischen Thatsache" (sc. des Naturrechts) erhebt. Und
gerade in dieser Funktion des Naturrechts, kraft deren es den Gesellschaftsvertrag als die Contrahenten bindend sanktionierte, war
für die spätere Theorie die methodische Handhabe gewonnen, um
diesem „Recht" auch bezüglich der Frage der positiven Geltung
konkreter Rechtssätze und Rechtsinstitute einen souveränen Einfluß
zu sichern. In dem älteren Naturrecht hatte bezüglich des „contractus societatis" unbeschränkte Vertragsfreiheit gegolten, die Thatsache des Consenses des einzelnen schlechthin und unangesehen
dessen, worin er konsentierte, genügte, um seine Unterwerfung unter
das positive Recht als gültig zu begründen. Aber die deutliche
Einsicht in die sklavische Knechtung „von Natur freier" Individuen

---

[1] Vgl. über diese Entwickelung die ausgezeichneten Ausführungen von
Gierke a. a. O. bes. S. 92—115.

unter der Geltung eines konkreten positiven Rechts belehrte die
spätere Theorie, welche ungeheure Gefahr gerade dieser streng
individualistische Grundzug des Naturrechts für die Erhaltung menschlicher Freiheit bedeutete. Schon damals empfand man jenen scheinbar freiheitlichen Grundsatz des laisser faire, laisser aller, wie er in
jenem älteren Naturrecht zum Ausdruck kam, als ein trügliches
Mittel, vermöge dessen der Starke die Vergewaltigung des Schwächeren beschönigte.

Es waren solche empirisch-praktischen Tendenzen, die auf freiheitlichen Ausbau des geschichtlich überlieferten Rechts letztlich
ausgingen, vermöge deren die spätere Naturrechtstheorie vorzüglich
in Opposition gegen den Hobbesschen Staatsabsolutismus immer
energischer die bindende Rechtskraft einer vertragsmäßigen absoluten Unterwerfung unter die Macht der Gesamtheit bestritt und
verwarf.

Neben der mehr und mehr durchgebildeten Lehre von der Unveräußerlichkeit einzelner konkreten Menschenrechte, wie sie Spinoza,
Thomasius, Locke und viele andere vertraten, besaß die jüngere
Naturrechtstheorie noch ein anderes Mittel, um auf eine freiheit-
lichere Ausgestaltung des geschichtlich überlieferten Rechtsstoffes hin-
zuwirken. Anstatt die naturrechtliche Gültigkeit des Gesellschaftsvertrages hie und da auf Bedingungen einzuschränken, bei deren
Außerachtlassung die thatsächlichen Vereinbarungen zwischen Individuum und Gesamtheit nichtig wurden, wandte man vielfach seine
Aufmerksamkeit der historischen Untersuchung des Inhalts des thatsächlich abgeschlossenen Vertrages zu und suchte nachzuweisen, daß
die Individuen bestimmte Rechte in jenem Urvertrage sich thatsächlich vorbehalten hätten. Aber auch diese Betrachtungsweise, welche
die Historie zur Krücke nahm für die Durchführung politischer Bestrebungen, ja gerade sie war am wenigsten geeignet, der eigentümlichen Methode rechtsphilosophischer Untersuchung Unabhängigkeit
und Bewegungsfreiheit zu gewähren. In jener die Jahrhunderte
überlebenden Lehre von dem Faktum eines mehr oder minder inhaltlich bestimmten Gesellschaftsvertrages gehörte in der That nur
die halb versteckte Prämisse vor das Forum rechtsphilosophischer
Erwägung: Daß nämlich das positive Recht und seine rechtliche
Verpflichtungskraft letztlich allein auf die einmalige Anerkennung
der Unterworfenen wissenschaftlich gegründet werden könne. Das
war der rechtsphilosophische Kern in jener vorrousseauschen Theorie
vom Mittelalter bis auf Locke und Sidney. Indem nun aber dieses
Naturrecht von dem Faktum eines empirisch vorliegenden gültigen
positiven Rechts in Anwendung der eben besprochenen rechtsphilosophischen These auf das Faktum eines Gesellschaftsvertrages

zurückschloß, war das ureigenste Gebiet rechtsphilosophischer Erwägung auch schon überschritten, was man in seinem Eifer, das, was man als Thatsache hinnahm oder politisch erstrebte, mit den Forderungen der Rechtsphilosophie in Einklang zu setzen, in das Bereich der Historie kühnlich eingebrochen. Hier aber regierte in stolzer Selbständigkeit ein anderer Herr, der keine Verletzung der eigenen Gesetzlichkeit zu dulden gewillt schien. So mußte dies Naturrecht dem Gelingen seiner empirisch praktischen Bestrebungen seine eigene Selbständigkeit opfern. Wollte man auf den konkreten Inhalt der empirisch gegebenen sozialen Ordnung im einzelnen sich wirksamen Einfluß sichern, so mußte man in der Ausgestaltung des historisch gegebenen Gesellschaftsvertrages den Grundzügen der thatsächlich bestehenden rechtlichen Ordnung sich anpassen, mußte dies stolze Naturrecht, wenn auch ohne klares Bewußtsein, der Methodik geschichtlicher Untersuchung, dem Gesetz der historischen Kontinuität sich fügen. Eine radikale Opposition hätte den Tod seiner politischen Bestrebungen herbeigeführt: seine eigene Verurteilung als bedeutungslose U t o p i e vor dem Richterstuhl einer e x a k t e n Historie.

Und in der That, je mehr die geschichtliche Untersuchung in der Durchdringung der ihr eigenen Methodik sich ihrer selbständigen wissenschaftlichen Würde bewußt ward, je deutlicher sie sich die Aufgabe der E x a k t h e i t stellte und zugleich die gewaltigen Schwierigkeiten bei der Annäherung an dieses hohe Ziel erwog, je weniger war sie gewillt, den naturrechtlichen Eindringling, wie sehr er auch immer sich ihren Gesetzen sich anzupassen bemühte, länger noch neben sich zu dulden. Es war jene selbstverschuldete Abhängigkeit dieser naturrechtlichen Theorie von der geschichtlichen Untersuchung, vermöge deren die historische Schule die wissenschaftliche Vernichtung jener endlich unternehmen durfte.

Inwieweit diese letztere Theorie vermöge ihrer eigenen dogmatischen Voraussetzungen sich den Weg zu einer endgültigen Besiegung naturrechtlicher Übergriffe selber verlegte, das steht hier für uns noch nicht zur Untersuchung; uns galt es nur, die Methode des vorrousseauschen Naturrechts in der Aufstellung des Gesellschaftsvertrages im allgemeinen zu kennzeichnen, damit das Eigenartige und Originelle der Rechtsphilosophie R o u s s e a u s gerade hier desto deutlicher sich abhebe, damit man aufhöre, in einer Widerlegung des G r o t i u s, ja selbst des L o c k e auch schon eine Widerlegung R o u s s e a u s zu sehen.

Im bewußten Gegensatz zu der Vertragstheorie des G r o t i u s und seiner Methode „d'etablir le droit par le fait" hatte die n e u e Wissenschaft des „droit politique" die alte Theorie vom Gesellschaftsvertrag aufgenommen, um sie von Grund aus umzugestalten. Ihr sollte die Thatsache eines contractus sociatis nicht zur Begründung einer geschichtlich überlieferten sozialen Ordnung dienen, sie war auch erhaben über jene empirisch praktische Gier der Engländer, die im steten Hinblick auf die konkrete Anwendung ihre „allgemeingültigen" Sätze aufstellten. Darin besteht das methodisch Originelle und Eigenartige der Rousseauschen Sozialphilosophie, daß sie zuerst es wagt, von der rechtlichen Gültigkeit irgend welcher empirisch gegebenen sozialen Ordnung schlechthin zu abstrahieren. In diesem radikalen Absehen von den Resultaten einer Anwendung seiner Theorie auf irgendwelche konkrete soziale Ordnung gelang es Rousseau, die Lehre vom Gesellschaftsvertrag auf das festbegrenzte und unabhängige Bereich rechtsphilosophischer Erwägung zu beschränken. [1]

Jetzt erst konnte die Methode, welche die Bedingungen feststellte, unter denen ein Gesellschaftsvertrag vom Naturrecht als bindend anerkannt wurde, ihre ganze Fruchtbarkeit und zugleich ihre radikale Tendenz offenbaren. Die Rechtsphilosophie Rousseaus legt nicht mehr ausschließlichen Wert auf die nackte Vertragsform, die nur den thatsächlichen Konsens des einzelnen unter irgendwelche Gewalt ausdrückte, sie begnügt sich aber auch nicht mit der Aufstellung einzelner allgemeingehaltenen und darum vieldeutigen Klauseln, etwa mit dem vertragsmäßigen notwendigen Vorbehalt irgendwelcher „Urrechte" des Menschen, wie sie einem Pufendorf, Thomasius u. a. vorschwebten, sondern in bewußtem methodischen Abstrahieren von dem Entstehungsgang und dem Inhalt der geschichtlich überlieferten sozialen Ordnung erkühnte sich diese Philosophie zu untersuchen, ob überhaupt und unter welchen Bedingungen das Naturrecht die vertragsmäßige Unterwerfung von Menschen unter die Gewalt von Menschen als bindend anerkennen

---

[1] Noch Locke hatte aus der praktischen Klugheit und Berechnung des einzelnen, als einer psychologisch feststehenden Thatsache, gefolgert, daß die aus dem Naturzustand heraustretenden Individuen die Erhaltung ihrer „liberty and property" zur vertragsmäßigen Bedingung ihrer Unterwerfung thatsächlich gemacht hätten, ein Faktum, dessen genaue Feststellung wegen unserer geringen Kenntnis der Urzeit nur schwer zu erweisen sei, und der „Discours" über die Ungleichheit verrät an manchen Stellen noch deutlich den Einfluß dieser Art der Untersuchung. Vgl. Locke a. a. O. II, § 121: „Jet it being only with an intention in every one the better to preserve himself, his liberty and property; (for no rational creature can be supposed to change his condition with an intention to the worse) the power of the society or legislative can never be supposed to extend further than the common good." Vgl. auch § 103, wo aber auch schon Ansätze sich finden, die über die rein historische Betrachtung hinausweisen.

könne. Die Theorie des früheren Naturrechts hatte in mancher
Beziehung hier einem positiven Juristen geähnelt, der eine Theorie
der Grenzen der Vertragsfreiheit aufstellen wollte, dabei aber darauf
Rücksicht nahm, daß nicht nach seinen eigenen Lehrsätzen eine
Reihe thatsächlich abgeschlossener Verträge rechtlich ungültig, eine
andere Reihe aber rechtlich gültig erschiene. Über solche inkon-
sequenten Seitenblicke und Rücksichten war die neue Wissenschaft
des „droit politique" erhaben. Sie erst machte dem eigenen Ver-
tragsbelieben der einzelnen in Dingen seiner eigenen Freiheit endgültig ein Ende und setzte dem Inhalt des Gesellschaftsvertrages
klare und deutliche und unüberbrückbare Schranken. Nur Rücksicht nehmend auf die notwendigen Merkmale der nach festem
Gesetz bestimmten menschlichen Natur, statuierte das Rousseausche
Naturrecht den Individuen, die unter positivrechtliche Herrschaft
treten wollten, die Person ihres Gegenkontrahenten und den
genau fixierten Inhalt des abzuschließenden Vertrages.
Darin schon zeigt sich der charakteristische Unterschied der Methoden, in welcher die früheren den contractus societatis, und in
welcher Rousseau seinen contrat social aufstellte, daß dorten die
Unterwerfung des einzelnen unter die Macht der Gesamtheit in der
unberechenbaren Zufälligkeit der historischen Einzelthatsache erschien, hier eben diese Gesamtheit auf methodischem Wege als der
einzige zuverlässige Träger der volonté générale und damit als der
einzige befugte rechtliche Herrscher dargestellt und bewiesen wurde.

Hätte man die Eigenart der Rousseauschen Methode gemeinhin deutlich erkannt, so wäre auch mancher Irrtum bezüglich des
näheren Inhalts dieses Vertrages und damit so manche unberechtigte
und wohlfeile Kritik vermieden worden.

Wenn wir nunmehr im folgenden auf die Rousseausche Darstellung des Gesellschaftsvertrages noch etwas ausführlicher eingehen
wollen, sind wir vermöge unserer Kenntnis der ihm eigentümlichen
Untersuchungsweise, sowie seiner hierbei verwandten Terminologie
gegen die sonst schier unvermeidliche Gefahr gesichert, die von ihm
aufgestellte Vertragsformel in wichtigen Punkten mißzuverstehen. Es
sei gestattet, den Inhalt des Gesellschaftsvertrages in der Rousseauschen Formulierung hier nochmals voranzuschicken:

„Chacun de nous met en commun sa personne et toute sa puissance sous la suprême direction de la volonté générale; et nous
recevons en corps chaque membre comme partie indivisible du
tout."[1]

Indem Rousseau den einzelnen anweist, sich unter die Gewalt

---

[1] C. s. II, 6.

der volonté générale zu stellen, zeigt er uns den sicheren Weg, auf welchem wir den Gegenkontrahenten in diesem Vertrag, ein vom Naturrecht geschaffenes Rechtssubjekt, antreffen werden. Es ist, wie wir wohl wissen, die Gesamtheit als juristische Person. In der Rousseauschen Einzeldarstellung wird nicht recht sichtbar, in welchem zeitlichen Moment die Zusammenfassung aller einzelnen unter dem einheitlichen Begriff des corps politique unzweifelhaft stattfindet; jedenfalls ist sicher, daß die Bildung dieser juristischen Person dem Abschluß des pacte social vorangehen muß, weil die Gesamtheit als Souverän ja selbst als Kontrahent in diesem Vertrag gedacht ist.[1] Nehmen wir das dem Rousseauschen Gedankengang

---

[1] Es verdient wohl hervorgehoben zu werden, daß nicht die einzelnen Individuen wechselseitig untereinander den contrat social abschließen, wie dies Hobbes für seinen freilich ganz anders gearteten Vereinigungsvertrag gelehrt hatte, sondern die souveräne Gesamtheit mit jedem einzelnen. Vgl. C. s. I, 7: „L'acte d'association renferme un engagement réciproque du public avec les particuliers. Besond. deutlich „Emile" livre V, p. 157: „Les deux parties contractantes, savoir chaque particulier et le public... Ferner: „Le pacte social est d'une nature particulière et propre à lui seul en ce que le peuple ne contracte qu'avec lui-même, c'est-à dire le peuple en corps comme souverain avec les particuliers comme sujets." Wenn daher Rousseau nach der Formulierung des pacte social erklärt (C. s. I, 6), daß „cet acte d'association produit un corps moral et collectif composé d'autant de membres que l'assemblée a de voix; lequel recoive de ce même acte son unité, son moi commun, sa vie et sa volonté", so kann unter diesem „acte d'association" nicht schon der Abschluß des pacte social zwischen der erst durch diese „acte" gebildeten juristischen Person und den einzelnen Individuen verstanden sein. Die einfachste Lösung dieser für das Verständnis des Ganzen dieser Philosophie freilich belanglosen Einzelschwierigkeit scheint mir zu sein, den acte d'association als einen gemeinsamen Beschluß aller auf-zufassen sich unter die Herrschaft der Gesamtheit als einer neu zu schaffenden juristischen Person stellen zu wollen; durch die dahingehende übereinstimmende Willenserklärung aller einzelnen findet ihr Zusammenschluß zu der juristischen Person eines „corps moral et collectif", dieser „personne publique qui se forme ainsi par l'union de toutes les autres" (C. s. I, 6) statt: Von dieser „délibération publique" heißt es nun, daß sie „peut obliger tous les sujets envers le souverain (C. s. I, 7), und im „Emile" (dessen Darstellung hier genauer ist, als die des „Contrat social") (l. 5ᵐᵉ p. 156) daß „cet acte d'association renferme un engage-ment réciproque du public et des particuliers", mit anderen Worten, daß die neu gebildete juristische Person die Willenserklärung der einzelnen (die man durchaus im Gedankengang des nun einmal mit civilrechtlichen Begriffen arbeitenden Naturrechts als bindende Offerte zum Abschluß des pacte social ansehen kann) sofort acceptiert und ebendadurch der Vertragsschluß zwischen den einzelnen und der Gesamtheit als juristischer Person endgültig zu stande kommt. Der Unterschied von der Hobbesschen Darstellung wäre nun vor allem darin gelegen, daß der Rousseausche acte d'association als Beschluß und nicht als Vertrag eines jeden mit jedem andern zu denken ist, weil wir ja im letzteren Fall 2 pactes sociaux erhielten, von denen doch Rousseau nirgends redet, während er in scharfen Gegensatz zu Hobbes (der sich durch

Nächstliegende an und versetzen wir die Entstehung dieser juristischen Person in den Zeitpunkt des gemeinsamen Beschlusses aller, den pacte social eingehen zu wollen, und knüpfen wir unmittelbar hieran den Abschluß dieses fundamentalen Vertrages selbst zwischen der „personne publique" der Gesamtheit und jedem einzelnen Individuum! Damit ist nach Rousseau der Zusammenschluß der vielen einzelnen zu einem Volk endgültig vollzogen; das neu gebildete Staatswesen als ein „corps moral et collectif" führt den Namen „république" oder „corps politique", es heißt „puissance" im Verhältnis zu anderen Staaten, „souverain", wenn man es handelnd, d. h. die ihm zustehende Machtgewalt ausübend vorstellt, sonst wohl nur „état", sowie die einzelnen Glieder der Gemeinschaft als Teilhaber der Souveränität „citoyens", als Gesetzunterworfene „sujets" genannt werden können. [1]

Und nun zum eigentlichen Inhalt des Vertrages! Hier ist es, wo sich nach vieler Ansicht der Einfluß des Hobbes besonders deutlich zeigen soll. So wie dieser jedwedes Volksrecht gegenüber dem einen, welcher das „summum imperium" besitzt, vernichtet habe, so zerstöre in analoger Art der Rousseausche contrat social jedes Individualrecht, jedwede Selbständigkeit des einzelnen gegenüber der völlig absoluten und unbeschränkbaren Macht der souveränen Gesamtheit. Stellen, wie die folgenden, mögen vor allen Dingen zu einer solchen Auffassung des Rousseauschen Gesellschaftsvertrages geführt haben:

„L'aliénation totale de chaque associé avec tous ses droits à toute la communauté; car premièrement, chacun se donnant tout entier la condition est égale pour tous." [1]

In der That erinnert es nicht an die Hobbesche „dissoluta multitudo" des Volkes, dem gegenüber es keine obligatio geben kann und dessen einzelne Glieder nur darum gleich sind, weil sie rechtlos sind gegenüber dem einem Herrn, wenn Rousseau seinen „pacte social" also schildert:

„De plus, l'aliénation se faisant sans réserve, l'union est aussi parfaite qu'elle peut l'être, et nul associé n'a plus rien à réclamer." [2]

Oder gar kann man den Staatsabsolutismus deutlicher predigen:

„Il est contre la nature du corps politique que le souverain s'impose une loi qu'il ne puisse enfreindre ... il n'y a ni ne peut avoir nulle espèce de loi fondamentale obligatoire pour le corps du peuple, pas même le contrat social." [3]

---

die Konstruktion eines Vertrags zu Gunsten eines dritten hilft), den Souverän deutlich als den einen Kontrahenten bezeichnet.

[1] C. s. 1, 6.
[2] C. s. 1, 6.
[3] C. s. I, 7.

Oder man lese endlich das folgende:

„Comme la nature donne à chaque homme un **pouvoir absolu** sur tous ses membres, le pacte social donne au corps politique **un pouvoir absolu sur tous les siens.**"[1]

Das mögen die Beweisstellen gewesen sein, die einen Stahl[2] zur folgenden Schilderung der durch den contrat social erlangten Machtvollkommenheit des Volkes bewogen haben:

„Das Volk hat die Gewalt unumschränkt. Es kann nicht an Grundgesetze gebunden sein. Denn eine solche Gebundenheit könnte doch nur auf Vertrag beruhen, das Volk (der Souverän) kann aber nicht mit sich selbst kontrahiert, sich gegen sich selbst vertragsmäßig verpflichtet haben. Es kann nicht beschränkt sein durch erworbene Rechte; denn es hat sich ja jeder ohne Vorbehalt entäußert. Es kann zwar irren über sein Bestes, aber es kann nicht Unrecht thun, denn es giebt kein Unrecht gegen sich selbst. ... Es ist nicht eine Summe bestimmter Rechte, welche der Souverän nicht antasten darf, sondern die abstrakte Freiheit, deren Grenze er jedesmal beliebig festsetzt. Darauf beruht der Staatsabsolutismus."

Und noch schroffer vielleicht als Stahl betont Gierke[3] in folgenden Sätzen die absolute Gewalt des Rousseauschen Souveräns:

„Allein im Gegensatz zu seinen Vorgängern erklärt Rousseau die Volkssouveränität, indem er auf sie den **Souveränitätsbegriff** der Absolutisten überträgt, zugleich für **vollkommen unbeschränkt und unbeschränkbar,**[1] für schlechthin an kein Gesetz und keine Verfassung gebunden. ... So vernichtet er unter Niederreißung des Herrschaftsvertrages mit derselben radikalen Konsequenz, mit welcher Hobbes die Volksrechte zerstört hatte, jede Möglichkeit eines dem souveränen Volk gegenüber begründeten Rechts irgend eines anderen politischen Faktors." ...

Und früher schon hatte Gierke die durch Rousseau erfolgte „Ausstattung des Vereinigungsvertrages mit dem Inhalt einer absoluten Veräußerung allen Individualrechts an die souveräne Gesamtheit" betont und hieran die Worte geknüpft:

„So ergiebt sich trotz aller **individualistischen Ausgangs**und Zielpunkte die schrankenlose Despotie des im jedesmaligen Mehrheitswillen erscheinenden Souveräns, dem gegenüber Rousseau

---

[1] C. s. II, 4.
[2] Stahl: Geschichte der Rechtsphilosophie, 3. Aufl. 1854, S. 303, 304.
[3] a. a. O. S. 202.
[4] Wie Gierke auch Landmann a. a. O. S. 127, 128.

nur vermöge einer Reihe von Inkonsequenzen und Sophismen
den Begriff unzerstörbarer natürlicher Menschenrechte rettet."[1]

Indem man so in der souveränen Gesamtheit des Rousseau
den absoluten Herrscher des Hobbes wiederzuerkennen vermeinte,
verstand man unter der „aliénation totale de chaque associé avec
tous ses droits à toute la communauté" begreiflicher Weise die vertragsmäßige Übertragung jedweden Privateigentums auf den omnipotenten Staat, und es finden sich in der That im „Contrat social"
Äußerungen, welche diese Auffassung vom Inhalt des Gesellschaftsvertrages genugsam zu begründen scheinen. War es nicht genau
der Hobbessche Gedanke, wenn man bei Rousseau las:

---

[1] a. a. O. S. 117. Kaum minder hart hatte schon 1845 Stahl (Gesch. d.
Rechtsph. etc. II, Lehre vom Staat S. 503) geurteilt: „Der französische Liberalis-
mus ruht auf der Volkssouveränitätslehre (Rousseau), auf dem ausschließlichen
Recht der Masse, des Gesamtwillens, unter dem der einzelne ohne Vorbehalt
aufgehen soll, ihm ist deshalb der Despotismus, den die Natur oder der
Staat gegen das Individuum übt, für das öffentliche Beste, nichts Verletzendes."

Demgegenüber sei betont, daß gerade die Vertreter des modernen französischen Liberalismus der Rousseauschen Rechtsphilosophie die denkbar schärfste
Absage erteilen. Vgl. vor allen Dingen die anregenden Aufsätze über die
Rousseausche Philosophie von St. Marc Girardin in der „Revue des deux
mondes", (bezügl. des „Contrat social" besonders Jahrgang 1856, 16. September),
ebenda p. 273:

„C'était surtout le Contrat Social que je voulais examiner, afin d'attaquer
dans son principe la plus funeste erreur de toutes celles qui égaraient à
ce moment la société, je veux dire la doctrine du pouvoir absolu de l'Etat
et l'anéantissement des droits de la conscience individuelle." (p. 284): L'état
ne peut pas être lié, car représentant la volonté générale, il n'y a aucune
raison pour que la volonté générale d'aujourd'hui soit liée par la volonté
générale d'hier. Tout est juste pour l'État, car c'est lui, qui fait la justice.
Et que les sujets ne s'avisent point de réclamer des garanties contre le
pouvoir de l'état. ... Toute défense ou toute garantie contre le pouvoir absolu
de l'état est une faute de logique." (p. 289): „L'anéantissement de l'individu
au profit de l'état voilà le principe fatal qui fait du Contrat Social de
J. J. Rousseau le code prédestiné de tous les despotismes."

Vgl. auch Janet: Histoire de la philosophie morale et politique, II p. 475:
„Car il demande à chaque personne une aliénation totale d'elle-même avec
tous ses droits. Qu'est-ce autre chose qu'une véritable mort et comment l'acte
fondamental de la vie sociale peut-il être à l'origine le renoncement absolu de
chacun à soi-même." — Gegen den Rousseauschen „souverain absolu" vgl.
auch Janet p. 481.

Am stärksten verurteilt den „Rousseauschen Staatsabsolutismus" die
freilich von Unrichtigkeiten strotzende Darstellung von Gottfried Koch: Bei-
träge zur Geschichte der politischen Ideen und der Regierungspraxis, 2. Teil,
1896. Vgl. S. 34: „So kommt er (sc. Rousseau) dazu, dem Volk die Omnipotenz
der staatlichen Macht zu übertragen und damit der fürchterlichsten Tyrannei
das Wort zu reden. Denn der einzelne ist nach Rousseau machtlos, es giebt
keine Sphäre der freien Bethätigung, in die nicht der Souverän, sei es ein
einzelner (!), sei es die Gesamtheit hineinreden kann" etc. etc.

„L'aliénation se faisant sans réserve ...; car s'il restait quelques droits aux particuliers, comme il n'y aurait aucun supérieur commun qui pût prononcer entre eux et le public: chacun étant en quelque point son propre juge, prétendrait bientôt l'être en tous."[1]

Und der tyrannischste Kommunismus schien in der That in einer noch weit über Hobbes hinausgehenden Art zur Bedingung rechtlicher Gemeinschaft überhaupt gemacht zu sein, wenn man nun gar die folgende Stelle bemerkte:

„Chaque membre de la communauté se donne à elle au moment qu'elle se forme, tel qu'il se trouve actuellement, lui et toutes ses forces, dont les biens qu'il possède, font partie ... car l'état à l'égard de ses membres est maître de tous leurs biens par le contrat social qui dans l'état sert de base à tous les droits."[2]

Und es schien gar an modernen Sozialismus und seine Lehre von der Kollektivierung der Produktionsmittel anzuklingen, wenn Rousseau dem Besitz des einzelnen gegenüber die Achtung forderte, die man ihnen als „dépositaires du bien public"[3] schuldig sei.

Wenn aber die einzelnen durch den Gesellschaftsvertrag ihr Eigentum an den Staat abtreten, so müßte naturgemäß die Entstehung des Eigentums der Entstehung staatlicher Gemeinschaft vorangegangen sein, und so hat man denn diese Lockesche Auffassung auch dem Rousseau zugeschrieben[4] und darin wieder andererseits ein deutliches Kennzeichen seines „individualistischen Standpunktes" gesehen.[5] Und je mehr man überhaupt geneigt war,

---

[1] C. s. I, 6.

[2] C. s. II, 9.

[3] Daß der Inhalt des Rousseauschen contrat social schlechthin die Aufhebung allen Privateigentums enthält, hat am bestimmtesten wohl St. Marc Girardin ausgesprochen. Vgl. a. a. O. p. 215: „Tout venant de l'état et dépendant de l'état, point de propriété individuelle. ... Mais qu'ai-je donc qui soit à moi dans l'état que fonde Rousseau? Ma propriété? Elle n'est qu'une portion de la propriété publique, mon champ n'est pas à moi, et mes sueurs l'ont fertilisé sans me l'approprier. C'est un usufruit que l'état me concède." — Was Wunder, daß auch Girardin sich nicht versagen kann, diesen Rousseauschen Kommunismus zu „widerlegen"! Er thut es mit der ganzen Harmlosigkeit, deren der überzeugte Manchestermann fähig ist; für ihn ist der Rousseausche Staat einem religiösen Orden ähnlich, in den doch nicht jeder gern hineingeht: „La ressemblance est frappante, je l'accorde volontiers; mais alors vient naturellement une question; cette ressemblance est-elle de nature à encourager beaucoup d'hommes à être citoyens comme le veut Rousseau?"

[4] Vgl. z. B. Fester: „Rousseau und die deutsche Geschichtsphilosophie", S. 217. Ebenso Liepmann, a. a. O., S. 42 ff.

[5] Es ist demgegenüber allerdings für den radikalen Meinungszwiespalt in der Auffassung der grundlegenden Gesichtspunkte dieser Philosophie recht bezeichnend, wie es überhaupt im Angesicht der buntscheckigen Menge der

anzunehmen, daß die Rousseausche Rechtsphilosophie mehr noch
als auf Hobbes sich auf Locke stütze (eine seltsame Vereinigung!),
hat man mehr Bedeutung denjenigen Äußerungen Rousseaus zugeschrieben, die sich geradezu gegen eine unbeschränkte Gewalt des
Staates zu wenden scheinen.

In der That, man konnte doch nirgends stillschweigend daran
vorübergehen, daß der Rousseausche Staat „mit seiner gesamten
Kraft die Person und die Güter jedes einzelnen Genossen verteidigen
und schützen",[1] daß in ihm „jeder nur sich selbst gehorchen solle";[1]
ja, man wurde wohl wieder darin irre, daß Rousseau den Com-
munismus vertreten habe, wenn man las, daß durch den contrat
social man „la liberté civile et la propriété de tout ce qu'on
possède"[2] gewinne, daß man vermöge jenes „sozusagen alles das
erworben, was man hingegeben habe."[3]

Kurzum, es erschien andererseits wieder zweifelhaft, ob man
denjenigen als Vertreter eines schrankenlosen Staatsabsolutismus
bekämpfen dürfe, der ein ganzes Kapitel[4] der Darlegung der Schranken der Staatsgewalt gewidmet hatte, ob man in der That dem vorwerfen dürfe, er wolle alle Freiheit der einzelnen „vernichten zum
Vorteil des Staates",[5] der schon im Beginn seiner sozialphilosophischen Untersuchungen entrüstet die Frage gestellt hatte, ob „das
Heil eines Bürgers weniger gemeinsame Sache als das des ganzen
Staates.[6] Erinnerte das noch an die Tyrannei des Hobbesschen
Despoten, wenn Rousseau von seinem „souverain" lehrte:

„Le souverain de son côté ne peut charger les sujets d'aucune
chaîne inutile à la communauté."[7]

Kritiker, denen oft nichts gemein ist als die Thatsache, eine Rousseau-Wider-
legung unternommen zu haben, zu denken giebt, daß diejenigen, welche selbst
einen individualistischen Standpunkt vertreten, den Mangel eines dem positiven
Recht vorangehenden Privateigentums in der Rousseauschen Lehre gerade
beklagen, also das Fehlen desjenigen, dessen Vorhandensein die andern ihm
zum Vorwurf machen! Man lese nur z. B., wie Janet unter Berufung auf das
schon kraft Naturrecht (!) bestehende Eigentum an dem selbst kultivierten
Boden von seinem Standpunkt aus den Rousseau meistert, der nach ihm
wiederum kein vorstaatliches Eigentum angenommen hat: „Toute cette théorie
est complètement fausse, l'État ne crée pas la propriété, il la garantit"
(Janet: a. a. O. II, p. 483).

[1] C. s. I, 6.
[2] C. s. I, 8.
[3] C. s. I, 9.
[4] Vgl. C. s. II, 4: „Des bornes du pouvoir souverain."
[5] L'anéantissement de l'individu au profit de l'État". St. Marc. Girardin
a. a. O., p. 289.
[6] „Economie politique" p. 177.
[7] C. s. II, 4.

Verlangte derjenige die Rechtlosigkeit der Bürger, welcher besonders darauf hingewiesen hatte, daß man die „gegenseitigen Rechte der Bürger und des Souveräns wohl unterscheiden müsse?"[1] Es muß in der That doch stutzig machen, wenn derselbe Rousseau, der noch eben als den ganzen Inhalt des Gesellschaftsvertrages bezeichnet hatte: „l'aliénation totale de chaque associé avec tous ses droits à toute la communauté",[2] nunmehr erklärte:

„On convient que tout ce que chacun aliène, par le pacte social, de sa puissance, de ses biens, de sa liberté, c'est seulement la partie de tout cela dont l'usage importe à la communauté"[3]

oder:

„Tout homme peut disposer pleinement de ce qui lui a été laissé de ses biens et de sa liberté",[3]

oder gar schließlich seine Anschauungen in die Worte zusammenfaßte:

„Il est si faux que dans le contrat social il y ait de la part des particuliers aucune renonciation véritable ... qu'au lieu d'une aliénation ils n'ont fait qu'un échange avantageux d'une manière d'être incertaine et précaire contre une autre meilleure et plus sûre ... et de leur force que d'autres pouvaient surmonter, contre un droit que l'union sociale rend invincible"[3]

Diese und ähnliche Aussprüche Rousseaus einfach zu ignorieren, ging natürlich nicht an, und da man aber andererseits eben diese Sätze mit der eigenen Auffassung vom Inhalt des contrat social schlechterdings nicht vereinigen konnte, so blieb für diejenigen, welche in Rousseau vorzüglich einen Nachfolger des Hobbes sahen, nichts anderes übrig, als auch hier wieder, wie so oft, einen verhängnisvollen Widerspruch innerhalb des Rousseauschen Systems zu registrieren.[4]

Dagegen mußten natürlich von dem anderen Standpunkt aus, der in Rousseau vorzüglich den Einfluß Lockes zu erkennen

---

[1] C. s. II, 4.
[2] C. s. I, 6.
[3] C. s. II. 4.
[4] Vgl. z. B. Gierke a. a. O., S. 117: „schrankenlose Despotie, dem gegenüber Rousseau nur vermöge einer Reihe von Inkonsequenzen und Sophismen den Begriff unzerstörbarer natürlicher Menschenrechte rettet." Vgl. auch Janet a. a. O., p. 480: „Mais comment a-t-il pu appeler une aliénation totale ce qui n'est pas même une renonciation? Lorsqu'on livre tout, comment peut-on recevoir davantage?" Bezüglich dieses logischen Widerspruchs glaubt Janet also den Rousseau belehren zu müssen: „Il est très juste de dire que par l'effet du pacte social la condition de chaque associé devient meilleure; mais ce n'est pas, parce qu'il a commencé par tout donner, mais bien parce qu'en sacrifiant quelque chose, il a obtenu la garantie du reste." — In der Polemik wie Janet neuerdings Landmann a. a. O., S. 128.

glaubte, gerade diese Stellen zum Beweis dienen, daß unser Philosoph in dem Privateigentum ein unzerstörbares und schlechthin der Verfügungsgewalt des Souveräns entzogenes Urrecht der Menschheit gesehen habe.[1] Und wenn vielleicht auch wenig bekannt war, daß Rousseau selbst sich einmal auf die Verwandtschaft seines Systems mit dem des Locke berufen hatte,[2] so fehlt es doch jedenfalls der traditonellen Auffassung, welche in Rousseau, dem revolutionären Freiheitsapostel, das „individualistische Element" für „vorherrschend" ansieht, welche nicht müde wird, ihm, wie dem gesamten Naturrecht eine „atomistische" Grundanschauung zur Last zu legen, auch heute kaum an namhaften Vertretern. Bedenkt man schließlich noch, daß in jüngster Zeit Rudolf Stammler[3] in der Rousseauschen Philosophie eine bemerkenswerte Hinneigung zu dem Gedanken einer ausschließlichen Konventionalgemeinschaft hat erblicken wollen, so dürfte diese kurze Skizze des derzeitigen Stands der Meinungen in der That genügen, um die unüberbrückbare Kluft der verschiedenen Standpunkte in unserer Frage auf das eindringlichste bloßzustellen. Und gerade darum sind wir bei der fundamentalen Frage nach dem Inhalt des pacte social etwas eingehender auf die bis dahin vorzüglich hervorgetretenen Auffassungen zurückgekommen, weil gerade an diesem Kern- und Angelpunkt des Systems das seltsame Schicksal, welches dieser Sozialphilosophie seit ihrem Bestehen zuteil geworden, besonders charakteristisch vor Augen tritt. So viele Berichterstatter, so viele Meinungen

---

[1] Das ist z. B. die Meinung von Liepmann, nach welchem „die Auffassung Rousseaus nicht in einer Verdrängung des Eigentums durch staatliche Suprematie gipfelt, vielmehr gerade den Staat zu einem zum Schutz des Eigentums bestimmten Werkzeug macht" (a. a. O., S. 45). Dagegen stände es durchaus auf dem Boden von Rousseaus individualistischen Anschauungen, wenn der Rousseausche Souverän zwar das Privateigentum nicht vernichten, wohl aber durch „Steuern oder auf dem Wege der Expropriation verkürzen" könne. Leiter zeigt die Liepmannsche Darstellung auch hier wiederum schon in der Auswahl der Rousseauschen Quellenstellen eine bedenkliche Vermengung von Rechtsphilosophie und Politik, die beiden Fragen: 1. ob das Privateigentum ein allgemeingültiger und damit notwendiger Bestandteil jedweder empirischen Rechtsordnung überhaupt sei und 2. ob das Privateigentum als gutes Rechtsinstitut schlechthin resp. nur unter bestimmten empirischen Verhältnissen empfohlen werden könne, — sind nirgends deutlich auseinander gehalten. — Deutlicher dagegen: Landmann a. a. O., S. 129: „Freiheit und (!) Eigentum bilden somit auch für Rousseau die selbstverständlichen Individualrechte, deren Verletzung der Souverän nicht will, noch wollen kann."

[2] Vgl. „Lettres écrites de la montagne", lettre 6me p. 131: „Locke, Montesquieu l'abbé de Saint-Pierre ont traité les mêmes matières, et souvent avec la même liberté tout au moins. Locke en particulier les a traitées exactement dans les mêmes principes que moi."

[3] „Wirtschaft und Recht", S. 563.

und andererseits wieder so viele Widerlegungen! Nur in der Konstatierung von unhaltbaren logischen Widersprüchen schien man allein in seinem Urteil über diesen Philosophen übereinzustimmen. Von dem „Anticontrat Social, dans lequel on réfute d'une manière claire, utile et agréable les principes posés dans le Contrat Social de J. J. Rousseau, Citoyen de Genève, par P. L. Beauclair, Citoyen du Monde",[1] hinaus über jene in ihrer gänzlichen Verständnislosigkeit bei soviel Anmaßung abstoßende Schrift Lamartines, „J. J. Rousseau, son faux contrat social et le vrai contrat social", bis etwa zu der im Jahre 1870 erschienenen Schmähschrift Moreaus: Jean Jacques Rousseau et le siècle philosophique", — wie unendlich häufig ist in dieser Spanne Zeit der Name dieses Philosophen intellektuell gebrandmarkt worden, wie unsäglich oft hat man ihm sinnlose Widersprüche, eitel Sophisterei und Blendwerk vorgeworfen!

Und doch im Grunde, was vermag die stattliche Zahl all jener Widerleger darzuthun, wenn unter dem Namen Rousseau der eine den unhistorischen, himmelstürmenden „Idealisten", der andere den gottlosen Materialisten, jener den alle geheiligten Schranken rücksichtslos aufhebenden Individualisten, dieser den allem Rechte menschlicher Persönlichkeit feindlichen Staatsabsolutisten bekämpft und endgültig ad absurdum geführt zu haben vermeint! So wird es vielleicht verständlich, wenn in den fünfziger Jahren noch ein Biograph unseres Autors bezüglich des „Contrat social" gelassen bemerken konnte:

„Il ne discuterai pas les principes fondamentaux sur lesquels repose l'argumentation de Rousseau, et dont je ne connais pas de réfutation sérieuse."[2]

Konnte ja noch um die Mitte unseres Jahrhundert der Lyriker Lamartine eine so gewissenlose Kritik, wie die folgende, mit dem Vollgewicht seines Namens decken:

„Quant à la souveraineté, ... Rousseau la place, la déplace métaphysiquement (!) ici ou là dans un tel labyrinthe d'abstractions, et lui suppose des qualités tellement abstraites, tellement contradictoires qu'on ne sait plus à qui il faut obéir et contre qui il faut se révolter; tantôt lui donnant des limites, tantôt là déclarant tyrannique, ici la proclamant indivisible, là divisée en cinq ou six pouvoirs (!) ... collective, individuelle ... déléguée, non déléguée, re-

---

[1] A la Haye 1764, eine trotz der vielversprechenden Titelüberschrift an oberflächlicher Seichtigkeit ihresgleichen suchende Rousseaukritik.

[2] G. H. Morin: Essai sur la vie et le caractère de J. J. Rousseau, Paris 1851.

présentative et ne pouvant jamais être représentée . . . Véritable Babel d'idées, confusion de langues qui ressemble à ces théologiens du moyen âge, où Dieu s'évapore dans les définitions scolastiques de ceux qui prétendent le definir."[1]

Und im Jahre 1896 bemerkte der verdiente Herausgeber der nachgelassenen, rechtsphilosophischen Handschriften unseres Autors Dreyfuß.

„Il est peu d'écrivains qui aient écrit avec plus de clarté que Rousseau; il n'en est pas un (sauf peut-être Hobbes) qui ait répété plus souvent les mêmes idées."[2]

Im Angesicht von Gegnern des letzterwähnten Schlags wie überhaupt des Meinungszwiespalts in der Auffassung dieser Philosophie gewinnt der folgende Ausspruch Rousseaus, der sich in seinen nachgelassenen Schriften findet, an Interesse:

„Il se peut qu'ils aient répondu à ce que j'ai dit, mais ils n'ont pas sûrement répondu à ce que j'ai voulu dire. Ainsi tout ce que prouvent leurs écrits, en cas qu'ils aient bien réfuté les miens, est que je n'ai pas su me faire entendre, puisqu'ils ne réfutent rien de ce que j'ai pensé! Si donc quelqu'un se donne la peine de chercher mes vrais sentiments à travers ma mauvaise façon de les dire, il pourra bien trouver que j'ai tort, mais, il ne le trouvera sûrement pas par les raisons de mes adversaires, car elles ne font rien du tout contre moi."[3]

Diese schrille Dissonanz der Auffassungen, welche gerade bezüglich der Auslegung des Inhalts vom Gesellschaftsvertrage besonders schroff hervortritt, sie müßte, wenn anders sie begründet und unvermeidlich erscheinen kann, auf der gänzlichen Systemlosigkeit dieser Philosophie beruhen. Es giebt kein anderes Mittel, diesen Streit der Kritiker bezüglich der richtigen Mittel einer Widerlegung unseres Autors endgültig und objektiv zu schlichten, als nach den fundamentalen Grundgedanken dieser Philosophie durch alles Gestrüpp einer systemlosen Anordnung hindurch mit eindringlicher Geduld zu forschen und von hier aus erst jene sonst unverständlichen Auslassungen über den Inhalt des pacte social eingehend und erschöpfend zu würdigen.

Wir fragen zunächst: Ist der Rousseausche pacte social also gedacht, daß aus seinem Abschluß der eine Kontrahent, die Gesamtheit, nur berechtigt und nicht verpflichtet wird? Ist die „aliénation totale de chaque associé avec tous ses droits à la commu-

---

[1] Lamartine, a. a. O., p. 135, 136.
[2] Dreyfuss, a. a. O., Indroduction p. XXII.
[3] Streckeisen-Moultou, a. a. O. in den „pensées détachées", p. 357.

nauté"[1] in der That dazu bestimmt die absolute Rechtlosigkeit
des einzelnen gegenüber einem allmächtigen Souverän zu statuieren? Dann bedeutete in der That der Inhalt dieses Vertrags
den sinnlosesten, den elendesten Widerspruch, der gegenüber dem
Rousseauschen Ausgangspunkt, gegenüber der vernichtenden Polemik gegen einen Grotius und Hobbes überhaupt nur ausgedacht
werden könnte! Dann wäre in der That jenes Kapitel über die
politische Sklaverei vorzüglich dazu angethan, Rousseaus eigenen
Lösungsversuch als elendes Instrument der Knechtschaft zu brandmarken. und keiner wohl hätte schneidender als er selbst den Widersinn eines solchen einseitigen Vertrags geschmäht:

„Enfin c'est une convention vaine et contradictoire, de stipuler
d'une part une autorité absolue et de l'autre une obéissance
sans bornes. N'est-il pas clair qu'on n'est engagé à rien envers
celui dont on a droit de tout exiger … Soit d'un homme à un
homme, soit d'un homme à un peuple ce discours sera toujours
également insensé. Je fais avec toi une convention toute à ta
charge et toute à mon profit. que j'observerai tant qu'il me plaira
et que tu observeras tant qu'il me plaira."[2]

Wir fragen also, ob dieses vernichtende Urteil auf das souveräne Volk des Rousseau selbst Anwendung findet. oder ob der
Inhalt des contrat social der souveränen Gesamtheit unüberschreitbare Schranken setzt.

„On voit par cette formule que l'acte d'association renferme
un engagement réciproque du public avec les particuliers."[3]

Der Inhalt des Gesellschaftsvertrags setzt eine wechselseitige
Verpflichtung zwischen der Gesamtheit und dem einzelnen.
Daß der Inhalt der Verpflichtung der Untherthanen in dem Gehorsam gegen die Gebote des Souveräns besteht, ist sofort einleuchtend und bedarf keiner weiteren Erörterung; aber worin besteht die
Pflicht des souveränen Volks? Hier scheint nach dem, was wir
früher als Rousseaus fundamentale Grundgedanken herauszuarbeiten
bemüht waren, nur eine einzige Antwort möglich: Der Inhalt des
contrat social selbst wird unsere Erwartung bestätigen:

---

[1] C. s. I, 6.
[2] C. s. I, 4 Vgl. denselben Gedanken schon im „Discours" p. 71: En
continuant d'examiner ainsi les faits par le droit, on ne trouverait pas
plus de solidité que de vérité dans l'établissement volontaire de la tyrannie et
il serait difficile de montrer la validité d'un contrat qui n'obligerait qu'une des
parties, où l'on mettrait tout d'un côté et rien de l'autre, et qui ne tournerait
qu'au préjudice de celui qui s'engage."
[3] C. s. I, 7.

„Chacun de nous met en commun sa personne et toute sa puissance sous la suprême direction de la volonté générale."[1]
Nicht der Gesamtheit schlechthin, sondern der Gesamtheit, insofern und nur insofern sie als Träger des Prinzips der volonté générale gedacht werden kann, unterwirft sich der einzelne vertragsmäßig. Nicht jede volonté de tous ist notwendig auch volonté générale. Und nur die letztere ist souverän, und nur dem Souverän haben die einzelnen sich zum Gehorsam verpflichtet.[2] Aber freilich, diejenigen, welche zur Ausübung dieser höchsten Gewalt berufen sind, das ist eine Summe empirisch bedingter Menschen, deren gemeinsame Zwecksetzung an sich noch keine Gewähr für die stetige Aufrechterhaltung des Prinzips des bien public darbietet. So bestehet denn in der stetigen Beobachtung dieses konstitutiven Prinzips, d. h. in dem ehrlichen Einhalten der vertragsmäßig gesetzten Schranken ihrer Gewalt die Pflicht der herrschenden Gesamtheit. Es bedeutet eine Antizipation der Grundgedanken des zweiten Buchs des „Contrat social", die zu zahlreichen Mißverständnissen Anlaß gegeben hat, wenn Rousseau schon im Beginne der Entwicklung, allerdings unter ausdrücklichem Hinweis auf die spätere Begründung einen auf der Hand liegenden Einwurf mit der kühnen Behauptung abwehrt, daß der Souverän weder das Wohl eines einzelnen noch gar das der Gesamtheit jemals verletzen könne.[3]
„Par conséquent la puissance souveraine n'a nul besoin de garant envers les sujets."[3]
Die Gesamtheit hat es nicht nötig, dem einzelnen gegenüber Bürgschaft zu leisten. Man hat aus diesen Worten vielfach gelesen, daß nach Rousseau Garantieen für den einzelnen undenkbar seien, daß es keine Pflichten der Gesamtheit gäbe. Gerade das Gegenteil ist richtig. Denn wenn man von der Notwendigkeit der Stellung oder Nicht-Stellung eines Bürgen redet, hat man die Existenz einer Verpflichtung notwendig schon vorausgesetzt. Aber eine besondere Garantie dafür, daß der Souverän dieser seiner Verpflichtung auch nachkomme, hält unser Autor für überflüssig.
„Le souverain par cela seul qu'il est, est toujours tout ce qu'il doit être."[3]
Wir kennen längst den Sinn dieses scheinbaren Paradoxon: Die Kunst des Rousseauschen droit politique hat die rechtliche Gewalt der Gesamtheit auf die Festsetzung der „lois", auf die

---

[1] C. s. I, 6.
[2] „Les particuliers ne s'étant soumis qu'au souverain et l'autorité souveraine n'étant autre chose que la volonté générale, nous verrons comment chaque homme, obéissant au souverain, n'obéit qu'à lui-même." Emile l. 5 p. 157, 158.
[3] C. s. I, 7.

13*

Beschlußfassung über die allgemeinverbindlichen Gegenstände von gemeinsamem Interesse eingeschränkt und damit selbst die Gewähr geleistet, daß die Gesamtheit, insofern sie ihre souveräne Gewalt ausübt, niemals gegen ihre Pflichten verstoßen wird.[1]

Und so gewinnt denn jene weitverbreitete Auffassung von der unbeschränkten, schlechthin an keine Pflichten gebundenen Gewalt des Rousseauschen Souveräns, gerade indem ihre eigene Meinung sich an der Hand der Quellen als unhaltbar erweist, von einem gänzlich anderen Standpunkt der Betrachtung aus einen neuen und nun freilich wohl begründeten Sinn. Besinnen wir uns auf den scharfgeprägten Begriff der Pflicht, so wie wir ihn oben[2] darzustellen suchten, so erscheint in der That die Ausdrucksweise, in welcher Rousseau von Pflichten des souveränen Volks redet, nicht viel mehr als einen Metapher zu enthalten. Denn es liegt ja im Begriff des Rousseauschen Souveräns, d. i. des Urhebers der lois, daß er den Grundsatz der volonté générale verwirkliche, seine Qualität als Souverän, d. i. als rechtlich oberster Herr, sie schwindet, sobald und solange er gegen das Prinzip des Gemeinwohls verstößt. Freilich verkennt Rousseau durchaus nicht, wie wir früher ausführlich darlegten, daß es sehr wohl empirisch möglich ist, daß die Gesamtheit die ihr vom Naturrecht angewiesenen Schranken ihrer rechtlichen Gewalt gewissenlos überschreitet; denn es liegt zwar im Begriff des Rousseauschen Souveräns, daß er die volonté générale verwirkliche, aber es liegt nicht im Begriff einer Gesamtheit von Menschen, daß ihr Beschluß niemals ein „décret", sondern stetig nur eine „loi" festsetze. Und um den Rousseauschen Gedanken einmal scharf zugespitzt und prägnant wiederzugeben, so sagen wir: Der Rousseausche Souverän als solcher hat keine verfassungsmäßigen Pflichten, wohl aber hat die Gesamtheit die Pflicht, in Ausübung ihrer Herrschaft nichts anderes zu sein, als Träger der Souveränität. Daß aber die Gesamtheit gegen diese ihre naturrechtliche Pflicht verstoße, daß sie aufhöre, ein Schöpfer des positiven Rechts zu sein und rohe Willkür gegen die einzelnen übe, dagegen freilich konnte die Rousseausche Philosophie keine rechtlichen Garantieen festsetzen; denn nach ihrem eigenen Sinne ist die positivrechtliche Gemeinschaft aufgehoben, sobald die Gesamtheit kein Gesetzgeber mehr ist.

---

[1] Der Grundgedanke ist am treffendsten und knappsten im Emile l. 5 p. 157 ausgedrückt: „Pour éclaircir cette question, nous observerons que, selon le pacte social, le souverain ne pouvant agir que par des volontés communes et générales, ses actes ne doivent de même avoir que des objets généraux et communs; d'où il suit qu'un particulier ne saurait être lésé directement par le souverain qu'ils ne le soient tous; ce qui ne se peut, puisque ce serait vouloir se faire du mal à soi-même."

[2] Vgl. S. 13 f.

Wohl aber ist es denkbar, daß innerhalb der rechtlichen Gemeinschaft ein einzelner seine Pflichten gegen die souveräne Gesamtheit nicht erfüllt, und somit hat es allerdings vom Rousseauschen Standpunkt aus guten Sinn, Garantieen dafür festzusetzen, daß der einzelne Bürger seinen rechtlichen Pflichten nachkomme.[1] Denn die Verfolgung seiner Sonderinteressen kann ihn dazu treiben, das gemeine Beste hintanzusetzen, wenn es gilt, für sich selbst einen besonderen Gewinn zu erhaschen.[2] Wir werden später sehen, wenn wir auf den verschiedenartigen Inhalt des positiven Rechts einzugehen haben, daß unser Philosoph dem Strafrecht die Aufgabe zuweist, der Verletzung rechtlicher Pflichten entgegenzutreten, damit nicht der einzelne die Rechte des Bürgers genieße, ohne die Pflichten des Unterthans erfüllen zu wollen.[3]

Doch damit haben wir die Rousseauschen Ausführungen bezüglich der wechselseitigen Pflichten der Gesamtheit und des einzelnen noch nicht erschöpft; es fragt sich nämlich, ob die bis dahin gewonnene Auffassung im weiteren eine Bestätigung erhalten oder nunmehr die berüchtigte Inkonsequenz zu Tage treten wird. Rousseau führt in demselben Kapitel, dessen Inhalt uns bisher beschäftigte, aus, daß jedes Individuum unter einem doppelten Gesichtspunkt verpflichtet sei, einmal nämlich als Glied der souveränen Gesamtheit gegenüber jedem einzelnen, der der Herrschaft dieser Gesamtheit unterworfen ist, und andererseits als Individuum gegenüber eben jener souveränen Gesamtheit. Betrachte man vorzüglich

---

[1] „Mais il n'est pas ainsi des sujets envers le souverain, auquel malgré l'intérêt commun, rien ne répondrait de leurs engagements, s'il ne trouvait des moyens de s'assurer de leur fidélité." C. s. I, 7.

[2] „En effet, chaque individu peut comme homme avoir une volonté particulière contraire ou dissemblable à la volonté générale qu'il a comme citoyen; son intérêt commun; son existence absolue et naturellement indépendante, peut lui faire envisager ce qu'il doit à la cause commune comme une contribution gratuite, dont la perte sera moins nuisible aux autres que le paiement n'en sera onéreux pour lui." C. s. I, 7.

[3] Es kann gar kein Zweifel sein, daß dieses der Sinn der folgenden Stelle ist: „Afin donc que le pacte social ne soit pas un vain formulaire, il renferme tacitement cet engagement, qui seul peut donner de la force aux autres, que quiconque refusera d'obéir à la volonté générale, y sera contraint par tout le corps"; diese Worte auf die Exekution im einzelnen Fall beziehen zu wollen (wie vielfach geschehen ist), so etwa, daß die Gesamtheit nicht nur den Zwang überhaupt gesetzlich anordne, sondern auch selbst anwende, bedeutet eine Verkennung der Grenzen des Machtbereichs der Gesamtheit, zu deren Aufgabe die Anwendung der Gesetze im konkreten Fall überhaupt nicht gehört. Vgl. überdies die analoge Stelle im Emile l. 5 p. 157: „Ainsi le contrat social n'a jamais besoin d'autre garant que la force publique, parce que la lésion ne peut jamais venir que des particuliers; et alors ils ne sont pas pour cela libres de leurs engagements, mais punis de l'avoir violé."

diese letztere Beziehung, so schließt hier der einzelne sozusagen den pacte social mit sich selber ab, nämlich er selbst, als „sujet" betrachtet, mit dem „souverain", den er selbst als „citoyen" mitausmacht und darstellt. Dennoch aber, fährt Rousseau fort, konstituiert eben dieser Vertrag gültige Pflichten des einzelnen gegen den Souverän; denn der Satz des Civilrechts, daß niemand an die gegen sich selbst eingegangenen Verpflichtungen gebunden sei, findet hier keine Anwendung, weil der einzelne nicht sowohl mit seiner eigenen Person den Gesellschaftsvertrag abschließt, als vielmehr mit der juristischen Person der Gesamtheit, als deren einzelnes Glied er selbst betrachtet werden muß.[1]

Rousseau geht nunmehr dazu über, zu untersuchen, ob ebenso wie das einzelne Individuum (le particulier), so auch die Gesamtheit vermöge des contrat social unter einer doppelten Verpflichtung stehe. Die eine Art der vertragsmäßigen Verbindlichkeit, nämlich die Verpflichtung gegen die einzelnen Glieder der Gemeinschaft („les sujets") wird hier als schon genügsam erörtert vorausgesetzt; sie fällt ja zusammen mit der einen Art der Verpflichtung, unter der, wie wir oben sahen, jedes einzelne Glied der Gemeinschaft, insofern es nämlich als „citoyen", d. h. als Mitglied der herrschenden Gesamtheit gedacht wird, notwendig steht.

Wohl aber erhebt sich hier die schwierige Frage, ob ebenso, wie das Individuum als sujet auch andererseits gegen sich selbst als citoyen als verpflichtet angesehen werden konnte, sich nunmehr auch bezüglich der Gesamtheit des Volks eine zweite Art der Verpflichtung behaupten ließe, vermöge deren auch die Gesamtheit gegen sich selbst, (nur unter einem anderen rechtlichen Gesichtspunkt betrachtet), obligiert erschiene. Es war die doppelte Rechtsstellung des einzelnen, der einmal als partikuläres Rechtssubjekt der Gewalt des Souveräns unterworfen und andererseits wieder Mitträger eben dieser Gewalt war, vermöge deren Rousseau in, (wie er wohl einsah), ungenauer Redeweise von einer Verpflichtung des einzelnen gegen sich selbst reden durfte.

So entstand unserem Autor die Frage, ob auch die Gesamtheit, der andere Kontrahent des pacte social, schärfer gesprochen, ob auch die Handlungen der Gesamtheit unter einem zwiefachen juristischen Gesichtspunkt erwogen werden könnten, so, daß auch hier nicht nur, was gar keinem Zweifel unterliegt, von einer Verpflichtung der Gesamtheit gegen die einzelnen, sondern auch von einer Verpflichtung gegen die Gesamtheit selbst geredet werden konnte.

---

[1] Dies ist der Inhalt des ersten Absatzes von C. s. I. 7.

Das ist die Frage, welche Rousseau im folgenden ausdrücklich verneint. Es giebt nur einen einzigen rechtlichen Gesichtspunkt, von welchem aus von einer Gesamtheit des Volks überhaupt geredet werden darf, nur in einer bestimmten teleologischen Erwägung ist die gedenkliche Zusammenfassung aller einzelnen unter den Begriff der Gesamtheit als einer juristischen Person überhaupt gestattet. Die Gesamtheit ist nichts als Organ der volonté générale, sie kann nur als Schöpferin der Gesetze gedacht werden; die Gesamtheit ist Souverän und nichts als Souverän. Das ist der Grund, warum nach Rousseau von einer Verpflichtung der Gesamtheit gegen sich selbst schlechterdings nicht geredet werden darf, weil hier in der That jener Satz, daß einunddasselbe Rechtssubjekt nicht gegen sich selbst obligiert sein könne, mit Fug Anwendung findet. Eine Verpflichtung der Gesamtheit gegen sich selbst würde ja einer Verpflichtung des Souveräns gegen den Souverän, des Gesetzgebers gegen den Gesetzgeber gleichkommen.

„Nous remarquerons encore que nul n'étant tenu aux engagements qu'on n'a pris qu'avec soi, la délibération publique, qui peut obliger tous les sujets envers le souverain à cause des deux différents rapports, sous lesquels chacun d'eux est envisagé, ne peut obliger l'état envers lui-même."[1]

Freilich, gäbe es eine solche Verpflichtung des Gesetzgebers gegen den Gesetzgeber, dann müßte es zwei verschiedene Träger der gesetzgebenden Gewalt innerhalb der rechtlichen Gemeinschaft geben, und wollte der eine einen bestimmten Gesetzesinhalt sanktionieren, so könnte es sein, daß er seiner Verpflichtung gegen den andern zuwiderhandeln würde. Denn ihre vertragsmäßige Verpflichtung gegenüber den einzenen hat die Gesamtheit schon erfüllt, wenn anders ihre Befehle überhaupt nur dem scharfen Begriff der „loi" entsprechend sind. Nun kann aber die Gesamtheit, da sie überhaupt nur in ihrem Beruf als Gesetzgeberin gedacht werden darf, bezüglich der Ausübung dieser ihrer gesetzgebenden Gewalt nicht irgendwie gegen sich selbst verpflichtet sein, weil eine gedenkliche Auseinanderhaltung der Gesamtheit als eines verpflichteten von der Gesamtheit als eines berechtigten Rechtssubjekts vermöge der absoluten Einheit der Rechtsstellung der Gesamtheit schlechterdings nicht möglich ist. Mit anderen Worten: Die Gesamtheit steht nicht, wie der einzelne, vermöge des pacte social unter einer doppelten Verpflichtung, sie ist nur verpflichtet gegen die einzelnen und sie hat dieser ihrer vertragsmäßigen Verpflichtung

---

[1] Emile l. 5me p. 157.

genügt, wenn anders sie überhaupt als Souverän auftritt. Kurz: Der Rousseausche Souverän ist nur verpflichtet, Souverän zu bleiben, und dieses Paradoxon, welches genau dem Rousseauschen Gedankengang entspricht, mag endgültig deutlich machen, warum unser Philosoph diese Pseudoverpflichtung des Souveräns gegen die einzelnen nicht mehr besonders an dieser Stelle betonte. Was bedurfte es hier im Eingange schon einer umfassenden Analyse der **Pflichten des Souveräns gegen die einzelnen**, da ja die fundamentale Aufgabe des zweiten Buchs der „Contrat social" darin gelegen ist, zu zeigen, daß der Souverän nur Souverän ist, insofern er „Gesetze" giebt, d. h. seine Verpflichtung gegen die einzelnen erfüllt.

Wir haben nicht umsonst den Begriff der Rousseauschen „loi" einer so eingehenden Erörterung unterzogen, galt es ja ebendamit die unüberwindlichen Schranken zu erkennen, innerhalb deren es der Gesamtheit gestattet ist, vermöge des pacte social die souveräne Gewalt gegenüber den einzelnen auszuüben. Wie sehr aber auch immer der Begriff der „loi" den Kreis der Normen einengte, in deren Anordnung sich die Souveränität der Gesamtheit schlechthin erschöpfte, so hatte doch derjenige, welcher verpflichtet war, seine Befehlsgewalt nur zur Anordnung von „Gesetzen" auszuüben, immerhin noch eine freie Machtbefugnis bezüglich der Wahl des Inhalts dieser Normen. Kurzum, der contrat social läßt der Gesamtheit freie Hand in der Frage, welche „Gesetze" sie anzuordnen für gut befindet.

„Aber es erhebt sich hier die Frage, ob denn auch diejenigen „lois" nach Rousseau gültige Verpflichtungskraft besitzen sollen, deren Inhalt einzelnen Sätzen des droit naturel widerspricht: denn wenn es auch im Begriff der „loi" liegt, in Berücksichtigung des Prinzips der volonté générale, als des obersten Fundaments aller Einzelnormen des Naturrechts, festgesetzt zu sein, so beweist der Wille des Souveräns, das droit naturel zu befolgen, noch nicht, daß nicht in concreto dennoch in Fragen der Gesetzgebung gegen einzelne jener Normen verstoßen worden ist. Es mag vor allem an dem gänzlichen Fehlen einer besonderen Ausführung der Einzelsätze des „droit naturel" liegen, daß Rousseau auf diese nicht ganz fernliegende Frage nirgends eingegangen ist, daß er auch an dieser Stelle an die Möglichkeit ihrer Aufwerfung überhaupt schwerlich gedacht hat. Immerhin muß gesagt werden, daß es nach dem, was wir oben über die systematische Bedeutung des droit naturel feststellten, durchaus im Sinne des Rousseauschen Gedankengangs liegt, einzelnen Gesetzen, welche mit Normen des droit naturel, insofern deren Geltung in zweifelloser Art aus dem Prinzip der volonté générale abgeleitet werden kann, in Widerspruch treten, die rechtliche Gültigkeit abzusprechen. Nicht die Superiorität der „loi", als der menschlich gesetzten Norm, über das Naturrecht, sondern Rousseaus Einsicht in die Schwierigkeit, die sichere Geltung eines Systems von Einzelnormen des droit naturel zu deduzieren,[1] ist die Ursache, daß an dieser Stelle von unserem Autor diese Beschränkung der Macht des Souveräns nicht besonders hervorgehoben ist.

Hiervon abgesehen — und die geringe Zahl der einzelnen Naturrechtssätze, deren Geltung Rousseau als unzweifelhaft darstellt, gestattet, daß wir hier im weiteren davon absehen — giebt es keine Schranken für die Macht der souveränen Gesamtheit bezüglich der Festsetzung der einzelnen lois.

Und dieses ist das bedeutungsvolle Ergebnis, um dessen willen jene subtile Untersuchung, ob die Gesamtheit nur gegen die einzelnen oder auch gegen sich selbst durch den contrat social verpflichtet sei, überhaupt letzlich geführt worden ist. Indem Rousseau das Resultat gewann, daß die Gesamtheit nicht gegen sich selbst verpflichtet ist, hatte er dargethan, daß das souveräne Volk, d. i. der Gesetzgeber, unumschränkt und frei von vertragsmäßigen Pflichten über den Inhalt der „Gesetze" entscheidet. Das und nichts anderes ist der Sinn jener geradezu berüchtigten Stelle, welche, indem man sie losgelöst von dem Zusammenhang des Ganzen, vorzüglich unter mangelnder Berücksichtigung des Rousseauschen Souveränitätsbegriffs erwog, zu so unendlich zahlreichen und schweren Mißverständnissen Anlaß gegeben hat und freilich so auch Anlaß geben mußte:

„Il faut remarquer encore que la délibération publique qui peut obliger tous les sujets envers le souverain à cause des deux différents rapports sous lesquels chacun d'eux est envisagé, ne peut par la raison contraire obliger le souverain envers lui-même, et que par conséquent, il est contre la nature du corps politique que le souverain s'impose une loi qu'il ne puisse enfreindre. Ne pouvant se considérer que sous un seul et même rapport, il est alors dans le cas d'un particulier contractant avec soi-même; par où l'on voit qu'il n'y a ni ne peut y avoir nulle espèce de loi fondamentale obligatoire pour le corps du peuple, pas même le contrat social."[2]

Mit anderen Worten: Der Rousseausche contrat social bindet den Gesetzgeber nicht an ein inhaltlich bestimmtes a priori,

---

[1] Hier und da finden sich in allen Schriften Rousseaus sozialphilosophischer Natur Einzelsätze des Naturrechts erwähnt; über die Schwierigkeit ihrer Ableitung vgl. lettre du 26. Juillet 1767 à M. le Marquis de Mirabeau.

[2] C. s. I, 7, 2. Absatz.

es giebt nach unserem Autor keine unwandelbaren Grundlagen innerhalb irgendwelcher rechtlichen Ordnung. Der contrat social belehrt über die allgemeingültigen Bedingungen rechtlicher Gemeinschaft überhaupt und legt in dem Begriff der „loi" den Begriff des positiven Rechts klar; aber dieser Begriff, welcher den Begriff der Souveränität allererst konstituiert, will als Formalbegriff aufgenommen sein, er will den formalen Maßstab enthalten, um innerhalb empirisch möglicher sozialer Ordnung das Gebiet des gültigen Menschenbefehls von dem der brutalen Gewalt in Festigkeit zu trennen. Innerhalb der Schranken des positiven Rechts eine neue Scheidung zwischen unwandelbaren und veränderlichen Rechtsinhalten vorzunehmen, das ist nach Rousseau in zwingender Gültigkeit schlechterdings nicht möglich.

Man hat es unserem Autor häufig zum Vorwurf gemacht, daß er die souveräne Gesamtheit für schlechthin an keinen konkreten Gesetzesinhalt gebunden erklärt hat. Es würde eben damit einer willkürlichen Tyrannei das Wort geredet, und vor allen Dingen hat man auch hierin den verderblichen Einfluß des Hobbes zu erkennen vermeint.

Um die Unbegründetheit dieser Einwürfe zu erkennen, gilt es folgendes auseinanderzuhalten.

Erklärt man es für Willkür, wenn der Gesetzgeber gegen den Inhalt seines Gebots, solange dieses selbst in Geltung steht, beliebig verstößt, so hat man in der Sache wohl Recht, nur trifft die Sache unseren Autor nicht. Denn das ist mit nichten der Sinn der Stelle, die wir oben citierten. Rousseau hat keineswegs hier daran gedacht, der souveränen Gesamtheit die Macht zuzugestehen, sich beliebig über das Gesetz hinwegzusetzen, ohne zuvor dieses selbst erst auf gesetzlichem Wege in seiner Geltung wiederaufzuheben. Bedenkt man, daß die Thätigkeit des Rousseauschen Souveräns sich schlechterdings in der Festsetzung der lois erschöpft, so ist deutlich, daß auch ein solches Mißachten gültiger Gesetze nur in Ausübung eben dieser Befugnis, d. h. in Anordnung eines neuen Gesetzes, gesehen werden könnte, dessen Inhalt einem gültigen Rechtssatz widerspricht. Denn würde die Gesamtheit irgend eine Handlung vornehmen, die nicht dem Begriffe der „loi" entspricht, so hätte sie damit freilich ohne Zweifel ihrer vertragsmäßigen Verpflichtung gegen die einzelnen zuwidergehandelt, jener Akt wäre schlechthin und bedingungslos rechtlich bedeutungslos, ganz unangesehen des Umstands, ob er noch dem Inhalt eines gültigen Gesetzes zuwiderlaufe oder nicht. Bleibt aber die souveräne Gesamtheit innerhalb der Schranken ihrer Macht und ordnet sie ein Gesetz an, welches einer bereits bestehenden Norm widerspricht, so hebt sie entweder dieser gesetzlichen Inhalt stillschweigend auf, indem sie einen anderen Gesetzesinhalt an jene Stelle setzt, oder aber ihr neues Gebot kann auch nach Rousseaus Meinung als gültig und rechtsverbindlich nicht begriffen werden.

Nichts wäre in der That irriger, als jene Rousseausche These, daß es kein Gesetz gebe, welches der Souverän nicht wieder aufheben könne, dahin verkehren zu wollen, daß es nach Rousseau kein Gesetz gäbe, über welches nicht der Souverän sich trotz seiner Geltung hinwegsetzen könnte. Ganz im Gegenteil empfiehlt sogar Rousseaus bedeutsamste politische Schrift, die „Considérations sur le gouvernement de Pologne", Verfassungsbestimmungen, nach welchen der Souverän die Geltung einzelner Gesetze nur durch besonderes, ausdrückliches, auf Stimmeneinheit beruhendes Gesetz außer Kraft setzen könne. In diesem relativen Sinne erkennt diese Schrift den Begriff von Grundgesetzen („loix fondamentales") an.

„De cette manière on rendra la constitution solide et ces lois irrévocables autant qu'elles peuvent l'être; car il est contre la nature du corps politique de s'imposer des lois qu'il ne puisse révoquer; mais il n'est ni contre la nature ni contre la raison qu'il ne puisse révoquer ces lois qu'avec la même solennité qu'il mit à les établir. Voilà toute la chaîne qu'il peut se donner pour l'avenir."[1]

Selbstverständlich liegt es im Sinne des Rousseauschen Gedankengangs, daß auch das gesetzliche Erfordernis der Einstimmigkeit in allen Fällen durch den Gesetzgeber selbst wieder aufgehoben werden kann, aber solange dieses nicht geschieht, ist auch die Gesamtheit an ihr Gebot gebunden, sie kann es faktisch brechen, aber dann würde ihr Handeln gerade im Sinne der Rousseauschen Philosophie kein rechtlich bindendes Gebot, sondern einen juristisch irrelevanten, brutalen Willkürakt bedeuten.

„Au reste, il ne faut jamais souffrir qu'aucune loi tombe en désuétude. Fût-elle indifférente, fût-elle mauvaise, il faut l'abroger ou la maintenir en vigueur. Cette maxime qui est fondamentale, obligera de passer en revue toutes les anciennes lois, d'en abroger beaucoup, et de donner la sanction la plus sévère à celles qu'on voudra conserver. On regarde en France comme une maxime d'Etat, de fermer les yeux sur beaucoup de choses; c'est à quoi le despotisme oblige toujours ... Tous les abus, qui ne sont pas défendus, sont encore sans conséquence: mais qui dit une loi dans un état libre, dit une chose devant laquelle tout citoyen tremble ... En un mot, souffrez tout plutôt que d'user le ressort

---

[1] Cons. s. l. gouv. de Pologne, chap. 9me p. 432.

des lois: car quand une fois ce ressort est usé, l'état est perdu
sous ressource."[1,2]

Damit dürfte deutlich sein, daß Rousseau unmöglich in der
hier in Frage stehenden These einer rechtsungültigen Willkürherrschaft des Volks habe das Wort reden wollen. Die souveräne
Gesamtheit ist gerade nach den unzweifelhaften Aussprüchen dieses
Autors an die geltenden Gesetze gebunden, solange sie nicht vermöge eines neuen Gesetzes jene außer Kraft gesetzt hat:

„Le souverain est censé de confirmer incessamment les lois
qu'il n'abroge pas, pouvant le faire. Tout ce qu'il a déclaré
vouloir une fois, il le veut toujours à moins qu'il ne le révoque."[3]

So bleibt es denn dabei, daß Rousseau, indem er eine Gebundenheit des Souveräns an einzelne positive Gesetze bestritt, nichts
anderes hat behaupten wollen, als das durch den contrat social
unbeschränkt gelassene Recht der souveränen Gesamtheit, den Inhalt
der Gesetze in eigener Machtvollkommenheit zu bestimmen. Dies
bedeutet nun aber keineswegs, um ein naheliegendes Mißverständnis
sofort hier abzuschneiden, daß etwa nach Rousseaus Meinung der
Gesetzgeber bei der Ausübung seiner Gewalt nach seinem persönlichen subjektiven Belieben verfahren und nicht an strenge und allgemeingültige Grundsätze gebunden sein solle: wir werden später,
wenn wir die Rousseauschen Prinzipien der Wertung von Gesetzes-

---

[1] Considérations, chap. 10 Ende, p. 438.

[2] Es mag wenigstens anmerkungsweise erwähnt werden, daß die „Considérations" in dieser Frage an einer Stelle dennoch einer Inkonsequenz sich
schuldig machen. Man könnte diesen Punkt im Hinblick auf unsere Aufgabe
ganz unerwähnt lassen, wenn nicht Rousseau ausdrücklich bemerkte: „Les
principes, dont ces règles se déduisent, sont établis dans le Contrat social."
Es handelt sich kurz um folgendes: Der polnische Reichstag, soll gewöhnlich
sechs Wochen tagen, aber Rousseau schreibt ihm das Recht zu, im einzelnen
Fall diesen Zeitraum zu überschreiten, und zwar scheint es, nicht nur, weil
ein einzelnes Gesetz diese Ausnahme zuläßt (so, daß der Träger der Souveränität
zugleich auch außerdem die Ausführung eines einzelnen Gesetzes zu handhaben
hätte, ein, wie wir sehen werden, von Rousseau in seiner rechtlichen Möglichkeit durchaus nicht bestrittenes Zusammenfallen zweier verschiedener
Funktionen in einer Person); sondern, weil der Reichstag als solcher über dem
Gesetz stände. Diese Worte können sich hier nicht auf eine gesetzliche
Abänderung der Tagungsfrist beziehen, weil die hier in fragestehende einmalige Längertagung überhaupt nicht zum Gegenstand einer abstrakten loi
gemacht werden kann. Der Einklang mit den rechtsphilosophischen Grundsätzen bleibt daher mindestens sehr zweifelhaft, wenn Rousseau behauptet:
„Car enfin, si la diète qui par sa nature est au-dessus de la loi, dit:
Je veux rester, qui est-ce qui lui dira: Je ne veux pas que tu restes." Consid.
chap. 7, p. 416.

[3] C. s. III, 11.

inhalten darzustellen haben, sehen, daß dieses keineswegs der
Fall ist.

Auch sollte damit keineswegs einer häufigen Abänderung bestehender Gesetze irgend das Wort geredet sein. Faßt man den
im Streit der Tagespolitik schillernd gewordenen Begriff des Revolutionären in diesem Sinne, so war wohl kaum ein politischer
Schriftsteller weniger revolutionär als Rousseau. Aber freilich der
Scharfsinn eines Rousseau erkannte deutlicher, als mancher seiner
modernen Beurteiler, daß diese Regel nicht den Charakter allgemeingültiger Notwendigkeit trage, welcher den Lehren seiner Rechtsphilosophie zukommt. Diese eindringliche Unterscheidung des
allgemeingültigen, des rechtsphilosophischen a priori von
der empirischen Bedingtheit der politischen Maxime ist
eines der charakteristischsten Merkmale der Rousseauschen Sozialphilosophie, in welchem gerade die bedeutsame Annäherung an einen
fundamentalen Charakterzug Kantischer Systematik unverkennbar
vor Augen liegt:

„Il est vrai que ces changements sont toujours dangereux et
qu'il ne faut jamais toucher au gouvernement établi que lorsqu'il
devient incompatible avec le bien public: mais cette circonspection est une maxime de politique, et non pas une règle de
droit.“[1] . . .

Mit anderen Worten: der klare Politiker fragt danach, ob es
ein taugliches Mittel sei zur Annäherung an das Ziel rechtlicher
Ordnung, wenn man die geltenden Gesetze häufig durch andere er-
setze: der Rechtsphilosoph Rousseau fragt dagegen, nicht, ob dem
Gesetzgeber solcher Umsturz der Grundlagen einer Gesellschaftsordnung empfohlen werden könne, sondern ob das Volk überhaupt
noch Gesetzgeber bleibt, ob seine Gebote überhaupt noch von Rechtswegen gelten, gesetzt den Fall, es würde jemalen auch die ein-
schneidenste Gesetzesänderung vollziehen.

Es ist diese letztere Frage allein, die auf die Festlegung der
formalen Grenzen der Gesetzgebungsgewalt des Volkes gerichtet ist,
welche Rousseau in den hier einschlägigen Thesen bejaht:

„D'ailleurs en tout état de cause, un peuple est toujours le
maître de changer ses lois, même les meilleures; car s'il lui plaît
de se faire mal à lui-même, qui est-ce qui a le droit de l'en empêcher?“[2]

Mit anderen Worten: die Prinzipien der Feststellung der lex
lata sind schlechterdings verschieden von denen der lex ferenda.

---

[1] C. s. III, 18.
[2] C. s. II, 12.

Einerlei, ob die Abänderung bestehender Gesetze als nützlich oder unpraktisch, als sittlich gerechtfertigt oder moralisch verwerflich erscheint, sie bleibt von Rechtswegen gültig und verbindlich, so lange sie das Volk in der scharf geprägten Form der „loi" gebietet.

Auch hierin hat man das Charakteristikum der Tyrannei erblicken wollen und Rousseau um dieser Lehre willen als den grimmigsten Feind der persönlichen Freiheit des Individuums bekämpft, der in seinem naturrechtlichen Radikalismus die heiligsten Rechte der Persönlichkeit zertrete.

Es ist leicht einzusehen, daß diese Polemik nicht mehr begründet ist, als die bisher besprochene. Denn diese Kritik müßte, sobald sie überhaupt den Anspruch, ausgedacht zu haben, mit einigem Fug erheben will, davon ausgehen, daß es in einer rechtlichen Gemeinschaft in der That sogenannte Staatsgrundgesetze geben könne, welche der Gesetzgeber in rechtsverbindlicher Art überhaupt nicht aufheben könne. Kurz, das altererbte naturrechtliche Dogma von den ewigen und unwandelbaren Rechtsinhalten wird hier sogar auf das positive Recht übertragen und erscheint nun gut genug, um gegen den vermeintlichen naturrechtlichen Radikalismus Rousseaus ins Feld geführt zu werden: Ein seltsamer Streit, in welchem die solide Methodik positiver Jurisprudenz für Rousseau eintreten muß gegen jene dogmatischen Kritiker! Was sollen sie denn bedeuten, jene unaufhebbaren Urrechte menschlicher Persönlichkeit und jene absolute Unaufhebbarkeit der sie konstituierenden Normen? Ist es denn nicht eine Einzelbestimmung des positiven Rechts, welche eben diese Unaufhebbarkeit erst anbefiehlt? Und wenn man dies zugiebt, wie kann man dann den Begriff eines Gesetzgebers ausdenken, ohne ihm auch die Gewalt zur rechtlichen Abänderung eben dieser Einzelbestimmung und damit zur Aufhebung der „ewigen Geltung" jener Grundgesetze zuzugestehen. Es ist ein fundamentales Verdienst der Rechtsphilosophie Stammlers, gegen jene alte Irrlehre von der absoluten Unverletzbarkeit konkreter Rechtsinhalte mit dem Vollgewicht einer die Grenzen von Philosophie und Politik auseinanderhaltenden Untersuchung Front gemacht zu haben, und es sei hier auf diese Ausführungen[1] ausdrücklich verwiesen.

In der That, wer es mit der Positivität der Jurisprudenz ernst meint, muß erkennen, wie unbegründet es ist, wenn Janet Rousseau vorwirft, daß er die einzelnen schlechthin in die Gewalt des Souveräns gegeben habe, und sich darüber also äußert:

... „que le citoyen n'a exactement de droit que celui que le

---

[1] „Wirtschaft und Recht", Nr. 88, S. 499 ff.

souverain lui donne ou lui laisse, celle maxime est cette de tous les gouvernements tyranniques."[1]

Was würde dieser Schriftsteller dazu sagen, wenn man ihm replizieren wollte, daß in Frankreich, wie im deutschen Reiche, wie auch sonst überall demjenigen, welchem nach positiver Normierung die Gewalt, Recht zu setzen, zukommt, eben diese Machtbefugnis in der gleichen Unbeschränktheit thatsächlich zusteht? Ja, es verdient sehr wohl hervorgehoben zu werden, daß derjenige, welcher nach modernem öffentlichen Recht die gesetzgebende Gewalt innehat, eine sogar noch weit weniger beschränkte rechtliche Macht besitzt, als sie Rousseau seinem Souverän zugesteht. Denn da der gemeinhin angenommene Begriff des positiven Rechts weit umfassender ist, als der engumgrenzte Begriff der Rousseauschen loi, so kann z. B. der moderne Träger der Souveränität gültige Rechtsnormen erlassen, die nicht nur nicht notwendig der Maxime der volonté générale entspringen müssen, sondern sogar auch einen einzelnen bestimmten Fall regeln, alles weitgreifende Machtbefugnisse, die dem Rousseauschen Souverän schlechthin versagt sind.

Aber man könnte vielleicht geneigt sein, alles dies zuzugeben, und doch weiterhin es Rousseau zum Vorwurf zu machen, daß er der Gesamtheit das Recht gegeben habe, selbst den contrat social wieder aufzuheben.

Hier ist denn in der That der Punkt, bezüglich dessen die in Frage stehende These am leichtesten zu Mißverständnissen Anlaß geben kann; denn man könnte aus ihr herauslesen, daß etwa die souveräne Gesamtheit, so wie sie jeden einzelnen positiven Rechtssatz jederzeit auf gesetzlichem Wege wieder aufheben, so etwa auch den Inhalt des contrat social selbst nach ihrem freien Ermessen durch eine neue Ordnung der Machtverhältnisse ersetzen könne.

Wäre dem also, dann wären freilich alle jene Vorwürfe berechtigt, und Rousseau hätte in der That auf diesem Seitenwege der schrankenlosen Willkür des souveränen Volkes Thür und Thor geöffnet.

Es ist leicht einzusehen, daß diese Auffassung dem Rousseauschen Gedankengang schnurstracks entgegenläuft.

Man muß sich zunächst klarmachen, daß der Inhalt des pacte social, selbst da, wo er durch die Errichtung einer rechtlichen Gemeinschaft zur thatsächlichen Geltung unter einem bestimmten Kreis von Menschen gekommen ist, nicht als ein einzelner Satz des positiven Rechts neben anderen, etwa als zufällige positive Regelung

---

[1] Janet a. a. O., p. 481.

der Rechtsquellen in dieser Gemeinschaft, von Rousseau gedacht werden konnte, deren Aufhebung oder Abänderung durch eine neue Gesetzesbestimmung ebenso in der Hand des Gesetzgebers läge, wie etwa die Abänderung der deutschen Reichsverfassung in der Hand des Bundesrats und des Reichstags.[1] Der contrat social darf überhaupt nicht als einzelne Satzung des positiven Rechts gedacht werden; denn sein Inhalt enthält die schlechthin notwendigen Bedingungen für rechtliche Gemeinschaft überhaupt. Der contrat social kann nicht als einzelner positiver Rechtssatz aufgefaßt werden, weil seine Beobachtung die Geltung einzelner positiven Rechtssätze überhaupt erst möglich machen soll! Wie? die souveräne Gesamtheit solle die Macht haben, die Geltung des contrat social innerhalb einer rechtlichen Gemeinschaft aufzuheben? —

„Les clauses de ce contrat sont tellement déterminées par la nature de l'acte que la moindre modification les rendrait vaines et de nul effet."[2]

Solange überhaupt ein Staat besteht, prallt die Macht des Souveräns wirkungslos ab an der absoluten Geltung des contrat social.

„Mais le corps politique ou le souverain, ne tirant son être que de la sainteté du contrat, ne peut jamais s'obliger, même envers autrui, à rien qui déroge à cet acte primitif. ... Violer l'acte par lequel il existe, serait s'anéantir; et ce qui n'est rien, ne produit rien."[3]

Wie konnte daher ohne Widerspruch unser Autor dennoch wieder dem Souverän die Macht zuschreiben, den contrat social gültig aufzuheben?

Er konnte es, indem er damit nichts anderes in seine Hände legte, als die Fortdauer oder die Aufhebung der durch Menschen geschaffenen, d. i. positivrechtlichen Gemeinschaft überhaupt.

Dieselben Menschen, die sich freiwillig in rechtliche Gemeinschaft begaben, können das Werk menschlicher Übereinkunft auch wieder stürzen. Wenn alle Glieder der Gemeinschaft, die als „citoyens" den Souverän als den einen Kontrahenten und zugleich als „sujets" oder „particuliers" den Inbegriff der Gegenkontrahenten des Gesellschaftsvertrags bilden, wenn sie alle die Aufhebung des pacte social beschließen, so hat auch die Geltung des contrat social ein Ende erreicht, mit dieser Geltung freilich in unvermeidlicher und schlechthin unentrinnbarer Folge die positivrechtliche Gemeinschaft überhaupt.

---

[1] Verfassung des Deutschen Reichs vom 16. April 1871, Art. 78.
[2] C. s. I, 6.
[3] C. s. I, 7.

„Je suppose ici, ce que je crois avoir démontré, savoir qu'il n'y a dans l'état aucune loi fondamentale qui ne se puisse révoquer, non pas même le pacte social; car si tous les citoyens s'assemblaient, pour rompre ce pacte d'un commun accord, on ne peut douter qu'il ne fût très légitimement rompu."[1]

So bedeutet die Möglichkeit der Aufhebung des contrat social, also verstanden, nur einen neuen Beweis dessen, worauf wir schon früher nachdrücklich hinwiesen, daß nämlich Rousseau keineswegs in unklarer Verkennung dessen, was Philosophie überhaupt wissenschaftlich zu leisten vermag, die schlechthin absolute Geltung des contrat social behauptet hat. Der contrat social gilt absolut, schlechthin gefeit gegen jedwede Gewalt im Staate, solange überhaupt die rechtliche Gemeinschaft dauert, und unterscheidet sich damit in grundlegender Art von jeder anderen noch so einschneidenden positivrechtlichen Satzung. Das ist der Sinn der folgenden These Rousseaus, die mit den anderen Aussprüchen unseres Autors keineswegs in Widerspruch steht:

„Par où l'on voit qu'il n'y a ni ne peut y avoir d'autre loi fondamentale propement dite que le seul pacte social."[2]

Aber wenn die rechtliche Gemeinschaft selbst in ihrem Bestande aufgehoben werden soll, dann geht auch die bis dahin unverletzliche Würde des contrat social all ihres Ansehens verlustig, sein bis dahin absoluter Geltungsanspruch sinkt in ein leeres Nichts zusammen.

Aber freilich, man sieht auch jetzt, wie wenig es begründet ist, aus der Aufhebbarkeit des contrat social, so wie sie Rousseau allein verstanden wissen will, einen Beweisgrund herzunehmen für eine vermeintliche Willkürherrschaft des Rousseauschen Souveräns. Die souveräne Gesamtheit kann freilich den contrat social aufheben, aber sie kann es nur, indem sie auf ihre eigene Gewalt schlechthin Verzicht leistet. Jene Aufhebung, sie ist so wohl denkbar, wie die „geringste Abänderung" des contrat social; aber freilich, man darf auch die Folgen dieser empirisch möglichen Geschehnisse nicht übersehen, zumal sie Rousseau so ausdrücklich hervorgehoben hat:

„Jusqu'a ce que le pacte social étant violé, chacun rentre alors dans ses premiers droits, et reprenne sa liberté naturelle en perdant la liberté conventionelle pour laquelle il y renonça."[3]

So bleibt der Inhalt des contrat social die unüberschreitbare Schranke der Macht der souveränen Gesamtheit, aber freilich inner-

---

[1] C. s. III, 18.
[2] „Emile" l. 5, p. 157.
[3] C. s. l, 6.

halb dieser Schranken giebt es keine weiteren zwingenden Fesseln für den Willen des Rousseauschen Souveräns. Bezüglich des Inhalts der einzelnen Gesetze ist sein Machtspruch schlechthin entscheidend, die Schranke seiner Gewalt ist, von der Geltung einzelner zerstreut sich findenden Einzelsätze des droit naturel abgesehen, darin beschlossen, daß seine Handlungen dem Begriff der „loi" notwendig entsprechen müssen.

Man könnte demgegenüber einwenden, daß jene Schranke der Gewalt des Souveräns dennoch den Hobbesschen Staatsabsolutismus mit nichten unmöglich mache, weil ja die einzelnen im contrat social all ihr Eigentum, alle ihre Güter, sowie anderen subjectiven Rechte schlechthin und bedingungslos an die souveräne Gesamtheit abgetreten hätten. Denn eben dieses bedeutet es nach der herrschenden Auffassung, wenn Rousseau bezüglich des Inhalts des Vertrags erklärt:

„Ces clauses, bien entendues, se réduisent toutes à une seule: savoir l'aliénation totale de chaque associé avec tous ses droits à toute la communauté."[1]

Es ist nun sofort einleuchtend, daß nach dieser Auffassung der Rousseauschen Lehre — worauf wir denn auch schon oben hingewiesen haben — das Privateigentum, ein wenig scharf begrenzter Sammelname der damaligen Sprache für die meisten subjektiven Rechte überhaupt, dem Abschluß des Gesellschaftsvertrags und damit der Entstehung des positiven Rechts zeitlich vorangegangen sein muß, und Stellen, wie die folgenden, scheinen denn auch diese Auffassung durchaus zu bestätigen:

„Chaque membre de la communauté se donne à elle au moment qu'elle se forme, tel qu'il se trouve actuellement, lui et toutes ses forces, dont les biens qu'il possède, font partie."[2]

Es ist nun sofort deutlich, welch' oberflächliche Beurteilung es enthielte, wollte man in einem solchen dem positiven Recht vorangehenden Eigentum an sich schon einen verhängnisvollen logischen Fehler erblicken, weil, wie man etwa einwenden könnte, ohne objektives Recht doch auch keine subjektiven Rechte gedacht werden könnten.

Denn es giebt ja in der That für Rousseau, wie wir gesehen haben, ein dem positiven Recht auch zeitlich vorangehendes Naturrecht, welches sich von jenem nicht sowohl durch den Sinn seines formalen Geltungsanspruchs, als vielmehr durch die Kriterien seiner Geltung unterscheidet: Dieses beruhet ausschließlich auf

---

[1] C. s. I, 6.
[2] C. s. I, 9.

dem logischen Einklang mit obersten Prinzipien, die Rousseau unter dem Terminus der „menschlichen Natur" zusammenfaßt, jenes, das positive Recht, enthält eine Übereinstimmung mit jenen obersten Vernunftprinzipien zwar als formale condicio sine qua non seiner Gültigkeit, aber diese letztere selbst sowohl, wie der Inhalt der Einzelnorm wird doch erst letztlich bestimmt durch den empirisch bedingten und zufälligen Willensakt von Menschen; und darin bestehet nach Rousseau überhaupt die Positivität dieser Rechtssätze, welche sie sowohl von der Moral als auch von dem Naturrecht in Sicherheit unterscheidet. Es ist dagegen kein begrifflich wesentliches, sondern ein zufälliges Unterscheidungsmerkmal des Rousseauschen positiven Rechts von dem Rousseauschen „droit naturel", daß unser Autor den Inhalt dieses letzteren weit weniger detailliert entwickelt hat, als den möglichen Inhalt des positiven Rechts.

So läßt sich denn an und für sich betrachtet von den Rousseauschen Prämissen aus ein gültiges Privateigentum auch im Naturzustand denken; nur ist und bleibt es dabei fraglich, ob die Rousseausche Rechtsphilosophie in der That ein solches hat behaupten wollen.

Zu diesem Zwecke müssen wir die einschlägigen Sätze unseres Autors noch etwas genauer in Erwägung ziehen, und da dürfte sich denn in der That leicht ein entgegengesetztes Resultat ergeben.

„Dans l'état de nature, où tout est commun, je ne dois rien à ceux à qui je n'ai rien promis; je ne reconnais pour être à autrui que ce qui m'est inutile. Il n'en est pas ainsi dans l'état civil, où tous les droits sont fixés par la loi."[1]

Man bleibt mehr im Gedankengang Rousseaus, wenn man als Kerngedanken dieser Stelle hinstellt, daß das Rousseausche droit naturel eine ausschließliche Verfügung des einzelnen über die Güter dieser Welt nicht anerkennt, als wenn man etwa referieren wollte, daß in dem Rousseauschen Naturzustand der Kommunismus geherrscht habe. Denn das droit naturel kennt jedenfalls keine Gesamtheit als juristische Person, die etwa als der alleinige Eigentümer nun jedem einzelnen seinen gleichen Anteil zur Konsumtion zuweisen könnte. Aber es zeigt doch eben diese Stelle zur Genüge, daß, wenn Rousseau von „Gütern" des einzelnen schon im Naturzustande spricht, dieses nicht im rechtlichen Sinne, sondern nur im Hinblick auf die thatsächliche Sonderverfügung der einzelnen über die wirtschaftlichen Güter der Natur gemeint sein kann. So kann uns denn in der That schon ein tieferes Eindringen in den „Discours" darüber belehren, daß Rousseau unter den „Reichen" und

---

[1] C. s. II, 6.

den „Armen" in dem Naturzustand nicht diejenigen verstanden habe,
welche viel oder wenig rechtlich garantiertes Privateigentum besitzen, sondern daß vielmehr sich diese Unterscheidung nur auf den
mehr oder minder großen Umfang der thatsächlich von den einzelnen
je nach ihrer physischen Stärke und späterhin auch nach ihrer
sozialen Macht in Besitz genommenen und behaupteten Naturgüter
bezieht. Kann man nachdrücklicher dieser thatsächlichen Übermacht
der „Reichen" die rechtliche Garantie absprechen, als es schon im
„Discours", der doch noch am meisten von Lockeschen Gedankengängen beeinflußt ist, etwa in folgenden Sätzen geschieht:

„D'ailleurs, quelque couleur qu'ils pussent donner à leurs usur-
pations, ils sentaient assez qu'elles n'étaient établies que sur un
droit précaire et abusif et que n'ayant été acquises que par la
force, la force pourrait les leur ôter sans qu'ils eussent raison
de s'en plaindre."[1] ...

So faßt in Rousseaus sozialphilosophischer Erstlingsschrift der
Reiche, eben weil seinem thatsächlichen Übergewicht kein subjektives Recht entspricht, den Plan zur Errichtung einer positivrechtlichen Gemeinschaft.

„Destitué de raisons valables pour se justifier et de forces
suffisantes pour se défendre, ... le riche pressé par la nécessité
conçut enfin le projet, de faire ses défenseurs de ses adversaires,
de leur inspirer d'autres maximes et de leur donner d'autres institutions qui lui fussent aussi favorables que le droit naturel lui
était contraire. ... Telle fut ou dût être l'origine de la société
et des lois qui ... fixèrent pour jamais la loi de la propriété
et de l'inégalité, d'une adroite usurpation firent un droit irrévocable ..."[2]

Nun wird es leicht sein, zu zeigen, daß unser Autor auch im
„Contrat social" den „Gütern" des einzelnen vor der Entstehung der
positivrechtlichen Gemeinschaft keine rechtliche, sondern nur eine
thatsächliche Bedeutung zuerkennt. Man lese nur, wie auch auf
der reifsten Stufe seiner rechtsphilosophischen Entwickelung Rousseau gerade in der Möglichkeit eines rechtlich begründeten Privateigentums einen fundamentalen Unterschied zwischen dem Naturzustand und der durch den contrat social ermöglichten Gemeinschaft
erblickt:

„... il faut bien distinguer la possession qui n'est que l'effet

---

[1] Disc. p. 65. Vgl. hierzu die späteren Ausführungen Rousseaus im
„Contrat" über die Unsinnigkeit eines „droit du plus fort": C. s. I, 3.

[2] „Discours" p. 65—67.

de la force, ou le droit de premier occupant de la propriété qui ne peut être fondée que sur un titre positif."[1]

„Le droit étroit et positif", d. h., wie wir oben sahen, „la specification des actions qui concourent à ce plus grand bien par autant de lois particulières", kurz erst die „déclarations de la volonté générale", schaffen ein gültiges Eigentumsrecht des einzelnen. In dieser Einzelfrage bezüglich des Verhältnisses von Privateigentum und positivem Recht ist denn in der That der Hobbessche Einfluß unverkennbar.

„Le droit de premier occupant, quoique plus réel que celui du plus fort[2] ne devient un vrai droit qu'après l'établissement de celui de propriété. Tout homme a naturellement droit à tout ce qui lui est nécessaire,[2] mais l'acte positif qui le rend propriétaire de quelque bien, l'exclut de tout le reste."[3][4]

Wenn es aber kein Privateigentum giebt, es sei denn innerhalb der durch den „contrat social" erst konstituierten positivrechtlichen Gemeinschaft, mit welchem Fug konnte denn unser Autor von einer Übertragung der Güter der einzelnen an die Gesamtheit, von einer durch den contrat social selbst schon sich vollziehenden „aliénation totale" reden? Diese Frage ist noch ungelöst, und so lange Rousseau von dem Verdacht einer schweren Inkonsequenz mit nichten gereinigt.

Um den allerdings mißverständlichen Begriff der „Veräußerung" dem Rousseauschen Gedankengang gemäß aufzufassen, muß man den begrifflichen Unterschied zwischen der thatsächlichen Sonderverfügung im Naturzustand und dem Eigentumsrecht in der positivrechtlichen Gemeinschaft, den Gegensatz zwischen der Rousseau-

---

[1] C. s. I, 8.

[2] Es sei wenigstens anmerkungsweise darauf hingewiesen, daß Rousseau, wenn auch nur in Rücksicht auf die Principien des Völkerrechts, das auch er, einer alten naturrechtlichen Tradition folgend, als das unter den einzelnen untereinander im Naturzustand beharrenden Staaten geltende Naturrecht auffaßt, von einem natürlichen Recht des ersten Okkupanten redet, dessen Inhalt wiederum durch das natürliche Recht eines jeden auf die notwendigen Unterhaltsmittel beschränkt wird. Doch erscheint ein näheres Eingehen auf diese keineswegs hier zuerst auftretenden Gedankengänge in unserer systematischen Darstellung überflüssig, nicht nur weil ihnen jede methodische Bedeutung im Ganzen dieser Philosophie abgeht, sondern vor allen Dingen, weil Rousseau selbst häufig genug betont, daß diese Rechte nur dem Namen nach „wahre Rechte" seien und im strengen Sinn nur ein thatsächliches Besitzverhältnis zum Ausdruck brächten.

[3] C. s. I, 9.

[4] Vgl. damit Hobbes „de cive", cap. 12, 7: Ante susceptum iugum civile nemini erat quicquam iuris proprii, omnia omnium communia erant, die ergo, unde tibi proprietas haec, nisi a civitate?"

schen „possession" und „propriété" sich deutlich machen. Es ist
der selbstherrliche Wille des einzelnen und die Kraft, ihn durchzusetzen und gegenüber den Angriffen anderer zu behaupten, die im
Naturzustand dem einzelnen sein „Gut" schafft und erhält; im
Staate dagegen, in der durch den contrat social gegründeten Gemeinschaft, ist es das zwingende Gebot des souveränen Gesetzgebers,
welches in selbstherrlicher Art die Bedingungen festsetzt, unter
denen der einzelne ein Gut der Natur zu seinen Zwecken gebrauchen und gültig sein Eigen nennen kann. Es giebt in der positivrechtlichen Gemeinschaft kein Gut des einzelnen, es sei denn das
positive Recht selbst habe in selbstherrlicher, von dem subjektiven
Willen des einzelnen unabhängiger Gebotsetzung diese Sondernutzung
als gültig anerkannt.

Kurzum, Rousseau hat nicht minder scharf, als vor ihm schon
Hobbes, erkannt und ausgesprochen, daß es im Staate kein Eigentum, kein subjektives Recht überhaupt geben kann, das nicht von
dem Inhalt des objektiven Rechts, von dem Inhalt derjenigen Normen,
welche der Souverän den einzelnen gegenüber in unabhängiger Entschließung festsetzt und gebietet, begrifflich abhängig wäre. Es ist
ein fremder Wille, der nicht notwendig mit dem Willen des einzelnen inhaltlich übereinstimmen muß, welcher im Staate in selbstherrlicher Befehlsgewalt die Güterverteilung durch zwingende Normen
regelt, der Wille des Gesetzgebers, der Wille der souveränen Gesamtheit. Ob dem einen irgendwelche Befugnis gegenüber einem
andern zustehe, ob überhaupt in einer Sphäre, die formal genommen
dem Machtbereich der loi unterliegt, die Handlungsfreiheit der einzelnen beschränkt ist oder nicht, darüber entscheidet letztlich nur
ein einziges Kriterium, das positive Recht, die „déclaration de la
volonté générale". Innerhalb der Machtsphäre des Souveräns giebt es
für den einzelnen, sofern er ein subjektives Recht in Anspruch nimmt,
mit nichten eine begründete Berufung auf irgend welchen Erwerbstitel,
den nicht etwa auch der Codex des positiven Rechts ausdrücklich
als innerhalb der rechtlichen Gemeinschaft verbindlich anerkennt:

„La propriété ne peut être fondée que sur un titre positif."[1]
Und warum? Hier ist der Grund:

„Car s'il restait quelques droits aux particuliers, comme il n'y
aurait aucun supérieur commun qui pût prononcer entre eux
et le public; chacun étant en quelque point son propre juge, prétendrait bientôt l'être en tous; l'état de nature subsisterait et l'association deviendrait nécessairement tyrannique ou vaine."[2]

---

[1] C. s. I, 8.
[2] C. s. I, 6.

Mit anderen Worten: Es giebt keine begründete Instanz, vor welcher die rechtliche Gültigkeit derjenigen lois angefochten werden könnte, deren Inhalt sich auf die Normierung der Eigentumsverhältnisse bezieht, weil überhaupt die gesetzgebende Gesamtheit, insoweit sie in den formalen Schranken der Souveränitätsausübung verbleibt, von menschlichem Gebot unbeschränkt, ihre Gebote erläßt. Indem der einzelne den contrat social mit dem Souverän eingeht, ordnet er sich dieser Gewalt der Gesamtheit unter, erkennt er an, daß nicht mehr sein Belieben, sondern der Befehl des Souveräns über die Bedingungen des Mein und Dein schlechthin entscheidend und maßgebend ist, und das und nichts anderes bedeutet der Rousseausche Terminus einer „aliénation totale de chaque associé avec tous ses droits à toute la communauté."[1]

Nicht als ob eben dadurch der Souverän zum Eigentümer aller Sachgüter, z. B. allen Grundbesitzes im Staate, wie man vielfach das letzte Kapitel des ersten Buchs vom „Contrat social" aufgefaßt hat, geworden wäre: Hier rächt sich wieder die mangelnde Erfassung des Rousseauschen Souveränitätsbegriffs: Der Souverän besitzt überhaupt keine subjektiven Rechte, er ist kein Großgrundbesitzer mit Monopolbetrieb:

„Les actes du souverain ne peuvent être que des actes de volonté générale, des lois."[2]

Der Souverän schafft das objektive Recht und eben dadurch die Möglichkeit von subjektiven Rechten überhaupt, aber nicht für sich, sondern für die einzelnen Glieder der Gemeinschaft. In dem Staate so gut wie im Naturzustande sind es die einzelnen, welche die Güter der Natur genießen, im Staate freilich nur kraft des souveränen Willens der gesetzgebenden Gesamtheit, aber damit auch nicht mehr als willkürliche Okkupanten und Eroberer, sondern als berechtigte Eigentümer, in deren Rechten der Staat die Aufrechthaltung seiner eigenen Gesetze wahrnimmt und gegen jedweden rechtswidrigen Angriff schirmt und verteidigt. So begreifen wir es, daß ohne logischen Widerspruch Rousseau in der „aliénation totale" vom wirtschaftlichen Standpunkt aus, der die geregelte Konsumtion der Güter vorzüglich ins Auge faßt, nicht eine „renonciation véritable"[3] gesehen hat.

Hätte man nur bemerkt, daß die einschlägigen Sätze Rousseaus[4] nach dessen eigenen Worten nur im Zusammenhang mit den

---

[1] C. s. I, 6.
[2] Emile l. 5, p. 159.
[3] Vgl. C. s. II, 4, der diesen Gedanken besond. ausführt.
[4] Vgl. die Ausführungen in C. s. I, 6, I, 9 u. II, 4.

Grundgedanken seines Systems, vorzüglich nur unter genauer Erfassung seines Souveränitätsbegriffs richtig verstanden werden können,
so wäre auch hier so mancher logische Widerspruch, in dessen
Registrierung die Rousseaukritik zu keiner Zeit gekargt hat, aufgehellt und unter der leicht verwirrenden Schar von scheinbar widersprechenden Thesen der einheitliche Grundgedanke des Autors nicht
so unendlich häufig missverstanden und verdreht worden. Wir
begreifen jetzt die ganze Schwere des Mißverständnisses, in dem
man die einzelnen Glieder des R o u s s e a u schen Staates, gleich
als ob sie mit dem Souverän ein „constitutum possessorium" abgeschlossen hätten, nunmehr als Usufruktuare des bien public dachte;
gerade als ob mit dem bildlichen Ausdruck „dépositaires du bien
public"[1] R o u s s e a u etwas anderes habe sagen wollen, als daß der
Schöpfer des positiven Rechts, in specie der Schöpfer der Agrar-
gesetze, ebendadurch auch der Schöpfer aller subjektiven Rechte
der einzelnen am Grund und Boden wäre. Das bedeutet die „cession
avantageuse au public et plus encore à eux-mêmes,"[1] und nur vermöge der scharfen Unterscheidung der Agrargesetzgebungsgewalt
und dem von jener abhängigen Eigentumsrecht des einzelnen konnte
R o u s s e a u von seiner „Veräußerung" sagen:

„Ils ont pour ainsi dire, acquis tout ce qu'ils ont donné;
paradoxe qui s'expliquera aisément par la distinction des droits
que le souverain et le properiétaire ont sur le même fonds,
comme on verra ci-après."[1]

Und schon, bevor im zweiten Buch durch die Definition der
Souveränität dieses „Paradoxon" völlig verständlich wird, hatte doch
R o u s s e a u schon hier der Gefahr einer grobwörtlichen Auslegung
seines Terminus „aliénation" nach Kräften vorgebeugt:

„Ce qu'il y a de singulier dans cette aliénation c'est que loin
qu'en acceptant les biens des particuliers la communauté les en
dépouille, elle ne fait que leur assurer la légitime possession, changer l'usurpation en un véritable droit et la jouis-
sance en propriété."[2]

Damit aber haben wir die Einsicht in die methodische
Grundlage erlangt, von welcher aus Rousseau, der vermeintliche
Hobbesianer, nicht nur in der „économie politique", die in dieser Frage
durchaus noch nicht zu dem klaren Standpunkt des „Contrat social"
vorgedrungen war, sondern auch noch in dem trefflichen Abriß seiner
Rechtsphilosophie im „Emile"[3] von der Heiligkeit und Unverletzlich-
keit des Privateigentums reden konnte. Auf dem reifen Standpunkt

[1] C. s. I, 9.
[2] C. s. I, 9.
[3] „Emile" l. 5, p. 153 ff.

des „Contrat social" bezeichnen diese Termini nichts anderes als analytische Folgerungen aus dem Rousseauschen Souveränitäts-begriff, sie sind, kurz gesagt, nur ein Ausdruck der Einsicht, daß ein Eingriff in das Privateigentum eines einzelnen Gemeinschafts-genossen nimmermehr als „objet particulier" Gegenstand eines Ge-setzes werden kann und daher auch der Kompetenz der souveränen Gesamtheit schlechthin entzogen ist.

„Après avoir fait la comparaison de la liberté naturelle avec la liberté civile quant aux personnes, nous ferons, quant aux biens, celle du droit de propriété avec le droit de souveraineté, du domaine particulier avec le domaine éminent. Si c'est sur le droit de propriété qu'est fondée l'autorité souveraine,[1] ce droit est celui qu'elle doit le plus respecter; il est inviolable et sacré pour elle tant qu'il demeure un droit particulier et individuel."[2]

Aber freilich man hüte sich vor jenem verhängnisvollen Miß-verständnis, welches die Unverletzlichkeit des Privateigentums, als eines subjektiven Rechts des einzelnen, gleichsetzt mit der Unaufhebbarkeit der Privateigentumsordnung überhaupt. Nichts wäre irriger als die Meinung, daß eben diese Unverletzlich-keit des Eigentums der Gewalt des Souveräns eine weitere Schranke setzte, als in dem formalen Begriff der „loi" enthalten ist. Darum fährt Rousseau fort:

„Sitôt qu'il (vgl. oben, sc. le droit de propriété) est considéré comme commun à tous les citoyens, il est soumis à la volonté générale, et cette volonté peut l'anéantir. Ainsi le souverain n'a nul droit de toucher au bien d'un particulier, ni de plusieurs; mais il peut légitimement s'emparer du bien de tous, comme cela se fit à Sparte au temps de Lycourgue au lieu que l'abolition des dettes par Solon fut un acte illégitime."[2]

Die allgemeinverbindliche Institution des Privateigentums, sie

---

[1] Diese leicht mißverständliche Äußerung weist auf eine politische Erwägung hin, die in der „économie politique" p. 183 ff. und auch im „Contrat social" I, 9 („on conçoit comment ...) besonders ausgeführt ist, und nach welcher der Souverän in dem durch Straf- und Steuergesetze allgemein ge-regelten Eingriff in das Privateigentum des einzelnen ein tüchtiges Mittel besitzt zur Aufrechthaltung seiner Gebote, wie überhaupt des Staatsbesten: „Le droit de souveraineté s'étendant des sujets au terrain qu'ils occupent, devient à la fois réel et personnel, ce qui met les possesseurs dans une plus grande dépendance et fait de leurs forces mêmes les garants de leur fidélité." C. s. I, 9. Econ. pol. p. 183: „... car si les biens ne répondaient pas des personnes, rien ne serait si facile que d'éluder ses devoirs et de se moquer des lois."

[2] „Émile" l. 5, p. 158.

unterliegt bezüglich ihrer Geltung und Fortexistenz der selbstherrlichen Entscheidung des Souveräns und kann mit nichten nach
Rousseau als ein unwandelbares a priori, als notwendiger Bestandteil jedweder positivrechtlichen Ordnung unter Menschen angesehen
und deduziert werden. So wird uns hier eine schon früher gewonnene Einsicht bestätigt, und es ist interessant zu sehen, wie
auch der „Contrat social“ ängstlich in dieser Frage den Schein
einer anderen Meinung zu vermeiden sucht. Die Rousseausche
„loi“ kann den „Kommunismus“ so gut wie das Privateigentum zum
Inhalt haben: nur daß sie ihrem Begriff nach beides gebieten kann,
steht hier in Frage, was sie befehlen solle, bleibt dabei vorläufig
notwendig noch unausgemacht.

„Il peut arriver aussi que les hommes commencent à s'unir
avant que de rien posséder et que s'emparant ensuite d'un terrain
suffisant pour tous, ils en jouissent en commun ou qu'ils le par-
tagent entre eux, soit également, soit selon des proportions établies par leur souverain.“[1]

Aber freilich die Regelung der Produktion und Konsumtion
sie bleibt letztlich stets der selbstherrlichen Entscheidung des Souveräns überlassen, der einzelne muß sich fügen, sei es, daß der Gesetzgeber den Kommunismus oder das Privateigentum zur Grundlage
der Gesellschaftsordnung erhebt:

„De quelque manière que se fasse cette acquisition, le droit
que chaque particulier a sur son propre fonds, est toujours
subordonné au droit que la communauté a sur tous; sans
quoi il n'y aurait ni solidité dans le lien social, ni force réelle dans
l'exercice de la souveraineté.“[1]

So lehret uns die Erwägung der Mannigfaltigkeit des möglichen Inhalts der Gesetzgebung andererseits wieder, mit wie gutem
Fug Rousseau von einer „vorbehaltlosen Entäußerung aller
»Güter« an den Souverän“ reden konnte: Mag auch thatsächlich
in einem Staate der eine mehr als der andere sein eigen nennen,
so ist doch insofern die Gleichheit aller durch den contrat social geschaffen und gewährleistet, als jeder einzelne all sein Hab und Gut
nur dem selbstherrlichen Willen des Souveräns verdankt, der dieses
System der Güterverteilung, das er geschaffen, in eigener, vom Willen
des einzelnen unabhängiger Entschließung wieder aufzuheben vermag.[2]

---

[1] C. s. I. 9.

[2] Damit ist der engherzige Individualismus des Locke im Prinzip schon
siegreich überwunden und freie Bahn geschaffen für eine radikale Politik,
den weiteren Aufbau des Systems, das mehr und mehr, wie wir sehen werden,
von Locke wie von Hobbes abweicht. Bezüglich der einschlägigen Frage
ist übrigens unverkennbar, wie ungemein viel mehr Rousseau von Hobbes,

Damit dürfte der Inhalt des Gesellschaftsvertrags im Sinne der einschlägigen Quellenstellen unter Vermeidung der landläufigen Mißverständnisse erschöpfend dargelegt sein.

Erinnern wir uns noch einmal der Stellung des contrat social im Ganzen der Rousseauschen Sozialphilosophie, so entsteht hier endlich noch die Frage, aus welchen systematischen Gründen unser Autor diese Anweisung in die altüberlieferte Form des Vertrags gekleidet hat.

Hier ist zu antworten, daß die Form des Vertrags am klarsten die auch von Rousseau aufrechtgehaltene Lehre kenntlich macht, nach welcher kein Verstandesreifer den Geboten menschlicher Herrschaft gültig unterliegt, der nicht zuvor in eigener selbstständiger Entschließung sich jener Gewalt unterworfen hat.

Aber freilich diese altererbte Lehre, welche in dem vorrousseauschen Naturrecht eine so gewaltige Rolle spielt, in Rousseaus Philosophie tritt sie fast gänzlich in den Hintergrund. Schon deshalb verlohnte es für Rousseau kaum, jenem alten individualistischen Satze, daß nur der Wille des einzelnen seine rechtliche Gebundenheit letztlich herbeiführen könne, eine besonders breite Ausführung zu widmen, weil es unserem Autor ganz unmöglich schien, daß ein Mensch unter den gegebenen Zuständen auf soziales Leben überhaupt Verzicht zu leisten geneigt sein könnte. Es ist im „Emile", wo Rousseau ausdrücklich erklärt, daß ein Mensch, welcher auf den seltsamen Gedanken verfiele, isoliert sein Leben hinzubringen, dem naturrechtlichen Gebot der Selbsterhaltung zuwiderhandele.[1] Aber immerhin betont auch Rousseau, daß die eigene freiwillige Unterwerfung jedes einzelnen jedenfalls notwendig ist.

Aber es verdient wohl hervorgehoben zu werden, daß durch einen anderen Satz die Bedeutung dieser Lehre in dem Rousseauschen System noch mehr zusammenschwindet. Denn nach unserem

---

als von Locke gelernt hat. Vgl. in Hinblick auf das Gesagte mit Locke, a. a. O. II, § 138: „The supreme power cannot take from any man any part of his property without his own consent", Hobbes, de cive, cap. 12, 7: „et tu ergo tuum ius civitati quoque concessisti, dominium ergo et proprietas tua tanta est et tam diu durat, quanta et quam diu ipsa vult."

[1] Emile livre III, p. 236: „Un homme qui voudrait se regarder comme un être isolé, ne tenant du tout à rien et se suffisant à lui-même, ne pourrait être que misérable. Il lui serait même impossible de subsister; car trouvant la terre entière couverte du bien et du mien et n'ayant rien à lui que son corps, d'où tirerait-il son nécessaire? En sortant de l'état de nature, nous forçons nos semblables à en sortir aussi; nul n'y peut demeurer malgré les autres; et ce serait réellement en sortir que d'y vouloir rester dans l'impossibilité d'y vivre; car la première loi de la nature est le soin de se conserver."

Autor hat der Vater kraft droit naturel das Recht, im Namen des neugeborenen Kindes die Erklärung, in die rechtliche Gemeinschaft aufgenommen werden zu wollen, abzugeben.

„Quand chacun pourrait s'aliéner lui-même, il ne peut aliéner ses enfants; ils naissent hommes et libres: leur liberté leur appartient; nul n'a droit d'en disposer qu'eux. Avant qu'ils soient en âge de raison, le père peut en leur nom, stipuler des conditions pour leur conservation, pour leur bien-être, mais non les donner irrévocablement et sans condition, car un tel don est contraire aux fins de la nature, et passe les droits de la paternité.“[1]

So vermittelt und ermöglicht denn in der That das droit naturel, dem alle Menschen unabhängig von ihrer Einwilligung unterliegen, daß die Minderjährigen selbst der positivrechtlichen Satzung ohne ihre faktische Einwilligung unterworfen werden können. Aber immerhin beweist auch die Rousseausche Konstruktion einer direkten Stellvertretung kraft Naturrechts, daß unser Autor prinzipiell an der altererbten Lehre noch festgehalten hat. Das positive Recht bindet nur diejenigen, welche sich freiwillig ihm unterstellt haben.[2]

So ist in der That die freiwillige Unterordnung, in welcher Form sie auch erklärt sein mag,[2] nach Rousseau die notwendige Voraussetzung der verpflichtenden Kraft der Gesetze des Souveräns; aber man würde fehlgehen, wollte man annehmen, daß die verpflichtende Kraft der Gesetze notwendig nach unserem Autor auch erlöschen müsse. sobald der einzelne nicht mehr ihnen unterstellt sein wolle.

Wenn Rousseau der Ansicht des Grotius,[3] daß es jedem Bürger freistehen solle, aus dem Staate auszuscheiden, zustimmt,[4]

---

[1] C. s. 1, 4.

[2] „Il n'y a qu'une seule loi qui, par sa nature, exige un consentement unanime; c'est le pacte social: car l'association civile est l'acte du monde le plus volontaire: tout homme étant né libre et maître de lui-même, nul ne peut, sous quelque prétexte que ce puisse être, l'assujettir sans son aveu. ... Si donc lors du pacte social, il s'y trouve des opposants, leur opposition n'invalide pas le contrat; elle empêche seulement qu'ils n'y soient compris; ce sont des étrangers parmi les citoyens. Quand l'état est institué, le consentement est dans la résidence; habiter le territoire, c'est se soumettre à la souveraineté.“ C. s. IV, 2.

[3] Vgl. Grotius: „De iure belli ac pacis“, liber II, cap. 5, Abschn. XXIV: „Solet hic illud quaeri, an civibus de civitate abscedere liceat, venia non impetrata. ... Et sane gregatim discedi non posse, satis expeditum est ex necessitate finis quae ius facit in moralibus, nam id si liceat, jam civilis societas subsistere non possit. De singulorum discessione alia res videtur, sicut aliud est, ex flumine aquam haurire, aliud rivum deducere.“

[4] Rousseau: C. s. III, 18: „Grotius pense même que chacun peut renoncer à l'état dont il est membre et reprendre sa liberté naturelle et ses biens en sortant du pays.“

so kann hieraus mit nichten das Gegenteil gefolgert werden. Denn dieser Ausspruch betrifft keineswegs den formalen Geltungsanspruch der Rousseauschen „loi", sondern vielmehr er empfiehlt einen bestimmten Gesetzesinhalt, genauer, er verwirft ein unbedingtes Auswanderungsverbot. Aber gerade indem Rousseau, auch hier dem Beispiel des Grotius folgend, nur unter bestimmten Bedingungen den Austritt des einzelnen aus der Gemeinschaft freistellen will, das Ausscheiden aber denjenigen verwehrt, welche sich ebendadurch der Erfüllung noch rückständiger gesetzlicher Verpflichtungen entziehen wollen,[1] hat er deutlichst bewiesen, daß der Geltungsanspruch der Gebote des Souveräns nicht notwendig demjenigen gegenüber verstummt und zusammenfällt, welcher diesen Regeln nicht länger mehr gehorchen will. Weder die Absicht, ein einzelnes Gesetz als bindende Schranke seines zukünftigen Handelns nicht mehr anzuerkennen, noch auch der Wille, den Gesetzen der Gemeinschaft überhaupt nicht mehr zu folgen, kann, an sich betrachtet, nach Rousseau den einzelnen von dem Gehorsam gegen die Gesetze entbinden. Liegt ja auch schon dem ganzen Sinne einer Erwägung, unter welchen Bedingungen, ja sogar, ob überhaupt dem einzelnen das Ausscheiden aus dem staatlichen Verband erlaubt[2] sein solle, notwendig der Gedanke zu Grunde, daß an sich formal genommen die Möglichkeit für den Regelsetzenden besteht, in rechtsverbindlicher Art eben dies Ausscheiden auch zu verbieten. So spricht denn auch vor allem schon der politische Charakter dieser

---

[1] Vgl. Grotius a. a. O.: „Tamen hic quoque servanda est regula naturalis aequitatis, quam Romani in privatis societatibus dirimendis secuti sunt, ut id non liceat, si societatis intersit. ... Intererit autem societatis civilis non abire civem, si magnum contractum sit aes alienum, nisi paratus sit civis in praesens partem suam exsolvere: item si fiducia multitudinis bellum sit susceptum, praesertim si obsidio immineat, nisi paratus sit civis ille alium aeque idoneum substituere, qui rempublicam defendat." — Rousseau: Cont. soc. a. a. O.: „Bien entendu qu'on ne quitte pas pour éluder son devoir et se dispenser de servir la patrie au moment qu'elle a besoin de nous. La fuite alors serait criminelle et punissable; ce ne serait plus retraite, mais désertion." Derselbe Gedanke in lettre à M. Marc Chappuis du 26. mai 1763 (oeuvr. compl. tome 12, p. 14, 15) zur Rechtfertigung von Rousseaus eigenem Austritt aus dem Genfer Staatsverband: „Chacun sait que tout pacte dont une des parties enfreint les conditions devient nul pour l'autre. Quand je devais tout à la patrie, ne me devait-elle rien? J'ai payé ma dette, a-t-elle payé la sienne? On n'a jamais droit de la déserter, je l'avoue: mais quand elle nous rejette, on a droit de la quitter: on le peut dans les cas que j'ai specifiés, et même on le doit dans le mien etc."

[2] Über den Begriff des Erlaubtseins im allgemeinen vgl. die vorzüglichen Bemerkungen von Paul. Joh. Ans. Feuerbach: Kritik des natürlichen Rechts." 1796, bes. S. 104 ff.

Untersuchung[1] gegen die Auffassung, als ob Rousseau hier die unbedingte formalrechtliche Gebundenheit des Souveräns an einen bestimmten Regelinhalt hätte behaupten wollen; gerade wer, wie Rousseau, die Erlaubnis auszuwandern fordert, d. h. das Nichtvorhandensein eines Auswanderungsverbots, hat eben hierbei vorausgesetzt, daß von dem formal rechtlichen Standpunkt aus, der von der Güte oder Schlechtigkeit der Regel noch absieht, gegen die rechtliche Gültigkeit eines solchen Gebots nichts eingewandt werden kann.

Mit anderen Worten: Der contrat social des Rousseau ist nicht als Vertrag gedacht, der durch einseitige Aufkündigung des einzelnen für diesen jedwede bindende Kraft schlechthin verlieren müßte; es ist der Gegenkontrahent, der Souverän, welcher in der Form von Gesetzen die Bedingungen normiert, welche der einzelne erfüllt haben muß, um von der vertragsmäßig eingegangenen **Verpflichtung zum Gehorsam** entbunden zu werden. Indem Rousseau diese Macht des Souveräns grundsätzlich zugesteht, empfiehlt er eine **freiheitliche Normierung dieser rechtlichen Einzelmaterie,** und so erhellt, wie unbegründet es wäre, in den einschlägigen Äußerungen das Programm des Anarchismus zu erblicken. Hier vor allen Dingen möchten wir auf unsre obigen Ausführungen bezüglich der scharfen Grenze zwischen Rechts- und Konventionalregel[2] verweisen, damit an der Hand ihrer deutlich werde, daß derjenige, welcher dem Regelsetzenden einen Ratschlag erteilen will, **nach welchem Gesichtspunkt er diejenigen aussuchen solle,** welchen er befehlen, welche er durch seine Gebote verpflichten wolle, den Boden des Anarchismus längst verlassen hat. Auch muß man hier stets im Auge behalten, daß es schlechterdings keinen Sinn hat, über den **Inhalt der Bedingungen** zu diskutieren, unter welchen verpflichtet werden kann oder soll, wenn man überhaupt garnicht verpflichten will.

Will man aber dieses letztere, so spricht man nicht mehr von Konventionalregeln, von Einladungen und Vorschlägen, sondern von selbstherrlich (unter welchen Voraussetzungen auch immer) gebietenden Befehlen, man ist kein Anarchist, sondern ein Anhänger des Rechtszwangs. Und Rousseau bleibt ein solcher, hat seine grundlegende Problemstellung mit nichten aufgegeben, wenn er dem Gesetz-

---

[1] Dies ist besonders deutlich in der Betrachtung des Grotius, welcher besonders darauf hinweist, daß bei manchen Völkern das Verbot auszuscheiden von Rechtswegen gegolten habe: „Scimus populos esse, ubi id non liceat, ut apud Moschos: nec negamus talibus pactis iniri posse societatem civilem et mores vim pacti accipere. At nos quid naturaliter, si nihil aliud convenerit, obtinere debeat, quaerimus."

[2] Vgl. oben S. 11 ff.

geber empfiehlt, daß unter bestimmten Voraussetzungen der Wille,
allen Geboten des Souveräns nicht mehr zu unterstehen, von dem
Gehorsam gegenüber jeder einzelnen Regel entbinde. Auch sollte
vor allen Dingen das Umgehen mit dem an sich noch wenig deutlichen Begriff des „Eintritts in eine und des Austritts aus einer
Gemeinschaft“ nicht dazu verleiten, hier zu übersehen, daß es sich
für Rousseau nur um die Möglichkeit handelt, sich kraft eigenen
Entschlusses der Herrschaft einer Gesetzgebungsgewalt überhaupt, nicht aber der eines einzelnen Gesetzes zu entziehen,
weshalb denn schon aus diesem Grunde die hier fraglichen Thesen
nicht im Sinne des Anarchismus gedeutet werden dürfen.[1]

Um nun aber auf die Bedeutung der Vertragsform in der
Rousseauschen Rechtsphilosophie zurückzukommen, so ist es weiterhin das wechselseitige Nebeneinander von Recht einerseits und strenger
Pflicht andrerseits bezüglich jedes von beiden Kontrahenten,
welches jene gleichsam symbolisch zum Ausdruck bringen soll. Und
hierbei ist freilich nicht minder an die strengen Schranken gedacht,
welche der contrat social dem andern Kontrahenten, der Gesamtheit, auferlegt.[2]

Wir haben schon oben darauf hingewiesen, daß in der Rousseauschen Rechtsphilosophie im Gegensatz zu der älteren naturrechtlichen Doktrin der Vertragsinhalt eine weit bedeutendere
Rolle spielt, als die nackte Vertragsform. Die Vertragsform
kennzeichnet den selbstherrlichen Willen des Individuums, das sich
in unabhängiger Entschließung zum Gehorsam gegen menschliche
Satzung verpflichtet und seinen rechtlichen Gebieter in freier Wahl
sich ausliest. Die Berücksichtigung des Vertragsinhalts enthält das
methodische Mittel, um jener extrem individualistischen Anschauung,
die das gültige Bestehen menschlicher Herrschaft schlechthin auf
den schrankenlosen Willen des Individuums gründet, hemmend entgegenzutreten und neben der selbstherrlichen Entschließung des einzelnen eine zweite Instanz einzuführen, die über die Existenz rechtlicher Herrschaft mitzuentscheiden hat.

Nirgends unter den Früheren hat die Vertragsform so unendlich viel an systematischer Bedeutung zu Gunsten der Berücksichtigung eines möglichen Vertragsinhalts eingebüßt, als in der Rousseauschen Rechtsphilosophie. Der Gedanke, daß die Herrschaft des positiven Rechts letztlich auf der freien Entschließung des den Gesellschaftsvertrag eingehenden Individuums beruht, er tritt gänzlich

---

[1] In dieser Art dürften vielleicht die hier einschlägigen Ausführungen
Stammlers in „Wirtschaft und Recht“ S. 133 zu ergänzen sein.

[2] Le serment que j'ai fait envers elle, elle l'a fait envers moi.“ Lettre
du 26. mai 1763.

zurück gegenüber der Zahl der im Inhalt des contrat social aufgestellten zwingenden Erfordernisse, die in striktester Weise erfüllt
sein müssen, damit jener persönlichen Entschließung vor dem Richterstuhl der Rousseauschen Rechtsphilosophie überhaupt irgendwelche
Bedeutung zukommen kann.

Aber trotz alledem vertritt auch in dem Rousseauschen System
der Vertragsgedanke, rein formal genommen, noch ein bedeutsames
Gedankenelement, dessen Berücksichtigung davor bewahren wird,
in der Vertragsform nur die zufällige Beibehaltung eines altüberlieferten naturrechtlichen Requisits zu sehen. Nicht nur deshalb
hat Rousseau die Bedingungen der Möglichkeit des positiven Rechts
in die Form eines Vertrags gegossen, um eben hierdurch die freiwillige Unterwerfung eines jeden einzelnen als Voraussetzung seiner
rechtlichen Beherrschung zu kennzeichnen, um jedes Gottesgnadentum
rücksichtlich der rechtsverbindlichen Beherrschung von Menschen
durch Menschen rücksichtslos zu bekämpfen, sondern auch, weil die
Entstehung des Rechts, sub specie contractus betrachtet, die Berücksichtigung der Motive, aus denen die einzelnen sich also vertragsmäßig einem rechtlichen Herrn unterwarfen, besonders nahelegt.
Nicht als ob etwa die Vertragsform ausdrücken solle, daß die Herrschaft des Rechts auch zu Ende sei, sobald nur für den einzelnen
der Beweggrund fortgefallen, der ihn einst zur freiwilligen Anerkennung der rechtlichen Gewalt bestimmte, — wir haben schon oben
das Gegenteil dessen ausdrücklich betont, — wohl aber soll der formale Gedanke des pacte social, den Rousseau stets als gegenseitigen, beiden Kontrahenten Pflichten auferlegenden Vertrag, —
wie wir Juristen wohl sagen, als contractus bilateralis — denkt,
es ermöglichen, die Absicht und den Beweggrund des einzelnen
gleichsam als „Voraussetzung" ihrer vertragsmäßigen Unterwerfung
zu betrachten.[1] Die Vertragsform als solche bringt so gleichsam
symbolisch den Gedanken zum Ausdruck, daß die rechtliche Herrschaft nicht nur alle formale Gültigkeit und Verpflichtungskraft einbüßt, wenn sie nicht gemäß der Endabsicht derer, die sich freiwillig
ihr unterstellten, d. h. in strenger Rücksicht auf deren Wohlergehen
geleitet und ausgeübt wird, sondern auch, daß sie schon dann
wenigstens jeden tieferen Sinn und berechtigten Halt verliert, wenn
sie nicht auch die richtigen Mittel zu demjenigen Zwecke auffindet,

---

[1] Es liegt für Rousseau geradezu im Begriff des Vertrags, daß beide
Kontrahenten ihn zur Beförderung ihres eigenen Vorteils eingehen. Besonders
bezeichnend für diese Grundmeinung ist folgende Stelle: „autant vaudrait donner
le nom de contrat à l'acte d'un homme qui dirait a un autre: Je vous
donne tout mon bien, à condition que vous m'en rendrez ce qu'il vous plaira."
C. s. III, 16.

in Verfolgung dessen die einzelnen die rechtliche Gemeinschaft eingingen.

Dieser letzte Gedanke führt uns somit unmittelbar zu unserer
ferneren Aufgabe, zur **Darstellung** der Rousseauschen Rechtsphilosophie, insofern sie den **Inhalt der Gesetze**, d. i. den Inhalt
des positiven Rechts, zum Gegenstand ihrer Betrachtung genommen hat.

§ 8.

Die Prinzipien des Straf- und Verfassungsrechts.

Mit der Klarlegung des formalen Begriffs der loi als der rechtlich verpflichtenden Menschensatzung hat die Rechtsphilosophie
Rousseaus ihre erste fundamentale Aufgabe gelöst. Die neue
Problemstellung hat einen neuen Gegenstand erzeugt, den Gegenstand aller rechtswissenschaftlichen Untersuchung. Das oberste Prin-
zipium des droit politique ist aufgehellt und jenem unklaren Zustand
der Wissenschaft ein Ende gemacht, in dem, obwohl ein Montesquieu
gesprochen hatte, „die Definition des Gesetzes noch nicht gefunden
war". So ist das Gebiet der pflichterzeugenden Menschensatzung,
das Bereich des Rechts, von dem unübersehbaren Gebiet brutaler
Willkür und regelloser, juristisch irrelevanter Gewalt in Sicherheit
geschieden, die wuchtigen Grenzmauern des stolzen Gebäudes der
rechtswissenschaftlichen Untersuchung sind aufgerichtet, so kann die
positive Jurisprudenz in methodischer Sicherheit an ihre Aufgabe
herantreten, die bunte Mannigfaltigkeit der geschichtlich gegebenen
Rechtsinhalte in ihrem einheitlichen Zusammenhang zur Darstellung
zu bringen. Die Feststellung des konkreten Inhalts der Gesetze ist
kein Problem mehr der Rousseauschen Rechtsphilosophie; sie nimmt
von der unendlichen Mannigfaltigkeit des Inhalts der Gesetze nur
Notiz, insofern sie der positiven Jurisprudenz einen systematischen
Arbeitsplan entwirft, eine grundlegende Klassifikation empirisch möglicher Rechtsinhalte aufstellt und über die charakteristische Eigenart
und Bedeutung des formalen Gegenstands der grundlegenden Rechts-
disziplinen im Zusammenhang des Ganzen sich äußert.

Nach Rousseau ist alles positive Recht entweder Staatsrecht
(„droit politique" im engeren Sinne) oder Civilrecht oder Strafrecht.
Der Gegenstand des Staats- oder Verfassungsrechts ist das Verhältnis
des Souveräns zum Staate, des als Einheit gedachten Ganzen zum
Ganzen, das nun wiederum aus den einzelnen Gliedern zusammen-
gesetzt gedacht wird, insofern dieser Zusammenhang durch Zwischen-

glieder (termes intermédiaires) vermittelt wird.[1] Die Gesetze, welche in jeder einzelnen Gemeinschaft diese Materie regeln, werden wohl auch Grundgesetze (loix fondamentales) genannt, aber auch hier verwahrt sich Rousseau ausdrücklich dagegen, daß etwa dieser Name die grundsätzliche Unaufhebbarkeit und nicht bloß die besondere Wichtigkeit dieses Teils des positiven Rechts bezeichne. Es giebt nach Rousseau keine „ewigen" Gesetze innerhalb des positiven Rechts, auch die grundlegenden Bestimmungen der Verfassungen unterliegen der Kompetenz des souveränen Gesetzgebers.[2]

Gegenstand des Civilrechts ist nach unserem Autor das Verhältnis der einzelnen Glieder des Staates untereinander oder mit dem gesamten Staatskörper.[3]

Das Strafrecht endlich regelt die besonderen Folgen, welche der Ungehorsam gegen die Gesetze nach sich zieht, es enthält in seinem System von Strafen nach Rousseau weniger eine besondere Art von Gesetzen als vielmehr die Sanktion für alle anderen.[3]

Was nun die einzelnen Materien dieser verschiedenen Disziplinen der Rechtswissenschaft angeht, so geht unser Autor nur auf den besonderen Gegenstand des Verfassungsrechts ausführlich ein, doch werden in seiner Philosophie auch einige Kernfragen des Strafrechts wenn auch kurz behandelt, während sich bezüglich des Civilrechts keine besonderen Ausführungen finden, die nicht aus den Prinzipien, welche Rousseau für die Wertung jedweden Gesetzesinhalts aufstellt, abgeleitet werden könnten und daher besser an jener Stelle ihre erledigende Darstellung finden.

Bevor wir die Rousseauschen Prinzipien des Verfassungsrechts in genauere Untersuchung ziehen, wollen wir auf die Ausführungen, die den Gegenstand des Strafrechts im allgemeinen betreffen, kurz eingehen.

Wir haben schon früher kurz gestreift, was unser Autor als den Zweck der Strafe ansieht; die Bestimmungen des Strafrechts sollen nach Möglichkeit Sicherheit dafür gewähren, daß der einzelne der im contrat social eingegangenen Verpflichtung zum Gehorsam gegen die Gesetze auch wirklich nachkommt. Die Einsicht, daß die

---

[1] So die wenig genauen Angaben Rousseaus in C. s. II, 12, deren Sinn erst in der genauen Darstellung der Prinzipien des Verfassungsrechts völlig deutlich werden wird.

[2] „Les lois qui règlent ce rapport, portent le nom de lois politiques et s'appellent aussi lois fondamentales, non sans quelque raison, si ces lois sont sages; car s'il n'y a dans chaque état qu'une bonne manière de l'ordonner, le peuple qui l'a donné, doit s'y tenir; mais si l'ordre établi est mauvais, pourquoi prendrait-on pour fondamentales des lois qui l'empêchent d'être bon?" C. s. II, 12.

[3] C. s. II, 12.

Rousseausche loi mehr ist und mehr sein will, als eine bescheidene Konventionalregel, daß ihre Geltung sich auf den forterstreckt, welchen im einzelnen Fall sein Sonderinteresse mächtiger bestimmt, als die „déclaration de la volonté générale", diese Einsicht ist es, welche die Notwendigkeit des Strafrechts als eines Bollwerks zum Schutz der Integrität der Rechtsordnung begründet.

„Les délits civils font aux hommes ou aux lois un tort, un mal réel, par lequel la sûreté publique exige necessairement réparation ou punition."[1]

Nicht als ob etwa Rousseau in den schrillen Satzungen des Strafrechts ein unfehlbares Mittel gegen die Verletzung der Gesetze und damit gegen den inneren Zerfall des Staates erblickt hätte: Der Politiker Rousseau hat es des öfteren ausgesprochen, daß weder die quantitative Häufung noch die qualitative Verschärfung und Einführung der drakonischsten Strafbestimmungen die unverbrüchliche Heiligkeit der rechtlichen Ordnung gewährleisten könnten, sobald die letztere in der staatstreuen Gesinnung der Bürger ihre festeste Stütze verloren hätte.[2]

Was nun aber die einzelnen Strafarten angeht und das Prinzip, welches ihrer Festsetzung zu Grunde zu legen ist, so dürfte es wohl bislang in der Geschichte der Rechtsphilophie kaum bemerkt worden sein, daß schon Rousseau, der große und einflußreiche Vorgänger Kants, wenn auch nicht in detaillierter und systematischer Darstellung,[3] so doch bewußt und deutlichst das Talionsprinzip vertreten hat:

„Il faut pour bien juger de l'esprit de la loi, se rappeler ce grand principe, que les meilleures lois criminelles sont toujours celles, qui tirent de la nature des crimes les châtiments qui leur sont imposés. Ainsi les assassins doivent être punis de mort; les voleurs de la perte de leur bien, ou s'ils n'en ont pas, de celle de leur liberté, qui est alors le seul bien qui leur reste."[4]

Auf Grund dieses Prinzips will Rousseau die schwersten Verbrecher, als welche er wohl unter dem Einfluß des Hobbes diejenigen ansieht, die nicht nur gegen ein einzelnes Gesetz verfehlen,

---

[1] „Lettres écrites de la montagne", lettre 5me. p. 99.

[2] „En effet, la première des lois, est de respecter les lois: La rigueur des châtiments n'est qu'une vaine ressource imaginée par de petits esprits pour substituer la terreur à ce respect qu'ils ne peuvent obtenir. On a toujours remarqué que les pays, où les supplices sont les plus terribles, sont aussi ceux où ils sont le plus fréquents" etc. (Econ. pol. p. 170). Vgl. auch „Fragments des institutions politiques" bei Streckeisen-Moultou a. a. O., p. 236.

[3] Im „Emile" (II, p. 79) erscheint die Talion als Konsequenz der Rousseauschen Forderung einer von persönlicher Willkür freien Zucht. Vgl. S. 125, Note 1.

[4] 5me lettre de la montagne p. 98.

15*

sondern der rechtlichen Ordnung überhaupt und ihrer bindenden Kraft den Gehorsam aufkündigen,[1] als Staatsfeinde nach Kriegsrecht mit dem Tode oder mit Verbannung bestraft wissen.

Auch darf man nach Rousseau die gültige Kraft eines solchen Strafgesetzes, das den Tod von Bürgern als Folge gewisser Verbrechen vorschreibt, nicht aus dem Gesichtspunkte bezweifeln wollen, daß etwa der einzelne beim Abschluß des Gesellschaftsvertrags, auf den doch die verbindliche Kraft aller Arten von Gesetzen letztlich zurückgeht,[2] die Verfügungsgewalt über sein eigenes Leben, die ihm

---

[1] Die Unterscheidung ist bei Rousseau nicht ausdrücklich formuliert, doch scheint mir unverkennbar, daß unter dem „malfaiteur attaquant le droit social", welcher „devient par ses forfaits rebelle et traître à la patrie" und ebenhierdurch „cesse d'en être membre en violant ses lois" (C. s. II, 5) nicht jeder strafrechtlich Verantwortliche zu verstehen ist, da nur für diesen „ennemi public" Rousseau diese schärfsten Strafen angewandt wissen will, während für leichtere Vergehen mildere Strafarten empfohlen werden. Vgl. z. B. bezügl. der Bestrafung des Diebstahls den Text und etwa noch die folgende Stelle: „Il n'y a point de méchant qu'on ne pût rendre bon à quelque chose. On n'a droit de faire mourir, même pour l'exemple, que celui qu'on ne peut conserver sans danger." Dies gegen von Bar („Geschichte des deutschen Strafrechts und der Strafrechtstheorien", Berlin 1882, S. 232). — Dagegen ist diese in kriminalpolitischer Hinsicht bedeutsame Unterscheidung zweier Arten von Verbrechen deutlich schon von Hobbes („de cive" cap. 14, Abschn. 20) ausgesprochen. Das Auflehnen gegen die Rechtsordnung als solche heißt bei ihm „crimen laesae maiestatis", begründet durch ein „factum vel dictum, quo civis seu subditus declarat sese sibi amplius voluntatem ei homini vel curiae, cui commissum est summum civitatis imperium, obediendi." ... Bezüglich der anderen heißt es: „minus tamen peccat, quia non omnes leges simul sed unam tantam legem violat."

[2] Gegenüber naheliegenden Mißverständnissen sei hier besonders hervorgehoben, daß die verpflichtende Kraft der Strafgesetze in der Rousseauschen Rechtsphilosophie vermöge derselben einheitlichen Methode gewährleistet wird, die unser Autor zur Deduktion der Verbindlichkeit des positiven Rechts überhaupt anwandte. Dies möchte vielleicht von Bar nicht völlig beachtet haben: Nicht darauf kam es Rousseau an, „die Strafe mit jener Lehre von der unveräußerlichen, auch vom Staate nicht zu beeinträchtigenden Freiheit zu vereinigen"; denn das Strafgesetz, als eine Einzelart menschlicher Befehle, war als mit der Rousseauschen liberté civile in Einklang stehend dargethan, insofern die Androhung von Strafen überhaupt dem Begriff der Rousseauschen „loi" entsprechend erfolgte. Gerade bezüglich der kriminellen Gesetzgebung zeigt sich die „schrankenlose" Gewalt der souveränen Gesamtheit — in der Bestimmung des Inhalts der zu erlassenden „lois". Da nun aber die Verbindlichkeit aller „Gesetze" für den einzelnen letztlich von dessen einmal erfolgter freiwilligen Unterordnung unter die Gewalt des Souveräns abhängt, so entstand in Rücksicht auf einzelne bestimmte Strafarten, insbesondere die Todesstrafe, für Rousseau die Sonderfrage, ob diese vertragsmäßige Zustimmung dem Souverän die gültige Verfügungsgewalt über Leib und Leben des einzelnen verschaffen könnte, da diesem selbst über diese Objekte eine unbedingt freie Verfügung nach Naturrecht nicht zustand.

ja selbst nicht zusteht, auch auf den Souverän nicht habe übertragen
können. Denn hier ist nach unserem Autor zu antworten, daß so wenig,
wie derjenige sich wegen Selbstmords verantwortlich macht, welcher
etwa bei einem Brande sein Leben in einem gefährlichen Sprung
aus dem Fenster einsetzt, um nicht in den Flammen einen sicheren
Tod zu erleiden, so wenig auch der einzelne Bürger die Gebote des
Naturrechts verletzt, der, um dem sicheren Untergang in dem sonst
unvermeidlichen Kriege aller gegen alle zu entrinnen, im contrat
social zu sterben einwilligt, wenn er durch sein Handeln je einen
Thatbestand verwirklichen sollte, welchen das Gesetz des Souveräns
mit der Todesstrafe bedroht hat.

„C'est pour n'être pas la victime d'un assassin que l'on consent
à mourir, si on le devient. Dans ce traité, loin de disposer de
sa propre vie, on ne songe qu'à la garantir, et il n'est pas à présumer qu'aucun des contractants prémédite alors de se faire pendre."[1]

Mit diesen wenigen Ausführungen dürfte auch schon der Kern
dessen, was sich bei Rousseau in Sachen einer allgemeinen Theorie
des Strafrechts findet, erschöpft sein, und es verbleibt nun noch die
Aufgabe, die grundlegenden Prinzipien des Rousseauschen Verfassungsrechts zur Darstellung zu bringen.

Wir fragen zunächst, in welcher Art unser Philosoph den Gegenstand dieser Rechtsdisziplin, d. h. die Materie der „lois politiques"
im engeren Sinne bestimmt. Als die wissenschaftliche Frucht des
contrat social erlangten wir in der Definition der „loi" die Klarlegung der Qualitäten einer rechtsverbindlichen Menschensatzung.
Aber wir sahen gleichfalls schon früher, daß der Gebotsinhalt der
„loi" sich niemals an einzelne bestimmte Rechtsgenossen im Unterschied von anderen wendet, sondern vielmehr die Verschiedenheit
des Resultats der Anwendung der formal an alle gerichteten Norm
auf die besondere Lage jedes einzelnen noch gänzlich dahingestellt
sein läßt. So kann die Rousseausche „loi" zwar bestimmen, daß
der Mörder mit dem Tode bestraft werden solle, nicht aber festsetzen, daß an einem konkreten Mitglied der Gemeinschaft, weil es
einen Mord begangen habe, diese Strafe vollzogen werden solle.
Dieses letztere, als ein acte particulier, gehört überhaupt nicht in
das Ressort der Gesetzgebung und damit auch nicht zur Kompetenz
des Rousseauschen Souveräns. Es betrifft die Durchführung der
abstrakt gehaltenen Gesetze in jedem einzelnen Fall, und diese Aufgabe weist die Rousseausche Rechtsphilosophie einem besonderen
Machtfaktor zu,[2] der „puissance exécutive" oder dem „gouvernement",

[1] C. s. II, 5.
[2] „Il est aisé de voir, au contraire, par les principes ci-devant établis
que la puissance exécutive ne peut appartenir à la généralité comme légis-

der Regierung. Wie zu dem Vollzug einer jeden äußeren Handlung zu der bewußten Zwecksetzung, dem Willen, hinzukommen muß die Körperbewegung, die jenen Willensinhalt erst realisiert, so bedarf auch nach Rousseaus eigenem Bilde der allgemein gehaltene Befehl des Souveräns eines weiteren Organs, dem seine Verwirklichung im einzelnen Falle obliegt. Das ist die Funktion des Rousseauschen „gouvernement", das wohl auch „prince" genannt wird und dessen Mitglieder „magistrats" oder „rois", d. h. „gouverneurs" heißen.[1]

Die Rousseausche Regierung hat umfassendere Aufgaben als die Montesquieusche Vollstreckungsgewalt,[2] ihr liegt Anwendung und Durchführung der Gesetze in jedem besonderen Fall ob, kurz, sie vereinigt in sich alle die Funktionen, welche Montesquieu der „puissance de iuger", respektive der „puissance exécutrice" zuweist. Mangels ganz ausdrücklicher Formulierung bei Rousseau selbst haben diejenigen, welche sich mit einer Inhaltsangabe des „Contrat social" begnügten, wohl kaum beachtet, daß der „puissance exécutive" Rousseaus vorzüglich und in allererster Linie die richterliche Gewalt zukommt. Und doch bedeutet gerade die Subsumtion des einzelnen besonderen Falls unter das Gesetz das bedeutsamste Mittel zur Vollstreckung der Gesetze, welches dennoch als „acte particulier" oder „déterminant" dem Machtbereich des Souveräns entzogen bleiben muß.[3] Aber wollte damit etwa Rousseau nach Art moderner sozialistischer Utopisten überhaupt die richterliche Gewalt aus der rechtlichen Gemeinschaft verbannen? Keineswegs, Rousseau sieht wohl ein, daß es zur Aufrechthaltung der Gesetze einer Instanz bedarf, die im konkreten Fall authentisch feststellt, wie gemäß den allgemein gehaltenen Normen des positiven Rechts hier zu verfahren sei, „qui réduise la loi en actes particuliers."[4] Auch in Rousseaus sozialer Gemeinschaft wird es Verbrecher geben, aber der Souverän ist nicht befugt, über ihre Übelthat zu Gericht zu sitzen und ihnen die Strafe nach dem Gesetz zu diktieren.

— „Mais, dira-t-on, la condamnation d'un criminel est un acte

---

latrice ou souveraine, parce que cette puissance ne consiste qu'en des actes particuliers qui ne sont point du ressort de la loi, ni par conséquent de celui du souverain dont tous les actes ne peuvent être que des lois." C. s. III, 1.

[1] C. s. III, 1.

[2] Vgl. auch oben S. 117 ff.

[3] „Si le souverain ne peut parler que par des lois, et si la loi ne peut avoir qu'un objet général et relatif également à tous les membres de l'état, il s'ensuit que le souverain n'a jamais le pouvoir de rien statuer sur un objet particulier; et comme il importe cependant à la conservation de l'état qu'il soit aussi décidé des choses particulières, nous rechercherons, comment cela se peut faire." „Emile" l. 5, p. 158, 159.

[4] Lettre 6ᵐᵉ de la montagne p· 126.

particulier. D'accord, aussi cette condamnation n'appartient-elle point au souverain, c'est un droit qu'il peut conférer, sans pouvoir l'exercer lui-même. Toutes mes idées se tiennent, mais je ne saurais les exposer toutes à la fois."[1]

So weist schon hier das zweite Buch des „Contrat social" auf seine notwendige Ergänzung im dritten Buch hin, der Souveränitätsbegriff auf den Regierungsbegriff.[2]

Nichts wäre in der That irriger, als die Meinung, daß die Inhaber der Regierung gleich dem Montesquieuschen Monarchen auch nach Rousseau von der Ausübung der richterlichen Gewalt ausgeschlossen wären. Der „Esprit des lois"[3] hatte gelehrt:

„Il n'y a point de liberté si la puissance de juger n'est pas séparée de la puissance législative et de l'exécutive ... Si elle était jointe à la puissance exécutrice, le juge pourrait avoir la force d'un oppresseur."

Und Rousseau schrieb in seinen „Considérations sur le gouvernement de Pologne"[4] in Hinblick auf die Träger der Regierungsgewalt, d. i. die „magistrats" oder „rois":

„Les rois sont les juges-nés de leur peuple; c'est par cette fonction, quoiqu'ils l'aient tous abandonné, qu'ils ont été établis; elle ne peut leur être ôtée; et quand ils ne veulent pas la remplir eux-mêmes, la nomination de leurs substituts en cette partie est de leur droit, parce que c'est toujours à eux de répondre des jugements qui se rendent en leur nom ... Si le roi jugeait en personne, j'estime qu'il aurait le droit de juger seul."

Wenn die allgemeine Aufgabe des Rousseauschen magistrat die Realisierung des Gesetzes ist, so dürfte es wohl kaum Befremden erregen, wenn in dieser Schrift, die im Gegensatz zum „Contrat social" der „administration de la justice" eine besondere Ausführung widmet,[5] die Richter stets als magistrats, d. h. als Träger der Regierungsgewalt aufgestellt und behandelt werden.

Ja sogar, wenn das Rousseausche gouvernement nur zur Aus-

---

[1] C. s. II, 5.

[2] Besonders deutlich ist dieser Hinweis in der folgenden Stelle, die übrigens deutlich zeigt, daß die richterliche Gewalt in der Hand des „gouvernement" gelegen ist: „Quand le peuple d'Athènes par exemple nommait ou cassait ses chefs, décernait des honneurs à l'un, imposait des peines à l'autre, et, par des multitudes de décrets particuliers, exerçait indistinctement tous les actes du gouvernement, le peuple alors n'avait plus de volonté générale proprement dite, il n'agissait plus comme souverain, mais comme magistrat. Ceci paraîtra contraire aux idées communes; mais il faut me laisser le temps d'exposer les miennes." C. s. II, 4.

[3] livre XI, cap. 6.

[4] chap. 8, p. 425, 426.

[5] chap. 10.

führung der Gesetze bestimmt ist, wenn „ce second pouvoir doit
être établi de manière qu'il exécute toujours la loi et qu'il n'exécute
jamais que la loi",[1] so könnte man vielleicht mit mehr Recht die
Frage erheben, ob der Rousseauschen Regierung überhaupt auch
diejenigen Aufgaben zufallen, welche Montesquieu seiner „puissance
exécutrice" zuweist, und die wir heutzutage gewohnt sind, in dem
Begriff der Verwaltung zusammenzufassen. Pflegt doch die moderne
Theorie gerade in dem prinzipiell nach „Zweckmäßigkeitsgründen
entscheidenden freien Ermessen" das unterscheidende Merkmal zwischen Verwaltung und Rechtsprechung zu sehen, und scheinen doch
auch die Aufgaben der Montesquieuschen Vollstreckungsgewalt,
der Abschluß von Krieg und Frieden, die Entsendung und der
Empfang von Gesandschaften, die Aufrechterhaltung der inneren und
äußeren Sicherheit, schon weit über eine bloße Anwendung und
Durchführung der gegebenen Gesetzesparagraphen hinauszugehen.

Aber vielleicht sind wir doch in Gefahr, den Begriff der Anwendung von Gesetzen Rousseaus Absicht entgegen allzu eng zu
interpretieren, denn unser Autor lehrt uns an anderer Stelle:

„On a regardé l'acte de déclarer la guerre et celui de faire la
paix comme des actes de souveraineté; ce qui n'est pas, puisque
chacun de ces actes n'est point une loi, mais seulement une application de la loi, un acte particulier qui détermine le cas de la loi
comme on le verra clairement, quand l'idée attachée au mot loi sera
fixée."[2]

Falls nämlich das Gesetz in abstrakter Form die Voraussetzungen
einer kriegerischen Initiative regelte, so vollzog in der That derjenige, welcher berufen war, über Krieg und Frieden in Gemäßheit
dieser Normen zu entscheiden, nichts anderes als eine Anwendung
der bezüglich des Verkehrs mit dritten Staaten erlassenen Rechtsnormen. Ja sogar, wenn das Gesetz auf den Gedanken verzichtete,
die casus belli in einen erschöpfenden Katalog zu bringen, vielmehr
dem freien Ermessen der einzelnen einen gewissen Spielraum ausdrücklich zugestand, so entspricht es dem Rousseauschen Gedankengang, auch denjenigen, welcher in Rücksicht auf das allgemeine
Staatsbeste den Krieg erklärte, als einen Vollstrecker des Gesetzes
anzusehen. Mit andern Worten: das pouvoir discrétionaire, das
unserer modernen Verwaltung eigen ist, widerspricht mit nichten
dem Begriff des Rousseauschen „gouvernement". Auch das objektive Ermessen des einzelnen kann als Anwendung des Gesetzes
erscheinen, wenn der Inhalt des Gesetzes, auf eine detaillierte Rege-

---

[1] 6me lettre de la mont. p. 126, 127.
[2] C. s. II, 2.

lung verzichtend, der Entschließung jenes nur allgemeine Richtpunkte vorgeschrieben hat. So hatte Rousseau es befürwortet, daß
selbst den Richtern, denen nach seiner eigenen Meinung doch gewiß
nur die Anwendung der Gesetze oblag, von dem Gesetze selbst die
Bethätigung ihres objektiven Ermessens zugestanden würde. Es bedeutet ja nicht, wie man etwa in unklarer Art vermeinen könnte,
eine Einschränkung und Verkürzung des Machtbereichs der Gesetze,
sondern nur eine freiere Ausgestaltung ihres Inhalts, wenn Rousseau
als Mittel zu einer gedeihlichen Rechtspflege empfahl:

„Peu de lois claires et simples . . . en laissant aux juges le
pouvoir de les interpréter et d'y suppléer au besoin par les lumières
naturelles de la droiture et du bon sens.“ [1]

Im Rousseauschen Sinne ist z. B. unser moderner Strafrichter,
um dies hier gegen eine auch sonst leicht auftauchende unklare
Meinung sofort festzustellen, nicht weniger mit der Anwendung und
Durchführung des Gesetzes beschäftigt, ob er nun eine bestimmte
Strafthat mit der speziell im Gesetz vorgeschriebenen Strafart
belegt, oder ob er bezüglich der weiteren Frage der Stratzumes-
sung innerhalb des gesetzlichen Strafrahmens je nach der Schwere
der Verschuldung nach objektivem Ermessen, aber doch gerade im
Sinne des Gesetzes selbst die geringere oder schwerere Strafe bestimmt.

Fassen wir den Begriff der Gesetzesanwendung in diesem Sinne,
so werden wir leichtlich verstehen, wie unser Autor den Inhabern
des „gouvernement“ ohne Widerspruch auch diejenigen Aufgaben
überweisen konnte, welche Montesquieu der vollstreckenden Gewalt
zuwies, und die wir heutzutage im Begriff der Verwaltung zusammen-
fassen. Und Rousseau hat selbst das von dem Gedanken des
Staatswohles geleitete freie Walten der Regierenden als charak-
teristisches Kennzeichen dieser Art staatlicher Thätigkeit hervorgehoben:

„La première règle de l'économie publique est que l'administration soit conforme aux lois. C'en sera même assez pour que l'état
ne soit pas mal gouverné, si le législateur a pourvu, comme il le
devait, à tout ce qu'exigeaient les lieux, le climat, le sol, les moeurs,

---

[1] „Considérations sur le gouvernement de Pologne“, chap. 10. p. 436. In
Hinblick auf bedeutsame kriminalpolitische Bestrebungen der jüngsten Zeit
dürften auch die nächsten Sätze von Interesse sein: „Rien de plus puéril que
les précautions prises sur ce point par les Anglais. Pour ôter les jugements
arbitraires, ils se sont soumis à mille jugements iniques et même extravagants:
des nuées de gens de loi les dévorent, d'éternels procès les consument: et avec
la folle idée de vouloir tout prévoir, ils ont fait de leurs lois un dédale
immense, où la mémoire et la raison se perdent également.“

le voisinage et tous les rapports particuliers du peuple qu'il avait à instituer. Ce n'est pas qu'il ne reste encore une infinité de détails de police et d'économie, abandonnés à la sagesse du gouvernement: mais il a toujours deux règles infaillibles pour se bien conduire dans ces occasions: l'une est l'esprit de la loi qui doit servir à la décision des cas qu'elle n'a pas prévus: l'autre est la volonté générale, source et supplément de toutes les lois et qui doit toujours être consulté à leur défaut."[1]

So ist es das Gesetz selbst, welches der Regierung, insofern sie die Verwaltung ausübt, ein gewisses Feld freier Entschließung zugesteht, nicht, ohne ihr zugleich in dem speziellen Zweck des Gesetzes wie auch endlich in dem gemeinsamen Grundprinzip aller Gesetze, in der Maxime der volonté générale den unwandelbaren Richtpunkt zu bestimmen, in dessen Festhaltung allein die eigene Initiative gesetzmäßig verbleibt und als Anwendung des Gesetzes selbst aufgefaßt und beurteilt werden kann.

Damit aber ist auch das Machtbereich der Rousseauschen Regierung erschöpfend angegeben: Rechtsprechung und Verwaltung, das sind die actes particuliers, in deren Ausübung die Thätigkeit des Rousseauschen „gouvernement" besteht.[2] Niemals aber kann die Regierung Anteil erhalten an der gesetzgebenden Gewalt, die nach der unwandelbaren Vorschrift des contrat social in den Händen der souveränen Gesamtheit ruht.[3] Wir haben schon oben darauf hingewiesen, daß anders, als bei Montesquieu die richterliche und die vollstreckende Gewalt des Rousseau keinen Teil haben an der Souveränität, die einzig und allein bei dem gesetzgebenden Volke

---

[1] „Economie politique" p. 171.

[2] „Ce corps intermédiaire est chargé de l'administration publique (Verwaltung) de l'exécution des lois (Rechtsprechung) et du maintien de la liberté civile et politique." Emile l. 5, p. 160.

[3] Damit aber sollte mit nichten gesagt sein, wie dies Mercier („De Jean Jacques Rousseau, considéré comme l'un des premiers auteurs de la révolution" 2 volumes, Paris 1791) behauptet hat. (tome 1er p. 48) daß die Mitglieder der Regierung ihren Anteil an der gesetzgebenden Gewalt, welcher ihnen in ihrer Eigenschaft als Bürger, als „citoyens" zusteht, etwa verlören. Wenn Mercier ausführt, daß der König „s'ôte par l'acceptation du trône tout droit de participer à la loi, parce que son voeu pour la loi serait qu'elle fût plus favorable à sa personne et aux siens qu'à celle de tout autre et que son influence sur la loi pourrait en contrarier l'égalité et l'équité" — so beweist dies zwar gründliches Verständnis der Bedeutung des Rousseauschen Begriffs der égalité, aber gegen die Richtigkeit des Resultats der Argumentation spricht Rousseaus ausdrücklicher Ausspruch in den „lettres écrites de la montagne" (l. 6me p. 127): „Le gouvernement comme partie intégrante du corps politique, participe à la volonté générale qui le constitue, comme corps lui-même il a sa volonté propre."

ruht, und nicht ohne Grund hat die Rousseausche Auffassung der Regierung mit der Koordination der drei Gewalten endgültig gebrochen; denn in der That steht derjenige, welcher ein Gesetz im einzelnen Fall zur Anwendung und Durchführung bringt, hinter demjenigen an Bedeutung zurück, der dieses Gesetz selbst in unabhängiger Entschließung festsetzt und erläßt.

„On trouverait que toutes les fois qu'on croit voir la souveraineté partagée, on se trompe; que les droits qu'on prend pour des parties de cette souveraineté lui sont toutes subordonnés et supposent toujours des volontés suprêmes dont ces droits ne donnent que l'exécution."[1]

Die Rousseausche Regierung ist nur der bewegende Faktor, welcher die Zwangsgewalt des Staates (force publique) in sich eint und in Gemäßheit der Beschlüsse der volonté générale, d. h. der Gesetze, zur Anwendung bringt. In Hinblick auf diese subalterne Funktion der Regierung warnt Rousseau vor einer Vermengung ihrer Aufgaben mit denen des Souveräns und nennt die Inhaber der Regierung Diener und Offiziere des souveränen Volks. Das gouvernement ist sozusagen die Übergangsstation, welche die allgemeingehaltenen Gebote des Souveräns den einzelnen Gliedern der Gemeinschaft vermittelt,[2] und seine Machtbefugnis ist zu Ende, sobald es diese Grenze überschreitet.

Aber freilich Rousseau wäre der letzte gewesen, der solche Übergriffe von Seiten der Inhaber der Regierungsgewalt für faktisch unmöglich erklärt hätte, und gerade in der Beurteilung dieser Vorgänge durch die Rousseausche Rechtsphilosophie gewinnen wir ein lehrreiches Beispiel für die systematische Bedeutung des contrat social. Eine Gemeinschaft, innerhalb deren die Regierung die Machtbefugnisse des souveränen Gesetzgebers an sich gerissen hat, lebt nicht etwa unter einem schlechten öffentlichen Recht, sondern hat überhaupt aufgehört, als Staat zu existieren, die faktische Gewalt spottet nach unserem Autor jedweder juristischen Beurteilung:

„S'il arrivait enfin que le prince eût une volonté particulière plus active que celle du souverain, et qu'il usât pour obéir à cette volonté particulière, de la force publique qui est dans ses mains, en sorte qu'on eût, pour ainsi dire deux souverains, l'un de droit et l'autre de fait, à l'instant l'union sociale s'évanouirait et le corps politique serait dissous."[3]

---

[1] C. s. II, 2.

[2] „Qu'est-ce donc que le gouvernement? Un corps intermédiaire, établi entre les sujets et le souverain pour leur mutuelle correspondance. ... Le gouvernement reçoit du souverain les ordes qu'il donne au peuple." C. s. III, 1.

[3] C. s. III, 1.

In dieser langsamen, aber schließlich einmal unvermeidlichen Entwickelung, in welcher die Regierung auf die Ausübung der Souveränität Einfluß zu gewinnen sucht und endlich auch gewinnt, vollzieht sich der Lebensgang und endlich der Verfall jeder rechtlichen Gemeinschaft.[1]

„Le cas de la dissolution de l'état peut arriver de deux manières. Premièrement quand le prince n'administre plus l'état selon les lois et qu'il usurpe la pouvoir souverain."[1]

Wenn die Inhaber der Regierung allein die gesetzgebende Gewalt ausüben, so ist der zwingenden Vorschrift des contrat social, gemäß deren die Gesetzgeber zusammenfallen müssen mit den Gesetzunterworfenen, zuwidergehandelt und die staatliche Gemeinschaft aufgehoben, die staatliche Gemeinschaft wenigstens in dem alten Umfange; wohl aber, fügt Rousseau in strenger Konsequenz hinzu, können die Beschlüsse der Inhaber der Regierung, wenn auch nicht für alle Glieder des früheren Staates, so doch für jene selbst rechtlich verbindlich sein:

„Alors il se fait un changement remarquable; c'est que, non pas le gouvernement, mais l'état se resserre; je veux dire que le grand état se dissout, et qu'il se forme un autre dans celui-là, composé seulement des membres du gouvernement, et qu'il n'est plus rien au reste du peuble que son maître et son tyran. De sorte qu'à l'instant que le gouvernement usurpe la souveraineté, le pacte social est rompu; et tous les simples citoyens, rentrés de droit dans leur liberté naturelle, sont forcés, mais non pas obligés d'obeir."[1]

Der Widerspruch mit dem Inhalt des contrat social bedeutet in der That nicht etwa die Thatsache eines schlechten Rechts, sondern vielmehr das Aufhören rechtlicher Gebundenheit überhaupt, und das Neuhereinbrechen des durch menschliches Gebot nicht gebundenen Naturzustands.[2] So lange überhaupt positivrechtliche Gemeinschaft unter Menschen besteht, hat auch die Gesamtheit die gesetzgebende Gewalt inne: Wer auch immer der Träger der Re-

---

[1] Vgl. C. s. III, 10.

[2] Wenn Feuerlein (Zeitschrift, „Der Gedanke" Bd. 6, S. 228). Rousseau entgegnet, daß die Rückkehr in den Naturzustand, sobald die Regierung alle Gewalt in Händen habe, faktisch nicht ausführbar sei, so ist der Sinn der Rousseauschen These hier gänzlich mißverstanden. Denn das Aufhören eines gültigen Rechts, das Hereinbrechen des Naturzustands bedeutet kein praktisches Heilmittel gegen eine usurpatorische Regierung, sondern nur eine logische Konsequenz aus Rousseaus rechtsphilosophischen Prämissen, deren Wahrheit von der Thatsache irgendwelcher Vergewaltigung von Menschen in Rousseaus Sinne ganz unabhängig ist.

gierungsgewalt sei, so ist doch zunächst im Sinne Rousseaus festzuhalten, daß ein jeder Staat seinem Begriff nach „republi-
kanisch" ist. Wohl aber unterscheidet Rousseau innerhalb seiner
Republik verschiedene Staatsformen je nach der Zahl der Mitglieder
des „gouvernement."[1,2]

Steht die maßgebende und letztlich unanfechtbare Entscheidung
bei einem einzelnen, so heißt der Staat Monarchie, haben mehrere
in koordinierter Stellung die Regierungsgewalt inne, so ist der Staat
eine Aristokratie und machen diese Glieder der Regierung mehr als
die Hälfte des ganzen Volks aus, so nennt man den Staat eine
Demokratie.

„Tout gouvernement légitime est républicain: Je n'entends pas seulement par ce mot une aristocratie ou une démocratie,
mais en général tout gouvernement guidé par la volonté
générale qui est la loi. Pour être légitime, il ne faut pas· que
le gouvernement se confonde avec le souverain, mais qu'il en soit
le ministre: alors la monarchie elle-même est république."[3]

Damit hat die Rousseausche Rechtsphilosophie in konsequenter
Durchführung eines Gedankens des Althusius der althergebrachten
Einteilung der Staatsformen den größten Teil ihrer Bedeutung ge-
nommen. Monarchie, Aristokratie und Demokratie sind nur noch
Regierungsformen der einen Republik, des einen Staats, und um die
Bedeutung dieser Unterscheidung noch mehr schwinden zu lassen,
macht Rousseau darauf aufmerksam, daß eine Regierungsform all-
mählich und kontinuierlich in die andere übergehe:

„Il y a un point où chaque forme de gouvernement se confond
avec la suivante."[4]

Auch ist es natürlich nicht Rousseaus Ansicht, daß in der
monarchisch regierten Republik der König selbst alle Akte der
Rechtsprechung und Verwaltung vornehme:

„Il faut qu'un chef unique ait des magistrats subalternes."[5]

Nicht auf die Köpfe derer kommt es an, die irgendwie mit der
Ausübung von Funktionen der Regierung betraut sind, sondern auf

---

[1] Das Nähere siehe C. s. II, 3.

[2] Es ist in der That sehr seltsam, wenn Janet (a. a. O. II, p. 491) die
Unrichtigkeit dieser Einteilung durch den Hinweis darlegen will, daß der ge-
wöhnliche Sprachgebrauch je nach der Zahl der an der Gesetzgebung Beteiligten die Verfassungen scheide, und daß die gesetzgebende Gewalt „dans
la pratique" wohl auch einem König zustehen könne, als ob etwa Rousseau
die Thatsache einer monarchischen Gesetzgebung geleugnet hätte und nicht
nur deren rechtliche Gültigkeit.

[3] C. s. II, 6, Note.

[4] C. s. III, 3.

[5] C. s. III, 7.

die Zahl derjenigen, welche in selbstständiger und sich wechselseitig
beschränkender Machtgewalt die Aufgaben des gouvernement zu erledigen haben, so, wie ja auch, wenn es gestattet ist, ein Beispiel
aus unserer Zeit hinzuzufügen, der verwaltungsrechtlichen Unterscheidung des Bureausystems vom Kollegialsystem nicht die Zahl der
in einem bestimmten Verwaltungszweig beschäftigten Beamten überhaupt, sondern nur der letztlich entscheidenden Träger der staatlichen Gewalt zu Grunde liegt.

Dazu kommt ferner, daß die verschiedenen Aufgaben des Rousseauschen gouverment in einem Staate zum Teil monarchisch, zum
Teil aristokratisch oder demokratisch verwaltet werden können,
welches den Begriff des Rousseauschen „gouvernement mixte" ausmacht.[1] So würde z. B., um die Rousseauschen termini an einem
Beispiel zu erläutern, in Preußen, (wenn es überhaupt in anderer
Beziehung gemäß dem contrat social konstituiert wäre), ein „gouverment mixte" bestehen, die Verwaltung wäre monarchisch, die Rechtsprechung (mögen auch die unabhängigen Richter vom König ernannt
werden) „aristokratisch" verwaltet. Es war nicht sowohl der Einfluß des Rousseau, der in dem Zusammenfallen von Verwaltung
und Rechtsprechung in derselben Hand nichts Verderbliches sah,
als vielmehr die politische Einsicht des Montesquieu, die daran
Teil hatte, daß in unserem Jahrhundert das „gouvernement mixte"
mehr und mehr an Stelle des „gouvernement simple" getreten ist.

Da wir hier nur von den grundlegenden Prinzipien des Rousseauschen Verfassungsrechts handeln, konnten natürlich die mannich-
faltigen Staatsformen, gleichsam als ebensoviele Erscheinungsarten
des einheitlichen Fundamentalbegriffs des „gouvernement" nur in
aller Kürze gestreift werden, und wir wenden uns nunmehr der Erörterung eines neuen grundlegenden Problems zu, das alle empirisch
möglichen Verfassungsformen in gleicher Weise betrifft.

Was unterscheidet nach Rousseau den Träger der Regierung
z. B. den Monarchen, von dem Inhaber der Souveränität? Kurz
gefaßt, der Umstand, daß der Souverän die Gesetze erläßt und der
König sie ausführt. Aber in der rechtlichen Stellung beider gegenüber den einzelnen Mitgliedern des Staates darf doch hier ein
gemeinsames Merkmal mit nichten übergangen werden. Der Inhaber
der Regierung, so gut wie der Souverän erläßt bindende Befehle
an die Glieder der rechtlichen Gemeinschaft, mag auch das Gebot

---

[1] „Il y a plus: ce même gouvernement pouvant à certain égards se sub-
diviser en d'autres parties, l'une administrée d'une manière et l'autre d'une autre,
il peut résulter de ces trois formes combinées une multitude de formes mixtes,
dont chacune est multiplicable par toutes les formes simples. C. s. III, 3.

des einen sich unmittelbar an den einzelnen, die Norm des anderen sich unterschiedslos an alle Glieder der Gemeinschaft wenden. Das innere Verhältnis zwischen Souverän und Regierung sei, wie ihm wolle, mag auch der König nur den Willen des Souveräns zur Durchführung zu bringen haben, so bleibt doch bestehen, daß der König, so gut wie der Souverän den einzelnen Unterthanen des Staats als Herrscher entgegentreten mit dem Anspruch auf Gehorsam gegenüber ihren Befehlen. Gewißlich darf der Richter oder der militärische Anführer nur im Namen des Gesetzes den einzelnen befehlen, und seine Herrschaft wird rohe Willkür, die niemanden verpflichten kann, sobald sie diese ihre Schranke überschreitet:

„C'est à la loi seule que les hommes doivent la justice et la liberté . . . C'est elle seule aussi que les chefs doivent faire parler quand ils commandent: car sitôt qu'indépendamment des lois un homme en prétend soumettre un autre à sa volonté privée, il sort à l'instant de l'état civil, et se met vis-à-vis de lui dans le pur état de nature, où l'obéissance n'est jamais prescrite que par la nécessité."[1]

Aber diese Erwägung kann doch nimmermehr die Thatsache aus der Welt schaffen, daß auch der Wille des Beamten innerhalb der gesetzlichen Schranken eine eigene Autorität geltend macht, und, wenn auch nur in der bescheidenen Weise eines Dieners der Gesetze, den kühnen Anspruch erhebt, durch sein menschliches Gebot andere Menschen gültig zu verpflichten. Das ist bei dem Verwaltungsbeamten noch augenscheinlicher als bei dem Richter; denn die Gebotsgewalt des ersteren ist weit freier und von dem Gesetz in minder enge Schranken eingeschlossen, als die Urteilsthätigkeit des Richters. Es ist diese Befehlsgewalt, welche die Inhaber der Regierung, wie verschieden auch immer ihre Funktionen verteilt sein mögen, auszeichnet vor den anderen Mitgliedern des Staats:

„Sans nous embarrasser de cette multiplication de termes, contentons-nous de considérer le gouvernement comme un nouveau corps dans l'état, distinct du peuple et du souverain, et intermédiaire entre l'un et l'autre."[2]

So erkennt der republikanische Rousseau der Gesamtheit der Regierenden eine gesonderte Stellung und rechtliche Existenz zu, ja sogar, er erkennt die Notwendigkeit eines engeren Zusammenhalts der Mitglieder der Regierung zur Stärkung ihrer eigenen Autorität und gesicherten Durchführung ihrer Aufgaben an.[3]

---

[1] Economie pol. p. 169.

[2] C. s. III, 1.

[3] „Cependant pour que le corps du gouvernement ait une existence, une vie réelle, qui le distingue du corps de l'état, pour que tous ses membres

„Cette existence particulière suppose des assemblées, des conseils, un pouvoir, des priviléges, qui appartiennent au prince exclusivement et qui rendent la condition du magistrat plus honorable à proportion qu'elle est plus pénible."[1]

So ist nicht zu leugnen, daß auch in dem Rousseauschen Staat, als dessen Grundpfeiler wir die Gleicheit aller erkannten, die Mitglieder des „gouvernement" eine bevorzugte Sonderstellung einnehmen, es sind sozusagen die Satrapen in dem Reiche, dessen Großkönig die souveräne Gesamtheit ist.

Es erwächst damit der Rousseauschen Rechtsphilosophie das bedeutsame Problem, auf welchen Rechtsgrund sich jene Sonderstellung der Regierenden stützen könne, inwiefern sich die Herrschergewalt jener mit den systematischen Grundgedanken dieser Theorie in strenger Einheit denken läßt.[2]

Die Herrschaftsbefugnis ruhet letztlich auf dem Abschluß des contrat social: Könnte etwa die bindende Gewalt der Regierung gleichfalls letzlich auf einem Vertrage beruhen? Was lag in der That, konnte man denken, näher, als eben das? Hatte nicht seit Hunderten von Jahren die naturrechtliche Doktrin die Gewalt des Monarchen auf das Faktum eines Herrschaftsvertrags[3] zurückgeführt, in welchem die souveräne Gesamtheit ihre Befehlsgewalt über die einzelnen Glieder der Gemeinschaft auf einen einzelnen Herrscher, sei es bedingungslos, sei es mit gewissen Einschränkungen und Vorbehalten, übertrug?

Und doch andererseits bedarf es wieder nur einer oberflächlichen Vergleichung der alten naturrechtlichen Theorie vom Gesellschaftsvertrag mit der Rousseauschen Lehre vom contrat social, um zu erkennen, daß jener altüberlieferte Unterwerfungsvertrag, der nach feststehender Tradition dem contractus societatis zeitlich folgen sollte, unmöglich in den systematischen Bau der Rousseauschen Sozialphilosophie sich harmonisch und widerspruchslos hätte einfügen können. Nach der altüberlieferten naturrechtlichen Doktrin bereitete es keine Schwierigkeit, die Gewalt des Fürsten von der

---

puissent agir de concert et répondre à la fin pour laquelle il est institué, il lui faut un moi particulier, une sensibilité commune à ses membres, une force, une volonté propre qui tente à sa conservation." C. s. III, 1.

[1] C. s. III, 1.

[2] Les citoyens étant tous égaux par le contrat social ce que tous doivent faire, tous peuvent le prescrire au lieu que nul n'a droit d'exiger qu'un autre fasse ce qu'il ne fait pas lui-même. Or c'est proprement ce droit indispensable pour faire vivre et mouvoir le corps politique que le souverain donne au prince en instituant le gouvernement." C. s. III, 16.

[3] Über die Theorie des Herrschaftsvertrags vgl. die lehrreichen Ausführungen von Gierke, „Althusius" S. 77—92.

Herrschaftsbefugnis der ursprünglich souveränen Gesamtheit abzuleiten, denn es besaß ja der Fürst keine bindende Machtgewalt, die
nicht nach jener Lehre ursprünglich auch der Gesamtheit zugestanden hätte.[1]

Gerade umgekehrt verhält es sich in Rousseaus rechtsphilosophischem System. Die Gewalt der souveränen Gesamtheit erstreckt
sich bei ihm einzig und allein auf die Festsetzung der „lois", nimmermehr kann ihr die Macht zustehen, ihre Gebote durchzuführen, und
gerade in dieser Ausführung der Gesetze erschöpft sich andererseits
das Herrschaftsbereich des Rousseauschen „gouvernement."[2]

Mit andern Worten: Ein Unterwerfungsvertrag im Sinne der
alten Doktrin ist innerhalb des Rousseauschen Systems ausgeschlossen, die souveräne Gesamtheit kann nimmermehr dem Gouvernement die ihm zustehende Machtbefugnis übertragen haben,
weil ihr selbst jene Herrschaftsgewalt unmöglich jemals beiwohnen
konnte. Ja sogar, weil eben ein acte particulier niemals in das
Bereich des Rousseauschen Souveräns fallen kann, würde schon
der Abschluß eines solchen Herrschaftsvertrags mit einem bestimmten
einzelnen Glied der Gemeinschaft an und für sich nichtig sein, da
er dem formalen Begriff der „loi" widerspricht.[3]

---

[1] Die abweichende Theorie des Hobbes kann hier zunächst als Ausnahme unberücksichtigt bleiben.

[2] Gerade hierauf beruht der systematische Grund, aus welchem die
Theorie des Rousseau einen Herrschaftsvertrag im alten Style unmöglich
anerkennen konnte. Wie anders dies alles selbst bei Althusius, dessen
summus magistratus eine so ausgedehnte Gewalt besitzt, daß die neben ihm
bestehende Souveränität des Volks nicht allzuviel mehr zu besagen hat.
Denn man darf nicht übersehen, daß der „summus magistratus" des Althusius,
„qui secundum leges ad salutem et utilitatem universalis consociationis constitutus iura illius administrat et executionem mandat" (cap. 19, p. 223), ganz
anders als bei Rousseau selbst auch die gesetzgebende Gewalt ausübt.
Vgl. cap. 21 (S. 282): „Propria lex (positiva) est, quae ex lege communi pro
loci cuiusque utilitate, conditione et natura aliisque circumstantiis particu-
laribus, a magistratu concipitur et constituitur . . . ebenso cap. 28 (S. 433):
„Sanctio et executio legum imprimis ad magistratus officium spectat, unde
legislatur ille vocatur." Das wenig durchsichtige und nirgends völlig
klare Verhältnis der Althusiusschen Lehre zur sozialen Einzelerfahrung,
kurzum der rechtsphilosophische Schiller seiner „Politik" zeigt sich besonders
deutlich, wenn zur gültigen Sanktion der Gesetze der „consensus optimatum
et statuum imperii seu regni" gefordert wird: Man weiß in der That nun
nicht mehr, ob es sich um allgemeingültige Sätze rechtsphilosophischer Theorie
oder um Feststellung einer Wahlkapitulation für das alte Deutsche Reich
handelt.

[3] De plus il est evident que ce contrat du peuple avec telles ou telles
personnes serait un acte particulier; d'où il suit que ce contrat ne saurait
être une loi ni un acte de souveraineté et que par conséquent il serait illégitime." C. s. III, 16.

Aber sehen wir auch einmal von allen diesen Gegenargumenten
ab und nehmen für einen einen Augenblick an, daß das Machtbereich des Roussseauschen Souveräns umfassend genug sei, um
auch die Gebotsgewalt des Rousseauschen „prince" in sich zu enthalten: Würde in diesem Fall wenigstens es vom Standpunkt des
Rousseauschen Systems aus angängig sein, die Machtgewalt der
Regierung auf eine teilweise Übertragung der Herrschaftsbefugnisse
der souveränen Gesamtheit letztlich zurückzuführen und also zu begründen?

Auch Rousseau stellt sich diese Frage, und die Art und Weise
in welcher er sie beantwortet, ist besonders lehrreich im Hinblick
auf die methodische Verschiedenheit, welche sein rechtsphilosopisches
System von der alten naturrechtlichen Schule scheidet. Es ist die
grundlegende Methode, in welcher Rousseau die Souveränität
der Gesamtheit deduziert, die sich mit dem Gedanken eines solchen
Herrschaftsvertrags schlechterdings nicht vereinigen läßt. Rousseau
vertrat die Volkssouveränität als notwendige Bedingung einer rechtsgültigen Beherrschung von Menschen, da er in der Gesamtheit auf
Grund seines psychologischen Ausgangspunkts den einzigen jemalen
zuverlässigen Träger des Prinzips der volonté générale erblickte.
Wie hätte da ein beliebiger und empirisch zufälliger Übertragungs-
akt des Volks diese fundamentale Einsicht zu nichten machen können!
Beruhte die souveräne Gewalt der Gesamtheit eben auf ihrer Qualität,
allein und im Unterschied von allen anderen ein zuverlässiges Organ
des Gemeinwohls zwar nicht notwendig zu sein, so doch wenigstens
unter bestimmten Bedingungen werden zu können, so war eben
damit die Übertragung ihrer Befugnisse auf einen anderen, sei es
nun der Substanz oder nur der Ausübung nach, schlechterdings
als unmöglich nachgewiesen. [1]

Ganz anders in der älteren naturrechtlichen Theorie. Hier
beruhte die ursprüngliche Souveränität der Gesamtheit auf der be-

---

[1] Premièrement l'autorité suprême ne peut pas plus se modifier que
s'aliéner: la limiter, c'est la détruire. Il est absurde et contradictoire que le
souverain se donne un supérieur: s'obliger d'obéir à un maitre, c'est se remettre
en pleine liberté. Diese Polemik mag besonders die Lehre der Monarchomachen im Sinne gehabt haben, nach welcher auch nach Abschluß des
Herrschaftsvertrags die souveräne Gewalt bei dem Volk bleiben soll, obwohl
dem Monarchen ein selbständiges Recht auf Herrschaft zuerkannt wird, dessen
Umfang übrigens weit weniger beschränkt ist als die Rousseausche Souveränität des Volks. Der methodische Grundgedanke, von welchem aus
Rousseau den Unterwerfungsvertrag ablehnt, zeigt sich besonders deutlich in
folgender Stelle: „On voit encore que les parties contractantes seraient entre
eux sous la seule loi de nature et sans aucun garant de leurs engagements
réciproques, ce qui répugne de toute manière à l'état civil." C. s. III, 16.

dingten Zufälligkeit eines brutalen Faktums, auf der unberechenbaren, willkürlichen Entschließung der einzelnen, sich gerade der Gesamtheit zu unterwerfen. Da bedeutete es dann mit nichten einen logischen Widerspruch, wenn an dieses Faktum sich ein anderes reihte, und das souveräne Volk seine Machtgewalt auf einen dritten übertrug. Wäre der Rousseausche contrat social gleichfalls als zufälliges Faktum gedacht gewesen, so hätte auch er einen Unterwerfungsvertrag ganz wohl in seinem Gefolge haben können, aber da der contrat social des Rousseau die notwendige Bedingung positivrechtlicher Gemeinschaft überhaupt enthielt, so war damit in der That jeder weitere Herrschaftsvertrag, der den Inhalt jenes Grundvertrags nur im geringsten zu modifizieren geeignet war, schlechterdings als unmöglich und wirkungslos dargethan, mochte nun sein Inhalt der Lehre der Monarchomachen oder dem einheitlichen Fundamentalkontrakt des Hobes entnommen sein:

„Il n'y a qu'un contrat dans l'état; c'est celui de l'association; et celui-là seul en exclut tout autre. On ne saurait imaginer aucun contrat public que ne fût une violation du premier."[1]

Aber hätte nicht vielleicht Rousseau einen Herrschaftsvertrag ganz verschiedener Art aufstellen können, der im Einklang mit seinen systematischen Grundgedanken geblieben wäre? Hätten nicht die einzelnen Glieder der Gemeinschaft, so wie sie sich der souveränen Gesamtheit unterwarfen, sich auch vertragsmäßig der Herrschaftsgewalt bestimmter einzelner als künftiger Inhaber des gouvernement unterordnen können? Man geht irre, wenn man etwa vermeint, daß auf diese Weise die Herrschaftsbefugnis der Inhaber der Regierung von dem souveränen Willen der Gesamtheit unabhängig geworden und gleichsam auf eigene Faust gestellt wäre. Denn Fürst und Volk bleiben dem Souverän unterworfen, und so sind es die Gesetze des letzteren, auf die sich die bindende Kraft eines solchen Vertrags letztlich zu stützen hätte. Wie aber, wenn eine loi des Souveräns die Gültigkeit solchen Vertrags aufhöbe, oder gar allgemein anbefähle, nur diejenigen als Hüter der Gesetze anzuerkennen und ihnen zu gehorchen, die das Gesetz nach allgemeinen Merkzeichen als solcher Sonderstellung würdig bezeichnet hat?

So begreifen wir, wie Rousseau dazu kam, von einem zweiten Vertrag gänzlich abzusehen und die Herrschaftsgewalt der Regierung auf den Willen des souveränen Gesetzgebers letztlich zurückzuführen.

---

[1] C. s. III, 16.

„Il y a cette différence entre ces deux corps que l'état existe
par lui-même et que le gouvernement n'existe que par le souverain."[1]

Aber beruht die Gewalt des „gouvernement" etwa auf einem
Auftrag, auf einer Vollmacht, die das souveräne Volk erteilt, so, wie
es die Monarchomachen lehrten und es besonders von Althusius[2]
ausgeführt worden ist? Man hat vielfach dies als die Ansicht
Rousseaus referiert und konnte hierbei sich wohl auf die folgende
Stelle berufen:

„Ainsi ceux qui prétendent que l'acte par lequel un peuple
se soumet à des chefs, n'est point un contrat, ont grande raison.
Ce n'est absolument qu'une commission, un emploi, dans lequel,
simples officiers du souverain, ils exercent en son nom le pouvoir
dont il les a fait dépositaires et qu'il peut limiter, modifier et reprendre quand il lui plaît."[3]

Wenn wir uns die bisherige Polemik des Rousseau gegen die
Theorie eines Unterwerfungsvertrags vergegenwärtigen, so zeigt sich
leicht, daß dieselben Argumente auch die Lehre von einer einseitigen
Anstellung der Inhaber der Regierung durch die souveräne Gesamtheit zu nichten machen, und daß daher die obigen Worte unmöglich ohne Vermeidung von Widersprüchen wörtlich gemeint sein
konnten. Denn der Rousseausche Souverän kann niemals über
einen acte particulier bestimmen, und die Anstellung einzelner als
Glieder des gouvernement würde einen solchen bedeuten.

---

[1] C. s. III, 1.

[2] Vgl. über Althusius die prägnante Darstellung von Gierke a. a. O.
bes. S. 28—31: „Nach der Lehre des Althusius hat die Volksgesamtheit, genau
wie jede universitas des Privatrechts, die Befugnis, die Verwalter ihres Gesamt-
rechts anzustellen und zu bevollmächtigen, ihnen durch die Wähler Bedingungen
zu stellen, sie in Eid und Pflicht zu nehmen." Jene „erscheinen als seine
famuli et ministri, seine Mandatare und Prokuratoren, handhaben fremdes,
nicht eigenes Recht". Das Verhältnis des summus magistratus zum Volk ist
„ein beiderseitig beschworener und bindender Kontrakt zwischen einer con-
sociatio mandans und ihrem mandatarius. Was ihm daher das Volk nicht
aufträgt, behält es zurück; es soll und kann aber nur einen limitierten und im
Falle des Mißbrauchs widerruflichen Auftrag erteilen, so daß es in allen Fällen
der unsterbliche dominus und um vieles „major" bleibt" (Gierke a. a. O.,
Vgl. dazu Althusius: „Politica" insbes. cap. 18—20, besond. lehrreich cap. 19
(p. 224): „In contractu autem hoc reciproco inter magistratum summum manda-
tarium seu promittentem et consociationem universalem mandantem, praecedit
obligatio magistratus qua se corpori universalis consociationis obstringit ad
regni seu Reipublicae administrationem secundum leges a Deo et recta ratione
atque a corpore Reipublicae praescriptas. Sequitur vero obligatio membrorum
regni seu populi secundum naturam mandati, quo se populus summo
magistratui secundum praescriptas leges Rempublicam administranti vicissim
obstringit ad obedientiam et obsequium."

[3] C. s. III, 1.

Wohl aber kann die souveräne Gesamtheit — und damit ist der sichere Weg zu einer widerspruchslosen Lösung des Problems betreten — in einer loi darüber entscheiden, welche Verfassungsform in der rechtlichen Gemeinschaft bestehen solle, ob Monarchie, Aristokratie, Demokratie oder „gouvernement mixte.“[1]

Nehmen wir an, das Gesetz habe die Einführung der Aristokratie bestimmt, so verbleibt noch die weitere Frage, welches nun die mehreren sein sollen, die zu Mitgliedern des gouvernement ausersehen sind, kurz die Einsetzung einer Regierung erfordert schließlich noch die Ausführung dieses Verfassungsgesetzes.[2]

Es ist klar, daß die souveräne Gesamtheit die einzelnen nicht bestimmen kann; denn das wäre wiederum ein „acte particulier“, dessen Festsetzung das Machtbereich des Souveräns überschreitet. Kurzum, die Ernennung der Mitglieder des gouvernement bedeutet selbst schon einen Regierungsakt, und darin erkannte der logische Scharfblick Rousseaus mit Grund eine Gefahr für die einheitliche Konsequenz seines Systems.

„La difficulté est d'entendre comment ou peut avoir un acte de gouvernement avant que le gouvernement existe.“[3]

Sollte diese Schwierigkeit gehoben werden, und die Ausführung des obigen Verfassungsgesetzes auf rechtliche Weise zustandekommen, so müßte auf irgendwelche Art die gültige Innehabung der Regierungsgewalt unmittelbar auf den Willen des Souveräns, d. h. auf ein Gesetz, zurückgeführt werden können. Es mußte eine Regierungsform möglich sein, deren konkrete Besetzung nicht wiederum schon das Bestehen eines Gouvernement voraussetzte, weil dieses einen regressus in infinitum oder genauer einen circulus vitiosus ergeben würde.

Als eine solche Regierungsform erkannte Rousseau mit feinem Blick die unbeschränkte Demokratie, in welcher alle Glieder des Staats zugleich Glieder des „gouvernement“ sind. Hier bedurfte es wirklich nur der abstrakten Gesetzesformel, welche das Bestehen einer solchen Regierungsform anbefahl, um jeden Zweifel über die Person der Regierenden auszuschließen, weil eben alle Glieder des Staats ohne Unterschied durch das Gesetz selbst zu Mitgliedern

---

[1] Le souverain statue qu'il y aura un corps de gouvernement établi sous telle ou telle forme, et il est clair que cet acte est une loi.“ C. s. III, 17.

[2] Sous quelle idée faut-il donc concevoir l'acte par lequel le gouvernement est institué? Je remarquerai d'abord que cet acte est complexe ou composé de deux autres; savoir l'établissement de la loi et l'éxécution de la loi.“ C. s. III, 17.

[3] C. s. III, 17.

des gouvernement[1] berufen werden. So vollzieht sich die Einsetzung
bestimmter einzelner als Inhaber der Regierung immer vermittelst
der unmittelbar durch das Gesetz konstituierten allgemeinen Demokratie als des notwendigen Durchgangspunkts, der von dem Erlaß
eines jeden Verfassungsgesetzes, das nicht selbst schon die Herrschaft einer unbedingten Demokratie zum Endziel hat, zur Ernennung der konkreten Mitglieder des „gouvernement" führt:

„Après quoi ce gouvernement provisionnel reste en possession, si telle est la forme adoptée, ou établit au nom du souverain le gouvernement prescrit par la loi; et tout se trouve ainsi
dans la règle. Il n'est pas possible d'instituer le gouvernement
d'aucune autre manière légitime et sans renoncer aux principes ci-
devant établis."[2]

So besteht das Amt eines jeden Mitgliedes eines nicht unbedingt
demokratisch verwalteten „gouvernement" selbst auf einem Regierungsakt, der als Ausführung des Verfassungsgesetzes letztlich auf dem
souveränen Willen des gesetzgebenden Volks beruht. In diesem
Sinne konnte denn in der That Rousseau ohne Widerspruch die
Stellung der Inhaber der Regierung auf eine „commission" der
souveränen Gesamtheit zurückführen; nur sehen wir, daß diese
„commission", welche in dem Inhalt des Verfassungsgesetzes gelegen
ist, sich unmittelbar an das ganze Volk als gouvernement démocratique provisionnel wendet, damit dieses die konkreten Mitglieder
der im Gesetz bezeichneten Regierungsform ernenne.[3]　Da aber
die provisorische demokratische Regierung die definitiven Inhaber

---

[1] „C'est encore ici que se découvre une de ces étonnantes propriétés du
corps politique par lesquelles il concilie des opérations contradictoires en
apparence: car celle-ci se fait par une conversion subite de la souveraineté en
démocratie, en sorte que sans aucun changement sensible, et seulement par
une nouvelle relation de tous à tous, les citoyens, devenus magistrats, passent
des actes généraux aux actes particuliers, et de la loi à l'exécution. ... Tel
est l'avantage propre au gouvernement démocratique de pouvoir être établi
dans le fait par un simple acte de la volonté générale." C. s. III, 17.

[2] C. s. III, 17.

[3] Man könnte geneigt sein, zu meinen, daß auf Grundlage des Rousseauschen Systems vielleicht auch die Inhaber einer anderen Regierungsform, als der
allgemeinen Demokratie unmittelbar durch eine loi bezeichnet werden könnten,
denn da, wie wir früher sahen, „la loi peut faire plusieurs classes de citoyens,
assigner même les qualités qui donneront droit à ces classes" (C. s. II, 6), so
könnte vielleicht ein Verfassungsgesetz, das z. B. die Einführung einer Aristokratie anbefiehlt, zugleich nach generellen Merkmalen diejenigen bezeichnen,
welche zur Teilnahme an dieser Regierungsform berufen sein sollen. Aber
hier ist übersehen, daß auch in diesem Fall die unanfechtbare Feststellung
derjenigen, welche die vorgeschriebenen Eigenschaften thatsächlich besitzen,
zumal in streitigen Fällen gleichfalls wiederum einen Regierungsakt erfordert
macht und also das Bestehen eines gouvernement schon voraussetzt.

des gouvernement eben nur auf Grund des Verfassungsgesetzes und
in dessen Ausführung ernennt, so ist damit deutlich, daß nicht nur
die Aufgabe einer jeden Regierung durch den Inhalt der Gesetze
fixiert und bestimmt wird, sondern auch die Berufung der einzelnen
Inhaber der Regierung zu ihrem Amte letztlich auf dem Verfassungsgesetz, also auf dem Willen der souveränen Gesamtheit beruht.
Und dieser Souverän kann von Rechtswegen jederzeit seinen Willen
ändern und ein anderes Verfassungsgesetz erlassen, er kann es,
denn wer sollte dem Gesetzgeber Vorschriften darüber machen,
welche Gesetze er erlassen solle?

Hält man dies fest, so ist damit deutlich, inwiefern Rousseau
ohne logischen Widerspruch als Aufgabe des Souveräns bezeichnet:
die Festsetzung und die Aufrechthaltung der Gesetze.

„Le pouvoir législatif consiste en deux choses inséparables:
faire les lois et les maintenir.“[1]

Denn diese Aufrechthaltung der Gesetze bedeutet hier mit
nichten eine inkonsequente Überweisung von Funktionen des gouvernement an das Machtbereich des Souveräns, dem nimmermehr
die Entscheidung über einen acte particulier zustehen darf. Die
Gesetze aufrecht halten — „c'est-à-dire avoir inspection sur le pouvoir exécutif.“[1] Und diese Gewalt über die Mitglieder der Regierung
muß in der That dem Rousseauschen Souverän eingeräumt werden,
wenn man bedenkt, daß jedes neue Verfassungsgesetz die Macht der
bestehenden Träger der Regierungsgewalt zu nichte machen kann.
So ist es die loi selbst und nicht etwa ein „décret inique“, vermöge
dessen das souveräne Volk über die Aufrechthaltung seiner Gesetze
wacht:

„Il n'y a point d'état au monde où le souverain n'ait cette
circonspection. Sans cela toute liaison, tonte subordination manquant entre ces deux pouvoirs, le dernier ne dépendrait point de
l'autre; l'exécution n'aurait aucun rapport nécessaire aux lois, la loi
ne serait qu'un mot et le mot ne signifierait rien.“[1]

Aber freilich, wann und wie häufig der Souverän diese seine
rechtliche Macht gegenüber dem gouvernement auch gebrauchen
solle, das ist eine Frage der Politik, die, wie Rousseau scharf erkannte, nur nach den konkreten empirischen Umständen beantwortet
und sicher entschieden werden kann.

„Quand donc il arrive que le peuple institue un gouvernement
héréditaire, soit monarchique dans une famille, soit aristocratique
dans un ordre de citoyens, ce n'est point un engagement qu'il prend;

---

[1] „Lettres écrites de la montagne“ l. 7ᵐᵉ p. 145.

c'est une forme provisionnelle qu'il donne à l'administration, jusqu'à
ce qu'il lui plaise d'en ordonner autrement.

Il est vrai que ces changements sont toujours dangereux, et
qu'il ne faut jamais toucher au gouvernement établi que lorsqu'il
devient incompatible avec le bien public: mais cette circonspection
est une maxime de politique, et non pas une règle de droit;
et l'état n'est pas plus tenu de laisser l'autorité civile à ses chefs,
que l'autorité militaire à ses généraux.“ [1]

Wer diese Sätze mit ruhiger Aufmerksamkeit liest, dürfte schließlich den Eindruck gewinnen müssen, daß Rousseau von vornherein
hier gegen die Meinung hat Front machen wollen, als ob seine These
von der Abhängigkeit jeder Verfassungsform von dem Willen der
gesetzgebenden Gesamtheit zugleich die Forderung in sich schließe,
nun auch thatsächlich die bestehende Staatsverfassung ohne zwingenden Grund durch neue Gesetze zu verändern, oder gar völlig durch
eine diametral verschiedene Regierungsform zu ersetzen. Und doch
hat alle jene Vorsicht im Ausdruck nichts dagegen vermocht, daß
von jeher die Beurteiler in diesen Sätzen eine Verherrlichung jedweden Verfassungsbruchs, kurzum der Revolution haben erblicken
wollen. [2]

Gerade an diesem Punkte zeigt sich deutlich, wie leicht gerade
selbst die ernsteren Beurteiler der Rousseauschen Rechtsphilosophie
geneigt waren, sich in ihrer Kritik durch die Kenntnis der historischen Wirkung mitbestimmen zu lassen, welche diese Theorie auf
die welterschütternden Ereignisse der großen französischen Revolution
unzweifelhaft ausgeübt hat. Und doch kann die Thatsache, daß die
Lehren eines rechtsphilosophischen Systems revolutionär gewirkt haben,
dem systematischen Kritiker nimmermehr einen genügenden Beweis
dafür abgeben, daß dieses System selbst den Gedanken der Revolution vertrat. Wir sind dieser Frage schon früher näher getreten.
Hier sei es gestattet, gegenüber einer beliebten Polemik noch auf
einen Punkt besonders hinzuweisen. Wir fragen: Was bedeutet
denn Revolution? Doch wohl den Bruch der rechtmäßig bestehenden Verfassung, das rechtswidrige Niederreißen dessen, was von
Rechtswegen bisher in Kraft gestanden! Nun wohl, wir haben selbst
schon früher zugestanden, daß die systematischen Grundgedanken
der Rousseauschen Philosophie auf die Ereignisse von 1789 mit-
bestimmend eingewirkt, und haben uns bemüht, den revolutionären
Kerngedanken dieses Systems in Deutlichkeit herauszuschälen. Aber

---

[1] C. s. III, 18.
[2] Vgl. z. B. aus neuerer Zeit: Rottenburg: „Begriff des Staats“ S. 198
Note und Gierke: „Althusius“ S. 98 („Programm der permanenten Revolution“).

gerade auf Grund dieses systematischen Eindringens in die Fundamentalgedanken der Rousseauschen Lehre erkannten wir auch, daß es in der That eine petitio principii letztlich bedeutete, Rousseau einen Revolutionär zu nennen; denn vom Standpunkt der Rousseauschen Rechtsphilosophie aus können die Ereignisse von 1789 überhaupt nicht als Revolution angesehen werden. Denn für diesen radikalen Philosophen gab es vor der großen „Revolution" überhaupt kein gültiges positives Recht auf französischem Boden, sondern es herrschte ein willkürliches, auf brutaler Gewalt letztlich beruhendes „Sklavereiverhältnis", das den französischen König als mächtigen Sklavenhalter mit einer Schar vergewaltigter Knechte verband. Aber das „droit du plus fort" ist null und nichtig nach Naturrecht, und es giebt für die Unterdrückten keine Rechtspflicht zu gehorchen, sobald die Übermacht des politischen Machthabers gebrochen ist.

Wir werden also in unserer Kritik der Rousseauschen Lehre uns noch darüber zu rechtfertigen haben, daß die Ereignisse von 1789 und den folgenden Jahren von uns im Gegensatz zu Rousseau schlankweg nach der vulgären Meinung als Revolution im strikten Sinne, d. h. als Rechtsbruch angesehen worden sind; hier aber gilt es für uns, noch einmal mit Nachdruck zu betonen, daß, selbst wenn Rousseau den Hereinbruch dieser Ereignisse angestrebt hätte, es doch nicht angängig ist, denjenigen schlechthin und ohne weiteres einen Revolutionär zu nennen, welcher die Aufhebung von sozialen Zuständen befürwortete, die er von seinem Standpunkt aus als formell zu Recht bestehend überhaupt nicht anerkennt.

Vor allen Dingen aber dürfte es zu einer systematischen Beleuchtung der Grundgedanken dieser Rechtsphilosophie wenig beitragen, wenn man in den letztlich dargestellten Prinzipien des Rousseauschen Verfassungsrechts schlechthin einen Aufruf zur „permanenten Revolution" erblicken will. Denn es ist hierbei übersehen, daß, wenn Rousseau den Bestand der Verfassung in die Hand des souveränen Volks legt, damit nichts anderes gesagt ist, als daß alles positive Recht in einem Staate, also auch die Grundgesetze der Verfassung, von den zur Gesetzgebung berufenen Faktoren in gültiger Weise abgeändert und durch neue Gesetze ersetzt werden können. Man müßte im Grunde selbst ein so orthodoxer Anhänger des Naturrechts sein, um selbst die ewige Gültigkeit und Unaufhebbarkeit einzelner Sätze des positiven Rechts zu behaupten, wenn man diese Lehre des Rousseau als „revolutionär" brandmarken will. Denn wie will man anders die Vertretung eines Rechtsbruchs darin finden, daß Rousseau der gesetzgebenden Gesamtheit die Macht zuspricht, ihre Gesetze wieder aufzuheben?

Man täusche sich doch nicht darüber und verwechsele nicht

die theoretische Behauptung, daß der Gesetzgeber jederzeit alles positive Recht abändern könne, mit dem praktischen Postulat, daß er von seiner formal rechtlichen Befugnis, nun auch ohne zwingenden Grund Gebrauch machen solle! Einmal abgesehen von den revolutionären Wirkungen einer Lehre, die doch mangels einer scharfen Erfassung des Einklangs jener mit den systematischen Grundgedanken der Theorie als historische Zufälligkeiten angesehen werden müßten, darf man in der That denjenigen schlechthin als rechtsbrüchigen Revolutionär verurteilen, der die Heiligkeit der Gesetze mit der unverbrüchlichen Verbindlichkeit der göttlichen Gebote verglich, dem nichts mehr am Herzen lag, als die Festsetzung des positiven Rechts von der menschlichen Leidenschaft unabhängig zu gestalten?

„Lisez-le, monsieur, ce livre si décrié, mais si nécessaire; vous y verrez partout la liberté réclamée, mais toujours sous l'autorité des lois, sans lesquelles la liberté ne peut subsister et sous lesquelles on est toujours libre, de quelque façon qu'on soit gouverné. Ceux qui soumettent les lois aux passions des hommes sont les vrais destructeurs des gouvernements: voilà les gens qu'il faudrait punir. — Ainsi loin de détruire tous les gouvernements, je les ai tous établis."[1]

So verteidigt sich der vielgeschmähte Mann bei seinen Lebzeiten gegen dieselben Anklagen, die bis heute nicht verstummt sind und wohl niemals völlig verstummen werden. Und schon im „Contrat social" hatte Rousseau, wie wir sahen, alles, was auch nur den Anschein des Revolutionären bot, ängstlich zu vermeiden gesucht:

· „Il est vrai que ces changements sont toujours dangereux et qu'il ne faut jamais toucher au gouvernement établi que lorsqu'il devient incompatible avec le bien public."[2]

Und weiterhin:

„Il est vrai encore qu'on ne saurait en pareil cas observer avec trop de soin toutes les formalités requises pour distinguer un acte régulier et légitime d'un tumulte séditieux et la volonté de tout un peuple des clameurs d'une faction."[2]

Es ist in der That eine seltsame Fügung und kann für die Art und Weise der bisherigen Rousseaukritik nicht gerade einnehmen, daß nichts vielleicht dem guten Namen dieses Philosophen mehr Abbruch gethan hat, als die konsequente Durchführung der unzweifelhaft richtigen und nur höchstens vom Standpunkt irgendwelchen absoluten Naturrechts angreifbaren These, daß es keinen

---

[1] 6me lettre de la montagne p. 129.

[2] C. s. III, 18.

unwandelbaren Gesetzesinhalt im Bereich des positiven Rechts geben könne. Denn der Inhalt des contrat social gründet mit nichten seine gültige Kraft auf irgend welche menschliche Satzung, da er die allgemeingültigen Bedingungen enthält, unter denen positives Recht nach Naturrecht überhaupt möglich wird. Wohl aber enthält das Verfassungsrecht nach unserem Philosophen einen Teil des positiven Rechts, und darum ist auch sein Inhalt der Kompetenz des souveränen Gesetzgebers nicht entrückt.

Und damit haben wir den einheitlichen Gegenstand des Rousseauschen „droit politique" (im engeren Sinne) im Zusammenhang mit den systematischen Grundgedanken dieser Philosophie aufgefunden: Es sind die verschiedenen Formen des „gouvernement", deren Erhebung zu gültigen Bestandteilen einer Rechtsordnung in die Kompetenz des gesetzgebenden Volks fällt.

Freilich wäre dieses Prinzip revolutionär zu nennen, so müßte man im Grunde auch die Träger der Souveränität in den deutschen Staaten Revolutionäre nennen, weil sie von ihrer rechtlichen Kompetenz, das bestehende öffentliche Recht zu ändern, Gebrauch machten und sich der Gewalt des norddeutschen Bundes und späterhin des deutschen Reichs unterwarfen.

Mit mehr Grund hätte man vom Standpunkt der Theorie aus es Rousseau vorwerfen können, daß er nicht nur die Beibehaltung der bestehenden Regierungsform, sondern auch der gerade am Steuer befindlichen Mitglieder des „gouvernement" von dem jederzeit wandelbaren Willen des Volks abhängig gemacht hat. In den periodisch zusammentretenden Volksversammlungen, die Rousseau als Gegengewicht gegen Übergriffe der Regierung befürwortet,[1] erkennt unser Philosoph der Gesamtheit das Recht zu, die folgenden beiden Fragen in bindender Art zu entscheiden:

„La première: S'il plaît au souverain de conserver la présente forme de gouvernement. La seconde: S'il plaît au peuple d'en laisser l'administration à ceux qui en sont actuellement chargés."[2]

Die Kompetenz der souveränen Gesamtheit hinsichtlich der Entscheidung der ersten Frage kann nach dem Gesagten von den Rousseauschen Prämissen aus nicht mehr in Zweifel gezogen werden, wohl aber bedarf es der Aufklärung, daß unser Autor in dem „Volke" einen ausdrücklich schon in der Bezeichnung von dem Souverän verschiedenen rechtlichen Machtfaktor einführt, dem die Befugnis zustehen solle, die gegenwärtigen Inhaber der Regierung abzusetzen und andere an ihrer Statt zu ernennen.

[1] Vgl. C. s. III, 13 und III, 18.
[2] C. s. III, 18.

Es ist klar, daß dieser „acte particulier" nicht in das Bereich des Souveräns fallen kann; aber welche Kompetenz hätte das „Volk" gegenüber den Inhabern des gouvernement geltend machen können, es sei denn eben diese Ausübung der Souveränität? Aber freilich wir dürfen nicht vergessen, daß es das Volk zwar nicht als Souverän, wohl aber als Inhaber einer allgemein demokratischen Regierung war, welches die gegenwärtigen Mitglieder des gouvernement auf ihren Posten gerufen hatte, und in diesem Zusammenhang ist es zu erklären, daß Rousseau dem Volke, welchem er oben ein „gouvernement provisionnel" zugeschrieben hatte, einen bleibenden Einfluß auf die Besetzung des gouvernement zuerkennt.

Aber eben dieses läßt sich, wie leicht einzusehen ist, mit den Grundgedanken des Rousseauschen Verfassungsrechts schwerlich in völligen Einklang bringen. Denn es ist schlechterdings nicht einzusehen, mit welchem Fug das Volk als demokratische Regierung, nachdem es einmal seine Aufgabe, um deren willen es zur provisorischen Regierung kam, gelöst und die definitiven Inhaber des gouvernement ernannt hat, nun noch weiterhin in rechtlich bedeutsame Aktion treten kann. Sobald die neuen Regierungsmitglieder ernannt sind, ist die Rolle des regierenden Volks notwendig ausgespielt; denn es können doch nicht zwei Regierungen nebeneinander im Staate bestehen, etwa schrankenlose Demokratie und zugleich Aristokratie im Staate herrschen.

Freilich ist diese kleine Inkonsequenz von geringer praktischer Bedeutung, weil dem Volke ja stets die souveräne Gewalt verbleibt, und es ihm so möglich ist, jederzeit durch ein neues Gesetz eine andere Regierungsform ins Leben zu rufen, wodurch denn freilich auch das Amt der derzeitigen Inhaber der Regierung von Rechtswegen sein Ende erreicht; daß in diesem Fall das Volk auf Grund eines neuen Verfassungsgesetzes andere Glieder des gouvernement ernennen kann, ist zweifellos, aber es ist vom Standpunkt der Rousseauschen Rechtsphilosophie aus nicht einzusehen, daß der Souverän die bestehende Verfassungsform beibehalten und doch das „Volk" das Recht haben könne, die Inhaber der Regierung durch andere zu ersetzen. Eine solche Nebenregierung des Volks, die über die Amtsbelassung der gegenwärtigen Mitglieder des gouvernement zu entscheiden hätte, fügt sich in den geschlossenen Bau des Systems nicht ein. Damit das Volk, wenn auch nur als „gouvernement provisionel" irgendwelchen gültigen Regierungsakt vornehme, muß erst durch den Willen des Souveräns, d. h. durch ein neues Verfassungsgesetz die bestehende Regierungsform durch die allgemein demokratische des ganzen Volks ersetzt werden, sei es nun dauernd, sei es nur provisorisch zum Zwecke der Ernennung anderer Mitglieder desjenigen gouvernement, dessen Form die Herrschaft jener schrankenlosen Demokratie nach dem Willen des Gesetzes abzulösen bestimmt ist.

Kurzum, es kann das Volk als Inhaber der Regierung die zweite der beiden oben zitierten Fragen nicht gültig entscheiden, es sei denn, daß das Volk als Souverän die erste Frage verneint hat, d. h. an die Stelle der gegenwärtigen Regierungsform, wenn auch vielleicht nur provisorisch, durch ein neues Gesetz die demokratische Regierung des ganzen Volkes hat treten lassen.

Es ist recht seltsam, daß gerade diejenigen, welche nicht müde werden konnten, unserem Philosophen logische Widersprüche und Zwiespältigkeiten vorzuwerfen, diese Inkonsequenz, die in der That nicht zu leugnen ist, garnicht bemerkt haben.

Dagegen hat man zu allen Zeiten in der Rousseaukritik viel Aufhebens und Lärm darüber gemacht, daß unser Philosoph die Macht der Regierung suspendiert haben wollte, solange die souveräne Volksversammlung tagt.[1] Schon Voltaire war in seinen „Idées républicaines", die an Mangel an Gedankentiefe und maßloser Oberflächlichkeit der Kritik nicht oft ihres Gleichen gefunden haben, darüber in Harnisch geraten, daß es der Regierung verwehrt sein solle, gegen irgendeine in der Volksversammlung selbst verübte Strafthat auf der Stelle einzuschreiten. Gegenüber dieser politischen Einzelforderung, die übrigens mit den systematischen Grundgedanken der Rousseausche Rechtsphilosophie kaum in irgendwelchem engen Komplex steht, schwingt sich Voltaire zu folgender Kritik auf:

„Cette proposition du Contrat social serait pernicieuse, si elle n'était d'une fausseté et d'une absurdité évidente. Lorsqu'en Angleterre le parlement est assemblé, nulle jurisdiction n'est suspendue, et dans le plus petit état, si pendant l'assemblé il se commet un meurtre, un vol, le criminel est et doit être livré aux officiers de la justice. Autrement une assemblée du peuple serait une invitation solennelle au crime."[2]

Ich gehe nicht ein auf die Methode des Voltaire, die Richtigkeit der politischen Forderung des Rousseau durch den Hinweis widerlegen zu wollen, daß ihr Inhalt in England nicht geltendes Recht sei — übrigens ein Musterbeispiel für jenen Standpunkt einer absoluten und bedingungslosen Anbetung der öffentlichrechtlichen Zustände Englands, den man in mißverständlicher Art gemeinhin

---

[1] „A l'instant que le peuple est légitimement assemblé en corps souverain, toute jurisdiction du gouvernement cesse, la puissance exécutive est suspendue, et la personne du dernier citoyen est aussi sacrée et inviolable que celle du premier magistrat, parce que où se trouve le représenté, il n'y a plus de représentant." C. s. III, 14.

[2] Voltaire: „Idées républicaines par un citoyen de Genéve."

dem Montesquieu zugeschrieben hat —, was aber das andere
Argument dieses rechtsphilosophischen Dilettanten betrifft, so sei
bemerkt, daß Rousseau ja nicht verlangt habe, Diebstahl und
Mord, die während der Tagung der souveränen Volksversammlung
begangen würden, sollten überhaupt straflos ausgehen, sondern nur,
daß die gerichtliche Untersuchung gegen die Mitglieder der Versammlung während deren Dauer aufgehoben werden sollte: Warum
in dieser Gesetzesbestimmung, selbst wenn man sich die Mitglieder
des Volks im Sinne des Voltaire möglichst zu Mord und Diebstahl
neigend vorstellt, eine Aufforderung zur Begehung dieser Verbrechen
liegen sollte, ist in der That nicht recht erfindlich. Der Kenner
unserer modernen parlamentarischen Verfassungen weiß übrigens,
daß ein selbständiges Vorgehen der Gerichts- und Exekutivgewalt
gegen die Mitglieder der gesetzgebenden Körperschaften, während
deren Tagung nach modernem öffentlichen Recht nur in sehr be-
schränkten Fällen gestattet ist;[1] nur ist freilich zu bedenken, daß der
Rousseausche gesetzgebende Körper nicht aus Vertretern des Volks,
sondern aus allen Bürgern des Staats gebildet wird, so daß jene
Suspension der Zwangsgewalt des gouvernement hier allen (jedenfalls allen erwachsenen männlichen) Mitgliedern des Staats zu gute
kommt.

Aber man hätte überhaupt diese These des Rousseau, die
sich übrigens anders, als die modernen Bestimmungen über die
Immunität der Volksvertreter, nur auf die kurze Zeit der Beratung
der Volksversammlung bezog, nicht allzu wörtlich interpretieren
sollen. Auch Rousseau hat nicht daran gedacht, daß, während
die Volksversammlung tagt, die Verbrecher aus den Gefängnissen
sollten entlassen werden, um ihr Stimmrecht als „citoyens“ auszuüben.

Und eben so wenig begründet ist es, zu meinen,[2] daß nach
Rousseau nun die Volksversammlung selbst die Aufgaben des
gouvernement während ihres Zusammentritts zu übernehmen habe,
wegen welcher Auffassung ich vorzüglich diese These, welche an
sich in Hinblick auf die rechtsphilosophischen Grundgedanken
Rousseaus von untergeordneter Bedeutung ist, einer klärenden

---

[1] Vgl. Reichsverfassung, Art. 31: „Ohne Genehmigung des Reichstags
kann kein Mitglied desselben während der Sitzungsperiode wegen einer
mit Strafe bedrohten Handlung zur Untersuchung gezogen oder verhaftet
werden, außer wenn er bei Ausübung der That oder im Laufe des nachfolgenden
Tages ergriffen wird. . . . Auf Verlangen des Reichstags wird jedes Straf-
verfahren gegen ein Mitglied desselben und jede Untersuchungshaft oder Civil-
haft für die Dauer der Sitzungsperiode aufgehoben.“ Ähnlich preußische Verfassung. Art. 84.

[2] So Landmann a. a. O. S. 130, der Janet (a. a. O. II, p. 447) für seine
Polemik citiert.

Erörterung für wert gehalten habe. Rousseau hat zu oft und zu energisch betont, daß ein acte particulier niemals in das Macht- bereich des Souveräns fallen kann, als daß man ein solches in- konsequentes Abweichen von seinen Grundgedanken, zu dessen An- nahme doch jene Stelle gar keine zwingende Handhabe bietet, an- nehmen dürfte. Aber freilich scheint in der einschlägigen These abgesehen von der Immunität der „citoyens" noch ein anderer Ge- danke zum Ausdruck zu kommen, nämlich der, daß die Regierung ihre Aufgabe, die Gesetze auszuführen, so lange, so weit über- haupt angängig, unterbrechen solle, als das Zusammentreten des souveränen Volks das Bestehenbleiben eben dieser Gesetze in Frage stellt, d. h. wenigstens die Möglichkeit der Aufhebung eines Satzes des positiven Rechts an die Hand giebt und es so fraglich macht, ob die Regierenden in der That noch im Namen eines bestehenden Gesetzes ihre Gewalt ausüben:

„Parce que où se trouvé le représenté, il n'y a plus de représentant."

Innerhalb welcher durch den Fortbestand der öffentlichen Ordnung bedingten Schranken diese Forderung überhaupt realisiert werden kann, und nach der Ansicht eines in Dingen der Politik so einsichtigen Mannes wie Rousseau wahrscheinlich auch nur be- werkstelligt werden sollte, dieser Gegenstand fällt gänzlich außerhalb des Bereichs der uns hier gestellten Aufgabe, die jedes vorüber- gehende Eingehen auf politische Einzelerörterungen Rousseaus doch nur zum Zwecke einer weiteren Klärung der grundlegenden Prinzipien seiner Rechtsphilosophie hier unternehmen und innerhalb dieser methodischen Schranken systematisch rechtfertigen kann.

Es sind dieselben methodischen Erwägungen, aus denen heraus wir es uns hier versagen müssen, auf die eingehenden verfassungs- politischen Ausführungen Rousseaus im einzelnen einzugehen. Doch seien die Grundgedanken, die mit den später zu besprechenden fundamentalen Prinzipien seiner Politik sehr lose nur zusammen- hängen, wenigstens an dieser Stelle kurz hervorgehoben.

Zunächst: Was bedeutet Verfassungspolitik vom Standpunkt des Rousseauschen Systems? Natürlich nicht eine Erwägung, die darauf ausginge, zu bestimmen, wem in einem Staate die gesetz- gebende Gewalt zukommen solle; denn hinsichtlich dieses Punktes hat das Machtwort des contrat social jedwede Wahl von vornherein unmöglich gemacht, indem es die Souveränität des Volks zur Be- dingung rechtlicher Gemeinschaft überhaupt erhob. Dagegen ent- scheidet der contrat social nichts bezüglich der weiteren Frage, wem in einem Staate die Regierungsgewalt zukommen solle, weil dieser Gegenstand durch die „lois politiques", d. h. durch Einzel-

sätze des positiven Rechts geregelt wird. So betrifft die Verfassungspolitik des Rousseau die Frage, in welcher Weise das gesetzgebende Volk den Inhalt der politischen Gesetze bestimmen solle.
„Tout gouvernement légitime est républicain",[1] d. h. in jedem Staate
kommt die souveräne Gewalt dem Volk und nur die Anwendung
und Ausführung der Gesetze den Regierenden zu. Ob aber diese
letztere Aufgabe von einem monarchischen, aristokratischen oder
demokratischen „gouvernement" ausgeführt werden soll, das ist das
Problem der Rousseauschen Verfassungspolitik.

Es giebt für diese Frage nach Rousseau keine Antwort,
deren Inhalt einheitlich für alle empirisch möglichen Staaten
Geltung hätte. Die Frage nach der besten Regierung kann nicht
allgemeingültig gelöst, sondern nur unter genauester Erwägung
aller besonderen sozialen Zustände von Fall zu Fall erledigt
werden:

„Quand donc on demande absolument, quel est le meilleur
gouvernement, on fait une question insoluble comme indéterminée;
ou, si l'on veut, elle a autant de bonnes solutions qu'il y a de
combinaisons possibles dans les positions absolues et relatives des
peuples."[2]

Wenn demgemäß nach Rousseau bezüglich des einen Staats
die Monarchie, bezüglich des anderen die Aristokratie u. s. f. als
die beste Regierungsform anzusehen ist, unser Autor daher auch
eine gleichmäßige Beantwortung der Frage nach der besten Regierung für unmöglich hält, so sollte doch damit von ihm mit
nichten geleugnet werden, daß es einen einheitlichen Maßstab giebt,
welcher den im Inhalt mannigfach verschiedenen Antworten auf
solche Fragen letzlich zu Grunde liegt. Setzt ja schon eine Erwägung, ob es für die Frage nach der besten Regierung eine
einheitliche und unbedingt geltende Lösung giebt, wenigstens den
Gedanken einer formal einheitlichen Problemstellung notwendig schon
voraus. Denn man kann nicht fragen, ob diejenige Regierungsform,
welche für den Staat A die „beste" ist, auch den Staat B und C
die „beste" sein müsse, ohne hier schon allemal bei der Berücksichtigung eines jeden einzelnen Staates den einheitlichen Begriff
einer guten Regierung überhaupt in Gedanken zu haben.

Welches ist nun aber nach dem Rousseauschen Gedankengang

---

[1] Es sei bemerkt, daß Rousseau den terminus „république" nicht stets
in dem prägnanten Sinne, den sein System zunächst ihm beilegte, angewandt,
sondern später, zumal in den politischen Ausführungen, dem herrschenden
Sprachgebrauch nachgebend, nicht mehr identisch mit Staat schlechthin, sondern
mit demokratisch regiertem Staate gebraucht. (So bes. in C. s. III, 6).

[2] C. s. III, 9.

dieser einheitliche Maßstab, der, auf die besonderen empirischen Verhältnisse der einzelnen Staaten angewandt, zu jeweilig verschiedenen Resultaten führen kann? Unser Autor hatte nicht nötig dieses einheitliche Kriterium in einer besonderen Erörterung auszuzeichnen, weil es notwendig zusammenfallen muß mit der einheitlichen Aufgabe, mit dem formal einheitlichen Zweck, den jedes „gouvernement", seine Form sei, welche ihm wolle, seinem Begriffe nach verfolgen muß. Die Frage nach der besten Regierungsform ist von dem Grundgedanken des Rousseauschen Verfassungsrechts aus identisch mit der Frage nach den gesetzlichen Mitteln, welche in jedem besonderen Fall zum Zweck einer richtigen Anwendung und Durchführung der Gesetze die geeignetsten sein mögen. Denn die Regierung ist nach Rousseau nur ein Diener des Souveräns, der nichts als den Willen dieses obersten Herrn zur Ausführung zu bringen hat, und so ist ein gouvernement „gut", wenn es diesem seinem Dienste getreulich nachkommt.

Und dieser Diener darf nicht fragen, ob das Gebot des Souveräns auch zweckmäßig und der Wohlfahrt des Landes förderlich sei; das wäre eine schlechte und ungetreue Regierung, ein pflichtwidriger Richter, ein gewissenloser Verwaltungsbeamter, der nicht alle Gesetze des souveränen Volks, seien sie dem Wohl des Landes nützlich oder schädlich, ohne Unterschied zur Anerkennung und Durchführung bringen wollte.

„Le cas de la dissolution de l'état peut arriver, premièrement quand le prince n'administre plus l'état selon les lois et qu'il usurpe le pouvoir souverain."[1]

Stellt man sich diese unbedingte Abhängigkeit der Regierung von den Inhalt der Gesetze klar vor Augen, so erscheint es von den Rousseauschen Prinzipien aus kaum gerechtfertigt, in dem Aufblühen und Gedeihen eines Staates ein untrügliches Kennzeichen sehen zu wollen, ob irgend eine Regierung ihre Aufgabe gut löse oder nicht. Und doch ist dieses die Rousseausche Meinung.

„Mais si l'on demandait à quel signe on peut connaître qu'un peuple donné est bien ou mal gouverné, ce serait autre chose et la question du fait pourrait se résoudre."[2]

Und welches ist dieses thatsächliche Kennzeichen, das die Güte irgendwelcher Regierungsform, wie auch die Tauglichkeit der Inhaber des gouvernement beweisend darthun soll?

„Pour moi, je m'étonne toujours qu'on méconnaisse un signe aussi simple ou qu'on ait la mauvaise foi de n'en pas convenir."[2]

---

[1] C. s. III, 10.
[2] C. s. III, 9.

Dieses Kennzeichen ist nach Rousseau das Wachstum der Bevölkerung eines Staates,[1] weil eben dieser Umstand sein Aufblühen und Gedeihen bekunde.

„Toute chose d'ailleurs égale, le gouvernement sous lequel, sans moyens étrangers, sans naturalisations, sans colonies, les citoyens peuplent et multiplient davantage, est infailliblement le meilleur."[2]

Rousseau begründet diesen Satz mit dem Hinweis auf das Ziel aller staatlichen Gemeinschaft, das Wohlergehen aller ihrer Glieder. Da nun der Bevölkungszuwachs in einem Lande den Wohlstand der Bürger beweise, so bekunde er eben damit auch, daß die Regierung ihre Aufgabe wohl erfülle, während die Abnahme der Bevölkerung die Schlechtigkeit der Regierung sicher darthue.[3]

Der Fehler dieser Argumentation liegt in der unbedingten Gleichsetzung der Aufgabe des Gesetzgebers mit der Aufgabe des Inhabers der Regierung, die von den Grundgedanken der Rousseauschen Rechtsphilosophie aus schwerlich zu rechtfertigen ist. Das Ziel des souveränen Gesetzgebers ist das bien public, aber wir erkannten auch, daß ein Gebot der Gesamtheit nicht darum aufhört ein bindendes Gesetz zu sein, weil es etwa als ein untaugliches Mittel zur Annäherung an dieses Ziel sich erweist:

„D'ailleurs en tout état de cause, un peuple est toujours le maître de changer ses lois, même les meilleures; car s'il lui plaît de se faire mal à lui-même, qui est-ce qui a le droit de l'en empêcher?"[4]

Da es nun aber die Pflicht des gouvernement ist, alle Gesetze zur Ausführung zu bringen, die schlechten wie die guten, so kann die Abnahme der Bevölkerung, wie überhaupt das Sinken des Wohlstands der Bürger an sich keinen zwingenden Beweis dafür erbringen, daß es seine beschränkte Aufgabe nicht getreulich erfüllt habe. Nur insofern die Gesetze selbst, (wie dies zumal innerhalb der Verwaltung möglich ist), dem Ermessen der Regierung größere Freiheit gewähren und dieser nur die Beobachtung der Maxime der volonté générale bei der Ausübung ihrer Gewalt zur Pflicht machen, kann in der That der Wohlstand eines Landes vom

---

[1] Der Gedanke findet sich übrigens schon bei Bossuet: „Politique tirée des propres paroles de l'écriture sainte" livre 10, art. 1er, prop. 12.

[2] C. s. III, 9.

[3] „Quelle est la fin de l'association politique? C'est la conservation et la prospérité de ses membres. Et quel est le signe le plus sûr qu'ils se conservent et prospèrent? C'est leur nombre et leur population. N'allez donc pas chercher ailleurs ce signe si disputé. . . . Celui sous lequel un peuple diminue et dépérit, est le pire." C. s. III, 9.

[4] C. s. II, 12.

Rousseauschen Standpunkt aus einen Beweis für die Tüchtigkeit einer Regierung erbringen. Hiervon abgesehen kann zwar die Wohlfahrt der Bürger eines Staats wie auf die Intelligenz des gesetzgebenden Volks, so auch auf die Tüchtigkeit der Glieder des gouvernement schließen lassen, nicht aber gewährt umgekehrt der wirtschaftliche Niedergang eines Staates, den vielleicht die mangelnde Urteilsfähigkeit des Gesetzgebers verschuldete, einen sicheren Beweis für die Schlechtigkeit der Regierung.

Kurzum, wenn auch in der formal einheitlichen Aufgabe des Gouvernement ein einheitlicher Maßstab der Wertung jeder einzelnen Regierungsform wie auch der Tüchtigkeit der Inhaber einer jeden Regierung verborgen liegt, so darf doch nicht übersehen werden, daß diese einheitliche Aufgabe des Gouvernement inhaltlich ebensoweit in den einzelnen Staaten auseinandergehen muß, wie der Inhalt der Gesetze in diesen letzteren. So ist zwar die Methode der Auffindung des Wertmessers einer guten Regierung schlechthin dieselbe, aber der Inhalt des Kriteriums selbst kann doch nur insoweit für alle Staaten einheitlich Anwendung finden, als hinsichtlich der Frage nach der Anwendung und Durchführung von Gesetzen überhaupt einheitliche Gesichtspunkte aufgestellt werden können. Von diesen Grundzügen der Rousseauschen Verfassungspolitik seien hier einige bedeutsame Momente noch kurz hervorgehoben, die mit den allgemeinen Grundgesetzen der Rousseauschen Politik, die wir demnächst zu behandeln haben werden, in keinem engen Zusammenhang stehen. Da diese Ausführungen zu einer mißverständlichen Auffassung kaum Gelegenheit bieten und denn auch in der Litteratur über ihren Sinn und Gedankeninhalt kaum irgendwelcher Zwiespalt sich finden dürfte, so dürfte ganz abgesehen von den systematischen Gründen eine Hervorhebung des Grundgedankens genügen.

Rousseau geht davon aus, daß, je größer ein Staat ist, desto geringer der Einfluß der einzelnen Bürger auf das Zustandekommen der Gesetze wird, und daß damit auch die Gefahr einer Verletzung der Gesetze durch den einzelnen um so mehr wächst, weil hier die Zahl einer möglichen überstimmten Minorität, die immer am leichtesten zum Widerstand gegen die unter ihrem Widerspruch zustandegekommenen Gesetze geneigt sein wird, in dem gleichen Maße zunimmt.[1] Darum muss die Stärke und die Energie der Regierung in dem gleichen Verhältnis zunehmen, wie die Zahl der Mitglieder des Staats.[2] Da nun aber nichts die Schnelligkeit der

---

[1] Vgl. das Nähere in C. s. III, 1.

[2] „Or moins les volontés particulières se rapportent a la volonté générale, c'est à dire les moeurs aux lois, plus la force réprimante doit augmenter.

Bewegung und die resolute Sicherheit des Vorgehens mehr fördert, als die Zusammenfassung der Regierungsgewalt in den Händen von wenigen, so stellt Rousseau als allgemeine Regel der Verfassungspolitik den Grundsatz auf, daß, je größer ein Staat sei, desto geringer die Zahl der Inhaber der Regierung sein müsse.[1] Darum empfiehlt Rousseau, daß im allgemeinen die großen Staaten monarchisch, die mittleren aristokratisch und die kleinen demokratisch regiert werden.[2] Und damit ist die Bestätigung dafür gewonnen, daß nicht eine Regierungsform für alle Staaten paßt.

„On a de tout temps beaucoup disputé sur la meilleure forme de gouvernement, sans considérer que chacune d'elles est la meilleure en certains cas et la pire en d'autres.“[3]

Aber die allgemeine Regel selbst bietet nach Rousseau nur einen Fingerzeig, und die besonderen empirischen Verhältnisse können in tausend Fällen es nahelegen, bezüglich der Einrichtung der Verfassung abweichend zu verfahren.

„Cette règle se tire immédiatement du principe mais comment compter la multitude des circonstances qui peuvent fournir des exceptions?“[3]

Als eine solche besondere Rücksicht, die leicht ein Abweichen von der oben genannten „Regel“ ratsam erscheinen lassen dürfte, hebt Rousseau besonders die Gefahr hervor, daß, je stärker die Regierung wird, desto leichter auch sie das souveräne Volk vergewaltigen und die gesetzgebende Macht an sich reißen könne.

„Les difficultés sont dans la manière d'ordonner, dans le tout, ce tout subalterne, de sorte qu'il n'altère point la constitution générale en affermissant la sienne; qu'il distingue toujours sa force particulière destinée à sa propre conservation, de la force publique destinée à la conservation de l'état; et qu'en un mot il soit toujours prêt à sacrifier le gouvernement au peuple, et non le peuple au gouvernement.“[4]

Donc le gouvernement pour être bon, doit être relativement plus fort à mesure que le peuple est plus nombreux.“ C. s. III, 1.

[1] Vgl. die nähere Ausführung in C. s. III, 2. „Plus l'état s'agrandit, plus le gouvernement doit se resserrer; tellement que le nombre des chefs diminue en raison de l'augmentation du peuple“, ibidem.

[2] „Si dans les différents états le nombre des magistrats suprêmes doit être inverse de celui des citoyens, il s'ensuit qu'en général le gouvernement démocratique convient aux petits états, l'aristocratique aux médiocres et le monarchique aux grands.“ C. s. III, 3.

[3] C. s. III, 3.

[4] C. s. III, 1. Über das Nähere vgl. auch C. s. III, 2 und dazu unsere Ausführungen oben S. 77 ff. über die Relativität des Begriffs der volonté générale.

Diese Rücksichten und viele andere, die alle unter genauester Würdigung der thatsächlichen sozialen Verhältnisse, insbesondere auch der wirtschaftlichen Lage der Staaten[1] erledigt sein wollen, muß der Politiker im Auge haben, wenn er es unternimmt, seinem Lande eine zweckmäßige Verfassung zu sichern. Der Einfluß des Montesquieu zeigt sich besonders deutlich in der Darstellung, welche Rousseau von den Eigentümlichkeiten der monarchisch, sowie der aristokratisch und demokratisch regierten Staaten giebt. Aber ein näheres Eingehen auf diese politischen Einzelerwägungen, die sich vielfach auf das Einzelmaterial sozialer Geschichte stützen, würde uns von dem eigentlichen Gegenstand unserer Untersuchung gänzlich abführen, und nur im Zusammenhang mit unserer Aufgabe, die auf eine Klärung der rechtsphilosophischen Grundgedanken Rousseaus letztlich ausgeht, werden wir späterhin auf diese verfassungspolitischen Erörterungen noch einmal kurz zurückzukommen haben.

§ 9.

Die Grundzüge der Rousseauschen Politik.

Im Verfolg der letzten Betrachtungen hat unsere systematische Darstellung den ersten grundlegenden Teil der Rechtsphilosophie Rousseaus zum Abschluss gebracht, die fundamentale Aufgabe, welche dieses System sich stellte, hat ihre umfassende Bearbeitung in dieser Philosophie gefunden: Das Gebiet des positiven Rechts ist in streng methodischer Grenzziehung vor unseren Augen aufgerichtet, und in grundlegender Systematik ist die Schar seiner Provinzen von jenem wirren Bereich sozialer Normierung gesondert, in dem rohe Willkür und brutale Gewalt jedweder gesetzlichen Einheit spotten.

Man könnte auf den Gedanken kommen, ob nicht dieses System eben damit eine erschöpfende Antwort auf alle diejenigen Fragen gegeben habe, welche man berechtigterweise an eine Philosophie des Rechts überhaupt zu stellen vermag. Wollte man etwa mit Friedrich Julius Stahl unter „Rechtsphilosophie" die Wissenschaft vom Gerechten verstehen, so könnte sich in der That fragen, ob nicht unser Autor der also bestimmten Problemstellung mit dem, was wir bisher als seine Lehre darstellten, eine Genüge gethan habe.

---

[1] Vgl. hierüber insbes. C. s. III, 8: „La monarchie ne convient qu'aux nations opulentes, l'aristocratie aux états médiocres en richesse ainsi qu'en grandeur; la démocratie aux états petits et pauvres."

Denn wir sahen, daß sein Begriff der „loi" zugleich auch die Verwirklichung des Gerechten in gewisser Art ermöglichen und gewährleisten soll.

„La loi ne peut être injuste"[1] — „le souverain par cela seul
qu'il est, est toujours tout ce qu'il doit être."[2]
Wer diese Sätze des Rousseau liest, ohne zuvor tiefer in die
Grundgedanken seines Systems eingedrungen zu sein, könnte leicht
auf den Gedanken verfallen, daß in dieser Philosophie Hegelsche
Gedankengänge in gewisser Art antizipiert, das geltende Recht mit
dem vernünftigen, das Seiende mit dem Seinsollenden unbefangen
identifiziert worden wäre. Vergegenwärtigen wir uns aber die
Methode, in welcher Rousseau den Begriff des positiven Rechts
feststellte, so verliert vom Standpunkt seines Systems jene Lehre,
die aus der nackten Existenz des Rechts seine Gerechtigkeit ableiten will, ihren sonst unvermeidlichen Widersinn. Denn es hatte
ja unser Autor die Gerechtigkeit auch andererseits zur Richterin
über die Existenz des positiven Rechts erhoben. Wer überhaupt
niemanden als positiven Gesetzgeber anerkennt, der sich nicht als
getreuer Träger des Prinzips der volonté générale erweisen kann,
wer also den Begriff des Gerechten in den Begriff des positiven
Rechts aufnimmt, der kann dann freilich in umgekehrter Betrachtung
auch aus der Existenz rechtlicher Normen überhaupt in gewisser
Art deren Gerechtigkeit ableiten.

So erscheint denn in der That die Frage von vornherein nicht
unbegründet, ob die Rechtsphilosophie Rousseaus überhaupt noch
eine weitere Aufgabe sich habe stellen können, insbesondere ob ihr
irgendwelche methodische Befugnis eingeräumt werden dürfe, in unabhängiger Bearbeitung nach einem Maßstab zu forschen, der innerhalb des Bereiches des positiven Rechts eine einheitliche Scheidung
eines guten von einem schlechten Gesetzesinhalt ermöglicht.

Die deutliche und scharfe Deduktion der allgemeingiltigen
Prinzipien, nach denen wir in streng einheitlicher Art über die
Existenz des positiven Rechts, sowie über seine Gerechtigkeit urteilen, das sind die grundlegenden Aufgaben jedweder Rechtsphilosophie als Wissenschaft.

Es ist eine charakteristische Eigenart der Rousseauschen
Philosophie, daß sie jener ersten fundamentalen Fragestellung
eine so eingehende Behandlung hat angedeihen lassen und im
Verfolg dieser Untersuchung das Bereich des positiven Rechts
in derartig enge Schranken eingeschlossen hat, daß man auf
den ersten Blick hin vermeinen könnte, einer weiteren Frage nach

---

[1] Dreyfuss a. a. O. p. 289.
[2] C. s. 1, 7.

der Möglichkeit einer Scheidung der einzelnen Rechtsinhalte nach
dem Gesichtspunkt ihrer Gerechtigkeit und Güte sei schier jeder
Boden entzogen.

In der Rousseauschen Philosophie wird die Verwirklichung
des Grundsatzes des volonté générale zum begrifflichen Merkmal
jedweder Rechtsnorm erhoben. Jedwede loi ist déclaration de
la volonté générale, d. h. sie muß als unter einheitlicher Berücksichtigung des Grundsatzes des bien public zustandegekommen
wenigstens vorgestellt und erwogen werden können.

Aber damit freilich sollte mit nichten ausgedrückt sein, daß
jede Bestimmung des positiven Rechts auch in der That als ein
taugliches Mittel zur Beförderung des Wohls aller sich erwiese.

„De lui-même, le peuple veut toujours le bien, mais de lui-
même il ne le voit pas toujours. La volonté générale est toujours
droite, mais le jugement qui la guide n'est pas toujours éclairé.“[1]

Die Möglichkeit, jedweden Beschluß des Volkes also anzusehen,
als ob er unter Berücksichtigung des Wohls aller zustandegekommen
sei, das ist nach Rousseau die condicio sine qua non für die Ausübung der Souveränität, d. h. für die Schöpfung der Gesetze. Aber
ob das Gesetz zur Förderung des Wohles aller auch in der That
beiträgt, darüber ist in dem formalen Begriff der Rousseauschen
„loi“ schlechterdings noch garnichts enthalten, wie denn überhaupt
dieser Begriff von dem thatsächlich eintretenden Erfolg, von der
sozialen Wirkung der menschlichen Satzung schlechterdings noch
völlig abstrahiert. Und damit haben wir die methodische Richtung
gewonnen, in deren Verfolg wir den Sinn und die Bedeutung der
Rousseauschen Politik im Ganzen seiner sozialen Theorie deutlich
erkennen werden. Auch Rousseau spricht selbst dort, wo er den
Terminus „loi“ nicht in Anlehnung an den gemeinen Sprachgebrauch,
sondern in dem von ihm selbst ihm beigelegten neuen Sinn
gebraucht, von guten und von schlechten Gesetzen,[2] und so kommt
zunächst alles darauf an, zu erkennen, daß der Begriff der Rousseauschen loi eine solche Wertung ihres mannigfaltigen empirisch
möglichen Inhalts, wie auch immer der Maßstab jener beschaffen
sein möge, an sich keineswegs ausschließt.

Zu diesem Zweck sei nochmals daran erinnert, daß in dem
Formalbegriff der loi ein solches Werturteil mit nichten enthalten
ist; denn dieser Begriff setzet zwar voraus, daß der Beschlußfassung
der Gesamtheit ein Gegenstand von gemeinsamem Interesse unterliegt, aber über das Resultat der Abstimmung bestimmt er garnichts.

---

[1] C. s. II, 6.
[2] Vgl. die Belegstellen oben S. 130, Note 2 u. S. 226, Note 2.

Der Wille der volonté générale erhält nach Rousseau bindende
Gesetzeskraft, einerlei ob sich die Ansicht der Majorität zum Guten
oder zum Schlechten wendet, und gerade der Umstand, daß in dem
Begriff der Rousseauschen loi der eintretende Erfolg, die soziale
Wirkung der menschlichen Satzung unberücksichtigt bleibt, ermöglicht es, nach diesem Gesichtspunkt hin eine einheitliche Wertung
aller möglichen Gesetzesinhalte herbeizuführen.

Mit der sicheren und deutlichen Aufweisung der grundlegenden
Prinzipien der Beurteilung des positiven Rechtsinhalts hat die
Rechtsphilosophie Rousseaus ihre Aufgabe beschlossen.

Wir halten also daran fest, daß im Rousseauschen Sinne ein
Werturteil über die Güte oder Schlechtigkeit irgendwelchen positiven Rechts sich letztlich auf die Angemessenheit oder Unan-
gemessenheit seiner thatsächlichen Wirkung beziehen muß, daß also
der Wert einer loi in ihrer Tauglichkeit besteht, zur Herbeiführung
eines bestimmten Erfolges beizutragen.

Welches sind nun diese letzten Zielpunkte, die Rousseau als
einheitliche Richtschnur für jeden Gesetzgeber aufstellt?

„Si l'on recherche en quoi consiste précisément le plus
grand bien de tous, qui doit être la fin de tout système de
législation, on trouvera qu'il se réduit à ces deux objets principaux, la liberté et l'égalité.“[1]

Freiheit und Gleichheit sollen nach unserem Autor das
Ziel aller Gesetzgebung sein. Nicht als ob keinem dieser beiden
Rousseau vor dem anderen irgendwelchen Vorrang einräumte:
Freiheit und Gleichheit stehen nicht koordiniert nebeneinander,
stetig bereit, in Kollisionsfällen den Schöpfer des Rechts in ein un-
entrinnbares Dilemma zu verwickeln, sondern die Rousseausche
Gleichheit ist hier wie stets nur ein Mittel zur Herbeiführung der
Freiheit.[2]

Doch wie? Die Freiheit stellt Rousseau als letztes Ziel des
Gesetzgebers auf, und sahen wir nicht vordem, daß es nach unserem
Autor überhaupt kein positives Recht geben könne, es sei denn,
dieses stehe mit der Freiheit der Unterworfenen im Einklang?
Wenn die Freiheit die Existenzbedingung rechtlicher Herrschaft
überhaupt bedeutet, wie kann sie dann noch als Ziel jener aufgestellt und gelehrt werden?

Um diesen scheinbaren Widerspruch zu lösen, müssen wir uns
die methodische Bedeutung des Rousseauschen Freiheitsbegriffs,

---

[1] C. s. II, 11.
[2] „la liberté et l'égalité, ... l'égalité, parce que la liberté ne peut subsister sans elle.“ C. s. II, 11.

insofern wir bisher ihn kennen lernten, noch einmal vergegegen-
wärtigen.

„J'ai déjà dit ce que c'est que la liberté civile."[1]

Der Mensch ist frei nach Rousseau, welcher nach keinem
anderen Gesetz zu handeln gezwungen wird, als welches die Vernunft als das Grundgesetz menschlichen Wollens offenbart. Der Freiheit in diesem Sinne darf keine menschliche Satzung entgegen-
stehen, wenn anders sie das Naturrecht als rechtlich bindende Norm
anerkennen soll. So wird der Gesetzgeber gezwungen, dies Grundgesetz menschlichen Handelns in Ehren zu halten; aber es wäre
ein Irrtum, zu meinen, daß nun damit die Freiheit der Rechtsunterworfenen in der That auch gesichert und, so lange die rechtliche Gemeinschaft überhaupt Bestand habe, auch vor jedem feindlichen Gegner geschützt und geschirmt sei.

Denn nicht nur derjenige, welcher die rechtlichen Normen er-
läßt, sondern jedes einzelne Glied der Gemeinschaft kann an der
Freiheit seiner Rechtsgenossen zum Verräter werden. So, wie im
Naturzustand der physisch Stärkere den Schwächeren vergewaltigt,
so ist auch unter rechtlichen Zuständen es denkbar, daß der sozial
Mächtigere sich als ein Feind der Unabhängigkeit seines schwächeren
Genossen erweist und vermöge seiner Übermacht diesen zu seinen
persönlichen Sonderzwecken gebraucht und ausbeutet.

So stellt Rousseau als das Ziel des positiven Rechts zwar
nicht die Freiheit von der Vergewaltigung durch den Gesetzgeber
hin, wohl aber Freiheit und Unabhängigkeit des einen Rechtsgenossen gegenüber der Macht und dem sozialen Gewicht des
anderen.

Wenn aber der Gesetzgeber diese Unabhängigkeit der einzelnen
Rechtsgenossen von einander erreichen soll, so bedarf es zu diesem
Zwecke der Gleichheit der Unterworfenen.

Und damit tritt der Rousseausche Begriff der Gleichheit
wieder in ein anderes Licht, und unter dem wohlbekannten Namen
der égalité offenbart sich uns ein neues Element dieser Philosophie.
Denn die Gleichheit bedeutet hier, wo es sich um die fundamentalen
Prinzipien der Politik handelt, nicht mehr formelle Gleichheit aller
vor dem Gesetz, aber auch nicht Gleichheit des Wohls und Wehes
aller in Rücksicht auf den Erlaß eines bestimmten Rechtssatzes. —
denn die Gleichheit in diesem doppelten Sinne enthält ja die Bedingung für die Entstehung des positiven Rechts überhaupt —
sondern an dieser Stelle handelt es sich um die Gleichheit der

---

[1] C. s. II, 11.

sozialen Machtverhältnisse der einzelnen in ihrer Stellung gegeneinander.

Schärfer wohl, als die meisten seiner Vorgänger erkannte Rousseau, daß die soziale Ungleichheit in diesem letzteren Sinne nicht nur in der Verschiedenheit der geistigen und körperlichen Naturanlagen, sondern zum guten Teil auch in der rechtlichen Normierung der Lebensverhältnisse ihre Ursache findet. Insbesondere sieht unser Autor in gewissen Bestimmungen des Verfassungs- und Civilrechts eine schwere Gefahr für eine gleichmäßige Entwicklung der sozialen Machtverhältnisse.

Und darum muß der Politiker gerade hier besonders auf der Hut sein, daß nicht aus der Gesamtheit der Rechtsgenossen sich eine Schar allmächtiger Herren heraushebe, denen gegenüber der Haufe sozial Ohnmächtiger jedwede Selbständigkeit einbüßt. Sollte auch die absolute Gleichheit der Machtverhältnisse nicht verwirklicht werden können, so muß doch dieser Gedanke für den Politiker die Richtung seines Handelns bestimmen.

„Cette égalité, disent-ils, est une chimère de spéculation qui ne peut exister dans la pratique. Mais si l'abus est inévitable, s'ensuit-il qu'il ne faille pas au moins le régler? C'est précisément parce que la force des choses tend toujours à détruire l'égalité, que la force de la législation doit toujours tendre à la maintenir."[1]

Und schon vorher hatte Rousseau unter besonderer Unterscheidung der öffentlichrechtlichen und der civilrechtlichen subjektiven Rechte der einzelnen hinsichtlich der Verschiedenheit der sozialen Machtverhältnisse es ausgesprochen:

„A l'égard de l'égalité, il ne faut pas entendre par ce mot que les degrés de puissance et de richesse soient absolument les mêmes."[1]

Betrachten wir zunächst die Bedeutung des Begriffs der Gleichheit als eines Prinzips der Verfassungspolitik. Man könnte zunächst meinen, daß Rousseau viel eher die Ungleichheit als den leitenden Grundsatz des Verfassungsrechts habe aufstellen können. Denn scheint es nicht geradezu in der Natur des Rousseauschen droit politique zu liegen, die Ungleichheit der Machtverhältnisse dadurch zu vertiefen und festzulegen, daß es die einen im Vorzug vor den andern zu Trägern der Regierungsgewalt beruft? Und diese Ungleichheit der sozialen Macht der Rechtsgenossen wird natürlich dadurch nicht aufgehoben, daß der Wille des souveränen Volks, daß ein Gesetz sie erst ins Werk gerufen.

„Il y a dans l'état civil une égalité de droit chimérique, parce

[1] C. s. II, 11.

que les moyens destinés à la maintenir, servent eux-mêmes à la détruire, et que la force publique ajoutée au plus fort pour opprimer le faible rompt l'espèce d'équilibre que la nature avait mis entre eux."[1]

Aber freilich die Gewalt der Regierung darf von Rechts wegen niemals zu einem anderen Zweck gegen die einzelnen angewandt werden, als zur Ausführung und Vollstreckung der Gesetze, und eben diese Erwägung führt Rousseau dazu, den Begriff der Gleichheit als wichtigen Gesichtspunkt der Beurteilung derjenigen Gesetze einzuführen, welche von vornherein nur als Grund der sozialen Ungleichheit erscheinen.

„Quant à la puissance, elle soit au-dessus de toute violence et ne s'exerce jamais qu'en vertu du rang et des lois."[2]

Es fragt sich also, wie dieses Ziel erreicht werden könne. Damit die Macht des „gouvernement" nicht in Willkür ausarte, muß die Ungleichheit der vom öffentlichen Recht statuierten Machtverhältnisse nach Möglichkeit gemildert werden. Dies kann aber nicht anders geschehen als dadurch, daß möglichst viele Glieder der Gemeinschaft von Rechts wegen zur Mitwirkung bei der Ausübung der Regierungsgewalt berufen werden, denn in demselben Maße, in dem die Zahl der Regierenden abnimmt, nimmt der Interessengegensatz zwischen diesen wenigen mächtigen Herren und der großen Zahl der Regierten zu.

„Plus le magistrat est nombreux, plus la volonté de corps se rapproche de la volonté générale; au lieu que sous un magistrat unique cette même volonté de corps n'est, comme je l'ai dit, qu'une volonté particulière."[3]

Je mehr also die Gewalt der Regierung sich in wenigen Händen konzentriert, desto mehr steigt auch die Gefahr, daß das Gouvernement die öffentliche Zwangsgewalt zu unrechtmäßigen Sonderzwecken mißbraucht, und dies um so mehr, weil ja auch, wie wir schon früher sahen, in diesem Falle die Bewegungsfreiheit und Elastizität der Regierung im gleichen Verhältnis erstarkt. So stellt das Prinzip der Gleichheit an den Verfassungspolitiker die Anforderung, die Aufgaben der Regierung an möglichst viele Glieder des Staates zu verteilen.

Würde dieser Grundsatz nicht durch die Berücksichtigung anderer Gesichtspunkte, die wir früher schon kurz besprachen, durchbrochen werden, so müßte Rousseau die Demokratie als das

---

[1] Emile l. 4ᵐᵉ p. 296.
[2] C. s. II, 11.
[3] C. s. III, 2.

letzte Ziel jedweder Verfassungspolitik aufstellen. Es sind in der
That im Grunde auch nur Einzelbedenken gegen die praktische
Durchführbarkeit einer so vielköpfigen Regierungsform, aus denen
heraus Rousseau die Aristokratie zumal hinsichtlich großer Staaten
der Demokratie vorzieht, aber selbst in den Worten, welche diese
letztere Regierungsart verwerfen sollen, klingt doch die prinzipielle
Neigung zu dieser gleichheitlichen Verteilungsform der öffentlichrechtlichen Machtbefugnisse hindurch:

„S'il y avait un peuple de dieux, il se gouvernerait démo-
cratiquement. Un gouvernement si parfait ne convient pas
à des hommes.“[1]

Wenn daher Rousseau auch der Regierung der wenigen im
allgemeinen den Vorzug giebt, so bestimmt ihn doch das Prinzip
der égalité dazu, einer erblichen Übertragung der Regierungsgewalt
entgegenzutreten und vielmehr es zu befürworten, daß die Wahl des
Volks diejenigen stets von neuem bestimmt, in deren Hand im
Vorzug vor den andern die Gewalt der Regierung liegen soll.
Die Verschiedenheit der öffentlichrechtlichen Stellung soll nicht
durch eine Erbaristokratie noch verhärtet und vertieft werden.
Wenn schon die Einrichtung einer unbedingten Demokratie politisch
nicht angeraten werden kann, so soll doch wenigstens das öffentliche
Recht durch seine Satzungen zu den von Natur schon bestehenden
Verschiedenheiten der sozialen Machtverhältnisse nicht neue fügen,
sondern an die alten, insoweit sie selbst nicht erst durch rechtliche
Institutionen geschaffen sind, bei der Auswahl der sozial Stärkeren
sich anlehnen. Darum ist Rousseau der ausgesprochene Feind der
Vererbung der Regierungsgewalt vom Vater auf den Sohn, weil er
in dieser Regierungsform nur die Folge einer kontinuierlichen Be-
vorzugung der Reichen, d. h. derjenigen sah, deren soziale
Übermacht selber erst ein Produkt privatrechtlicher Normierungsweise ist.

„A mesure que l'inégalité d'institution l'emporte sur l'inégalité naturelle, la richesse ou la puissance fut préférée à l'âge,
et l'aristocratie devient élective. Enfin la puissance transmise avec
les biens du père aux enfants, rendant les familles patriciennes,
rendit le gouvernement héréditaire, et l'on vit des sénateurs de
vingt ans.“[2]

Dagegen ist es die Natur der Dinge selbst, welche den an
Jahren Reifen durch ihre größere Erfahrung mehr Fähigkeit und
Berechtigung zum Regieren giebt, als den Jüngeren, und so empfiehlt

[1] C. s. III. 4.
[2] C. s. III, 5.

der Politiker Rousseau zumal für noch junge Völker, die noch
auf der ersten Stufe der Entwicklung stehen, die natürliche Aristokratie der Geronten. Vielleicht am wenigsten machen sich die leidigen
Verschiedenheiten der Machtverhältnisse der einzelnen in einer Wahlaristokratie bemerkbar, weil hier das Verfassungsrecht es ermöglicht,
bei der Verteilung und Bestimmung der sozialen Machtverhältnisse
denjenigen den Vorzug zu geben, welche die Natur selbst durch bevorzugte geistige und körperliche Anlagen zu Trägern einer umfassenden
Gewalt vor anderen ausgewählt und vorbestimmt hat,[1] Diese Gedankengänge finden sich besonders deutlich ausgesprochen in dem
nachgelassenen Plan einer Verfassung Korsikas:[2]

„La loi fondamentale de votre institution doit être l'égalité.
Tout doit s'y rapporter jusqu'à l'autorité même qui n'est établie
que pour la défendre. Tout doit être égal par droit de naissance;
l'Etat ne doit accorder des distinctions qu'au mérite, aux vertus,
aux services rendus à la patrie, et ces distinctions ne doivent pas
être plus héréditaires que ne le sont les qualités sur lesquelles
elles sont fondées.“

Das ist das Prinzip, nach welchem Rousseau zwischen den
verschiedenen Arten von Aristokratien die Auswahl trifft.

„Il y a donc trois sortes d'aristocratie; naturelle, élective, héréditaire. La première ne convient qu'à des peuples simples; la troisième est le pire de tous les gouvernements. Le deuxième est le
meilleur; c'est l'aristocratie proprement dite.“[3]

So ist es denn auch systematisch zu verstehen, daß Rousseau nur
schweren Herzens und unter ganz besonderen empirischen Verhältnissen
für Staaten, an deren gedeihlicher Existenz er überhaupt schon zu
zweifeln beginnt, die Monarchie empfiehlt: Alle die aus dem Prinzip
der égalité fließenden Erwägungen mußten ja gegen die Regierungsgewalt eines einzigen ins Gewicht fallen, und so erklärt sich die
Bitterkeit, mit der der Sohn des 18. Jahrhunderts der monarchischen Regierungsform das Urteil spricht. Hier, wo die Fülle der

---

[1] „Ils ne le deviennent que par élection, moyen par lequel la probité, les
lumières, l'expérience, et toutes les autres raisons de préférence et d'estime
publique sont autant de nouveaux garants qu'on sera sagement gouverné. En
un mot, c'est l'ordre le meilleur et le plus naturel que les plus sages gouvernent
la multitude . . . non pas, comme prétend Aristote, pour que les riches soient
toujours préférés. Au contraire il importe qu'un choix opposé apprenne quelquefois au peuple qu'il y a dans le mérite des hommes des raisons de préférence
plus importantes que la richesse.“ C. s. III, 5.

[2] „Project de constitution pour la Corse bei Streckeisen-Moultou
a. a. O. p. 61—127, vgl. hier p. 72.

[3] C. s. III, 5.

öffentlichen Gewalt einem einzigen Menschen anvertraut ist, wo die Gesetze des Verfassungsrechts dem politischen Grundsatz der égalité am schärfsten widersprechen, ist auch nach unserem Autor die Selbständigkeit der Glieder der Staaten den schwersten Gefahren ausgesetzt. Freilich nirgends ist die Gewalt der Regierung kräftiger und energischer als in der Monarchie, aber nirgends auch ist die Versuchung für den einen Träger der Regierung größer, seine Gewalt gegenüber der ungeheueren Zahl der Regierten zu unrechtmäßigen Zwecken seines Sondervorteils zu mißbrauchen:

„Mais s'il n'y a point de gouvernement qui ait plus de vigueur, il n'y en a point, où la volonté particulière ait plus d'empire et domine plus aisément les autres; tout marche au même but, il est vrai; mais ce but n'est point celui de la félicité publique, et la force même de l'administration tourne sans cesse au préjudice de l'état."[1]

Die Ausführungen Rousseaus über die Monarchie, zumal sie von dem Fehler nicht frei sind, die verotteten Zustände Frankreichs als notgedrungene Mißstände jedweder Monarchie hinzustellen, würden in einer systematischen Erwägung der Grundgedanken seiner Politik kaum ein besonderes Eingehen erforderlich machen, wenn sie nicht zum guten Teil von Rousseaus fundamentalem Prinzip einer gleichheitlichen Verteilung der sozialen Machtverhältnisse diktiert und geleitet wären. Die schwere Versündigung gegen den Grundsatz der égalité, welche in der Einrichtung der monarchischen Regierungsform enthalten ist, züchtet[2] nach Rousseau den Träger der Regierung zum Feinde der liberté aller anderen Gemeinschaftsglieder, zum Unterdrücker der Freiheit, welche die Gesetze ihrem Begriffe nach allen Bürgern gewährten.[3] Und diese Hintansetzung des Prinzips der égalité ist nach Rousseau um so weniger zu verzeihen, als in den meisten Staaten die von Rechts wegen erfolgende Übertragung aller Regierungsgewalt auf einen einzelnen mit nichten Hand in Hand geht mit dessen Fähigkeit, die ihm anvertraute Über-

---

[1] C. s. III, 6.

[2] „Pour voir ce qu'est ce gouvernement en lui-même, il faut le considérer sous des princes bornés ou méchants; car ils arriveront tels au trône ou le trône les rendra tels." C. III, 6.

[3] „Les rois veulent être absolus et de loin on leur crie que le meilleur moyen de l'être est de se faire aimer de leurs peuples. Cette maxime est très belle et même très vraie à certains égards, malheureusement, on s'en moquera toujours dans les cours. . . . Les rois veulent pouvoir être méchants, s'il leur plait, sans cesser d'être les maitres. . . . Leur intérêt personnel est premièrement que le peuple soit faible, misérable, et qu'il ne puisse jamais leur résister.

macht zu den Zwecken der Regierung auf geeignete Weise zu verwenden.[1]

So würde die Festhaltung des Prinzips der égalité als eines fundamentalen Grundsatzes wie der Politik überhaupt, so insbesondere der Verfassungspolitik, Rousseau zu einer unbedingten Verwerfung der monarchischen Regierungsform führen, wenn nicht, wie wir schon oben sahen, die Verfassungspolitik ihre besonderen und ihr eigentümlichen Prinzipien besäße, die je nach den besonderen empirischen Umständen eine Hintansetzung dieses fundamentalen Leitgedankens jedweder Gesetzgebung fordern und berechtigt erscheinen lassen können.

Dagegen bewahrt in der Rousseauschen Politik der Grundsatz einer gleichheitlichen Verteilung der sozialen Macht des einzelnen ungeschmälert seine Bedeutung, wenn es sich um die richtige Normierung der **Privatrechtsverhältnisse** handelt.

Wir haben schon oben, als wir die Bedeutung des Prinzips der égalité für die Rousseausche Verfassungspolitik besprachen, gesehen, mit welcher Entschiedenheit unser Autor sich gegen eine Erbaristokratie aussprach, weil dorten, wo diese Regierungsform gesetzliche Geltung erlangt habe, die Unterscheidung der Gemeinschaftsglieder in Regierende und Regierte zusammenfalle mit derjenigen in Reiche

---

[1] Besonders aus diesem Grunde auch ist Rousseau Gegner der Monarchie, wenn er auch stets ihre Vorzüge bezüglich der Regierung großer Staaten anerkannt hat. Aus denselben Gründen, aus denen Rousseau die Wahlaristokratie empfahl, verwarf er, freilich nicht ohne die Mißstände der geschichtlich überlieferten Monarchieen (besonders der französischen) viel zu rasch und vielfach unbegründet auf die Verhältnisse seiner monarchischen Republik zu übertragen, die Festlegung der Regierungsgewalt in der Hand eines einzelnen Menschen. Vgl. den Beginn der „Polysynodie de l'abbé de St. Pierre", deren Gedanken mit denen ihres Beurteilers meist sich decken: „Si les princes regardaient les fonctions du gouvernement comme des devoirs indispensables, les plus capables s'en trouveraient les plus surchargés; leurs travaux comparés à leurs forces leur paraîtraient toujours excessifs; on les verrait aussi ardents à resserrer leurs droits ou leurs droits qu'ils sont avides d'étendre les uns et les autres; et le poids de la couronne écraserait bientôt la plus forte tête qui voudrait sérieusement la porter. Mais . . . comme le peuple n'est à leurs yeux que l'instrument de leurs fantaisies, plus ils ont de fantaisies à contenter, plus le besoin d'usurper augmente; et plus ils sont bornés et petits d'entendement, plus ils veulent être grands et puissants en autorité (p. 235, 236). „Que ferait de mieux le plus juste prince avec les meilleures intentions, sitôt qu'il entreprend un travail que la nature a mis au-dessus de ses forces? Il est homme et se charge des fonctions d'un Dieu (p. 237). Dieselben Gedankengänge etwas gemäßigter im C. s. III, 6: „Pour peu qu'un état soit grand, le prince est presque toujours trop petit. . . . Il faudrait pour ainsi dire qu'un royaume s'étendît ou se resserât à chaque règne, selon la portée du prince; au lieu que les talents d'un sénat ayant des mesures plus fixes, l'état peut avoir des bornes constantes, et l'administration n'aller pas moins bien."

und in Arme. Für keine Verschiedenheit der Machtverhältnisse
der Rechtsgenossen aber findet Rousseau vom Standpunkt des
Prinzips der égalité aus heftigere Worte der Verurteilung, als für
diejenige, welche sich auf Reichtum einerseits und Armut andererseits gründet. Darum ist die Erbaristokratie die schlimmste aller
Staatsformen, weil sie dem sozialen Übergewicht der Besitzenden
auch noch die öffentlichrechtliche Anerkennung und Sanktion verleiht. Das Prinzip der égalité stellt an den Politiker die zwingende
Anforderung, diesem Übergewicht der Reichen über die Armen nach
Kräften zu steuern, damit nicht in der Republik, deren Gesetze
ihrem Begriffe nach die Freiheit ungeschmälert lassen, dennoch die
Übermacht der Besitzenden die Schar der Armen zu Sklaven
mache, deren physische und geistige Kraft dem Meistbietenden
feil ist:

„Quant à la richesse que nul citoyen ne soit assez opulent,
pour en pouvoir acheter un autre et nul assez pauvre pour être
contraint de se vendre. Voulez-vous donc donner à l'état de
la consistance: rapprochez les degrés extrêmes autant qu'il est
possible; ne souffrez ni des gens opulents ni des gueux. Ces deux
états, naturellement inséparables, sont également funestes au bien
commun. De l'un sortent les fauteurs de la tyrannie et de l'autre
les tyrans: c'est toujours entre eux que se fait le trafic de la liberté
publique: l'un l'achète et l'autre la vend.[1]

In dem Interessengegensatz von Reichtum und Armut erkannte
die Technik der Rechtserzeugung den tödlichen Feind des Bestands
des Staats. So, wie der Discours das soziale Phänomen des Reichtums und der Armut als die Ursache der sozialen Zerklüftung
brandmarkt, so erkennt die économie politique in der gleichen Erscheinung die furchtbarste Gefahr für die Freiheit und Unabhängigkeit eines Teils der Rechtsgenossen:

„Ce qu'il y a de plus nécessaire et peut-être de plus difficile
dans le gouvernement, c'est une intégrité sévère à rendre justice à
tous, et surtout à protéger le pauvre contre la tyrannie du riche.
Le plus grand mal est déjà fait quand on a des pauvres à défendre et des riches à contenir."[2]

In der That nirgends wohl ist mit warmherzigerer Menschenliebe
und lebhafterem Feuer jene Unterdrückung der Besitzlosen durch die
übermächtige Schar der Reichen gegeißelt worden, als in der
dramatischen Schilderung, welche in seiner politischen Erstlingsschrift Rousseau von den sozialen Zuständen seiner Zeit entwirft.[3]

---

[1] C. s. II, 11.
[2] Economie politique p. 179.
[3] Ec. pol. p. 192, 193.

So steckt denn der Grundsatz einer gleichheitlichen Verteilung der sozialen Machtverhältnisse, das Prinzip der égalité als das Prinzip des Gleichgewichts der sozialen Kraft aller einzelnen Bürger dem Politiker das Ziel, das Privatrecht derart zu regeln, daß eine Anhäufung des Reichtums in den Händen weniger, kurzum, daß das Übergewicht einer besitzenden Klasse über ein Heer von Darbenden unmöglich wird.

„C'est donc une des plus importantes affaires du gouvernement de prévenir l'extrême inégalité de fortune non en enlevant les trésors à leurs possesseurs, mais en ôtant à tous les moyens d'en accumuler, ni en bâtissant des hôpitaux pour les pauvres mais en garantissant les citoyens de le devenir.[1,2]

Und kurz und bündig heißt es in dem „Projet de constitution pour la Corse":

„Il faut que tout le monde vive et que personne ne s'enrichisse."[3]

Und alle diese Gleichheitlichkeit der sozialen Kraft der einzelnen ist und soll letztlich nur ein Mittel sein zur Aufrechthaltung der Freiheit aller Bürger. Das ist das Ziel der Gesetzgebung und die égalité in diesem neuen Sinne nur dienendes Mittel zu diesem Ziele.

Aber ist in der That dieses Ziel auch das letzte und höchste, welches die Rechtsphilosophie des Rousseau dem Politiker vorzeichnet? Die Frage führt uns auf einen Punkt, der zu aller Zeit für das richtige Verständnis dieses Systems eine gefährliche Klippe gebildet hat.

Die Fundamente und Marksteine unseres Gebäudes sind aufgewiesen, die Freiheit, d. i. das Handeln nach dem aller Zwecksetzung von Menschen ureigenen Gesetz, ist als condicio sine qua non einer positivrechtlichen Gemeinschaft überhaupt erkannt, als das fundamentale Prinzip jedweder gültigen Gesetzgebung; sollte nun die Freiheit in einem farbloseren Sinne und unter Hervorkehrung der negativen Seite dieses Begriffs, sollte mit einem Worte die Freiheit von menschlicher Vergewaltigung überhaupt das letzte und höchste Ziel bilden, welches diese Philosophie für

---

[1] Ec. pol. pol. p. 179.
[2] Auch die verwaltungspolitischen Ausführungen, die sich in Rousseaus Schriften zerstreut vorfinden, enthalten Fingerzeige zur Annäherung an dieses Ziel; so empfiehlt Rousseau in der économie politique eine starke Besteuerung des großen Besitzes, in den Cons. sur le gouvernem. de Pologne die gänzliche Beiseitesetzung der Unterschiede von Reich und Arm hinsichtlich der Verteilung der öffentlichrechtlichen Gewalten (Beamtenernennung).
[3] Streckeisen-Moultou a. a. O. p. 91.

den politischen Baumeister aufstellt? Der ist überhaupt kein Träger
einer rechtlich gültigen Souveränität, der nicht als Organ des Prinzips
der volonté générale angesehen und gewürdigt werden kann, der
etwa selbst durch die Art seiner Herrschaft die Freiheit der Unterworfenen antastet. Aber auch wenn seine Gebote dem Formalbegriff der „loi" entsprechen, hat dann die rechtliche Gewalt des
Gesetzgebers auch ihre höchste Aufgabe schon gelöst, ihr oberstes
Ziel schon erklommen, sobald sie nur durch den Inhalt ihrer Gebote
die gegenseitige Unabhängigkeit der Rechtsgenossen gesichert und
die Vergewaltigung einer Klasse durch die soziale Übermacht einer
andern unmöglich gemacht hat?

Und wäre dem auch so, wäre in der That die liberté in
diesem negativen Sinne nach unserem Autor die oberste Aufgabe der Gesetzgebung, so wäre schon damit allein die Philosophie
Rousseaus über die enge Einseitigkeit des politischen und ökonomi-
schen Liberalismus in kühner Selbständigkeit hinausgeschritten.
Denn die Freiheit, welche der manchesterliche Liberalismus in seinem
Prinzip des „laisser faire, laisser aller" vertrat, bedeutete nur die
Freiheit von den drückenden Fesseln einer omnipotenten Staatsgewalt und war in einseitiger Tendenz gegen die Maxime des
patriarchalischen Polizeistaats gerichtet.

Dieses Verkennen der tief ernsten Erwägung, welche in dem
Gedanken des bellum omnium contra omnes zum Ausdruck kommt,
nämlich das völlig naive Ignorieren der unendlichen Gefahr, welche
der Selbständigkeit der einzelnen durch den selbstsüchtigen Herscher-
trieb ihrer eigenen Volksgenossen drohte, das waren ja im Grunde
die ausschlaggebenden Momente, welche in unserem Jahrhundert
den Niedergang dieses Liberalismus herbeiführten, indem sie einer
bei aller Einseitigkeit dennoch in vielem berechtigten Tendenz den
Makel einer egoistischen Vertretung von Sonderinteressen aufbürdeten.
So mußte sich das Interesse des liberalen Bürgers gefallen lassen
als Sonderinteresse des besitzenden „bourgeois" mißachtet zu
werden, weil er in seinem Bestreben, die Machtgewalt des Staats
gegenüber der Sphäre individueller Bethätigung des einzelnen zu
schwächen und zu schmälern, nur die Unabhängigkeit eines Teils
der Bevölkerung wirklich stärkte, die sozial Schwachen aus den
Fesseln einer allmächtigen Staatsgewalt nur befreite, indem er sie
der nicht minder drückenden, wahrlich, nicht minder erniedrigenden
Herrschaft der begüterten Klasse überantwortete und der Gefahr
einer rettungslosen Vergewaltigung durch die Tyrannei der Reichen
und Vornehmen aussetzte.

Hält man nun dieses als Grundelement des vulgären Liberalismus, wie er in der Geschichte der politischen Theorien vorzüglich

auftrat, fest, so dürfte schon unsere kurze Darstellung des Rousseauschen Prinzips der égalité genügen, um darzuthun, wie unbillig es ist, Rousseau schlechthin als einen Vertreter dieses Liberalismus aufzufassen und also zu würdigen.

Diese historisch unleugbar gegebene Einseitigkeit und Engherzigkeit des politischen Liberalismus ist Rousseau jedenfalls völlig fremd. Ihm bedeutet die Freiheit als politisches Ziel jedenfalls nicht die unbedingt zu verwirklichende Stärkung der individuellen Freiheit gegenüber der Machtgewalt des Staats; denn er will gerade diese staatliche Machtgewalt aufgeboten und nachdrücklichst ins Werk gesetzt wissen, um die Gefahren zu beseitigen, welche der Freiheit in seinem Sinne von seiten der Glieder der Gemeinschaft drohen.

Aber freilich jene Auffassung der Rousseauschen Sozialphilosophie, welche in unserem Autor den konsequenten Vertreter des individualistischen Liberalismus sieht, ist bis heutzutage in viel zu unbezweifelter, ja geradezu schrankenloser Geltung,[1] als daß eine systematische Darstellung der Rousseauschen Theorie nicht die Pflicht hätte, gerade an diesem fundamentalen Punkt an der Hand einer eingehenden Berücksichtigung der überlieferten Äußerungen unseres Autors eine entgegengesetzte Auffassung zu begründen.

Vielleicht dürfte die Kenntnis des Rousseauschen Prinzips der égalité als eines Richtpunktes der öffentlich- und der civilrechtlichen Gesetzgebung davon abhalten, unseren Philosophen schlechthin etwa mit den modernen Vertretern der freien Konkurrenz auf eine Stufe zu stellen, aber eine eindringlichere Erwägung der Prinzipien der Rousseauschen Politik könnte vielleicht dazu führen, in der égalité und liberté unseres Autors nur die konsequente Fortbildung und Durchführung der altliberalen Gedankengänge zu erblicken.

Läuft nicht, so könnte man einwenden, das Rousseausche Prinzip der „liberté" letztlich darauf hinaus, die Selbständigkeit und Unabhängigkeit des einzelnen Individuums freilich nicht nur gegenüber den Angriffen einer omnipotenten Staatsgewalt, sondern vor allen Dingen auch gegenüber der Übermacht anderer Individuen als das letzte und höchste Ziel aller Gesetzgebung zu proklamieren? Und beweist der Grundsatz der égalité etwas anderes, als daß ein Eingreifen der Staatsgewalt in die Sphäre individueller Freiheit nur dann politisch gerechtfertigt werden kann, wenn es letztlich als ein

---

[1] Vgl. statt aller andern nur Gierke a. a. O. S. 116: Er steckt endlich auch dem staatlichen Verein ein rein individualistisches Ziel, welches in nichts anderem besteht, als in der sozial vermittelten Wiedererzeugung der zum Unheil der Welt verloren gegangenen Freiheit und Gleichheit des Naturzustands."

Mittel zur Aufrechthaltung und strikten Durchführung der allseitig ungehinderten individuellen Unabhängigkeit aller einzelnen Rechtsgenossen, als dem letzten und höchsten Ziele rechtlicher Gemeinschaft, aufgefaßt und gewürdigt werden darf?

Dem gegenüber giebt es nur einen methodisch sicheren Ausweg: Nur dann kann in der That die Rechtsphilosophie Rousseaus ihre Selbständigkeit gegenüber den Grundsätzen des Liberalismus in Sicherheit darthun, wenn das höchste und schlechthin maßgebende Ziel, welches sie aller empirisch möglichen Rechtsetzung steckt, ein anderes ist, als eben diese individuelle Selbständigkeit und Unabhängigkeit jedes einzelnen Individuums. Denn sollte in der That das Rousseausche Prinzip der liberté die Ungebundenheit und möglichst unbeschränkte Machtvollkommenheit des selbstherrlichen Individuums als letzten und höchsten Richt- und Zielpunkt aller Gesetzgebung aufstellen, so wäre und bliebe die Rousseausche Rechtsphilosophie mit dem vulgären Liberalismus bezüglich des letzten Zieles aller menschlichen Gemeinschaft einig, und das Prinzip der égalité bedeutete nur einen Dissens hinsichtlich der tauglichen Mittel zu diesem einen beiden Richtungen gemeinsamen sozialen Endzweck.

Wie aber, wenn die Rousseausche liberté in dieser negativen Bedeutung, wenn die Verhütung jedweder Vergewaltigung des individuellen Willens und Strebens, wenn dieser negative Grundzug alles Individualismus und Liberalismus überhaupt nicht das letzte Ziel darstellte, welches die Rousseausche Rechtsphilosophie dem Gesetzgeber anweist? Wenn die Rousseausche liberté selber nur als Mittel gedacht wäre zu einem anderen höheren sozialen Endziele, so, wie die Bedeutung des Prinzips der égalité letzlich beruhte auf eben diesem Grundsatze der liberté? Auf die Frage nach der teleologischen Berechtigung der égalité hatte Rousseau geantwortet:

„L'égalité, parce que' la liberté ne peut subsister sans elle."[1]

So fragen wir denn auch: Worauf beruht letztlich die teleologische Bedeutung des Grundsatzes der liberté, wenn anders hiermit nicht in dogmatischer Art ohne den Versuch irgend welcher Begründung ein wohl kaum genügend zu rechtfertigendes Ansinnen an alle Gesetzgebung gestellt wird?

Und Rousseau antwortet:

„La liberté parce que toute dépendance particulière est autant de force ôtée au corps de l'état."[1]

Damit allein ist klar: Die Rousseausche liberté ist überhaupt nicht als absolutes Endziel alles positiven Rechts gedacht, sie selbst

---

[1] C. s. II, 11.

ist nur ein Mittel zu einem anderen höheren sozialen Zweck, zur Steigerung der Machtgewalt des Staates.

Dieses unerwartete Ergebnis setzt uns erst in den Stand, die Bedeutung des Rousseauschen Begriffs der liberté in ihrer diametralen methodischen Verschiedenheit von dem Freiheitsbegriff des Liberalismus systematisch zu würdigen. Die „liberté" Rousseaus als Ziel der Gesetzgebung bedeutet mit nichten die schrankenlose Machtvollkommenheit des Individuums sondern nur und ausschließlich seine Freiheit von persönlicher Willkür, seine Unabhängigkeit gegenüber etwaigen rechtlich nicht begründeten Herrschaftsgelüsten von anderen Gliedern der Gemeinschaft. Denn es ist mit nichten das souveräne Belieben des einzelnen, sondern der mächtige Wille des Staats, der dorten herrschen soll, wo die Tyrannei der Sonderinteressen einer sozial übermächtigen Klasse vor dem Grundsatz der égalité die Waffen hat strecken müssen. Freilich die Durchführung des Grundsatzes des sozialen Gleichgewichts ist wohl imstande, die Thatkraft der einzelnen von einem tyrannischen Herrn zu befreien, aber das Prinzip der égalité verrichtete diese Emanzipation nicht im Dienst und Sold der Unabhängigkeitsgelüste des selbstherrlichen individuellen Willens, sondern im Auftrag eines mächtigeren Herrn, des einen von Rechts wegen eingesetzten Gebieters, kurz zum Zweck der Stärkung und ungehinderten Ausbreitung der staatlichen Herrschaft über Wollen und Handeln aller einzelnen Glieder des Volks.

Wir werden im folgenden an der Hand der Quellen diesen fundamentalen Grundzug Rousseauscher Politik noch eingehender zu erwägen haben; nur sei von vornherein hervorgehoben, daß mit seiner sicheren quellenmäßigen Aufweisung das uralte Dogma von der Identität oder mindestens der engen Verwandtschaft des Liberalismus und der Rousseauschen Rechtsphilosophie endgültig zerstört sein wird. Das Rousseausche Prinzip der égalité gestattete ja nicht, wie man auf den ersten Blick hin wähnen konnte, eine Abweichung des laisser faire, um eben hierdurch die ungeschmälerte Selbstherrlichkeit individuellen Wollens desto sicherer zu gründen und zu befestigen, sondern in dem Rousseauschen System wird der Endzweck des Liberalismus zum bedingten Mittel herabgewürdigt, um eine neue höhere soziale Aufgabe zu lösen, deren Durchführung gerade der vulgäre Liberalismus tödlicher haßte, als irgend etwas anderes: Die Stärkung der Machtgewalt des Staates.

Es ist für den Charakter der im folgenden nun näher darzulegenden politischen Theorie Rousseaus von einschneidender Bedeutung gewesen, daß unserem Philosophen die Stärkung der Macht-

gewalt des Staats im wesentlichen gleichbedeutend ist mit einer
Stärkung der staatstreuen Gesinnung aller einzelnen Glieder
der Gemeinschaft. Das ist der fundamentale Grundgedanke, welcher
sich wie ein roter Faden durch alle politischen Ausführungen
unseres Autors hindurchzieht, im bewußten und gewollten Gegensatz
zu jenem oben gekennzeichneten Liberalismus:

„Il n'etait donc pas plus difficile aux législateurs d'exciter aux
bonnes actions que d'empêcher les mauvaises. Cependant ils se
sont presque tous bornés à assurer la vindicte publique
et à régler entre les particuliers les discussions d'intérêts,
deux objets qui devraient être les moindres de la législation dans un Etat bien constitué."[1]

Und ähnlich schon hatte die „économie politique" geredet:

„C'est beaucoup que d'avoir fait régner l'ordre et la paix
dans toutes les parties de la république: c'est beaucoup que l'état
soit tranquille et la loi respectée: mais si l'on ne fait rien de
plus, il y aura dans tout cela plus d'apparence que de réalité, et
le gouvernement[2] se fera difficilement obéir, s'il se borne à l'obéissance... L'autorité la plus absolue est celle qui pénètre
jusqu'à l'intérieur de l'homme et ne s'exerce pas moins sur
la volonté que sur les actions."[3]

Und kurz darauf:

„Le plus grand ressort de l'autorité publique est dans le coeur
des citoyens et . . . rien ne peut suppléer aux moeurs pour le
maintien du gouvernement."[4]

Es ist derselbe Gedanke, welcher einen Grundzug auch der
spätesten politischen Schrift Rousseaus bildet, der „Considérations
sur le gouvernement de Pologne":

„Il n'y aura jamais de bonne et solide constitution que celle
où la loi régnera sur les coeurs des citoyens: tant que la force
législative n'ira pas juque-là, les lois seront toujours éludées."[5]

So zeigt sich uns, um so mehr wir in den eigentlichen Grundcharakter der Rousseauschen Politik eindringen, desto deutlicher
und schärfer die unüberbrückbare Kluft, welche diese Theorie von
den Prinzipien des individualistischen Liberalismus scheidet. Diesem

---

[1] „Fragments des institutions politiques" bei Streckeisen-Moultou
a. a. O. p. 229, 230.

[2] „Es verdient, um naheliegende Mißverständnisse auszuschließen, hervorgehoben zu werden, daß in der „economie politique" der Ausdruck „gouvernement" noch gleichbedeutend mit Staat, also im weiteren Sinne gebraucht wird.

[3] „Economie politique" p. 172.

[4] Economie politique" p. 173.

[5] Con. sur l. gouv. de Pologne chap. 1er.

galt es zu allen Zeiten, Denken und Wollen des Individuums als
unverletzliches und unnahbares Besitztum vor den Herrschaftsgelüsten
des Staates zu schützen und unbedingt selbständig zu erhalten;
Rousseau dagegen fordert, daß der Staat die von Rechts wegen
ihm zustehende Gewalt nicht nur auf das äußere Handeln, sondern
auch auf die Gesinnung, auf ihr ureigenstes Denken und Fühlen
ausdehne.[1]

„Mais comment arriver aux coeurs? C'est à quoi nos institu-
teurs qui ne voient jamais que la force et les châtiments, ne son-
gent guere."[2]

Wenn es gilt, die Kraft des Staatskörpers zu stärken, und eben
diese Aufgabe zusammenfällt mit einer Stärkung der vaterländischen
Gesinnung der Glieder der Gemeinschaft, so ist damit der Zielpunkt
für alle Gesetzgebung entdeckt, die oberste Aufgabe jedweder Politik
aufgewiesen: Das Gesetz sei ein Mittel zur Erziehung zu vaterländischer, staatstreuer Denkweise und Gesinnung.

„Vous avez tout si vous formez des citoyens; sans cela
vous n'aurez que de méchants esclaves, à commencer par les chefs
de l'état."[3]

Aber freilich:

„Former des citoyens n'est pas l'affaire d'un jour.[4] Ce n'est
pas assez de dire aux citoyens, soyez bons; il faut leur apprendre
à l'être."[4]

Fürwahr, der glaubte nicht in dogmatischer Einseitigkeit an
das Allerweltsmittel der freien Konkurrenz, das war der Politiker
nicht, der jeden Eingriff des Staates in die „Sphäre individueller
Freiheit" ängstlich ablehnte, der in so eindringlicher Rede schon
im Beginn seiner sozialphilosophischen Thätigkeit die ungeheuere
pädagogische Bedeutung, den ganzen Ernst der erzieherischen Aufgabe der Gesetgebung hervorhob.

---

[1] Auch im „Contrat social" hat dieser Gedanke charakteristischen Ausdruck gefunden: Vgl. II, 12 Ende: „A ces trois sortes de lois, il s'en joint
une quatrième, la plus importante de toutes qui ne se grave ni sur le marbre ni
sur l'airain mais dans les coeurs des citoyens; qui fait la véritable constitution
de l'état . . . qui lorsque les autres lois vieillissent ou s'éteignent, les ranime
ou les supplée. . . . Je parle des moeurs, des coutumes, et surtout de l'opinion:
partie inconnue à nos politiques, mais de laquelle dépend le succès de
toutes les autres: partie dont le grand législateur s'occupe en secret,
tandis qu'il paraît se borner à des réglements particuliers qui ne sont que le
cintre de la voûte, dont les moeurs, plus lentes à naître, forment enfin l'iné-
branlable clef."

[2] Considérations s. l. gouv. de Pol. chap. 1er.

[3] Econ. pol. p. 180.

[4] Econ. pol. p. 175.

„S'il est bon de savoir employer les hommes tels qu'ils sont, il vaut beaucoup mieux encore les rendre tels qu'on a besoin qu'ils soient."[1]

Und Schmach dem Gesetzgeber, der es versäumt hat, die Macht, welche ihm von Rechts wegen zusteht, zur Erziehung der Genossen zu gebrauchen:

„Il est certain que les peuples sont à la longue ce que le gouvernement les fait être; guerriers, citoyens, hommes, quand il le veut, populace et canaille quand il lui plaît: et tout prince qui méprise ses sujets, se déshonore lui-même en montrant qu'il n'a pas su les rendre estimables. Formez donc des hommes si vous voulez commander à des hommes; si vous voulez qu'on obéisse aux lois, faites qu'on les aime et que pour faire ce qu'on doit, il suffise de songer qu'on le doit faire."[1]

So begreifen wir es, daß Rousseau dem Strafrecht bezüglich der Erhaltung und Kräftigung des staatlichen Verbandes eine primäre Bedeutung nicht zuerkennen wird: Dort, wo die Gesetze nicht in der Gesinnung der Bürger ihren festesten Rückhalt finden, wird alle Strenge der Strafgesetze schwerlich etwas ausrichten:

„Le premier précepte de la loi doit être de faire aimer toutes les autres; mais ce n'est ni le fer, ni le feu, ni le fouet des pédants de cour qui font observer celui-ci, tous les autres servent de peu, car on prêche nut intilement celui qui n'a nul désir de bien faire."[2]

Und schon die „économie politique" hatte gelehrt:

„Non seulement il n'y a que des gens de bien qui sachent administrer les lois, mais il n'y a dans le fond que d'honnêtes gens qui sachent leur obéir. Celui qui vient à bout de braver les remords ne tardera par à braver les supplices ... Le pire de tous les abus est de n'obéir en apparence aux lois que pour les enfreindre en effet avec sûreté."[3]

Und dies alles ist nur ein Ausfluß von Rousseaus fundamentalem Prinzip der durch das Gesetz selbst letztlich zu bewirkenden Erziehung zum Gehorsam gegen das Gesetz, von seinem grundlegenden Ausgangspunkt:

„La première des lois est de respecter les lois."[4]

Man könnte zunächst wohl denken, daß mit diesem Grundsatz die fundamentalen Prinzipien Rousseauscher Politik abschließend ausgeführt, und alles weitere nur noch Frage des einzelnen Falles

---

[1] Econ. pol. p. 172.
[2] „Institutions politiques", Streckeisen Moultou a. a. O. p. 229.
[3] Econ. pol. p. 173.
[4] Econ. pol. p. 170.

und nur unter Erwägung und genauester Berücksichtigung der besonderen Verfassungen und sonstigen Gesetze der einzelnen Staaten in Sicherheit entschieden werden könne. Und in der That, wenn wir die großen sozialen Gemeinschaften, welche die Geschichte uns aufweist, ins Auge fassen, so ist sofort deutlich, daß das einheitliche Prinzip der Erziehung zum Gehorsam gegen die Gesetze, sobald es sich um die Anwendung handelt, die Politiker der einzelnen Länder zu ganz verschiedenartigen und sich gegenseitig widersprechenden Tendenzen führen würde. Denn der Geist der geschichtlich vorliegenden Gesetzgebungen ist in den verschiedenen Ländern verschieden, wie selbst in demselben Staate die Prinzipien der Gesetzgebung zu verschiedenen Zeiten mannigfach sich ändern und sich widersprechen können. In Anwendung jenes fundamentalen Grundsatzes Rousseauscher Politik würde der moderne Gesetzgeber den Söhnen einer Monarchie die Liebe zum angestammten Fürstenhause, den Söhnen der Republik die Achtung vor der Stimme des Volks einzuimpfen bestrebt sein müssen; dorten, wo das Gesetz dem Adel und dem Reichtum die rechtliche Obmacht zuerkennt, würde man das Volk zur Heilighaltung von Geburt und Rang und äußerem Besitz, wo aber Tüchtigkeit und persönliches Verdienst von Rechts wegen herrscht, zur Verehrung der Tugend erziehen müssen. Die feinsinnigen Ausführungen Montesquieus über den Geist der geschichtlich überlieferten Gesetzgebungssysteme werden zur Bekräftigung dieser Einsicht stets an erster Stelle genannt werden müssen.

Aber was kümmert den Rechtsphilosophen Rousseau das bunte Gewirr der Prinzipien innerhalb der geschichtlich überlieferten Rechtssysteme? Denn ihm gilt nur als rechtliches System, was als System von „lois" in seinem Sinne aufgefaßt werden kann. Die europäischen Staaten sind vom Standpunkt seiner radikalen Philosophie zum größten Teil nichts anderes, als ungeheuere Sklavenanstalten, wo mit brutaler Willkür Tausende von Naturrechts wegen freier Menschen in rechtlich nichtiger und unverbindlicher Herrschaft geknechtet und vergewaltigt werden; er kennt keinen Unterschied von Monarchie und Republik in unserem Sinne, weil es nur einen Träger der Souveränität von Rechts wegen geben kann, und Staat und Republik für ihn identische Begriffe sind. Auch sein Begriff des positiven Rechts zwar will als Formalbegriff aufgenommen sein, der Begriff der „loi" will über den verschiedenartigen empirisch möglichen Gesetzesinhalt mit nichten etwas enthalten; aber das freilich schließt nicht aus, daß Rousseau für alle Mannigfaltigkeit des empirisch möglichen Rechtsinhalts dennoch ein einheitliches, nimmer verletzbares Prinzip aufstellt und seine Beobachtung zum

Begriffsmerkmal des positiven Rechts erhebt: Das Prinzip des bien publique, die Maxime der volonté générale.

Es ist diese begrifflich notwendige Übereinstimmung hinsichtlich der Berücksichtigung dieses fundamentalen Prinzips, welche es Rousseau ermöglicht, an den eben besprochenen Grundsatz der Erziehung zum Gehorsam gegen die Gesetze allgemeingültige Konsequenzen von weitgehendster Tragweite anzuknüpfen. Denn wie verschieden auch immer der Inhalt der Rousseauschen „lois" sein mag, so bleibt ihnen allen doch notwendig die Beobachtung des Wohls aller Gemeinschaftsglieder als oberster Einheitspunkt gemein, und so muß alle Erziehung zum Gehorsam gegen die Gesetze die Heilighaltung eben dieses Grundsatzes zu ihrer grundlegenden Aufgabe ausersehen.

Und damit haben wir denn endgültig den obersten Zielpunkt erreicht, welchen die Rechtsphilosophie Rousseaus der Gesetzgebung gesteckt hat: Die Erziehung der Rechtsunterworfenen in Gemäßheit der Maxime der volonté générale.

„Voulez-vous que la volonté générale soit accomplie, faites que toutes les volontés s'y rapportent; et comme la vertu n'est que cette conformité de la volonté particulière à la générale, pour dire la même chose en un mot, faites régner la vertu."[1]

So kehrt am Ende dieser Philosophie ebendasselbe Prinzip in einem neuen Lichte wieder, welches beim Beginn diesem stolzen Gebäude Fundament und grundlegende Stütze war. Die Möglichkeit, den Normensetzenden als Träger dieses Grundsatzes zu denken, erklärte Rousseau zur Bedingung der Möglichkeit des positiven Rechts überhaupt, die Möglichkeit sämtliche Glieder der Gemeinschaft als Herolde eben dieser Maxime aufzufassen, bestimmt dieser Philosoph zum absoluten und höchsten Endziel jedweder empirisch möglichen Gesetzgebung.

Es giebt ein Ziel, welches alle rechtliche Herrschaft letztlich leiten muß: Die Erziehung des Volks zur Tugend, d. h. zu derjenigen Gesinnung, welche bei allem Handeln das Wohl sämtlicher Rechtsgenossen im Auge hat. Erst hier, wo es sich um das Endziel des rechtlichen Gemeinlebens handelt, offenbart sich uns der Begriff der volonté générale in seiner vornehmsten Würde, als sittlicher Maßstab der Gesinnung der Rechtsgenossen. Als es sich um die formalen Bedingungen des Erlasses positivrechtlicher Normen überhaupt handelte, hatte Rousseau von solcher sittlichen Aufgabe des Rechts noch nicht geredet: die ungeheuere methodische Bedeutung des Begriffs des volonté générale lag dorten in der Be-

---

[1] Econ. pol. p. 172, 173.

tonung des gleichen Wohls aller als desjenigen Gesichtspunkts, dessen Verletzung jedweden Befehl zum nichtigen Willkürakt stempeln würde; aber der contrat social ermöglichte die Beobachtung dieses naturrechtlichen Gebots vermöge der methodischen Verwertung der égalité, der Interessengemeinsamkeit aller, ohne damit die sittliche Gesinnung der abstimmenden Rechtsgenossen zum Begriffsmerkmal des rechtlich befugten Gesetzgebers zu erheben. In der Definition der loi hatte Rousseau es unternommen, der Forderung des Naturrechts, daß ein rechtlicher Befehl bei Strafe des Verlusts seiner bindenden Kraft nimmer das Wohl aller einzelnen unerwogen lassen dürfe, ein Genüge zu thun, ohne doch zugleich zu verlangen, daß jeder einzelne Rechtsgenosse als Mitträger der Souveränität das Wohl aller seiner Genossen zum ausschlaggebenden Beweggrund seines eigenen Handelns mache.

Die sittliche Gesinnung aller Gemeinschaftsglieder war nicht Voraussetzung der Existenz rechtlicher Befehle, so konnte sie ohne Widerspruch zu deren höchster Aufgabe und oberstem Zielpunkt bestimmt werden. Die Einheitlichkeit und Gemeinsamkeit des Interesses war die Bedingung der rechtlich bindenden Normierung irgend eines Gegenstandes: das oberste Prinzip der Politik bezeichnete den Maßstab, um diejenigen Angelegenheiten auszusondern, die würdig waren, Gegenstand einer tüchtigen und guten Gesetzgebung zu werden. So ergab sich die tugendhafte Gesinnung aller Gemeinschaftsglieder als heiligste und wichtigste Angelegenheit, in der ein gemeinsames Interesse aller Rechtsgenossen zum Ausdruck kam. Was hätte auch in der That das Wohl aller Glieder des Rechtsverbands mit mehr Gewißheit in einheitlicher Art berühren können, als der Umstand, daß jeder Bürger die Maxime der volonté générale zum unverbrüchlichen Prinzip all seines Handelns mache.

Nirgends mehr, als an dieser Stelle möchte wohl derjenige, welcher versucht, sich in die methodischen Grundlagen dieses Systems einzuleben, in Versuchung geraten, unseren Autor mit seinen eigenen Waffen zu schlagen und gerade von seinen Prämissen aus diese Philosophie als eitel Schwärmerei und Utopie zu verwerfen. Denn vernahmen wir nicht, daß es ein Grundgesetz der menschlichen Natur sei, bei allem Handeln letzlich nur durch die Erwägung der eigenen Lust, des eigenen persönlichen Vorteils bestimmt zu werden? Wenn der Mensch nach unwandelbarem Naturgesetz stetig egoistisch handelt, welche Befugnis giebt es da, die Aufhebung des Egoismus als das letzte Ziel aller Gesetzgebung zu bezeichnen?

Oder aber herrscht die Eigenliebe absolut und ausnahmslos nur im Naturzustande und kommt soziale Psychologie bezüg-

lich der rechtlichen Verhältnisse etwa zu anderen Ergebnissen?
Wäre es denkbar, daß unter der Herrschaft rechtlicher Gesetze die
menschliche Natur sich ändern könne, eine neue Triebfeder für
menschliches Handeln möglich würde? Sollte mit einem Wort die
rechtliche Gemeinschaft Raum für die Tugend schaffen?

Und in der That, wir haben damit die Meinung Rousseaus
zum Ausdruck gebracht:

„Celui qui dans l'ordre civil veut conserver la primauté des
sentiments de la nature, ne sait ce qu'il veut. Toujours en contradiction avec lui-même, toujours flottant entre ses penchants et ses
devoirs, il ne sera jamais ni homme ni citoyen."[1]

„Celui qui ose entreprendre d'instituer un peuple doit se sentir
en état de changer pour ainsi dire la nature humaine."[2]

Man besorge nicht, daß etwa unser Autor übersehen habe, wie
man in der Aufstellung dieses obersten Ziels aller Gesetzgebung
ein Verkennen seiner eigenen Prämissen erblicken könne!

„Qu'on me dise que quiconque a des hommes à gouverner, ne
doit pas chercher hors de leur nature une perfection dont
ils ne sont pas susceptibles; qu'il ne doit pas vouloir détruire
en eux les passions et que l'exécution d'un pareil projet ne
serait pas plus désirable que possible."[3]

Frei sich fühlend von dem Vorwurf utopischer Schwärmerei,
giebt Rousseau unumwunden des Gegners Einwand zu:

„Je conviendrai d'autant mieux de tout cela qu'un homme qui
n'aurait point de passions serait certainement un fort mauvais citoyen."[3]

Also kann das Endziel der Gesetzgebung, die Änderung der
menschlichen Natur, nach Rousseaus eigener Meinung mit nichten
eine Aufhebung der menschlichen Begierden überhaupt bedeuten.
Trieb und Begierde aus der Welt der Wirklichkeit zu verbannen,
würde auch innerhalb der rechtlichen Gemeinschaft ein blöder
Traum verbleiben. Wohl aber die vorhandenen Begierden der
Rechtsunterworfenen zu ändern und von Grund aus umzugestalten, das ist nach Rousseau das verständige und berechtigte
Ziel einer guten Gesetzgebung, und seine Erreichung bedeutet
nicht minder eine Umwandlung der menschlichen Natur.

„Mais il faut convenir aussi que si l'on n'apprend point aux
hommes à n'aimer rien, il n'est pas impossible de leur apprendre
à aimer un objet plutôt qu'un autre, et ce qui est véritablement
beau plutôt que ce qui est difforme."[3]

---

[1] Emile, livre 1er p. 16.
[2] C. s. II, 7.
[3] Econ. pol. p. 180.

Damit aber haben wir Einsicht gewonnen in die grundlegende Methode der Rousseauschen Sozialpädagogik. Die Erziehung des Menschen zur Tugend, das Endziel aller Gesetzgebung, besteht in der Vernichtung der alten primitiven Triebe und in ihrer Ersetzung durch neue Neigungen und Begierden, die nur innerhalb der rechtlichen Gemeinschaft feste Wurzel zu fassen vermögen. Die soziale Erziehung kann den engherzigen Egoismus des einzelnen überwinden, indem sie seinen Neigungen einen edleren und würdigeren Gegenstand verschafft. Und so wagt es die Rousseausche Politik allen Angriffen von Seiten der Philosophie und sozialer Empirie zu begegnen.

„Non seulement la philosophie démontre la possibilité de ces nouvelles directions,[1] mais l'histoire en fournit mille exemples éclatants; s'ils sont si rares parmi nous, c'est que personne ne se soucie qu'il y ait des citoyens et qu'on s'avise encore moins de s'y prendre assez tôt pour les former... Comment l'amour de la patrie pourrait-il germer au milieu de tant d'autres passions qui l'étouffent? Et que reste-t-il pour les concitoyens d'un cœur déjà partagé entre l'avarice, une maîtresse et la vanité?"[2]

Und damit ist denn das neue Objekt aufgewiesen, in dessen glühender Verehrung der Grundzug der Gesinnung des tüchtigen Bürgers gefunden ist; die Liebe zum Vaterland, das ist die Leidenschaft des tüchtigen Bürgers, des Rousseauschen „citoyen". Diese patriotische Gesinnung in allen Gliedern der Gemeinschaft zu erwecken und zu pflegen, das ist das Ziel, welches Rousseau der Gesetzgebung und ebendamit der sozialen Pädagogik anweist.

Es ist seltsam genug, daß man diesen Umstand bis dato in den Darstellungen Rousseauscher Sozialphilosophie gemeinhin übersehen und gänzlich unbeachtet gelassen hat. Schon aus diesem Grunde möchte es geraten sein, die zahlreichen Belegstellen etwas ausgiebiger hier zu Rate zu ziehen. Rousseaus soziale Pädagogik identifiziert geradezu zuweilen die Tugend, die volonté générale, mit der Liebe zum gemeinsamen Vaterland.

Il est certain que les plus grands prodiges de vertu ont été produits par l'amour de la patrie, ce sentiment doux et vif qui joint la force de l'amour propre à toute la beauté de la vertu, lui donne une énergie, qui sans la défigurer, en fait le plus héroïque de toutes les passions. C'est lui qui produisit tant d'actions immortelles dont l'éclat éblouit nos faibles yeux et tant de grands

---

[1] Vgl. denselben Gedanken in den „Considérations" chap. 3: „Donnez une autre pente aux passions des Polonais etc.

[2] Econ. pol. p. 180, 181.

hommes dont les antiques vertus passent pour des fables, depuis que l'amour de la patrie est tourné en dérision."[1]

So begreifen wir es, wenn Rousseau in seinen „considérations sur le gouvernement de Pologne" nichts den Polen mehr ans Herz legt, als die Pflege vaterländischer Gesinnung:

„Travaillez donc sans relâche, sans cesse à porter le patriotisme au plus haut degré dans tous les coeurs polonais ... De l'efferves- cence excitée par cette commune émulation naîtra cette ivresse patriotique qui seule sait élever les hommes au-dessus d'eux- mêmes et sans laquelle la liberté n'est qu'un vain nom et la législation qu'une chimère."[2]

Nirgends wohl hat Rousseaus feurige Sprache zu solch glühendem Schwung sich erhoben, wie in diesem begeisterten Lobpreis vaterländischer Gesinnung.[3] Was Wunder? Sind wir ja ebendamit im Begriff, den Höhepunkt des zweiten grundlegenden Teils seiner Sozialphilosophie zu erreichen, die uns das letzte und höchste Ziel sozialen Lebens aufzuweisen bestimmt ist:

„Voulons-nous que les peuples soient vertueux, commençons donc par leur faire aimer la patrie."[4]

So hatte es schon in Rousseaus politischer Erstlingsschrift gelautet, und in seiner letzten kehrt der gleiche Gedanke mit nicht minderem Nachdruck wieder:

„Je voudrais ... qu'on donnât de l'éclat à toutes les vertus patriotiques, qu'on occupât sans cesse les citoyens de la patrie, qu'on en fît leur plus grande affaire, qu'on la tînt incessam- ment sous leurs yeux.[5] Tout vrai républicain suça avec le lait de sa mère l'amour de sa patrie, c'est-à-dire des lois et de la patrie. Cet amour fait toute son existence, il ne voit que la patrie, it ne

---

[1] Econ. pol. p. 175.

[2] Considérations chap. 12.

[3] Man höre nur die folgenden Sätze: Ne nous en étonnons pas, ces transports des coeurs tendres paraissent autant de chimères à quiconque ne les a point sentis: et l'amour de la patrie plus vif et plus délicieux cent fois que celui d'une maîtresse ne se conçoit de même qu'en l'éprouvant: mais il est aisé de remarquer dans tous les coeurs qu'il échauffe, dans toutes les actions qu'il inspire, cette ardeur brillante et sublime dont ne brille pas la plus pure vertu quand elle en est séparée."
Man vgl. ebenda den Vergleich zwischen Sokrates und Cato: L'un était plus philosophe et l'autre plus citoyen. Athènes était déjà perdu et Socrate n'avait plus de patrie que le monde entier: Caton porta toujours la sienne au fond de son coeur, il ne vivait que pour elle et ne put lui survivre. ... Nous serions instruits par l'un et conduits par l'autre: et cela seul déciderait de la préférence." Ec. pol. p. 175, 176.

[4] Econ. pol. p. 176.

[5] Cons. sur l. gouv. d. Pol. chap. 3.

vit que pour elle; sitôt qu'il est seul, il est nul: sitôt qu'il n'a plus de patrie, il n'est plus; et s'il n'est pas mort, il est pis."[1]

Eben diese letzten Sätze haben uns so recht eigentlich in das Centrum von Rousseaus sozialer Ethik eingeführt. In der natürlichen Erziehungslehre des „Emile" war keine Stätte für den Begriff der Vaterlandsliebe, diesen Fundamentalbegriff seiner sozialen Pädagogik. Denn Vaterlandsliebe bedeutet dem Rechtsphilosophen Rousseau die Ehrfurcht vor den Gesetzen und die Liebe zur Freiheit. Das war kein Ziel für den Erzieher des „Emile", dessen letztes Bestreben es war, den Menschen zum Menschen zu bilden. Die Erziehungslehre des „Emile" stellt sich eine weitere allgemeinere Aufgabe, damit nicht von vornherein ihr Werk an dem unerbittlichen Widerstand der sozialen Thatsachen scheitere. Emile soll letzlich nicht zum Bürger, sondern zum Menschen erzogen worden. Die „éducation domestique" oder „de la nature" im Gegensatz zur „éducation publique"[2,3] kann nimmermehr die Erziehung zur Vaterlandsliebe zum grundlegenden und schlechthin entscheidenden Endziel nehmen. Denn Vaterland heißt rechtliche Gemeinschaft, heißt Gesetz und dadurch garantierte Freiheit der Genossen. Der Radikalismus der Rousseauschen Sozialphilosophie bestimmt auch die Grundgedanken des „Emile". Die erstere aber leugnet die bindende Kraft der sozialen Zustände ihrer Zeit, sie kennt kein Vaterland, weil sie kaum irgendwo eine Normierung durch rechtlich bindende Befehle (lois), kurz eine Beobachtung des contrat social erblickt. Welche Berechtigung hätte es da gehabt, die Söhne der Gegenwart letzlich zur Vaterlandsliebe zu erziehen?

„L'institution publique n'existe plus et ne peut plus exister, parce qu'où il n'y a plus de patrie, il ne peut pas y avoir de citoyens. Ces deux mots patrie et citoyen doivent être effacés des langues modernes. J'en sais bien la raison, mais je ne veux pas la dire; elle ne fait rien à mon sujet."[2]

Wie könnte man den zur Vaterlandsliebe erziehen, der gezwungen ist, in den sozialen Zuständen seiner Zeit, d. h. als Sklave zu leben!

---

[1] Cons. sur l. gouv. d. Pol. chap. 4.

[2] Emile, l. 1ᵉʳ p. 16.

[3] Über die Unmöglichkeit, beide Erziehungsweisen nebeneinander zu verfolgen, vgl. Emile, l. 1 p. 16, besond. aber „fragments des inst. pol. (Streckeisen-Moultou a. a. O. p. 224): „Ce qui fait la misère humaine est la contradiction qui se trouve entre . . . la nature et les institutions sociales, entre l'homme et le citoyen. Rendez l'homme un et vous le rendrez aussi heureux qu'il peut l'être. Donnez le tout entier à l'État ou laissez-le tout entier à lui-même, mais si vous partagez son coeur, vous le déchirez" . . .

„Toute notre sagesse consiste en préjugés serviles; tous nos usages ne sont qu'assujettissement, gêne et contrainte. L'homme civil naît, vit et meurt dans l'esclavage: à sa naissance on le coud dans un maillot; à sa mort on le cloud dans une bière; tant qu'il garde la figure humaine, il est enchaîné par nos institutions."[1]

Das sind die sozialen Zustände, mit denen der Erzieher des „Emile" rechnen muß. So bildet er seinen Zögling also, daß er auch in der Sklaverei seine Menschenwürde bewahre, daß die geduldige Unterordnung unter das unabänderliche Geschick ihn die sozialen Zustände seiner Zeit ertragen lasse, wie jede andere unvermeidliche Mißbill.[2] Emile soll zwar der Gesinnung nach kein Kind seiner Zeit sein, aber ihren sozialen Schäden standzuhalten die Kraft gewinnen.[3] Hat ihm die soziale Korruption seiner Zeit auch kein Vaterland geschenkt, so hält ihn Rousseau dennoch dazu an, der historisch gegebenen Lebensordnung seines Landes sich zu fügen, wenn auch nicht aus Pflicht und Verehrung, so doch im Bewußtsein, daß ihre Befehle bei aller Verwerflichkeit dennoch Gutes zeitigen können, indem sie den Menschen zur Selbstbeherrschung anhalten.[4]

Wer wollte diese kühl resignierte Überlegung in einem Atem nennen mit jenem feurigen Lobpreis der Vaterlandsliebe, dem Kern- und Markstein der Rousseauschen Sozialpädagogik!

Die natürliche Erziehungslehre des „Emile" hält ihren Zögling an, die Normen seines Landes, jene Scheingesetze zu beobachten, in-

---

[1] „Emile", l. 1er p. 19.

[2] Vgl. „Emile", l. 1er 18.

[3] „On doit lui apprendre à se conserver étant homme, à supporter les coups du sort, à braver l'opulence et la misère. (Em. I, p. 19.) En sortant de mes mains il ne sera, j'en conviens, ni magistrat ni soldat ni prêtre; il sera premièrement homme. Tout ce qu'un homme doit être, il saura l'être au besoin tout aussi bien que qui que ce soit et la fortune aura beau le faire changer de place, il sera toujours à la sienne." (Em. I, p. 18.)

[4] „Si je te parlais des devoirs du citoyen, tu me demanderais peut-être, où est la patrie, et tu croirais m'avoir confondu. Tu te tromperais pourtant, cher Emile; car qui n'a pas une patrie, a du moins un pays. Il y a toujours un gouvernement et des simulacres de lois sous lesquels il a vécu tranquille. Que le contrat social n'ait point été observé, qu'importe, si l'intérêt particulier l'a protégé, comme aurait fait la volonté générale, si la violence publique l'a garanti des violences particulières, si le mal qu'il a vu faire lui a fait aimer ce qui était bien, et si nos institutions mêmes lui ont fait connaître leurs propres iniquités. La seule apparence de l'ordre le porte à le connaître, à l'aimer. Il apprend à se combattre, à se vaincre, à sacrifier son intérêt à l'intérêt commun." „Emile", livre 5me p. 174, 175.

dem sie ihn lehrt, sich in das Unvermeidliche zu fügen; die Rechts-philosophie Rousseaus bestimmt die Erziehung zur Ehrfurcht vor den Gesetzen als höchstes Ziel des positiven Rechts, indem sie in dem Gehorsam gegen die „lois" die Quintessenz des Patriotismus und ebendamit die höchste Tugend des Bürgers erblickt.

So bietet nach unserem Autor die Gegenwart kaum noch eine Stätte für wahre und reine Vaterlandsliebe, für die Herrschaft der-jenigen Tugend, welche das Ziel jedweder rechtlichen Gemeinschaft bildet. Aber auch hier fürchtet Rousseau mit nichten den Einwand, daß seine Rechtsphilosophie letztlich einer Chimäre nachstrebe. Die Liebe zum Vaterland, die Tugend freier Bürger ist keine Chimäre, sie hat gelebt und ist wirklich gewesen, wenn auch nicht unter der Willkürherrschaft der europäischen Großstaaten, so doch im **Ge-meinschaftsleben der Völker des Altertums**.[1]

„Quand on lit l'histoire ancienne, on se croit transporté dans un autre univers et parmi d'autres êtres. Qu'ont de commun les Français, les Anglais, les Russes avec les **Romains** et les **Grecs?** rien presque que la figure. Les fortes âmes de ceux-ci paraissent aux autres des exagérations de l'histoire. Comment eux qui se sentaient si petits penseraient-ils qu'il y ait eu d'aussi grands hommes? Ils existèrent pourtant et c'étaient des humains comme nous. Qu'est-ce qui nous empêche d'être des hommes comme eux? nos préjugés, notre basse philosophie, et les passions du petit intérêt

---

[1] Damit soll freilich nicht gesagt sein, daß etwa Rousseau vermeint habe, die Verfassungen der antiken Republiken enthielten eine genaue Be-obachtung der zwingenden Vorschriften des contrat social. So betont unser Autor, um nur ein Beispiel herauszugreifen, daß die Anerkennung der Sklaverei in der Verfassung des spartanischen Staates eine Verletzung der Prinzipien seiner Rechtsphilosophie bedeute. Vgl. C. s. III, 15: „Il y a telles positions malheureuses, où l'on ne peut conserver sa liberté qu'aux dépens de celle d'autrui: et où le citoyen ne peut être parfaitement libre, que l'esclave ne soit extrêmement esclave. Telle était la position de Sparte. Pour vous, peuples modernes, vous n'avez point d'esclaves, mais vous l'êtes: vous payez leur liberté de la vôtre. . . . Je n'entends point par tout cela qu'il faille avoir des esclaves ni que le droit d'esclavage soit légitime, puisque j'ai prouvé le contraire." —

Andererseits zeigt freilich auch diese Stelle, wie wenig es Rousseau entgehen konnte, daß die Verfassung der antiken Republiken in ungleich näherer Berührung und Verwandtschaft zu seinem rechtsphilosophischen System steht, als der Absolutismus der Monarchieen seiner Zeit. Zwischen diesem und seiner Philosophie gab es schlechterdings keine Versöhnung, wohl aber lag es in seinem Gedankengang, innerhalb des spartanischen Staates wenigstens bezüglich der vollberechtigten Spartauer eine rechtliche Gemeinschaft an-zuerkennen und nur die Ausdehnung der Verpflichtungskraft der spartanischen Gesetzgebung auf die Sklaven und politisch Minderberechtigten zu verneinen. Vgl. den analogen Fall in der schon oben citierten Stelle in C. s. III, 10.

concentrées avec l'égoïsme dans tous les coeurs par des institutions
ineptes que le génie ne dicta jamais."[1]

Es ist eine unzweifelhafte und stetig wiederholte Wahrheit, daß
es wohl kaum schärfere Gegensätze innerhalb der Auffassungen von
Recht und Staat gegeben hat, als diejenigen des Altertums und des
neuzeitlichen Naturrechts. Hätte man nun bis dato genügend auf
den Umstand geachtet, daß in sämtlichen sozialwissenschaftlichen
Schriften Rousseaus der Verachtung der modernen gesellschaftlichen Verhältnisse parallel geht eine grenzenlose Verehrung der
sozialen Institutionen des Altertums, so wäre doch vielleicht
manchem ein Bedenken aufgestoßen, einen Rousseau schlechtweg
mit den übrigen Vertretern des Naturrechts zusammenzustellen und
in diesem Sozialphilosophen nur einen geschickten und konsequenten
Fortbildner der streng individualistischen Gedankengänge seiner
Vorgänger zu erblicken. Ein Locke mußte schaudern, wenn er an
das Gemeinschaftsleben der alten Römer und Griechen dachte, ein
Rousseau entnahm aus dem eifrigsten und hingebendsten Studium
der sozialen Zustände von Altrom und Sparta die eindringlichsten
und nachhaltigsten Anregungen für die Krönung seines sozialphilosophischen Gebäudes. Denn die Lektüre des von Jugend auf ge-
liebten Plutarch gewährleistete ihm nicht nur die Ausführbarkeit
seines rechtlichen Systems — „de l'existant au possible la con-
sequence me paraît bonne",[2] — sondern sie belehrte ihn auch hinsichtlich der Methode, welche seine Sozialpädagogik einschlagen
mußte, um die Rechtsunterworfenen zur Vaterlandsliebe, kurzum zu
allen sozialen Tugenden zu erziehen.

Wir sahen schon oben, daß das Ziel der Gesetzgebung die
Umwandlung der menschlichen Natur enthalte:

„Les bonnes institutions sociales sont celles qui savent le
mieux dénaturer l'homme."[3]

Und dieses Ziel bedeutet keine Chimäre, denn menschlicher
Verstand und menschliche Kraft haben seine Verfolgbarkeit erwiesen in der Gesetzgebung des Lykurg.

„Quand on veut renvoyer au pays de chimères, on nomme
l'institution de Platon: si Lycourgue n'eut mis la sienne que
par écrit, je la trouverais bien plus chimérique. Platon n'a fait
qu'épurer le coeur de l'homme, Lycourgue l'a dénaturé."[4]

Die Methode des Lykurg das ist die Methode der Rousseauschen Sozialpädagogik. Hören wir, wie unser Philosoph in den

---

[1] „Considérations sur le gouvernement de Pologne" chap. 2ᵐᵉ.
[2] C. s. III, 12 Schluß.
[3] „Emile" l. 1 p. 15.
[4] „Emile", l. 1 p. 16.

„Considérations sur le gouvernement de Pologne", welche dem
„esprit des anciennes institutions" ein ganzes Kapitel widmen,
die Aufgabe seines politischen Vorbildes und ihre Durchführung
schildert:

„Lycourgue entreprit d'instituer un peuple déjà dégradé par la
servitude et par les vices qui en sont l'effet. Il lui imposa un joug
de fer, tel qu'aucun autre peuple n'en porta jamais un semblable;
mais il l'attacha, l'identifia pour ainsi dire à ce joug en l'occupant toujours. Il lui montra sans cesse la patrie dans ses lois,
dans ses jeux, dans sa maison, dan ses amours, dans ses festins; il
ne lui laissa pas un instant de relâche pour être à lui seul: et
de cette contrainte continuelle, ennoblie par son objet, naquit en lui
cet ardent amour de la patrie qui fut toujours la plus forte ou
plutôt l'unique passion des Spartiates et qui en fit des êtres au-
dessus de l'humanité."[1]

So erkennen wir denn in der antiken Auffassung von der erzieherischen Gewalt und dem sozialpädagogischen Beruf einer allmächtigen Staatsgewalt den charakteristischen Umstand, welcher
Rousseau zu unbegrenzter Bewunderung der spartanischen Gesetzgebung und ihrer Ziele bewegt. Wir erkennen aber auch zugleich,
wie beschaffen die Methode ist, der nach unserem Philosophen die
spartanische Gesetzgebung ihre ungeheuren Erfolge hinsichtlich der
Hebung und Förderung des Gemeinsinns ihrer Bürger verdankt. Es
ist der Grundgedanke des antiken Gemeinlebens: Das Aufgehen und
Verschwinden des Individuums mit seinen selbständigen Neigungen
und Trieben innerhalb der Machtsphäre des alles beherrschenden
Staats. Nirgends findet unser Autor diesen Grundzug antiken Gemeinlebens so charakteristisch veranschaulicht, als in der Uniformität
des Spartanerstaats. Da giebt es kein Urteilen und Empfinden, kein
Thun und Lassen des einzelnen, das nicht durch den allbeherrschen-
den Gedanken der Gemeinschaft geleitet und bestimmt wäre; die
Gesetzgebung des Lykurg läßt keinen Raum für eine selbständige
Entwickelung individueller Freiheit, der Staat lenkt Denken und
Thun seiner Glieder nach seinem allmächtigen Willen und seinem
alles beherrschenden Gebot.

Das ist die Methode sozialer Pädagogik, welche Rousseau
dem Politiker ans Herz legt, Rousseau, der vielgeschmähte Indi-
vidualist, dem die unendliche Schar seiner Gegner und Kritiker alle
Sünden des Liberalismus aufbürden zu dürfen meint. Oder aber:
Sollten all die Einzelheiten, die wir bisher anführten, sollte all der
Lobpreis antiken Staatslebens, antiken Gemeinsinns, für den sich

---

[1] „Considérations" chap. 2me.

leicht noch die dreifache Zahl von Beispielen anführen ließe, nicht
genügen, um eine schier zum Dogma verhärtete Auffassung zu widerlegen? Sollte der Gedanke der Rousseauschen liberté im Grunde
und prinzipiell genommen dennoch die möglichste Unabhängigkeit
des Individuums und seine von staatlicher Herrschaft möglichst unberührt gelassene „freie" Entfaltung bedeuten?

Aber lassen wir auch hier am besten Rousseau selbst sich
gegen seine Gegner verteidigen:

„Sitôt que le service public cesse d'être la principale affaire
des citoyens ... l'état est déjà près de sa ruine .... Mieux l'état
est constitué, plus les affaires publiques l'emportent sur les privées
dans l'esprit des citoyens. Il y a même beaucoup moins d'affaires
privées, parce que la somme du bonheur commun fournissant une
portion plus considérable à celui de chaque individu, il lui en reste
moins à chercher dans les soins particuliers. Sitôt que quelqu'un
dit des affaires de l'état: que m'importe? on doit compter que l'état
est perdu."[1]

Aber ein hartnäckiger Zweifler könnte immer wieder auf den
Gedanken geraten, daß alles Interesse des einzelnen für die Angelegenheiten der Gemeinschaft letztlich nur auf dem Gedanken
beruhe, in dem Staate den nützlichen Schützer und Förderer seiner
eigenen Selbständigkeit und Unabhängigkeit zu erhalten.

Nun wohl: So höre man denn, was in prinzipieller Ausführung
Rousseau als das Ziel des rechtlichen Lebens hinstellt, die Macht
der gesetzgebenden Gemeinschaft oder die des einzelnen Individuums. Was ist die Aufgabe des „legislateur", d. h. in Rousseaus
Sprache, des vollkommenen Politikers?[2]

„Il faut en un mot qu'il ôte à l'homme ses forces propres
pour lui en donner qui lui soient étrangères et dont il ne puisse

---

[1] C. s. III. 15.

[2] Daß Rousseau unter législateur häufig nicht den Gesetzgeber schlechthin, sondern das Muster eines Gesetzgebers versteht, ist gemeinhin übersehen
worden, und so hat man es denn fertig gebracht, trotz der ausdrücklichen
Verwahrungen Rousseaus in dem nicht nur für die Frage nach dem Begriffe
als auch dem Ziel des positiven Rechts hochbedeutsamen Kapitel 7 des zweiten
Buchs des „Contrat social" eine Durchbrechung des Prinzips der Volkssouveränität zu sehen. Vgl. hiergegen die charakteristischen Ausführungen in
den „Considérations" chap. 2. welche uns zeigen, wie die Kenntnis des antiken
Staatslebens Rousseau bei der Zeichnung des vollkommenen Gesetzgebers
geleitet hat: „Je regarde les nations modernes. J'y vois force faiseurs de
lois et pas un législateur. Chez les anciens, j'en vois trois principaux qui
méritent une attention particulière, Moïse, Lycourgue et Numa. Tous trois
ont mis leurs principaux soins à des objets qui paraîtront à nos docteurs
dignes de risée. Tous trois ont eu des succès qu'on jugerait impossibles,
s'ils étaient moins attestés."

faire usage sans le secours d'autrui. Plus ces forces naturelles sont mortes et anéanties, plus les acquises sont grandes et durables, plus aussi l'institution est solide et parfaite: en sorte que si chaque citoyen n'est rien, ne peut rien que par tous les autres et que la force acquise par le tout soit égale ou supérieure à la somme des forces naturelles de tous les individus, on peut dire que la législation est au plus haut point de perfection qu'elle puisse atteindre."[1]

Wir sehen also: Nicht im Kampfe für die Selbständigkeit und Unabhängigkeit des Individuums soll der Staat seine Kräfte sammeln, sondern der Sphäre individueller Freiheit soll er in beständigem, planvollen Ringen sie abgewinnen und zu dem Oberherrn und allgewaltigen Machthaber innerhalb der Gemeinschaft sich aufschwingen. Der einzelne soll nichts werden, der Staat alles, nur in der Gemeinschaft, und durch sie soll das Individuum leben, von ihr allein alle Kraft, alle Würde empfangen.

„Celui qui ose entreprendre d'instituer un peuple, doit se sentir en état de changer, pour ainsi dire, la nature humaine, de transformer chaque individu qui par lui-même est un tout parfait et solitaire en partie d'un plus grand tout, dont cet individu reçoive en quelque sorte sa vie et son être; d'altérer la constitution de l'homme pour la renforcer, de substituer une existence partielle et morale à l'existence physique et indépendante que nous avons tous reçue de la nature."[1]

So darf es denn nunmehr ausgesprochen und nachgerade als dargethan angenommen werden, was sich uns übrigens im Verlauf dieser Ausführungen noch deutlicher und unwidersprechlicher offenbaren wird: So irrig und unbegründet ist jene weithin herrschende Meinung, die in Rousseau einen starren Individualisten erblickt, daß man vielmehr sagen kann: Es giebt kaum ein rechtsphilosophisches System, welches mit solchem Nachdruck, mit solcher Schärfe des Ausdrucks der Theorie des individualistischen Liberalismus den Krieg erklärt hat, als die Philosophie des Jean Jacques Rousseau.

So begreift sich in der That der Groll des französischen Liberalen St. Marc Girardin gegen die Theorie unseres Autors: ja sogar der Einblick in die Grundzüge der Rousseauschen Politik legt den Gedanken nahe, ob nicht sogar diejenigen im Rechte sind, welche in Rousseau einen Vertreter des Hobbesschen Staatsabsolutismus haben sehen wollen. Unseren Autor selbst würde diese Auffassung seiner Lehre zwar gewiß auf das äußerste verwundert haben; denn gegen kaum einen anderen findet Rousseau heftigere Aus-

---

[1] C. s. II, 7.

drücke der Abwehr, als gerade gegen Hobbes.[1] Aber freilich dieser
Umstand vermag hier mit nichten etwas zu entscheiden, solange wir
nicht in selbständiger Erwägung der Prinzipien beider Philosophen
einen grundlegenden Gegensatz ihrer Systeme erkannt haben.

Nach den letzten Quellenstellen scheint freilich auf den ersten
Blick hin alles für die engste geistige Verwandtschaft dieser beiden
rechtsphilosophischen Theorien zu sprechen. Denn es stellen ja
beide Philosophen dem rechtlichen Gemeinleben dieselbe Aufgabe:
Die unbedingte Herrschaft des Staates über die einzelnen Glieder
der Gemeinschaft.

Aber freilich denjenigen, welcher nicht durch Worte sich
blenden läßt, sondern erwägt, daß einundderselbe Ausdruck in dem
System zweier Denker zur Bezeichnung diametral verschiedener
Begriffe dienen kann, wird gerade diese Formulierung bei aller
scheinbaren Hervorhebung des Gemeinschaftlichen zur Entdeckung
des diametralen Gegensatzes zwischen beiden Theorieen führen
können. Dieser Gegensatz darf freilich nicht in dem Maße der
Bedeutung gesucht werden, welches ein jedes dieser beiden Systeme
dem Gedanken der staatlichen Macht und Herrschaft zuerkennt; er
steckt weit tiefer und eben darum um so radikaler; denn er betrifft
den gedanklichen Kern, welcher in den beiden Systemen in dem
Terminus des Staats zum Ausdruck kommt. Wir haben diese Verschiedenheit schon oben berührt, als es sich um die Klarlegung des
Rousseauschen Souveränitätsbegriffs handelte. Schon damals
machten wir aufmerksam auf die festen Schranken, in welche
Rousseau die Gewalt des souveränen Herrschers einengt, gegenüber der unbeschränkten Machtfülle des Hobbesschen Machthabers.
Aber freilich was vermag uns diese Thatsache zu lehren, so lange
wir ihren methodischen Grund nicht eingesehen haben? Das Fundament der Herrschaft des Hobbesschen Souveräns ist eben grundlegend verschieden von dem Titel, auf welchen Rousseau die
Gewalt seines Herrschers gründet. Der Hobbessche Machthaber
ist der Erwählte von Menschen, der Rousseausche Souverän

---

[1] Vgl. C. s. 1. 2. Insbes. „Emile" V p. 153: „Quand j'entends élever
Grotius jusqu'aux nues et couvrir Hobbes d'exécration, je vois combien
d'hommes sensés lisent ou comprennent ces deux auteurs. La verité est que
leurs principes sont exactement semblables. . . . Hobbes s'appuie sur des
sophismes, et Grotius sur des poètes, tout le reste leur est commun." Vgl.
dieselbe Grundstimmung schon im „Discours sur les arts", wo R. die Er-
findung der Buchdruckerkunst beklagt, weil sie die Lehren der modernen
Philosophen, „cette troupe de charlatans", insbesondere „les dangereuses rê-
veries des Hobbes et Spinoza" aufbewahrt habe, des Hobbes, den der
„Discours sur l'inégalité (p. 43) „le detracteur le plus outré des vertus humaines" nennt.

der Träger eines Prinzips. Die Herrschaft des Hobbesschen Souveräns ist unbeschränkt, regellos, so wie der Wille der Menge, die ihn einst auf ihren Schild erhob und auf deren willkürlichen Trieb sich letztlich alle seine Macht gründet: der Souverän Rousseaus dagegen ist nichts als der Diener eines souveränen Grundsatzes und entlehnt selbst den Namen von der Maxime, zu deren Durchführung seine Herrschaft bestimmt ist.

So erschöpft sich in dem System des Hobbes die Bedeutung des Staats in den unberechenbaren Belieben des Menschen, welcher das „summum imperium" durch Vertrag der Menge überkommen hat. Dagegen erhebt sich die Rousseausche Philosophie in ihrer fundamentalen Tendenz, das Gesetz über den Menschen, d. h. über jeden Menschen, zu stellen, zur Höhe des Standpunkts, auf welchem der moderne staatsrechtliche Begriff der Organschaft entsprang. Denn die grundlegende Unterscheidung zwischen „volonté générale" und „volonté de tous" bedeutet nichts anderes, als die Unterordnung des zur Herrschaft berufenen Volks unter den fundamentalen Zweck und Grund aller rechtlichen Herrschaft, die Statuierung eines Staatszwecks als eines festen Prüfsteins, der da letztlich entscheide, ob der Machthaber sich als Organ eines höheren Prinzips bewähre. So wird in dem Rousseauschen System der Staatsgedanke losgelöst und getrennt von der Machtgewalt der Menschen, die nur noch als Diener, als Organe jenes obersten Prinzips auftreten, auf dessen Einhaltung und Durchführung alle ihre Herrschaft letztlich sich gründet. Der Rousseausche Staat ist Zweck, ist Wille, er ist verkörpert und einheitlich bestimmt in dem fundamentalen Prinzip der volonté générale. In der Rousseauschen Philosophie bedeutet Staat die Beherrschung von Menschen unter stetiger Berücksichtigung des Wohls aller einzelnen; und das Instrument dieser Herrschaft ist das Volk, der Rousseausche Souverän.

Das unterscheidet die materialistische Rechtsphilosophie eines Hobbes scharf von dem idealistischen Grundcharakter des Rousseauschen Systems, daß bei dem ersten der Staatsgedanke aufgeht, ja, untergeht in der brutalen Machtgewalt von Menschen, deren Schrankenlosigkeit den Staat als Ungeheuer, als Leviathan erscheinen läßt: daß bei dem letzteren der Staat Gedanke ist, Zweck, Maxime, der die Reinheit und Selbständigkeit seines Inhalts bewahrt gegenüber der Thatsache irgendwelcher besonderen Herrschaft von Menschen. Und ferner: Der Hobbessche Gewalthaber gründet seine Macht letztlich und ausschlaggebend auf die Entscheidung einer instinktiv getriebenen Menge, der Rousseausche Souverän auf seine Fähigkeit, den unverbrüchlichen Geboten des droit naturel gemäß zu herrschen, als Organ der volonté générale zu walten.

Somit erhellet denn die ganze Oberflächlichkeit einer Anschauung, welche die Ziele der Hobbesschen Rechtsphilosophie mit denen der Rousseauschen identifizieren wollte. Beide behaupten die Stärkung der Gewalt des Staats als grundlegendes Ziel des Gemeinlebens. Aber dieses bedeutet dem einen die schrankenlose Machtvollkommenheit eines menschlichen Despoten, dem andern die siegreiche Durchführung eines aus den fundamentalen Grundsätzen des Naturrechts erschlossenen Prinzips. Die Allmacht des Staates ist in der Hobbesschen Philosophie gleichbedeutend mit der Vergewaltigung der Rechtsunterworfenen, in Rousseaus System mit deren Erziehung. Denn die physische Gewalt eines Machthabers kann nur dann unumschränkt walten, wenn er seine Unterthanen zu ohnmächtigen Sklaven seines allmächtigen Willens herabwürdigt, ein Gedanke aber nur dann zu Macht und Herrschaft gelangen, wenn er festen Boden findet in dem Herzen, der Gesinnung der Menschen.

Der Rousseausche Staat ist letztlich gleichbedeutend mit dem Prinzip der volonté générale, und so verstehen wir, wie dieses System ihm Herz und Gesinnung der Gemeinschaftsglieder als bedeutsamstes Herrschaftsgebiet anweist. Soll ja kein Mensch herrschen über Menschen, sondern ein oberstes Prinzip über Handeln und Thun jedweden Gliedes der Gemeinschaft. So verstehen wir, daß Rousseau nicht zwei Ziele dem Rechte anweist, die Stärkung der Staatsgewalt und etwa als Mittel zu diesem Zweck die Erziehung zu staatstreuer Gesinnung. Beides läuft vielmehr in diesem System in eins zusammen. Denn Staat ist für Rousseau Gemeinschaft, ist Prinzip der Gemeinschaft, und seine Macht offenbart sich in der Gesinnung der Rechtsunterworfenen.

So begreifen wir auf Grund dieser systematischen Erwägung noch deutlicher, welche fundamentale Rolle in der Rousseauschen Philosophie der Gedanke der sozialen Erziehung der Gemeinschaftsglieder spielen mußte und, wie wir nun immer deutlicher erkennen werden, denn auch thatsächlich spielt. Aber wir verstehen vielleicht nunmehr auch noch vollkommener das Gemeinsame zwischen diesem Grundzug der Rousseauschen Politik und der antiken Auffassung vom Beruf des Staats. Denn die Rousseausche Forderung einer Stärkung der Macht des Staats zielt zwar mit nichten darauf ab, dem rechtlichen Herrn die Gewalt eines tyrannischen Despoten zu verleihen, wohl aber bezweckt sie in gewisser Art Ähnliches, als, was sich in dem Gemeinleben der antiken Republiken verwirklicht findet. Auch hier herrscht der Staat unumschränkt über alle

Glieder der Gemeinschaft, aber nicht als tyrannischer Herr, dessen
Willkür das Individuum drückend empfände, sondern vermöge eines
allmächtigen Prinzips, das in der Gesinnung aller Bürger einheitlich
zum Ausdruck kommt. Das, was die Allmacht der antiken Republik
von der Gewalt des Hobbesschen Leviathan scheidet, das scheidet
auch die Rousseausche Gemeinschaft von dem Hobbesschen
Staate. Der Staat soll herrschen über die Menschen: das ist das
letzte und höchste Ziel, welches die Rousseausche Rechtsphilosophie dem Gesetzgeber steckt, aber der Staat ist kein „maître", der
ein „troupeau de bétail" regiert und lenkt, sondern der Staat ist
ein Prinzip, ist ein unpersönlicher, von menschlichem Belieben gesicherter souveräner Grundsatz, der Staat der alten Republiken, sowie der Staat des Genfer Philosophen.

Die verkehrte Auffassung des Rousseauschen Begriffs der
liberté mag es hauptsächlich verschuldet haben, daß man die prinzipielle und systematische Bedeutung der von Rousseau selbst
genügsam hervorgehobenen Verwandtschaft seiner Philosophie mit
dem Grundzug des antiken Gemeinlebens gemeinhin verkannt hat.
Die Rousseausche Freiheit hat nichts gemein mit dem Freiheitsbegriff des neuzeitlichen Liberalismus, wohl aber harmoniert sie
trefflich mit der Freiheit des altrömischen Bürgers; denn dieser Begriff verlangt nicht möglichste Freiheit von menschlicher Herrschaft
schlechthin, sondern nur von regelloser, nicht durch einen einheitlichen Grundsatz geleiteter Herrschaft.

In diesem Bestreben, nicht den Menschen schlechthin über den
Menschen, sondern den Menschen nur in seiner Eigenschaft als
Träger eines höchsten unpersönlichen Prinzips, über den Menschen
herrschen zu lassen, erkennen wir den fundamentalen Grundzug der gesamten Sozialphilosophie Rousseaus.

Nur so kann die systematische Bedeutung des Begriffs der
volonté générale zum entscheidenden und klaren Ausdruck gelangen.
Jeder antike Staat hat seine besonderen Maximen, seinen besonderen „Geist" — „Sparta den Krieg und Rom die Tugend".[1] aber
einen gemeinsamen Grundzug soll und muß die Philosophie für
jedwede rechtliche Gemeinschaft aufstellen und behaupten,[1] den
sozialen Geist schlechthin, „l'esprit social, l'ouvrage et l'effet de
l'institution",[2] das Prinzip der volonté générale.

Und dieses Charakteristikum der Rousseauschen Gemeinschaft,
was bedeutet es letztlich? Wir wissen es längst: Die Vaterlandsliebe, den Gemeinsinn, die Tugend. Das rechtsphilosophische

---

[1] C. s. II, 11.
[2] C. s. II. 7.

System Rousseaus war von dem natürlichen Egoismus ausgegangen, hatte mit ihm in bedächtiger Vorsicht gerechnet, nun bildet die Forderung seiner Überwindung die Krönung des Gebäudes. Die Ausrottung der antisozialen egoistischen Triebe des Menschen, das ist nach Rousseau das Ziel des rechtlichen Gemeinlebens.

„L'homme naturel est tout pour lui; il est l'unité numérique, l'entier absolu qui n'a de rapport qu'à lui-même ou à son semblable ... Les bonnes institutions sociales sont celles qui savent le mieux dénaturer l'homme, lui ôter son existence absolue pour lui en donner une relative et transporter le moi dans l'unité commune."[1]

Erst jetzt, nachdem die Grundlagen einer rechtlichen Gemeinschaft in Sicherheit aufgewiesen sind, wagt es das Prinzip der volonté générale der Thatsache des Egoismus zu trotzen und den Gemeinsinn der Bürger, die Solidarität der Interessen aller als letztes Ziel des Rechts zu benennen. Die innigste Gemeinschaft ist diejenige, welche auf der Einheit der Gesinnung, d. i. auf der Einheit des ausschlaggebenden Beweggrundes für alles Handeln, beruht, und eben dies ist das Endziel des Rousseauschen Staats.

Wenn alles Handeln der Bürger in ausschlaggebender Art durch die Erwägung des Wohl aller bestimmt wird, wenn es nicht mehr so viele Ichs giebt, wie Glieder des Staats, sondern nur noch ein einziges Ich, das „moi commun", das Ich der Gemeinschaft, dann ist das Ziel des Rechts erreicht, ist aus dem natürlichen egoistischen Individuum der soziale Mensch entstanden.

„Tant que plusieurs hommes réunis se considèrent comme un seul corps, ils n'ont qu'une volonté qui se rapporte à la commune conservation et au bien-être général. Alors tous les ressorts de l'état sont vigoureux et simples, ses maximes sont claires et lumineuses."[2]

Indem wir so in der Festigkeit der sozialen Verbindung das höchste Ziel des Rechts erkennen, begreifen wir, wie Rousseau mit besonderer Vorliebe den Staat mit einem Organismus vergleicht. So, wie im Organismus alle Glieder dem Ganzen sich fügen, so sollten auch unter einer tüchtigen Gesetzgebung alle Bürger das Wohl des Ganzen zur einheitlichen Richtschnur ihres Handelns nehmen und so gleichsam zu einer Einheit sich zusammenschließen. Das bleibt nach Rousseau die ewige, freilich nie völlig erfüllbare Aufgabe alles rechtlichen Gemeinlebens.

„La différence de l'art humain à l'ouvrage de la nature se fait

---

[1] „Emile" l. 1, p. 15.
[2] C. s. II. 1.

sentir dans ses effets, les citoyens ont beau s'appeler membres de
l'état, ils ne sauraient s'unir à lui comme de vrais membres le
sont au corps; il est impossible de faire que chacun d'eux n'ait pas
son existence individuelle et séparée par laquelle il peut seul
suffire à sa propre conservation; les nerfs sont moins sensibles, les
muscles ont moins de vigueur ..."[1]

Die Stelle ist recht bezeichnend für den fundamentalen Gegensatz zwischen dem individualistischen Liberalismus und der Rousseauschen Rechtsphilosophie. Jener muß resigniert eingestehen,
daß das einzelne Individuum von staatlicher Einwirkung und rechtlichem Zwang leider nie völlig gesichert werden kann, und Rousseau bekennt, daß leider der einzelne nie völlig in der Gemeinschaft aufgehen, sondern trotz aller Bemühung einer guten Gesetzgebung eine gewisse Sphäre individueller Selbständigkeit wohl
immer verbleiben wird. Die rechtliche Gemeinschaft soll nach
unserem Autor so eng werden wie die organische, aber sie ist
es nicht und wird es nimmer völlig in Wirklichkeit sein: geschweige
denn, daß Rousseau die Ansicht vertreten habe, daß der Staat
selbst einen „realen" Organismus darstelle. Man hat ihm dieses
letztere wohl vorgeworfen und als Beweis seiner individualistischen
Grundauffassung geltend gemacht, daß er die Macht des Staats
nicht auffasse als die Macht eines selbständigen realen Organismus.
Es ist hier nicht der Ort auf die dieser Kritik zugrundeliegende
Anschauung des näheren einzugehen, und es mag darum der Hinweis genügen, daß es sich hier innerhalb der theoretischen Jurisprudenz um einen Versuch handelt, Begriffe zu hypostasieren,
d. h. dasjenige, was nur als Mittel zur einheitlichen Ordnung bestimmter menschlicher Gebote Sinn und Bedeutung gewinnen kann,
als existierendes Ding zu denken, kurzum jene verhängnisvolle
Methode, auf welche innerhalb der erkenntnistheoretischen Arbeit
so manche Niederlagen einer überschwenglichen Spekulation zurückgeführt werden müssen.

Aber welche Bewandnis es auch immer mit dieser sogenannten
„realistischen" Konstruktion haben mag, so sei doch soviel wenigstens hier mit allem Nachdruck hervorgehoben, daß das Moment
des Individualismus begrifflich unabhängig ist von irgendwelcher
Lehrmeinung über Begriff oder Entstehung des Staats. Soll der
Begriff des Individualismus oder Atomismus in der Staatslehre nicht
zu einem buntschillernden, unklaren Schlagwort werden, so muß
man daran festhalten, daß es sich hierbei nicht darum handelt, was
der Staat ist, noch wie er in die Welt gekommen, sondern darum.

---

[1] Dreyfuss, a. a. O. p. 310.

was man als seine **Aufgabe** behauptet. Der Individualismus betrifft keine Frage der juristisch technischen Konstruktion, auch nicht
der sozialen Geschichte, sondern vielmehr es bedeutet einen prinzipiellen Standpunkt in Dingen der Politik.

Hält man dies fest, so wird deutlich, daß der Umstand, ob man
den Staat als ein besonderes existierendes Ding ansieht oder ob
man unter diesem Begriff nur eine bestimmte Art der Beherrschung
von Menschen durch Menschen denkt (wie dies z. B. Rousseau
thut), mit nichten darüber entscheiden kann, ob die jeweiligen Vertreter der einen oder der anderen Ansicht individualistisch gesonnen
sind oder nicht. Man kann ja auch ohne Widerspruch dem Staat,
den man als realen Organismus auffaßt, die Freiheit und Unabhängigkeit des Individuums als letztes Ziel verschreiben, und
andererseits kann derjenige, welcher im Staat nur ein rechtlich bedeutsames oberstes einheitliches Prinzip der Herrschaftsausübung
von Menschen über Menschen erblickt, denjenigen Menschen, welche
nach ihm das Recht als Mittel zur Durchführung dieses souveränen
Prinzips anerkennt, d. h. den Organen des Staats, vorschreiben,
daß sie die Ertötung der individualistischen Triebe zu ihrer bedeutsamsten Aufgabe sich setzen.

Eben dies letztere findet sich in der That, wie wir sahen, in
der Rousseauschen Rechtsphilosophie, die darum also mit nichten
individualistisch genannt werden darf, weil Rousseau die Macht
des Staats, die er so nachdrücklich wie kaum ein anderer anstrebt,
letztlich doch denkt und denken muß als Macht von Menschen
über Menschen. Es ist kein Mangel, sondern ein nicht zu unterschätzendes Verdienst, daß diese Philosophie, welche so nachdrücklich das unpersönliche Moment, d. h. das Geregelte und durch
oberste Prinzipien Bestimmte in der Menschenbeherrschung betont
und hervorgehoben, doch stetig festgehalten hat, daß auch in der
rechtlichen Gemeinschaft nicht ein mystisches übersinnliches Etwas,
sondern stets nur der Mensch dem Menschen befiehlt, daß dieses
unpersönliche Element nicht die physische Natur und Organisation
der Herrscher, sondern nur die Qualität menschlicher Befehle
als gesetzmäßiger Handlungen betreffe.

Die Rousseausche „loi" ist Menschenwerk, die Macht des
Staats, was immer auch sein Endziel sei, kann nur zum Ausdruck
kommen in der Macht von Menschen, die zur Ausführung seiner
Aufgaben vom Recht selbst berufen werden. So ruhet nach Rousseau die Gesetzgebungsgewalt in der Hand des souveränen Volks,
und somit bedeutet es nur eine selbstverständliche Konsequenz,
wenn unser Autor lehrt, daß der Einfluß jedes einzelnen bei Fragen
der Gesetzgebung in demselben Maße abnehmen müsse, wie die

Zahl der an der Gesetzgebung beteiligten Bürger steige.[1] Auch hierin hat man ein besonders individualistisches Moment[2] erblicken wollen, doch scheint der Grund nicht recht deutlich. Denn giebt man einmal zu, daß die Gesetzgeber Menschen sind, so kann man auch die Thatsache schwerlich leugnen, daß die Stimme jedes einzelnen um so viel mehr ins Gewicht falle, je geringer die Zahl der Stimmbeteiligten ist.[3] Wie sollte die Anführung dieser schwerlich leugbaren Einzelthatsache sozialer Empirie ein Merkmal bilden können, das eine individualistische Staatslehre von einer anderen in Sicherheit unterschiede!

Einen solchen grundlegenden Unterschied erhält man auch nicht dadurch, daß man alles auf die ziemlich müßige Frage abstellt, in welcher Art das staatliche Leben historisch entstanden sei. Freilich ist, wenn man die Geschichte des vorrousseauschen Naturrechts betrachtet, schwerlich zu leugnen, daß diejenigen, welche die thatsächliche Entstehung des Staats historisch auf einen willkürlichen Zusammenschluß früher rechtlich ungebundener Individuen zurückführten, meist auch dem Staatswesen ein rein individualistisches Ziel gesteckt haben. Aber freilich eine Notwendigkeit, daß irgendwelche Ansicht über den Ursprung des Staats eine bestimmte andere über jenes Ziel und höchste Aufgabe im Gefolge haben müsse, ist hier mit nichten einzusehen. Es ist wohl denkbar, daß, wer den Staat sich in organischer Entwicklung entstanden denkt, ihm doch ein rein individualisches Ziel setzt, und daß andererseits derjenige, welcher den Gesellschaftsvertrag als thatsächliche Entstehungsweise des Staates behauptet, die Erziehung zur Gemeinschaft als obersten Zweck des Staates lehrt.

Es bedarf nach dem Gesagten keines Beweises dafür, daß in dem Rousseauschen System diese beiden Ansichten sich vereinigt finden. Denn Rousseau behauptet zwar nichts Bestimmtes über die Entstehungsweise der empirisch gegebenen sozialen Gemeinschaften, wohl aber lehrt er, wie wir sahen, daß die rechtliche Gemeinschaft, insofern sie überhaupt existiert, nur durch den Zusammenschluß der einzelnen Individuen entstehen kann. Wollte man eben dies schon als hinreichendes Merkzeichen eines grundsätzlichen Individualismus behaupten, so würde eine Oposition hiergegen Gefahr laufen, auf einen leeren Wortstreit hinauszukommen.

---

[1] C. s. III, 1. Mitte.

[2] Vgl. Gierke „Altusius" S. 204, Landmann. „Souveränitätsbegriff" S. 136.

[3] Man denke etwa an die Konsequenzen unseres preußischen Dreiklassenwahlsystems, an den Einfluß des einzelnen Wählers in der ersten Klasse im Gegensatz zu dem in der dritten Klasse.

Hält man aber in Gemäßheit des gewöhnlichen Sprachgebrauchs daran fest, daß nicht die Ansicht über die Entstehungsart, sondern über Zweck und Ziel des Staats bezüglich des Individualismus einer Staatslehre entscheidet, so war und bleibt Rousseau einer der energischsten und entschiedensten Gegner des Individualismus, die jemals geschrieben haben.

Wir werden im Verlauf unserer Darstellung noch genugsam Gelegenheit haben, diesen fundamentalen Grundzug der Rousseauschen Politik in seinen bedeutsamsten Konsequenzen kennen zu lernen, und gerade von diesem Punkte aus die wichtigsten Lehren der Rousseauschen Staatslehre systematisch zu würdigen. Denn es ist in der That ein Ziel, welches Rousseau bei allen Forderungen, die er an eine gute Gesetzgebung stellt, stetig und unentwegt im Auge behält: Die Erziehung der Bürger zur Gemeinschaft, die Herrschaft des Gemeinsinns ist Sinn und Inhalt der gesamten Rousseauschen Politik.

Alle Einrichtungen, welche dieser Aufgabe im Wege stehen, zu beseitigen, das ist das nächste Ziel einer tüchtigen Gesetzgebung. Es darf in einem wohl geordneten Staate nichts mächtig werden, was Denken und Wollen der Rechtsgenossen von den Angelegenheiten der Gemeinschaft abzieht und ablenkt.

Das ist der ausschlaggebende Gesichtspunkt, von welchem aus der Politiker Rousseau das Christentum als Staatsreligion abgeschafft wissen will. Vor allen Dingen das Christentum, wie es sich in der Verfassung der katholischen Kirche herausgebildet hat. Es ist nach Rousseau „la religion du prêtre",[1] welche dem Bürger in dem Priester, seinem kirchlichen Oberen, einen zweiten Herrn und Gebieter giebt und ihn so in Widerspruch mit sich selbst versetzt, indem sie die Pflicht, dem weltlichen Gesetz zu gehorchen, leugnet in der Aufstellung anders lautender kirchlicher Sätze.

Noch lehrreicher und für den Radikalismus der Rousseauschen Politik bezeichnender ist es, daß unser Autor selbst demjenigen Christentum die spezifisch rechtliche Anerkennung und Sanktion

---

[1] „Il y a une troisième sorte de religion plus bizarre, qui donnant aux hommes deux législateurs, deux chefs, deux patries, les soumet à des devoirs contradictoires, et les empêche de pouvoir être à la fois dévots et citoyens. Telle est la religion des Lama, telle est celle des Japonais, tel est le christianisme romain. On peut appeler celle-ci la religion du prêtre. Il en resulte une sorte de droit mixte et insociable qui n'a point de nom. A considérer politiquement ces trois sortes de religions, elles ont toutes leurs défauts. La troisième est si évidemment mauvaise que c'est perdre le temps de s'amuser à le démontrer. Tout ce qui rompt l'unité sociale ne vaut rien, toutes les institutions qui mettent l'homme en contradiction avec lui-même, ne valent rien." C. s. IV. 8.

entzogen wissen will, das sich mit den Grundgedanken des Glaubensbekenntnisses des savoyischen Vikars auf das engste berührt. Der Rechtsphilosoph Rousseau urteilt nach anderem Maß:

„La loi chrétiénne est au fond plus nuisible qu'utile à la forte constitution de l'état."[1]

Und das gilt auch für das reine evangelische Christentum oder die Religion der Menschheit, das keine Tempel kennt, keine Altäre, keinen äußeren formellen Kultus irgend welcher Art, sondern nichts seinen Gliedern anbefiehlt, als die Liebe Gottes und des Nächsten.[1] So schildert Rousseau „la pure et simple religion de l'évangile, le vrai théisme et ce qu'on peut appeler le droit divin naturel."[1]

Es ist dies vielleicht das schwerste Opfer, welches Rousseau der Konsequenz seines rechtsphilosophischen Systems darbringt, daß er die Religion seines Herzens, daß er sein Christentum, „non pas celui d'aujourd'hui mais celui de l'évangile qui en est tout-à-fait différent",[1] daß er den echt protestantischen Geist der Verinnerlichung und Einkehr bei sich selbst, welchen die heiligen Schriften des Evangeliums in ihm großgezogen und stetig genährt hatten, daß er dies alles aufzugeben bereit ist, um nicht die Durchführung jener höchsten Aufgabe zu gefährden, die er dem menschlichen Staate auf Erden anweist. Der Geist des Christentums ist nicht identisch mit dem Rousseauschen „esprit social".

„Cette religion n'ayant nulle relation particulière avec le corps politique, laisse aux lois la seule force qu'elles tirent d'elles-mêmes, sans leur en ajouter aucune autre; et par là un des grands liens de la société particulière reste sans effet. Bien plus; loin d'attacher les coeurs des citoyens à l'état, elles les en détache comme de toutes les choses de la terre. Je ne connais rien de plus contraire à l'esprit social."[1]

Hier in der richtigen Erfassung der ethischen Grundgedanken des Christentums zeigt sich denn doch die Schwäche des Rousseauschen Theismus. Der Geist des Christentums ist für ihn schlechthin ein Geist der Weltflüchtigkeit, ein Geist der Abkehr von allem Irdischen,[2] ein Geist der unbedingten Unterwürfigkeit, wer auch immer sich zum Herrn über Christen erheben wolle. Er

---

[1] C. s. IV, 8.

[2] „Le christianisme est une religion toute spirituelle, occupée uniquement des choses du ciel, la patrie du chrétien n'est pas de ce monde. . . . Il fait son devoir, il est vrai, mais il le fait avec une profonde indifférence sur le bon ou mauvais succès de ses soins . . . si l'état dépérit, il bénit la main de Dieu qui s'appesantit sur son peuple." C. s. IV, 8.

erkennt nicht. daß der scheinbar asketische Zug der christlichen
Lehre vorzüglich nur gebietet, die sinnlichen Triebe hintanzusetzen,
sobald es sich um die Beobachtung der sittlichen Gebote handelt,
vermeint, der echte Christ müsse jedwede Knechtschaft willig ertragen, weil. das Paradies zu erlangen, sein einziger Gedanke sein
dürfe.[1] Ihm scheint das Christentum den Fatalismus zu predigen,
zu gebieten, daß man jedweder Herrschaft sich zu fügen, auch dem
Tyrannen und Thronräuber zu gehorchen habe, weil seine Willkür
eine Geißel Gottes darstelle.[2] Er vermeint, das christliche Gebot
der Nächstenliebe bedeute die unbedingte Unterordnung unter jedweden subjektiven und verwerflichen Trieb des andern, als ob der
Gedanke des Nächsten etwas anderes bedeute als der der einheitlichen Unterstellung unter das einige göttliche Gebot.

„On se ferait conscience de chasser l'usurpateur."[3] — Als ob
derjenige die sklavische Unterwerfung des Guten unter die subjektive
Willkür des Schlechten den Seinen geboten hätte, welcher im heiligen
Zorn mit erhobener Geißel das Gezücht der Wechsler aus dem
Tempel vertrieb! Aber freilich Rousseau vermeint, die christliche
Demut bedeute auch die Verleugnung der eigenen Menschenwürde.
So ist christliche Gesinnung für ihn geradezu identisch mit sklavischer
Unterwürfigkeit.

„Le christianisme ne prêche que servitude et dépendance. Son
esprit est trop favorable à la tyrannie pour qu'elle n'en profite pas
toujours. Les vrais chrétiens sont faits pour être esclaves."[3]

So begreifen wir, daß die christliche Religion, also aufgefaßt,
dem Politiker Rousseau nicht als geeignetes Mittel erscheinen
konnte, um den Gemeinsinn der Bürger, um die Vaterlandsliebe
freier Bürger zu stärken.

„Je me trompe en disant une république chrétienne; chacun de
ces deux mots exclut l'autre."[3]

Diese negative Kritik des Christentums gewährt uns aber auch
zugleich Aufschluss darüber, wie die Religion beschaffen sein muß,
die Rousseau als mit seinen politischen Prinzipien im Einklang
stehend anerkennen kann. Nicht als ob unser Autor verlange, daß
das Recht ein in einem Katalog von Dogmen ausgeführtes Glaubens-
bekenntnis für jeden einzelnen Rechtsgenossen in bindender Art
aufstellen solle.

[1] „Qu'importe qu'en soit libre ou serf dans cette vallée de misères?
L'essentiel est d'aller en paradis et la résignation n'est qu'un moyen de plus
pour cela." C. s. IV. 8.
[2] Siehe Note 2 auf S. 303.
[3] C. s. IV, 8.

„Les sujets ne doivent donc compte au souverain de leurs opinions qu'autant que ces opinions importent à la communauté!"[1]

Nur insofern die Religion die fundamentalen Grundsätze des menschlichen Handelns auf Erden bestimmen will, soll sie sich der rechtlichen Aufsicht unterwerfen, soll der Staat darüber wachen, daß die Gebote der Religion nicht in Widerstreit treten mit den Gesetzen des positiven Rechts. Das ist der Sinn und Inhalt der Rousseauschen „religion civile", deren Gebote der Staat in Gesetzen fixiert, die von Rechts wegen für alle Menschen bindende Kraft besitzen, weil sie der höchsten Aufgabe alles staatlichen Lebens zu dienen bestimmt sein sollen: der Stärkung des Gemeinsinns, der Gemeinschaft aller Glieder.

„Il y a donc une profession de foi purement civile dont il appartient au souverain de fixer les articles, non pas précisément comme dogmes de religion, mais comme sentiments de sociabilité sans lesquels il est impossible d'être bon citoyen ni sujet fidèle. Sans pouvoir obliger personne à les croire, il peut bannir de l'état quiconque ne les croit pas; il peut le bannir non comme impie, mais comme insociable, comme incapable d'aimer sincèrement les lois, la justice et d'immoler au besoin sa vie à son devoir."[1]

Wenn die christliche Religion die Gedanken ihrer Anhänger von dem weltlichen Vaterland abwendet, so soll die religion civile zu ihm zurückführen, sie soll ein neues und wichtiges Mittel sein, um die Gemeinschaft zwischen allen Gliedern des Staats zu heben und zu fördern, indem sie gleich wie die mosaische und muhamedanische Religion[2] den Gehorsam gegen das weltliche Gesetz als heiliges Gebot Gottes hinstellt und anempfiehlt. Dennoch stehen die Sätze der Rousseauschen religion civile mit den Lehren des Christentums im Einklang, nur daß alles dasjenige ausgeschaltet ist, welches zwar nach Rousseau der christlichen Lehre eigen ist, aber, wie zum Beispiel die Hervorhebung der ewigen Seligkeit in einem anderen Leben als letzter und ausschlaggebender Beweggrund des Handelns, im Kern individualistisch und isolierend ist.[3]

---

[1] C. s. IV, 8.

[2] „Cette raison sublime qui s'élève au-dessus de la portée des hommes vulgaires, est celle dont le législateur met les décisions dans la bouche des immortels pour entraîner par l'autorité divine ceux que ne pourrait ébranler la prudence humaine. . . . De vains prestiges forment un lien passager, il n'y a que la sagesse qui le rende durable. La loi judaïque toujours subsistante, celle de l'enfant d'Ismaël qui depuis dix siècles régit la moitié du monde, annoncent encore aujourd'hui les grands hommes, qui les ont dictées." C. s. II, 7.

[3] „Les dogmes de la religion civile doivent être simples, en petit nombre, énoncés avec précision, sans explication ni commentaires. L'existence de la

Wenn die religion civile ein Mittel ist, um die Macht des
Staates zu stärken, was Wunder, daß Rousseau die Verletzung
ihrer Gebote als das schwerste Verbrechen bezeichnet, als Lüge
vor dem Gesetz, das nur die Todesstrafe sühnen kann:

„Si quelqu'un après avoir reconnu publiquement ces mêmes
dogmes, se conduit comme ne les croyant pas, qu'il soit puni de
mort; il a commis le plus grand des crimes, il a menti devant
les lois." [1]

Es wird nach dem Gesagten kein Befremden erregen, daß der
Politiker Rousseau nicht nur die vorhandenen Religionen, sondern
auch Wissenschaft und Kunst von dem Gesichtspunkt aus betrachtet, ob jene zur Stärkung und Hebung des Gemeinsinns unter den
Rechtsgenossen beitragen. Die ablehnende Haltung unseres Philosophen gegenüber diesen Lebensbethätigungen, wie sie besonders in
seiner ersten Schrift, dem „Discours sur les sciences et les arts",
zum nachdrücklichen Ausdruck gelangt, ist allgemein bekannt.
Weniger Beachtung aber dürfte es bis dato gefunden haben, daß
die Stellung Rousseaus in dieser Frage nicht zum geringsten Teile
durch die hier zur Erwägung stehenden sozialphilosophischen Momente
bedingt worden ist, welche schon damals in unserem Autor Boden
gewannen.

Schon damals galt antiker Gemeinsinn, galt altrömische und
altspartanische Vaterlandsliebe dem eifrigsten Schüler des Plutarch
als Muster jedweder Tugend. Schon damals wird das kriegerische
Sparta gegen das gebildete Athen, die Tugend der alten Römer
und Germanen gegen die Laster der modernen Kulturvölker ausgespielt. Der Kampf gegen Wissenschaft und Kunst ist im Grunde
ein Kampf gegen die antisoziale, die isolierende Wirkung dieser
Thätigkeiten. Was ist es, was der glühendste Bewunderer sparta-
nischer Sitten der modernen Wissenschaft zum Vorwurf macht?
Sie isolirt die Menschen, indem sie ihren Sinn abwendet von dem
gemeinen Besten, sie entnervt ihre Jünger, lenkt ihre Neigungen ab
von kriegerischer Thätigkeit, macht ihre Körper untüchtig zur Verteidigung des Vaterlands.

Wie schildert ein Rousseau den Verfall Roms? Indem er
nachweist, wie die vaterländische Gesinnung allmählich durch die
wachsende Neigung für Wissenschaft und Kunst unterdrückt und

divinité puissante, intelligente, bienfaisante, prévoyante, et pourvoyante, la
vie à venir, le bonheur des justes, le châtiment des méchants, la sainteté du
contrat social et des lois: Voilà les dogmes positifs. Quant aux dogmes négatifs,
je les borne à un seul, c'est l'intolérance." C. s. IV, 8.

[1] C. s. IV, 8.

erstickt wird. Vergebens kämpft Cato „contre ces Grecs artificieux et subtils qui séduisaient la vertu et amollisaient le courage de ses concitoyens".[1]

„Rome se remplit de philosophes et d'orateurs; on négligea la discipline militaire, on méprisa l'agriculture, on embrassa des sectes, et l'on oublia la patrie. Aux noms sacrés de liberté, de désintéressement, d'obéissance aux lois succédèrent les noms d'Epicure, de Zénon, d'Arcésilas ... Jusqu'alors les Romains s'étaient contentés de pratiquer la vertu, tout fut perdu quand ils commencèrent à l'étudier."[1]

Und wie die Wissenschaft, so die Kunst. Sparta war eine Republik von Halbgöttern und hat dennoch die Künste aus seinen Mauern verbannt, weil es die Tugend zur allgemeinen Aufgabe seiner Gesetzgebung ansersah.

„O Sparte, opprobre éternel d'une vaine doctrine! Tandis que les vices conduits par les beaux arts s'introduisaient ensemble dans Athènes, tandis qu'un tyran y rassemblait avec tant de soin les ouvrages du prince des poëtes, tu chassais de tes murs les arts et les artistes, les sciences et les savants! ... Là, disaient les autres peuples, les hommes naissent vertueux, et l'air même du pays semble inspirer la vertu. Il ne nous reste de ses habitants que la mémoire de leurs actions heroïques. De tels monuments vaudraient-ils moins pour nous que les marbres curieux qu'Athènes nous a laissés?"[2]

In den „Considérations sur le gouvernement de Pologne" kehren ähnliche Gedankengänge wieder. Doch während der Radikalismus jener Erstlingsschrift in der Kunst nichts als isolierende und antisoziale Tendenzen zu erkennen schien, hebt die reifste politische Schrift mit Nachdruck den sozialpädagogischen Beruf der Künste hervor. Jetzt wird nicht mehr nur das barbarische Sparta gegen das überbildete Athen, sondern die griechische Nationallitteratur eines Homer, eines Aschylos, Sophokles, Euripides gegen die verweichlichte, fadenscheinige Litteratur ausgespielt, die sich auf den französischen Bühnen des 18. Jahrhunderts breitmacht. War ja auch der „Discours sur les sciences et les arts" im tiefsten Herzen nur gegen die korrumpierte Kunst seiner Zeit gerichtet, wenn er auch im jugendlichen Drang mit der Verderbtheit einzelner Kunstrichtungen die gesamte Kunst zu verurteilen schien, so, wie auch der „Discours sur l'inégalité" die Schäden einer bestimmten Rechtsordnung als unvermeidliches Erbteil jedweden positiven Rechts auffaßte und würdigte. Nichts hat so sehr vielleicht zur Überwindung

---

[1] „Discours sur les sciences et les arts" (oeuv. compl. tome 3) p. 121.
[2] „Discours s. l. sciences et les arts" p. 123.

20*

der anarchistischen Skepsis in der Rousseauschen Philosophie beigetragen, wie die Erkenntnis von dem sozialpädagogischen Berufe
der Gesetze; so war denn auch nichts mehr geeignet, einen Rousseau
mit der Kunst wieder auf gewisse Art auszusöhnen, als die Rück-
besinnung auf die erziehliche Wirkung der vaterländischen Kunst
der Griechen.

„Tous cherchèrent des liens qui attachassent les citoyens à la
patrie: ... dans des spectacles qui leur rappelaut l'histoire de leurs
ancètres ... les enflammaient d'une vive émulation et les attachaient
fortement à cette patrie dont on ne cessait de les occuper. Ce sont
les poésies d'Homère récitées aux Grecs solennellement assemblés,
non dans des coffres, sur des planches et l'argent à la main, mais
en plein air et en corps de nation; ce sont les tragédies d'Eschyle,
de Sophocle et d'Euripide représentées souvent devant eux ... qui
les embrasant continuellement d'émulation et de gloire, portèrent
leur courage et leurs vertus à ce degré d'énergie dont rien aujourd'-
hui ne nous donne l'idée et qu'il n'appartient pas même aux
modernes de croire."[1]

Freilich, das war die Kunst nicht, welche die Theater von
Paris den korrumpierten und verweichlichten Söhnen des 18. Jahrhunderts darboten!

„C'est dans des salles bien fermées et à prix d'argent, pour
voir sur des théâtres efféminés, dissolus, où l'on ne sait parler que
d'amour, déclamer des histrions, minauder des prostituées, et pour
y prendre des leçons de corruption, les seules qui profitent de
toutes celles qu'on fait semblant d'y donner."[1]

Wir erinnern uns der Stelle in der économie politique, in
welcher Rousseau von der Vaterlandsliebe bemerkt, sie sei hundert-
mal glühender, als die Liebe zu einer Maitresse. Was Wunder,
daß er die nationale Kunst der Griechen dem Liebesgetändel seiner
Zeit gegenüberstellte! Es ist dieser Geist der Verweichlichung,
welcher, wie nichts anderes, den Egoismus großzieht und den Menschen
vom Menschen entfernt, dessen Bekämpfung und Ausrottung der
Politiker Rousseau vorzüglich und nachdrücklichst von einer
tüchtigen Gesetzgebung forderte. Wohl ist es bekannt, daß Jean
Jacques mit dem ganzen Pathos seiner glühenden Beredsamkeit
gegen die Sinnenlust und Verderbtheit seiner Zeit sich aufgelehnt,
aber nirgends scheint man bis dato darauf geachtet zu haben, daß
der bitterste Tadel der Erkenntnis entsprang, in diesen Lastern den
gefährlichsten Feind echter Gemeinschaft, treuer und redlicher
Vaterlandsliebe zu treffen. Es ist eine Erwägung, welche den Poli-

---

[1] „Considérations" chap. 2.

tiker Rousseau Religion und Sitten seiner Zeit verdammen läßt:
die bittere Erkenntnis, daß durch beide die Erziehung der Rechtsgenossen zur Gemeinschaft nicht gefördert, sondern hintangehalten
und vereitelt wird.

„S'ils s'assemblent, c'est dans des temples pour un culte qui
n'a rien de national, qui ne rappelle en rien la patrie; c'est dans
des fêtes, où le peuple toujours méprisé est toujours sans influence,
où le blâme et l'approbation publique ne produisent rien: c'est
dans des cohues licencieuces, pour s'y faire des liaisons secretes,
pour y chercher les plaisirs qui séparent, isolent le plus les
hommes et qui relâchent le plus les coeurs. Sont-ce là des
stimulants pour le patriotisme?“[1]

Gerade an dieser Stelle zeigt sich der Begriff der volonté
générale so recht in seiner vornehmsten Würde, als Maxime
des Handelns aller einzelnen Rechtsgenossen. Als es sich um
die formalen Bedingungen des positiven Rechts überhaupt handelte,
da genügte dem Rechtsphilosophen die nackte Thatsache eines
gemeinsamen Interesses, und die Voraussetzung für eine „loi“ war
geschaffen. So hätten denn auch die modernen Völker in rechtliche Gemeinschaft treten können, denn das Prinzip der volonté
générale als Formalvoraussetzung der „loi“, verlangt nur die Einheitlichkeit des Interesses und fragt nicht nach der Gesinnung des
Gesetzgebers. So konnte von diesem Standpunkte aus, letztlich gar
auch ein Volk, dem tiefer sittlicher Verfall dieselben Triebe, dieselben
Lüste[2] eingegeben, ein positives Recht sich schaffen.

Erst als es sich um die fundamentalen Prinzipien der Politik handelt, wird das Verdammungsurteil über die modernen Völker wahrhaft
vernichtend. Denn mochte man auch davon absehen, daß die soziale
Verfassung der modernen Völker dem Inhalt des contrat social
durchaus widersprach, mochte man auch ferner innerhalb ihrer
Gemeinschaft alle diejenigen Erscheinungen unbeachtet lassen, welche
nach den Sätzen der Technik der Rechtserzeugung der Einführung
einer rechtlichen Gemeinschaft im Wege standen, so konnte doch
unser Philosoph nimmer übersehen, daß das Ziel, welches er allem
sozialen Leben steckte, in dem Gemeinschaftsleben der modernen
Großstaaten geradezu in sein Gegenteil verkehrt war. Freilich auch

---

[1] „Considérations“ chap. 2.
[2] So hatte Rousseau schon im „Discours sur les sciences et les arts“
sich also über die Modernen geäußert: „Il règne en nos moeurs une vile et
trompeuse uniformité et tous les esprits semblent avoir été jetés dans un
même moule . . . les hommes qui forment ce troupeau qu'on appelle société,
placés dans les mêmes circonstances feront tous les mêmes choses, si des
motifs plus puissants ne les en détournent.“ p. 117.

hier gab es gemeinsame Interessen, aber nirgends eine Gemeinsamkeit der Gesinnung, nirgends herrschte die volonté générale
in dem Herzen der Genossen. Freilich: „Tous ont les mêmes goûts,
les mêmes passions, les mêmes moeurs ... Tous dans les mêmes
circonstances feront les mêmes choses."[1]

Aber die Gemeinsamkeit solcher Neigungen bedeutet gerade
die Aufhebung jedweden Gemeinsinns und die Herrschaft des
schnödesten Egoismus:

„Tous se diront désintéressés et seront fripons; tous parleront
du bien public et ne penseront qu'à eux-mêmes; ils n'ont d'ambition
que pour le luxe, ils n'ont de passion que celle de l'or."[1]

Erst hier, wo es sich um das Endziel der rechtlichen Gemeinschaft handelt, zeigt es sich, wie wenig die Rousseausche Rechtsphilosophie gewillt ist, jedwede Zwecksetzung, deren Gegenstand
von gemeinsamem Interesse ist, mit dem Ehrennamen der volonté
générale zu bezeichnen. Hier wird der Rousseausche Fundamentalbegriff zum Maßstab der Gesinnung und als solcher meistert
er die gemeinsamen Interessen, prüft sie, kritisch wägend, ob sie
auch dem Endziel des Rechts förderlich sind, der Erziehung der
Bürger zum Gemeinsinn, zu sozialer Gesinnung. Der Politiker
Rousseau fragt nicht nur, ob eine Zwecksetzung auch das Wohl aller
betreffe, sondern auch, ob jene das Wohl aller haben befördern wollen.

Die tugendhafte Gesinnung ist das Endziel des Rechts, und
somit ist ein Maßstab gewonnen, der die gemeinsamen Interessen
auf ihre Tüchtigkeit hin prüft, zur Annäherung an dieses Ziel zu
dienen. Die brutale Thatsache der allgemeinen Verbreitung genügt
mit nichten, um eine Neigung berechtigt und gut erscheinen zu
lassen, wenn sie mit dem Endziel alles sozialen Lebens nicht in
Einheit zusammen stimmt.

Das ist der Punkt, an welchem die Rousseausche Philosophie den kühnsten Ansatz macht zur Überwindung des sozialen
Eudämonismus. Die volonté générale wird zum Maßstab der
Kritik der Neigungen, unangesehen ihrer quantitativen Verbreitung! Wenn nur nicht in dem Kriterium selbst das
eudämonistische Moment von neuem enthalten wäre! Die volonté
générale, der Gemeinsinn, urteilt über Neigungen und Lüste, aber
dieser Gemeinsinn selbst besteht nur in einer Aufnahme der konkreten, zufälligen, subjektiv bedingten Zwecke der anderen, in der
Solidarität materialer Interessen!

Man darf dieses niemals aus den Augen verlieren, wenn man
sieht, wie Rousseau den allgemein verbreiteten Neigungen seiner

---

[1] „Considérations" chap. 3.

Zeit die gemeinsamen Interessen der Bürger Spartas und Roms entgegenstellt. Spartanische Kriegslust, spartanische Ausdauer und Einfachheit der Sitten, römische Tugend gegenüber der Verweichlichung und dem Luxus seiner Zeit! Der Spartaner ist und bleibt das Musterbeispiel für Rousseaus soziale Pädagogik: Er vereinigt die individuellen Tugenden des Rousseauschen Naturmenschen mit den sozialen Gaben seines „citoyen“; die rohe, ungekünstelte Einfalt der Sitten, die stoische Abhärtung mit dem lebhaftesten Gemeinsinn, der glühendsten Vaterlandsliebe. So, wie der Naturmensch des „Discours“ mit nichten individualistisch, sondern sozialpädagogisch wirken sollte, so auch sein soziales Gegenbild, der antike Bürger von Sparta. Der Naturmensch bildet die Vorstufe zu dem „citoyen“, die spezifisch sozialen Tugenden gehen ihm ab, so gut wie den modernen Zeitgenossen unseres Autors, aber die wahrhaftige Einfalt seines Wesens, seine ehrliche, ungeschminkte Selbstsucht lassen ihn als einen geeigneteren, willigeren Schüler Rousseauscher Sozialpädagogik erscheinen, als jenen modernen Sklaven, der in den Großstaaten vegetiert. Er ist Sklave, nicht nur, weil er in sozialer Knechtschaft lebt, sondern auch Sklave im ethischen Sinne, Sklave seiner antisozialen, selbstsüchtigen Lüste und Neigungen, die jeder Erziehung zu sozialer Tugend spotten. Der sozialpädagogische Gedanke läßt es zu, das Bild des isoliert lebenden Naturmenschen und des spartanischen Bürgers einheitlich aufzufassen, weil der „citoyen“ der Tugenden des Naturmenschen bedarf.[1] Denn er ist nicht nur kein Sklave im sozialen, sondern auch keiner im ethischen Sinne. Die moralische Freiheit, die Freiheit von jenen verderbten Neigungen und Lüsten ist an sich zu trennen von der sozialen Verfassung, der der einzelne untersteht.

„Des lois où est-ce qu'il y en a? et où est-ce qu'elles sont respectées? Mais les lois de la nature et de l'ordre existent. Elles tiennent lieu de loi positive au sage; elles sont écrites au fond de son cœur par la conscience et par la raison; c'est à celles-là qu'il doit s'asservir pour être libre ... L'homme vil porte partout la servitude. L'un serait esclave à Genève et l'autre libre à Paris.“[2]

---

[1] Die pädagogische, wenn auch nicht die sozialpädagogische Bedeutung des Naturmenschen hebt schon der eifrigste Rousseauleser, Kant trefflich hervor: „Rousseau wollte im Grunde nicht, daß der Mensch wiederum in den Naturzustand zurückgehen, sondern von der Stufe, auf der er jetzt steht, dahin zurücksehen sollte.“ (Anthropologie Teil II, E. Werke von Rosenkranz, Bd. 7 II, S. 268).

[2] „Emile“. l. 5, p. 175.

Man wird nicht verkennen, daß auch der Rousseausche Natur-
mensch der stoischen Züge nicht ermangelt, und das bildet die
Brücke zu dem Bilde des Spartaners, der frei von jeder selbstischen
Lust alles opfert für das Wohl seines Staats.   Hören wir, wie
Rousseau im „Emile" die Tugend des Bürgers zeichnet:

„Le Lacédémonien Pédarète se présente pour être admis au
conseil des trois cents; il est rejeté; il s'en retourne tout joyeux
de ce qu'il s'est trouvé dans Sparte trois cents hommes valant
mieux qe lui ... Voilà le citoyen.   Une femme de Sparte avait
cinq fils à l'armée et attendait des nouvelles de la bataille.   Un
Ilote arrive; elle lui en demande en tremblant; Vor cinq fils ont
été tués.   Vil esclave t'ai-je demandé cela?   Nous avons gagné
la victoire.   La mère court an temple et rend grâces aux dieux.
Voilà la citoyenne."[1]

Das ist nicht mehr nur der Rousseausche Naturmensch, aber
er ist es auch.

„Il y a bien de la différence entre l'homme naturel vivant
dans l'état de nature et l'homme naturel vivant dans
l'état de société."[2]

Was beiden gemeinsam ist, ist die Freiheit von weibischer
Schwäche, die männliche Kraft, die jene Sinnenlust der Mo-
dernen stolz verachtet.   Denn jene bedeutet einen gefährlichen
Feind für jede Erziehung zum Gemeinsinn, und so ist es kein
Wunder, wenn die Rousseausche Politik ihre Vernichtung und
Ausrottung von Wurzel aus von einer tüchtigen Gesetzgebung
fordert.

Und Rousseau erkennt in dem Gelde die Wurzel all dieser
Übel, es schafft die Möglichkeit, jenen isolierenden Neigungen nach-
zugehen und sich mit geringer Mühe den heiligsten Pflichten der
Gemeinschaft zu entziehen.

„Sitôt que le service public cesse d'être la principale affaire
des citoyens et qu'ils aiment mieux servir de leur bourse que de
leur personne, l'état est déjà près de sa ruine.   Faut-il marcher
au combat, il paient des troupes et restent chez eux: faut-il aller
au conseil, ils nomment des députés et restent chez eux.   A force
de paresse et d'argent, ils ont enfin des soldats pour asservir la
patrie et des représentants pour la vendre."[3]

Mit anderen Worten: Die Pflichten gegenüber der Gemeinschaft können nimmermehr mit Geld abgethan und bezahlt werden.

---

[1] „Emile", l. 1, p. 15.
[2] „Emile", l. 3, p. 254.
[3] C. s. III. 15.

Gut und Blut muß der Rechtsgenosse in den Dienst der Gemeinschaft stellen, soll er zum echten Bürger erzogen werden.

„C'est le tracas du commerce et des arts, c'est l'avide intérêt
du gain, c'est la mollesse et l'amour des commodités qui changent
les services personnels en argent. On cède un partie de son profit
pour l'augmenter à son aise.“[1]

Der Bürger soll kein Mittel haben, um sich dem Dienst der
Gemeinschaft zu entziehen. In steter angestrengter Arbeit für das
Wohl der Gesamtheit soll er seiner heiligsten Pflichten eingedenk
bleiben, daß nicht die Verfolgung subjektiver Zwecke seinen Sinn
von den öffentlichen Dingen abwendig mache, und er gar in die
soziale Knechtschaft geduldig einwillige, um seinen Lüsten fröhnen
zu können.

„Donnez de l'argent et bientôt vous aurez des fers. Ce mot de
finance est un mot d'esclave: il est inconnu dans la cité.“[2]

Das Geld gewährt die Mittel zum Luxus, zum „luxe matériel“[2]
und zum „luxe de l'esprit“[2] und, schlimmer noch, es ermöglicht
den Gedanken eines Äquivalents für das, was persönlich zu leisten,
heiligste Pflicht des Bürgers ist. Das ist Rousseausche Freiheits-
liebe, die man so leichthin mit Individualismus auf eine Stufe gestellt hat, Individualismus, der sich gegen die Steuern ausspricht,
weil sie die körperlichen Anstrengungen und Opfer jedes einzelnen
für die Gemeinschaft zu ersetzen bestimmt seien.

„Dans un état vraiment libre, les citoyens font tous avec
leurs bras et rien avec de l'argent: loin de payer pour s'exempter
de leurs devoirs, ils paieraient pour les remplir eux-mêmes. Je
suis bien loin des idées communes: je crois les corvées
moins contraires à la liberté que les taxes.“[1]

In dem Kapitel 11 der „Considérations“ finden sich dieselben
Gedankengänge wieder.

Wir, denen hier vorzüglich die systematischen Grundlagen der
Rousseauschen Politik am Herzen liegen, haben hier noch einen
neuen bedeutsamen Grund für Rousseaus ablehnende, ja, geradezu
feindliche Haltung gegenüber dem Gelde zu betonen. Denn das
Geld ist die Wurzel der Habsucht, des Geizes,[3] es entfremdet nicht

---

[1] C. s. III, 15.

[2] „Considération“ chap. 11me.

[3] Und dieser „Hunger nach Geld“ ist nicht einmal begründet; denn
Rousseau vertritt, was hier wenigstens anmerkungsweise berührt werden soll,
den physiokratischen Standpunkt, wenigstens in der späteren Periode seiner
schriftstellerischen Thätigkeit. Vgl. z. B. Cons. chap. 11: „Au fond l'argent
n'est pas la richesse, il n'en est que le signe, ce n'est pas le signes qu'il faut

nur den Sinn der Bürger von dem gemeinen Besten, sondern es stachelt den einen gegen den andern auf und läßt ihn in dem anderen seinen Feind und Widersacher erblicken.

„Cherchez en tout pays, en tout gouvernement, et par toute la terre, vous n'y trouverez pas un grand mal en morale et politique, où l'argent ne soit mêlé."[1]

Darum die leidenschaftliche Bekämpfung der Habsucht und des Geizes, jener antisozialen Triebe, die den Menschen zum Sklaven machen, und wiederum hier der Hinweis auf Lykurg, der „pour déraciner la cupidité dans Sparte, n'anéantit pas la monnaie, mais il en fit une de fer."[1]   Darum die kurze Forderung an den Gesetzgeber:

„Il faut rendre l'argent méprisable et s'il se peut inutile."

Was sollte denn auch eine Politik, die von dem Prinzip der volonté générale letztlich bestimmt wird, heftiger befehden, als was den Interessengegensatz zwischen den Rechtsgenossen schärft und vermehrt, was da anstachelt und stetig antreibt, gegen das Prinzip sozialer Tugend zu sündigen, den eigenen Vorteil zu suchen, und gälte es auch im Kampfe gegen den Genossen.

Solidarität der Interessen erkannten wir schon als Fundament des positiven Rechts, sie ist auch ein bedeutsames erzieherisches Mittel der Rousseauschen Sozialpädagogik.   Hier ist die Stelle, wo die Rousseausche Politik bei der Technik der Rechtserzeugung mit Gewinn in die Schule geht.   Die Gemeinschaft der Interessen war Voraussetzung für die Entstehung eines bindenden Rechtssatzes, ihre Stärkung und Vermehrung erkennen wir nun auch als bedeutsames methodisches Mittel zur Annäherung an das Endziel, welches Rousseau aller rechtlichen Gemeinschaft anweist.

Wenn dem so ist, so würde freilich die Erwägung, welche Rousseau zu seiner ablehnenden Haltung gegenüber dem Gelde mitbewog, noch von viel weittragenderer politischer Bedeutung sein. Denn wenn die rechtliche Anerkennung des Geldes zur Vermehrung und Verschärfung des Interessengegensatzes zwischen den Rechtsgenossen beiträgt, sollte nicht eben dies von dem Privateigentum jedweder Art überhaupt in gleicher Weise gelten?

In der That haben wir hier in systematischer Erwägung den Punkt erreicht, an welchem die Stellung Rousseaus zum Privat-

---

multiplier, mais la chose représentée." — Der physiokratische Einfluß zeigt sich auch in seiner Steuerpolitik der späteren Periode: „L'impôt le meilleur à mon avis, le plus naturel et qui n'est point sujet à la fraude, est une taxe proportionelle sur les terres et sur toutes les terres sans exception." ibidem.

[1] „Considérations" chap. 11.

eigentum in prinzipieller Art zur entgültigen Erledigung zu gelangen hat. Wir haben schon oben auf den gewichtigen Umstand aufmerksam gemacht, daß die Rousseausche Rechtsphilosophie in ihrer späteren reifen Gestalt klar erkennt: Die Frage des Privateigentums betrifft keine Existenzfrage des positiven Rechts überhaupt, sondern enthält eine (freilich unendlich bedeutsame) Einzelfrage der Politik. Das ist die Entwicklung vom „Discours sur l'inégalité" und der „Économie politique" zum „Contrat social". Und diese Entwicklung ist so unendlich bedeutsam, weil sie es ermöglicht, daß Rousseau seine lediglich negative Kritik aufgiebt, seine feindliche Haltung gegenüber dem Privateigentum umsetzt und fortführt zu fundamentalen gesetzgeberischen Reformvorschlägen. Wir erinnern daran, wie Rousseau im „Discours" die Einrichtung des Privateigentums geißelt als die fundamentale Ursache der sozialen Ungleichheit, des wütenden Interessengegensatzes, in dem die Glieder der Gemeinschaft sich gegenseitig zerfleischen. Die sozialen Zustände seiner Zeit erschienen ihm der Gipfelpunkt alles Elends und alles Verderbens: und diese Zustände hatte das Privateigentum geschaffen.

Aber noch wußte unser Autor keine Rettung aus solcher Not: denn seine Sozialphilosophie identifiziert noch unbefangen die rechtlichen Grundlagen der Gesellschaftsordnung ihrer Zeit mit den notwendigen Bestandteilen jedweder Rechtsordnung überhaupt. Daher die Skepsis, daher die verbissene Resignation, die viel zu sehr noch von dem unklaren Empirismus eines Locke beeinflußt war, um dem Gedanken einer Aufhebung des Privateigentums überhaupt nahezutreten. In der économie politique zeigt sich bezüglich des Lockeschen Einflusses eher ein Rückschritt als ein Fortschritt. Hier kann man lesen:

„Le fondement du pacte social est la propriété"[1] und früher schon hieß es:

„Le droit de propriété est le plus sacré de tous les droits et plus important à certains égards que la liberté même."[2]

Aber freilich die Begründung der These zeigt schon, wie sehr selbst hier bereits die Einseitigkeit des Individualismus eines Locke überholt und im Grunde überwunden ist. Denn es sind die Interessen der Gemeinschaft, die Interessen des Staats, auf welche Rousseau nicht zum geringsten in dieser Schrift das Privateigentum gründet.

„La propriété est le vrai fondement de la société civile, et le

---

[1] Econ. pol. p. 191.
[2] Econ. pol. 183.

vrai garant des engagements des citoyens; car si les biens ne répondaient pas des personnes, rien ne serait sie facile que d'éluder ses devoirs et de se moquer des lois."[1]

Schon hier also wird recht antiindividualistisch die Berechtigung des Privateigentums auf seine Tauglichkeit, zu den kriminellen Aufgaben des Staats zu dienen, letztlich gegründet: Das Privateigentum ist gut, weil es der Staat wegnehmen kann!

Eine definitive Änderung der Stellung Rousseaus in dieser Frage konnte freilich erst der „Contrat social" ermöglichen. Jetzt erst ist Lockes unklarer Empirismus endgültig überwunden: Der Formalbegriff der „loi" weiß nichts von irgendwelchem Privateigentum. Er enthält die Existenzbedingungen des positiven Rechts, aber vom Privateigentum redet er nicht. Es ist dies Schweigen. welches für die Entwicklung der Rousseauschen Rechtsphilosophie von fundamentaler Bedeutung wird. Die Frage, Privateigentum oder nicht. ist nun nicht mehr gleichbedeutend mit der Frage nach der Existenz des Rechts überhaupt, sondern mit der nach einer guten oder schlechten rechtlichen Ordnung. Die Entscheidung über die Existenz des Privateigentums wird in die rechtliche Macht des menschlichen Gesetzgebers gelegt, wird zu einer Frage der Politik.

„Le droit que chaque particulier a sur son propre fonds, est toujours subordonné au droit que la communauté a sur tous. — Le souverain peut légitimement s'emparer du bien de tous."[2]

Und soll der souveräne Gesetzgeber also handeln, weil er es kann?

Berücksichtigen wir den „Discours", so scheint die Frage entschieden; denn ihn hatte nur die Vorstellung des mangelnden Könnens verhindert, das Sollen zu bejahen. Dies Hindernis, jetzt ist es gefallen; doch alle die Vorwürfe. welche der „Discours" gegen das Privateigentum erhoben, haben in der Rousseauschen Politik ihre fundamentale Bedeutung behalten. Der „Contrat social", noch die späteren sozialwissenschaftlichen Schriften Rousseaus nehmen es zurück. daß das Privateigentum der gefährlichste Urheber der sozialen Zerklüftung, des Interessengegensatzes zwischen den Gemeinschaftsgliedern sei. Wie soll sich eine Politik, welche die Solidarität der Interessen aller als ihr Ziel anerkennt, zu einer rechtlichen Institution stellen, in welcher sie den gefährlichsten Grund sozialer Spaltung. des berüchtigsten Cliquenwesens. des Gegensatzes zwischen Reich und Arm, zu erkennen meint.

Nirgends hat Rousseau die berühmten Worte, welche den

---

[1] Econ. pol. p. 183, 184; derselbe Gedanke in C. s. I. 6.
[2] C. s. I. 9.

zweiten Teil seines „Discours sur l'inégalité" einleiten,[1] zurück-
genommen, aber diese Worte bedeuten auf der reifsten Entwicklungsstufe seiner Sozialphilosophie nicht mehr eine Begründung
anarchistischer Skepsis, sondern ein beherzigenswertes Leitwort für
den nach Prinzipien verfahrenden Politiker.[2]

Gerade in dieser für die Geschichte der Rechtsphilosophie wie
der Volkswirtschaftspolitik gleich bedeutsamen Frage nach der
Stellung Rousseaus zum Privateigentum muß die Notwendigkeit
einer systematischen Darstellung der Rousseauschen Sozialphilosophie einem jeden deutlich werden. Denn solange nicht die
fundamentalen Prinzipien der Rousseauschen Politik auf das
schärfste und eindringlichste klargelegt sind, würde nicht nur jede
Einzelentscheidung unseres Autors, auf welche unsere Darstellung
sich berufen könnte, den Stempel des absolut Zufälligen und Willkürlichen an sich tragen, sondern vor allen Dingen es ginge für
den Beurteiler dieser Philosophie, sobald es an einer solchen ausdrücklichen Entscheidung unseres Autors mangelte, oder gar widersprechende Einzelstellen sich aufwiesen, jedwede Möglichkeit einer
begründeten Orientierung verloren.

In diesem Sinne bedarf es nun kaum noch eines Beweises mehr
dafür, daß die Rousseausche Politik, systematisch erwogen, zu einer
prinzipiell ablehnenden Haltung gegenüber dem Privateigentum gelangen muß. In der That hätten nicht nur die oben
dargestellte Kritik des Privateigentums im „Discours", sondern auch

---

[1] „Le premier qui ayant enclos un terrain, s'avisa de dire „ceci est à
moi" et trouva des gens assez simples pour le croire, fut le vrai fondateur de
la société civile. Que de crimes, de guerres, de meurtres, que de misères et
d'horreurs n'eût point épargnés au genre humain celui qui arrachant les pieux
et comblant le fossé, eût crié à ses semblables: Gardez-vous d'écouter cet
imposteur, vous êtes perdus si vous oubliez que les fruits sont à tous et que
la terre n'est à personne." Vgl. oben S. 146.

[2] Es ist schwerlich dem Rousseauschen Gedankengang entsprechend,
wenn Liepmann (a. a. O. S. 45) die „Invektiven" des „Discours" gegen das
Eigentum nur auf den vorrechtlichen Naturzustand und dessen Besitzordnung
bezogen wissen will und die Angriffe Rousseaus gegen die Unruhen dieser
Besitzordnung als Verherrlichung der rechtlichen Institution des Privateigentums auffaßt. — In der That eine seltsame Art der Verteidigung des
Privateigentums, welche die Entstehung dieses Instituts auf listige Überredung
willkürlicher, brutaler Eroberer zurückführt, die jenen ersten Eroberer einen
Betrüger schilt, den Urheber aller Verbrechen, Kriege, Mordthaten, alles Elends
und Schreckens, weil er der wahre Gründer der bürgerlichen Gesellschaft sei, indem die Einrichtung einer rechtlich bindenden Verfassung
seinem gewaltthätigen Verhalten nun auch den rechtlichen Schutz verlieh,
„d'une adroite usurpation firent un droit irrévocable et pour le profit
de quelques ambitieux assujettirent désormais tout le genre humain
au travail, à la servitude et à la misère." Disc. p. 67.

die letztlich erwogenen Bedenken gegen das Geld, die ja in gleicher Art für andere Objekte des Privateigentums gelten können, den Politiker Rousseau zu diesem Standpunkt führen müssen. Und so hat denn auch in der That unser Autor in einer seiner letzten Schriften es ausgesprochen, daß die möglichste Schmälerung des Privateigentums das stete Ziel der Gesetzgebung sein und bleiben müsse, und daß er bei diesem Bestreben schlechthin keine andere Schranke und Grenze anerkennen könne, als die thatsächliche Unmöglichkeit einer weiteren Durchführung.

„Mais sans entrer dans des spéculations qui m'éloignent de mon objet, il suffit de faire entendre ici ma pensée, qui n'est pas de détruire absolument la propriété particulière, parce que cela est impossible, mais à la renfermer dans les plus étroites bornes, de lui donner une mesure, une règle, un frein qui la contienne, la dirige, qui la subjugue et la tienne toujours subordonnée au bien public."[1]

Damit aber ist die Aufhebung des Privateigentums als berechtigter Richtpunkt, als stetig zu verfolgendes, wenn auch nie völlig erreichbares Ziel einer tüchtigen Gesetzgebung endgültig anerkannt. So soll denn der Gesetzgeber von der Befugnis, die ihm der Rechtsphilosoph verleiht, Gebrauch machen und die Gesamtheit der wirtschaftlichen Güter der Sonderverfügung der einzelnen nach Kräften entziehen, wie denn schon Lykurg, das Muster eines tüchtigen Gesetzgebers, von diesem Recht Gebrauch gemacht hat, der göttliche Lykurg, dessen Beispiel auch hier wieder Rousseau ausdrücklich nennt.[2]

Freilich bedeutet auch für Rousseau das Privateigentum, wo und in welchen Grenzen auch immer es durch das System der „lois" anerkannt ist, eine rechtlich gültige Institution,[3] das Urteil des

---

[1] „Projet de constitution pour la Corse" bei Streckeisen-Moultou a. a. O., p. 100.

[2] „Le souverain n'a nul droit de toucher au bien d'un particulier ni de plusieurs, mais il peut légitimement s'emparer du bien de tous, comme cela se fit à Sparte au temps de Lycourgue." „Emile" l. 5, p. 158.

[3] So, daß naturgemäß das Privateigentum eines jeden einzelnen so lange und so weit vom Recht geschützt werden muß, in wieweit die Rechtsordnung dieses Institut überhaupt beibehält. Insofern bedeutet es durchaus keinen Widerspruch mit seiner politischen Grundanschauung, wenn Rousseau auch noch im „Contrat" (I, 9) erklärt, daß „die Gemeinschaft die einzelnen in ihrem legitimen Besitz sichert." Trotzdem gründet Liepmann (a. a. O. S. 44) hierauf seine Ansicht, daß der „Contrat social" noch auf demselben individualistischen Standpunkt stehe, wie die economie pol. Aber dieses letztere ist so wenig individualistisch, wie der gleichfalls von L. citierte Satz, daß der Staat der Herr über alle Güter seiner Unterthanen sei, antiindividualistisch zu nennen

Politikers betrifft überhaupt nicht die formale Rechtsbeständigkeit eines Gesetzes, sondern setzt vielmehr diese stillschweigend voraus und urteilt nur über dessen Tüchtigkeit oder Verwerflichkeit.

In diesem Sinne verurteilt die Politik Rousseaus das Rechtsinstitut des Privateigentums, und es ist leicht begreiflich, wie die fundamentalen Prinzipien dieser Sozialphilosophie zu solchem Ergebnis führten und führen mußten. War ja die möglichste Linderung und Aufhebung des Interessengegensatzes innerhalb der rechtlichen Gemeinschaft dasjenige Ziel gewesen, welches der Rousseauschen Philosophie von jeher vor Augen schwebte. Schon die „économie politique" enthielt hier den ersten Schritt, um aus der resignierten Skepsis des zweiten „Discours" hinauszukommen. Die optimistischste aller sozialwissenschaftlichen Schriften Rousseaus machte die besondere konkrete Regelung der Privateigentumsverhältnisse für den Gegensatz zwischen Reich und Arm verantwortlich. So etwa, wie die Platonischen „Gesetze", erstrebte diese Schrift durch gesetzgeberische Maßnahmen ein gleiches Quantum von Privateigentum für einen jeden Genossen.

„C'est sur la médiocrité seule que s'exerce toute la force des lois." [1]

Nicht sowohl die einzelnen Mittel, welche Rousseau zu diesem Zwecke vorschlägt, sondern seine Methode ist hier für uns von besonderem Interesse. Das Privateigentum soll zwar nicht beseitigt werden, aber der Gesetzgeber soll es neu regeln, auf andere Grundlagen stellen.

Und schon wird auch die freie Verfügung des Eigentümers über sein Besitztum von Todes wegen angegriffen und ihre Neuregelung verlangt.

„Par la nature du droit de propriété, il ne s'étend point au delà de la vie du propriétaire et . . . à l'instant qu'un homme est mort, son bien ne lui appartient plus. Ainsi lui prescrire les con-

---

ist. Denn beides betrifft nur die formale Machtbefugnis des Rousseauschen Gesetzgebers und ihre Schranken, mit nichten aber enthalten diese Sätze ein Urteil über die Art der Anwendung, welche der Souverän von seiner formalrechtlich zulässigen Macht machen soll. Würde die erste der von L. citierten Bemerkungen etwas für den individualistischen Standpunkt des „Contrat social" in dieser Frage beweisen, so müßte man z. B. auch behaupten, daß derjenige marxistische Sozialist einen individualistischen Standpunkt vertrete, welcher anerkennt, daß, solange nicht die Kollektivierung der Produktionsmittel durch das Recht erfolgt sei, das Privateigentum der einzelnen an solchen Objekten geschützt werden müsse.

[1] Econ. pol. p. 179.

ditious, sous lesquelles il en peut disposer, c'est au fond moins altérer son droit en apparence que l'étendre en effet."[1]

Inwiefern konnten wir demgegenüber dennoch den grundlegenden Standpunkt des „Contrat social" und der späteren Schriften als einen gänzlich veränderten bezeichnen? Nicht darum handelt es sich bei unserer Darstellung der Stellung des Privateigentums im System der Rousseauschen Politik, ob unser Autor von dieser rechtlichen Institution schlechterdings und in keinem Fall etwas habe wissen wollen oder ob er, wie sich das im Grunde von selbst versteht, im besonderen Fall zunächst einmal mit dem Bestehen dieses Rechtsinstituts zu rechnen gesonnen war, sondern in Frage steht einzig, ob die Rousseausche Politik die Aufhebung des Privateigentums als ein erstrebenswertes Ziel aller Gesetzgebung überhaupt behauptet oder nicht, ganz unangesehen des Umstands, in welcher besonderen Art und Schnelligkeit nach den besonderen empirischen Umständen die einzelne konkrete Gesetzgebung die Annäherung an dieses Ziel betreiben und herbeiführen soll. In diesem letzteren Sinne allein war es gemeint, wenn wir ausführten, daß die Rousseausche Politik der späteren Zeit die Aufhebung des Privateigentums anstrebte. Die Aufstellung dieses Ziels bildet die Kluft, welche den „Discours" und die „Economie politique" von dem „Contrat social" und den späteren Schriften in dieser Frage scheidet.

Zwar finden sich die Ausführungen der „Economie politique" über eine anzustrebende gleichmäßigere Verteilung des Privateigentums auch noch im „Contrat social" wieder, der ja, wie wir früher sahen, gerade durch solche gesetzgeberische Maßnahmen die „égalité" und eben damit die liberté aller Rechtsgenossen sichern wollte. Aber wir sahen auch, daß in der Politik des „Contrat social" die liberté, d. h. die Unabhängigkeit jedes einzelnen Bürgers von jedem andern, nur als ein Mittel auftrat im Dienste eines anderen höheren Zwecks, der Vermehrung und Ausbreitung der Macht des Staats.

Und mit dieser letzteren Art der Erwägung war dem Privateigentum in der Rousseauschen Politik ein neuer und erbitterter Todfeind entstanden. Jetzt handelte es sich nicht mehr nur um eine anderweitige Verteilung seiner Objekte, sondern um seinen rechtlichen Bestand überhaupt. Denn es galt die Macht des Staats, des gesetzgebenden Erziehers, zu stärken, und Rousseau erkannte in dem Privateigentum ein Mittel, vermöge dessen der einzelne sich

---

[1] Econ. pol. p. 184. Vgl. auch Projet de const. p. la Corse 2me partie (Streckeisen-Moultou p. 119): „Les lois concernant les successions, doivent toutes tendre à ramener les choses à l'égalité, en sorte que chacun ait quelque chose et personne n'ait rien de trop."

unabhängig stellen, sich der strengen Zucht seines staatlichen Herrn entziehen konnte. So ward das Privateigentum entlarvt als ein Feind staatlicher Autorität, und damit war sein Untergang in der Rousseauschen Politik besiegelt.

Es ist ein Grundgedanke der Rousseauschen Lehre, daß das Individuum alles, was es ist und hat, dem Staate verdanken und eben dessen beständig eingedenk bleiben solle.[1] Nur so kann Herz und Sinn jedes einzelnen auf das festeste an die Gemeinschaft gekittet werden.

„La somme du bonheur commun fournissant une portion plus considérable à celui de chaque individu, il lui en reste moins à chercher dans les soins particuliers."[2]

Und nicht nur das Glück, die Lust, sondern die Erhaltung seines nackten Daseins soll das Individuum dem Staate verdanken; unabhängig vom Staate soll der Einzelne ohnmächtig sein, damit die Gesamtheit allmächtig werde. Das ist die Aufgabe eines tüchtigen Gesetzgebers.

„Il faut en un mot qu'il ôte à l'homme ses forces propres pour lui en donner qui lui soient étrangères et dont il ne puisse faire usage sans le secours d'autrui ... en sorte que si chaque citoyen n'est rien, ne peut rien, que par tous les autres ... on peut dire que la législation est au plus haut point de perfection qu'elle puisse atteindre."[3]

Damit aber ist dem Privateigentum das Todesurteil gesprochen, der Gesetzgeber wird angewiesen, dem Staate zuzuteilen, was in den Händen des Einzelnen die Schmälerung staatlicher Macht und staatlicher Zuchtgewalt herbeiführen könnte.

„Je veux en un mot, que la propriété de l'Etat soit aussi grande, aussi forte et celle des citoyens aussi petite, aussi faible qu'il est possible. Voilà pourquoi j'évite de la mettre en choses dont le possesseur particulier est trop maître, telles que la monnaie et l'argent que l'on cache aisément à l'inspection publique."[4]

So ist denn der Einfluß Locke's in dieser Frage endgültig gebrochen; die Vernichtung des Privateigentums und seine Verdrängung

---

[1] Vgl. z. B. „fragments des institutions politiques" (Streckeisen-Moulton p. 224): „leur fidélité sera celle de la république, car n'étant rien que par elle, ils ne seront rien que pour elle, elle aura tout ce qu'ils ont, et sera tout ce qu'ils sont."

[2] C. s. III, 15.

[3] C. s. II, 7.

[4] „Projet de constitution pour la Corse" (Streckeisen-Moulton p. 100).

durch den Staat, das ist nach Rousseau das Ziel einer guten und
tüchtigen Gesetzgebung.

Es ist nicht zu leugnen, daß diese Theorie mit den Gedanken
des modernen Staatssozialismus eine gewisse Verwandtschaft
hat, nur daß Rousseau in dem Bestreben, die wirtschaftlichen Güter
in den Besitz des Staates zu bringen, radikaler vorgeht, als die Vertreter jener letztgenannten Richtung. Auch trägt naturgemäß der
Gedanke des Staatseigentums bei Rousseau einen durchaus republi-
kanischen Charakter. Wird ja der Staat durch die Gesamtheit verkörpert, und so bedeutet das Eigentum des Staates im Grunde nichts
anderes, als der gleiche Anteil jedes einzelnen an der Gesamtheit
der wirtschaftlichen Güter; nur daß nicht das subjektive Belieben
des einzelnen, sondern öffentlichrechtliche Gewalten, Gesetzgebung
und Regierung, über die Verwaltung des gemeinsamen Besitzes entscheiden sollen. Mit anderen Worten: Hinsichtlich der Verteilung
der wirtschaftlichen Güter erstrebt die Politik Rousseaus letztlich den Kommunismus.

„Loin de vouloir que l'Etat soit pauvre, je voudrais
au contraire qu'il eût tout et que chacun n'eût sa part aux
biens communs qu'en proportion de ses services.“[1,2]

Gerade die Haltung Rousseaus gegenüber der Berechtigung
des Privateigentums beweiset so recht deutlich und augenscheinlich,
wie furchtbar ernst es dieser Philosophie mit ihrer Forderung der
Stärkung des Staatsgedankens ist und ebendamit mit ihrem Bestreben, jedweden Interessengegensatz zwischen den Gemeinschaftsgliedern aufzuheben. Unbedingte Solidarität der Interessen aller,
das ist das grundlegende Ziel Rousseauscher Politik, und die Aufstellung solchen Ziels findet in dem Ganzen dieses Systems seine
wohlbegründete Rechtfertigung. Bedeutete nicht der Fundamentalbegriff der égalité, im Sinne der Gleichheit der Interessen aller, von
vornherein einen Eckstein dieses Systems? Es konnte ja kein positiver Rechtssatz, weß Inhalts auch immer, zustande kommen, es sei
denn, daß sich hinsichtlich seines Erlasses oder Nicht-Erlasses eine
solche Gleichheit der Interessen aller nachweisen ließe. Wie hätte

---

[1] „Projet de constitution pour la Corse“ a. a. O. p. 100.

[2] Es ist ein bleibendes Verdienst Stahls, den Begriff des gemeinsamen
Interesses als eines Fundaments der Rousseauschen Sozialphilosophie richtig
erkannt und auf die logische Notwendigkeit hingewiesen zu haben, welche
von diesen Prämissen auf die Forderung des Kommunismus hindrängen mußte.
Daß Rousseau selbst diesen Schritt gewagt hat, ist diesem scharfsinnigen
Manne entgangen, ebenso, wie die fundamentale Bedeutung des Gedankens von
der Macht des Staats, der in dieser Frage ausschlaggebend war. Vgl. Stahl:
Gesch. d. Rechtsphil. I. S. 307.

man da den Staat, das Recht besser schützen und stärken können, als indem man dasjenige soziale Phänomen begünstigte, welches die notwendige Grundlage jedweder rechtlichen Zusammenfassung und Ordnung bilden sollte? Dieses Aufgehen und Sichdecken der Neigungen und Strebungen des einen mit denen aller andern, das bildete das charakteristische Kennzeichen des R o u s s e a u schen Musterstaats. Darum die Feindschaft gegen alles Cliquenwesen im Staate, gegen alle Spaltung und Zusammenfassung nach besonderen Interessen, wo schlechthin und allgemein nur einunddasselbe rings in der Gemeinschaft herrschen sollte. Die Existenz besonderer Interessen, die Verschiedenheit der Lage der einzelnen Glieder der Gemeinschaft hinsichtlich irgend welcher Angelegenheiten bildete ja, wie wir sahen, die unentrinnbare Klippe, an der jede mögliche rechtliche Regelung unvermeidlich scheitern mußte; das war der letzte Grund für jene fundamentale Scheidung zwischen volonté générale und volonté de tous, zwischen bindendem Gesetz und nichtigem Willkürakt der Majorität. Was Wunder, daß Rousseau das Urbild einer vollkommenen Gemeinschaft dorten sah, wo die absolute Solidarität der Interessen aller einzelnen einer solchen Scheidung jede Grundlage nahm.

„Alors tous les ressorts de l'état sont vigoureux et simples, ses maximes sont claires et lumineuses; il n'a point d'intérêts embrouillés, contradictoires; le bien commun se montre partout avec évidence et ne demande que du bon sens pour être aperçu. La paix, l'union, l'égalité sont ennemis des subtilités politiques.“[1]

Es ist nun klar, dass diese absolute Harmonie der Interessen aller Gemeinschaftsglieder nicht anders erreicht werden kann, als durch fortgesetzten, unaufhörlichen Einfluß des Gesetzgebers auf Sinn und Denkart aller Rechtsunterworfenen. Der Mensch ist von Natur eine absolute Einheit, ein Individuum mit selbständigen Trieben und Neigungen, die mit denen seiner Genossen durchaus nicht übereinzustimmen brauchen.

„L'homme naturel est tout pour lui; il est l'unité numérique, l'entier absolu qui n'a de rapport qu'à lui-même ou à son semblable.“[2]

Diese natürliche, sich selbst genügende Einheit muß aufgehoben, dem Einzelnen muß sein besonderes Ich entzogen werden und er selbst aufgehen in dem einen umfassenden Ich der Gemeinschaft.

„Celui qui ose entreprendre d'instituer un peuple doit ... trans-

---

[1] C. s. IV, 1.
[2] Emile l. 1 p. 15.

former chaque individu qui par lui-même est un tout parfait
et solitaire en partie d'un plus grand tout dont cet individu
reçoive en quelque sorte sa vie et son être, ... de substituer une
existence particlle et morale à l'existence physique et indépendante
que nous avons tous reçu de la nature."[1]

So ernst, so radikal faßt derjenige. welchen man von jeher als
Prototyp des Individualismus geschmäht, den Gedanken der Gemeinschaft. daß er verlangt, der einzelne solle geradezu seine geistige
Selbständigkeit opfern und nur noch als Teil der Gesamtheit sich
fühlen, der einzelne soll nur ein Bruchteil werden, dessen Bedeutung
durch den Nenner bestimmt wird, und dieser Nenner ist die Gemeinschaft. ist der Staat.

L'homme civil n'est qu'unité fractionnaire qui tient au
dénominateur, et dont la valeur est dans son rapport avec
l'entier, qui est le corps social."[2]

Wenn der einzelne nichts mehr ist. als Mitglied des Staats,
wenn er keine Neigungen und keine Wünsche mehr kennt, als diejenigen, welche der Staat durch seine Gesetzgebung einheitlich allen
Rechtsunterworfenen anerzieht, dann ist die Solidarität der Interessen vollkommen, dann ist der Gedanke eines Ichs der Gesamtheit Wahrheit geworden. als Ausdruck der einheitlichen Zusammenfassung und Zusammenstimmung der Neigungen und Wünsche aller
Einzelnen.

„Les bonnes institutions sociales sont celles qui savent le mieux
dénaturer l'homme, lui ôter son existence absolue pour lui en
donner une relative et transporter le moi dans l'unité commune: en sorte que chaque particulier ne se croie plus un, mais
partie de l'unité et ne soit plus sensible que dans le tout."[2]

Das sind die grundlegenden Ausführungen, in welchen Rousseau
den Gedanken der öffentlichen, der staatlichen Erziehung, der
éducation publique näher ausführt und beschreibt. Man ist bis dato
gemeinhin an ihnen in der einschlägigen Litteratur achtlos vorübergegangen. So konnte man denn auch nicht bemerken und würdigen,
daß gerade an dieser Stelle sich Rousseau besonders ausdrücklich
auf Platon beruft. In dem Gedanken der öffentlichen Erziehung
findet. bezeichnend genug, unser Philosoph die fundamentale Bedeutung und das schönste Verdienst des Platonischen „Staats".

„Voulez-vous prendre une idée de l'éducation publique,
lisez la République de Platon. Ce n'est point un ouvrage de poli-

---

[1] C. s. II. 7.
[2] Emile I. 1 p. 15.

tique, comme le pensent ceux qui ne jugent des livres que par leurs titres. C'est le plus beau traité d'éducation qu'on ait jamais fait."[1]

Es ist leicht verständlich, daß, wer den Gedanken der Erziehung zur Gemeinschaft so radikal und durchdringend wie Rousseau vertreten hat, auch auf die Frage der praktischen Durchführbarkeit und Verwirklichung solcher Lehre sein Augenmerk gerichtet haben wird. So betont unser Politiker mit Nachdruck, daß eine Erziehung nach Prinzipien nur dann irgend welche Aussicht auf Erfolg versprechen könne, wenn sie von frühester Jugend an den Zöglingen zu teil werde. Freilich in der Gegenwart ist davon wenig zu spüren:

„Personne ne soucie qu'il y ait des citoyens et on s'avise encore moins de s'y prendre assez tôt pour les former. Il n'est plus temps de changer nos inclinations naturelles quand elles ont pris leurs cours et que l'habitude s'est jointe à l'amour propre."[2]

Aber freilich, wie früh auch immer die Erziehung zur Gemeinschaft begänne, so bliebe doch solange jedenfalls ihr Erfolg gänzlich zweifelhaft, als nicht über die persönlichen Fähigkeiten der Erzieher vollkommene Bürgschaft gegeben wäre. Werden wir uns wundern, daß unser Philosoph die Erfüllung solcher Aufgaben nicht dem privaten Belieben der Einzelnen überlassen wissen will?

„Comme on ne laisse pas la raison de chaque homme unique arbitre de ses devoirs, on doit d'autant moins abandonner aux lumières et aux préjugés des pères l'éducation de leurs enfants qu'elle **importe à l'état encore plus qu'aux pères** ... l'état demeure et la famille se dissout."[3]

Das wäre keine erfolgversprechende Erziehung zur Gemeinschaft, die nicht auch von der Gemeinschaft selbst geleitet und durch ihre Gesetze und Oberen letztlich bestimmt wäre.

Der Staat würde seine erzieherische Aufgabe allzu leicht nehmen, der nicht selbst die Organe auswählte, die zu solcher Aufgabe sich gewachsen zeigen. Nicht in seiner Eigenschaft als Vater, sondern als Bürger und damit Teilhaber an der gesetzgebenden Gewalt, soll der einzelne auf die Erziehung seiner Kinder Einfluß üben.[4] Das Gesetz soll die Merkmale bestimmen, welche zu der Würde eines

---

[1] Emile l. 1 p. 16.
[2] Econ. pol. p. 180.
[3] Econ. pol. p. 181.
[4] Si l'autorité publique en prenant la place des pères et se chargeant de cette importante fonction, acquièrt **leurs droits** en remplissant **leurs devoirs**, ils ont d'autant moins sujet de s'en plaindre qu'à cet égard ils ne font proprement que changer de nom, et ils auront en commun sous le nom de citoyens la même autorité sur leurs enfants qu'ils exerçaient séparément sous le nom de pères, et n'en seront pas moins obéis en parlant au nom de la loi qu'ils l'étaient en parlant au nom de la nature." Ec. pol. p. 181.

staatlichen Erziehers berechtigen, und kein anderer Maßstab darf
maßgebend sein, als die persönliche Würde und Fähigkeit.

„Cette éducation est la plus importante affaire de l'état. On
sent que si de telles marques de la confiance publique étaient légère-
ment accordées, si cette fonction sublime n'était pour ceux qui
auraient dignement rempli toutes les autres, ... le prix de leurs
travaux, le comble de tous les honneurs, toute l'entreprise serait
inutile et l'éducation sans succès."[1]

Keine schönere, keine edlere und vornehmere Auffassung des
Lehramts, als diejenige, welche in diesem Berufe den schönsten Lohn
für alle Tugenden des Gemeinlebens erblickt.

„Partout où la leçon n'est pas soutenue par l'autorité et le
précepte par l'exemple, l'instruction demeure sans fruit; et la vertu
même perd son crédit dans la bouche de celui qui ne la pratique
pas. Mais que des guerriers illustres, courbés sous le faix de leurs
lauriers, prêchent le courage; que des magistrats intègres blanchis
dans la pourpre et sur les tribunaux, enseignent la justice: les uns
et les autres se formeront ainsi de vertueux successeurs; et trans-
mettront d'âge en âge aux générations suivantes l'expérience et le
talent des chefs, le courage et la vertu des citoyens et l'émulation
commune à tous de vivre et mourir pour la patrie."[2]

Und in Rousseaus letzter politischer Schrift, in den „Considérations", finden sich dieselben Gedankengänge, dieselbe nach-
drückliche Betonung der Wichtigkeit der öffentlichen Erziehung, zu
deren Merkmalen ebenso sehr die Erziehung für den Staat, wie durch
den Staat gehört. Und die gleiche Verachtung gegen die Modernen,
welche gerade durch die Vernachlässigung dieser Aufgabe himmel-
weit hinter den Alten zurückstehen:

„Comme c'est de ces établissements que dépend l'espoir de la
république, la gloire et le sort de la nation, je les trouve, je l'avoue,
d'une importance que je suis bien surpris qu'on n'ait songé à leur
donner nulle part. Je suis bien affligé pour l'humanité que tant
d'idées qui me paraissent bonnes et utiles, se trouvent toujours
quoique très praticables, si loin de tout ce qui se fait. ... Ces
idées montrent de loin les routes inconnues aux modernes par lesquelles les anciens menaient les hommes à cette rigueur d'âme,
à ce zèle patriotique qui sont parmi nous sans exemple, mais dont
les levains dans les coeurs de tous les hommes n'attendent pour fer-
menter que d'être mis en action par des institutions convenables."[3]

---

[1] Econ. pol. p. 182.
[2] Econ. pol. p. 182.
[3] „Considérations" chap. 4.

Und wieder gilt der spartanische Staat als leuchtendes Beispiel. Nur drei Völker des Altertums haben die „éducation publique" verwirklicht, die Kreter, die Spartaner und die Perser, überall mit dem größten Erfolg, und bei den beiden letzteren wirkte sie Wunder.[1] Und mit welcher Ironie werden diejenigen behandelt, welche die Wegnahme von Privateigentum durch die spartanischen Knaben als Diebstahl bezeichneten: Als ob dasjenige rechtswidrig sein könne, was das staatliche Gesetz ausdrücklich anordne![2] Der schärfere Beobachter wird in dieser kleinen Bemerkung nicht die Verwandtschaft mit denjenigen Gedankengängen verkennen, die späterhin dem Gedanken des Privateigentums in der Rousseauschen Politik so tödliche Wunden schlagen sollten. Man vergleiche eben damit die Ironie, welche die „Considérations" gegenüber den modernen Gesetzgebungen zeigen, die in der Heilighaltung des Privateigentums ihre vornehmste Aufgabe sehen.

„Les modernes ... S'ils ont des lois, c'est uniquement pour leur apprendre à bien obéir à leurs maîtres, à ne pas voler dans les poches, et à donner beaucoup d'argent aux fripons publics."[3]

Doch kehren wir zu den Grundgedanken von Rousseaus öffentlicher Erziehung zurück: Sie soll einheitlich sein und für alle Kinder des Staats einunddieselbe. Kein Unterschied zwischen Reich und Arm, und darum möglichste Unentgeltlichkeit der Anstalten.

„Tous étant égaux par la constitution de l'état, doivent être élevés ensemble et de la même manière; et si l'on ne peut établir une éducation publique tout-a-fait gratuite, il faut du moins la mettre à un prix que les pauvres puissent payer."[4]

Und solange man die Unentgeltlichkeit nicht durchführen kann, soll man wenigstens für die Fähigsten unter den Unbemittelten Freistellen schaffen. Die Inhaber solcher Plätze heißen Kinder des Staats, und der Grund ihrer Würde giebt ihnen den Vorrang vor allen ihren Genossen, auch die Reichsten und Vornehmsten nicht ausgenommen.[4]

Und sollen wir nun noch fragen, nach welchen Grundsätzen eine solche Erziehung geleitet werden soll? Könnte diese öffentliche und einheitliche Erziehung aller Kinder des Staats ein anderes Ziel haben, als das der Rousseauschen Sozialpädagogik überhaupt, die Liebe zum Vaterland, die Liebe zur Gemeinschaft?

„Si les enfants sont élevés en commun dans le sein de l'égalité, s'ils sont imbus des lois de l'état et des maximes de la volonté

---

[1] Econ. pol. p. 152.
[2] Econ. pol. p. 165.
[3] „Considérations" chap. 2.
[4] „Considérations" chap. 4.

générale, s'ils sont instruits à les respecter par-dessus toutes choses,
s'ils sont environnés d'exemples et d'objets qui leur parlent sans
cesse de la tendre mère qui les nourrit, de l'amour qu'elle a pour
eux, des biens inestimables qu'ils reçoivent d'elle. et du retour qu'ils
lui doivent, ne doutons pas qu'ils n'apprennent ainsi . . . à ne vouloir
jamais que ce que veut la société . . . et à devenir un jour les défenseurs et les pères de la patrie dont ils auront été si longtemps
les enfants."[1]

Das hat zu allen Zeiten das Wahrzeichen und sicherste Palladium des echten begeisterten Erziehers gebildet: der Glaube an
seinen herrlichen Beruf, der Glaube an die Bildsamkeit menschlichen
Willens zum Guten und zum Edlen. Das ist sozusagen die Religion
des großen Pädagogen, wie der Glaube an die Verwirklichung des
Guten stetig den tiefsten und innersten Kern echter Religiosität
überhaupt gebildet hat. Das ist der Optimismus des Sozialpädagogen
Rousseau, dessen Kraft und Enthusiasmus die anarchistische
Skepsis überstand und zu Boden schlug.

Ja, so ernst ist es unserem Philosophen mit dem erzieherischen
Beruf der Gesetze, daß um der sicheren Verwirklichung solcher Aufgabe
willen auch der letzte Rest individualistischer Tendenzen hintangesetzt, durch die Kraft des Gedankens der Gemeinschaft gleichsam hinweggespült und begraben wird. Die Rousseausche Politik
ignoriert jenes letzte Überbleibsel einer anarchistischen Fragestellung,
das die Form des sozialen Vertrags, wenn auch abgeschwächt genug,
zum Ausdruck bringen sollte, das Erfordernis der freiwilligen Unterwerfung als Bedingung der positivrechtlichen Beherrschung von
Menschen. Freilich die Rousseausche Rechtsphilosophie entzieht
dem Vater das Recht, in endgültiger Art das Kind an die rechtliche Gemeinschaft und ihr bindendes Gesetz zu kitten. Es soll
dem Volljährigen das Recht verbleiben, die That seines naturrechtlichen Vormunds zu genehmigen oder ihr die weitere Wirksamkeit
zu versagen. Aber diese Lehre von der resolutiv bedingten Macht
der Rechtsordnung über die in die Gemeinschaft Hineingeborenen
hindert den Politiker Rousseau nicht, zu fordern, daß der Staat
die Jugendzeit seiner Söhne benütze, um ihren Geist in Gemäßheit seiner Prinzipien auszubilden, daß die Maxime der volonté
générale das unausrottbare Grundmotiv ihres ganzen künftigen
Lebens werde. So hat auch an dieser Stelle der Gedanke der
Gemeinschaft den individualistischen Restbestand in dieser Philosophie zur Seite geschoben und fast völlig verdrängt. Die Erziehung
der Jugend ist Sache der Gemeinschaft, ist vornehmste Aufgabe

---

[1] Econ. pol. p. 181, 182.

einer zielbewußten Gesetzgebung! Das ist der Weg, welcher zur égalité führet, zur Solidarität der Interessen aller einzelnen Glieder des Staats. Das schaffet und wirkt die festeste und innigste Gemeinschaft: Die Einpflanzung derselben Grundsätze in alle jugendlichen Herzen, der „Maximen der volonté générale!"

Der Maximen: Man verwundere sich nicht über den Plural! Der Begriff der volonté générale als der Richtung des Willens auf die allen gemeinsamen Interessen bedeutet zwar den formal einheitlichen Zielpunkt aller Sozialpädagogik, aber die Verwirklichung dieser Aufgabe erfordert naturgemäß ebenso viele verschiedene Einzelrichtungen, wie der Inhalt der jeweilig gleichen Interessen in den einzelnen rechtlichen Gemeinschaften auseinandergehen und verschieden sein kann.[1]

Wir haben damit den methodischen Punkt erreicht, von welchem aus das letzte bedeutsame Fundament der Rousseauschen Politik verständlich wird und systematisch begriffen werden kann: das Element des Nationalen.

Es kommt hier alles darauf an, einzusehen, wie der Gedanke der Gemeinschaft, so wie ihn Rousseau faßte, notwendig zu der energischen Betonung des Nationalen, in der wir ein freilich bis dahin kaum bemerktes Charakteristikum der Rousseauschen Politik erkennen, führte und führen mußte. Hier ist es, wo der relative Charakter des Begriffs der volonté générale, auf den wir früher besonders hinwiesen, seine volle methodische Bedeutung entfaltet. Der Wille des Rousseauschen citoyen ist allgemein gerichtet, insofern er nicht nur sein eigenes Wohl, sondern auch das aller anderen letztlich im Auge hat. Aber man vergesse nicht, daß diese anderen nicht alle Menschen überhaupt, sondern nur alle anderen Mitglieder eines bestimmten Staates sind. Nur zwischen ihnen allen soll der Gedanke der Zusammengehörigkeit gestärkt und gepflegt, die soziale Verbindung auf das engste gestaltet werden. Nun be-

---

[1] Diese Besonderheit der Interessen der einzelnen Länder wird von Rousseau häufig genug hervorgehoben, und gerade hier zeigt sich der Einfluß Montesquieus auf denjenigen Philosophen, dem man zuweilen den Mangel an „historischem Sinn" nur vorzuwerfen bemüht war, um ein tieferes und litterarhistorisch exaktes Eindringen in sein System um so überflüssiger erscheinen zu lassen. Vgl. hiergegen C. s. II, 11: „Mais ces objets généraux de toute bonne institution doivent être modifiés en chaque pays par les rapports qui naissent tant de la situation locale que du caractère des habitants; et c'est sur ces rapports qu'il faut assigner à chaque peuple un système particulier d'institution, qui soit le meilleur non peut-être en lui-même, mais pour l'état auquel il est destiné. . . . L'auteur de l'Esprit des lois a montré dans des foules d'exemples, par quel art le législateur dirige l'institution vers chacun de ces objets."

ruht aber nach Rousseau alle Gemeinschaft auf einer bewußten
Gemeinsamkeit materialer Interessen; wie sollte da dieser enge Zusammenschluß der Mitglieder eines Staats anders geschaffen werden,
als durch das Bewußtsein solcher gemeinsamen Interessen, welche
jenen letzteren eigentümlich sind. einerlei, wie außerhalb des Staates
die Menschen sich zur Verfolgung solcher Zwecke stellen werden.
Ja, noch schärfer und härter macht in der Rousseauschen Politik
der relative Charakter der volonté générale sich geltend: Nicht nur
unangesehen der Interessen der anderen, sondern geradezu im
Gegensatz zu ihnen soll sich nach Rousseau der engste Zusammenschluß aller Glieder eines Staats zu einer einzigen umfassenden und unauflöslichen Interessengemeinschaft vollziehen. Je
enger und kleiner der Kreis von Menschen, desto stärker und dauer-
hafter das Gemeingefühl, desto ehrlicher und natürlicher die Beobachtung des Prinzips der volonté générale. Diese empirisch-sozio-
logische Regel hatte Rousseau stets betont, sie war es vor allen
Dingen gewesen, welche ihn zu einem Feind der großen Staaten
machte, weil jener enge Zusammenschluß der Menschen, welchen
die Schweizer Kantone ihm zeigten, gerade hier unmöglich schien.[1]
So begreifen wir Rousseaus Bestreben. für jene Interessengemeinschaft, durch welche er den Zusammenschluß aller Glieder eines
Staats herbeiführen will, keine weitere Ausdehnung zuzulassen, als
die rechtlichen Grenzen des betreffenden Staats. Alle Glieder der
rechtlichen Gemeinschaft sollen sich als Brüder fühlen, und ihre
Gemeinschaft wird um so enger sein, wenn dieses Gefühl der Brüderlichkeit und Zusammengehörigkeit seine unüberschreitbaren Grenzen
findet an den rechtlichen Grenzen des Staats.

„Toute société partielle, quand elle est étroite et bien unie,
s'aliène de la grande. Tout patriote est dur aux étrangers:
ils ne sont qu'hommes, ils ne sont rien à ses yeux. Cet
inconvenient est inévitable, mais il est faible. L'essentiel est
d'être bon aux gens avec qui l'on vit. Au dehors le Spartiate
était ambitieux, avare, inique; mais le désintéressement, l'équité. la
concorde régnaient dans ses murs."[2]

---

[1] Recht bezeichnend ist in dieser Hinsicht die Aufforderung an die Polen,
selber die Grenzen ihres Landes enger zu ziehen: „La première réforme dont
vous auriez besoin serait celle de votre étendue. Vos vastes provinces ne
comporteront jamais la sévère administration des petites républiques. Com-
mencez par resserrer vos limites, si vous voulez réformer votre gouvernement.
Peut-être vos voisins songent-ils à vous rendre ce service. Ce serait sans
doute un grand mal pour les parties démembrées, mais ce serait un grand
bien pour le corps de la nation." Cons. chap. 5.
[2] „Emile" l. 1 p. 14, 15.

Es geschieht nicht ohne Grund, daß Rousseau auch hier
wieder den Spartanerstaat zur Illustration seiner politischen Grundanschauung anführt. Der Spartanerstaat war Nationalstaat, seine
Bürger bildeten eine gesonderte Gemeinschaft mit besonderen Gebräuchen und Lebensweisen, durch welche sie sich von den zeitgenössischen Völkern in Sicherheit unterschieden. Wie anders die
modernen Völker, welche, weithin durch eine entartete soziale Verfassung zu Boden gedrückt, jedes nationalen Charakters entbehren!

„Il n'y a plus aujourd'hui de Français, d'Allemands, d'Espagnols,
d'Anglais même. qu'oiqu'on en dise; il n'y a que des Européens.
Tous ont les mêmes goûts, les mêmes passions, les mêmes
moeurs, parce qu'aucun n'a reçu de forme nationale par
une institution particulière ... Que leur importe à quel maître
ils obéissent, de quel état ils suivent les lois? pourvu qu'ils trouvent
de l'argent à voler et des femmes à corrompre, ils sont partout
dans leur pays."[1]

In diesem Schwinden der nationalen Besonderheiten und Gegensätze erkennt Rousseau ein schweres Hindernis für das Gedeihen
jener engen und unauflöslichen Gemeinschaft in dem einzelnen
Staate, die ihm das Endziel jeder tüchtigen Gesetzgebung zu sein
scheint. Was Wunder, daß er den Polen rät, vor allen Dingen das
nationale Element durch ihre Gesetzgebung zu pflegen, dafür zu
sorgen, daß sie in ihrem Land Polen seien und Polen bleiben, Polen,
denen es unmöglich ist, sich mit irgend einem anderen Volk der
Welt brüderlich auf eine Stufe zu stellen!

„Donnez une autre pente aux passions des Polonais, vous
donnerez à leurs âmes une physionomie nationale qui les distinguera
des autres peuples, qui les empêchera de se fondre, de se plaire.
de s'allier avec eux ..."[2]

Fort mit jenem kosmopolitischen Europäertum, jener „pente
générale en Europe de prendre les goûts et les moeurs des
Français."[2]

„Il faut maintenir, rétablir les anciens usages et en introduire
de convenables qui soient propres aux Polonais. Ces usages . . .
fussent-ils indifférents, fussent-ils mauvais même à certains égards,
pourvu qu'ils ne le soient pas essentiellement, auront toujours
l'avantage d'affectionner les Polonais à leur pays et de leur donner
une répugnance naturelle à se mêler avec l'étranger."[2]

Darin gerade erkannte wiederum Rousseau einen verwandten

---

[1] „Considérations" chap. 3.
[2] Cons. chap. 3 (Bezeichnend auch: „Je regarde comme un bonheur qu'ils
aient un habilement particulier" etc.).

Zug zwischen seiner Politik und der antiken Gesetzgebung, daß auch der letzteren die Pflege des Nationalcharakters, der besonderen Sitten und Neigungen ihrer Völker zum methodischen Mittel wird, durch den Abschluß von den Nachbarn die Glieder ihres Staats untereinander um so enger und unauflöslicher zu verknüpfen. Das ist nach Rousseau der Vorzug der altmosaischen Verfassung.

„Pour empêcher que son peuple ne se fondît parmi les peuples étrangers, il lui donna des moeurs et des usages inalliables avec ceux des autres nations; il le surchargea de rites. de cérémonies particulières: il le gêna de mille façons pour le tenir sans cesse en haleine et le rendre toujours étranger parmi les autres hommes; et tous les liens de fraternité qu'il mit entre les membres de sa république étaient autant de barrières qui le tenaient séparé de ses voisins et l'empêchaient de se mêler avec eux."[1]

So erkennen wir in Rousseau einen eindringlichen Vertreter nationaler Politik. Man könnte auf den Gedanken kommen, ihn einen Chauvinisten zu heißen, wenn er nicht die aristotelische Selbstgenügsamkeit stetig als Merkmal eines wohl geordneten Staats betont und, wie wir früher sahen, in der allgemeingültigen Maxime der volonté générale die Tugend des Menschen hochgehalten hätte. Der Spartaner, welcher im Taumel persischer Sinnenlust sich nach der schwarzen Suppe seiner Heimat zurücksehnt, erscheint auch hier wieder ihm als Muster des „citoyen".[2]

So erhält der Rousseausche Begriff der Vaterlandsliebe seinen bestimmten Charakter: Es ist die Liebe zu den heimischen Sitten und Gebräuchen, das Festhalten an alledem, was den Bürger eines Staats von allen andern Staaten und Völkern scheidet und trennt. Solche Gesinnung zu stärken und zu pflegen ist Aufgabe einer nationalen, einer tüchtigen Gesetzgebung.

„Il faut abolir même à la cour les amusements ordinaires, tout ce qui effémine les hommes, tout ce qui les distrait, les isole, tout ce qui les fait trouver bien partout pourvu qu'ils s'amusent; il faut inventer des jeux, des fêtes, des solennités qui soient si propres à cette cour-la qu'on ne les retrouve dans aucune autre. Il faut qu'on s'amuse en Pologne plus que dans les autres pays, mais non pas de la même manière. Il faut en un mot renverser un exécrable proverbe et faire dire à tout Polonais au fond de son coeur: Ubi patria, ibi bene."[2]

Wir mußten im Vorangehenden den Begriff und die Bedeutung des Nationalen im System der Rousseauschen Politik wenigstens

---

[1] „Considérations sur le gouv. de Pologne" chap. 2.
[2] „Considérations sur le gouv. de Pologne" chap. 3.

in Kürze allgemein darstellen, um von hier aus erst zu unserem eigentlichen Gegenstand zurückzukehren, zu der Darstellung der öffentlichen Volkserziehung, in der wir nunmehr leicht die vornehmste Anwendung der oben dargelegten Grundsätze erkennen werden.

„Ce sont les institutions nationales qui forment le génie, le caractère, les goûts et les moeurs d'un peuple, qui le font être lui et non pas un autre, qui lui inspirent cet ardent amour de la patrie fondé sur des habitudes impossibles à déraciner, qui le font mourir d'ennui chez les autres peuples au sein des délices dont il est privé dans son pays."[1]

Das ist die Methode nationaler Politik, wie sie Rousseau forderte, von der die éducation publique die leitenden Grundsätze entlehnt. Zur Liebe und Pflege nationaler Denkart und Gesinnung sollen die Bürger angehalten werden, wie könnte da der Erziehung der Jugend ein anderes Ziel gesetzt sein? Und so ist denn in der That Rousseau der Vertreter eines Gedankens, der in der Geschichte der Pädagogik eine bedeutsame Stellung verdient, des Gedankens der Nationalerziehung.

„C'est l'éducation qui doit donner aux âmes la forme nationale et diriger tellement leurs opinions et leurs goûts qu'elles soient patriotes par inclination, par passion par nécessité."[2]

Freilich, wer die Pädagogik Rousseaus nur aus dem „Emile" studieren will, wer zu denen gehört, „qui ne jugent des livres que par leurs titres", wird weder von Sinn noch systematischer Bedeutung der Rousseauschen Nationalerziehung eine deutliche Vorstellung erlangen können. Wir sahen ja, Emile als Kind seiner Zeit hat kein Vaterland im eigentlichen Sinne, und die Liebe zum Vaterlande konnte keine grundlegende Aufgabe seines Erziehers sein. Wie anders hier, wo es sich um die letzten Ziele einer guten Gesetzgebung überhaupt handelt, wo kein Bedenken der thatsächlichen Anwendung im konkreten Fall die Aufstellung letzter Grundrichtungen tüchtiger Politik hindert, wo es sich nicht um den Menschen überhaupt, sondern um die Erziehung für die rechtliche Gemeinschaft und durch rechtlich bindende Gesetze handelt! Die Grundsätze des „Emile" sollen auch für den Sohn Frankreichs und Englands gelten, die Nationalerziehung betrifft nur den Sohn der Rousseauschen „république".

„L'éducation nationale n'appartient qu'aux hommes libres; il n'y a qu'eux qui aient une existence commune et qui soient vraiment liés par la loi. Un Français, un Anglais,

---

[1] „Considérations" chap. 3.
[2] „Considérations" chap. 4.

un Espagnol, un Italien, un Russe, sont tous à peu près le même homme; il sort du collège, déjà tout façonné par la licence, c'est-a-dire par la servitude."[1]

Es ist ein anderes Ziel, welches Rousseau der Erziehung polnischer Jünglinge setzt. Denn alle seine Ratschläge an die Polen gehen davon aus, daß dieses Volk noch die sittliche Kraft besitzt. um seine soziale Verfassung in Einklang zu setzen mit den Prinzipien des contrat social.

So begreifen wir, daß Emile erst als erwachsener Jüngling auf die soziale Verfassung seines Landes aufmerksam gemacht wird, daß erst, als seine Ausbildung der Vollendung naht, der Erzieher auf jene „simulacres de lois" ihn hinweist, unter deren Herrschaft ringsum seine Umgebung schmachtet, daß er von der sozialen Verfassung nicht früher etwas Näheres erfährt, als bis seine Fähigkeiten ausgebildet genug sind, um mit der Einsicht in die Prinzipien Rousseauscher Sozialphilosophie das notwendige Mittel kritischer Prüfung zu erlangen.

Wie anders die Erziehung des jungen Republikaners, die Nationalerziehung, wie sie die Rousseausche Sozialphilosophie als Ziel jedweder tüchtigen Gesetzgebung behauptet!

„Un enfant en ouvrant ses yeux doit voir la patrie et jusqu'à la mort ne doit plus voir qu'elle. Tout vrai républicain suça avec le lait de sa mère l'amour de sa patrie, c'est-à-dire des lois et de la liberté."[1]

Emile soll letztlich lernen Mensch zu sein:[2] Pole zu sein und zu bleiben, das ist das Ziel, welches der Sozialphilosoph Rousseau der Erziehung desjenigen Volks steckt, dem er die sittliche Kraft beimißt, eine Gemeinschaft in rechtlich bindender Art zu gründen.

„A vingt ans, un Polonais ne doit pas être un autre homme; il doit être un Polonais. Je veux qu'en apprenant à lire il lise des choses de son pays; qu'à dix ans il en connaisse toutes les productions, à douze toutes les provinces, tous les chemins, toutes les villes; qu'à quinze il en sache toute l'histoire, à seize toutes les lois; qu'il n'y ait pas eu dans toute la Pologne une belle action ni un homme illustre dont il n'ait la mémoire et le coeur pleins, et dont il ne puisse rendre compte à l'instant."[1]

So ist der Gedanke der Nationalerziehung selbst imstande. unseren Autor mit der Wissenschaft auszusöhnen, wenn sie ihren isolierenden Beruf aufgiebt und seinen Zielen dient, der Radikalis-

---

[1] „Considerations" chap. 4.
[2] „Emile" l. 1 p. 18.

mus des ersten „Discours" wird gelindert und besänftigt durch den Gedanken einer nationalen Kunst und einer nationalen Wissenschaft.

So bleibt der Gedanke der Gemeinschaft stetig das Endziel Rousseauscher Politik, und auch die Forderung nationaler Erziehung tritt nur als dienendes Mittel auf zu diesem höchsten Endzweck des Rechts. Denn die Pflege des nationalen Elements, welche, wie wir sahen, dem Politiker Rousseau so innig am Herzen lag, bedeutete nichts anderes, als die Pflege derjenigen Interessen, welche allen Gliedern eines Staats im Gegensatz zu anderen eigentümlich sind. So verfolget die nationale Erziehung der Jugend im Grunde dasselbe Ziel, welches die soziale Pädagogik Rousseaus der Gesetzgebung überhaupt anweist: Den Sieg der gemeinsamen Interessen und damit des Gemeinschaftsgefühls, die Vernichtung alles dessen, was die Glieder eines Staats voneinander trennt und scheidet, was sie isoliert und als unabhängige Einzelwesen sich fühlen läßt.

Aber freilich mit diesem Schwinden der besonderen Interessen wäre es allein noch nicht gethan. Denn noch ließe sich denken, daß jeder einzelne das Wohl des Ganzen letztlich nur in Erwägung des eigenen Vorteils betriebe und berücksichtigte. Und noch wäre und bliebe das letzte Ziel Rousseauscher Politik verfehlt: Die Herrschaft der Maxime der volonté générale in dem Herzen aller Glieder der Gemeinschaft.

Was die Rousseausche Philosophie und Ethik kaum wagte zu denken, die Rousseausche Sozialphilosophie wagt es zu fordern: Die Überwindung der Selbstsucht durch den Gemeinsinn, durch die Bruderliebe der Rechtsgenossen.

Bei diesem letzten und höchsten Ziel des Gemeinlebens mitzuwirken, das ist die höchste Aufgabe, welche die Rousseausche Sozialphilosophie dem nationalen Gedanken zuweist.

Aller Egoismus setzt das Bewußtsein individueller Selbständigkeit, gesonderter Existenz notwendig voraus. Dieses Bewußtsein zu bekämpfen, das ist die letzte und höchste Funktion nationaler Erziehung.

„Les bonnes institutions sociales sont celles qui savent le mieux dénaturer l'homme ... et transporter le moi dans l'unité commune; en sorte que chaque particulier ne se croie plus un, mais partie de l'unité et ne soit plus sensible que dans le tout. Un citoyen de Rome n'était ni Caius ni Lucius: c'était un Romain: même il aimait la patrie exclusivement à lui."[1]

---

[1] „Emile" l. 1 p. 15.

Das also ist nach Rousseau der höchste Triumph nationaler
Politik, das Gemeinsame in Neigungen und Denkart aller Glieder
des Staats derart zu pflegen, daß das Bewußtsein gesonderter Existenz
den einzelnen Rechtsgenossen völlig schwindet, daß jede Selbstsucht
unmöglich wird, weil jeder einzelne sich nur denkt als Glied der
einen großen, umfassenden und unauflöslichen Gemeinschaft.

„Si on les exerce assez tôt à ne jamais regarder leur
individu que par ses relations avec le corps de l'état, et à
n'apercevoir, pour ainsi dire, leur propre existence que comme
une partie de la sienne, ils pourront parvenir enfin à s'identifier
en quelque sorte avec ce plus grand tout, à se sentir membres
de la patrie, à l'aimer de ce sentiment exquis que tout homme
isolé n'a que pour soi-même, à élever perpétuellement leur âme
à ce grand objet et à transformer ainsi en une vertu sublime
cette disposition dangereuse d'où naissent tous nos vices."[1]

So führt der Begriff der égalité zur fraternité, die Gleichheit aller zum Bewußtsein dieser Gleichheit, zum Bruder-
sinn und damit zum Endziel rechtlicher Gemeinschaft. Das
ist der höchste Triumph Rousseauscher Sozialphilosophie, daß sie
die Ethik aus der beengenden Umschlingung jener Psychologie befreite, welche der selbstbegnügsamen Uneigennützigkeit jedwede
Daseinsmöglichkeit auf Erden abstritt. Vergeblich eifert der gefühlsmäßige Enthusiasmus des „Emile" gegen solche materialistische
Theorie. Der „Emile" will nicht an jene Psychologie glauben, welche
die Tugend auf die Selbstsucht zurückführt,[2] aber die individuale
Ethik Rousseaus ist nicht imstande, solche Lehre in Schärfe zu
besiegen.[3] Das zeigt sich am deutlichsten darin, daß der „Emile"
selbst an anderer Stelle das Mitgefühl auf die Selbstsucht zurück-

---

[1] Econ. pol. p. 180.

[2] „Chacun, dit-on, concourt au bien public pour son intérêt. Mais d'où
vient donc que le juste y concourt à son préjudice? Qu'est-ce qu'aller à la
mort pour son intérêt. . . . On n'expliquera jamais par l'intérêt propre que les
actions des méchants: il est même à croire qu'on ne tentera point d'aller plus
loin. Ce serait une trop abominable philosophie que celle où l'on
serait embarrassé des actions vertueuses; où l'on ne pourrait se tirer
d'affaire qu'en leur controuvant des intentions basses et des motifs sans
vertu: où l'on serait forcé d'avilir Socrate et de calommier Régulus." „Emile"
l. 4 p. 372.

[3] „Si jamais de pareilles doctrines pouvaient germer parmi nous, la voix
de la nature, aussi que celle de la raison s'élèveraient incessamment contre
elles et ne laisseraient jamais à un seul de leurs partisans l'excuse de l'être
de bonne foi. Mon dessein n'est pas d'entrer ici dans des discussions métaphysiques qui passent ma portée et la vôtre et qui dans le fond, ne mènent
à rien. . . . Quand tous les philosophes du monde prouveraient que j'ai tort,
si vous sentez que j'ai raison je n'en veux pas davantage." „Emile" l. 4
p. 372, 373.

führen will, aber freilich unter Einschiebung eines vermittelnden Elements, das denn erst in der Sozialphilosophie seine revolutionäre Wirkung zeigen sollte, — des Begriffs der Gleichheit.

Gleichwie die phantastische Umdichtung Kants in der Ethik Schopenhauers das Mitleid auf eine „metaphysische" Gleichheit der menschlichen Seelen (als Dingen an sich) zurückführen wollte, so ähnlich und jedenfalls weniger unsinnig die kurze Andeutung im „Emile". Man empfindet Mitleid für den andern, weil man sich in Gedanken mit jenem gleich setzt, sich gänzlich auf seine Stufe stellt.[1]

Dieser Gedanke ist es, welchen die Sozialphilosophie Rousseaus aufgreift und mit schier unerhörter Kühnheit zu dem ihren macht und systematisch durchführt. Die égalité, d. h. die absolute und ausnahmslose Interessengleichheit aller Glieder des Staats wird zur fundamentalen Aufgabe des Rechts.

Ihre Lösung ermöglicht die absolute Solidarität jedes einzelnen mit allen andern, die unterschiedslose und ausnahmslose Gleichsetzung aller mit allen und ebendadurch die Überwindung der Selbstsucht durch den Gemeinsinn, des isolierenden Egoismus durch die Brüderlichkeit, durch die Herrschaft der Maxime der volonté générale. —

In dem Hinweis auf jene edelste Frucht Rousseauscher Gemeinschaftserziehung sehen wir diese Sozialphilosophie ausklingen, deren einzelne Lehren wir einheitlich durchzudenken und systematisch zu verarbeiten bestrebt waren.

§ 10.
Kritik der Rousseauschen Sozialphilosophie.

Mit den vorangehenden Ausführungen haben wir die Darstellung des Systems der Sozialphilosophie Rousseaus beschlossen.

Es ist dem Verfasser wohl bewußt, daß diese Ausführungen nicht nur in zahlreichen und bedeutsamen Punkten mit der gemeinhin herrschenden Auffassung Rousseauscher Lehre in Widerspruch

---

[1] „Mais quand la force d'une âme expansive m'identifie avec mon semblable et que je me sens pour ainsi dire, en lui, c'est pour ne pas souffrir, que je ne veux pas qu'il souffre; je m'intéresse à lui pour l'amour de moi, et la raison du précepte est dans la nature elle-même qui m'inspire le désir de mon bien-être en quelque lieu que je me sente exister." „Emile" l. 4 p. 295.

treten, sondern auch daß seine Darstellung auf den ersten Blick
jedenfalls ein ganz anderes Bild gewährt, als jener unmittelbare Eindruck, welchen die einschlägigen Schriften unseres Autors auf seinen
Leser auszuüben pflegen. Es ist dieser doppelte Umstand, welcher
vielleicht bei manchem den Argwohn erregen könnte, daß diese Darstellung nicht streng an R o u s s e a u s eigenen Gedankengängen festgehalten, vielmehr mancherlei als geistiges Besitztum dieses Philosophen ausgegeben habe, was aus seinen Schriften selbst unmittelbar
nicht geschöpft werden könnte.

Zur Entkräftung dieses zunächst mehr oder minder naheliegenden
Einwands sei es gestattet, im folgenden einiges noch zu bemerken.

Wenn die Übereinstimmung in der äußeren Anordnung und
Reihenfolge des gedanklichen Stoffes ein Kriterium der historischen
Exaktheit der Darstellung einer Philosophie überhaupt abgiebt, so
muß unumwunden zugegeben werden, daß unsere Arbeit irgend welchen
Anspruch auf exakte Wiedergabe ihres Gegenstands mit nichten erheben kann. Denn diese Darstellung ist und will schlechterdings
etwas anderes sein, als eine Inhaltsangabe des „Contrat social" oder
irgend welcher anderen sozialwissenschaftlichen Schriften R o u s s e a u s.

Aber es ist gerade diese Art der Beurteilung und Wertung
litterarhistorischer Untersuchung in Dingen der Philosophie, wo-
gegen hier auf das nachdrücklichste und entschiedenste Verwahrung
eingelegt werden soll. Die Darstellung eines philosophischen Systems
bezweckt letztlich etwas anderes, als eine einsichtslose Zusammen-
stapelung von Einzelsätzen, etwas anderes auch, als eine philologisch
korrekte Übersetzung aus fremdem Idiom in die Sprache des Darstellers. Sie soll die Einsicht vermitteln in den l o g i s c h e n Zusammenhang der einzelnen Lehren einer Philosophie, soll die obersten Prämissen aufweisen, von welchen aus der Autor seinen Ausgang nahm,
und von da zu den Einzellehren fortschreiten, deren gedankliche
Abhängigkeit von jenen fundamentalen Prinzipien sie in Schärfe zu
bestimmen hat. Nicht, in welcher Reihenfolge der Autor seinen
Stoff zusammengestellt, sondern in welcher gedanklichen Struktur er
ihn selbst gedacht und in welcher logischen Einheit er ihn hat aufgefaßt wissen wollen, das zum deutlichsten Bewußtsein zu bringen,
ist Sache einer verständigen Darstellung.

Sonst wird die Geschichte der Philosophie zum groben und
stumpfen Handlangerdienst erniedrigt, und jedes Kompendium beweist die Zwecklosigkeit spezieller Forschung. So hat jener klägliche Sensualismus, der nicht auf Einheit und Gesetz in der
Welt der Erscheinungen, sondern auf unverstandene „Thatsachen"
gierig ausgeht, auch in der Geschichte der Philosophie seine anmaßende Stimme erschallen lassen. Thatsachen, nichts als That-

sachen! Das ist der Geist, das jener beschränkte Sinn einer
absoluten Empirie, welche in krämerischer, stumpfer Gier nach
Wissensbesitz vermeint, man könne die Wahrheit erjagen und
aufbewahren, so, wie man in systemlosem Getriebe Schmetterlinge
fängt und einsperrt.

Rousseau verstehen ist etwas anderes als ihn gelesen haben.
Selbstverständlich ist das genaueste und sorgsamste Studium aller
einschlägigen Äußerungen des Autors unbedingte Vorbedingung für
jedwede litterarhistorische Untersuchung, deren historischer
Charakter ja gerade darin begründet ist, eine Verarbeitung von ge-
gebenem Gedankenmaterial zu sein. Aber eine Verarbeitung und
keine plumpe Photographie soll die Geschichte der Philosophie bedeuten, wenn anders sie von mechanischer Vervielfältigung methodisch
klar geschieden werden soll.

Und gerade das klägliche Fiasko, welches die gegenteilige Methode hinsichtlich einer klaren Auffassung und Würdigung Rousseauscher Sozialphilosophie häufig genug gemacht hat, sollte hier
eindringlich warnen. Denn man übersah vielfach, daß, wenn man
kritisieren will, man eines Faktors bedürfe, welcher nun nicht wieder
einfach aus Rousseaus Werken abgelesen, als leicht gepflückte
„Thatsache" heimgetragen werden konnte. Will man zusammenstellen, will man gar logische Widersprüche nachweisen, so muß
man dem Sinn jeder einzelnen Äußerung des Autors auf das genaueste nachgehen. Will man z. B. zwischen Rousseauscher liberté
und Rousseauscher Rechtspflicht einen Widerspruch auffinden, wie
kläglich dann, wenn man den Begriff der liberté aus irgendwelcher
anarchistischen Schmähschrift, statt aus einem systematischen Studium
Rousseauscher Gedankenzüge entnimmt. Man hätte zu solchen
Zwecken vielleicht auf die praktische Philosophie Rousseaus überhaupt etwas genauer im Zusammenhang mit seiner sozialen Theorie
eingehen müssen. Jedenfalls aber ist bei alledem festzuhalten, daß
stets nur der logische Rang, welchen ein Autor seinem Gedanken
beimißt, und nicht die Thatsache seiner Ausdrucksweise den systematischen Darsteller einer Philosophie letztlich zu leiten hat.

Kraft dieser Methode ist der Litterarhistoriker nicht nur den
Staatsanwalt, sondern auch den Verteidiger zu spielen befugt und
verpflichtet. Die Flut der Anklagen soll er auf ihre Berechtigung
hin prüfen und sich bei solcher Thätigkeit nicht auf die Worte des
Autors, sondern auf den logischen Gehalt seiner Thesen begründend
beziehen. Nimmt man ihm dieses Recht, gestattet man ihm nicht,
einem Gedanken seines Autors auf das genaueste nachzugehen, wenn
er auch nicht jedem Ankläger sofort in die Augen gefallen war,
verwehrt man ihm, solche Gedanken bis auf ihre äußersten Kon-

sequenzen durchzudenken, um gerade so den logischen Einklang
mit anderen 'Äußerungen darzuthun, so verwehrt man dem Verteidiger eine Methode, welche die zahllose Schar der Ankläger schon
längst zu ihren Zwecken gebraucht hatte. Nicht irgendwelche subjektive Vorliebe und Sympathie, sondern die seltsame Thatsache,
daß unser Autor, der Liebling eines Kant und Schiller, in jetziger
Zeit fast nur Ankläger und keine Verteidiger gefunden hat, hat
es mit sich gebracht, daß wir zum Zweck einer objektiven Darstellung des gedanklichen Thatbestands gegen jene Übermacht
von hitzigen Anklägern als objektiver Anwalt uns wenden mußten.

So vindizieren wir nach allen Seiten der Geschichte der Philosophie eine vornehmere und edlere Aufgabe. Sie soll nicht von der
Fülle des Materials sich erdrücken lassen, sondern, die Selbständigkeit ihres Berufs hochhaltend, dieses Material gedanklich durchdringen,
logisch sichten und also ein neues Werk — und doch wieder das
alte — dem Leser vor Augen stellen. In Schärfe unterscheidend
zwischen der Zufälligkeit äußerer Anordnung und der logisch notwendigen Abhängigkeit eines Gedankens von dem andern, darf sie
sich über die erste, niemals über die zweite, erheben, um, was als
System gedacht war, auch als System wiederzugeben.

In diesem Sinne haben wir es versucht, die Sozialphilosophie
Rousseaus in ihrer systematischen Geschlossenheit zur Darstellung
zu bringen. In der Notwendigkeit, zu diesem Zwecke mit der
äußeren Zusammenstellung des Stoffes, wie sie sich in Rousseaus
einschlägigen Schriften findet, gänzlich zu brechen, erkennen wir
keinen Mangel, sondern gerade die Existenzberechtigung unseres
anspruchslos sich gebenden Versuchs. Aber nicht über den gedanklichen Inhalt der Rousseauschen Lehren, sondern nur über
deren äußere und vielfach fragmentarische Zusammenstellung haben
wir uns uns zu erheben erlaubt. Und diese Art der Abweichung bedeutet mit nichten eine historische Ungenauigkeit. Denn worauf in
aller Welt hätte denn eine neue Anordnung des philosophischen
Stoffes sich gründen können, es sei denn auf die eindringlichste
und schärfste Verarbeitung und Durchdringung sämtlicher überlieferten Einzelstellen unseres Autors? Der echte Litterarhistoriker
soll nichts in seinen Autor hineinlegen, wohl aber aus ihm heraus-
holen, was immer logische Würdigung des überlieferten Gedankenmaterials in sachlicher Durchdringung ergiebt. Unsere Darstellung
des Rousseauschen Naturrechts oder des Gedankens der Gemeinschaft als Fundaments der Rousseauschen Politik ist nicht darum
historisch unzuverlässig, weil eine solche zusammenhängende Würdigung
dieser Begriffe sich in unseres Autors Schriften nirgends findet;
sondern das Kriterium ihrer Berechtigung und Wahrheit liegt in

der richtigen Erfassung der logischen Bedeutung dieser Begriffe, welche von der Thatsache ihrer mehr oder minder ausdrücklichen Hervorhebung und Pointierung durch unseren Autor selbst gänzlich unabhängig verbleiben muß. Das droit naturel ist deshalb nicht weniger der fundamentale Angelpunkt der Rousseauschen Sozialphilosophie, weil der „Contrat social" kaum ein Mal vorübergehend von diesem Begriffe redet, noch spielet der formale Vertragsgedanke in dem System der Rousseauschen Philosophie deshalb eine größere Rolle, weil er der ausgiebigsten rechtsphilosophischen Schrift den Namen geliehen hat.

Vermöge dieser logischen Sichtung des gesamten Gedankenmaterials eines Philosophen wird überhaupt erst eine objektiv begründete Beurteilung und kritische Würdigung einer Philosophie denkbar und verständlich. Denn zwei Wege sind es, auf welchen philosophische Kritik in objektiver Prüfung ihre richtende Thätigkeit zu erledigen hat; einmal die kritische Würdigung dessen, was sich als grundlegende oberste Voraussetzung eines Systems ergiebt, und andererseits die Untersuchung des logischen Zusammenhangs der Einzellehren mit eben diesen obersten Prämissen.

Wie könnte nun je diese Aufgabe in Sicherheit gelöst werden, so lange nicht eine wissenschaftlich exakte Darstellung diejenigen Gedankenelemente aufzeigte, welche dem Autor den geschlossenen Aufbau seines Systems überhaupt erst ermöglichten? Nichts elender, nichts kläglicher, als eine Kritik, die hie und da im einzelnen eines geschlossenen Baus schmält und streitet, ohne auch nur im entferntesten zu ahnen, daß man die Fundamente besehen muß, will man über Wert und Würde des Gebäudes ein begründetes Urteil sich erwerben. So liegt denn in der That in dem Bewußtsein des Kritikers, nicht etwa gegen Windmühlen zu fechten, sondern, von jedem Verdacht der Willkür frei, nur den ureigensten Gedankengang seines Autors seiner objektiven Würdigung zu unterstellen, der sicherste Gewinn einer systematischen Darstellung. Das möge sich denn nun auch im Verlauf unserer Kritik dieses Systems bestätigen.

Denn bis dahin haben wir unserem Autor uneingeschränkte Redefreiheit gewährt, damit der Leser zunächst den gesamten Aufbau dieses Systems kennen lerne, und nicht durch vorschnelle Ausstellungen und Rügen der Eindruck des Ganzen gestört werde. Nur wenige und geringfügige Unebenheiten im einzelnen sind schon im Verlauf unserer Darstellung nebenher berichtigt und ins Reine gebracht worden, daß der stolze und kühne Bau des Ganzen in seiner originalen und imponierenden Struktur desto reiner und unverfälschter vor das Auge des Beschauers trete.

Fürwahr, ein stolzer und mächtiger Bau, wohl wert, in seinem

kühnen und rücksichtslosen Aufstreben das Interesse des Kenners
gefangen zu nehmen, sollte auch eine eindringliche und vorurteils-
lose Kritik am Ende den stolzen Grundpfeilern die Tragfähigkeit
absprechen müssen. Das soll denn nun am Schlusse unserer Ausführungen in kritischer Erwägung noch ausgemacht und, wenn irgend
möglich, in Sicherheit entschieden werden.

Nun ist der Thatbestand erschöpfend vorgetragen. Wir haben
die Ausführungen der wissenschaftlichen Anklagebehörde gelegentlich dargestellt, und auch eine objektive Verteidigung hat
zum Zweck einer wahren Darstellung des gedanklichen Thatbestands in erschöpfender Art das Wort erhalten. So ist es denn
Zeit, daß das Urteil gesprochen wird, an den bewiesenen Thatbestand streng sich haltend: Niemandem zu Liebe, niemandem zu
Leide.

So werden wir schlechthin darauf verzichten, unseren Autor
durch den Nachweis zu widerlegen, daß unsere Altvordern aus
irgendwelchen Gründen keine Gesellschaftsverträge abzuschließen
pflegten, wir werden selbst die Gelegenheit unbenutzt vorübergehen
lassen, über die Unmöglichkeit des Naturzustands und das „organische Wachsen" des Rechts gelehrte historische Einzeluntersuchungen
anzustellen, und selbst Humes skeptische Frage, ob denn der
Gesellschaftsvertrag des Vaters auch den Sohn zu binden vermöge,
wird hier gänzlich auf sich beruhen bleiben. Denn wir wollen
nicht angreifen und kritisch prüfen, was dieser und jener Vertreter
des Naturrechts einmal geäußert, sondern was Rousseau selbst in
seinen Werken ausgesprochen und systematisch gelehrt hat.

Diese unsere Aufgabe wird nun wesentlich erleichtert durch die
logische Geschlossenheit des Rousseauschen Systems. Ein Pfeiler
ist es, auf den dies ganze Gebäude letztlich sich gründet. Sollte
er nicht als tragfähig sich erweisen, sollte er unter den Streichen
kritischer Nachprüfung zusammenbrechen, um den Glanz und die
Herrlichkeit des gesamten Baues wäre es schlimm bestellt!

Was bildet den fundamentalen Charakterzug wenigstens des
ersten Teils der Rousseauschen Sozialphilosophie? Die konsequent
durchgeführte Einschränkung des Herrschaftsgebiets positivrechtlicher
Satzung auf die genaueste Einhaltung der Bestimmungen des contrat social und ebendamit die strikteste und schier unerhörte Leugnung der rechtlichen Gültigkeit und Verbindlichkeit fast sämtlicher
empirisch gegebenen Gemeinschaftsformen. Kurzum, eine Überwindung des Anarchismus, die einem Pyrrhussiege glich; denn wie
wenige waren imstande, solche Opfer zu bringen, um sich der Seg-
nungen rechtlicher Gemeinschaft zu erfreuen!

Aber diese Anstrengungen sind sie denn in der That erforderlich? Auf welche Gesetzlichkeit wird ihre Notwendigkeit gegründet?

Wir wissen es: Das „droit naturel" ist die Basis von Rousseaus skeptisch-anarchistischem Ausgangspunkt, zugleich das Fundament, auf dem die Frage nach der Möglichkeit des positiven Rechts überhaupt erst erwachsen und verständigen Sinn erlangen konnte. Stürzet die Macht dieses Naturrechts, und der Radikalismus der Rousseauschen Sozialphilosophie ist endgültig gebrochen, raubt ihm das stolze Ansehn, welches Rousseau gleichsam als einen zweifellosen Tribut ihm einräumt, und ihr habt Rousseaus fundamentaler Fragestellung Sinn und Bedeutung geraubt!

Aber man könnte hier einwendend fragen, ob denn nicht die Ergebnisse der positiven Jurisprudenz, die Resultate so vieler staatsrechtlichen Untersuchungen längst die Unsinnigkeit jener radikalen Lehren Rousseaus in Sicherheit dargethan hätten. Wie? könnte man fragen, der französische Königsstaat hätte nimmer von Rechts wegen bestanden, und in dem Preußen nicht nur von 1762, sondern auch von heute herrschte nur Willkür und brutale Gewalt, deren Machtsprüche nimmer imstande seien, die vergewaltigten Unterthanen von Rechts wegen zu binden, alles Behauptungen, von denen die gesamten Vertreter der Jurisprudenz einstimmig das Gegenteil bekunden und von jeher gelehrt haben? Was solle uns, könnte man einwenden, eine Philosophie, welche die rechtliche Gültigkeit unserer Reichsverfassung bestreitet, welche das Gesetzgebungsrecht des Bundesrats und Reichstags für rechtlich nichtig und bedeutungslos erklärt, obwohl die Vertreter unseres positiven Staatsrechts an der rechtlichen Verbindlichkeit dieser Verfassung niemals gezweifelt haben?

Wer da glaubt, die Rousseausche Rechtsphilosophie mit solcherlei Argumenten abthun zu können, übersieht völlig die bewußte Anmaßung des Rousseauschen droit naturel. Die Einzelresultate positiver Jurisprudenz als solche, in welcher erdrückenden Fülle auch immer sie auftreten mögen, können nicht genügen, um den Angriff des Rousseauschen Naturrechts abzuschlagen, weil dieser Angriff gerade gegen jene Resultate des positiven Staatsrechts in bewußtem Radikalismus sich wendet. Will man die Macht des Rousseauschen Naturrechts in Sicherheit brechen, so muß man zunächst einsehen, daß es den Anspruch erhebt, in souveräner Kritik über die Wahrheit der Sätze des positiven Staatsrechts zu entscheiden. Nicht dadurch, daß man trotzig wiederholt, was jenes leugnet, sondern dadurch, daß man den Grund jenes Leugnens ein-

gehend prüft, wird man dem Rousseauschen droit naturel mit
Aussicht auf Erfolg begegnen können.

Es ist zu diesem Zweck vor allen Dingen unumgänglich notwendig, daß man in seiner Kritik alles fernhält, was einer Ein-
räumung des fundamentalen Geltungsanspruchs des Rousseauschen
Naturrechts gleichkommt. Das ist ein schlechter Kritiker, welcher,
durch die Kühnheit und vermessene Dreistigkeit seines Gegners
geblendet, nur noch im einzelnen zu streiten wagt und ebendamit
den Anspruch jenes im ganzen schon stillschweigend anerkennt,
welcher, statt die fundamentale Methode seines Gegners zu bekämpfen, eben diese Methode selber gebraucht, um auf Grund ihrer
einzelne Blößen und Schwächen des andern nachzuweisen.

Die praktische Gier vieler, vor allem und um jeden Preis zunächst einmal ganz bestimmte, besonders unliebsame Einzelthesen
der Rousseauschen Sozialphilosophie zu widerlegen, hat vor allen
Dingen diesen Übelstand verschuldet. So haben sich viele besonders
dagegen gewandt, daß ohne die freiwillige ursprüngliche Anerkennung
und Zustimmung keine rechtliche Herrschaft begründet werden
könnte, und hielten Rousseau vor, daß doch auch die Dankbarkeit
gegen einen Monarchen, der sich um seine Unterthanen verdient
gemacht habe, diese zum Gehorsam gegen seine Gebote verpflichten
könne. Diese tendenziöse Gier, aus einem System herausgerissene
Einzelthesen um jeden Preis zu widerlegen, ist noch zu keiner Zeit
gründlicher wissenschaftlichen Forschung förderlich gewesen. Denn
statt den fundamentalen Anspruch des Naturrechts, als souveräne
Richterin der positiven Jurisprudenz zu gelten, überhaupt auf seine
letzte Berechtigung hin zu prüfen, hat man hier diesen Anspruch
stillschweigend anerkannt und streitet nur noch über den Inhalt
der Gesetze, nach welchen das souveräne Naturrecht sein angemaßtes
Richteramt auszuüben befugt sein soll.

Aber nicht darauf kommt es letztlich an, mit welchen Mitteln
ein Rekurs gegen die Entscheidung positiver Jurisprudenz aus-
gefochten werden soll, sondern ob überhaupt ein solcher Rekurs
möglich ist; nicht darum, ob der Inhalt des Rousseauschen
Naturrechts richtig, sondern ob ein Naturrecht im Sinne Rousseaus überhaupt denkbar und haltbar ist.

Die Entscheidung der ersten Frage setzt die der zweiten schon
voraus. Die Verdienste eines Herrschers bedeuten für die positive
Jurisprudenz als Wissenschaft so wenig ein Kriterium der Gültigkeit rechtlicher Befehle, als der Abschluß des contrat social. Wir
fragen also, nicht, welche Kriterien, sondern ob es überhaupt Kriterien
der Gültigkeit des positiven Rechts giebt, unabhängig von denjenigen,
welche die positive Jurisprudenz selbst anerkennt und verwendet.

Nur in dieser Beziehung überhaupt kann das Rousseausche droit naturel des hier fraglichen Sinnes Anspruch auf besondere Beachtung erheben. Denn insofern es unabhängig von der Thatsache irgendwelcher positiver Normsetzung als Recht unter Menschen gelten will, verlohnt es sich zwar kaum der Mühe, ihm den Namen des Rechts abzustreiten, in der Sache aber bedeutet es nunmehr nur noch einen Inbegriff rationell abgeleiteter Regeln menschlichen Verhaltens, der als eigentümliches selbständiges Gebiet, gesondert von der Problemstellung und Aufgabe der Ethik, in klarer Auffassung überhaupt nicht gedacht werden kann. Als Prinzip der sozialen Ethik Rousseaus hat der Inhalt des so begriffenen Naturrechts freilich auch auf die Grundlagen der Rousseauschen Politik entscheidend eingewirkt, und in dieser seiner Funktion soll es späterhin von uns noch näher betrachtet werden.

Hier aber interessiert es zunächst in jener erstbesprochenen Bedeutung, in welcher es in unerhörter Dreistigkeit der positiven Jurisprudenz den Krieg erklärt, fast allen ihren Resultaten den Wahrheitswert abspricht, indem es, was jene für rechtlich gültig, seinerseits für nichtig erklärt, und umgekehrt, was dorten als rechtlich bedeutungslos beiseite gelassen, zur fundamentalen Bedingung der Rechtsverbindlichkeit menschlicher Befehle erhebt. Das Naturrecht in diesem Sinne ist es, welches den unerhörten Radikalismus der Rousseauschen Sozialphilosophie letztlich zu verantworten hat, und so muß jede Kritik für eitel und vergeblich angesehen werden, welche die Untersuchung des Wahrheitswertes dieser Philosophie nicht an diesem Punkte grundlegend beginnt.

Man kann dem auch nicht dadurch entgehen, daß man etwa als den letzten Kern der Fehde zwischen Rousseauscher Sozialphilosophie und positiver Jurisprudenz die Verschiedenheit der jeweilig zu Grunde liegenden Definition des positiven Rechts ansieht und sich nun ausschließlich bemühen wollte, diesen Dissens in objektiver Prüfung zum kritischen Austrag zu bringen. Denn man würde hier verkennen, daß das Rousseausche droit naturel die fundamentale Methode enthält, kraft deren jene Definition des positiven Rechts in der Begriffsbestimmung der „loi" überhaupt erst erfolgen konnte. Nur weil das Rousseausche Naturrecht Sätze von ewiger absoluter Geltung enthält, die alle Menschen rechtlich verpflichten, kann der Kreis der jenen Normen widersprechenden menschlichen Befehle von vornherein als rechtlich nichtig, als willkürliche Gewalt verworfen und eine formale Definition des positiven Rechts gefunden werden, in welcher die Übereinstimmung mit diesen Sätzen des Naturrechts zum Ausdruck gelangt. Auch in jeder möglichen positivrechtlichen Gemeinschaft (d. h. in Rousseaus Sinne

einer solchen, welche durch Gebote konstituiert wird, für deren
Geltung menschlicher Machtspruch letzlich entscheidend ist), herrscht
das Naturrecht, und der Begriff der „loi" als des gültigen Menschengebots bedeutet gleichsam nur ein Instrument, vermöge dessen in
abgekürztem Verfahren ermittelt werden kann, ob ein von menschlichem Willen in seinem Inhalt abhängiger Befehl nicht mit dem
absoluten, unaufhebbaren Satze des Naturrechts, daß alle Menschen
in ihrem Handeln das Wohl aller Gemeinschaftsglieder berücksichtigen
sollen, in Widerspruch getreten ist. Aber in dieser Definition eines
Inbegriffs von Bedingungen für einen gültigen menschlichen Befehl,
wie ihn die „loi" enthält, erschöpft sich nicht die Bedeutung des
Rousseauschen droit naturel, weil es sich hier immer nur um die
Beobachtung eines seiner Kernsätze handelt, woraus mit nichten geschlossen werden darf, daß ein formal dem Begriff der loi entsprechender
Befehl auch dann gültig sei, wenn er einem andern der von Rousseau
hie und da angeführten Einzelsätze des Naturrechts widerspräche.[1]

Aber gerade allen diesen Sätzen des Naturrechts bestreitet die
positive Jurisprudenz mit aller Entschiedenheit die rechtliche Gültigkeit, während andererseits Tausenden von Normen, deren Rechtsbeständigkeit für jene Wissenschaft über allen Zweifel erhaben ist,
das Rousseausche droit naturel schlechthin die rechtliche Verpflichtungskraft aberkennt.

Das ist der altererbte Krieg zwischen Naturrechtstheorie und
positiver Jurisprudenz, wie er seit altersher zwischen beiden Lagern
herrschte und nur in der Rousseauschen Sozialphilosophie erbitterter
und weit und breit alles in Brand setzend, sich geltend macht.

Man wird der naturrechtlichen Theorie, wie sie sich in der
Geschichte der Rechtsphilosophie uns darstellt, schwerlich gerecht,
wenn man diesen ihren Anspruch, über die Gültigkeit derjenigen
Normen, welche die positive Jurisprudenz für zurechtbestehend erklärt,
ein letztes entscheidendes Votum abzugeben, übersieht. Die These
Stammlers,[2] daß die naturrechtliche Theorie nur ein Ziel für den
Gesetzgeber habe aufstellen wollen, dürfte schon durch die Geschichte
des Grunddogmas jener Theorie, des Gesellschaftsvertrags, widerlegt
werden können. Hier war von vornherein der Blick auf das positive,
vorliegende, geschichtlich gegebene Recht gerichtet. Zuerst fragte

---

[1] So rechtfertigt z. B. Rousseau in der „économie politique" (p. 181)
die rechtliche Gültigkeit der staatlichen Erziehung damit, daß er darauf hinweist, daß der Vater sein natürliches Recht auf die Erziehung der zum Gehorsam gegen ihn kraft Naturrechts verpflichteten Kinder hier garnicht verliere,
sondern nur statt als Vater als „citoyen", d. h. als Mitträger der gesetzgebenden Gewalt, ausübe. Vgl. oben S. 325.

[2] „Wirtschaft u. Recht", S. 169 ff., bes. S. 176.

man, wie es entstanden sei, und später, wie es allein juristisch
geltend entstehen konnte. Damit aber hat man es gewagt, das
Gebiet der positiven Rechtswissenschaft zu betreten und dorten mit-
zusprechen, wo jene allein zu herrschen gewohnt war.

Freilich hat das Naturrecht im letzten Grunde durch die Aufstellung seiner ewigen unwandelbaren Gesetze dem positiven Gesetzgeber einen letzten Halt und Richtpunkt für sein Vorgehen bieten
und sichern wollen; aber die Methode, welche es hierbei einschlug,
war radikaler, als man vermuten konnte: Es behauptete häufig genug
nicht nur die sittliche Verwerflichkeit der geschichtlich vorliegenden
sozialen Normierung, sondern sogar deren rechtliche Nichtigkeit
und Unverbindlichkeit,[1] um durch solche Erklärung den Gesetzgeber
um so sicherer und nachdrücklicher zum Einschlagen anderer gesetzgeberischen Wege zu bewegen und zu drängen.

In diesem Sinn freilich würde auch der contrat social Rousseaus
ein Ziel und Vorbild sein, aber nicht für den rechtlichen Gesetzgeber, sondern für Beherrscher von Menschen überhaupt, daß ihre
Gewalt aufhöre rechtlich nichtige Willkür zu sein, und als rechtlich
gültige Befehlssatzung von einer wissenschaftlichen Rechtstheorie
anerkannt werden könne. Insofern die Ethik Rousseaus empfiehlt,
in rechtliche Gemeinschaft überhaupt zu treten, bedeutet freilich
der contrat social, die Begriffsbestimmung des gültigen Menschenrechts, der Gedanke der „loi" auch ein Ziel und Vorbild für menschliches Handeln. Aber man sollte niemals übersehen, daß nach
Rousseau die Pforte des positiven Rechts so lange verschlossen
bleibt, als nicht dieses Ziel menschlichen Handelns auf das genaueste
und pünktlichste erfüllt ist, daß das Rousseausche Naturrecht
nicht nur den Zugang zum guten und sittlich berechtigten, sondern
vor allen Dingen zum gültigen positiven Recht überhaupt
anweist und bewacht.

Es ist dieser letztere Anspruch, welcher in der Rousseauschen
Sozialphilosophie schärfer hervortritt, als in der vorgängigen naturrechtlichen Theorie, weil der Inhalt des droit naturel mit dem
Inhalt der meisten Sätze, welche die positive Jurisprudenz als zurechtbestehend lehrte, in besonders deutlichem und scharfem Widerspruch
sich befindet. So bietet gerade das System der Rousseauschen Sozialphilosophie die eindringlichste Anregung, diesem alten Streit zwischen
Naturrecht und positiver Jurisprudenz in kritischer Prüfung näher zu
treten und ihn wenn möglich in objektiver Sicherheit zu entscheiden.

Aber ist nicht dieser Streit längst zu unseren Gunsten ent-

---

[1] Man denke an den Anspruch des ius divinum in der katholischen
Rechtsphilosophie.

schieden, wendet der positive Jurist hier ein, und weist auf die stolzesten Namen der historischen Schule, deren gemeinsamem Angriff das Naturrecht unterlegen sei, um niemals wieder zu neuem Leben zu erwachen. —

Es ist ein Verdienst von Bergbohm[1] neuerdings diesem Glauben an eine endgültige Überwindung des Naturrechts, insofern es den hier zunächst erwähnten Geltungsanspruch erhebt,[2] entgegengetreten zu sein und auf so manche naturrechtliche Unterströmungen, welche heutzutage wieder stärker sich geltend machen, aufmerksam gemacht zu haben.[3]

Was freilich Bergbohm selbst zum Zweck der Widerlegung der naturrechtlichen Theorie anführt, unterscheidet sich in methodischer Art kaum von der altgewohnten Kampfesweise der historischen Schule. Denn die Bergbohmsche Argumentation gipfelt in den folgenden Sätzen: Bei uns gilt das positive Recht; das Naturrecht, welches einen anderen Inhalt hat, will daneben gelten; dieser Anspruch ist ungerechtfertigt, weil einander inhaltlich widerstreitende Rechtssätze nicht nebeneinander in Kraft stehen können.[4]

[1] „Jurisprudenz und Rechtsphilosophie", 1. Bd., 1892, bes. S. 109 ff.

[2] Es geht aus der gesamten Tendenz der Bergbohmschen Untersuchung deutlich hervor, daß dieser Schriftsteller unter dem Namen „Naturrecht" nur die den Urteilen der positiven Jurisprudenz über die Gültigkeit von Rechtsnormen feindlich entgegentretenden Sätze in kritische Erwägung hat ziehen wollen, und in diesem Bestreben sehe ich im Gegensatz zu Stammler einen wohlberechtigten, durchaus nicht etwa überflüssigen Plan. Es liegt vor allen Dingen an der wenig durchsichtigen Bestimmung des zum Problem gestellten Naturrechtsbegriffs („jede Vorstellung von einem Recht, was von menschlicher Satzung unabhängig ist" (S. 130, 131), — was ist hier unter „Recht", sofern man nicht durch den bloßen Namen sich hat bestimmen lassen, verstanden?) — daß Bergbohm häufig Lehren, die sich freilich den Namen Recht beigelegt haben, auch auf absolute Geltung ebenso, wie das hier in Frage stehende Naturrecht, Anspruch erheben, aber den Urteilen der positiven Jurisprudenz garnicht agressiv entgegentreten, als Naturrecht in seinem Sinne behandelt und dadurch seine im Grunde (trotz des Mangels einer deutlichen Bestimmung von Begriffen wie: „strenge Jurisprudenz", „positives Recht", „historischer Vorgang", „menschliche Satzung" [mit welchen letzteren Worten wie auch mit dem Begriff der „That", des „objektiv nachweisbaren Werdegangs" in wenig klarer Art die besondere Entstehungsweise des positiven Rechts bestimmt werden sollte]) klar verständliche, wenn freilich auch nicht deutlich fixierte (am besten vielleicht der Versuch S. 140, 141) Problemstellung mit fremdartigen Elementen vermengt und so den Widerspruch an sich durch seine eigentliche Polemik ganz unberührt gelassener Kreise hervorgerufen hat. Vgl. auch später S. 385, 386.

[3] Wir haben schon früher selbst kurz darauf hingewiesen und werden später darauf noch zurückkommen, daß selbst innerhalb unserer modernen Jurisprudenz naturrechtliche Argumentationen, wenn freilich auch versteckt, so doch dem schärferen Beobachter durchaus kenntlich, sich geltend machen.

[4] Das ist der Kern der Polemik. S. 367 ff.

Stammler, welcher gemäß seiner Auffassung freilich die Bekämpfung eines so gefaßten Naturrechts, als eines „Irrtums vergangener Zeiten"[1] überhaupt für zwecklos erklärt, hält diese Argumentation Bergbohms, wenn auch für billig, so doch immerhin für beweiskräftig.[2]

M. E. kann jene Polemik gegen den Anspruch des hier fraglichen Naturrechtsbegriffs schlechterdings garnichts beweisend darthun. Denn wenn Bergbohm richtig erkannte, daß das Naturrecht dem widerstreitenden positiven Recht die rechtliche Gültigkeit abstritt, wie konnte er zur Widerlegung solchen Anspruchs einfach den Spieß umdrehen, die Gültigkeit jener positivrechtlichen Sätze dogmatisch annehmen und aus diesem Umstande, welchen doch gerade der Gegner bestreitet, die Nichtigkeit des Naturrechts folgern?[3]

---

[1] „Wirtschaft u. Recht" S. 172.

[2] „Wirtschaft u. Recht" S. 174.

[3] So erklärt Bergbohm schon in der Einleitung (a. a. O. S. 118), daß es bei der Lösung des Streits zwischen Naturrecht und positivem Recht „auf den Beifall der strengen Juristen jedenfalls in erster Linie ankomme", und man wird besorgt, ob nicht das Naturrecht einen Richter ablehnen werde, welcher, noch bevor er zur Vernehmung beider Parteien und zur Urteilsfällung fortschreitet, von vornherein erklärt, daß „das Unkraut Naturrecht schonungslos mit Stumpf und Stiel ausgerottet werden müsse" (ibidem). Diese Besorgnis kann nur wachsen, wenn Bergbohm gleich darauf zu der nicht ganz deutlichen Formulierung fortschreitet, daß „von allem, was auf Wissenschaftlichkeit Anspruch erhebt, jeder Gedanke daran, daß etwas Recht sein könnte, ohne positives Recht zu sein, und das Recht betreffen könnte, ohne im wirklichen (?) Recht Bestätigung zu finden, auf das entschiedenste fernzuhalten" sei (ibidem). Man kann gewiß auch nicht sagen, daß Bergbohm über den Parteien stände, wenn er, nach richtiger Hervorhebung der Unmöglichkeit des Nebeneinanderbestehens beider Rechtsarten, von vornherein schon in dem Unterliegen des positiven Rechts eine „unerträgliche Konsequenz", in dem Fallen des Naturrechts nur den Sturz einer „dann bloß verwirrenden und also aufzugebenden Annahme" sieht (S. 397); wenn freilich auch dies alles die Tendenz der Bergbohmschen Polemik gegen das Naturrecht (vgl. oben S. 348 Note 2) trefflich beleuchtet. Wenn nun weiterhin Bergbohm, wie offen zugegeben wird, „immer vom Standpunkt der positiven Rechtsordnung" (S. 404) uns durch den Hinweis auf die unerträglichen Folgen, welche der Sieg der anderen Partei (sc. des Naturrechts) nach sich ziehen würde, daß dann die „ganze positive Rechtsordnung verloren" (S. 407) wäre, für seinen Richterspruch zu gewinnen sucht, so ist dies unmöglich diejenige Methode, in welcher dieser Streit in objektiver Art entschieden werden könnte. Denn es hat z. B. die Rousseausche Sozialphilosophie in bewußter Kenntnis dieser radikalen Konsequenzen ihre Lehren aufgestellt; wie kann man also ihr Naturrecht damit widerlegen wollen, daß man ihr diese ihre z. T. wohl bedachten und gewollten Konsequenzen einfach vorhält. Jene leidige Methode, über die Wahrheit von Sätzen nach der jeweiligen Annehmlichkeit ihrer Konsequenzen zu entscheiden, vermöge deren nur allzugern die Praxis über die Theorie zu richten sich anmaßt, kann doch nur dann etwas entscheidend ausmachen, nachdem

Wir begreifen, daß Stammler es einen „elementaren Satz nennen konnte, daß im gleichen Raum und zu derselben Zeit nicht zwei einander widersprechende Rechte in gleicher Berechtigung nebeneinander positiv gelten können."[1] Aber bei alledem bleibt noch gänzlich unausgemacht, welches nun von beiden Rechtssystemen mit Fug den Anspruch auf rechtliche Verbindlichkeit und Geltung erhebt, ob das Naturrecht oder das ihm widerstreitende positive Recht. Sich hier von vornherein auf die Seite des letzteren stellen, bedeutet nicht, das Naturrecht widerlegen, sondern seine Ansprüche beweislos leugnen und verkennen.

Da ist am Ende noch jene altgewohnte Kampfesweise vorzuziehen, welche seit den Tagen der historischen Schule im Schwange steht. Man versucht hier die Gültigkeit der positivrechtlichen Sätze gegen das Naturrecht zu behaupten, indem man in sorgsamster, historischer Einzelforschung deren thatsächliche Festsetzung oder Beobachtung nachweist. Aber freilich beim näheren Zuschauen zeigt sich leicht, daß auch diese Art der Polemik dem naturrechtlichen Gedankengang durchaus nicht gerecht wird. Denn diese Theorie bestreitet ja gerade, daß die an sich zufällige Thatsache der Festsetzung oder Durchführung von Geboten ein schlechthin maßgebendes Kriterium der rechtlichen Gültigkeit menschlicher Befehle darstelle, und es bildet gerade der Umstand das charakteristische Merkmal des hier in Frage stehenden Naturrechts, daß es die absolute Gültigkeit unwandelbarer Rechtssätze behauptet, deren rechtliche Verbindlichkeit nicht nur von dem zufälligen Faktum einer besonderen menschlichen Anordnung ganz unabhängig ist, sondern auch die Rechtsbeständigkeit irgendwelcher menschlichen Satzungen widersprechenden Inhalts notwendig und ausnahmslos ausschließt und vernichtet. Mit anderen Worten: die positive Jurisprudenz verliert die Möglichkeit, durch eine Erforschung und Feststellung von Einzelthatsachen so ohne weiteres die Gültigkeit der naturrechtlichen Sätze abstreiten zu können, weil das Naturrecht ja gerade leugnet, daß die rechtliche Geltung von Geboten sich notwendigerweise auf ihre thatsächliche besondere Festsetzung und Durchführung gründen müsse. Diese ausschließlich historische Methode der positiven Jurisprudenz, kraft deren sie über Gültigkeit

---

vorher in Klarheit festgestellt ist, in welchen sicheren Grenzen die „Annehmlichkeit" oder „Nützlichkeit" oder „Praktischkeit" überhaupt ein wissenschaftliches Kriterium der Wahrheit ist. Daß Bergbohm hier einseitig ohne weitere Begründung für das positive Recht Partei ergreift, zeigt sich besonders deutlich in dem Resümé seiner Kritik des Naturrechts S. 478, 479.

[1] „Wirtschaft u. Recht" S. 174.

oder Nichtigkeit menschlicher Befehle aburteilt, ist es gerade, deren
Richtigkeit das Naturrecht bestreitet, und so erscheint zunächst es
als eine grobe petitio principii, wenn die geschichtliche Rechtstheorie
ruhigen Herzens dem Naturrecht durch historische Studien die rechtliche Nichtigkeit seiner Gebote beweisen will.

Indem wir den Streit zwischen Naturrecht und positiver Jurisprudenz als einen Streit über die richtige Methode der Feststellung rechtlich gültiger Sätze erkennen, haben wir auch
schon den Punkt erreicht, von dem aus eine beiden Teilen gerecht
werdende Entscheidung dieser Kontroverse in objektiver Sicherheit
erfolgen kann. Denn jedweder Streit über Methodik setzet, wenn
anders er verständigen Sinn gewinnen und als Kontroverse überhaupt
begriffen werden kann, voraus, daß beide Gegner einunddieselbe
letzte und fundamentale Problemstellung in Gedanken haben. Denn
was bedeutet Methode anders, als einheitliches Mittel zur sicheren
Gewinnung von Erkenntnis, und wie kann man über die Geeignet-
heit solchen Mittels miteinander in Streit geraten, wenn man nicht
über den Sinn und die Bedeutung der Aufgabe, welche durch
jenes gelöst werden soll, sich in vollständiger Klarheit geeinigt
hat? Das eben ist ja der einfache und doch so unendlich revolutionäre Gedanke Kantischer, transscendentaler Philosophie, daß
jedweder Streit über Ansprüche auf allgemeingültige Gesetzlichkeit,
(wie er hier durch den Anspruch des Naturrechts auf ewige und
absolute Geltung heraufbeschworen ward), erkannt wird als ein Streit
über die richtige Methode, und dieser Streit dann letztlich geschlichtet
wird durch die Feststellung der jeweilig in Betracht kommenden
letzten grundlegenden wissenschaftlichen Problemstellung.

Auf diesem Boden allein kann auch die hier einschlägige Kontroverse zwischen Naturrechtstheorie und positiver Jurisprudenz in
systematischer Klarheit ausgemacht und entschieden werden. Indem das Naturrecht die gewohnte Methode der positiven Jurisprudenz
angriff und als einseitig verurteilte, hat es selbst schon die Zu-
ständigkeit des Richters anerkannt, der diesen Streit in objektiver
Art zu entscheiden geeignet ist. Es ist die Erwägung der letzten
fundamentalen Problemstellung, welche der positiven Jurisprudenz
ihren Charakter als einheitliche Wissenschaft verleiht, die unsere
Kritik des Rousseauschen droit naturel hier letztlich bestimmen wird.

Und schon in der Anregung zu solcher Aufgabe liegt ein nicht
zu unterschätzendes Verdienst des Naturrechts überhaupt, wie der
Rousseauschen Sozialphilosophie inbesondere. Denn es ist klar,
daß eben damit das erste und grundlegende Problem einer transscendental gerichteten Rechtsphilosophie in klarer Schärfe gestellt
ist, daß die Aufgabe deutlichst bezeichnet ist, von deren befriedigen-

der Lösung wir freilich trotz aller eindringlichen Versuche der jüngsten
Zeit noch weit genug entfernt sind. Gerade an dieser Stelle gilt
es, auf die Ergebnisse Stammlerscher Gedankenarbeit hinzuweisen,
auf dessen eindringlichen Versuch, den Begriff des Rechts als des
einheitlichen Gegenstands der Jurisprudenz in Schärfe zu bestimmen.
In der sicheren Hervorkehrung des formalen Charakters dieses Begriffs, d. h. in dem deutlichen Nachweis, daß in dem Gedanken des
positiven Rechts schlechterdings noch gar kein bestimmter Gebotsinhalt, sondern überhaupt nur die Vorstellung eines von Menschen
an Menschen gerichteten Befehls[1] enthalten ist, erblicken wir das
vorzügliche Verdienst der Stammlerschen Untersuchung.

Aber freilich, wie immer die zutreffende Begriffsbestimmung des
positiven Rechts lauten mag, so muß man doch vor allen Dingen
sich bewußt werden, daß die Frage nach der einheitlichen Aufgabe
aller positiven Jurisprudenz damit mit nichten zur endgültigen Lösung
gebracht ist. Denn der formale Begriff des positiven Rechts als eines
menschlichen Gebots, das seinem Sinne nach nur äußere Legalität
(unabhängig von dem letzten Beweggrund des Unterstellten) fordert,
begrenzt und bestimmt zwar das Gebiet, innerhalb dessen die eigenartige Forschung unserer Wissenschaft sich zu vollziehen hat, aber
über die Art und Weise dieser Untersuchung selbst gewährt er gar
keinen Aufschluß. Und doch bedarf es in der That keiner eingehenden Überlegung, um einzusehen, daß sich die Aufgabe positiver
Jurisprudenz nicht in dem gedankenlosen Auflesen und Zusammen-
raffen von menschlichen Befehlen oben genannter Art vollzieht, daß
vielmehr überhaupt nicht jeder von Menschen gesetzte Gebotsinhalt
auch der Bearbeitung unserer Wissenschaft notwendig unterliegen
muß, sondern gerade erst durch eine nach festen Kriterien statt-
findende Scheidung und Sonderung bestimmter menschlicher Befehle von anderen Gebotsinhalten ein Objekt
unserer Wissenschaft geschaffen wird.

Man hat auf dieses Verfahren der positiven Rechtswissenschaft
bislang nicht genügend Acht gehabt; sonst hätte man erkennen
müssen, daß gerade in der Art dieser Ausscheidung und Hervorhebung bestimmter menschlicher Gebote, in der Einheit des Gesichtspunkts, nach welchem diese Auswahl und Sonderung vor
sich geht, das eigentümliche Charakteristikum der positivjuristischen
Untersuchung gelegen ist. Der Begriff des Rechts bezeichnet nur
die Umrisse des Untersuchungsfelds unserer Wissenschaft, lehrt uns
z. B., daß es sich bei unserer Forschung, inhaltlich gefaßt, nicht um

---

[1] Über die Bedeutung, welche wir mit dem Worte „Befehl“ zum Ausdruck bringen wollen, vgl. oben S. 27.

Thatsachen des Seins, sondern um Gegenstände des Sollens handelt, aber wir irrten, wollten wir meinen, daß dieses Gebiet nicht auch der Forschung und eigenartigen Untersuchung anderer Wissenschaften offen stände.

Schon die althergebrachte Unterscheidung der lex lata von der lex ferenda kann uns diesen Gedanken näher bringen. Die lex lata bezeichnet den einheitlichen Gegenstand positiver Jurisprudenz, die lex ferenda das einheitlich gedachte Objekt einer wissenschaftlichen Politik. Um Vorstellungen, welche dem formalen Begriff des Rechts entsprechen, handelt es sich, wie schon die Einheitlichkeit des Ausdrucks anzeigt, bei beiden Untersuchungsweisen, der fundamentale Unterschied liegt vielmehr in der jeweiligen besonderen Qualität dieser beiden Klassen von Rechtsbefehlen. Nur durch Aufzeigung des eigentümlichen Gesichtspunkts, nach welchem die positive Jurisprudenz diese bestimmte Klasse menschlicher Befehle von anderen ausscheidet und sondert, kann der eigentümliche Charakter ihrer Aufgabe und Bedeutung in Sicherheit beschrieben und, von anderen Arten wissenschaftlicher Untersuchung gesondert, bestimmt werden.

Es ist diese besondere Qualität derjenigen Menschensatzung, welche einen Gegenstand der positiven Jurisprudenz bildet, die wir in dem Begriff der positivrechtlichen Geltung kennzeichnen.

Der Satz: diese Rechtsnorm gilt, (gleichsam die einheitliche Formel für alles Urteilen in Dingen positiver Jurisprudenz), ist nicht etwa analytisch, sondern synthetisch und zeigt in dem Begriff des Geltens eine besondere Qualität dieses rechtlichen Befehls an, welche ihn von anderen unterscheidet, und in deren scharfer Fixierung eben dieser oberste fundamentale Gesichtspunkt des ordnenden Verfahrens unserer Wissenschaft aufgezeigt wird. Mit anderen Worten: In der scharfen und sicheren Definition des Begriffs der Geltung, wie ihn die positive Jurisprudenz verwendet, wird die eigentümliche fundamentale Problemstellung dieser Wissenschaft offenbar.

Es war ein Irrtum, wenn man gemeinhin angenommen hat, daß der Begriff des Rechts[1] das einzige sachlich logische a priori der

---

[1] Natürlich nur, sobald man eben mit dem Worte „Recht" nicht eben das, was hier „geltendes Recht" genannt wird, bezeichnet hat. Dieses letztere betrifft nämlich nur eine wenig bedeutsame Frage der Terminologie, und es soll hier mit nichten gegen diejenigen gestritten werden, die etwa lehren, daß die Sätze des Entwurfs eines B.G.B.s dem Rechtsbegriffe (so wie sie ihn fassen), nicht entsprächen. Nur muß man sich bewußt bleiben, daß, wenn man die Geltung zu einem Begriffsmerkmal dessen macht, was man allein als Recht bezeichnet, damit unsere Frage, welche nun nach dem Sinn dieses Merkmals fragt, die gleiche Bedeutung beibehält.

positiven Jurisprudenz darstelle, in dem Begriff des Geltens, der mit der naturwissenschaftlichen Kategorie der Existenz eine gewisse Verwandtschaft zeigt, tritt ihm ein zweites nicht minder bedeutsames a priori zur Seite.

Auch der Begriff des Geltens ist ein Formalbegriff, der, welcher besondere Gebotsinhalt auch immer unter ihn subsumiert werden soll, einheitlich und allgemeingültig zu bestimmen ist, wenn anders überhaupt von einen einheitlichen Begriff einer positiven Jurisprudenz als Wissenschaft mit Fug geredet werden darf.[1] Nicht die Begriffsbestimmung des formalen Gedankens vom Recht, sondern die scharfe Fixierung des Begriffs der Geltung bestimmt letztlich den Sinn und Inhalt der einheitlichen Aufgabe unserer Wissenschaft, und so **muß auch die Definition des positivrechtlichen Geltens den oben besprochenen Methodenstreit zwischen Naturrecht und positiver Jurisprudenz zum Austrag bringen.**

Man hätte freilich auch auf anderem Wege zu eben diesem Resultate gelangen können. Man brauchte nämlich nur zu bedenken, daß das Naturrecht allen Urteilen der positiven Jurisprudenz, in welchen diese Wissenschaft die rechtliche Geltung von dem Naturrecht widersprechenden Geboten behauptete, schlechthin jeden Wahrheitswert absprach, um zu erkennen, daß die naturrechtliche Theorie ebendamit

---

[1] Es ist vor allen Dingen daran festzuhalten, daß diese unsere Untersuchung etwas durchaus anderes letztlich bezweckt, als irgendwelche Konstatierung des Sprachgebrauches bezüglich des Wortes Geltung. Solche philologisch-historische Einzelforschung berühret unser Problem überhaupt garnicht, und wie dürfte gesagt werden, daß sie die einzig erlaubte sei? Dieses letztere scheint nun in der That die Lehre Rümelins (,,Jahrbücher für Dogmatik", 1889, Bd. 27, S. 162) zu sein: ,,Wir können feststellen, was Geltung genannt wird, wir können sagen, daß wir das und das Geltung nennen wollen, aber abgesehen von dem vorhandenen Sprachgebrauch einerseits, von den Gründen andererseits, welche bei Bildung oder Umbildung des Sprachgebrauchs in Betracht kommen, giebt es keine Basis, von der aus bestimmt werden könnte, was Geltung sei." — Aber uns interessiert dieses Wort überhaupt nur, insofern es jenen einheitlichen Gesichtspunkt positivjuristischer Forschung überhaupt zum Ausdruck bringt, jenen formalen Gedanken, welcher die Idee einer einheitlichen Problemstellung aller Jurisprudenz und eben damit ihren Begriff als Wissenschaft überhaupt erst ermöglicht. Sollte es solch letzten einheitlichen Gesichtspunkt freilich überhaupt nicht geben, d. h. sollte bezüglich juristischer Urteile, welche die Geltung des Gewohnheitsrechts, die des Gesetzesrechts und die irgendwelcher rechtlichen Einzelbestimmung, z. B. des Diebstahlsverbots behaupten, nicht nur in dem Gedankengang ,,des gewöhnlichen Publikums" (Rümelin S. 156), sondern auch in objektivlogischer Analyse der wissenschaftlichen Einzelurteile sich ein bestimmtes gedanklich Gemeinsames überhaupt nicht feststellen lassen, dann könnte die Einheit des Wortes Geltung nimmer verhindern, daß der Begriff der Jurisprudenz als einheitlicher Wissenschaft ein leerer Traum gewesen wäre.

die Begründetheit ihres Anspruches von der Möglichksit abhängig machte, ihre eigenen Sätze unter den Begriff der Geltung, so wie ihn die positive Jurisprudenz verwendete, subsumieren zu können. Denn nur wenn das Naturrecht die Geltung seiner Normen in dem Sinne darthun konnte, in welchem die positive Jurisprudenz von einer Geltung der dem Naturrecht widersprechenden Sätze redete, konnte jene Theorie auf Grund eines inhaltlichen Widerspruches der letztgenannten Normen deren rechtliche Geltung leugnen, im Gegensatz zur positiven Jurisprudenz ihre Nichtigkeit behaupten. Nicht, weil auch das Naturrecht sich des Wortes Geltung bedient, „hat man die Rechnung ohne die Vernunftrechtler gemacht, wenn man glaubt, in dem Gelten etwas Eigenes für das streng juristische Recht gewonnen zu haben," wie dies Bergbohm[1] meint, sondern gerade weil das Naturrecht sich so geriert, als gebrauche es das Wort in dem Sinne des positivjuristischen Urteilens, gilt es den logischen Gehalt dieser Kategorie der positiven Jurisprudenz auf das schärfste und eindringlichste klarzulegen, um so das allein Wesentliche feststellen zu können: Ob das Naturrecht nicht nur dasselbe Wort, sondern auch denselben Begriff, wie die positive Jurisprudenz, verwendet hat.

Denn nur dann beweist im Fall des gedanklichen Widerspruches im Inhalt zweier Normen die Geltung der einen nach dem Satz des Widerspruchs das Nicht-Gelten der andern, wenn das Prädikat des Geltens beides Mal in demselben Sinne gebraucht ist, also auch das Naturrecht seinen Sätzen dieselbe Art von Geltung beimessen zu können glaubt, wie sie die positive Jurisprudenz von ihren Sätzen behauptet hatte. Ein Satz und sein Gegenteil kann freilich nicht in demselben Sinne gelten, und so beweist die Geltung des einen das Nicht-Gelten des andern, wohl aber kann ein Gebot in einem Sinne gelten und dennoch sein Gegenteil in einem anderen Sinne Geltung besitzen; z. B. kann vor dem Forum christlicher Lehre eine Satzung als geltend behauptet werden, deren Gegenteil gerade nach weltlichem Gesetz gültig ist. So kann denn auch die Bestreitung der Wahrheit von Urteilen der positiven Jurisprudenz durch das Naturrecht nur dann begründet erscheinen, wenn dargethan ist, daß die naturrechtlichen Sätze, auf welche diese Theorie ihre Polemik gegen die positive Jurisprudenz gründet, in demselben Sinne gelten, wie es die letztere von ihren Normen behauptet hatte.

Es ist der Anspruch des Naturrechtes, über Wahrheit und Irrtum von Urteilen positiver Jurisprudenz ein richtendes Votum abzugeben, welcher es mit sich bringt, daß diese Theorie als höchsten und entscheidenden Maßstab der Richtigkeit ihrer eigenen Kritik die Er-

---

[1] A. a. O. S. 50, Note.

wägung der letzten einheitlichen Aufgabe aller positiven Jurisprudenz
nach methodischem Gesetz der Kritik anerkennen muß, daß diese
stolze und hochmütige Disziplin, welche da glaubt, mit ihrem Gesetz
schlechthin in souveräner Art einen andern Wissenszweig meistern
zu können, gezwungen wird, sich einem Richterspruch zu beugen,
welcher sein entscheidendes Urteil über Kompetenz und Ausübung
ihres angemaßten Richteramtes ausschließlich von der Erwägung der
letzten eigentümlichen Problemstellung derjenigen Forschung abhängig
macht, in welcher diese naturrechtliche Theorie bis dato nur allzu
gern ihren rechtlosen Hörigen gesehen hatte. Schon seit langem
suchte unsere Wissenschaft sich der drückenden Bevormundung dieses
herrschsüchtigen Gewalthabers zu entziehen, nachdem es Zeiten hindurch geschienen hatte, als wolle der Unterdrückte in schmählicher
Schwäche auf Freiheit und Unabhängigkeit für alle Zeiten verzichten.
Aber die verzweifelten Anstrengungen der historischen Schule blieben
im Grunde nur Akte roher Selbsthülfe; denn man verfehlte den
Richter, welcher nach methodischer Gerichtsverfassung zuständig war,
um diesen Freiheitsstreit in beide Teile bindendem Urteil zu entscheiden.

Der kompetente Richter ist nun gefunden, indem das Gesetz
erkannt ward, nach dem er richten muß: Die Erwägung der fundamentalen Problemstellung der positiven Jurisprudenz als einheitlicher
Wissenschaft, die eindringliche und klare Bestimmung ihres fundamentalen Grundbegriffs, der Kategorie der Geltung.

Auch der Befehl, den ein beliebiger Privatmann an Menschen
richtet, entspricht dem formalen Begriff des Rechts vollkommen;
Wenn trotzdem nicht jedes Gebot, das Menschen an Menschen zu
richten, sich einfallen lassen, einen Gegenstand positiver Jurisprudenz
darstellt, so zeigt es sich, daß diese Wissenschaft noch eines anderen
Instruments der Objektivierung sich bedient, welches durch eine einseitige Zergliederung des Begriffs vom Recht[1] mit nichten klargestellt
werden kann. Es ist nicht richtig, daß der Befehl, welchen jemand
an den Kaiser von China richtet, für die wissenschaftlich juristische
Beurteilung deshalb irrelevant verbleibe, weil er dem formalen Begriff
des Rechts nicht entspreche.[2] Denn auf welche Art glaubt man

---

[1] Vgl. freilich unsere Note S. 353.
[2] Stammler bemerkt („Wirtschaft und Recht" S. 509): „Wenn ein Privatmann ein Gesetzbuch promulgieren wollte oder von hier aus an den Kaiser von
China einen Befehl erließe, so ist durch solche Thatsache ein soziales Problem
noch nicht geliefert." Dieses letztere trete erst ein, wenn die Gewaltbefehle
schon durchgeführt sind. Aber bald darauf heißt es, daß, was die Geltung des
seitherigen Rechts betreffe, die „thatsächliche Durchführungsmöglichkeit" selbstredend grundsätzlich nichts ausmache, daß dieses vielmehr auch gelte, wenn
es „alle thatsächliche Macht und Gewalt verlieren würde" (ebenda). Vgl. auch
S. 131, 132: „Umgekehrt ist es für den Begriff des Rechts gleichgültig, ob in

denn, dieses letztere darthun zu können? Doch nicht etwa, indem
man darauf hinweist, daß der Befehl kein rechtlicher sein könne,
welcher dem Rechte widerstreite? Denn nun fragen wir, ob jener
Befehl an den souveränen Kaiser nicht ebenso scharf und genau
dem Begriffe des Rechts (als eines von Menschen ausgehenden an
Menschen sich wendenden Gebots) entspreche, wie diejenige Norm,
welche die Souveränität jenes Kaisers deklariert. Aus dem formalen
Begriff des positiven Rechts heraus kann jener logische Vorrang des
einen Befehls vor dem andern, jene Unterdrückung des einen durch
den widersprechenden andern, durchaus nicht erklärt und begreiflich
gemacht werden: Vielmehr sind, nur an dem formalen Begriff des
Rechts gemessen, beide sich inhaltlich widersprechende Befehle vollkommen gleichwertig.

Es ist ein ganz anderes nicht minder wichtiges und bedeutsames
Kriterium, bei dessen Anwendung erst die Superiorität des einen
Menschengebots vor dem andern begreiflich und deutlich wird. Dem
Befehl an den Kaiser von China die formale Rechtsqualität abstreiten
zu wollen, ist mindestens ebenso müßig, als bezüglich des Naturrechts
oder der sozialen Verfassung irgend einer Utopie diese Eigenschaft
leugnen zu wollen. Alle diese Normen, welche wir nannten, entsprechen dem formalen Begriff des Rechts vollkommen, das aber,
was sie trennt und scheidet, ist der Umstand ihrer Geltung
oder Nicht-Geltung.

Es ist in der That seltsam, daß Stammler in einer Polemik
gegen Bergbohm besonders hervorhebt, daß die Verschiedenheit
naturrechtlicher und positiv juristischer Erwägung nicht etwa in der
Qualität des Stoffes, welchen beide bearbeiten, sondern in der Eigenart des Geltungsanspruchs des von beiden Untersuchungen dargestellten
Rechts gelegen sei, daß „die Geltung" des Naturrechts „anderer
Art" sei, als die des positiven Rechts,[1] und dennoch diesem Gedanken
nirgends in der Art nachgegangen ist, daß nun der Begriff des positiv
rechtlichen Geltens als grundlegendes Charakteristikum einer wissenschaftlichen positiven Jurisprudenz erkannt und in Sicherheit definiert
worden wäre. Wie will man aber darthun, daß die Geltung des
positiven Rechts eine „andere" sei, als die des Naturrechts, wenn man
nicht zuvor deutlichst festgestellt hat, in welcher letzten einheitlichen
Art denn die positive Jurisprudenz von ihren Gegenständen die
Geltung behauptet? Wie kann man jemals hoffen, die eigentümliche Problemstellung und einheitliche Grundaufgabe unserer Wissen-

---

einem einzelnen Fall hinter einem als Recht erlassenen Gesetze die Macht es
durchzusetzen, steht. Man darf den Begriff der rechtlichen Maßregel nicht
auf thatsächlich ausgeübten Zwang abstellen."
[1] „Wirtschaft und Recht" S. 174.

schaft in sachlicher Sonderung von anderer Art wissenschaftlicher
Forschung in Deutlichkeit aufzuzeigen, solange man nicht diesen
fundamentalen Grundbegriff des Geltens eben in dem Sinne positivrechtlicher Untersuchung in Schärfe bestimmt? Nicht der formale
Begriff des Rechts, sondern der Formalbegriff der Geltung drückt
der positiven Jurisprudenz im Gegensatz zu anderen Wissensge-
bieten den eigentümlichen Stempel und Charakter auf.

Wenn wir es im folgenden unternehmen, den Sinn dieses
Fundamentalbegriffs positiver Jurisprudenz deutlich zu machen, so
muß vor allen Dingen vor einigen naheliegenden Irrtümern gewarnt
werden. Wir haben oben den Begriff des Geltens mit der Kategorie
der Existenz in der Naturwissenschaft vergleichsweise zusammengestellt. Wenn wir in Erwägung der allgemeingültigen, von jedwedem
besonderen Inhalt der Gegenstände abstrahierenden Funktion dieser
Begriffe die Kategorie der Geltung als juristische Existenzkategorie
bezeichnen können, so soll doch damit nicht gesagt sein, daß für
den positiven Juristen eine Rechtsnorm dann in Geltung stände, wenn
sie existierte im Sinne der Naturwissenschaft. Sonst wäre im Grunde
dennoch jedes thatsächlich von Menschen an Menschen gerichtete
Gebot auch ein Gegenstand der positiven Rechtswissenschaft, und
ein bestimmtes Gebot gälte für den Juristen in demselben Sinne,
wie ein bestimmtes Tier existiert für den Zoologen, eine konkrete
Pflanze für den Botaniker. Aber wir sahen schon, daß gerade in
der nach einheitlichem, fundamentalen Maßstab erfolgenden Ausscheidung einzelner solcher thatsächlich existierenden Befehle das
eigentümliche Verfahren der positiven Jurisprudenz gekennzeichnet
wird, während durch eine einseitige Beschreibung des Materials, aus
welchem heraus jene Ausscheidung von statten geht, eine scharfe
Abgrenzung unserer Wissenschaft von anderen Disziplinen der Natur-
und Sittenlehre mit nichten erfolgen könnte.

Aber freilich man darf auch nicht auf den allerdings nicht
ganz fernliegenden Gedanken verfallen, diesen Maßstab der Ausscheidung menschlicher Befehle dadurch bestimmen zu wollen, daß
man sagt: Geltendes Recht ist dasjenige, welches mit anderen
Rechtsnormen in gedanklichem Einklang steht. Denn man sieht
leicht, daß hier der Begriff der Geltung, welcher als einheitliches
Merkmal einer bestimmten Klasse menschlicher Befehle definiert
werden sollte, in die Definition, gleich als wäre er schon bekannt,
aufgenommen worden ist; denn natürlich geht die Meinung dahin,
daß nur die logische Übereinstimmung mit Rechtsnormen, deren
Gültigkeit selbst außer Frage steht, anderen Normen die Qualität
als geltender Rechtssätze verleihen kann. Noch ist keiner auf den
abstrusen Gedanken geraten, irgend welchem in utopistischer Art

ausgeklügelten Rechtssysteme oder gar den Geboten irgend eines
vom Größenwahn befallenen Privatmannes deshalb Geltungskraft im
positivjuristischen Sinne beizumessen, weil die einzelnen Gebote an
sich betrachtet ihrem Inhalt nach in gedanklicher Einheit sich zu-
sammenfassen lassen.

Andererseits birgt aber die eben besprochene Definition bei
aller Fehlerhaftigkeit dennoch einen nicht ganz unberechtigten Gedanken, der denn auch manchem Vertreter solcher Erklärung des
Geltungsbegriffs vorgeschwebt haben mag. Ich meine den in diesem
mangelhaften Erklärungsversuch versteckt enthaltenen Hinweis auf
eine bedeutsame Einzelmethode juristischer Forschung, auf die
logische Ableitung der Gültigkeit von Rechtssätzen aus dem Inhalt
anderer Rechtsnormen, deren Geltungskraft schon in besonderem
Verfahren außer Zweifel gestellt ward. Auch dem oberflächlichen
Kenner positiver Jurisprudenz ist es bekannt, daß sich in den geschichtlich überlieferten Rechtssystemen einzelne Rechtssätze finden,
welche in allgemeiner Fassung diejenigen Merkmale bezeichnen,
welche — nicht etwa einen Befehl zu einem Rechtsbefehl machen
(denn darüber kann logischer Weise ein einzelner Rechtssatz
nie entscheiden) — sondern einem Rechtsbefehl die Qualität der
Gültigkeit oder, wie man auch sagt, der Geltungskraft oder Verbindlichkeit verleihen. Das ist der Begriff der Rechtsquellensätze, einer Sonderart rechtlicher Normen, aus deren Gültigkeit die
Jurisprudenz im logischen Schlußverfahren die Geltungskraft anderer
Rechtsnormen ableitet.

Dieser Hinweis auf jene Superiorität einzelner Rechtssätze von
andern im Bezug auf den Grund ihrer Geltung wird später für uns
von Bedeutung werden, wenn wir in dem Getümmel der ungeheuren
juristischen Werkstatt die Stelle auffinden wollen, an welcher unsere
Wissenschaft in selbständigem Urteil, dessen Wahrheit nicht von
der Wahrheit anderer Einzellehren in bedingter Abhängigkeit
verbleibt, einzelnen fundamentalen Rechtssätzen die Qualität als
geltende zuspricht. Denn die Gültigkeit solcher subalternen Rechtssätze kann nur aus der Geltungskraft jener Rechtsquellensätze heraus
begriffen werden, und das Urteil, welches den ersteren Verbindlichkeit
zuschreibt, birgt so wenig ein selbständiges Kriterium der Wahrheit,
wie irgend ein Schlußsatz eines Syllogismus. Der Obersatz (das
Rechtsquellengesetz) lautet also: Alle Rechtsbefehle, welche das
Merkmal a. haben, sind gültig. Untersatz: Der Rechtsbefehl x. hat
das Merkmal a. Schlußsatz: Der Rechtsbefehl x. ist gültig.

Man hat bisher nicht selten angenommen, daß sich über den
Inhalt solcher Rechtsquellennormen allgemeingültige Lehren aufstellen lassen, und selbst diejenigen, welche die Veränderlichkeit

dieser Einzelart rechtlicher Normen richtig erkannten, haben wohl
kaum bedacht, daß selbst die bis dahin gemeinhin aufgetretene Methode, je nach der besonderen Entstehungsweise gültige Rechtsbefehle von anderen zu scheiden, in irgend welchem künftigen Rechtsquellengesetz einmal fallen kann. Es ist schlechterdings nicht einzusehen, warum das Merkmal a, welches das Rechtsquellengesetz
zum Richter über Gültigkeit oder Nichtgültigkeit von formal dem
Rechtsbegriff entsprechenden Geboten erhebt, einen genetischen
Gesichtspunkt darstellen muß. Es bedeutet jedenfalls einen Rückfall
in naturrechtliche Anschauungen, wollte man als absolute Notwendigkeit behaupten, daß die Gültigkeit menschlicher Befehle kraft
unwandelbaren Rechtsquellensatzes stets nach dem Gesichtspunkt
ihrer Urheberschaft, nimmermehr in Erwägung ihres Inhalts bestimmt würde.

Eben dies letztere war nun, wie wir wissen, Rousseaus Grundgedanke, wenn er das Gesetz über den Menschen stellen, d. h. wenn
er über die Gültigkeit menschlicher Befehle nicht die Person ihres
Urhebers letztlich entscheiden lassen wollte, sondern die Übereinstimmung ihres Inhalts mit dem Prinzip der volonté générale.
Die Unterscheidung der volonté générale von der volonté de tous
bedeutet die Erklärung der Nichtigkeit jedweden Rechtsquellengesetzes, das ausschließlich nach genetischem Gesichtspunkt über
Gültigkeit rechtlicher Befehle entscheiden wollte. Denn gerade, indem wir der methodischen Begründung der Rousseauschen Lehre
von der Volkssouveränität nachgingen, erkannten wir die ganze In-
exaktheit einer Auffassung, welche da meinte, Rousseau habe
schlechthin jeden von der Gesamtheit ausgehenden Befehl als gültigen
Rechtssatz anerkannt.

An dieser Stelle sei wenigstens darauf hingewiesen, daß diese
zunächst ganz unerhört erscheinende Lehre, welche die gültige
Gesetzgebungsgewalt des Volks von der Befolgung eines gedanklichen
Prinzips abhängig zu machen wagte, selbst in der Geschichte der
Rechtsquellen nicht ganz ohne Analogon dasteht. Man denke nur
an die Bestimmung des kanonischen Rechts, nach welcher die Gesamtheit der Christen nur dann durch anhaltende Übung gültiges
Gewohnheitsrecht schaffen kann, wenn der Inhalt dieser Gewohnheit
„rationabilis" ist, d. h. den Zwecken der Kirche nicht widerstreitet.[1]

---

[1] Der Umstand, daß die katholische Kirche ein Organ besitzt, welches
über die Rationabilität dieser Normen letztlich zu entscheiden hat, kann hier
so lange außer Betracht bleiben, als das Rechtsquellengesetz diesem Organ
die Berücksichtigung des Princips der „Vernünftigkeit" in der Frage
der Bestätigung der Gültigkeit der Gewohnheit vorschreibt.

Ich erwähne dieses Beispiel nur, um zu zeigen, daß die ausschließliche Beobachtung genetischer Gesichtspunkte, d. h. die ausschließliche Abhängigmachung der Gültigkeit von Rechtsnormen von ihrer Urheberschaft durch bestimmte Menschen nicht einmal als ausnahmslos beobachtbarer Inhalt von Rechtsquellengesetzen empirisch behauptet werden kann.

Wollte man sich ausdenken, daß eine Rechtsordnung in diesem Punkte noch über Rousseau hinausginge und von genetischen Gesichtspunkten in solchen übergeordneten Normen gänzlich absähe, so würde damit freilich der Begriff einer Rechtsquelle im alten Sinne überhaupt ausfallen. Ob eine so beschaffene Gesetzgebung nicht zu ganz unhaltbaren Zuständen führen würde. ist eine politische Frage besonderer Art, die hier nicht zur Untersuchung steht, freilich leicht genug beantwortet werden kann. Wir wollen hier zunächst daran festhalten, daß die geschichtlich überlieferten Rechtssysteme Rechtsquellengesetze im alten Sinne ausnahmslos besessen haben. und daß ja auch Rousseaus Volkssouveränität dieses genetische Kriterium der Beurteilung der Rechtsgültigkeit menschlicher Befehle nicht gänzlich vernichtet, sondern nur durch Hinzufügung eines systematischen Gesichtspunkts durchbrochen hat.

Um nun den Begriff des Geltens in Abwehr von möglichen Fehlschlüssen und Irrtümern klarzulegen, müssen wir zunächst noch zu dem Begriffe und der Bedeutung der Rechtsquellennormen einiges hinzufügen. Vergegenwärtigen wir uns den genetischen Charakter dieser Einzelart rechtlicher Normen, so wie er bis dahin in der sozialen Geschichte gemeinhin auftrat, d. h. machen wir uns klar, daß diese Gesetze formal dem Rechtsbegriff entsprechenden Befehlen in ausschließlicher Erwägung ihrer jeweiligen Herkunft, d. h. der Person ihres Urhebers, das Merkmal der Gültigkeit zuerkennen. so wird deutlich, daß die Anwendung dieses ausschließlich genetischen Gesichtspunkts die Möglichkeit offen läßt, daß nach Ausspruch dieser Gesetze inhaltlich sich widersprechenden menschlichen Satzungen der Charakter der Geltungskraft beigelegt werden müßte. Denn wenn es bei der Scheidung menschlicher Befehle in gültige und ungültige nicht auf den jeweiligen Inhalt, sondern nur auf die Person des Befehlenden ankommt, so kann es naturgemäß geschehen. daß von zwei sich inhaltlich widerstreitenden Geboten beiden Geltungskraft erteilt werden müßte, weil eben einundderselbe Mensch widerspruchsvolle Anordnungen treffen kann.

Es kann z. B. geschehen, daß ein Gesetzgeber anordnet. daß bestimmte Beamtenkategorien unabsetzbar seien, und, ohne dieses Gesetz außer Kraft zu setzen, trotzdem späterhin bestimmt, daß einem Teil eben dieser Beamten dennoch ihr Amt genommen werden solle. Der positive Jurist wird keinen Augenblick im Zweifel sein, daß diese letzte Anordnung, mag sie auch von dem zur Setzung rechtlicher Normen befugten Organe ausgehen, keinen rechtlichen Bestand haben könne; aber es ist nicht ganz leicht, dieses Urteil auf die obersten fundamentalen Erkenntnisbedingungen unserer Wissenschaft in einleuchtender Klarheit zurückzuführen.

Solange man den Begriff des Rechts, als des von Menschen inhaltlich bestimmten Befehls an Menschen, als Bestimmung des einheitlichen spezifischen Objekts positiver Jurisprudenz für ausreichend erachtet, bedeutet alles juristische Urteilen letztlich nur ein Auffinden und Aufstapeln von Regeln, denen der formale selbstherrliche Geltungsanspruch eigen ist, und so lange könnte das Registrieren von zwei sich inhaltlich widersprechenden Rechtsbefehlen wenigstens nicht von vornherein und ohne weiteres für unmöglich erklärt werden. So wenig irgend einem historischen Bericht, welcher über den Erlaß widerspruchsvoller Befehlen referierte, ein logischer Widerspruch vorgeworfen werden könnte, so wenig kann ein logischer Nonsens in der Aufstellung widerstreitender Rechtsnormen durch eine Wissenschaft gesehen werden, deren fundamentale Erkenntnisbedingungen man auf den Begriff des Rechts, als eines unabhängig von der Triebfeder des Angeredeten gebietenden Menschenbefehls, glaubt einschränken zu können. Diese rechtsphilosophische Grundansicht würde die Jurisprudenz zu einem Teil der Historie machen, sie wäre die Geschichte vom Recht und ihre Berichte wären darum noch lange nicht unsinnig, weil der Inhalt der ihrer Registrierung unterliegenden Objekte inhaltlich nicht zusammenstimmt.

Aber es verdient wohl hervorgehoben zu werden, daß, wenn man den Begriff der Geltung, insoweit wir oben schon seinen Sinn besprachen, hier als zweite Erkenntnisbedingung unserer Wissenschaft heranzieht, ein logischer Widerspruch zwischen zwei Urteilen positiver Jurisprudenz, welche die Geltung von einander inhaltlich widerstreitenden Rechtsnormen behaupten, auch noch keineswegs, wie man vielleicht annahm, ohne weiteres konstatiert werden kann. Denn da wir den Begriff des Geltens sozusagen erst in der zufälligen Einzelanwendung kennen lernten, ohne ex professo schon zu seiner Klarlegung in objektivlogischer Analyse vorgedrungen zu sein, so bedeutete uns Gültigkeit bis dato nur Übereinstimmung mit einem Rechtsquellengesetz, dessen eigene Geltung wir zunächst noch ohne weiteres voraussetzten, kurz das Befohlensein von einem zur Rechtsetzung berufenen Organ. Nun ist aber deutlich, daß eine Beschränkung der Untersuchung auf die von bestimmten Urhebern erlassenen Befehle die juristische Forschung aus dem Rahmen einer einseitig historischen Ermittelung durchaus nicht herauszuheben vermag, und diese Auffassung des Begriffs der Geltung es mit nichten begreiflich macht, warum die positive Jurisprudenz sich sträuben sollte, die Geltung von sich widersprechenden Rechtsnormen zu behaupten. Denn wenn unsere Wissenschaft nur historisch exakt zu ermitteln hätte, was immer bestimmte Personen zu befehlen sich einfallen lassen, was sollte sie da hindern, auch die Geltung von sich inhaltlich widersprechenden Normen zu behaupten, da doch ein Mensch widerstreitende Befehle thatsächlich erlassen kann?

Da nun aber die Unmöglichkeit des Nebeneinanderbestehens solcher Urteile von jeher ein feststehendes, unerschütterliches Dogma der Jurisprudenz gebildet hat, so zeigt sich schon hier, wie wenig wir bis dahin den fundamentalen Begriff des juristischen Geltens in logischer Zergliederung erschöpfend erklärt und bestimmt haben. Es ist kurz gesagt die systematische Funktion dieser Kategorie, welche in einer Besinnung auf die grundlegenden Erkenntnisbedingungen positiver Rechtswissenschaft unmöglich unerörtert bleiben kann. Wir erkannten bis dahin, daß zum Gelten im abgeleiteten Sinne gehöre: die Übereinstimmung mit dem Inhalt eines Rechtsquellengesetzes, dessen eigene Geltungskraft vorausgesetzt und in ihrer methodischen Begründung erst später erwogen werden soll. Wir erkennen nunmehr, daß eine bestimmte Art der Abstammung selbst dorten, wo sich Rechtsquellennormen (genetischen Charakters) finden, nicht genügt, um einem menschlichen Befehl im juristischen Urteil das Merkmal der Geltung zuzusprechen.

So wird die Urheberschaft in Gemäßheit des Rechtsquellengesetzes zwar als condicio sine qua non der Geltungskraft menschlicher Befehle, nimmer aber als alleinig ausschlaggebendes Kriterium der Zuerkennung der hier fraglichen Qualität anerkannt werden können. Das Rechtsquellengesetz bestimmt nur, welche Rechtsbefehle, solange es selbst in Geltung steht, als geltend überhaupt in Betracht kommen können, aber es wählet nicht unter diesen diejenigen aus, welchen der Titel der Geltungskraft endgültig und unanfechtbar zukommt, es hat ein absolutes Vorschlagsrecht, doch kein absolutes Ernennungsrecht. Und gerade der Umstand, daß ihm dieses definitive Ernennungsrecht nicht zusteht, ermöglicht es, in erkenntniskritischer Besinnung die fundamentale Problemstellung der positiven Jurisprudenz von einer ausschließlich historischen Fragestellung in begrifflicher Klarheit zu scheiden.

Das führet uns zur Erkenntnis des systematischen Charakters positivjuristischer Forschung. Selbst, wo ein Rechtsquellengesetz herrscht, bestimmet nicht ausschließlich die Urheberschaft, sondern auch der Inhalt über die Gültigkeit irgendwelchen menschlichen Befehls. So entsteht uns die Frage, in was für einem methodischen Sinne und von welchem einheitlichen Grundgedanken aus die positive Jurisprudenz den Inhalt menschlicher Befehle bei der Feststellung von deren Gültigkeit mitsprechen und mitentscheiden läßt. Nur wenn wir erkennen, daß der letzte Erkennungszweck dieser Wissenschaft etwas anderes bedeutet, als eine einsichtslose Aufstapelung, Zusammenraffung bestimmt gearteter menschlicher Befehle, deren thatsächlicher Erlaß historisch exakt festgestellt ist, kann diese Rücksichtnahme auf den Inhalt menschlicher Satzungen bei der Beurteilung ihrer Gültigkeit begreiflich gemacht werden.

Unsere Wissenschaft ist kein Lagerhaus, in welchem die thatsächlich erlassenen Befehle bestimmter Menschen in bunter Menge aufgeschichtet und verwahrt werden, sondern die positive Jurisprudenz bezweckt eine einheitliche Regelung menschlichen Verhaltens in befehlender Form zum begrifflich klaren Ausdruck zu bringen. Es ist ein fundamentales Verdienst Stammlerscher Sozialphilosophie, die Stellung des Rechts in dem Ganzen der Sozialwissenschaft zum deutlichen Ausdruck gebracht zu haben. Das Recht ist kein mystisches Etwas, das, von irgendwelchem Volksgeist erzeugt, nun die Menschen in unentrinnbarer Art sich unterwürfe, sondern das Recht ist ein Instrument im Dienste menschlicher Zwecke. Es stellet einen Versuch dar, menschliche Zwecksetzung in bestimmter Art zu beeinflussen und zu bestimmen.

Diese Besinnung auf die teleologische Bedeutung des Rechtsbegriffs enthält die fundamentale Grundlage, von der aus der systematische Charakter positivjuristischer Forschung überhaupt erst begreiflich wird. Denn erst die Erwägung des einheitlichen Zwecks des Rechts, menschliches Handeln in bestimmter Art zu normieren, ermöglicht es, die einzelnen Rechtsnormen, welche in Gemäßheit der Rechtsquellengesetze überhaupt in Betracht kommen, inhaltlich zusammenzustellen, zu vergleichen, kurzum zu erwägen, ob die von den zur Rechtsetzung berufenen Organen erlassenen Befehle als ein tauglicher Versuch, menschliches Zusammenleben bestimmend zu normieren, überhaupt gedacht werden können. Indem die positive Jurisprudenz bei der Zuerkennung des Merkmals der Gültigkeit sich des Zwecks alles Rechts bewußt wird, erhebt sie sich über eine ausschließlich historische Berichterstattung. Der Befehl der zur Rechtsetzung berufenen Organe wird nur dann als gültig erkannt, wenn er im Zusammenhang mit den anderen Geboten dieser Organe als ein Versuch menschliches Verhalten zu bestimmen in gedanklicher Harmonie gedacht werden kann. Alles Recht will ein be-

stimmtes Verhalten von Menschen herbeiführen, und jede einzelne
Rechtsnorm arbeitet an ihrem Teil für dieses eine einheitliche Werk.
So kann geltendes Recht zwar verschiedenen Menschen, aber nicht
einunddemselben Menschen Widerstreitendes befehlen. Der Gedanke
der Einheitlichkeit des Materials, welches alles Recht zu bearbeiten
und zu bestimmen hat, ermöglicht es überhaupt erst, diese rechtlichen Befehle, welche, insofern ihre Geltung nur nach dem Inhalt
des Rechtsquellengesetzes bestimmt würde, als Einzelthatsachen in
gar keinen logischen Zusammenhang ständen, nun auch inhaltlich
zu vergleichen.

Diese Vergleichung und Zusammenstellung der nach dem formalen
Spruch des Rechtsquellengesetzes „gültigen" Befehle, beruhend auf
der einheitlichen Grundaufgabe alles geltenden Rechts, durfte mit
nichten hier unerörtert bleiben, so lange es sich um die Feststellung
allgemeingültiger Methodik juristischer Forschung handelt. Die Erwägung des einheitlichen Zwecks des Rechts, als der Regelung eines
bestimmten Zusammenlebens, bildet den Grund, von dem aus die
Betrachtung eines Inbegriffs von menschlichen Befehlen als eines
Systems von Rechtssätzen überhaupt erst Sinn und Berechtigung
erhält.

Ein Gesetzgeber kann einem Menschen Widerstreitendes befehlen,
aber diese Befehle selbst können nicht ihrem Inhalt nach als ebenso viele Versuche, ein bestimmtes Verhalten von Menschen zu bewirken, in Einheit zusammengefaßt werden. Das ist der Grund, von
dem aus die positive Jurisprudenz die Geltung sich widersprechender
Rechtsbefehle als unmöglich behauptet und eine mechanische Ableitung der Geltung aus dem formalen Spruch des Rechtquellen-
gesetzes für unzulässig erklärt.

Wohl aber kann diese Wissenschaft einem von zwei widerstreitenden Befehlen das Merkmal der Geltung zusprechen, vorausgesetzt, daß nicht beide zur gleichen Zeit erlassen werden. Daß aber
die Gültigkeit dem zeitlich früheren verbleibe, kann wohl kaum vom
methodischen Gesichtspunkt aus Befremden erregen, vorausgesetzt
natürlich, daß in dem Erlaß jenes späteren widersprechenden Befehls
nicht die allgemeinen Merkmale erfüllt sind, unter welchen überhaupt
die Aufhebung von Gesetzen (als ein besonderer Gesetzesinhalt rein
negativer Art) angenommen wird. Denn der Umstand, daß für das
spätere Gebot kein Platz mehr ist, neben der früher erlassenen
Rechtsnorm an der Regelung eines bestimmten Gemeinlebens teil-
zunehmen, kann doch, an und für sich betrachtet, nicht genügen,
um jene früher erlassene Regel, solange der Gesetzgeber deren Aufhebung in keiner Form angeordnet hat, aus ihrer berechtigten Stellung zu verdrängen. So entspricht in der That auch ein die Ab-

setzung unabsetzbarer Beamten aussprechender Befehl des Gesetzgebers dem formalen Begriff des Rechts vollkommen, aber die Jurisprudenz verneint die Gültigkeit dieser Rechtsnorm, weil diese Wissenschaft die Zusammenstimmung mit anderen zeitlich früher erlassenen und nicht zurückgenommenen Anordnungen der zur Rechtsetzung berufenen Organe zu einem Begriffsmerkmal des Geltens (im abgeleiteten Sinne) erhebt.

Damit aber dürfte die Zweifelsfrage, welche wir oben anregten, ihre Erledigung gefunden haben, ohne daß hierbei die Begriffsbestimmung des Rechts, als eines ohne Rücksicht auf die Triebfeder des Angeredeten gebietenden Sollens, in Mitleidenschaft gezogen wäre. Nur in Besinnung auf jene zweite fundamentale Erkenntnisbedingung positiver Jurisprudenz, welche in dem Begriff des Geltens gelegen ist, konnte das hier fragliche Verfahren unserer Wissenschaft in methodischer Art eingesehen und erklärt werden.

Aber freilich der Begriff des Geltens selbst konnte auf diese Weise mit nichten erkannt werden, solange wir nur diejenigen Urteile besprachen, in welchen die positive Jurisprudenz auf Grund von Rechtsquellennormen einzelnen Rechtssätzen die Geltung zuerkennt. Es gilt nun zu erwägen, nach welchen Kriterien unsere Wissenschaft über die Geltung dieser Rechtsbestimmungen selbst urteilt, wenn anders wir überhaupt jemalen über dem Sinn und den gedanklichen Inhalt dieser Kategorie und damit über die Art der Problemstellung positiver Jurisprudenz ins Klare gelangen wollen.

So lange Rechtsquellengesetze bestehen, beruht die Anerkennung der Geltung anderer Rechtsnormen auf einem analytischen Verfahren, dessen Berechtigung freilich, wie wir sahen, durch eine systematische Erwägung des Inhalts aller auf diesem Wege als gültig behaupteten Rechtssätze jederzeit geprüft werden muß. Aber worauf die Wahrheit der Prämissen beruht, das bleibt hier noch unausgemacht, und so führt uns diese Erörterung auf die entscheidende Frage, was die positive Jurisprudenz unter Gültigkeit von Rechtsquellengesetzen (als des Fundaments der Geltung aller anderen Rechtsnormen) letztlich versteht. Welches ist das einheitliche und fundamentale Kriterium, nach welchem unsere Wissenschaft über die Gültigkeit der letztgenannten Normenart urteilt?

Zunächst begegnet uns hier dieselbe Methode, welche wir schon oben besprachen; die Ableitung der Gültigkeit von Rechtsquellengesetzen aus der Geltungskraft anderer Normen eben dieser Art. Das ist z. B. das Verfahren, kraft dessen unsere Wissenschaft den modernen konstitutionellen Verfassungen, insoweit sie nicht auf revolutionärem Wege entstanden sind, das Merkmal der Geltung zuspricht. Man könnte besorgen, daß wir uns bei unserer Untersuchung

des Geltungsgrundes dieser Normen in einen regressus in infinitum
verlieren würden, würde nicht ein Blick auf die allgemeine Geschichte
der modernen Verfassungen uns zeigen, daß eine in Gemäßheit der
bis dahin bestandenen Rechtsquellennormen erfolgende Entstehungsart
unmöglich im Sinne der positiven Jurisprudenz eine absolute Bedingung der Gültigkeit solcher Rechtsnormen sein kann. Zu allen
Zeiten hat diese Wissenschaft Rechtssätzen das Merkmal der Geltungskraft zugesprochen, deren Entstehungsart nicht in gedanklicher
Einheit mit den früher bestandenen Rechtsquellengesetzen zusammengefaßt werden konnte, und eben dieses ist es, was den Begriff der originären Rechtsentstehung (im Gegensatz zur derivativen) ausmacht.

Es verdient wohl hervorgehoben zu werden, daß es sich bei
einer originären Rechtsentstehung stets um eine originäre Entstehung
von Rechtsquellennormen handeln muß, sodaß daher das hier fragliche Kriterium der Geltung erst hier zur Besprechung gelangen
konnte. Denn es bedeutet eine logische Unmöglichkeit, daß diese
Wissenschaft einzelnen nicht in Gemäßheit der bestehenden Rechtsquellennormen entstandenen Rechtssätzen das Merkmal der Geltung
zuschreibt, ohne nicht zugleich eine originäre Änderung des Inhalts
der Rechtsquellengesetze zu konstatieren. Wenn zum Beispiel in
einer absoluten Monarchie die positive Jurisprudenz anfinge, die Geltung einzelner Normen zu behaupten, welche garnicht vom Monarchen
erlassen wurden, so ist deutlich, daß eben damit der Inhalt eines
Rechtsquellengesetzes des Staates, nach welchem nur der Monarch
unter Ausschluß von Gewohnheitsrecht zum Erlaß gültiger Befehle
befugt wäre, als abgeändert behauptet ist. Denn wo immer Rechtsquellengesetze bestehen, da wollen sie ihrem Sinne nach exklusiv
mit Ausschluß von allen anderen Möglichkeiten der Auswahl über
die Gründe der Gültigkeit rechtlicher Normen entscheiden, so, daß
eine Gültigkeitserklärung von Rechtssätzen, welche nicht auf den
Inhalt der bestehenden Rechtsquellennormen sich stützen kann,
mindestens eine Leugnung dieses Anspruchs auf exklusives Be-
stimmungsrecht enthält. Wenn dorten, wo bis dahin nur Gesetzes-
recht anerkannt wurde, die Jurisprudenz auf einmal, ohne daß der
Gesetzgeber selbst sich geäußert hätte, die Geltung einzelner Rechtssätze auf Gewohnheitsrecht zurückführt, so können diese juristischen
Einzelurteile methodisch garnicht begriffen werden; ohne daß ihre
fundamentale Prämisse verständlich wäre; die Behauptung einer
originären Entstehung der das Gewohnheitsrecht einführenden Rechtsquellennorm.

Hält man dieses fest, so wird auch der Begriff der Revolution,
der schon wegen seiner juristischen Bedeutung mehr Anspruch auf
scharfe Bestimmung hätte als ihm von dem Sprachgebrauch der Tages-

politik zuteil ward, in Klarheit bestimmt werden können: Revolution
ist originäre Änderung der bestehenden Rechtsquellengesetze; unter
welchen Oberbegriff nun die Staatslehre die Begriffe der Revolution
im engeren Sinne und des Staatsstreichs (der Revolution „von oben")
unterzubringen und, wenn es gelingen sollte, klar zu sondern hat.

Es sei hier zu allem Überfluß noch ausdrücklich, um etwaigen
Mißverständnissen von vornherein zu begegnen, bemerkt, daß es sich
um die sittliche Berechtigung oder Verwerflichkeit solcher originären
Rechtsentstehnng hier überhaupt garnicht handelt, daß vielmehr der
Begriff der Revolution in unserer Erörterung positivjuristischer
Methodik nur darum Erwähnung fand, weil er die Anerkennung
der Gültigkeit eines originär entstandenen Rechts durch unsere
Wissenschaft klar zum Ausdruck bringt.

Hier ist nun auch die Stelle, wo eine Besinnung auf das einheitliche Verfahren positiver Jurisprudenz unsere grundlegende Frage
nach dem Begriff des juristischen Geltens zum Austrag bringen
kann, weil es hier sich um Rechtsnormen handelt, welchen unsere
Wissenschaft Gültigkeit zuschreibt, ohne doch bei solchem Urteil
auf die Geltung anderer Rechtssätze sich zu stützen. Der Begriff
der Geltung im Sinne dieser Wissenschaft wird deutlich sein, sobald
wir erkannt haben, nach welchem fundamentalen Kriterium die
positive Rechtswissenschaft über die Begründetheit der Geltungsansprüche von originär entstandenen Rechtssätzen entscheidet. Daß es
sich aber hier um einen allgemeingültigen Maßstab handeln muß,
welcher von allem besonderen Inhalt möglicher Rechtsnormen
gänzlich abstrahiert, dürfte auf den ersten Blick hin deutlich sein,
wenn anders überhaupt es Sinn und Berechtigung haben sollte, von
einer einheitlichen Rechtswissenschaft zu sprechen, und sofern es
nicht in der That so viele Jurisprudenzen geben soll, wie verschiedene
Kriterien der Gültigkeit originär entstandenen Rechts.

Freilich, wäre dem anders, unterschiede sich die Wissenschaft
des deutschen Rechts von der des ausländischen oder der des deutschen einer früheren Periode nicht nur durch den Inhalt der jeweilig
als geltend behaupteten Rechtsnormen, sondern auch durch den gedanklichen Sinn ihrer fundamentalen Erkenntnisbedingungen, insbesondere durch eine jeweilig verschiedene Auffassung der Kategorie
des Geltens, so verlöre in der That der grundlegende Begriff einer
juristischen Wahrheit überhaupt, dessen klare Fixierung das
oberste Problem einer transscendental gerichteten Rechtsphilosophie
bildet, jedweden berechtigten Halt, und die Abhängigmachung des Begriffs des Geltens von dem Inhalt des Geltenden machte den Gedanken der Jurisprudenz als einheitlicher Wissenschaft ebenso
sicher unmöglich, wie die Vermengung der Methoden, in welchen

der Begriff der Existenz, beziehungsweise der besondere Inhalt der jeweilig existierenden Erscheinungen festgestellt wird, die Idee einer einheitlichen Naturwissenschaft vernichtete.

Vor solcher Verirrung bewahret uns die Besinnung auf die Thatsache der Jurisprudenz, die Erwägung des Rangs und der Würde, welche ihr im Verlaufe der Jahrtausende als einheitlicher Wissenschaft unter ihren Schwestern eingeräumt ward. So wird dem Rechtsphilosophen das Faktum positiver Jurisprudenz zum grundlegenden Problem, wie jenem größten Meister, wie dem Schöpfer transscendentaler Methodik, um in dem Wort und Geist Hermann Cohens zu reden, das Faktum der Naturwissenschaft einstens zum Problem und fundamentalen Ausgangspunkt seiner Philosophie geworden ist.

Von diesem wissenschaftlichen Grunde aus können wir in der That über die Meinung eines absoluten, d. i. dogmatischen Empirismus, nach welcher sich über den Begriff des Geltens im juristischen Sinne überhaupt nichts allgemeingültig feststellen läßt, mit Fug zur Tagesordnung übergehen. Denn nur die Kenntnis des Inhalts des jeweilig geltenden Rechts gründet sich auf besondere Erfahrung, mit nichten aber die Feststellung der einheitlichen Methode, kraft deren jene Kenntnis des besonderen Inhalts überhaupt erst möglich und verständlich wird. Wir fragen daher garnicht nach dem besonderen Inhalt des jeweilig durch Revolution zur Geltung gelangten Rechts, sondern nach dem einheitlichen Maßstabe, in dessen grundlegender Erwägung die positive Jurisprudenz diesen inhaltlich auseinandergehenden Rechtsnormen das gemeinsame Prädikat der Geltung zuschreibt.

Gerade in diesem Punkte zeigt es sich, wie wenig eine Untersuchung über die richtige Bestimmung des Formalbegriffs des Rechts allein imstande ist, die juristische Problemstellung genügend zu klären. Denn man irrt gewaltig, wenn man meint, daß eine Feststellung, daß ein revolutionärer Machtbefehl dem formalen Begriff des Rechts entspreche, genügen kann, um zu erklären, wie dieser mit dem früheren Recht in Widerspruch tretende Befehl zu einem Objekt positiver Jurisprudenz werde. Denn wenn es auf die Übereinstimmung mit dem Formalbegriff des Rechts letztlich hier ankäme, so fragen wir, wie es zu begreifen sei, daß unsere Wissenschaft dem Recht der Revolution den Vorrang einräume, da doch in der That auch die jener originären Rechtsentstehung zeitlich vorangehende Normierungsweise nach wie vor dem formalen Rechtsbegriff entspricht.

Mit Recht bemerkt Stammler:[1] „Wenn ein Privatmann ein Gesetzbuch promulgieren wollte oder von hier aus an den Kaiser

---

[1] „Wirtschaft und Recht" S. 509.

von China einen Befehl erließe, so ist durch solche Thatsache ein soziales Problem noch nicht geliefert." — Aber es ist doch deutlich, daß auch diese thatsächlichen Erscheinungen dem formalen Begriff des Rechts (selbst wenn man das Merkmal der bedingten Unverletzbarkeit in irgend einem Sinne anerkennen will) vollkommen entsprechen können, so, daß hier die Frage unabweislich wird: Nicht sowohl, wie es zu begreifen sei, daß ein rechtbrechender Befehl als Objekt der Jurisprudenz möglich sei, sondern vielmehr, warum nicht jeder solcher Befehle zum Objekt dieser Wissenschaft erhoben wird, nach welchem fundamentalen Gesichtspunkt diese Wissenschaft unter den sämtlich dem formalen Rechtsbegriff korrespondierenden Geboten diejenigen Befehle ausscheide, welche allein ihrer wissenschaftlichen Bearbeitung unterliegen. So führt denn auch diese Erwägung zu unserem früheren Ausgangspunkt zurück und bestätigt nur unsere Ansicht, daß man von Sinn und Bedeutung positivjuristischen Urteilens so lange keine deutliche Vorstellung gewinnen kann, als man nicht neben dem Formalbegriff des Rechts (in dem hier entwickelten Sinne) die Kategorie des Geltens als zweite allgemeingültige Erkenntnisbedingung dieser Wissenschaft zur Durchführung bringt und ihren begrifflichen Gehalt in Schärfe bestimmt.

Denn nach wie vor entspricht die vorrevolutionäre Normierung dem Rechtsbegriff, wenn sie trotzdem aufhört, Gegenstand der juristischen Bearbeitung zu sein, so liegt dies daran, daß ihr die Gültigkeit abgesprochen, den neu erlassenen Rechtsbefehlen aber zugesprochen wird. Wenn daher Stammler[1] ausführt, daß alle Wahrnehmungen über originäre Rechtsentstehung letztlich auf die allgemeine Frage zurückführen: „Woran erkennt man überhaupt, ob etwas Recht ist? — Hierfür muß es doch ein allgemeingültiges Merkmal geben" — so bemerken wir, daß die Lösung dieser Frage (in welcher Art sie auch erfolgen möge, so lange man nur nicht eben unser Problem schon unter dem Namen und der Firma des Rechtsbegriffes behandelt), die einschlägigen Schwierigkeiten nicht aufhellen kann, so lange man nicht auch jene zweite Frage deutlich stellt und auflöst: Woran erkennt man überhaupt, ob irgend ein Rechtssatz in Geltung steht? Auch hierfür muß es doch ein allgemeingültiges Merkmal geben.

Wenn wir uns daher bemühen, die Thatsache, daß unsere Wissenschaft von jeher kein Bedenken getragen hat, auch auf revolutionärem Wege entstandenen Rechtsbefehlen die Qualität der Gültigkeit zuzusprechen, auf das methodische Grundverfahren der positiven Jurisprudenz zurückzuführen, so bringt uns dies auf die Frage, ob es denn für alles dies auf originärem Wege entstandene Recht ein ge-

---

[1] A. a. O. S. 508.

meinsames Merkmal giebt, in dessen Berücksichtigung unsere Wissenschaft jenen Normen im Vorzug vor anderen rechtliche Geltungskraft zuschreibt. Daß dieses besondere Merkmal eines gültigen
originär entstandenen Rechts sich jedenfalls nicht auf den besonderen
Inhalt der hier in Betracht kommenden Rechtsnormen beziehen kann,
ist schon oben, da wir die formale Natur des Geltungsbegriffs besprachen,
erschöpfend dargethan, und ein Blick auf den buntwechselnden Inhalt der hier einschlägigen Rechtssätze bestätigt nur diese Ansicht.

So verbleibet in der That nur noch ein Gesichtspunkt, nach
welchem Normen ohne Rücksicht auf ihren besonderen Inhalt in
einheitlicher Art geordnet und jeweilig geschieden werden können:
Das Verhältnis zwischen der Norm als einer bestimmten Art der
Regelung menschlichen Verhaltens und diesem Verhalten selbst, so
wie es thatsächlich sich verwirklicht. Wir haben diese Auffassung
der Rechtsnormen im teleologischen Sinne schon oben kurz gestreift
und von methodischer Bedeutung gefunden, aber erst hier entfaltet
sich die ganze Tragweite dieser Betrachtungsweise. Alles Recht
will seinem formalen Sinne nach ein Mittel sein, Menschen zu bestimmtem Handeln zu bewegen, und damit ist die Möglichkeit
gegeben, diese Normenart in Abstraktion von ihrem jeweiligen besonderen Inhalt je nach dem thatsächlichen Erfolg ihrer Zweckbestimmung zusammenzustellen und in einheitlicher Art zu ordnen.

So wird das Recht, welches die soziale Erfahrung als thatsächliche Formgebung eines wirklichen sozialen Lebens erkennt, getrennt und inhaltlich geschieden von denjenigen Rechtsnormen, welche
sich nur als ein mißlungener Versuch darstellen, menschliche Zwecksetzung nach ihrem Gebotsinhalt zu bestimmen.

Dies aber und nichts anderes ist auch die einheitliche Methode,
nach welcher die positive Jurisprudenz als Wissenschaft über die
Gültigkeit von Rechtsquellennormen letztlich die Entscheidung führt.
Was unterscheidet das auf originärem Wege entstandene Recht, soweit
ihm überhaupt Gültigkeit von unserer Wissenschaft zuerkannt wird, in
einheitlicher Art von denjenigen ihm zeitlich vorgehenden Rechtsnormen, welche zu seinen Gunsten kraft Urteilsspruchs der Jurisprudenz
die Geltung einbüßen mußten? Die Thatsache, daß jene ersten ihr Ziel
erreichten, indem sie die widerstreitenden Zwecke jener vereitelten,
daß das auf originärem Wege entstandene Rechtsquellengesetz seinen
selbstherrlichen Anspruch, Menschen zu bestimmen, durchführte und
ebendamit die Absicht und den Geltungsanspruch seines zeitlichen
Vorgängers zu Schanden machte.

Nur unter Erwägung der einheitlichen Zweckbestimmung alles
Rechts wird eine Scheidung nach seiner jeweiligen Gültigkeit in einheitlicher Art, d. h. ohne Rücksicht auf den besonderen Inhalt der

Rechtssätze möglich: die positive Jurisprudenz hat sich dieser Möglichkeit bemächtigt und in methodischer Art, (wenn auch vielleicht
dem einzelnen nicht klar bewußt), sie durchgeführt durch einheitliche
Subsumption unter den Formalbegriff der Geltung. Gelten, von
originär entstandenen Rechtsquellennormen gesagt, heißt befolgt
werden, beobachtet werden. Diese Thatsache der Verwirklichung
im sozialen Leben scheidet das originär entstandene von dem vor-
revolutionären Recht, das geltende von dem ungültigen.

Es ist diese Begriffsbestimmung des formalen Begriffs des Geltens, welche alle juristischen Urteile über die rechtliche Kraft und
Verbindlichkeit durch Rechtsbruch erzeugten Rechts nicht nur in
ihrer logischen Möglichkeit (welches schon eine Erwägung ihrer
Korrespondenz mit dem formalen Begriff des Rechts gewährleistete),
sondern in ihrer methodischen Notwendigkeit, d. h. nach dem Grund
ihrer Wahrheit begreiflich macht. Und noch mehr als dies:
Diese Definition des Geltungsbegriffs positivrechtlicher Forschung
entscheidet nunmehr alle Fragestellung, welche sich um Sinn und
Bedeutung des einheitlichen Grundproblems der positiven Jurisprudenz
bemüht. Der Grund der Geltung der Rechtsquellengesetze ist ja
zugleich logischer Weise nach dem Sinn dieser Einzelart rechtlicher
Normierung der Grund der Geltung aller anderen neben ihnen bestehenden Rechtsnormen, und so gilt dasjenige, was wir als Sinn
dieses formalen Begriffs der Geltung bezüglich jener Klasse rechtlicher Sätze festsellten, zugleich für alles gültige Recht.

Es giebt kein Rechtsquellengesetz, welchem die positive Jurisprudenz das Merkmal der Geltung zuspräche, dessen besonderer
Inhalt nicht im sozialen Gemeinleben, an das es sich richtet, verwirklicht wäre.[1] So zeigt sich uns da, wo ein Zurückziehen auf die
Gültigkeit anderen Rechts ausgeschlossen ist, der eigentliche Charakter
dieses fundamentalen Begriffs und ebendamit der fundamentale
Gesichtspunkt positiv juristischer Forschung überhaupt.

Erst in der deutlichen Fixierung des Geltungsbegriffs kommt der
empirische, kommt der positive Charakter unserer Wissenschaft
zum deutlichen Ausdruck. Eine einseitige Feststellung des formalen
Begriffs vom Recht hätte eine deutliche Scheidung der positiven
Jurisprudenz von anderen Zweigen der Wissenschaft vom
Recht, insbesondere von der Rechtsphilosophie und Politik
mit nichten zu Wege gebracht. Denn Normen, welche dem formalen
Begriff des Rechts entsprechen, bilden auch zugleich das Material,
welches diesen Wissenszweigen in Gemeinschaft mit positiver
Jurisprudenz zur Bearbeitung und Objektivierung unterliegt. Nur

---

[1] Anders Stammler: „Wirtschaft und Recht" S. 509, 510.

in der Art dieser Bearbeitung, in dem Kriterium der Scheidung und Sonderung, in der Feststellung des einheitlichen Gesichtspunkts positiv juristischer Beurteilung, kurz in der klaren Fixierung des Begriffs vom juristischen Gelten konnte die Besonderheit unserer Wissenschaft überhaupt zum klaren Ausdruck gelangen.

Nicht die Feststellung des Rechtsbegriffs, wohl aber die Fixierung des Begriffs der Geltung ermöglicht es, die Stellung der positiven Jurisprudenz im Ganzen der sozialen Wissenschaft zu begreifen und gesondert zu betrachten: als die Wissenschaft vom positiv gültigen Recht. d. h. von der thatsächlichen Regelung eines empirisch gegebenen Gemeinlebens. Es ist der logische Vorrang der Rechtsquellengesetze, welcher es bewirkt hat, daß man diesen Umstand der thatsächlichen Beobachtung des Rechts nicht stetig als letztes Kriterium der Geltung im positiv juristischen Sinne erkannt hat, übrigens — von Interpretationsmethoden einmal abgesehen — der einzige methodische Richtpunkt, von dem aus ein Teil der juristischen Theoretiker gegen die Begriffsjurisprudenz und ihren Himmel sich auf die — Praxis (ein seltsames Schauspiel!) hätten berufen können. Dieser Richtung kommt die Begriffsbestimmung des juristischen Geltens mit nichten zu Hülfe, zumal man auf jenem Lager zuweilen lieber auf die Frage der gedeihlichen Anwendungsmöglichkeit, als auf die thatsächliche Anwendung gesehen hat und ein Kriterium, welches nur in der Frage nach der Gültigkeit der Rechtsquellengesetze die souveräne Entscheidung hat, auch bezüglich der Gültigkeit der anderen Rechtsnormen in gleicher Art anwenden zu dürfen glaubte.

Dieses aber geht nicht an. Der gedankliche Gehalt der Rechtsquellengesetze bringt es mit sich, daß man dieser Einzelart rechtlicher Normen unmöglich Gültigkeit zuschreiben kann, ohne ihnen zugleich die Entscheidung darüber zu überlassen, welche anderen Rechtssätze, vorausgesetzt daß ihr jeweiliger Inhalt keinen gedanklichen Widerspruch enthält, als geltend anzuerkennen sind oder nicht. Wer z. B. zugiebt, daß nach geltendem Recht in einer absoluten Monarchie das Gesetz die einzige Rechtsquelle sei, kann nun logischer Weise einem Teil der von dem Alleinherrscher erlassenen Gebote nicht deshalb Geltungskraft absprechen, weil diese Normen nicht thatsächlich befolgt würden. Daß eine solche Verweisung auf die thatsächliche Beobachtung auch hinsichtlich der Gültigkeit von Rechtsnormen, welche nicht Rechtsquellensätze enthalten, dort zulässig ist, wo die Bestimmungen über die Rechtsquellen (z. B. die Anerkennung eines derogatorischen Gewohnheitsrechts) dieses Kriterium der Gültigkeit ausdrücklich benennen, ist natürlich selbstverständlich und kann an der Richtigkeit unserer These von der Ausschließung des Merkmals der thatsächlichen Beobachtung als eines neben

dem Rechtsquellengesetz selbständig geltenden Kriteriums der Gültigkeit anderer Rechtssätze mit nichten etwas ändern. Wo immer
Rechtsquellengesetze, „Normen erster Ordnung," um den trefflichen
Ausdruck Bierlings zu gebrauchen, bestehen, da tragen sie auch
für die Gültigkeit anderer Rechtssätze (in dem hier fraglichen Gegen-
satze) die alleinige Verantwortung und können sich gegen aller Art
Mitprätendenten, die ihnen mit viel Lärm und Geschrei ihr festgefügtes
Herrscherrecht rauben wollen, mit Fug auf die Regeln der Logik
berufen. Aber freilich ihr eigener Thron ist nicht in den Wolken
gegründet, auch sie sind sterblicher Art und müssen vor dem Forum
der Wissenschaft die Begründetheit ihres Geltungsanspruchs nachweisen. Und wir behaupten, daß ihnen zu diesem Behuf kein anderer
Weg offen steht, als der Nachweis ihrer thatsächlichen Beobachtung.[1]
    Wenn man nun fragt, nach welchem Kennzeichen die thatsäch-
liche Beobachtung, resp. Nicht-Beobachtung solcher primären Normen
beurteilt werden solle, so findet sich, daß hier in der That der
Schein eines circulus gegeben ist. Denn wonach anders sollte in
aller Welt die Frage der Durchführung von Rechtsquellennormen
entschieden werden, als in Rücksicht auf die thatsächliche Beobachtung derjenigen Einzelsätze, welchen zu gehorchen das fragliche
Rechtsquellengesetz befiehlt? Denn in dem Gebot, bestimmt gearteten
Regeln Folge zu leisten, erschöpft sich Sinn und Inhalt jedweder
Rechtsquellennorm, deren Durchführung daher nur in der thatsächlichen Befolgung jener untergeordneten Regeln überhaupt zum
Ausdruck kommen kann.
    So ist es denn in der That richtig, daß die Verfassung einer
absoluten Monarchie so lange in Geltung steht, als die Gebote des
Monarchen befolgt und durchgeführt werden, so lange diese Gebote
sich als Form eines empirisch wirklichen sozialen Lebens betrachten
lassen.
    Aber es bedeutete eine Verkennung juristischer Methodik, wollte
man daraus folgern, daß die Gültigkeit der sekundären Normen
über die Geltung der primären entschiede. Vielmehr ist der

---

[1] Es ist leicht einzusehen, daß unsere These, welche die thatsächliche
Durchführung als das letztlich ausschlaggebende Kriterium der Gültigkeit von Rechtsquellennormen behauptet, nicht in Wiederspruch steht mit der
Anerkennung einer derivativen Entstehung solcher Normen. Denn wenn ein
Rechtsquellengesetz, dessen Gültigkeit auf der Geltung einer anderen Rechtsnorm dieser Art beruht, in seiner Geltungskraft späterhin angezweifelt wird,
so kann das Rechtsquellengesetz die Anrufung der thatsächlichen Beobachtung
als Norm der Entscheidung zwischen ihm und dem Gegner mit nichten ablehnen (welches freilich eine derivativ entstandene sekundäre Norm vermag),
da sie sich auf den Inhalt des früheren Rechtsquellengesetzes, welches sie ja
ihrem eigenen Sinne nach hat abändern wollen, unmöglich noch stützen kann.

richtige Sachverhalt dieser: die thatsächliche Beobachtung der
nach dem Inhalt des Geltung beanspruchenden Rechtsquellengesetzes
zu befolgenden sekundären Normen entscheidet über die Gültigkeit
des Rechtsquellengesetzes: Wird dessen Geltungsanspruch anerkannt,
so gründet sich die Geltungskraft der sekundären Rechtssätze einzig
und allein auf die Gültigkeit der primären Norm. Da man aber
nirgends innerhalb der positiven Jurisprudenz eine Feststellung der
thatsächlichen Beobachtung aller nach einem Rechtsquellengesetz
gültigen Normen für geboten gehalten hat, um jenem ersteren das
Merkmal der Geltung zuzuerkennen, so bleibt es in der That von
Bedeutung, nachdrücklichst darauf hinzuweisen, daß, wo immer die
Geltung solcher primären Normen von unserer Wissenschaft anerkannt wird, so lange auch der Inhalt dieser Normenart über die
Geltungskraft der sekundären Normen (in dem hier fraglichen Gegen-
satze) die alleinige Entscheidung führt.

Freilich ein begrifflich scharfes Kriterium, nach welchem die
positive Jurisprudenz bestimmte, ob die thatsächliche Beobachtung
von Einzelnormen als thatsächliche Durchführung und Verwirklichung eines ihre Gültigkeit behauptenden Rechtsquellengesetzes
aufgefaßt werden könne, läßt sich hier nicht aufstellen. Aber es
wird auch die Frage, ob sich die Nicht-Durchführung einer einzelnen
sekundären Norm als regelwidrige Ausnahme, als „negatives soziales
Phänomen"[1] oder als Kennzeichen dafür darstellt, daß die Macht
eines Rechtsquellengesetzes gebrochen ist, nur in den seltensten
Fällen zu Zweifeln Anlaß geben, so lange nicht gerade eine Periode
revolutionärer Neuerung dem Beschauer sozialen Lebens daran erinnert, daß der Bestand und die Herrschaft konkreter Rechtsquellen
von brutaler Macht und gewaltsamem Zwang letztlich abhängig ist.

Darin gerade zeigt sich die Selbstbescheidung im Geltungsanspruch dieser sozialen Regeln, daß unsere Wissenschaft die Thatsache ihrer Durchführung nimmer darum bezweifelt hat, weil etwa
der eherne Klang der Waffen oder die schrille Drohung des Strafgesetzes die Unterstellten letztlich zum Gehorsam bestimmt. Die
Frage, aus welchen Motiven heraus die Rechtsregeln befolgt
werden, fällt überhaupt nicht in das Bereich dieser unserer Untersuchung und kann als interessantes psychologisches Einzelproblem
der Soziologie überlassen bleiben. Wir betonen daher ausdrücklich,
daß falls man unsere Ausführungen mit den Lehren Zitelmanns,[2]
Schuppes[3] oder Bierlings[4] zusammenstellen will, uns der viel-

---

[1] Stammler: „Wirtschaft und Recht" S. 278 ff.
[2] Archiv für civilistische Praxis, Band 66 (1883), S. 446 ff.
[3] „Das Gewohnheitsrecht" 1890, S. 8 ff., 64 ff.
[4] „Juristische Prinzipienlehre" 1894, bes. S. 40 ff.

deutige Terminus der Anerkennung[1] nichts anderes bedeutet, als das Faktum der Beobachtung von Rechtsnormen überhaupt.

Aus welchem Grunde aber die sekundären Normen beobachtet werden, ob wegen der sozialen Übermacht des nach dem Rechtsquellengesetz berufenen Gesetzgebers oder wegen der Einsicht der Unterstellten in die Tüchtigkeit der rechtlichen Gesetze, ist, wie wir wiederholt betonen, für die Frage nach der Gültigkeit der Rechtsquellennorm gänzlich gleichgültig.

Es ist nur der besondere Sinn und Anspruch der primären Normen, über die Gültigkeit anderer Rechtssätze nach generellen Merkmalen im voraus zu entscheiden, welcher es zuweilen verschleiert hat, daß über die Geltung im positivjuristischen Sinne letztlich und ausschlaggebend immer nur die Thatsache der Beobachtung und Durchführung eben dieser Rechtsnormen entscheidet, weil die Untersuchung der Geltungskraft dieser Einzelart rechtlicher Normen innerhalb der juristischen Einzelforschung nicht denselben Umfang einnimmt, als die logische Bedeutung solcher Erwägung vielleicht erwarten läßt. Aber die Thatsache, daß innerhalb der juristischen Theorie die Frage nach der Wahrheit der obersten Prämissen (der Geltung der Rechtsquellengesetze) zuweilen leichter und einfacher zu lösen war, als all der Streit über die Richtigkeit der hieraus abzuleitenden Konsequenzen,[2] (mit anderen Worten über die Gültigkeit der sekundären Normen), welcher Umstand letztlich die überwiegend logische Färbung der juristischen Untersuchung herbeiführt, darf uns nimmer vergessen lassen, daß die Wahrheit dieser obersten Prämissen, auf die doch alles andere Urteil dieser Wissenschaft letztlich allein sich aufbaut, auf empirisch bedingte Einzelthatsachen sich gründet, und daß eben das Endresultat dieser Untersuchung, die Erkenntnis von der Gleichsetzung von Gelten und Beobachtetwerden hinsichtlich dieser primären Normen den positiven, empirisch bedingten Charakter unserer Wissenschaft überhaupt erst begreiflich macht.

Dies zeigt sich besonders deutlich, wenn man mit dem Gedanken einmal Ernst macht, daß es sich bei allem Rechtsquellengesetz nur um eine Einzelart rechtlicher Normen handelt, von deren Vorhandensein eine absolute Notwendigkeit garnicht behauptet werden kann, sondern daß vielmehr ein rechtliches Gemeinleben als empirisch möglich gedacht werden kann, in welchem solche primäre Normen,

---

[1] Vgl. oben S. 18, 19.

[2] In welcher Weise die juristische Konstruktion als bedeutsames Instrument zum systematischen Einzelaufbau mitzuwirken hat, muß hier, wo es sich nur um die scharfe Bestimmung der juristischen Problemstellung überhaupt handelt, natürlicherweise unerörtert bleiben.

die den Anspruch erheben, über die Geltung der anderen Rechtssätze zu entscheiden, überhaupt nicht bestehen. Macht man sich
klar, daß alle Geltung von Rechtsquellengesetzen auf thatsächlicher
Beobachtung und Befolgung beruht, so wird deutlich, daß auch die
durch die soziale Empirie gemeinhin bestätigte Regel, daß es in
jedem rechtlichen Gemeinleben solche Rechtsquellennormen gegeben
hat, auf **unbedingtes** Zutreffen in jedem denkbaren Fall keinen begründeten Anspruch erheben kann. Wagt man es aber, diesen Gedanken einmal durchzudenken und auf die Konsequenzen hin zu
verfolgen, so zeigt sich, daß, wenn diese Vermittler der Gültigkeit
anderer Rechtsnormen fortfallen, für die Jurisprudenz als Wissenschaft kein anderes Kriterium der Gültigkeit übrig bleibt, als die
Thatsache der Beobachtung jeder einzelnen Norm, die Möglichkeit,
Normen als thatsächliche Formgebung eines empirisch vorliegenden
Gemeinlebens zu behaupten, kurzum, derjenige Gesichtspunkt welcher
letztlich für alle Gültigkeit im Sinne positiver Jurisprudenz, wie
wir sahen, den Ausschlag giebt.

Damit aber hat diese Untersuchung ihr Ziel erreicht: der Begriff des juristischen Geltens ist bestimmt als identisch mit beobachtet, durchgeführt werden von rechtlichen Normen.

So aber ist ein fester Standpunkt gewonnen, von welchem aus
in einer tiefgehenden Kontroverse in methodischer Art Stellung
genommen werden kann, in der Streitfrage, ob die Anerkennung
der Unterworfenen ein Begriffsmerkmal des Rechts darstellt.

Wir haben oben gesehen, daß der Begriff der Rousseauschen
„loi" als einer auf einen in Berücksichtigung des Wohls aller gefaßten Mehrheitsbeschluß sich gründenden Norm, eine solche all-
seitige Zustimmung mit nichten fordert, wohl aber ist der Faktor
der Anerkennung von seiten der historischen Schule energisch ver-
fochten worden, indem diese Theorie alles Recht auf die Volksüberzeugung zurückzuführen unternahm. Dem gegenüber hat in
neuerer Zeit Stammler[1] ausgeführt, daß man bei der Begriffsbestimmung des Rechts auf das Moment der Anerkennung von seiten
der Gebotsadressaten durchaus nicht rekurrieren dürfte, weil es
gerade den Sinn des Geltungsanspruchs der rechlichen Norm (im Gegensatz zu dem der Conventionalregel) ausmache, ohne Rücksicht auf die
Zustimmung der Angeredeten gebieten und beherrschen zu wollen.

So unzweifelhaft richtig nun auch die Stammlersche Meinung
ist, um so vorsichtiger gilt es im Urteil darüber zu sein, ob damit
gegen die Meinung Zitelmanns, Bierlings und anderer modernen
Juristen, welche bei der Begriffsbestimmung des Rechts das Moment

---

[1] Vgl. insbes. „Wirtschaft und Recht" § 86.

der Anerkennung betonen, in entscheidender Art etwas polemisch
ausgemacht ist.   Freilich, wenn sicher wäre, daß z. B. Zitelmann
mit seiner Frage nach dem Grund der Geltung alles Rechts, des
Gewohnheitsrechts insbesondere, nichts anderes habe ermitteln wollen,
als eine Rechtfertigung der thatsächlichen Herrschaft von auto-
kratisch gebietenden Normen, so bliebe es freilich richtig, daß das
Moment der Anerkennung von seiten der Unterstellten dem selbstherrlichen Geltungsanspruch des Rechts mit nichten gerecht werden
kann. Wie aber, wenn der letztgenannte Gelehrte, obwohl er freilich einmal von der „ewigen Rechtfertigung der Geltung des Gewohnheitsrechts"[1] redet, im Grunde oder wenigstens außerdem noch
ein ganz anderes Problem sich gestellt, nicht (resp. nicht nur) nach
dem Grund, sondern nach dem Sinn und der logischen Bedeutung
des Begriffs vom juristischen Gelten gefragt hätte?
      Ich weiß kaum, wie es anders gedeutet werden kann, wenn
Zitelmann[2] fragt: „Welche Begriffsmomente denken wir in dem
Begriff »Gelten«, was meinen wir, wenn wir von einem Rechtssatz
aussagen, er gelte, wenn die Frage nach einer „Ursache der Geltung"[3]
als ungeeignet zu einer allgemein befriedigenden Lösung bezeichnet
und von neuem die Frage hervorgehoben wird: „Woher wissen wir
überhaupt, das Gesetze gelten?"[3]   Auch leugnet Zitelmann ja
garnicht, daß die Rechtsregel den Anspruch erhebt auf eine von
der thatsächlichen Zustimmung der Rechtsgenossen unabhängige
Geltung, vielmehr hat eben dieser Gedanke bei diesem Gelehrten
selbst Ausdruck gefunden,[4] so daß hier in der That die Frage nahe-
liegt, ob nicht entgegen der Stammlerschen Auffassung von den
genannten Schriftstellern das Moment der thatsächlichen Anerkennung
eingeführt worden ist, um in diesem „Grunde der Geltung" das
Merkmal aufzuweisen, bei dessen Vorhandensein die positive Jurisprudenz den Geltungsanspruch der rechtlichen Regel anerkennt,
die Methode dieser Wissenschaft bei der Feststellung gültigen
Rechts.[5]
      Jedenfalls sei hier nochmals betont, daß, wenn wir das Moment

---

[1] „Archiv für civilistische Praxis", Bd. 66 S. 459.
[2] „Archiv für civilistische Praxis", Bd. 66 S. 447.
[3] „Archiv für civilistische Praxis", Bd. 66 S. 452.
[4] Vgl. denselben a. a. O. S. 425, 435, 447: „Wenn wir einen Rechtssatz
als geltend prädizieren (Abweichung von der gewöhnlich von Z. verwandten
Terminologie!) so denken wir dieses Sollen als unabhängig von dem Wollen
und der Anerkennung dieser Person eintretend."
[5] Das ist unzweifelhaft der Sinn der Problemstellung Müllers in von Liszts
Zeitschrift für die gesamte Strafrechtswissenschaft, Bd. 17, Heft 2 S. 262 ff.,
mit dessen Ergebnis unsere Ausführungen im grundlegenden Punkte zusammentreffen.

der thatsächlichen Anerkennung, insofern eben hierunter nur die Thatsache der Befolgung überhaupt verstanden wird, als für die Bestimmung des formalen Begriffs des juristischen Geltens bedeutsam erklärten, uns trotzdem nichts ferner lag, als die Annahme, man könne durch psychologische Zergliederung menschlicher Gemütszustände irgend welchen Grund der Geltung des Rechts nachweisen, d. h. eine objektive Rechtfertigung des selbstherrlichen Geltungsanspruchs dieser Einzelart sozialer Regeln, durchführen. Aber wir fragen auch hier zunächst garnicht nach der sittlichen Rechtfertigung, sondern nach dem formalen Begriff des geltenden Rechts. In diesem Sinne behaupten wir, daß das Merkmal der thatsächlichen Durchführung den einheitlichen Gesichtspunks darstellt, nach welchem die positive Jurisprudenz als Wissenschaft entscheidet, ob eine Regel mit selbstherrlichem Geltungsanspruch wirklich gültig ist; mit anderen Worten: die positive Jurisprudenz erkennt nur den Anspruch derjenigen unbedingten Gehorsam heischenden Regeln als begründet an, welche die Thatsache dieses Gehorsams gegen sich selbst, resp. gegen eine auch ihre Befolgung befehlende Norm anzuführen in der Lage sind. Das Moment der thatsächlichen Durchführung ist kein Begriffsmerkmal des Rechts, wohl aber des positiven (positiv geltenden) Rechts, sobald man unter diesem Terminus den einheitlichen und gesonderten Gegenstand der positiven Jurisprudenz als einer selbständigen Wissenschaft denkt.

Nur wenn man den Begriff des juristischen Geltens in seiner Sonderart getrennt betrachtet, wird der berechtige Kern der Lehre sowohl der historischen Schule, welche alles Recht auf die Volksüberzeugung zurückführen wollte, als auch des Naturrechts, das die Geltungskraft alles empirisch gegebenen Rechts auf vertragsmäßige Unterwerfung gründen wollte, deutlich und in ihrem dunklen Drang jeweilig verständlich.

Aber freilich diese Bestimmung des formalen Begriffs vom Gelten im Sinne positiver Jurisprudenz leistet noch mehr: Sie kläret und bestimmt die einheitliche Problemstellung dieser Wissenschaft, weist den positiven, historischen Charakter der Jurisprudenz nach und zeigt, indem sie das Moment der thatsächlichen Befolgung als fundamentales Kriterium der Gültigkeit rechtlicher Normen aufweist, daß diese Wissenschaft nichts anderes ist, noch sein will, als die Lehre von der empirisch bedingten Form eines bestimmten geschichtlich vorliegenden Gemeinlebens.

Nun aber ist es auch an der Zeit, daß wir uns auf unseren Ausgangspunkt, auf die grundlegende Frage zurückbesinnen, zu deren objektiven Entscheidung und sicheren Lösung wir allein diese transscendentale Erörterung über Begriff und Aufgabe positiver Juris-

prudenz anstellten, daß nicht in dem Ernste der Untersuchung über
den Inhalt des hier bei der Urteilsfällung anzuwendenden Gesetzes
der Streitpunkt selber vergessen werde. Es war die uralte Fehde
zwischen Naturrecht und positiver Jurisprudenz, insbesondere der
Streit zwischen dem Rousseauschen droit naturel, als der fundamentalen Grundlage jener Sozialphilosophie, und der Methodik
positiver Rechtswissenschaft, zu deren Austragung wir zunächst eine
objektiv logische Analyse des formalen Begriffs vom juristischen
Gelten für erforderlich erachteten, damit keine der beiden Parteien
über Vergewaltigung zu klagen hätte, und endlich einmal dieser
ewig von neuem entstehende Streit durch definitives Urteil zu
Ende ginge.

Noch einmal vergegenwärtigen wir uns kurz den Streit. Das
Rousseausche droit naturel erhob den Anspruch, daß seine Sätze
und damit auch der Inhalt des contrat social unwandelbare Geltungskraft neben aller möglichen menschlichen Gebotssetzung besäßen,
und daß jedwede Norm der letzteren Art nichtig sei, wenn sie dem
Inhalt des contrat social (als dem sozusagen kondensierten droit
naturel) im geringsten widerspräche. Diesen Geltungsanspruch des
Rousseauschen Naturrechts, kraft dessen es fast allen Urteilen der
positiven Jurisprudenz über Gültigkeit und Verbindlichkeit rechtlicher Normen den Wahrheitscharakter abspricht, leugnet diese so
schwer angegriffene Wissenschaft und behauptet ihrerseits, daß das
Naturrecht über die Geltung des von Menschen gesetzten Rechts
überhaupt nichts ausmachen könne, weil seine Beobachtung und
thatsächliche Durchführung in der sozialen Geschichte durch nichts
bestätigt werde.

So erscholl seit Jahrhunderten schon der Streit, und keiner
verstand den Gegner in dem anderen Lager und den wohlgemeinten
Sinn von jenes Argumenten. Gar mancher Richter trat schon auf,
aber keiner, dem beide erbitterten Parteien in demütiger Unterwerfung unter sein objektives Gesetz sich hätten beugen wollen.
Denn man bewies dem Naturrecht nicht, daß eine historische Untersuchung über die thatsächliche Beobachtung seiner Sätze gegen
deren Wahrheit überhaupt etwas ausmachen könnte, und im stolzen
Gefühle, daß ihm Unrecht geschehen sei, bäumte es sich gegen einen
Richterspruch auf, der seiner eigenen Argumentation und seinen
innersten Motiven so wenig Rechnung trug.

So ergab sich für uns die Notwendigkeit, zu untersuchen, ob
diese Klagen des Naturrechts, daß es nach falschem Maß gerichtet
werde, berechtigt seien, galt es, in Schärfe zunächst die Methode
festzustellen, in welcher dieser Streit überhaupt befugtermaßen entschieden werden könne. Der Inhalt des Streites selbst lehrte uns

die Methode kennen; denn indem wir fanden, daß das Naturrecht
der Jurisprudenz bestritt, sie könne ohne Rücksicht auf seine un-
wandelbar gültigen Sätze allein nach dem Gesichtspunkt der thatsächlichen Beobachtung menschlicher Befehle über rechtliche Geltungskraft und Verbindlichkeit urteilen, erkannten wir, daß die positive Rechtswissenschaft diesen radikalen Angriff in Sicherheit nur abzuschlagen
imstande sei, wenn sie den Sinn der ihr eigentümlichen Problemstellung und wissenschaftlichen Aufgabe auf das schärfte aufzeige
und also beweise, daß ihre Methodik das rechte Mittel sei zu
solchem Zweck.

Der Begriff der positiven Jurisprudenz, d. h. die Idee ihrer
wissenschaftlichen Aufgabe, ist nunmehr festgestellt, indem wir in
der Definition des juristischen Geltens den einheitlichen Gesichtspunkt logisch bestimmten, nach welchem diese Wissenschaft unter
rechtlichen Normen die geltenden von den ungültigen scheidet. Damit
war deutlich: die positive Jurisprudenz will ihren fundamentalen
Prinzipien nach sein die Lehre von dem thatsächlich beobachteten
Recht.

Und damit ist alle Vorarbeit gethan, und jener oben beschriebene
Streit zwischen Naturrecht und positiver Rechtswissenschaft zur objektiven Endentscheidung reif. Wer wollte noch zweifeln, daß das
Naturrecht verloren habe? In dem historischen Charakter der
fundamentalen Aufgabe der positiven Jurisprudenz liegt die methodische
Berechtigung ihrer Kampfesweise gegen die Angriffe des Naturrechts.
Da ihr „Gelten" im letzten Grunde nichts anderes bedeutet und bedeuten will, als thatsächlich befolgt werden, so kann sie mit Recht
demjenigen, welcher die Gültigkeit eines den ewigen Normen des
contrat social widerstreitenden Rechts ableugnet, entgegen halten,
ob denn überhaupt dieser logische Widerspruch zwischen den gedachten Normen gegen die Wahrheit ihrer Urteile das geringste
ausmache, ob mit anderen Worten der contrat social gelte in ihrem
Sinne, ob sein Inhalt thatsächlich befolgt werde.

Es ist der eigene Geltungsanspruch des Rousseauschen contrat
social, welcher diese Art der Polemik herausfordert und methodisch
gebietet. Denn der Rousseausche contrat social bedeutet zwar
keine merkwürdige Episode aus dem vorzeitlichen Leben seltsamer
Urmenschen, über deren thatsächliches Abspielen nun ein gelehrter
Streit historischer Einzelforscher entspringen könnte, wohl aber erhebt er den Anspruch, ein absolutes Rechtsquellengesetz a priori
darzustellen, dessen unwandelbare Satzung behauptet, daß im Widerspruch zu ihm ein positiv gültiges und verbindliches Recht überhaupt nicht entstehen könne. Wer den Sinn der Rousseauschen
Sozialphilosophie eindringlich erwägt, insbesondere auf die syste-

matische Bedeutung des Formalbegriffs der „loi", d. h. des (nach
Naturrecht) möglichen „droit étroit et positif", ernstlich Acht hat,
wird kaum noch Zweifel hegen können, daß dieser stolze Anspruch
des contrat social in agressiver Art gegen die Wahrheit der Urteile der positiven Jurisprudenz über Verbindlichkeit von Rechtsnormen gerichtet ist.

Dieser Anspruch ist unbegründet. Denn indem wir den Sinn
der fundamentalen Problemstellung dieser Wissenschaft klarlegten,
erkannten wir, daß über die Wahrheit ihrer Urteile nicht der Inhalt
der Rechtsnormen, sondern (soweit es nicht sich um logische Widersprüche der einzelnen Normen untereinander handelt), die Thatsache ihrer Beobachtung als letztlich ausschlaggebendes Kriterium
entscheidet. So kann der contrat social über die positivrechtliche
Verbindlichkeit von Normen überhaupt nichts ausmachen.

Denn rechtliche Pflicht bedeutet im Sinne der positiven
Jurisprudenz überhaupt nichts anderes, als das Verhältnis zwischen
der kausal in ihrer künftigen Entschließung noch nicht sicher erkannten Zwecksetzung und dem Inhalt eben der positiv geltenden
Norm, welche dieser Zwecksetzung befehlend gegenübertritt. So bedeutet die Verbindlichkeit oder Verpflichtungskraft rechtlicher Sätze,
von einem etwas anderen Standort aus gesehen, dennoch dasselbe,
was wir oben als Gültigkeit oder Geltungskraft bezeichneten; und
ein Kriterum entscheidet über das Vorhandensein beider: Die Möglichkeit, die rechtliche Norm nach der eigentümlichen oben näher
dargelegten Forschungsweise positiver Jurisprudenz als Normierung
eines empirisch gegebenen Gemeinlebens aufzufassen.

Dieser ihrer eigentümlichen Aufgabe getreu gründet die positive
Jurisprudenz auf das Faktum der thatsächlichen Beobachtung in
letztlich ausschlaggebender Art die Gültigkeit und verbindliche Kraft
unserer bestehenden Rechtsquellengesetze, z. B. der Verfassung unseres
deutschen Reichs, und behauptet demgemäß kraft logischer Konsequenz
die Gültigkeit aller Gebote, welche von den verfassungsmässigen
Organen der Rechtsetzung erlassen sind, ganz unbekümmert darum,
ob der Inhalt dieser Befehle im Hinblick auf irgend welches Endziel des sozialen Lebens gerechtfertigt werden kann oder schlecht
und verwerflich irgend einem Sozialphilosophen erscheinen möchte.
Aber freilich nur durch eine deutliche und scharfe Bestimmung der
eigentümlichen Aufgabe positiver Jurisprudenz kann die Berechtigung,
ja vielmehr die methodische Notwendigkeit dieser Beschränkung begreiflich werden.

So zeigt sich aber auch deutlich, wie wenig der contrat social
gegen die Wahrheit positivrechtlichen Urteilens überhaupt auszu-
richten vermag. Denn wollte das Rousseausche droit naturel der

positiven Jurisprudenz entgegenhalten, daß dieser oder jener von ihr als gültig behauptete Rechtssatz doch schlecht und verwerflich sei, diese Wissenschaft würde solchen Vorwurf garnicht verstehen oder genauer, um unliebsame Thatsachen nicht gänzlich zu ignorieren, niemals verstehen dürfen. Denn diese Wissenschaft fällt aus der Rolle, wenn sie die Gültigkeit von Geboten des nach anerkanntem Rechtsquellengesetz zur Rechtsetzung berufenen Organs noch von der Frage abhängig machen will, ob diese Gebote auch zu gewissen Zielen dienlich sind, ob sie dem „Verkehrsinteresse" entsprechen oder etwa in der Praxis zu unbilligen und unhaltbaren Resultaten führen werden. Alles dieses geht an und für sich betrachtet[1] den positiven Juristen als solchen garnichts an, und er verkennt den eigentlichen Beruf seiner Sonderwissenschaft, wenn er das Feld seiner Untersuchung durch Hineinbringung fremder Gesichtspunkte verunreinigt und unkenntlich macht.

„Es ist nicht Vermehrung, sondern Verunstaltung der Wissenschaften, wenn man ihre Grenzen ineinander laufen läßt."[2]

Dieser treffliche Ausspruch des größten philosophischen Systematikers bedeutet, gerade in Verbindung gebracht mit der uralten Fehde zwischen einem Naturrecht Rousseauscher Observanz und positiver Jurisprudenz, die eindringlichste Mahnung für den Jünger der letztgenannten Wissenschaft, die eigentliche Aufgabe seiner Wissenschaft niemals aus dem Auge zu lassen, daß nicht Prinzipien der Politik über die Wahrheit positivrechtlicher Forschung ein Richteramt sich anmaßen. Denn wollte man hier nur im geringsten nachgeben, so würde bald kein Halten mehr sein, und man hätte selbst dem Feind Thür und Thor zu dreistem Angriff geöffnet.

So lehret uns die radikale Kühnheit Rousseauscher Sozialphilosophie, ein strenges Auge zu haben auf die naturrechtliche Methodik, welche im ureigensten Gebiet positiver Jurisprudenz selbst von solchen im einzelnen getrieben wird, die für „das Naturrecht" als längst überwundenen Standpunkt nur noch ein mitleidiges Lächeln haben. Wer im einzelnen und kleinen die Grenzen zwischen lex ferenda und lex lata nicht auf das schärfste zu trennen weiß, hat das logische Recht verloren, über die Rousseausche Sozialphilosophie einfach zur Tagesordnung überzugehen, wenn sie die juristische

---

[1] Es ist selbstverständlich, daß diese und ähnliche Gesichtspunkte als Interpretationsmittel dessen, was der Gesetzgeber thatsächlich geboten hat, wohl für die positive Jurisprudenz unter Umständen Bedeutung haben können.

[2] Kant: Vorrede zur 2. Ausgabe der „Kritik der reinen Vernunft" (Ausgabe von Kehrbach S. 13).

Verbindlichkeit moderner Verfassungen darum leugnet, weil sie dem Wohle aller widerstritten.

Nach unseren Prinzipien wird eine solche Stellungnahme gegen ein Naturrecht jenes Geltungsanspruchs nicht nur als begreiflich, sondern als notwendig erkannt.

Aber freilich, man darf nicht glauben, daß, wenn wir in dieser bewußten Beschränkung auf die eigentümliche Methodik positiver Rechtswissenschaft die eigentümliche Größe des positiven Juristen erblicken, damit etwa behauptet werden solle, daß man das Recht überhaupt nicht nach anderen Gesichtspunkten betrachten und in Erwägung nehmen dürfe. Wenn wir ausgeführt haben, daß der positive Jurist als solcher nicht von Nützlichkeitsrücksichten in seinem Urteil geleitet sein dürfe, haben wir damit erklärt, daß man nichts wissenschaftlich treiben dürfe, als diese Sonderwissenschaft?

Es ist in der That eine noch weit seltsamere und merkwürdigere Erscheinung, als das bis dahin besprochene Eindringen des Naturrechts in das eigentümliche Gebiet positivrechtlicher Forschung, wenn man sieht, wie positive Juristen sich dagegen ereifern, daß man überhaupt noch nach etwas anderem wissenschaftlich fragen könne als nach dem positiv gültigen Recht, gerade als ob die eigentümliche Aufgabe dieser Einzelwissenschaft über die Berechtigung und Bedeutung einer anderen noch gesondertem und selbständigem Gesichtspunkt vorgehenden Betrachtung rechtlicher Normen überhaupt etwas ausmachen und begründet entscheiden können!

So weit ist die Reaktion gegen das Naturrecht in den Reihen positiver Juristen gegangen, daß man nunmehr den Spieß umdrehen zu können gewähnt hat und die Erforschung der lex lata zum Richter hat machen wollen über die Berechtigung einer wissenschaftlichen Erwägung der lex ferenda überhaupt. Und gerade mit dieser letzteren Behauptung hat man dem Naturrecht den Todesstoß geben wollen. Denn wir haben früher schon darauf aufmerksam gemacht, daß alles Eindringen in das eigentümliche Gebiet positiver Rechtswissenschaft, welches dem Naturrecht mit Fug zur Last gelegt werden kann, vorzüglich doch nur dem Gedanken entsprang, auf die Umgestaltung der thatsächlich gegebenen sozialen Normierung einzuwirken und für die also anzustrebende Reformierung der empirisch gegebenen sozialen Verfassung die festen und unabänderlichen Richtpunkte aufzuweisen. In diesem Sinne hat alles Naturrecht, wie dies neuerdings in vortrefflicher Art Stammler ausgeführt hat, die unwandelbaren Kriterien aufweisen wollen, nach welchen ein objektiv berechtigtes Urteil über Wert oder Unwert empirisch gegebener Normierung überhaupt gefällt werden kann.

Da das Rousseausche „droit naturel" auch in diesem Sinne

Geltung beansprucht hat, der Rousseausche contrat social auch
als Ziel und Richtpunkt für ein noch primitives soziales Leben von
Rousseau gedacht war, so würde unsere Kritik, die freilich nur
die fundamentalen Prinzipien, nicht jede Einzellehre gesondert betrachtet, nicht erschöpfend sein, wenn sie nicht auch auf diesen
Geltungsanspruch des droit naturel eingehen wollte.

Es ist ein leidiger Mißstand, wenn manche Beurteiler des Naturrechts aus den Reihen positiver Juristen diese beiden inhaltlich
ganz verschiedenen Geltungsansprüche dieser Theorie mit einander
vermengt und aus der Unbegründetheit des einen auf die Grund-
losigkeit des anderen ohne weiteres geschlossen haben. Bergbohm
in seinem umfangreichen Buche über das Naturrecht führet zwar,
wenn auch stets mehr gelegentlich, diesen letztgenannten Geltungsanspruch des Naturrechts an, aber dieser Schriftsteller würdigt ihn
keiner besonderen Kritik, weil ihn das Wort „Recht" schon stets
besorgt macht, es müsse auch hier letztlich sich um eine Bekämpfung
der Geltung des positiven Rechts handeln, und Bergbohm die
Grundüberzeugung zu hegen scheint, es könne kein Mensch einen
Inhalt von Rechtssätzen als bloßes Ideal eines guten Rechts in Gedanken haben und in getrennter Parallele neben dem positiven
Recht im Kopfe tragen, ohne den Inhalt der beiden Reihen mit
einander zu vermengen und so das Naturrecht dennoch zum Meister
über die Geltung des positiven Rechts zu machen.[1] — Aber warum
kann man denn das positive Recht Deutschlands und daneben das
positive Recht Frankreichs studieren und diese beiden Rechtssysteme
„gänzlich unparteiisch und haarscharf scheiden"?[1]

Solche und ähnliche in allgemeingültiger Art schwerlich beweis-
bare Argumente, vor allen Dingen der gemeinsame Name „Naturrecht"
kann aber mit nichten genügen, um diese beiden begrifflich haarscharf zu scheidenden Ansprüche des Naturrechts in einem gewaltigen Kampfe zu besiegen.

Wir haben schon oben auf die geringe Einheitlichkeit des
Bergbohmschen Naturrechtsbegriffs, dessen Exemplare dieser Schriftsteller doch im ganzen und großen und ohne Ausnahme für wissenschaftlich unbrauchbar erklärt, aufmerksam gemacht; hier sei noch
darauf hingewiesen, daß nach Bergbohms eigener Erklärung unter
diesen Begriff auch diejenigen „allgemeinen Rechtsgrundsätze" fallen
sollen, die „in Rechtsbildungsfragen, etwa als verbindliche Direktiven
für den Gesetzgeber zur maßgeblichen Belehrung heranzuziehen
sind."[2]

---

[1] „Jurisprudenz und Rechtsphilosophie", I S. 288.
[2] „Jurisprudenz und Rechtsphilosophie", I S. 131.

Und ganz besonders Bergbohms Eifer gegen alle Theorien, welche einen absoluten Maßstab des Gerechten aufweisen wollen,[1] zeigt, daß der gute Wille, nur das Naturrecht oben besprochener Art, welches ein ganz „ordentliches Recht"[2] sein will, zu treffen, — auf welche oft genug hervortretende Absicht hier gegen Stammlers Polemik immerhin besonders hingewiesen sein soll,[3] — doch in der Ausführung nicht streng eingehalten, und im Eifer des Gefechts der wahre Feind mit neutralen Truppen in fataler Art verwechselt worden ist.

Aber gegen diese neutralen Truppen, gegen den Anspruch des Naturrechts, als ewig gültiges Ziel aller positiven Gesetzgebung aufzutreten, hat Bergbohm jedenfalls garnichts ausgerichtet; denn seine gelegentlichen Bemerkungen, daß die Vorstellung vom Gerechten immerhin von einem „subjektiven Werturteil"[4] abhänge, können doch unmöglich als schlagende Polemik gegen den Objektivitätsanspruch des nun in Frage stehenden „Naturrechts" angeführt werden.

Hier vor allen Dingen würde ja auch eine Kampfesweise, welche sich solchem Gegner gegenüber in trotzigem Mute auf die thatsächliche Wirklichkeit einer bestimmten sozialen Normierung letztlich berufen wollte, den Schein des Lächerlichen niemals gänzlich vermeiden können. So lange das Naturrecht den positiven Juristen in seinem eigenen Arbeitsfelde angriff, hält man seinem Unmut es vielleicht zu gute, wenn er voll blinden Eifers die Wahrheit seiner Urteile durch historische Untersuchung verficht, ohne zu erkennen, daß gerade diese Methode des Urteilens über rechtliches Gelten von den Gegner angegriffen ward;

---

[1] „Jurisprudenz und Rechtsphilosophie", I S. 280.

[2] A. a. O. S. 131. Note.

[3] Vgl. z. B. a. a. O. S. 287. Hier bezeichnet B. als eine besondere Gruppe von Naturrechtlern „diejenigen speculierenden Köpfe, welche ihre Vorstellungen davon, was Recht sein sollte oder werden könnte, als Recht bezeichnen und in rechtswissenschaftliche Deduktionen verarbeiten. Wäre es nur ein Glaube an ein mögliches besseres Recht, ein Streben nach einem von den Mängeln des heutigen befreiten Recht (vgl. übrigens gegen diese Terminologie Bergbohm selbst a. a. O. S. 432), ein Bedürfnis nach Vorausbestimmung des vielleicht kommenden Rechts (!), was sich in ihren Werken ausspricht, so würde man sie nicht den Naturrechtsfreunden beizählen dürfen. Wer wäre sonst keiner? Sie sind es aber wohl, sofern sie den Inhalt ihres Wünschens oder Vermutens offen oder verschleiert in einer Weise behandeln, als wäre er bereits materielles Recht". Vgl. S. 238, 392, ganz vortrefflich geradezu S. 397 unten, S. 398, schließlich S. 435 oben; insbesondere auch die Würdigung der Stammlerschen Auffassung vom Naturrecht: S. 144—146: Stammler ist kein Anhänger des von Bergbohm perhorrescierten Naturrechts, weil er nicht vernunftgemäße Rechtsätze (soll heißen geltende Rechtssätze), sondern nur einen kritischen Maßstab der Beurteilung von Rechtssätzen sucht. S. 146.

[4] A. a. O. S. 343, vgl. auch z. B. S. 144.

denn immerhin kann solcher Fehler durch nachträgliche Rechtfertigung der abgekürzten Kampfesweise wieder wettgemacht, und
dem schwerangegriffenen Einzelforscher kann rechtsphilosophische
Besinnung in Feststellung seiner eigentlichen fundamentalen Aufgabe
gegen den kühnen Feind zu Hilfe eilen.

Aber keine sozialphilosopische Erwägung der Welt dürfte jemals
den positiven Juristen von dem Fluch der Lächerlichkeit befreien
können, der eine wissenschaftliche Untersuchung, ob ein thatsächlich
geltendes positives Recht auch sittlich gut und tüchtig sei, mit dem
trockenen Hinweis verwerfen wollte, daß dieses Recht doch thatsächlich gelte. Denn diese neue Fragestellung, die wir nannten,
gehet positive Jurisprudenz als solche überhaupt garnichts an, sie
erforscht etwas begrifflich völlig Verschiedenes von alledem, was jene
Wissenschaft als einheitliche Aufgabe sich zu stellen hat. Der Begriff des guten Rechts hat überhaupt, rein methodisch betrachtet,[1]
innerhalb positiver Jurisprudenz keine Stätte; wie könnte demnach
jene Wissenschaft über eine Problemstellung, die seine Klärung und
begriffliche Analyse letztlich zur Aufgabe hätte, überhaupt das geringste ausmachen?

Wenn wir oben auf das schärfste betonten, daß die positivrechtliche Forschung sich von aller und jedweder Politik schlechthin und gänzlich reinzuhalten habe, solange sie überhaupt den
Charakter und die Würde selbständiger Wissenschaft bewahren wolle,
sollte damit gesagt sein, daß die politische Erwägung überhaupt
keine Berechtigung besäße, daß die Frage nach einem sittlich tüchtigen sozialen Leben schlechterdings zu verwerfen sei?

Es kommt hier alles darauf an, daß man erkenne, daß die Berechtigung der Frage nach einem letzten Ziele des sozialen Lebens
überhaupt nicht vor dem Forum der positiven Jurisprudenz, sondern
nur vor dem Richterstuhl der Philosophie geprüft und erwogen
werden kann. Wer nichts anderes erforschen will, als was da thatsächlich als positives Recht gilt und beachtet wird, dem freilich ist
jene andere wissenschaftliche Forschung aus methodischen Gründen
untersagt; aber wie wollte und könnte ein solcher beweisend darthun, daß seine beschränkte Zielsetzung auch für andere bindend
sei? Man kann gegenüber methodischen Unklarheiten mancher
Modernen nicht scharf genug betonen, daß der positive Jurist als
solcher sein Urteil über die Gültigkeit von nach geltendem Rechtsquellengesetz bindenden Normen nicht von einer Erwägung der that-

---

[1] Daß etwa einzelne konkrete Rechtssätze auf den Inhalt von Moral-
regeln sich beziehen können, (wie z. B. die Regeln des Obligationenrechts über
Treu und Glauben), soll natürlich nicht bestritten werden.

sächlichen Wirkung des Rechtssatzes in der Praxis beeinflussen lassen darf; aber sollte damit etwa in Abrede gestellt werden, daß eine vernünftige Politik, d. h. eine ganz andere Betrachtungsweise des Rechts, nur vermöge der genauesten Kenntnis mit den Wirkungen des positiv geltenden Rechts, vermöge der schärfsten und getreuesten Beobachtung der Folgen der Anwendung der einzelnen Normen jemalen hoffen kann, ihrerseits zu richtigen Resultaten zu gelangen? Man kann nicht Politik und positive Jurisprudenz zu gleicher Zeit treiben, aber warum sollte man nicht beide Wissenszweige in getrennter Betrachtung nebeneinander pflegen können?

Ob man sich beschränken solle, nach dem positiv geltenden Recht zu fragen, oder ob man auch von Natur gegebene Verstandeskraft und Auffassungsgabe dem weiteren Problem zuwenden solle, ob, was da rechtlich gilt, auch rechtlich gelten sollte, das ist keine Frage der Jurisprudenz, sondern der Moral, und ob ein wissenschaftliches Bestreben letzterer Art möglich und im einzelenen Fall geglückt ist, des wiederum entscheidet die Sozialphilosophie.

Vor dem Richterstuhle jener haben wir den letztgenannten Geltungsanspruch des Naturrechts zu prüfen, der auch dem Rousseauschen droit naturel, wie wir sahen, nicht fremd ist. Freilich die Beobachtung des contrat social enthält nach Rousseau die Bedingung positiv gültiger Rechtssatzung überhaupt; aber das positive Recht, die Herrschaft der „loi", der volonté générale, bedeutete doch auch zugleich und vorzüglich ein erstrebenswertes Ziel alles sozialen Lebens, einen absoluten Maßstab, an welchem die Tüchtigkeit jedes empirisch möglichen Gemeinlebens beurteilt und gerichtet werden sollte. Und hat unsere Kritik auch schon dargethan, daß ein dem contrat social widersprechender Befehl in wissenschaftlichem Urteil als von Rechtswegen bindend behauptet werden kann, so ist doch damit noch nicht als irrig dargethan, daß ein solches Gebot schlechthin verwerflich sei, und der Beurteiler noch nicht widerlegt, der da behauptet, daß man solchen Befehl nicht hätte von Rechtswegen erlassen sollen.

Indem wir nun daran festhalten, daß eine Beurteilung der sittlichen Tüchtigkeit einer sozialen Ordnung in objektiver Art niemalen als von vornherein verfehlt und aussichtslos dargethan werden kann, vielmehr jedes kritische Urteil in derlei Dingen, wenn anders es mehr sein will, als bloß subjektives Gerede, das Vorhandensein einer obersten Gesetzmäßigkeit an sich schon notwendig voraussetzt, zeigt sich uns. daß eben dieses die Tendenz ist, welche das Rousseausche Naturrecht letzterwähnten Sinnes im Auge hat. Diese Tendenz aber ist lobenswert, und wenn wir früher uns versagen durften, den Inhalt des Rousseauschen Naturrechts kritisch zu prüfen, weil wir seinen formalen Geltungsanspruch a limine zurückzuweisen in der Lage waren, so ist dem jetzt anders geworden. Indem wir erkennen, daß die scharfe Aufzeigung eines obersten fundamentalen Maßstabs für alle objektive Wertung empirisch gegebener Rechtsordnung ein fundamentales Problem der Sozialphilosophie betrifft, wird unserer systematischen Kritik die Pflicht, zu erwägen, ob das Rousseausche droit naturel dieser grundlegenden Aufgabe ein Genüge geleistet hat.

Hier vor allen Dingen drängt sich unserer Beurteilung jene Frage auf, die wir im Laufe der Darstellung schon des öfteren streiften: Ob das Rousseausche droit naturel und sein Produkt, der contrat social, in dem Begriff der „loi" nicht letztlich als Ziel und Richtpunkt rechtlicher Normierung die Konventionalgemeinschaft aufgestellt habe.

Es sei von vornherein bemerkt, daß mit der Normierung solchen Endziels ein logischer Widerspruch mit nichten gegeben ist; denn die rechtliche Regel wird hier ja nur als Mittel zur endlichen Herstellung einer freieren loseren Gemeinschaft gedacht und kann darum ihrem eigenen Inhalt nach verschieden sein von jener Formgebung, zu der sie selbst als straffere und zwingende Normierung einst den Boden und festen Grund gelegt hat. Herrschaft und Freiheit sind logische Widersprüche, aber es bedeutet keinen Widersinn, alle gegebenen und möglichen Herrschaftsformen aufzufassen und zu werten als ebenso viele Mittel zur endlichen Erreichung sozialer Freiheit.

Es ist eine andere Frage, ob die Rousseausche „loi" in der That als Konventionalregel darf angesehen werden. Befiehlt die „déclaration de la volonté générale" nur denjenigen, welche den Gehorsam gegen das Gebot des souveränen Volks sich zur unabänderlichen Maxime ihres Handelns gemacht haben; oder, um hier einen zugespitzten Ausdruck zu gebrauchen, befiehlt die „loi" überhaupt oder belehret sie nur in jedem Zeitpunkt die getreuen Glieder der „république", was es heißt, dem Souverän gehorchen wollen? Es ist leicht einzusehen, daß, wenn man die Frage also stellt, die Subsumierung der Rousseauschen „loi" unter den Begriff der Konventionalregel erfordern würde: die fortwährende und unabänderliche Beschränkung des Herrschaftsanspruchs des Souveräns auf diejenigen, welche seiner Herrschaft unterworfen sein wollen.

Wir haben früher schon eingehend erörtert, daß eine solche Selbstbescheidung dem Anspruch der Rousseauschen loi, einmal abgesehen davon, was zu ihrer Entstehung als notwendig verlangt wird, völlig fern liegt. Nicht der Wille des einzelnen Unterstellten, sondern der souveräne Wille des Gesetzgebers hat darüber zu entscheiden, ob die Herrschaft der „loi" über den Unterthanen ihr

Ende erreicht hat. Und es widerspricht dem Begriff der loi keineswegs, ein Ausscheiden aus der Gemeinschaft überhaupt zu verbieten. Nur wird ein tüchtiger Gesetzgeber nach Rousseaus Meinung bei der selbstherrlichen Regelung dieser Materie, den Wunsch und Willen des einzelnen berücksichtigen, wenn objektive Gründe nicht das Gegenteil erfordern. So, wie der Hochverräter ausgestoßen wird, soll der Verschuldete und Waffenfähige vor Erfüllung seiner Verpflichtungen zum Verbleiben gezwungen werden. Nicht das Belieben des einzelnen, sondern eine Erwägung, ob alle vom Souverän gewollten Voraussetzungen erfüllt sind, entscheidet darüber, ob die Rousseausche loi ihren zwingenden Befehlsanspruch gegenüber dem einzelnen aufzugeben gewillt ist.

Und auch in dem rechtlichen Gemeinleben, in welchem die égalité ihre höchsten Triumphe feiert, in welchem Trieb und Begierde jedes einzelnen mit denen aller anderen zusammenfällt, auch in jener vollkommenen Interessengemeinschaft soll die rechtliche Herrschaft nicht gänzlich untergehen, soll der Gesetzgeber nicht darauf verzichten, den Willen aller in formal zwingenden Gesetzen zu verkünden.

Das sind die ausschlaggebenden Gründe, aus denen heraus die Rousseausche république niemals als Konventionalgemeinschaft aufgefaßt werden darf, mag auch dasjenige, was unser Autor als Voraussetzung einer gültigen Rechtsentstehung lehrt, diesen Gedanken von vornherein nahegelegt haben. Freilich über Frauen und Kinder sollen andere auch ohne deren Zustimmung rechtliche Herrschaft erwerben können, aber der Fortbestand der Rousseauschen loi, beziehungsweise die Entstehung solcher Herrschaft über geistig reife Männer bedarf der einmaligen Zustimmung dieser.

Diese verschiedenartige Behandlung von Männern und Frauen, die das droit naturel gebietet, ohne eine ernstliche Begründung dieses Machtspruchs auch nur zu versuchen, dürfte freilich gerade von dem Fundament des Rousseauschen Naturrechts aus, von dem Gedanken der volonté générale, als des Wohls von Menschen schlechthin, unangesehen ihrer besonderen Qualitäten, schwerlich gerechtfertigt werden können. Inwiefern an dieser Stelle selbst ein Rousseau der Versuchung unterlegen ist, „d'établir le droit par le fait", kann hier dahingestellt bleiben; denn es kann die Abhängigmachung der Gültigkeit der loi von der einmaligen beliebigen Zustimmung der Unterstellten überhaupt mit dem Grundzug der Rousseauschen Sozialphilosophie schwerlich in Einklang gebracht werden.

Denn aus welchem Grunde hatte der Gedanke des sozialen Kriegs, wie ihn Rousseau als notwendige Folge der vorgerückten Stufe des Naturzustands schilderte, die praktische Bedeutung der pflichtenerzeugenden Normierung in objektiver Deduktion nachgewiesen, warum in aller Welt war die Einhaltung des allgemeingültigen Prinzips der volonté générale zum begrifflichen Merkmal der rechtlichen Regel erhoben worden, wenn am letzten Ende unser Philosoph die Herrschaft der in ihrem selbstherrlichen Geltungsanspruch also objektiv gerechtfertigten „loi" dennoch abhängig gemacht wissen wollte von der unberechenbaren Laune und dem souveränen Belieben des einzelnen? In der That es muß gesagt werden, daß dieser letzte Rest von Individualismus, welchen der formale Gedanke des contrat social zum Ausdruck bringt, den höchsten Ehrentitel der Rousseauschen loi, ihren Objektivitätsanspruch, schändet und erniedrigt, indem er die Durchführung des allgemeingültigen Gesetzes, des Prinzips der volonté générale, abhängig macht von der brutalen Willkür der einzelnen, die die doch nur Knechte sind dieses Prinzips. Nirgends wohl hat der Sozialphilosoph, welcher es sich zur Aufgabe machte, das Gesetz über den Menschen zu stellen, seinen Plan gründlicher verfehlt, als dorten, wo er die Macht des rechtlichen Gebots dem regellosen Belieben des einzelnen wieder anheimgab.

Aber es dürfte der aufmerksame Leser im Verlauf unserer obigen Darstellung überhaupt die Beobachtung gemacht haben, daß jedenfalls unser Philosoph schwerlich in überzeugender Art die erhabene Würde seines Naturrechts vertreten hat.

Ist die Besinnung auf die menschliche Natur die Methode, kraft deren man ein oberstes und fundamentales Ziel des sozialen Lebens behaupten und in objektiver Art deduzieren kann?

Alles Recht betrifft ein Sollen: Was hat die Frage nach dem gesetzmäßigen rechtlichen Sollen zu schaffen mit irgendwelchen primitiven Trieben, die etwa dem Menschen als sinnlichem Lebewesen mit dem Tiere gemeinsam sind? Mit welchem Fuge durfte derjenige, welcher den Begriff der „perfectibilité" als fundamentalen Vorzug des Menschen vor dem Tiere betonte,[1] in urwüchsigen Trieben der Sinnlichkeit den höchsten Richtpunkt für solche Vervollkommnung suchen?

Alle Ethik, auch die soziale, sofern sie überhaupt ihren edlen Beruf in Klarheit erfasset, emanzipiert sich von der Thatsächlichkeit und stellet — ein staunenswertes Werk menschlichen Geistes — dem empirisch bedingten Sein ein unbedingtes Sollen gegenüber. In diesem Emanzipieren über die Zufälligkeit des konkreten Wirklichen liegt die Größe des praktischen Idealismus, liegt die Erhabenheit der christlichen Ethik, wenn sie in göttlichem Schwunge diese menschliche Natur als psychologisch-physiologisches Residuum verleugnet und gebietet, den „alten Adam" mit einem „neuen" zu vertauschen.

---

[1] „Discours sur l'inégalité" p. 31.

Es ist wahr, daß Rousseau mit diesem Gedanken der ursprünglichen menschlichen Natur mehr in phantastischer Ausmalung gespielt, als daß er ihm in methodisch sicherer Art näher getreten wäre; und so erübrigt sich in der That alle nähere Ausführung, daß ein psychologisches Forschen nach der menschlichen Natur — man braucht den Begriff eines dahingehenden wissenschaftlichen Problems nur durchzudenken, um zugleich zu erkennen, wie fern er dem gefühlstrunkenen Schreiber des zweiten „Discours" lag — als exakt empirische Forschung methodisch kaum gedacht werden kann, in seinen unsicheren und schwankenden Ergebnissen jedenfalls als Fundament sozialer Gesetzmäßigkeit unmöglich tauglich ist. Nun wohl, wir geben zu und haben selbst schon früher darauf hingewiesen, daß der Rousseausche Urmensch kein Produkt empirischer Anthropologie, sondern moralisierender Utopie ist, aber wenn sich dies also verhält, wo verbleibt überhaupt noch ein Versuch, den Inhalt des droit naturel in objektiver Beweisführung als Ziel des sozialen Lebens zu behaupten?

Denn legt man größeren Nachdruck auf diejenigen Äußerungen unseres Autors, in welchen er das Zurückgehen auf eine ursprünglich wirkliche Natur, wie überhaupt alle Schilderung eines Naturzustands der Menschen nicht als Methode der Deduktion, sondern vielmehr der erzieherischen Anfeuerung zur Verwirklichung eines schon einmal von Menschen verwirklichten Musterlebens verwendet, so darf man die vielfache Betonung des Gewissens, der Stimme des Herzens, die vorzüglich noch an jene ursprüngliche Menschennatur zurückerinnern sollte, auch nicht etwa als einen Versuch einer obersten Ableitung moralischer Grundsätze, sondern nur als nebenhergehende Bekräftigung und Bestätigung der Richtigkeit von anderswoher genommenen Morallehren auffassen.

Auch das „Herz" ist nicht das Fundament, sondern nur eine luxuriöse Ausstattung des Rousseauschen droit naturel, und so wird nicht nötig, hier etwa alle die gelehrten neuzeitlichen Untersuchungen über die Ursprünglichkeit des Gewissens gegen unseren Autor aufzuspielen. Kurz, es muß gesagt werden, daß Rousseau eine klare Deduktion der Sätze seines Naturrechts so wenig, wie der inhaltlich mit jenem übereinstimmenden Moral gegeben hat.

Sein eigenes Geständnis kann dieses Faktum zwar bestätigen, unmöglich aber rechtfertigen, und wenn er selbst im Unmut über das bunte Gewirr der Moraltheorien philosophischer Autoritäten sich mit einer gefühlsmäßigen Zustimmung[1] seiner Leser zufrieden geben

[1] Vgl. z. B. „lettres sur la vertu et le bonheur" bei Streckeisen-Moultou a. a. O. p. 143: „Pourvu que vous sentiez que j'ai raison, je ne me soucie pas de vous le prouver."

will, so unterscheidet sich damit zwar seine Philosophie noch immer
vorteilhaft von aller Lehre, die auf das **psychologische Faktum
der Evidenz** objektiven Wahrheitswert ihrer Sätze gründen will;
aber auch solche bewußte Resignation mag zwar je nach der besonderen Gemütsbeschaffenheit des Autors den ihr von objektiver Kritik
gespendeten Vorwurf des Dogmatismus ertragen, unmöglich aber
abschütteln und leugnen können.

Aber freilich die Erkenntnis der eigenen Schwäche birgt, wie
die Geschichte der Skepsis in ihren glänzendsten Vertretern zeigt,
im Grunde schon jenen kritischen Geist, welcher jene vorteilhaft
von dem Hochmut anderer Vorgänger des **Kantischen** Zeitalters
unterscheidet; und schließlich wie viele sind es, die in einer Zeit
von Dogmatismus frei sich nennen durften, in welcher noch nicht
der größte Denker den Begriff des philosophischen Dogmas als
schneidende Waffe echter Kritik klargelegt und in mustergültiger
Art gehandhabt hatte!

Es ist für uns Jüngere, die wir zu unserem Theil wenigstens
durch den harten Ernst und die methodische Zucht **Kantischer
Schule** gegangen sind, naturgemäss nicht allzuschwer, die Mängel
und Schwächen des einzelnen vorkritischen Autors zu erkennen und
bloßzulegen, aber gerade in solch bescheidener, anspruchslos geübter
Kritik erprobt sich die Solidität transscendentaler Methodik. Bedenken wir ferner, wie zahlreich noch in heutiger Zeit diejenigen
sind, deren Moralphilosophie in ihren vornehmsten Sätzen nichts
anderes kennt, als die Kerngedanken des **Rousseauschen** Naturrechts, so führet uns dies zu der abschließenden Frage, ob etwa
der Inhalt des **Rousseauschen** droit naturel in gesicherter Beweisführung gehalten und als wahr erwiesen werden kann.

Der Inhalt des **Rousseauschen** Naturrechts wird bestimmt
durch seinen fundamentalen und obersten Begriff, das Prinzip der
volonté générale. Tugend bedeutet Herrschaft dieses Prinzips in
der Gesinnung des einzelnen, seine unbedingte Herrschaft im sozialen
Leben der Menschen gilt als höchstes Ziel rechtlicher Gemeinschaft;
die Annäherung an dieses Ziel ist der Maßstab, nach welchem
Rousseau über die Güte und Tüchtigkeit menschlicher Gesetzgebung urteilt.

So hat **Rousseau** trotz allen Ringens aus den Schlingen des
Eudämonismus sich nicht zu befreien vermocht, und dem Einfluß
der gesamten zeitgenössischen Philosophie hat auch er den Tribut
bezahlt. Aber immerhin ist der Fortschritt bemerkenswert von dem
Standpunkt des „Discours", der nur eine durch Mitleid in wenig
sicherer Art modifizierbare Selbstsucht kannte, bis zur Statuierung
der volonté générale, als des Fundamentalbegriffs einer reineren

und großherzigeren Glückseligkeitslehre. Jetzt scheint nicht mehr
der natürliche Trieb als solcher Maßstab der Tugend zu sein, sondern
die Vernunft richtet über die Stimme des Herzens,[1] die Eigenliebe
ist nicht mehr die Tugend, sondern nur noch unter Umständen
tugendhaft und berechtigt; die Tugend aber besteht nun in der
Ausdehnung jener Liebe zu sich selbst auf alle Glieder der Menschheit,[2] und die Liebe zur Menschheit, d. h. die Maxime der volonté
générale, richtet über die empirisch gegebenen Leidenschaften des
einzelnen, so, daß in den Fernsein von verwerflichen subjektiven
Trieben die moralische Freiheit sich offenbart, als die autonome
Herrschaft der Maxime der volonté générale im Gegensatz zur
Herrschaft der Lüste, der moralischen „Knechtschaft". So weit ist
schließlich das Prinzip des Egoismus in dieser Philosophie überwunden, daß in echt Kantischer Art die Tugend als Gesinnung
bestimmt wird, die, frei von jedem selbstischen Gedanken in Erkenntnis der moralischen Verpflichtung das objektiv Richtige thut.[3]

Beim näheren Zuschauen zeigt sich leicht, wie die Entwickelung
des Rousseauschen Eudämonismus, den seine Moralphilosophie
zeigt, auch auf die philosophische Begründung des sozialen Lebens
der Menschen, wie sie uns Rousseaus Schriften liefern, von maß-
gebendem Einfluß wurde.

Das Prinzip des Egoismus ist der Herd und Nährboden des
Anarchismus, wer stetig nur seinen eigenen Vorteil verfolgen will,
kann es nicht dulden, daß ein anderer ihm bindende Befehle er-
teile; so hat denn auch die Rousseausche Sozialphilosophie sich
nirgends bedenklicher anarchistischer Skepsis genähert, als in jenem
zweiten „Discours", welcher die Selbstsucht des einzelnen nicht nur
als naturnotwendigen unausrottbaren Grundtrieb des Menschen behauptete, sondern zugleich als Grundzug sittlicher Einfalt ver-
herrlichte.

Die Bedenken, welche die spätere Sozialphilosophie gegen die
Rechtsordnung hegt, sind methodisch anderer Art: Nach wie vor
gilt der selbstherrliche Menschenbefehl als gefährlicher Feind der
Freiheit, aber der Begriff der Freiheit im moralischen Sinne ist ein
anderer geworden. Er bedeutet nun nicht mehr ein freies Walten
primitiver Naturtriebe, sondern die Unterwerfung der Leidenschaften

---

[1] Vgl. „Emile" l. 1, p. 56, 90, 97.

[2] „Emile" l. 4, p. 520: „Étendons l'amour propre sur les autres êtres et
nous le transformerons en vertu" etc.

[3] „Emile" l. 2, p. 107: „Nulle bonne action n'est moralement bonne que
quand on la fait comme telle." l. 4, p. 369: „Toute la moralité de nos actions
est dans le jugement que nous en portons nous-mêmes. S'il est vrai que le
bien soit bien, il doit être au fond de nos coeurs comme dans nos oeuvres."

unter das moralische Gesetz der volonté générale. Hier schon zeigt
sich im Fundament der Unterschied zwischen vulgärem Liberalismus
und jener reiferen Rousseauschen Sozialphilosophie: Jene empfindet
den Rechtszwang an sich schon als lästige Fessel der Bewegungsfreiheit im Grunde selbstsüchtiger und auf ihr souveränes Ich
pochender Einzelwesen, Rousseau aber bekämpft das Recht, insofern es der Herrschaft des moralischen Gesetzes über die Triebe
der einzelnen Abbruch zu leisten droht. Zwar ist es richtig, daß
selbst noch im „Contrat" die Frage der materiellen Erhaltung der
Existenz in einer Erwägung der richtigen sozialen Normierung berührt wird, als Reminiscenz an jene Periode, wo der Lockesche
Individualismus in seiner breiten Nützlichkeitspredigt die Gedankengänge unseres Autors beherrschte; aber der irrt, welcher vermeinet,
daß in solchen gelegentlichen Bemerkungen die letzte fundamentale
Fragestellung dieser Philosophie zu erblicken sei. Sie liegt auf
anderen Gebiet, und Rousseau selbst hat sein radikales Problem
deutlichst bezeichnet, wenn er als Ziel des sozialen Lebens die
Herrschaft des Gesetzes über den Menschen, d. h. die Herrschaft
des bindenden objektiven Prinzips über die subjektiven Triebe sozialer
Machthaber bezeichnete.

Die soziale Normierung darf kein Mittel werden, um den
Menschen zum Instrument der Willkür anderer Menschen herab-
zusetzen, er soll ebenso „frei" bleiben, wie zuvor. So gelangt
Rousseau von seinem Begriff der moralischen Freiheit, der nun
ganz stoische Züge trägt, zu dem Gedanken der sozialen Autonomie,
der „liberté civile", der sozialen Freiheit.

Solche Freiheit kann mit menschlichem Befehle und zwingender
Satzung wohl bestehen; das Menschengebot, welches von dem Prinzip
der volonté générale geleitet und bestimmt ist, vernichtet die Frei-
heit nicht, sondern gründet die liberté civile, indem es dem sozialen
Krieg der nur in loser Konventionalgemeinschaft Verbundenen ein
Ende bereitet.

Wer dieses nicht festhält, wird die Politik des Rousseau,
wie sie freilich bis dahin kaum genügende Beachtung gefunden
hat, niemals begreifen können, aber er wird auch vergeblich nach
den richtigen Fundamenten dieser Sozialphilosophie geforscht haben.

Aber bei allen großen und unzweifelhaften Fortschritten, welche
die Rousseausche Sozialphilosophie im Vergleich mit den früheren
und zeitgenössischen naturrechtlichen Theorien aufweist, hat diese
Theorie dennoch den Standpunkt des sozialen Eudämonismus nicht
überschritten. Der Begriff der volonté générale verlangt Berücksichtigung des Gemeinwohls, d. i. der Wohlfahrt aller einzelnen
Rechtsgenossen. Rousseau macht hierbei kaum einen Versuch, seiner

eudämonistischen Theorie durch die Aufstellung eines selbständigen Prinzips des Gesamtwohls, welches der Gesamtheit als realer Persönlichkeit inhäriere, den Schein einer größeren Objektivität zu geben. Der Gedanke, daß man als Träger von Lustgefühlen sozusagen — juristische Personen konstruieren dürfe, hat erst in neuerer Zeit mehr Boden gefunden; einem Rousseau liegt er im ganzen fern,[1] er bleibt dabei, daß Lust und Unlust nur Menschen als Individuen in getrennter Art empfinden können, und in dieser Bescheidung liegt kein Mangel, sondern ein Vorzug seines Eudämonismus vor den unklaren Schlagwörtern mancher Modernen.

Aber freilich auf diese Weise wird das Schwankende und Unsichere dieses Begriffs des Gemeinwohls nur um so einfacher und sicherer offenbar. Wir haben die Begriffsbestimmung der „loi" noch nicht kritisch zu prüfen gehabt, weil wir den Sinn ihres Geltungsanspruchs von vornherein als irrig verwerfen mußten; nun dieser Begriff aufhört, das positive Recht als solches definieren zu wollen, und nur den Anspruch erhebt, als Vorstufe zu einer sittlich tüchtigen sozialen Normierung zu gelten, verdient auch sein Inhalt eine kurze kritische Würdigung.

Faßt man den Grundkern der Rousseauschen loi als erstrebenswertes Ziel sozialer Normierung, so erhielte man als Maßstab der Wertung des Rechts seine Tauglichkeit, das Wohl aller einzelnen Rechtsgenossen zu fördern. Da nun aber diese künftige Wirkung des Gesetzes niemals von vornherein in objektiver Art feststellbar ist, so wäre damit der Gesetzgeber verurteilt, in allen Fällen unberechenbaren Trieben und Gelüsten der einzelnen Rechnung zu tragen und schließlich in allen Gesetzgebungsfragen von dem subjektiven, ganz unkontrollierbaren Meinen und Fühlen der einzelnen die Frage einer sozialen Reform abhängig zu machen.[2] Denn man wird niemals einem anderen in objektiver Art beweisen können, daß ein Gesetz ihm Lust oder Unlust bereiten werde, und gar der Gedanke der Gleichheit der Interessen, den in der strikten Fassung

---

[1] Scheinbare Abweichungen nur in den fragmentarischen Notizen der nachgelassenen „institutions politiques". Vgl. Streckeisen-Moultou a. a. O. p. 226, 227, 243; aber auch p. 224: „Cet être moral que vous appelez bonheur public est en lui-même une chimère; si ce sentiment du bien être n'est chez personne, il n'est rien."

[2] Was Rousseau in den „institutions politiques" gegen diesen Einwand gelegentlich anführt, ist zu seiner Entkräftung nicht genügend. Denn wenn es (Streckeisen-Moultou: a. a. O. p. 226, 227) heißt, daß nicht die „inclinations et fantaisies de chaque particulier", sondern die „règles générales" den Gesetzgeber leiten sollen, so zeigt sich bei näherem Zuschauen doch wieder, daß diese règles générales von Rousseaus Prämissen aus kein anderes deutliches Fundament haben könnten, als das Glück jedes einzelnen.

des gleichen Wohls jedes einzeluen als notwendige Bedingung jeder
einzeluen Rechtsnorm die Roussausche Politik, wie leicht einzusehen ist, überhaupt ignoriert, er dürfte als objektiver Maßstab
der Wertung sozialer Normierung trotz des Weberschen Gesetzes
in dem Bemühen einer objektiven Feststellung für alle Zeiten wohl
auf unüberwindliche Schwierigkeiten stoßen.[1]

Aber Stammler bemerkt in seiner Würdigung des sozialen
Eudämonismus[2] mit Fug, daß die Schwierigkeit, die schier unberechenbaren Interessen der einzelnen festzustellen und richtig zu
taxieren, an sich die Richtigkeit des Gedankens, bei aller sozialen
Normierung die Lust aller einzelnen Gemeinschaftsglieder zu berücksichtigen, mit nichten aufheben würde. Denn es könnte immerhin
dieser Gedanke als letzter stetig zu verfolgender Richtpunkt, als
niemals gänzlich zu lösende und dennoch grundlegende oberste
Aufgabe der Gesetzgebung bestehen bleiben. Nur wenn deutlich
wird, daß der Begriff der volonté générale als fundamentaler Maßstab der Gesetzmäßigkeit sozialer Normierung seinem gedanklichen
Inhalt nach nicht bestehen kann, fällt jene Lehre, welche in der
Beförderung des Glücks aller Rechtsgenossen die maßgebende Grundaufgabe aller rechtlichen Ordnung erblickt.

Solange der Begriff der volonte générale nur die Richtung auf
das schlechthin allem Handeln zu Grunde zu legende Endziel bezeichnen wollte, hatte er den fundamentalen Gedanken des obersten
Sittengesetzes und mit ihm die Idee der moralischen Freiheit zum
klaren Ausdruck gebracht, aber er irrte in fataler Art vom rechten
Wege ab, als er dem formalen und so allgemeingültigen Gedanken
des reinen Willens konkrete Zwecke unterlegen und in empirisch
bedingten Daten der Sinnlichkeit den Inhalt jenes beschreiben wollte.
So wenig wie das Wohl von Menschen, welches von empirisch bedingten Zufälligkeiten letztlich abhängig ist, als letzter Zielpunkt und
fundamentales Grundgesetz menschlichen Handelns gedacht werden
kann, so wenig bestehet die allgemeingültige Gesetzmäßigkeit des
sozialen Lebens in der Verwirklichung von subjektiven Lustempfin-
dungen der einzelnen. Die Lust von Menschen als empirisch bedingter Einzelinhalt von Zwecken kann nicht als oberster Maßstab
der einheitlichen Ordnung von Zwecken überhaupt in Kraft bestehen, weil eine Beurteilung, welche ihren fundamentalen Gesichts-

---

[1] Über das Problem einer Objektivierung von Lustgefühlen vgl. die
interessanten Ausführungen von Friedrich Albert Lange in seiner „Arbeiter-
frage" S. 113 ff. dazu die Note 8 (S. 143 ff.); trefliche Bemerkungen auch bei
Stammler: „Wirtschaft und Recht" S. 578.

[2] „Wirtschaft und Recht" § 100.

punkt der konkreten Materie eines empirisch möglichen Einzel-
zwecks entnehmen würde, keine allgemeingültige Synthesis von
Zwecken überhaupt, sondern eine Scheidung aller empirisch möglichen Zwecke in den einen als den Maßstab und alle andern
als die zu messenden darstellen würde. Nicht in der Verfolgung konkreter Zwecke, deren materieller Inhalt von zufälliger
Einzelerfahrung stetig abhängig bleibt, sondern nur in der einheitlichen Richtung auf den formal allgemeingültigen Zielpunkt kann
das Grundgesetz menschlichen Handelns überhaupt und so auch
menschlicher Rechtsetzung gefunden werden.

Damit aber ist die Rousseausche Lehre, nach welcher die
Wohlfahrt aller Glieder des Staats stetig den letzten Zielpunkt des
rechtlichen Gesetzgebers abzugeben hat, ein Gedanke, welchen die
Rousseausche Politik systematisch durchführt, als unzureichend
dargethan.

Als oberster Maßstab der Gesetzmäßigkeit sozialen Lebens
tauget die Erwägung der Lust- und Unlustgefühle einzelner (wenn
auch noch so vieler) Menschen keineswegs, wie denn auch in
der bewußten Förderung des Glücks von Menschen der oberste
einheitliche Gedanke tugendhafter Gesinnung mit nichten um-
schrieben ist.

Und der gesunde Sinn aller Zeiten, das „praktische Gesetz im
Menschen" hat im Gegensatz zu einer materialistischen Moralphilosophie stetig empfunden, daß die Frage nach der Sittlichkeit
menschlichen Wollens letzlich von etwas anderem abhängig sein
müsse, als von der Lust und den sinnlichen Trieben einzelner oder
auch vieler Menschen.

So ist die Wohlfahrt der Glieder eines Volks zwar nicht das
unbedingte Ziel der Gesetzgebung, wohl aber wird hiermit zu allen
Zeiten eine erstrebenswerte Einzelaufgabe gesunder Politik bezeichnet sein. Damit aber entsteht für unsere Kritik die Frage, ob
wenigstens von diesem Gesichtspunkt aus, d. h. wenn man das Wohl
aller zwar nicht obersten Zielpunkt, so doch als einen berechtigten
Einzelzweck einer tüchtigen Rechtsetzung wertet, die Rousseausche
Lehre von der Souveränität des Volks hinreichend begründet erscheint.

Um die einschlägigen Gedankengänge nicht ungerecht zu beurteilen, muß man sich stets gegenwärtig halten, daß jene Sätze von
der vermeintlichen Einsicht in jenes Naturgesetz, welches den eigenen
Vorteil als letzten Bestimmungsgrund alles Wollens behauptet, letztlich diktiert sind. Nun ist unzweifelhaft, daß, wer den eigenen Vorteil stetig bedenkt, das Wohl aller nur berücksichtigen wird, wenn
es zusammenfällt mit seinem eigenen Nutzen.

So ist von den Rousseauschen Prämissen aus die Einschränkung des Bereichs der Gesetze auf die „objets communs", insofern diese in der That die Interessen aller (auch der Frauen und Kinder) einheitlich betreffen, gerechtfertigt; aber man könnte mit Fug hier weiterhin fragen, warum denn gerade die Mehrheit der erwachsenen Genossen in solchen Fragen letztlich entscheiden solle. Warum gerade die Majorität und nicht die gereifte und erprobte Urteilskraft eines einzelnen, dessen ruhige Einsicht eine objektiv zutreffende und richtige Entscheidung weit sicherer gewährleistet, als der dunkle Drang einer instinktiv getriebenen Volksmenge?

Es verdient sehr wohl beachtet zu werden, daß das Rousseausche System. auf diese naheliegende Frage die Antwort nicht schuldig bleibt. Wie schon früher bemerkt, erblickt unser Philosoph in der Auszeichnung und Hervorhebung einzelner als mächtiger Gesetzgeber vor den andern Gliedern des Staats die schwerste Gefahr für jene Gleichheit der Lage aller, jene Interesseneinheit, auf deren Grund allein jene Identifizierung des Wohls des einen mit dem aller andern überhaupt statthaben kann. Es ist ein schöner Zug der Rousseauschen Sozialphilosophie, daß sie, auch in diesem Punkt Kantischer Lehre vorgreifend, die Frage nach der möglichen Berücksichtigung und Herrschaft des allgemeingültigen Gesetzes höher gewertet und ihr den Ausschlag gegeben hat vor jener anderen Erwägung, welche nach der richtigen Anwendung des Prinzips und dem Resultat der letztlich getroffenen Entscheidung fragt:

„La pire des lois vaut encore mieux que le meilleur maître: car tout maître a des préférences et la loi n'en a jamais."[1]

Freilich, wer die Trüglichkeit der hier zugrundliegenden Prämisse erkannt hat, hat damit auch den letzten Pfeiler der Rousseauschen Lehre von der Volkssouveränität wanken und stürzen gesehen. Es ist nicht wahr, daß über die Bestimmungsgründe menschlichen Willens ein psychologisches Grundgesetz in allgemeingültiger Art bis dato in genügender Sicherheit erkannt wäre, und schon die gemeine Erfahrung lehret in tausend Fällen für menschliches Handeln andere Triebfedern, als die Erwägung sinnlicher Lust. Gerade indem Rousseau selbst im „Emile"[2] dieses einsah und zugab, hat er seiner Lehre von der rechtlichen Herrschaft des Volks den letzten Halt und stützenden Pfeiler geraubt.

Das ist die ausschlaggebende Erwägung, von welcher aus der echt aristokratische Gedanke der Vorherrschaft der zur richtigen Durchführung und Anwendung des obersten sozialen Gesetzes Tüch-

---

[1] 8ᵐᵉ lettre de la montagne.
[2] Vgl. oben § 9 S. 336.

tigsten jene Befürwortung und Verherrlichung der Demokratie über den Haufen rennt, die **Herrschaft der Massen** geschlagen wird von der **Herrschaft der Besten.**

Dagegen vermag eine zielbewußte Sozialpolitik, mag sie nun von einem Monarchen oder von einem souveränen Volke rechtlich ausgehen, aus **Rousseaus** Lehren über die Verwirklichung echter **Gemeinschaft** unter allen Gliedern des Staats bedeutsame Anregung zu empfangen. Gerade in unserer Zeit der sozialen Zerklüftung dürfte eine Philosophie, die in so eindringlicher Art die Solidarität der Interessen aller einzelnen betont hat, Anspruch auf aufmerksames Gehör und objektive Würdigung beanspruchen. Das soziale Phänomen der **Atomisierung der Gesellschaft** hat keiner energischer, keiner erbitterter bekämpft, als der Genfer Sozialphilosoph. Wenn auch sein Allerheilsmittel einer demokratischen Nivellierung aller Gesellschaftsschichten weit über's Ziel hinausschießt und von dem echt aristokratischen Gedanken der Vorherrschaft der zu objektiver Beherrschung in moralischer und intellektueller Hinsicht Fähigsten stetig korrigiert werden sollte, so bleibt doch die Wahrheit bestehen, daß ein Volk so lange nicht als ein zur Verfolgung sittlicher Ziele enger zusammengescharter Verband in Einstimmigkeit und Kraft arbeiten und streben kann, so lange Neigungen und Freuden die Volksgenossen sondern und die Kluft der sozialen Gegensätze die Banden der Gemeinschaft vergessen läßt.

In dieser Hinsicht verdient vor allen Dingen der **nationale** Charakter der **Rousseauschen** Politik, der freilich bis dato wohl kaum genügend beachtet worden sein dürfte, auf das eindringlichste gewürdigt zu werden. Denn in der That bildet die Pflege der nationalen Interessen ein kräftiges Schutzmittel gegen jene traurige Zerklüftung der einzelnen Klassen einer Gesamtheit, deren Größe letztlich doch auf die geistige Einigkeit ihrer Glieder sich gründen muß.

Aber freilich **Rousseau** irret, wenn er in solchen berechtigten Einzelzielen den absoluten und letzten Richtpunkt aller Gesetzgebung zu finden glaubt. Das sittliche Gesetz, von dessen Beobachtung und Berücksichtigung letztlich auch die Tüchtigkeit aller rechtlichen Ordnung abhängt und dessen einheitliche Erwägung und Berücksichtigung den Gedanken einer wahrhaft sittlichen **Gemeinschaft** überall erst ermöglicht, findet keine Schranken seiner Geltung an den Grenzen der einzelnen empirisch bedingten Staatengemeinschaften, und Ehrlichkeit und Treue gelten darum nicht als sittliche Qualitäten, weil gerade die Handlungsweise eines Deutschen in Frage steht. Hätte **Rousseau** dieses stetig festgehalten, wäre er stets davon ausgegangen, daß auch die Pflege nationaler Sonderinteressen letztlich die Beurteilung und Würdigung vor einem höheren

Richterstuhl verträgt und vertragen muß, er wäre niemals zu dem
verletzenden Gedanken gekommen, die Reinheit christlicher Lehre
durch einen nationalen Formelkult ersetzen zu wollen.

Nicht in dem bedingungslosen Anbeten und Verehren alles
dessen, was einem Volk aus empirisch bedingten Zufälligkeiten
heraus eigentümlich geworden ist, bestehet die reifste Form des
Patriotismus, sondern in dem Bestreben um die sittliche Hebung
und Erziehung seines Volks, in der brüderlichen Teilnahme für alle
Schichten und Stände der Nation bethätigt sich die Tugend der
Vaterlandsliebe. So kann man in der That die Volksgenossen nicht
reiner und edler lieben, als indem man die nationalen Eigentümlichkeiten hochhält und pflegt, in welchen gerade der allgemein sittliche Beruf einer Nation zum Ausdruck kommt. In diesem
Sinne sollten auch wir stets, die wir in Kant und Fichte die
größten Meister des Idealismus zu den unsern rechnen dürfen, die
Pflege deutscher Eigenart und Gesinnung hochhalten.

Namenregister.[1]

Althusius VIII, 38, 53, 58, 116, 122, 168, 237. 241, 244, 248, 301.
D'Argenson 173.
Aristoteles 2, 332.
Äschylos 307, 308.

von Bar 228.
Beauclair 192.
Bergbohm 348—350, 355, 357, 385, 386.
Bierling 374, 375, 377.
Bodin 117.
Bossuet 258.
Brockerhoff 58. 100. 168.

Cato 286.
Chappuis (Marc) 221.
Cohen 369.

Dahn 115.
Descartes 57.
Diderot 81, 82.
Dreyfus-Brisac IX, 41, 42, 49. 58, 81, 105, 114, 117, 139, 193.
Du Peyrou 49.

Euripides 307. 308.

Fester 188.
Feuerbach 221.
Feuerlein 168. 236.
Fichte 175, 401.

Gierke 38, 53, 58, 122, 129, 168, 179, 186, 190, 240, 244, 248, 275, 301.
Girardin (St. Marc) 187—189, 293.
Grotius VIII, 6, 7, 9, 42, 52, 58, 59, 181, 194, 220, 221, 222, 294.
Gudin 164.
Gumplowicz 47, 53, 72.

Hegel 175, 262.

Hobbes VIII, 42, 45, 48, 58, 59, 184 bis 190, 193, 194, 202. 210, 213, 214, 218, 219, 227, 228, 241. 293—297.
Homer 307.
Hume 58, 342.

Janet 187, 189, 190, 206, 237, 254.

Kahle 100, 167, 168.
Kant VII, 13, 22. 57, 67, 72, 85, 121, 141, 142, 155, 156, 205, 227, 311, 337, 340, 351, 383, 393, 394, 399, 401.
Koch 187.

Laband 100.
Lamartine 192, 193.
Landmann 117, 172, 186, 190, 191, 254, 301.
Lange 397.
Liepmann 36, 38, 40, 54, 58, 63, 100, 169, 188, 191, 317, 318, 319.
von Liszt 378.
Locke VIII, 6, 9, 37, 58, 67, 90, 148, 179, 180. 181, 182, 188—191, 212, 218, 219, 290, 315, 316, 321, 395.
Lykurg 290, 291, 314, 318.

Marsilius 90.
Mercier 234.
Merkel 12, 51.
Mirabeau 82, 85, 201.
Montesquieu 29, 41, 45, 51, 59, 117—119, 191, 230, 232, 233, 234, 238. 254, 281, 329.
Moreau 173, 174, 192.
Morin 192.
Morley 93, 100.
Müller 378.

Natorp 44.

---

[1] Die Zahlen bezeichnen die Seitenzahlen.

Platon 156, 290, 324.
Plutarch 290, 306.
Pufendorf 182.

Rey 55.
Rottenburg 38, 53, 129, 248.
Rümelin 354.

Saint-Pierre 80, 135, 162, 191. 271.
Schiller 340.
Schlosser 2.
Schopenhauer 42, 337.
Schuppe 375.
Servius Tullius 56.
Sidney 179, 180.
Smith 169.
Sohm 115.
Sokrates 286.
Sophokles 307, 308.

Spinoza 53, 180, 294.
Stahl 53, 54, 109, 128, 129, 174, 186, 187, 261, 322.
Stammler IX, 12—20, 22, 24, 26, 27, 38, 46, 48, 53, 58, 61, 63, 100, 154, 191, 206, 223, 346, 348—350, 352, 356, 357, 369, 370, 372, 377, 378, 384, 386, 397.
Streckeisen-Moultou 5, 109, 138, 193, 227, 269, 273, 280, 287, 320, 321, 392, 396.

Thomas von Aquino 179.
Thomasius 180, 182.

Voltaire 253, 254.

Zeerleder 115.
Zitelmann 375, 377, 378.